D1664051

Schriftenreihe

Arbeitsrechtliche Forschungsergebnisse

Band 280

ISSN 1435-6848 (Print)

Verlag Dr. Kovač

Martina Egger / Andreas Raffeiner /
Herwig van Staa (Hrsg.)

Arbeitsrecht, Gesellschaftspolitik und Europa

*Liber amicorum für Johann Egger
zum 70. Geburtstag*

Verlag Dr. Kovač

**Hamburg
2022**

VERLAG DR. KOVAČ GMBH

FACHVERLAG FÜR WISSENSCHAFTLICHE LITERATUR

Leverkusenstr. 13 · 22761 Hamburg · Tel. 040 - 39 88 80-0 · Fax 040 - 39 88 80-55

E-Mail info@verlagdrkovac.de · Internet www.verlagdrkovac.de

Diese Publikation wurde gedruckt mit Unterstützung des Vizerektorats für Forschung der Leopold-Franzens-Universität Innsbruck.

Bibliografische Information der Deutschen Nationalbibliothek
Die Deutsche Nationalbibliothek verzeichnet diese Publikation
in der Deutschen Nationalbibliografie;
detaillierte bibliografische Daten sind im Internet
über http://dnb.d-nb.de abrufbar.

ISSN: 1435-6848 (Print)

ISBN: 978-3-339-13154-6
eISBN: 978-3-339-13155-3

© VERLAG DR. KOVAČ GmbH, Hamburg 2022

Printed in Germany
Alle Rechte vorbehalten. Nachdruck, fotomechanische Wiedergabe, Aufnahme in Online-Dienste und Internet sowie Vervielfältigung auf Datenträgern wie CD-ROM etc. nur nach schriftlicher Zustimmung des Verlages.

Gedruckt auf holz-, chlor- und säurefreiem, alterungsbeständigem Papier.
Archivbeständig nach ANSI 3948 und ISO 9706.

Inhaltsverzeichnis

Gesellschaftspolitische und historische Abhandlungen

Regionen und Europa

Johann Egger

Martina EGGER/Andreas RAFFEINER/Herwig VAN STAA

Einleitende Worte

Am 7.6.2021 vollendete Johann Egger sein 70. Lebensjahr. Aus diesem Anlass wollen ihn Freunde, Kollegen, Schüler und Weggefährten mit dieser Festschrift ehren. Die Leidenschaft des verehrten Jubilars gehört dem Arbeitsrecht. Mit analytischem Denkvermögen und obligatorischem Sinn für die Wirklichkeit der Arbeitswelt hat er den arbeitsrechtlichen Dialog der letzten Jahrzehnte mit vielen Beiträgen zu den unterschiedlichsten Themen bereichert.

Dass Univ.-Prof. Dr. Egger für seine umfassenden und wertvollen Schriften von vielen Seiten Bewunderung gefunden hat, belegt seinen äußerst scharfen Sinn für ausgewogene und auf fundierte rechtliche Grundlagen stehende Lösungsansätze.

Seine Begeisterung für die Rechtswissenschaften im Allgemeinen und für den abwechslungsreichen Wirkungsbereich des Arbeitsrechts, früher auch des Europarechts, hat Johann Egger zahllosen Studentinnen und Studenten vermittelt.

Dabei hat er auch deren Talente durch geflissentliche und behutsame Anleitung zur Entfaltung gebracht. Seine Lehrveranstaltungen und Seminare waren von nachhaltiger Prägung und Wirkung. Dabei ging es wohl nicht nur um das Abfragen von Gesetzen, sondern um die vorbildliche Vereinigung von Wissenschaft und Praxis.

Es liegt auf der Hand, dass die Schnittmenge mehrere Generationen arbeitsrechtlichen Nachwuchses hervorbrachte, welche oftmals nun in Spitzenpositionen in der Wirtschaft sowie in der universitären Lehre tätig sind.

Die Darstellung des Lebenswerkes von Johann Egger wäre bloß Stückwerk, würde sie das Entgegenkommen und die Hilfsbereitschaft aussparen, welche den Jubilar auszeichnen. Seine Besonnenheit, mit der über Jahre hinweg eine angenehme Atmosphäre am hiesigen Institut für Arbeitsrecht verbreitete und sein Humor sind vielen von uns in bester Erinnerung geblieben!

Dass hinter dem wissenschaftlichen, akademischen Lehrmeister und Hochschullehrer stets der Mensch erkennbar bleibt, dürfte wohl auch am Interesse der Autorin und der Autoren liegen; welche spontan und ohne zu zögern einen fundierten Beitrag geliefert haben.

Die Autorin und die Autoren möchten Johann Egger für sein bisheriges Lebenswerk danken, das nicht bloß als hervorragende wissenschaftliche Leistung Anerkennung verdient, sondern im Fortlauf der Arbeits- und Europarechtsentwicklung Dauerhaftes bewirkt hat.

Alle entbieten dem Jubilar den traditionellen wie gleichermaßen althergebrachten Geburtstagsgruß und -wunsch: „Ad multos annos".

Parallel dazu wünschen sie ihm noch viele Jahre der Gesundheit, des Weiteren erfolgreichen Schaffens sowie zugleich Freude an den Dingen, die sein Leben bisher erfüllt haben, am Sport und der Natur. Das Herausgebertrio dankt den Sponsoren.

Die Herausgeber bedanken sich bei den Universitätsprofessoren Dr. Andreas Scheil, Dr. Arno Kahl und Dr. Thomas Müller sowie Rechtsanwalt Dr. Herbert Partl für das Redigieren einiger Abhandlungen.

Zudem gilt unser Dank dem Hamburger Dr. Kovač-Verlag – in persona Susanne Mielau – für die gute Zusammenarbeit. Last but not least danken wir der Autorin und den Autoren für die schönen und gelungenen Beiträge, welche den Jubilar ganz gewiss erfreuen werden!

Die Herausgeber

MMag. Dr. Martina Egger   Mag. Andreas Raffeiner

DDr. Herwig van Staa

Innsbruck/Bozen, im Jahr 2022

Wenige Tage vor der Fertigstellung des Manuskripts und der Drucklegung dieses Buches erreichte uns die bestürzende Nachricht vom Tode Dr. Buseks. Wir bedauern zutiefst, dass er den erfolgreichen Abschluss dieses Projekts nicht mehr erleben konnte. Was bleibt, ist auch an dieser Stelle noch einmal Ausdruck zu verleihen unserer großen Dankbarkeit und unserer tiefen Trauer über den menschlich und wissenschaftlich schmerzlichen Verlust.

M. E./A. R./H. v. St.

Herwig VAN STAA

Europäische Regionalpolitik und Tirol

Ich bedanke mich herzlich für die Einladung, für die Festschrift meines Freundes und Kollegen Univ.-Prof. Dr. Johann Egger anlässlich seines 70. Geburtstages einen Beitrag verfassen zu dürfen.

Ich kenne den Jubilar, dem ich zu seinem Festtag herzlich gratuliere, seit Jahrzehnten. Ich konnte seinen Lebensweg aus unterschiedlichen Entfernungen immer mitverfolgen. Nach Abschluss des akademischen Gymnasiums in Innsbruck studierte er Rechtswissenschaften an der Universität Innsbruck und promovierte 1974 zum Doktor der Rechtswissenschaften. Seit 1975 war er am Institut für Arbeits- und Sozialrecht der Universität Innsbruck tätig und bin ich seit dieser Zeit neben der freundschaftlichen Verbindung mit ihm auch als Kollege an der Universität verbunden.

Ich war damals Assistent am Forschungsinstitut für alpenländische Land- und Forstwirtschaft und später Vorstand dieses Institutes, das sich mit regionalpolitischen Fragestellungen im Alpenraum der Erhaltung der Bergbauern und um die Ökologisierung der Landwirtschaft im Allgemeinen bemühte. Auch Fragen des Agrarrechtes spielten dabei immer eine Rolle. Dieses Institut war zunächst auch in der rechts- und staatswissenschaftlichen Fakultät der Universität Innsbruck seit dessen Gründung durch Univ.-Prof. Dr. Ferdinand Ulmer beheimatet.

Nach dem Tod von Ferdinand Ulmer wurden von der Fakultät Univ.-Prof. DDDr. Nikolaus Grass (Rechtsgeschichte) und Univ.-Prof. Dr. Gerhard Marinell (Statistik) zu Institutsvorständen bestellt. Unter dem damaligen Rektor Univ.-Prof. Dr. Franz Fliri wurde das Institut als Forschungsinstitut umgegründet und in der Folge wurde ich auf dessen Vorschlag vom Senat der Universität Innsbruck einstimmig zum Leiter des Institutes bestellt.

Kollege Egger wurde neben der Erfüllung der laufenden Arbeiten am Institut für Arbeits- und Sozialrecht 1990 zum Mitarbeiter am Zentrum für Europäisches Recht und Mitglied der ERASMUS-Kommission an der Rechtswissenschaftlichen Fakultät der Universität Innsbruck bestellt. Er wirkte auch von 1992 bis 1995 an den Lehrgängen „Europarecht" in Schloss Hofen im Fachbereich „Europäische Sozialpolitik" mit. 1998 wurde er für das Fach „Österreichisches und Europäisches Arbeits- und Sozialrecht" habilitiert und in der Folge zum Universitätsprofessor für dieses Fach berufen.

In seiner langjährigen Tätigkeit am Institut für Arbeits- und Sozialrecht verfasste er eine große Zahl wissenschaftlicher Arbeiten und Publikationen und übte eine umfassende Lehrtätigkeit aus. Diese Arbeit wurde mit einer Reihe wissenschaftlicher Auszeichnungen und Förderpreisen bedacht. Darüber hinaus stellte er sich für akademische Funktionen, vor allem als langjähriger Leiter des Instituts für Arbeits- und Sozialrecht, Wohn- und Immobilienrecht und Rechtsinformatik zur Verfügung.

Er ist auch Mitglied in der Internationalen Gesellschaft für Arbeits- und Sozialrecht und des European Institut of Social Security in Leuven. Der Europaschwerpunkt im Schaffen von Prof. Egger stellt eine weitere Verbindung zu mir und meinen europapolitischen Aktivitäten dar.

Mein Beitrag in dieser Festschrift stellt keinen wissenschaftlichen Beitrag dar, sondern enthält einen kurzen Bericht über meine europapolitischen Ziele und politischen Tätigkeiten sowie einige autobiografische Bezüge.

Die grenzüberschreitende Zusammenarbeit von benachbarten Regionen in verschiedenen Ländern Europas war immer ein Schwerpunkt in dieser Arbeit.

Meine Jugend verbrachte ich in Bad Leonfelden, heute eine kleine Stadt im Mühlviertel, nahe an der Grenze zu Südböhmen. Meine frühesten Kindheitserinnerungen beziehen sich auf die Flucht tausender vorbeiziehender Flüchtlinge aus den ehemaligen deutschsprachigen Gebieten der Tschechoslowakei, die mit ihren wenigen Habseligkeiten vertrieben wurden und fliehen mussten. In der Folge wurde der Eiserne Vorhang und die Wachtürme an der Grenze errichtet, die uns jahrzehntelang begleiteten und unauslöschlich in Erinnerung bleiben werden.

Der Ungarnaufstand 1956 veranlasste viele Ungarn zur Flucht nach Österreich. In dieser Zeit organisierte ich als junger Gymnasiast in den Jugend-Rot-Kreuz-Hilfsaktionen für diese Menschen. Während des Prager Frühlings arbeitete ich an meiner volkskundlichen Dissertation in meiner Heimatgemeinde und konnte in dieser Zeit vielen Flüchtlingen aus Tschechien Hilfestellungen leisten. Diese Erlebnisse waren für michbeeindruckend, führten aber noch zu keinen konkreten, politischen, grenzüberschreitenden Überlegungen, um solche Katastrophen in Hinkunft zu mildern oder gar zu beseitigen, geschweige denn in eine europäische Friedensordnung einzubauen.

In der Oberstufe meiner Gymnasialzeit von 1956 bis 1960 war aber die Südtirolproblematik ein heftig diskutiertes Thema und wir hatten ausgezeichnete Lehrer, die verschiedenen politischen Richtungen angehörten, die uns die Problematik erklärten und unsere emotionale Begeisterung für diese Problemstellung stärkten. Aus diesem Grund wählte ich wie die Mehrzahl meiner Maturakollegen Innsbruck als Studienort und nicht das viel näher gelegene Wien. Die Zugfahrt dauerte damals sieben Stunden nach Innsbruck, aber nur zwei Stunden nach Wien.

Viele Studenten auch aus anderen Bundesländern waren damals an der Südtirolfrage äußerst interessiert und auch emotional engagiert. Durch mein Zweitstudium der Volkskunde, in dem die Tiroler Volkskunde einen Schwerpunkt bildete und die geistig-kulturelle Landeseinheit Tirols ein permanenter Schwerpunkt war, lernte ich das ganze Land Tirol in seiner geografischen, historischen und gesellschaftlichen Dimension bestens kennen, schätzen und lieben.

In dieser Zeit reifte auch meine Überzeugung, dass staatliche Grenzen nur in einem vereinigten Europa, unter besonderer Mitwirkung der Grenzregionen überwunden werden können und dadurch ein friedvolles Miteinander gestaltet werden könnte.

Diese Aufgabe nahm in der Folge einen Schwerpunkt in meiner politischen Arbeit sowohl auf Stadt- und Landesebene wie auch in Österreich und Europa ein.

Die grenzüberschreitende Zusammenarbeit Tirols hängt historisch eng mit der Zerreißung Tirols und der völkerrechtswidrigen Abtrennung Südtirols nach dem Ersten Weltkrieg zusammen. Die Entwicklung seither hatte auch einige positive Aspekte, wie zB eine besondere Vorbildwirkung für die grenzüberschreitende regionale Zusammenarbeit in Europa, insbesondere auf der Ebene des Europarates (Kongress der Gemeinden und Regionen) und der EU (Ausschuss der Regionen).

Im Pariser Abkommen zwischen dem italienischen Ministerpräsidenten Degasperi und dem österreichischen Außenminister Gruber wurde nach dem Zweiten Weltkrieg das damals in Österreich und Südtirol stark bekämpfte Autonomieabkommen für Südtirol verhandelt und festgelegt, das viele Jahre nicht im Sinne Österreichs und nicht im Interesse der Südtiroler Bevölkerung und deren Regierung durchgeführt wurde und dies in der Folge zu den großen Auseinandersetzungen und Anschlägen Anfang der 60er-Jahre führte.

Nach jahrelangen Verhandlungen, Diskussionen und heftigen Auseinandersetzungen um die Gestaltung eines neuen Autonomiepaketes wurde dieses von der Landesversammlung der Südtiroler Volkspartei schließlich mit knapper Mehrheit angenommen und mit der Streitbeilegungserklärung zwischen Italien und Österreich schlussendlich eine akzeptable Lösung dieser Problematik erreicht. Für diesen Prozess leistete auch die regionalpolitische grenzüberschreitende Zusammenarbeit in der ARGE ALP und die gemeinsamen Landtagtreffen einen wertvollen Beitrag, vor allem durch die Verbesserung des politischen Klimas zwischen allen Beteiligten.

Die erste Maßnahme einer grenzüberschreitenden Zusammenarbeit war das sogenannte *Accordino*, das einen Handelsvertrag zwischen Österreich und Italien darstellte und das auf der Grundlage des Gruber-Degasperi-Abkommens auf der

Pariser Konferenz 1946 beschlossen wurde. Dieses Abkommen sah einen erleichterten Warenaustausch, vor allem von landwirtschaftlichen Produkten, zwischen Tirol, Südtirol, Vorarlberg und dem Trentino vor und war viele Jahre bis zur Gründung der europäischen Freihandelszone eine wichtige, auch wirtschaftspolitisch bedeutsame, grenzüberschreitende, regionale Einrichtung. Festzuhalten ist in diesem Zusammenhang aber, dass dieses Abkommen auf der zwischenstaatlichen Vereinbarung zwischen Österreich und Italien beruhte und die Regionen nur in die Durchführung eingebunden waren.

Zehn Jahre nach der Feuernacht in Südtirol als Ausfluss der Auseinandersetzungen zwischen Südtirol und Trient, Österreich und Italien und in Folge der verbesserten Beziehungen und der positiven Bemühungen um eine bessere Ausgestaltung der Südtiroler Autonomie wurde auch eine verstärkte, grenzüberschreitende, regionale Zusammenarbeit im Alpenraum ins Auge gefasst und Realität.

1972 kam es auf Initiative von Landeshauptmann Eduard Wallnöfer, dem Südtiroler Landeshauptmann Silvius Magnago, dem bayerischen Ministerpräsidenten Alfons Goppel und anderer regionaler Regierungschefs zur Gründung der Arge Alp, der Arbeitsgemeinschaft Alpenländer in Mösern/Tirol. Zur Erinnerung an dieses wichtige Ereignis wurde auf Initiative und durch unermüdlichen Einsatz des damaligen Telfer Bürgermeisters Helmut Kopp, einem langjährigen Wunsch Eduard Wallnöfers entsprechend, die Gestaltung und Errichtung der Friedensglocke des Alpenraumes anlässlich des 25-jährigen Jubiläums der ARGE ALP 1997 realisiert.

Jährlich kommen mehr als 100.000 Besucher zu dieser Gedenkstätte und jährlich findet im Oktober ein Festakt statt, bei dem ein Botschafter für die Friedensglocke ernannt und vorgestellt wird. Zu Botschafterinnen und Botschaftern der Friedensglocke werden Persönlichkeiten und Institutionen gewählt, die sich in besonderer Weise um den Alpenraum, Frieden und Völkerverständigung verdient gemacht haben. Diese Glocke ist eine der größten Glocken Österreichs mit einem Gewicht von mehr als 10.000 kg und trägt die Innschrift „ICH LÄUTE FÜR DIE GUTE NACHBARSCHAFT UND DEN FRIEDEN DER ALPENLÄNDER" und zeigt die Wappen aller Mitgliedsländer der ARGE ALP.

Mitglieder dieser Arbeitsgemeinschaft, die auch heute noch besteht, sind die österreichischen Bundesländer Tirol, Salzburg und Vorarlberg, die deutschen Bundesländer Bayern und Baden-Württemberg, die italienische Region Lombardei und die autonomen Provinzen Südtirol und Trentino sowie die schweizerischen Kantone Graubünden, St. Gallen und Tessin.

Diese Arbeitsgemeinschaft beruht auf einer Vereinbarung der Regierungschefs der Länder, Regionen und Kantone, hat seine Geschäftsstelle im Amt der Tiroler

Landesregierung in Innsbruck und tagt seit der Gründung in regelmäßigen Abständen.

Zusätzlich zu diesen regionalen Regierungsaktivitäten gab es auch auf parlamentarischer Ebene eine grenzüberschreitende Zusammenarbeit. So fand am 19.6. 1970 der erste Zweierlandtag zwischen Tirol und Südtirol statt, der in 17 Sitzungen bis 1992 fortgesetzt wurde. Bereits 1991 wurden zu diesem Zweierlandtag auch die Landtage von Vorarlberg und dem Trentino eingeladen.

Am 21.5.1991 fand in Meran der erste Viererlandtag unter Beteiligung dieser vier Regionen statt. 1993 und 1996 fanden nochmals Viererlandtage statt, wobei sich 1996 Vorarlberg auf einen Beobachterstatus zurückzog und ab diesem Datum im Zwei-Jahres-Rhythmus der Dreierlandtag mit Vorarlberg als Beobachter stattfand.

Bei der Sitzung in Riva 2002 kam es zu einer großen Krise mit einem Sitzungsabbruch aufgrund eines Streits über einen Antrag von Südtiroler Abgeordneten, der eine Aufforderung an die italienische Regierung zur Begnadigung der letzten der vor Jahren verurteilten Südtirol-Aktivisten betraf. In Folge der jahrelangen Bemühungen um die grenzüberschreitende, auch parlamentarische Zusammenarbeit in Form gemeinsamer Landtage durch den jahrelang engagierten Landtagsabgeordneten, späteren Landeshauptmannstellvertreter und durch 15 Jahre erfolgreichen Tiroler Landtagspräsidenten Ing. Helmut Mader fand 2005 die nächste Dreierlandtagssitzung in Meran statt.

Seither tagt der Dreierlandtag regelmäßig alle zwei Jahre abwechselnd in einem der drei Länder Tirol, Südtirol und Trentino. Der Dreierlandtag fasst Entschließungen ohne Rechtsverbindlichkeit, die auch zu ca 60 % umgesetzt werden. Diese Entschließungen haben keine rechtliche Bindungswirkung, haben sich aber doch teilweise als bedeutend für die politische Zusammenarbeit zwischen Tirol, Südtirol und dem Trentino erwiesen.

Nach Gründung der Arbeitsgemeinschaft Alpenländer, die Vorbild für die Gründung der Arbeitsgemeinschaft Alpe Adria (Kärnten, Slowenien, Friaul-Julisch Venetien) und die internationale Bodenseekonferenz (Vorarlberg, Baden-Württemberg, alle anderen bodenseegrenzenden schweizerischen Kantone und das Fürstentum Liechtenstein) war und nach Einrichtung der Zweier-, Vierer- und Dreierlandtage, waren noch viele Initiativen und Maßnahmen zur Gründung der Europaregion Tirol erforderlich an deren Entwicklung ich als politischer Akteur zunächst nur am Rande, später auch zentral mitwirken durfte.

1994 wurde ich zum Bürgermeister der Landeshauptstadt Innsbruck, zum Vizepräsidenten des österreichischen Städtebundes und zum Präsidenten der europäischen kommunal- und regionalpolitischen Vereinigung der EVP (Europäischen

Volkspartei) gewählt. Aufgrund dieser Funktionen wurde ich 1995 Fraktionsvorsitzender im Rat der Gemeinden und Regionen Europas (RGRE) und Fraktionsvorsitzender der EVP im Kongress der Gemeinden und Regionen (KGRE) des Europarates.

Der Rat der Gemeinden und Regionen Europas ist ein gemeinnütziger Verband der nationalen Verbände der Gemeinden und Regionen aus 40 europäischen Ländern, wurde 1951 in Genf von einer Gruppe von Bürgermeistern gegründet und ist heute der größte Spitzenverband von ca. 100.000 lokalen und regionalen Gebietskörperschaften. Das wichtigste Ziel des RGRE ist es, unter Beachtung des Subsidiaritätsprinzips ein vereintes Europa zu unterstützen, das sich in besonderer Weise auch auf die lokale und regionale Selbstverwaltung und die Demokratie stützt.

Diese Zielsetzungen fanden Eingang in die Verhandlungen und die Beschlussfassung des EU-Verfassungskonvents 2003/04, in dem auch die regionalen und lokalen Ebenen der Mitgliedsstaaten vertreten waren. Erwähnenswert ist in diesem Zusammenhang, dass der langjährige RGRE-Präsident und ehemalige Staatspräsident von Frankreich von 1974 bis 1981 Giscard d'Estaing 2001 Präsident des europäischen Verfassungskonvents wurde und seine als Präsident einer französischen Region und des RGRE erworbenen Erfahrungen in den EU-Verfassungsentwurf einfließen lassen konnte weshalb der Subsidiarität in diesem Entwurf eine besondere Bedeutung zugemessen wurde.

Der Kongress der Gemeinden und Regionen Europas im Europarat wurde 1994 als Nachfolgeinstitution der 1957 als ständige Konferenz der Gemeinden und Regionen Europas gegründeten Einrichtung institutionalisiert.

1996 erfolgte meine Wahl zum Vizepräsidenten des Kongresses der Gemeinden und Regionen des Europarates, dessen Präsidium ich ab diesem Zeitpunkt ununterbrochen bis Oktober 2018 angehörte. In dieser Zeit wurde ich oftmals zum Präsidenten und Vizepräsidenten des Gesamtkongresses sowie zum Kammerpräsidenten sowohl der Gemeinden als auch der Regionen gewählt.

Einer der Schwerpunkte dieser langjährigen Arbeit war die regionale und kommunale Zusammenarbeit in Europa und in den Mitgliedsländern des Europarates mit einem Schwerpunkt bezüglich der grenzüberschreitenden Zusammenarbeit.

Meine Wahl in diese Führungspositionen wurde dadurch erleichtert, da die Stadt Innsbruck schon unter dem Bürgermeister DDr. Alois Lugger 1994 vom Ministerkomitee des Europarates mit dem Titel „Europastadt" ausgezeichnet und DDr. Lugger langjähriger erster Vizepräsident des Rates der Gemeinden und Regionen Europas und Präsident der ständigen Konferenz der Gemeinden und Regionen Europas, Vorläufer des Kongresses der Gemeinden und Regionen war.

DDr. Alois Lugger war 27 Jahre Bürgermeister von Innsbruck, 15 Jahre auch Präsident des Tiroler Landtages und wie bereits festgestellt auf europäischer Ebene bestens vernetzt und hoch angesehen. Es ist meine Überzeugung, dass aufgrund dieses europapolitischen Engagements von DDr. Alois Lugger es bereits wenige Jahre nach Abschluss des österreichischen Staatsvertrages möglich wurde, die Vergabe der Olympischen Winterspiele 1964 an die Stadt Innsbruck zu erreichen, wodurch die Bekanntheit Innsbrucks und damit auch Tirols weltweit wesentlich gesteigert und ein wichtiger Beitrag für die internationale Anerkennung Österreichs und Tirols erreicht werden konnte.

Die Europaregion Tirol-Südtirol-Trentino

Die Europaregion Tirol-Südtirol/Alto Adige-Trentino wurde 1998 mit dem Ziel gegründet, die grenzüberschreitende Zusammenarbeit der Regionen Land Tirol, Autonome Provinz Südtirol und Autonome Provinz Trentino stärker zu fördern und die gemeinsamen Interessen in Europa besser zur Geltung zu bringen.

Aufgrund der Mitgliedschaft Österreichs und Italiens in der EU und des Schengen-Raumes hat die Bedeutung der Staatsgrenzen abgenommen, was besonders für die Nachfolgeregionen des bis 1918 bestehenden alten Kronlandes Tirols von Bedeutung war.

Diese Europaregion hatte jedoch keine institutionelle Basis, zumal sie formal rechtlich nicht existierte. Die zu jener Zeit politischen Verantwortlichen, angeführt von den drei damaligen Landeshauptleuten Durnwalder, Weigartner und Andreotti, haben sich auf eine freiwillige Zusammenarbeit geeinigt, die jedoch jederzeit beendet werden konnte, da es keine bindenden gegenseitigen Verpflichtungen gab. Politisch beruhte diese Europaregionsgründung auf einem politischen Konsens, der sich, wie bereits dargestellt, über Jahre entwickelt hat.

Bereits in den 70er-Jahren forderte man in Europa die Einbindung der Regionen in den europäischen Einigungsprozess, wobei allerdings das Problem bestand, dass die Regionen Europas in den einzelnen Mitgliedsländern, der EU als auch des Europarates sehr heterogen strukturiert sind und es schwerfällt, hier eine institutionalisierte Mitwirkung zu erreichen. Es wurde auch der Versuch unternommen, Regionen mit gleichen Strukturen und Formen zusammenzubringen.

Ein Beispiel hierfür sind die ständigen Konferenzen der Regierungschefs (REGLEG) und der Präsidenten der Regionsparlamente (CALRE) der Regionen mit Gesetzgebungskompetenzen, die es allerdings nur in föderalistischen Staaten wie Österreich, Deutschland, Belgien, der Schweiz und in Staaten, die Regionen mit einer besonderen Autonomie besitzen, wie zB in Finnland die Åland-Inseln und in Portugal die Azoren und Madeira gibt. Andere Mitgliedsländer der EU wie zB Spanien haben Regionen, die zwar über Gesetzgebungskompetenzen und einen relativ hohen Grad an Autonomie verfügen, aber dennoch nicht als Bundesstaaten organisiert sind, aber Mitglieder von REGLEG und CALRE werden konnten. In vielen anderen Staaten Europas gibt es Regionen, die aber im Wesentlichen als Gemeindekooperationen organisiert und institutionalisiert sind.

Die Gemeindeautonomien werden international rechtlich auch durch die „Charta der lokalen Selbstverwaltung des Europarates" abgesichert, die nunmehr nach jahrzehntelangen Bemühungen des Kongresses der Gemeinden und Regionen des Europarates von allen Mitgliedsstaaten des Europarates ratifiziert wurde.

Diese Charta hat auch Bedeutung für die europäischen Regionen, da diese subsidär auch für die Regionen Anwendung findet. Leider war es bisher nicht möglich, die Zustimmung zu einem Beschluss über eine „Charta der regionalen Selbstverwaltung" herbeizuführen.

Nach jahrelangen Bemühungen ist es dem Kongress allerdings gelungen, einen Beschluss über eine Rahmenvereinbarung zur regionalen Demokratieentwicklung zu erreichen. Im Jahre 1972 berief der Europarat eine Konferenz über die grenzüberschreitende, interregionale Zusammenarbeit in Straßburg ein, die zu einer Definition von Grenzregionen führte. Die Mitgliedsstaaten einigten sich auf eine regionale Zusammenarbeit über Staatsgrenzen hinweg, was zum europäischen Rahmenübereinkommen über die grenzüberschreitende Zusammenarbeit zwischen lokalen Gebietskörperschaften oder Behörden führte.

Die Unterzeichnung dieses Übereinkommens erfolgte 1980 in Madrid und trägt seither die Bezeichnung „Madrider Abkommen". Auf dieser Grundlage, die später durch ein Zusatzprotokoll erweitert wurde, schlossen Österreich und Italien 1994 ein bilaterales Abkommen, in dem sich beide Vertragsparteien in Art 1 zur Stärkung der grenzüberschreitenden Zusammenarbeit bekannten.

Als Bereiche der Zusammenarbeit wurden das Gesundheitswesen, Bildung, Kultur und Sport, Landwirtschaft, Sozialwesen, Umweltschutz und Abfallbeseitigung festgelegt. Italien schloss 1993 ein ähnliches Abkommen mit Frankreich, in dem die vorher genannten Aufgabenbereiche auch um die Bereiche Tourismus, Verkehr und wirtschaftliche Entwicklung erweitert wurden.

Die zunächst von Italien heftig in Frage gestellte Europaregion Tirol-Südtirol-Trentino erhielt dadurch eine rechtliche Grundlage, wodurch auch das gemeinsame Vertretungsbüro der drei Regionen in Brüssel seitens Italiens eine staatliche Akzeptanz erhielt. Die Zusammenarbeit in dieser gemeinsamen Europaregion wurde aber dadurch weder öffentlich-rechtlich noch europarechtlich abgesichert.

Ein Meilenstein der grenzüberschreitenden, regionalen, europäischen Zusammenarbeit wurde durch die Schaffung des Rechtsinstrumentes des europäischen Verbundes für territoriale Zusammenarbeit (EVTZ) erreicht. Die beiden Rechtsinstrumente Madrider Abkommen und EVTZ sollten komplementär sein, allerdings erlangte der EVTZ eine wesentlich höhere Bedeutung, da er als Institution der EU eine gesicherte Rechtsbasis aufweist, während das Madrider Abkommen bisher nur von wenigen Mitgliedsländern des Europarates ratifiziert wurde. Wünschenswert wäre, dass in Zukunft der Europarat auch eine „Charta der regionalen Selbstverwaltung" beschließt, in der auch die Erfahrungen der EVTZs einfließen können. Für den gesamten Tätigkeitsbereich des Europarates, der ja 46 Mitgliedsstaaten einschließlich Russlands, der Ukraine und der Kaukasus-Staaten umfasst, wäre dadurch für die Regionen in allen Mitgliedsländern des Europarates eine klare Rechtsbasis vorhanden.

Österreich hat sich intensiv für die Gründung der EVTZ in der EU eingesetzt und es schien jahrelang, trotz intensiver Bemühungen des Ausschusses der Regionen, unmöglich, dieses Ziel zu erreichen, da sich zentralstaatlich organisierte Mitgliedsländer der Europäischen Union diesem Begehren vehement widersetzten. In diesem Zusammenhang erinnere ich mich an einen Besuch des damaligen Präsidenten des Ausschusses der Regionen Peter Straub (Landtagspräsident von Baden-Württemberg), den ich als Vizepräsident des AdR und österreichischer Delegationsleiter zu seinem Treffen mit dem österreichischen Bundeskanzler Dr. Wolfgang Schüssel begleiten durfte.

Österreich hatte damals den Vorsitz im Europäischen Rat inne und wir trugen Dr. Schüssel unseren dringenden Wunsch nach Gründung des EVTZ vor. Bundeskanzler Schüssel gab uns keine Versprechungen, aber seine Versicherung, sich weiterhin darum zu bemühen, war für uns beruhigend. Diese Bemühungen führten rasch zu einem Erfolg und stellen seither einen großen Entwicklungsschritt in der regionalen Entwicklung Europas dar. Mittlerweile wurden mehr als 50 EVTZ in Europa gegründet und ein Forum der EVTZ im Rahmen des Ausschusses der Regionen gebildet, dessen erster Vorsitzender ich wurde.

Die Institution EVTZ wurde durch die Beschlüsse der zuständigen Gremien um die Zusammenarbeit von Regionen, die sowohl in Mitgliedsländern der EU liegen, als auch in jenen des Europarates, sowie um die Möglichkeit einer staatlichen Beteiligung erweitert, sodass auch Länder wie Luxemburg, Liechtenstein und Moldawien an diesem grenzüberschreitenden EVTZ mitwirken können.

Für die Gründung einer EVTZ ist nicht nur ein Vertragswerk zwischen den beteiligten Regionen erforderlich, sondern auch die Zustimmung der Staaten, in denen diese Regionen liegen. Nach Schaffung der rechtlichen Voraussetzungen auf staatlicher und regionaler Ebene konnte im Jahre 2011 die Europaregion Tirol-Südtirol-Trentino auf Grundlage der EU-Verordnung 1082 vom 5 .7.2006 als zweiter EVTZ in Italien und als erste in Österreich und als 21. in Europa gegründet werden. Jeder EVTZ besitzt Rechtspersönlichkeit und das gemeinsame Büro in Brüssel erhielt dadurch eine auch europarechtlich geschützte Basis. Das gemeinsame Büro des EVTZ Europaregion Tirol-Südtirol-Trentino errichtete ein gemeinsames Büro in Bozen, das nunmehr fast zehn Jahren die erfolgreiche grenzüberschreitende Zusammenarbeit zwischen den drei Regionen administriert.

Diese Europaregion wird von den drei Landeshauptleuten als Direktorium geleitet, die sich in der Vorsitzführung jährlich abwechseln. Neben dem Direktorium gibt es als das wesentliche Beschlussgremium die sogenannte "Assemblea", in der von jeder Region vier Vertreter zusammenwirken, wobei die Regierungen je zwei und die Landtage je zwei Vertreter, somit insgesamt zwölf entsenden. Die Europaregion Tirol-Südtirol-Trentino – ein Zusammenschluss dreier benachbarter, mit Gesetzgebungsbefugnis ausgestatteter Regionen – wird heute vielfach als ein besonderes Modellbeispiel in allen europäischen Gremien und von höchstrangigen EU-Politikern, wie dem früheren EU-Präsidenten Jean-Claude Juncker, hervorgehoben und gelobt.

Abschließend darf ich noch auf die makroregionale Strategie in der EU eingehen. Die makroregionalen Strategien stellen einen neuen Politikansatz auf europäischer Ebene dar. Durch diese Strategien soll für größere staatsübergreifende Teilräume eine Kooperationsbasis gefunden werden. Ale erste makroregionale Strategie wurde die EU-Ostseestrategie (ESBSR), an der die an die Ostsee grenzenden Staaten beteiligt sind, gegründet.

Es folgte die EU-Donauraumstrategie (EUSDR), die Strategie für die Adria und das Ionische Meer (EUSAIR) sowie die Alpenraumstrategie (EUSALP). Die EU-Mitgliedsstaaten wie auch Staaten des Europarates können auch an mehreren Strategien beteiligt sein, so ist Österreich sowohl an der Donauraum- als auch an der Alpenstrategie beteiligt.

Die Gründung der EUSALP stieß zunächst auf große Widerstände, es ist aber dann durch eine enge Zusammenarbeit – vor allem zwischen der französischen Region Rhône-Alpes, dem Land Tirol und der Region Lombardei sowie deren Vertretern im AdR – gelungen, diese Widerstände zu überwinden und durch einen Beschluss im AdR, bei dem ich selbst Berichterstatter im Plenum des AdR war, die Entscheidungsgremien in der EU – Kommission, Rat und Parlament – zu bewegen, die notwendigen Beschlüsse zur Gründung herbeizuführen. Dabei ist es gelungen, dass in regionalisierten Mitgliedsländern der EU die Regionen die gleichen Mitwirkungsrechte erhielten, wie die Staaten. Diese Regelung gibt es nur in der EUSALP.

Die EUSALP umfasst derzeit die Länder Österreich, Slowenien, Italien, Frankreich, Deutschland in der EU, sowie die Schweiz und Liechtenstein als Mitgliedsländer des Europarates. Alle Mitgliedsländer außer Slowenien und Liechtenstein weisen Regionen auf, wobei die regionalisierten Staaten neben dem staatlichen Vertreter auch einen gemeinsamen regionalen Vertreter entsenden.

Staatliche und regionale Vertretung können jeweils nur eine Stimme abgeben, weshalb vorher auf regionaler und staatlicher Ebene ein Konsens gefunden werden muss. Vorsitzender des Leitungsgremiums der EUSALP ist der Tiroler Landeshauptmann Günther Platter, da Österreich im turnusmäßigen Wechsel für zwei Jahre mit der Leitung der EUSALP betraut ist.

Landeshauptmann Günther Platter ist auch Vizepräsident und Vorsitzender der österreichischen Delegation im AdR und setzt sich seit Jahren engagiert für die Erreichung der europapolitischen Ziele Tirols, der Europaregion Tirol-Südtirol-Trentino und der EUSALP ein.

Der gesamte Prozess der grenzüberschreitenden regionalen Zusammenarbeit in Europa, der Entstehung der Europaregion Tirol-Südtirol-Trentino bis zum EVTZ Tirol-Südtirol-Trentino, sowie die Etablierung der makroregionalen Alpenstrategie wäre Tirol ohne das jahrzehntelange entscheidende Wirken des Südtiroler Landeshauptmannes Dr. Luis Durnwalder nicht möglich gewesen, wobei er in diesem Bemühen immer auch vom Trentino unterstützt wurde.

Die Zukunftsperspektive für den EVTZ Europaregion Tirol-Südtirol-Trentino beurteile ich trotz aller EU-Krisen für chancenreich, günstig und noch viel stärker entwicklungsfähig, wofür ich allen Beteiligten und Akteuren viel Erfolg wünsche!

Nikolaus DIMMEL[*]

Soziale Arbeit: Beruf ohne Recht?

1 Zwischen Profession und Beruf

Obgleich die Bedeutung der Sozialen Arbeit über die letzten 30 Jahre hinweg aufgrund der wachsenden sozialen Ungleichheit aber auch der Komplexität sozialer Probleme fraglos zugenommen hat, entbehrt die Soziale Arbeit in Österreich, wie dies auch in anderen EU-Mitgliedstaaten der Fall ist, als beruflich verfasste Dienstleistungstätigkeit einer gesetzlichen Grundlage. Im Sozialrecht wird die Soziale Arbeit nur punktuell erwähnt. Überdies gibt es nicht nur kein Berufsrecht (Berufsgesetz) sondern auch keinen Titelschutz für SozialarbeiterInnen.

Daher wurde im Regierungsprogramm 2020 wurde ein neuer Anlauf[1] unternommen, die Soziale Arbeit in Österreich mit einem eigenen Berufsrecht zu versehen. Hierzu lassen sich einige europäische Orientierungsmarken ausmachen: so wurden bislang kammerähnliche Standesorganisationen der Sozialen Arbeit (Italien) oder auch (eintragungspflichtige) Berufsregister (Niederlande) geschaffen.

Ausgangspunkt der vorliegenden Betrachtung ist, dass die berufsgesetzliche Nicht-Regelung der Sozialen Arbeit nicht ohne den wohlfahrtsstaatlichen Kontext, aber auch nicht ohne eine Analyse des Inhalts der Sozialen Arbeit als sozialer Dienstleistungsarbeit (*Dimmel/Schmid* 2013) erörtert werden kann. Umgehend gerät daher zum einen ins Blickfeld, dass nirgendwo in der österreichischen Sozialrechtsordnung jenseits der Pflege der operative Inhalt sozialer Dienste formal (nach Tätigkeiten und Abläufen) rubriziert ist.

Vielmehr wird wenn überhaupt entweder auf eine als Soziale Arbeit (oder Sozialpädagogik) bezeichnete Arbeit verwiesen, ohne deren Inhalt näher zu bestimmen, oder es wird auf eine absolvierte Ausbildung verwiesen, welche zur Ausübung

---

[*] Prof. DDr. Nikolaus Dimmel, Dr. iur., Dr. phil., Dienstprüfung zum höheren Verwaltungsdienst, diplomierter Sozialmanager, Jurist, Soziologe, Politikwissenschafter, APART-Programm der Österreichischen Akademie der Wissenschaften 1995-97, Venia legendi seit 1997. Tätigkeit als Tischler, Schulden- und Mietrechtsberater, Strafverteidiger, Sozialamtsleiter (1990-95), Universitätsprofessor, GmbH- und OG-Geschäftsführer. Leitung mehrerer Universitätslehrgänge, Lehrtätigkeit an Fachhochschulen/Dept. Soziale Arbeit. Umfangreiche nationale und internationale Consulting-Erfahrung, Geschäftsführer bei InnoSozial (Salzburg) sowie im „Zentrum für Sozialwirtschaft" (ZfSW) (Graz).

[1] ODBS.at, https://www.obds.at/wp/wp-content/uploads/2020/03/Artikel-TT-SozialeArbeit.pdf.

der Tätigkeit der Sozialen Arbeit berechtigt. So wird die Soziale Arbeit in mehreren Rechtsmaterien des Bundes (Beamten-Dienstrechtsgesetz, Bewährungshilfegesetz, Familienberatungsförderungs-Gesetz, Psychotherapiegesetz, Strafprozessordnung, Strafvollzugsgesetz, Jugendgerichtsgesetz) aber auch im 2019 föderalisierten Recht der Kinder- und Jugendhilfe (nicht aber im Sozialhilfe- oder Behindertenrecht der Bundesländer) zwar aufgeführt, aber nicht näher substantiell bestimmt, vor allem was die zur Verrichtung dieser Tätigkeit erforderliche Ausbildung oder den konkreten Inhalt der Tätigkeit der Sozialen Arbeit betrifft.

Zum anderen tritt hervor, dass weder Ansätze, Methoden und Verfahren noch Standards der Sozialen Arbeit legistisch gerahmt sind. Diese Kontingenz der Sozialen Arbeit spiegelt sich auch im völligen Fehlen von Qualitätskriterien und Qualitätssicherungssystemen der Sozialen Arbeit (*Dimmel* 2017), sieht man einmal von der Möglichkeit der Inanspruchnahme von Supervisions-Leistungen im Rahmen der Kinder- und Jugendhilfe ab.

1.1 Ausbildung

Diese unklare Positionsbestimmung der Sozialen Arbeit wurzelt bereits in ihrer Ausbildung. Selbige geht auf die Gründung von Ausbildungseinrichtungen von SozialarbeiterInnen, die vordem als *„Fürsorgerinnen"* bezeichnet wurden, in den 1910er-Jahren zurück. Schon damals qualifizierten unterschiedliche Ausbildungen zum Beruf der *„Fürsorgerin"*, weshalb entsprechende Dienstposten im öffentlichen Dienst der Kommunalverwaltung nicht formal systemisiert wurden, was im Weiteren zu erheblichen Disparitäten in der Einstufung und Besoldung führte.

1930 existierten neben der „Akademie der Fürsorgerinnen Wiens" sieben private Ausbildungseinrichtungen, die 1938 zu einer einheitlichen Ausbildung als NS-Volkspflegerin in einer „Frauenschule für Volks- und Gesundheitspflegerinnen" zusammengeführt wurde. Nach 1945 wurde die Ausbildung neuerlich heterogenisiert. So existierte neben der „Fürsorgeschule der Stadt Wien" eine „Soziale Frauenschule der Diözese Innsbruck", bis 1950 zudem auch noch die privaten „Vereinigten Fachkurse für Volkspflege".

1963 wurden mit dem Schulorganisationsgesetz die Ausbildungen in „Lehranstalten für gehobene Sozialberufe" zusammengeführt, die 1976 in „Akademien für Sozialarbeit" umgewandelt wurden. Zugleich wurde die Ausbildungsdauer von zwei auf drei Jahre erstreckt. 2001 begannen die ersten Fachhochschul-Studiengänge für Soziale Arbeit, die auf acht Semester angelegt mit einem Mag. (FH) abschlossen. Als die Masterstudiengänge an Fachhochschulen 2008 auf das Bologna-System umstellten, wurde die Grundausbildung auf sechs Semester (Bachelor-Abschluss) verkürzt; allerdings war danach eine vier -semestrige Ausbildung zum „Master für sozialwissenschaftliche Berufe" möglich, sodass Begriff und Funktion der Sozialen Arbeit selbst im einschlägigen Bildungsabschluss nicht ersichtlich sind. Der Begriff der Sozialen Arbeit kam im Bildungsabschluss nicht einmal mehr vor.

Zugleich schweigt auch das Ausbildungsrecht dazu, was die Soziale Arbeit denn nun eigentlich darstellt. Das Fachhochschulgesetz (FHG),[2] welches den Rahmen der Durchführung der Curricula zur Ausbildung von SozialarbeiterInnen bildet, bestimmt in seinem § 8 Abs 1 nur, dass die Akkreditierung eines Studienganges „Soziale Arbeit" durch die Agentur für Qualitätssicherung und Akkreditierung Austria zu erfolgen hat, wobei § 3 leg. cit. bloß allgemeine Grundsätze festschreibt. Zu diesen gehören etwa die Gewährleistung einer praxisbezogenen Ausbildung auf Hochschulniveau, die Vermittlung der Fähigkeit, die Aufgaben des Berufsfeldes auf dem Stand der Wissenschaft zu lösen oder die Berücksichtigung der Vielfalt wissenschaftlicher Lehrmeinungen. Inhalte der Sozialen Arbeit werden nur über die konkreten (unterschiedlichen) Curricula definiert, welche allerdings ohne transparente fachliche Kriterien akkreditiert werden. Ein kohärentes Tätigkeitsbild der Sozialen Arbeit lässt sich aus dem Ausbildungsrecht nicht ableiten.

Diese Leerstelle geht freilich auch darauf zurück, dass die Sozialarbeitswissenschaft (*Scherr* 2012) selbst ein Hybrid darstellt, das sich letztlich aus einer mehr oder weniger interdisziplinär positionierten Serie von Destillaten von Bezugswissenschaften (etwa: Pädagogik, Recht, Psychologie, Soziologie, Sozialpolitik, Ethik) und prozessualen wie interventionistischen Methoden (Psychotherapie, Konfliktmediation, Case Management, Gemeinwesen- und Biografiearbeit, Diagnosen, Fallrekonstruktionen) in verschiedenen Arbeitsfeldern (Kinder- und Jugendhilfe, Gesundheitswesen, Sozial-, Behinderten- und Altenhilfe, Migrationsmanagement) zusammensetzt.

Anzumerken bleibt, dass die wissenschaftliche Ausbildung für die Verrichtung Sozialer Arbeit im EU-Vergleich auf zwei Ebenen (Fachhochschulen und Universitäten) mit unterschiedlichen Begrifflichkeiten, Ausbildungsdauern und Praktika stattfindet und zudem auch unterschiedlichen ‚Leitwissenschaften' und wissenschaftlichen Paradigmen zugeordnet wird. In Skandinavien und Südeuropa findet die Ausbildung vor allem an Universitäten, in Zentraleuropa und damit auch in Österreich an Fachhochschulen statt (*Hirschler/Sander* 2012).

1.2 Profession oder Beruf?

Die Soziale Arbeit nimmt für sich eine professionelle Identität in Anspruch (*Thiersch* 2011). Allerdings ist die Frage, ob von der Sozialen Arbeit als Beruf

---

[2] BGBl 340/1993 idF 77/2020.

oder Profession die Rede sein kann, umstritten. Zugleich wird vielfach gerügt, dass jenes Professionalisierungspostulat der Sozialen Arbeit durch die Preisgabe der Positionen einer kritisch-materialistischen Gesellschaftstheorie Sozialer Arbeit erkauft (*Bommes/Scherr* 2000, 48) wurde. Der Preis dieses Integrationserfolges, welcher die Soziale Arbeit in die Rolle eines Agenten wohlfahrtsstaatlichen ´social engeneering` hievte, war demnach die Verengung ihrer Gesellschaftskritik auf ein Instrument der sozial-konformen Wiedereingliederung (*Neumann* 2012) sowie die Aufgabe ihres sozialpolitischen ‚Voicing' (*Winkler* 2011).

Dieses Selbstverständnis der Sozialen Arbeit als Profession (*Staub-Bernasconi* 2013) kontrastiert harsch sowohl mit der materiellen Sozialrechtslage wie auch dem Vollzug der Sozialverwaltungen. Einerseits fassen *Deller/Brake* (2014, 56ff) die Soziale Arbeit als Profession mit der Begründung, dass sie ihr Berufsbild reflexiv handhabt; so auch *Dewe/Otto* (2012) in ihrem Modell des Modells der „reflexiven Professionalität". Andererseits ist die Soziale Arbeit weder formalrechtlich als Profession anerkannt, sozialrechtlich als Leistungsform und -inhalt verankert noch professionssoziologisch als Profession funktional rekonstruierbar.

Die Tragweite dieser Differenzierung wird klarer, unterscheidet man zwischen Profession und Berufsstand. Professionssoziologisch betrachtet gilt als Profession ein freier, selbstständig verrichteter Beruf, der eine staatlich lizensierte akademisch-wissenschaftliche Ausbildung (Sonderwissen, Fachterminologie) voraussetzt, staatlich im Hinblick auf die Berufsausübung reguliert wird und (teil) autonom (ständisch organisiert) handeln kann (*Stichweh* 1996).

Eine Profession ist ein freier Beruf im öffentlichen Interesse, der eben nicht durch eine Ordnung der Gewerbe oder ein bloß Mindestanforderungen festschreibendes Berufsrecht, sondern durch ständische Berufsgesetze geregelt wird, also einen Berufsstand mit gesonderten Rechten und Pflichten verkörpert, einer berufbaren Berufsethik unterliegt, ein eigenständiges Disziplinarwesen unterhält, sich selbst kammerförmig organisiert und dabei formal staatlicher Aufsicht unterliegt. (*Pfadenhauer/ Sander* 2010) zufolge setzt eine Profession

a) eine gesetzliche Grundlage für ihre berufliche Akademisierung,

b) ihre (kammerförmige, ständische) Selbstverwaltung,

c) ihre verfassungsrechtlich als Selbstverwaltung strukturierte autonome interne Gestaltungsfreiheit sowie

d) auf berufsethischen Grundlagen beruhende rechtlich durchsetzbare Standards,

Rechte und (Berufs)Pflichten voraus. Eine Profession weist zugleich formale Selbstrekrutierungsmechanismen, etwa eine Rechtsanwaltsprüfung sowie kontrollierbare bzw durchsetzbare Standards bzw Verfahren der Berufsausübung auf. *Kurtz* (2005, 36) zufolge treten ein *'code of ethics'*, die gesetzliche Beschränkung der Verfolgung von Eigeninteressen, eine exklusives Handlungskompetenzmonopol, die Fach- und Sachautorität im Rahmen der Berufsausübung sowie die Selbstkontrolle durch eine berufsverbandliche Interessenvertretung hinzu. Nichts davon trifft auf die Soziale Arbeit zu.

Gleichwohl ist die Soziale Arbeit ein Beruf, welcher auf einer abgeschlossenen Berufsausbildung mit urkundlich bestätigtem Qualifikationsnachweis beruht. Dabei kann zwischen reglementierten, nicht-reglementierten und freien, fachlich vorgebildeten, überwiegend selbständigen Berufen unterschieden werden. Reglementiert sind Berufe, deren Aufnahme oder Ausübung durch Rechts- und Verwaltungsvorschriften an bestimmte erworbene Berufsqualifikationen gebunden ist. Als nicht-reglementiert gelten Berufe, die ohne formelle staatliche Anerkennung ausgeübt werden können. Für diese besteht keine gesetzliche Regelungszuständigkeit und auch kein allgemeiner Rechtsanspruch auf Anerkennung, weshalb hier Arbeitgeber die Eignung bzw Qualifikation eines/r Arbeitnehmers/in einem mehr oder weniger strukturierten Assessment unterziehen.

Ein Großteil der Berufe im Gesundheits- und Sozialbereich unter Einschluss eines Teilbereichs der Sozialen Arbeit kann zwar als reglementiert verstanden werden. Diese Reglementierung aber konstituiert wie dargetan noch keine Profession, da diese jedenfalls Selbstorganisation und formal rubrizierte, disziplinär durchsetzbare Berufspflichten voraussetzt. Indes sind die Übergänge zwischen Beruf und Profession fließend, gerade wenn man ständische Organisationsformen, eine operative Gestaltungs- und Entscheidungsfreiheit sowie eine Berufsethik als Abgrenzungskriterien heranzieht.

So rubriziert etwa § 2 Hebammengesetz (HebG)[3] den beruflichen Tätigkeitsbereich, während der zweite Abschnitt des HebG die Pflichten der ständisch verfassten Profession detailliert vorgibt. Das Gesundheits- und Krankenpflegegesetz (GuKG)[4] wiederum regelt Ausbildungsanforderungen, Berufsberechtigungen, Berufsbezeichnungen, Berufspflichten, Berufsbilder und Kompetenzbereiche, räumt aber keine Selbstrekrutierung, Selbstverwaltung oder Disziplinarautonomie ein, wenngleich es in seinen §§ 16, 17 von multiprofessionellen Kompetenzbereichen der spezialisierter pflegerischen Expertise spricht. Jedenfalls keine Profession verkörpern die Sozialbetreuungsberufe, da die Vereinbarung gem Art 15a B-VG zwischen dem Bund und den Ländern über Sozialbetreuungsberufe[5] bloß Berufsbild, Tätigkeit, Ausbildung, Berufsberechtigung sowie die Berufsbezeichnung der

---

[3] BGBl 310/1994 idF 105/2019.
[4] BGBl 108/1997 idF 23/2020.
[5] BGBl 55/2005.

Angehörigen der Sozialbetreuungsberufe in Altenarbeit, Familienarbeit, Behindertenarbeit und Behindertenbegleitung nach gleichartigen Zielsetzungen und Grundsätzen regelt.

In diesem Kontext betrachtet handelt es sich bei der Sozialen Arbeit nicht um eine Profession, da es ihr an den erörterten Merkmalen einer Profession fehlt. Es mangelt ihr insbesondere an ständischer Organisation, der Berechtigung zu autonomer Arbeitsorganisation, disziplinär durchsetzbarer Arbeitsethik, einem formalen Berufsrecht wie einer einfachgesetzlichen Verankerung im materiellen Sozialrecht. Ob und wie SozialarbeiterInnen in sozialen Diensten zum Einsatz gelangen ist abgesehen von der Kinder- und Jugendhilfe überhaupt kontingent.

Darüber wird nicht nach gesetzlichen Vorgaben, sondern vielmehr im Rahmen der öffentlichen Beschaffung sowie des Abschlusses von Leistungsverträgen entschieden, wobei sich materiale Vorgaben der Dienstleistungsqualität sofern überhaupt vorhanden nicht in Gesetzen oder Verordnungen, sondern allenfalls in Richtlinien der Privatwirtschaftsverwaltung finden. In allen Bundesländern finden sich zu den sozialen Diensten der Sozial- und Behindertenhilfe im stationären, ambulanten und mobilen Bereich bloß allgemeine Vorgaben, denen nach im Rahmen von Betriebsbewilligungen und Leistungsvereinbarungen Angaben zum Personal in Anträgen, Bescheiden und Leistungs- bzw Rahmenvereinbarungen mit DienstleisterInnen aufzunehmen sind.[6]

Die Soziale Arbeit kann nur in Teilbereichen als reglementierter, muss indes überwiegend als nicht-reglementierter Beruf verstanden werden, da eine ausdrückliche Qualifikation als SozialarbeiterIn zur Verrichtung einer sozialen Dienstleistungsarbeit im Bundesländervergleich abgesehen von der Ausnahme der Kinder- und Jugendhilfe sowie (auf bundesgesetzlicher Ebene) der Bewährungshilfe[7]nur akzidentiell bzw nicht systematisch und einheitlich vorgeschrieben ist.

So wird in § 7 Tiroler Kinder- und Jugendhilfegesetz (TKJH)[8] die fachliche Ausrichtung der Sozialdienstleistung dadurch sichergestellt, dass nur fachlich qualifizierte und persönlich geeignete Personen beschäftigt werden dürfen, welche eine Ausbildung an einer Akademie, einer Hochschule, einer Universität oder an einer anderen Ausbildungseinrichtung abgeschlossen haben, die besondere Kenntnisse in den Bereichen der Pädagogik, der Familienpädagogik, der Sozialpädagogik, der

---

6 Bsp §§ 41, 42 Tiroler Teilhabegesetz (TTHG), LGBl 32/2018 idF 161/2020; § 30 Oö ChG, LGBl 41/2008 idF 82/2020; § 43 Stmk Behindertengesetz (StB HG) LGBl 26/2004 idF 113/2020 iVm Anlage 1 der Stmk Leistungs- und Entgeltverordnung (LEVO) StBHG LGBl 2/ 2015 idF 47/2020.
7 § 17 Bewährungshilfegesetz, BGBl 146/1969 idF 32/2018.
8 LGBl 150/2013 idF 10/2021.

Sozialarbeit, der Erziehungswissenschaften, der Psychologie und Psychotherapie vermittelt. In den meisten sozialen Beratungs- und Betreuungs-Dienstleistungen, etwa den Sozial-, Familien- Migrations- oder Drogenberatungseinrichtungen, verkörpert die Soziale Arbeit bloß eine dauerhafte, erlernte, spezialisierte, mit formalem Qualifikationsnachweis versehene Erwerbstätigkeit mit dem Ziel der Erwirtschaftung des eigenen Lebensunterhaltes ohne typisierten, bevorrangten oder ausschließlichen Zugang zu einer Sozialdienstleistungstätigkeit.

Dass es sich bei der Sozialen Arbeit jedenfalls um einen Beruf handelt, welcher auf einer formalen Ausbildung beruht, ist indes unstrittig. Bereits eine zweijährige Ausbildung zur Altenhelferin begründet einen Berufsschutz im Sinne des § 255 Abs 1 ASVG.[9] Erst recht gilt dies für eine Sozialarbeitsausbildung auf Bakkalaureats-Niveau.

Indes ist die Entlohnung der Sozialen Arbeit als Beruf auf systematische Weise geregelt. Im SWÖ-KV als einem von insgesamt acht Kollektivverträgen, in welchen Entlohnung und Beschäftigungsbedingungen sozialwirtschaftlicher Dienstleistungen geregelt werden, sind SozialarbeiterInnen in der Verwendungsgruppe 8 förmlich rubriziert (*SWÖ* 2020, 19). Im Gesundheitsberuferegister wiederum ist die Eintragung von SozialarbeiterInnen gem § 1 Abs 2 Gesundheitsberuferegister-Gesetz (GBRG)[10] zwar nicht vorgesehen, am Arbeitsmarkt von Arbeitgebern aber als beruflicher Qualifikationsnachweise nachgefragt.

Im Ergebnis ist das Spektrum der Befähigungen eines/r Sozialarbeiters/in unklar. Zwar ist die Durchführung einer Ausbildung zur Befähigung der Verrichtung Sozialer Arbeit samt Verleihung eines akademischen Grades verregelt, zugleich aber sind Methoden, Inhalte, Verfahren und Standards der Berufsausübung sowie auch die Führung des Titels als Berufsbezeichnung nicht gesetzlich geregelt. Das gilt auch für Inhalte der Berufsausbildung.

Zwar sind die Masterstudiengänge an den Fachhochschulen (Studiengänge Sozialarbeit, Soziale Arbeit, Sozialmanagement) grundsätzlich vergleichbar, zumal sie die gleiche Anzahl von ECTS-Punkten aufweisen, inhaltlich aber vermitteln aber kein einheitliches Qualifikationsbild, wie ein Vergleich der Curricula und der Schwerpunktsetzungen an den unterschiedlichen Bildungsstandorten zeigt. Es handelt sich nur in Segmenten sozialer Dienste um einen reglementierten Beruf, keinesfalls um eine Profession.

---

[9] OGH 26.7.2007, 10 Ob S 66/07i.
[10] BGBl 120/2016 idF 100/2018.

1.3 Tätigkeitsbereiche

Die empirische Verteilung der SozialarbeiterInnen auf jeweilige Arbeitsmarkt-segmente und Tätigkeitsbereiche ist weithin unklar, was freilich für die Beschlussfassung eines Berufsrechts essentiell wäre Für Österreich liegen keine belastbaren Angaben über die Gesamtzahl der berufstätigen SozialarbeiterInnen, deren Verteilung zwischen selbst- und unselbständiger Arbeit oder jeweiligen Arbeitsfeldern vor. Schätzungen zufolge sind es insgesamt etwa 6.000 Personen.

Der weitaus überwiegende Anteil der als SozialarbeiterInnen Tätigen ist abhängig beschäftigt und unterliegt dem Angestelltengesetz.[11] Damit ist die Berufsausübung Sozialer Arbeit im Wesentlichen durch die Arbeitnehmerrechte und -pflichten (Vergütung der Arbeitsleistung, Entgeltzahlung, Entgeltfortzahlung während Urlaub, Krankheit oder Arbeitsunfähigkeit, Abführung von Steuern und Sozialversicherungsbeiträgen, Erholungsurlaub) der Angestellten determiniert. Zugleich sind Schäden aus Fehlleistungen im Rahmen einer Betreuung oder einer Falschberatung durch SozialarbeiterInnen im Rahmen des Dienstnehmerhaftpflichtgesetzes (DHG)[12] abgedeckt.

Daneben lässt sich eine Reihe von Tätigkeitsfeldern identifizieren, in welchen Sozialarbeit selbständig wie etwa in der betrieblichen Sozialarbeit („Human Resources Management") erbracht wird (*Göbl* 2013). Seit 2013 werden SozialarbeiterInnen als Angehörige eines „freien Berufes" gelistet. Zugleich ist der freiberuflich verrichteten Sozialen Arbeit mit der Lebens- und Sozialberatung, welche auf Grundlage von § 18 Abs 1 GewO als Gewerbe rubriziert ist, Konkurrenz erwachsen. Jüngst geht die Wirtschaftskammer gegen SozialarbeiterInnen, die Supervisonsleistungen anbieten, mit dem Argument vor, dies sei Lebens- und SozialberaterInnen sowie psychotherapeutisch ausgebildeten Supervisoren vorbehalten. Die Abgrenzung beruflicher Kompetenzfelder ist also strittig.

Wollen SozialarbeiterInnen freiberuflich tätig werden, so ist folglich der Nachweis der Voraussetzungen für den Erwerb eines Gewerbescheins für die Ausübung der Lebens- und Sozialberatung erforderlich. Die Lebens- und Sozialberater-Verordnung[13] sieht in § 1 Ziff 1 unter Referenz auf § 94 Ziff 46 GewO eine Reihe von Zugangsvoraussetzungen vor, nämlich die Absolvierung des Lehrgangs für Lebens- und Sozialberatung (Ethik, BWL, Sozialrecht, Krisenintervention etc.), Einzelselbsterfahrung und supervidierte fachliche Tätigkeit.

Gem § 1 Ziff 2 Lebens- und Sozialberater-Verordnung ist allerdings der Abschluss einer Ausbildung an einer „Akademie für Sozialarbeit oder in einer vergleichba-

---

[11] BGBl 202/1921 idF 74/2019.
[12] BGBl 80/1965 idF 169/1983.
[13] BGBl 140/2003 idF 112/2006.

ren Studienrichtung" sowie einem Fachhochschul-Studiengang aus dem Bereich „Sozialarbeit" dem gleich zu halten. Ausbildungsberechtigt sind nur gem § 119 Abs 5 GewO zertifizierte Ausbildungseinrichtungen.

2 Sozialarbeiterisches Berufsrecht

Vor diesem Hintergrund sprechen derzeit mehrere Gründe für die Festschreibung eines Titelschutzes und den Inhalt der Sozialen Arbeit, aber gegen die Erlassung eines Berufsgesetzes der Sozialen Arbeit, um Zugang zu, Inhalte und die Qualität Sozialer Arbeit zu regeln.

Dabei ist auf drei Aspekte zu verweisen, welche bislang die ablehnende Haltung gegenüber den bisherigen Entwürfen zu einem Berufsgesetz begründet haben, nämlich zum ersten die Kollisionen der Entwürfe mit bestehenden Professionen, reglementierten Berufen sowie der Autonomie von (Aus)Bildungseinrichtungen (Fachhochschulen), zum zweiten das Triple-Mandat der Sozialen Arbeit und zum dritten die fehlende materiellrechtliche Determination des Inhaltes von Sozialdienstleistungen sowie der damit in Zusammenhang fehlende Rechtsanspruch auf die Inanspruchnahme sozialer Dienste als einer Residualkategorie des Wohlfahrtsstaates, die im Rahmen der Privatwirtschaftsverwaltung ohne Vorhalteverpflichtung und Gewährleistungsverantwortung der öffentlichen Hand erbracht wird. Daraus wiederum erklärt sich das Fehlen von (seitens ihrer KlientInnen) berufbaren, durchsetzbaren Standards der Sozialen Arbeit.

Grosso modo bewegt sich die Soziale Arbeit in einem nicht klar eingegrenzten Arbeitsfeld, auf dem sie neben Pädagog-, Jurist-, Soziolog-, Psycholog-, Lebens- und SozialberaterInnen sowie anderen Sozialbetreuungs-Berufen agiert. Zudem arbeitet eine nicht-quantifizierbare Anzahl von Personen als SozialarbeiterInnen ohne eine entsprechende Ausbildung absolviert zu haben. Zwischen diesen Gruppen entstehen Konfliktlinien, die durch das Interesse der öffentlichen Hand an konsekutiver Kostenminimierung (Budgetkonsolidierung) geprägt sind.

Befugnis, Berufsbild, Form, Inhalt und Prozess der Tätigkeit als SozialarbeiterIn sind also nicht (oder nur ansatzweise) gesetzlich verankert. Ein klarer gesetzlicher verankerter Arbeitsauftrag mit gesellschaftspolitischen Zielsetzungen, fixierten Methoden und Verfahren, Qualitätsstandards sowie Regeln für die Bestimmung von 'Output' und 'Out-come' existiert nicht. Faktisch handelt es sich um zugleich um einen Nischen- und „Jedermannsberuf". Gegen die Indifferenz des (Sozialrechts)Gesetzgebers hat der OBDS auf Grundlage der Richtlinien der International Federation of Social Workers (IFSW) ein Berufsbild[14] beschlossen, wel-

---

[14] https://www.obds.at/wp/wp-content/uploads/2018/05/Berufsbild-Sozialarbeit-2017-06-beschlossen.pdf.

ches Zielgruppen, gesellschaftlichen Auftrag, Aufgaben, Ansätze, Ziele, Methoden und Handlungsfelder der Sozialen Arbeit benennt.

Dieses Berufsbild ist allerdings derart abstrakt, dass es sich legistisch nicht rahmen lässt, beschreibt es doch die Soziale Arbeit als ethisch-angeleitete, professionelle und ganzheitliche (Menschen, Gruppen und Gemeinwesen adressierende) Hilfe zur Alltagsbewältigung unter Wahrung der Achtung der Würde des Menschen mit dem Ziel der Herstellung sozialer Gerechtigkeit bzw der Bekämpfung von Ungerechtigkeit. Aus diesem allgemein gehaltenen Berufsbild eines „helfenden Berufes" lassen sich keine normativ operationalisierbaren und überprüfbaren Standards ableiten.

2.1 Überzogene Ansprüche

1996 verabschiedete der OBDS[15] einen Entwurf zu einem Berufsbild „Diplomierter SozialarbeiterInnen", der 1997 Grundlage standespolitischer Verhandlungen mit zuständigen Ministerien und dem Bundeskanzleramt war. Dieses Vorhaben scheiterte, weil die Bundesländer zwar unter Hinweis auf den Kompetenztatbestand des Art 12 Abs 1 B-VG die Kompetenz zur Regelung von Fragen der Sozialen Arbeit beanspruchten, zugleich aber weder davor noch danach jemals diese Regelungskompetenz auch tatsächlich genutzt haben. Überdies fehlte 1997 eine wesentliche Grundlage der Schaffung eines Berufsrechts, nämlich eine akademisierte Ausbildung der Sozialen Arbeit. Der Abschluss einer Vereinbarung gem Art 15 a B-VG wurde daher nicht in Erwägung gezogen.

2009 wurde ein modifizierter Entwurf des OBDS mittels eines Initiativantrags der FPÖ[16] im Nationalrat eingebracht, wobei in der ersten Lesung Einvernehmen über das Erfordernis einer berufsrechtlichen Normierung bestand, und dem Sozialausschuss zugewiesen, welcher den Antrag 2010 vertagte. Der Entwurf „versandete".

2018[17] reproduzierte der Wiener Entwurf des OBDS im Wesentlichen das bereits vordem erfolglos unterbreitete Berufsbild. Substantiell spiegelt sich darin das Bemühen um eine ständische, die Interessen der Berufsgruppe repräsentierende Abgrenzung von anderen Berufsgruppen der sozialen Dienstleistungsarbeit. Hierbei steht die Berechtigung zur selbst- und unselbstständigen Ausübung der Berufe unter Führung der Berufsbezeichnung in einer öffentlich geführten Liste der zur Berufsausübung Berechtigten (§ 4) im Zentrum, ergänzt durch Vorgaben

---

[15] Österreichischer Bundesdachverband Soziale Arbeit.
[16] 428/A, 24. GP.
[17] https://www.obds.at/wp/wp-content/uploads/2018/04/wiener_entwurf_berufsgesetz_soziale_arbeit_mai_2017.pdf.

hinsichtlich der Ausbildung von SozialarbeiterInnen, Sozialpädagog- und SozialarbeitswissenschafterInnen an Fachhochschulen (§§ 6, 7 und 8). Der Entwurf listet konkrete Tätigkeiten (§ 10), Dokumentationspflichten (§ 11), Verschwiegenheitspflichten (§ 12), Auskunftspflichten (§ 12) und Fortbildungspflichten (§ 13) der Sozialarbeit auf und benennt zudem auch eigene Regeln zum Datenschutz.

Neuerlich liegt die legistische Kernproblematik des Entwurfs darin, dass hier verschiedene Ebenen (Berufsrecht samt Titelschutz, materielles und prozedurales Sozialrecht, Leistungsvertragsrecht der Privatwirtschaftsverwaltung, Datenschutzrecht) wenig zielführend vermengt werden. Bereits *Suppan* (2011, 295) hielt hinsichtlich des Entwurfs aus 2009 fest, dass der Antrag eine unsystematische Vermengung von standesrechtlichen Bestimmungen, Verfahrensnormen, berufsrechtlichen Maßgaben, menschenrechtlichen Bestimmungen, ethischen Imperativen und leistungsrechtlichen Bestimmungen verkörperte.

Die Imputation des "Code of Ethics" der International Federation of Social Workers (IFSW) sowie von Bestimmungen aus dem UN-Sozialpakt, dem UN-Zivilpakt oder den ILO-Konventionen spiegelt(e) ein grundsätzliches Missverständnis, da es sich dabei um Staatszielbestimmungen und nicht um individuell durchsetzbare Ansprüche handelt wie auch die Referenz auf Rechtsanwaltsordnung (RAO),[18] Notariatsordnung (NO)[19] oder Ärztegesetz[20] völlig verkannte und verkennt, dass eine berufsständische, kammerförmige Organisationsstruktur mit Pflichtmitgliedschaft und autonomem Disziplinarrecht (Aberkennung der Berufsberechtigung) eine selbständige Tätigkeit **als Profession** voraussetzt.

Zugleich war im Antrag der als Berufsschutz formulierte Tätigkeitsvorbehalt zugunsten des als „frei" statuierten Berufes der Sozialen Arbeit gänzlich unbestimmt, sodass unerkennbar blieb, warum etwa die ganzheitliche Erfassung einer sozialen Situation, eine Konfliktregelung oder das Abfassen von Schriftstücken zugunsten von KlientInnen eine genuin sozialarbeiterische Tätigkeit sein sollte, einmal ganz abgesehen davon, dass diese Tätigkeit ggf. den Tatbestand der Winkelschreiberei realisiert. Bekanntlich bestimmt § 1 der Winkelschreiberverordnung,[21] dass jede/r, der/die ohne berechtigter Rechtsfreund zu sein, in denjenigen Streitsachen, in welchen sich die Parteien nach den Vorschriften der Prozessordnung eines Rechtsfreundes bedienen müssen, unbefugter Weise Eingaben für die Partei verfasst, als Winkelschreiber anzusehen ist.

---

[18] RGBl. 96/1868 idF BGBl 156/2020.
[19] RGBl. 75/1871 idF BGBl 157/2020.
[20] BGBl 169/1998 idF 156/2005.
[21] Verordnung des Justizministeriums vom 8. Juni 1857, wirksam für den ganzen Umfang des Reiches, mit Ausnahme der Militärgränze, betreffend die Behandlung der Winkelschreiber; RGBl 114/1857 idF BGBl 343/1989.

Ähnliche Abgrenzungprobleme bestehen im Zusammenhang mit der Konfliktmediation, bestimmt doch § 1 Zivilrechts-Mediations-Gesetz (ZivMediatG)[22] zum einen, dass Mediation nur durch eine/n fachlich ausgebildeten, neutralen VermittlerIn (MediatorIn) mit anerkannten Methoden die Kommunikation erfolgen darf und zudem gem §§ 9, 10 ZivMediatG eine Eintragung in der Mediatorenliste zu erfolgen hat, die eine entsprechende fachliche Qualifikation voraussetzt, wobei neben SozialarbeiterInnen auch Psychotherapeuten, klinische Psychologen und Gesundheitspsychologen, Rechtsanwalt-, Notar-, Richter-, Staatsanwalt-, Wirtschaftreuhänder-, Lebens- und Sozial- oder UnternehmensberaterInnen als qualifiziert gelten.

Gänzlich abstrus erscheint schließlich das im Initiativantrag eingearbeitete Konzept eines Kontroll- und Zertifizierungsrechts gegenüber Lehrinhalten und Lehrenden der FH-Studiengänge. Dies kollidiert nicht nur mit § 7 Abs 5 FHG, sondern auch mit § 22 Universitätsgesetz[23] und den hochschulstudienrechtlichen Bestimmungen zum Erwerb einer akademischen Lehrbefugnis. Denn die Anmutung, eine ständisch verfasste Berufsorganisation solle Lehrbefugnisse an Hochschulen kontrollieren, greift unverkennbar in die Hochschulautonomie ein.

Die Freiheit der Wissenschaft ist demgegenüber durch Art 17 Staatsgrundgesetz (StGG)[24] über die allgemeinen Rechte der Staatsbürger und darüber hinaus durch § 2 Universitätsgesetz geschützt, demnach die leitenden Grundsätze für die autonomen Universitäten bei der Erfüllung ihrer Aufgaben nicht nur in der Freiheit von Forschung und Lehre, sondern auch in der Vielfalt wissenschaftlicher Theorien, Methoden und Lehrmeinungen bestehen.

Gem § 103 Abs 1 Universitätsgesetz hat das jeweilige Rektorat das Recht, im Wirkungsbereich seiner Universität auf Antrag die Lehrbefugnis (venia docendi) für ein ganzes wissenschaftliches Fach zu erteilen. Mit der Erteilung der Lehrbefugnis ist das Recht verbunden, die wissenschaftliche oder künstlerische Lehre an dieser Universität mittels und innerhalb ihrer Einrichtungen frei auszuüben sowie wissenschaftliche oder künstlerische Arbeiten zu betreuen und zu beurteilen. Für Kontroll- oder Eingriffsrechte einer berufsständischen Organisation besteht hier kein Spielraum.

Nach 2008 wendeten sich pointierterweise die Fachhochschulen gegen das Vorhaben der Erlassung eines Berufsrechts. Damit scheiterten sämtliche Versuche, die gesetzliche Absicherung der Sozialen Arbeit mit einem Berufsgesetz zu Sozialarbeit und Sozialpädagogik auf Bundesebene vorzunehmen.

---

[22] BGBl 29/2003 idF 30/2020.
[23] BGBl 120/2002 idF 31/2018.
[24] RGBl Nr 142/1867.

2.2 Triple-Mandat

Die Soziale Arbeit hat kein eigenständiges Vertretungs- oder Behandlungsmandat wie die Rechtsanwaltschaft, das Notariat, die Hebammen- oder die Ärzteschaft. Sie unterliegt vielmehr einem Dreifachmandat, soll sie doch die Interessen ihrer KlientInnen im Rahmen der (Sozial-)Rechtsordnung vertreten, Aufträge der öffentlichen Hand als Träger und (Co-)Financier sozialer Hilfen erfüllen und die Wahrung prozeduraler Standards sicherstellen (*Kapeller* 2007).

Sie muss also Unterstützung/Hilfe, Kontrolle und Fachlichkeit zugleich exekutieren und wahren (*Müller* 2001). Diese Widersprüchlichkeit in der Helfer-Klient-Beziehung ist konstitutiv für die Soziale Arbeit (*Urban* 2004), die damit auch soziale Ausgrenzung organisiert (*Wacquant* 2015). Die hehre Selbstbeschreibung der Sozialen Arbeit als Verteidiger/in von Menschenrechten und Moralagentur zur Durchsetzung gerechter Verteilungsverhältnisse entspricht also nicht der Realität (*Seithe* 2011).

Diese Ambivalenz wird dadurch unterstrichen, dass der weitaus überwiegende Anteil der SozialarbeiterInnen bei privat-gemeinnützigen Trägern abhängig beschäftigt ist, dortselbst einem Weisungsrecht unterliegt, teils unmittelbare Anweisungen der öffentlichen Hand erhält, dem Angestelltengesetz sowie einem Kollektivvertrag unterliegt, und zudem auch im Rahmen der befristeten und einseitig von den Auftraggebern determinierten Leistungsverträge agiert, auf deren Grundlage ihre Arbeitgeber erheblichenteils als Erfüllungsgehilfen der öffentlichen Hand abhängig von öffentlichen Geldern fungieren. Solcherart verkörpert die Soziale Arbeit einen (unter mehreren) Berufen, welche private Sozialdienstleister nutzen, um als Erfüllungsgehilfen der öffentlichen Hand bei der Wahrnehmung wohlfahrtsstaatlicher Aufgaben im Rahmen der Privatwirtschaftsverwaltung zu agieren.

2.3 Soziale Arbeit ohne materiellrechtliche Determination

Die Soziale Arbeit ist wie angedeutet materiellrechtlich im Sozialrecht nicht inhaltlich determiniert. Weder ist bestimmt, was der Inhalt der Sozialen Arbeit ist noch, für welche Tätigkeiten SozialarbeiterInnen herangezogen werden müssen. Vielmehr beschränkt sich das Sozialrecht wenn überhaupt darauf, SozialarbeiterInnen aus einem Pool neben anderen Berufen anzuführen.

In der Sozialhilfe (aber auch in der vorgängigen Bedarfsorientierten Mindestsicherung) ist die Soziale Arbeit ungeregelt. In dem neben dem Sbg SUG[25] noch

---

[25] LGBl. 63/2010 idF 21/2020.

immer bestehenden Sozialhilfegesetz (S. SHG)[26] erfolgt dies auf anschauliche Weise. § 22 S.SHG typisiert soziale Dienste, etwa als Hauskrankenpflege, Familienhilfe, Haushaltshilfe oder allgemeine und spezielle Beratungsdienste.

Bei der Besorgung dieser Aufgaben sind bestehende Einrichtungen, die solche Dienste erbringen, soweit möglich, zweckmäßig und wirtschaftlich heranzuziehen. Leistungen an Träger von derartigen Einrichtungen können nur erbracht werden, wenn die Träger und Einrichtungen den Grundsätzen dieses Gesetzes sowie der Sparsamkeit, Wirtschaftlichkeit und Zweckmäßigkeit entsprechen.

Von Anforderungen an Personalausstattung und Qualifikation ist hier keine Rede. Gleichartige Regelungen finden sich in allen Bundesländern. Ursprünglich in den 1970er-Jahren auf der Grundlage des Referentenentwurfes zu einem Sozialhilfegesetz 1971 als Instrument der sozialen Hilfen verankert und auch vielgestaltig Gegenstand von Landtagsdebatten, verwehrte das Sozialhilferecht bis 2011 in allen Bundesländern der Sozialen Arbeit das rechtliche Fundament.

Im Ergebnis kam die Soziale Arbeit im Recht der Sozialhilfe nicht vor, obgleich alle Sozialämter der Bezirksverwaltungsbehörden der Bundesländer Planstellen für SozialarbeiterInnen in ihren Dienststellenplänen vorgehalten haben. Auch die Vereinbarung gem Art 15 a B-VG über die bundesweite bedarfsorientierte Mindestsicherung aus 2011[27] verschaffte der Sozialen Arbeit keinen Status als anerkannte Profession und Instrument sozialer Hilfen. Schließlich entbehrte auch das Sozialhilfegrundsatzgesetz[28] aus 2019 einer Rubrizierung der Sozialen Arbeit.

In gleicher Weise determinieren die Rechtsgrundlagen der Behindertenhilfe sowohl auf Seiten des Bundes als auch auf Seiten der Bundesländer die Soziale Arbeit als Teil der Sozialdienstleistungen nicht. Vielmehr führen die Landesgesetze bloß eine Reihe von Sozialdienstleistungen an, für welche implizit der Einsatz von SozialarbeiterInnen abstrakt in Frage kommt. Anstellungsausmaße pro Mitarbeiterin, Tätigkeitsbereiche und Qualifikationsnachweise sind Gegenstand von Dienstleistungskonzept und Leistungsvertrag zwischen öffentlicher Hand als Leistungsträger und sozialwirtschaftlichem Sozialdienstleister als Leistungserbringer, nicht aber gesetzlich vorgegeben.

Nur die Kinder- und Jugendhilfe, 2019 mittels einer Änderung der Kompetenzartikel des B-VG in die Regelungskompetenz der Bundesländer übergegangen, beinhaltet allgemeine Anknüpfungspunkte für die Rubrizierung und Organisation der Sozialen Arbeit. So heißt es etwa in § 11 Oö KJHG 2014,[29] dass für die Erbrin-

---

[26] LGBl 19/1975 idF 76/2020.
[27] BGBl 92/2010.
[28] BGBl 41/2019.
[29] LGBl 30/2014 idF 116/2020.

gung von Leistungen der Kinder- und Jugendhilfe nur Fachkräfte herangezogen werden können, die für den jeweiligen Tätigkeitsbereich ausgebildet und persönlich geeignet sind. Bei Aufgabenbereichen oder Fragestellungen, deren Einschätzung psychologische, rechtliche oder wirtschaftliche Sachkenntnisse erfordern, ist auf eine interdisziplinäre Wahrnehmung der Aufgaben des Kinder- und Jugendhilfeträgers zu achten. Die Heranziehung sonstiger geeigneter Kräfte ist zulässig, sofern Art und Umfang der Tätigkeit keine Fachausbildung erfordern.

Die Landesregierung hat erforderlichenfalls die Ausbildungs- und Eignungsvoraussetzungen sowie die Anzahl der erforderlichen Fachkräfte festzulegen. Eine entsprechende Verordnung ist allerdings nicht ergangen, wie dies auch in allen übrigen Bundesländern der Fall ist. Bei der Bestimmung geeigneter Fachkräfte ist auf fachliche Standards, wissenschaftliche Erkenntnisse sowie die Bevölkerungsgruppen, die die Leistungen in Anspruch nehmen, Bedacht zu nehmen.

3 Soziale Arbeit regulieren

Die Überführung der Sozialen Arbeit in eine Profession als Beruf in öffentlichem Interesse muss angesichts der tatsächlichen beruflichen und sozialtechnologischen Funktionen, Beschäftigungsverhältnisse und sozialpolitischen Zielsetzungen scheitern. Zudem spiegelt der vorliegende Vorstoß/Entwurf das sattsam bekannte sozialpolitische Procedere, wohlfahrtspolitische Herausforderungen mittels einer Befriedigung der partikularen Interessen von involvierten Berufsgruppen und deren Verbänden zu „bewältigen".

Die eigentliche Fragestellung, nämlich wie soziale Integration und Inklusion rechtsstaatlich tragfähig, transparent, partizipativ und effektiv organisiert werden kann, wie zugleich auch die Thematisierung und Mobilisierung von Sozialrecht und die Durchsetzung individueller Leistungsansprüche ausgestaltet werden kann, bleibt bloßes „Hintergrundrauschen" (*Niklas Luhmann*). Pointiert gesagt: die KlientInnen und deren Ansprüche spielen in diesem Stück nur eine Nebenrolle.

Dessen ungeachtet bleibt die Verrechtlichung der Sozialen Arbeit als Beruf im Tätigkeitsspektrum der sozialen Dienste ein Desideratum. Dabei besteht hinsichtlich der Notwendigkeit der Erbringung von sozialen Diensten keinerlei Zweifel: sie sind ein wesentliches Funktionselement sozial- und wohlfahrtsstaatlichen Integration und Inklusion, gerade was das sozialpolitisch wie auch sozialrechtlich angestrebte 'Empowerment', die Vermittlung von Resilienz-Ressourcen, die Fähigkeit zur Selbstorganisation und Selbsthilfe anbelangt.

Was bislang in der sozialrechtspolitischen ebenso wie in der Debatte um ein sozialarbeiterisches Berufsrecht indes völlig außen vor blieb, ist auch in Anlehnung an die UN-KRK,[30] UN-BRK,[31] die ESC II[32] oder GRC[33] die Verbürgung eines flächendeckend vorgehaltenen, leistbaren, qualitativ-überprüfbaren, standardisierten Zugangs zu individualisierten, partizipativ-organisierten sozialen Diensten. Vor allem mangelt es dem österreichischen Sozialrecht der sozialen Dienste an einem Rechtsanspruch auf selbige, ergänzt durch eine Institutionengarantie und Vorhalteverpflichtung zu Lasten der öffentlichen Hand.

Inhaltlich mangelt es an einer taxativen, vielfach auch schon demonstrativen Rubrizierung der Tätigkeiten der Sozialen Arbeit sowie ihrer Positionierung im Gefüge der Sozialdienstleistungen im Rahmen des Sozialdienstleistungsrechts. Festzuhalten ist, dass ein Berufsrecht nicht jener Ort ist, an dem der Inhalt sozialer Dienste ausbuchstabiert wird, sondern dies vielmehr im materiellen Sozialrecht zu geschehen hat. Gleichwohl beinhaltet § 10 des OBDS-Entwurfes aus 2018 in diesem Kontext einige durchweg positive Ansatzpunkte. Tätigkeiten der Sozialen Arbeit sind demnach

- die Analyse, Diagnostik und Erstellung von Gutachten,

- die Planung des Hilfe- und Unterstützungsprozesses einschließlich prozessorientierter externer, interner Evaluationen und Selbstevaluationen unter Beteiligung der Adressat-/KlientInnen

- die Beratung, Krisenprävention und -intervention, Begleitung und Unterstützung von Adressat-/KlientInnen

- die Erschließung, Vermittlung und Vernetzung persönlicher, sozialer, rechtlicher und institutioneller Ressourcen

- die multiprofessionelle Zusammenarbeit mit anderen Berufsgruppen.

Daraus ließe sich etwa ableiten, dass SozialarbeiterInnen bei der Erbringung von Sozialdienstleistungen heranzuziehen sind, um als (Amts)Sachverständige Falldiagnosen und individuelle, rollierende Hilfepläne zu erstellen, KlientInnen dokumentiert zu beraten und zu begleiten und Fallkonferenzen zu organisieren.

Eine Generalreform der sozialen Dienste, des Vergabe-, Leistungsvertrags- und Leistungserbringungsregimes steht seit Jahrzehnten an. Dies nicht zuletzt auch deshalb, weil die öffentliche Hand als Wohlfahrtsträger soziale Probleme nicht mehr nur mit (ineffektiven, weil Mitnahme- und paradoxe Markteffektive erzeugenden) Geldleistungen (Transferleistungen) bewältigen kann, sondern zunehmend auch mit Sach- und Dienstleistungen bearbeiten muss. Dabei standen bis-

---

[30] UN-Kinderrechtskonvention.
[31] UN-Behindertenrechtskonvention.
[32] Revidierte Europäische Sozialcharta.
[33] Charta der Grundrechte der Europäischen Union.

her auf Seiten der öffentlichen Hand vor allem buchhalterische und Aspekte der Budgetkonsolidierung sowie Erwägungen einer intensivierten Überwachung, Kontrolle und Disziplinierung freier Wohlfahrtsträger im Vordergrund. Fragen der Dienstleistungsqualität, ausgedrückt in Dimensionen der Struktur-, Prozess-, Beziehungs-, Personal- und Ergebnisqualität, spielten dabei nur am Rande wenn überhaupt eine Rolle.

Dementgegen wäre es längst überfällig, nicht nur Qualität und Leistungsstandards, sondern auch die Interessenlagen der Hilfebedürftigen in den Vordergrund wohlfahrtsstaatlicher Leistungsarrangements zu rücken. Das schließt nicht nur eine Standardisierung der Qualität der Verrichtung Soziale Arbeit, sondern auch durchsetzbare, die Rechtsschutzposition von KlientInnen befestigende Ansprüche, auf Partizipations- und Selbstbestimmungsrechte mit ein.

Vor allem wäre eine klare Determinierung (Rechtsanspruch) des Zugangs zu Sozialdienstleistungen, eine partizipative Strukturierung von Verfahren und Sozialdienstleistungen, eine Formalisierung von Inhalten sowie Qualitätsstandards sozialer Dienstleistungen wünschenswert, um die hinlänglich bekannte Pathologie rechtspopulistischer "poor-services-for-poor-people"-Arrangements auszuschließen. Die gegenwärtige Debatte um die Verabschiedung eines Berufsrechts der Sozialen Arbeit wäre also auch ein geeigneter Anlass, um weit über partikulare berufsständische Interessen und deren Durchsetzung im Wohlfahrtsstaat hinaus über die Verbürgung von Rechten auf soziale Inklusion nachzudenken

Literatur

1) *Bommes/Scherr*, Soziologie der Sozialen Arbeit. Eine Einführung in Formen und Funktionen organisierter Hilfe, 2000.

2) *Dewe/Otto*, Reflexive Sozialpädagogik; in Thole (Hrsg), Grundriss Soziale Arbeit, ⁴2012, 197–217.

3) *Dimmel*, Der gute Wohlfahrtsstaat – Zur Qualität von Sozialdienstleistungen, 2017.

4) *Dimmel/Schmid*, Soziale Dienste in Österreich, 2013.

5) *Göbl*, Externe betriebliche Sozialarbeit als Handlungsfeld?; in soziales_kapital, Verein zur Förderung wissenschaftlicher Publikationen zur Sozialen Arbeit, http://www.soziales-kapital.at/index.php/soziales-kapital/article/viewFile/292/485.pdf, 2013.

6) *Harmsen*, Die Konstruktion professioneller Identität in der Sozialen Arbeit, 2004.

7) *Hirschler/Sander*, Ausbildung für Soziale Berufe in Europa, in Thole (Hrsg), Grundriss Soziale Arbeit, [4]2012, 1083–1099.

8) *Kapeller*, Das ambivalente Verhältnis von Unterstützung und Kontrolle in der Sozialen Arbeit am Beispiel der Kategorien Hilfe und Prävention; in Knopp/ Münch (Hg), Zurück zur Armutspolicey, 2007, 77–98.

9) *Kleve*, Sozialarbeit als Beruf ohne (eindeutige) Identität. Eine postmoderne Umdeutung, ihre Begründung und Auswirkung; in Forum Sozial 3 (2001), 15–17.

10) *Kollektivvertrag der Sozialwirtschaft Österreich*, 2020.

11) *Müller*, Erziehen – Helfen – Strafen. Das Spannungsfeld von Hilfe und Kontrolle in der Sozialen Arbeit, 2001.

12) *Neumann*, Wirklichkeit und Möglichkeit. Theorie Sozialer Arbeit als Kritik der Gesellschaft; in Dollinger/Kessl/Neumann/Sandermann (Hg), Gesellschaftsbilder Sozialer Arbeit, 2012, 13–40.

13) *Pfadenhauer/Sander*, Professionssoziologie; in Kneer/Schroer (Hg), Handbuch Spezielle Soziologien., 2010, 361–378.

14) *Scherr*, Sozialarbeitswissenschaft; in Thole (Hrsg), Grundriss Soziale Arbeit, [4]2012, 283–296.

15) *Seithe*, Schwarzbuch Soziale Arbeit, [2]2011.

16) *Staub-Bernasconi*, Der Professionalisierungsdiskurs zur Sozialen Arbeit (SA/ SP) im deutschsprachigen Kontext im Spiegel internationaler Ausbildungsstandards, in Becker-Lenz/Busse/Ehlert/Müller-Hermann (Hg), Professionalität in der Sozialen Arbeit, [3]2013, 23– 48.

17) *Stichweh*, Professionen in einer funktional ausdifferenzierten Gesellschaft; in Combe/Helsper (Hg), Pädagogische Professionalität. Untersuchungen zum Typus pädagogischen Handelns, 1996, 49–69.

18) *Suppan*, Berufsschutz in der Sozialen Arbeit – ist Soziale Arbeit ein Beruf?; in Spitzer/Höllmüller/Hönig (Hg), Soziallandschaften. Perspektiven Sozialer Arbeit als Profession und Disziplin, 2011, 291–301.

19) *Thiersch*, Lebensweltorientierung; in ders./Treptow (Hg), Zur Identität der Sozialen Arbeit, in Neue Praxis Sonderheft 10 (2011), 62–65.

20) *Urban-Stahl*, Professionelles Handeln zwischen Hilfe und Kontrolle: Sozialpädagogische Entscheidungsfindung in der Hilfeplanung, 2004.

21) *Wacquant*, Bestrafen der Armen, [2]2015.

22) *Winkler*, Kritische Sozialpädagogik. Oder: vorbereitende Bemerkungen zu einer Theorie der Vereinnahmung eines Zugangs; in Mührel/Birgmeier (Hg), Theoriebildung in der Sozialen Arbeit, 2011, 17–37.

Stand: März 2021.

Julia EICHINGER*

Belästigung und Mobbing im Zusammenhang mit Arbeitsverhältnissen

1 Einleitung

Konflikte im Zusammenhang mit Arbeitsverhältnissen kommen leider auch in österreichischen Unternehmen viel zu häufig vor. Konfliktsituationen treten in unterschiedlicher Form und Intensität auf: Vom hitzigen Wortwechsel und Sticheleien bis hin zu gewaltsamen tätlichen Angriffen. Dieser Beitrag widmet sich nur einem kleinen Ausschnitt dieses Problembereichs. Betrachtet werden die Möglichkeiten, die die Rechtsordnung, namentlich das Arbeitsrecht, beim Auftreten von Belästigungen und Mobbing im Kontext mit Arbeitsverhältnissen eröffnet. Was kann zB eine Arbeitnehmerin bei sexueller Belästigung tun? Wie kann gegen Mobber vorgegangen werden? Welche Konsequenzen drohen Belästigern und Mobbern? Welche Optionen haben die Arbeitgeber?

Diesen Fragen wird vorrangig im Hinblick auf Arbeitsverhältnisse nach § 1151 ABGB, namentlich für die große Gruppe der Arbeitnehmer in der Privatwirtschaft, nachgegangen. Vor allem im Zusammenhang mit Mobbing ist aber ein ergänzender Blick in das öffentliche Dienstrecht und das allgemeine Zivilrecht unerlässlich. Der Erörterung der Einzelfragen werden eine Skizzierung der für Belästigungen einschlägigen Bestimmungen im Gleichbehandlungsrecht und eine Annäherung an den Mobbingbegriff vorangestellt.

2. Belästigung im Zusammenhang mit Arbeitsverhältnissen

2.1 Belästigung ist Diskriminierung im Sinne des Gleichbehandlungsrechts

Der rechtliche Rahmen für Belästigungen im Zusammenhang mit Arbeitsverhältnissen ist im **Gleichbehandlungsgesetz (GlBG)** festgelegt.[1] Auf vergleichbare Bestimmungen im öffentlichen Dienstrecht, namentlich im Bundes-Gleichbehandlungsgesetz (B-GlBG)[2] und in den Landes-Gleichbehandlungsgesetzen[3], kann hier nur hingewiesen werden.

---

* Mag. Dr. Julia Eichinger hat nach der Ablegung der Matura am humanistischen Gymnasium an der Universität Wien Rechtswissenschaften studiert. Sie ist seit 1987, nunmehr als Assistenzprofessorin, im Institut für Österreichisches und Europäisches Arbeitsrecht und Sozialrecht an der Wirtschaftsuniversität Wien in Forschung und Lehre tätig. Zu ihrem langjährigen Forschungsschwerpunkt im Gleichbehandlungs- und Antidiskriminierungsrecht liegen zahlreiche Publikationen vor, begleitet von Vorträgen im In- und Ausland.

[1] Das GlBG gilt neben den Arbeitnehmern auch für arbeitnehmerähnliche Beschäftigte, Lehrlinge und Heimarbeiter. Vgl § 1 leg cit.
[2] Vgl § 8 B-GlBG BGBl 1993/100 idgF.

Die Kernregelung des GlBG ist das **Gleichbehandlungsgebot** im Zusammenhang mit dem Arbeitsverhältnis (§§ 3, 17 GlBG), das legistisch als Diskriminierungsverbot ausgestaltet ist und Arbeitsverhältnisse möglichst umfassend diskriminierungsfrei stellen soll. Es gilt nicht nur im aufrechten Arbeitsverhältnis, sondern auch in der Begründungsphase und bei der Beendigung der Vertragsbeziehung. Die **Gegenstände** des Gleichbehandlungsgebots ("Diskriminierungssituationen") sind im GlBG nur beispielsweise aufgezählt. Folgende Gegenstände werden ausdrücklich hervorgehoben:

- Begründung des Arbeitsverhältnisses,
- Festsetzung des Entgelts,
- Gewährung freiwilliger Sozialleistungen, die kein Entgelt darstellen,
- Maßnahmen der Aus- und Weiterbildung und Umschulung,
- beruflicher Aufstieg, insb Beförderungen,
- sonstige Arbeitsbedingungen und
- Beendigung des Arbeitsverhältnisses.

Im Unterschied zur beispielsweisen Auflistung der Diskriminierungsgegenstände sind die in den Geltungsbereich des GlBG fallenden **Diskriminierungsgründe** (sog "geschützte Merkmale") im Gesetz abschließend aufgezählt (§ 3, § 17 Abs 1 GlBG). Diese Gründe sind:

- Geschlecht,
- Alter,
- ethnische Zugehörigkeit,
- Religion,
- Weltanschauung und
- sexuelle Orientierung.

Das Gleichbehandlungsgebot wird durch Bestimmungen ergänzt, die **Belästigungen** im Zusammenhang mit Arbeitsverhältnissen entgegenwirken sollen. Das GlBG unterscheidet zwischen folgenden **drei Belästigungsformen**:

- Sexuelle Belästigung (§ 6 GlBG),
- "sonstige geschlechtsbezogene" Belästigung (§ 7 GlBG) und
- Belästigung aus den in § 17 Abs 1 GlBG angeführten Diskriminierungsgründen (§ 21 GlBG).

---

[3] S exemplarisch § 7 W-GBG, Gesetz über die Gleichbehandlung von Frauen und Männern und die Förderung von Frauen als Bedienstete der Gemeinde Wien (Wiener Gleichbehandlungsgesetz) LGBl 1996/18 idgF.

Der Gesetzgeber stellt die Belästigungen den Verstößen gegen das Gleichbehandlungsgebot ausdrücklich gleich und bringt damit ein klares **Unwerturteil** gegenüber Belästigungen im Kontext mit Arbeitsverhältnissen zum Ausdruck: **Belästigungen sind Diskriminierungen** iSd GlBG. Auch Belästigungen fallen allerdings nur dann unter dieses Gesetz, wenn sie entweder aufgrund des Geschlechts[4] (§§6, 7 GlBG) oder eines in § 17 Abs 1 angeführten Diskriminierungsgrundes erfolgen (§ 21 GlBG).[5]

Bei den an das Geschlecht anknüpfenden Belästigungsformen liegt der Fokus bei sexuellen Belästigungen beim biologischen Geschlecht („sex")[6] und bei den übrigen geschlechtsbezogenen Belästigungen beim sozialen Geschlecht („gender").[7]

2.2 Definitionen und Abgrenzung der Belästigungsformen

Die Legaldefinitionen der im GlBG geregelten Belästigungsformen orientieren sich an den Tatbeständen der im nationalen Recht umgesetzten EU-Gleichbehandlungsrichtlinien[8] und sind im Detail kompliziert formuliert. So liegt eine **sexuelle Belästigung**[9] gem **§ 6 Abs 2 GlBG** vor,

---

[4] Sexuelle Belästigungen und andere Formen sexueller Gewalt richten sich meistens gegen Frauen und kommen in vielen Lebensbereichen vor. S dazu die sog Istanbul-Konvention, Übereinkommen des Europarats zur Verhütung und Bekämpfung von Gewalt gegen Frauen und häuslicher Gewalt samt dem erläuternden Bericht zu diesem Übereinkommen vom 11.5.2011. Ferner *FRA, Agentur der Europäischen Union für Grundrechte,* Gewalt gegen Frauen: eine EU-weite Erhebung – Ergebnisse auf einen Blick, 2014; *ÖIF, Österreichisches Institut für Familienforschung,* Gewalt in der Familie und im nahen sozialen Umfeld. Österreichische Prävalenzstudie zur Gewalt an Frauen und Männern, 2011, insb zu sexueller Belästigung (96 ff) und sexueller Gewalt (105 ff); *WHO, Weltgesundheitsorganisation,* Weltbericht Gewalt und Gesundheit – Zusammenfassung, 2002, insb zur sexuellen Gewalt 23 ff. In diesem Bericht definiert die WHO Gewalt als den absichtlichen Gebrauch von angedrohtem oder tatsächlichem körperlichem Zwang oder physischer Macht gegen die eigene oder eine andere Person, gegen eine Gruppe oder Gemeinschaft, der entweder konkret oder mit hoher Wahrscheinlichkeit zu Verletzungen, Tod, psychischen Schäden, Fehlentwicklung oder Deprivation führt. Innerhalb der Typologie der Gewaltformen wird im Bereich zwischenmenschlicher Gewalt unter nicht miteinander verwandten [...] Personen, die normalerweise außerhalb des Zuhauses der Betroffenen verübt wird, die Gewaltanwendung im institutionellen Umfeld, wie zB in Schulen oder an Arbeitsplätzen, hervorgehoben (6 f).
[5] Belästigungen aufgrund einer Behinderung untersagt § 7d BEinstG. In anderen Fallkonstellationen, zB bei anhaltenden systematischen „Belästigungen" aus Antipathie, könnte uU ein Mobbinggeschehen vorliegen. S weiterführend *Eichinger/Hopf,* Arbeits- und sozialrechtliche Rechtsfolgen bei Mobbing am Arbeitsplatz, in Resch (Hrsg), Der Arbeitnehmer in Bedrängnis – Mobbing, 2016, 69 ff.
[6] Nach § 6 GlBG ist die Belästigungshandlung ein „der sexuellen Sphäre zugehöriges Verhalten". S zur Abgrenzung von Belästigungen gem §§ 6 und 7 GlBG *Wagner-Steinrigl,* Sexuelle Belästigung am Arbeitsplatz – was tun?, in *Wachter* (Hrsg), Arbeits- und Sozialrecht – Jahrbuch 2018, 2018, 105 ff (107, 109).
[7] Nach § 7 GlBG ist die Belästigungshandlung schlicht ein „geschlechtsbezogenes Verhalten".
[8] Vgl Art 2 Abs 1 lit d RL 2006/54/EG zur Verwirklichung des Grundsatzes der Chancengleichheit und Gleichbehandlung von Männern und Frauen in Arbeits- und Beschäftigungsfragen, ABl

„[...] wenn ein der sexuellen Sphäre zugehöriges Verhalten gesetzt wird, das die Würde einer Person beeinträchtigt oder dies bezweckt, für die betroffene Person unerwünscht, unangebracht oder anstößig ist und

1. eine einschüchternde, feindselige oder demütigende Arbeitsumwelt für die be- troffene Person schafft oder dies bezweckt oder

2. der Umstand, dass die betroffene Person ein der sexuellen Sphäre zugehöriges Verhalten seitens des/der Arbeitgebers/Arbeitgeberin oder von Vorgesetzten oder Kolleg/inn/en zurückweist oder duldet, ausdrücklich oder stillschweigend zur Grundlage einer Entscheidung mit Auswirkungen auf den Zugang dieser Person zur Berufsausbildung, Beschäftigung, Weiterbeschäftigung, Beförderung oder Entlohnung oder zur Grundlage einer anderen Entscheidung in der Arbeitswelt gemacht wird. [...]"

Eine „sonstige geschlechtsbezogene" **Belästigung**[10] liegt gem § 7 Abs 2 GlBG vor,

„[...] wenn ein geschlechtsbezogenes Verhalten gesetzt wird, das die Würde einer Person beeinträchtigt oder dies bezweckt, für die betroffene Person unerwünscht ist und

1. eine einschüchternde, feindselige oder demütigende Arbeitsumwelt für die betroffene Person schafft oder dies bezweckt oder

2. der Umstand, dass die betroffene Person eine geschlechtsbezogene Verhaltensweise seitens des/der Arbeitgebers/Arbeitgeberin oder Vorgesetzten oder Kolleg/inn/en zurückweist oder duldet, ausdrücklich oder stillschweigend zur Grundlage einer Entscheidung mit Auswirkungen auf den Zugang dieser Person zur Berufsausbildung, Beschäftigung, Weiterbeschäftigung, Beförderung und Entlohnung oder zur Grundlage einer anderen Entscheidung in der Arbeitswelt gemacht wird. [...]"

Eine **Belästigung** aufgrund eines Merkmals nach § 17 Abs 1 GlBG liegt gem **§ 21 Abs 2 GlBG** vor,

---

L 204/23 vom 26.7.2006; Art 2 Abs 3 RL 2000/43/EG zur Anwendung des Gleichbehandlungsgrundsatzes ohne Unterschied der Rasse oder der ethnischen Herkunft, ABl L 180/22 vom 19.7.2000; Art 2 Abs 3 RL 2000/78/EG zur Festlegung eines allgemeinen Rahmens für die Verwirklichung der Gleichbehandlung in Beschäftigung und Beruf, ABl L 303/16 vom 2.12.2000.

[9] Vgl konkretisierend *Wagner-Steinrigl,* in Wachter (Hrsg), Arbeits- und Sozialrecht – Jahrbuch 2018, 2018, 106, die ein Fehlverhalten iZm der sexuellen Sphäre, die Würdeverletzung, die Unerwünschtheit und die Beeinträchtigung der Arbeitsumwelt als die vier wichtigsten Tatbestandselemente der sexuellen Belästigung hervorhebt.

[10] *Wagner-Steinrigl,* in Wachter (Hrsg), Arbeits- und Sozialrecht – Jahrbuch 2018, 2018, 107, beschreibt diese Belästigungen als „nicht sexuell konnotierte geschlechtsherabwürdigende Verhaltensweisen".

„[...] wenn eine unerwünschte Verhaltensweise, die mit einem der Gründe nach § 17 im Zusammenhang steht, gesetzt wird,

1. die die Würde der betroffenen Person verletzt oder dies bezweckt,

2. die für die betroffene Person unerwünscht, unangebracht oder anstößig ist und

3. die ein einschüchterndes, feindseliges, entwürdigendes, beleidigendes oder demütigendes Umfeld für die betroffene Person schafft oder dies bezweckt. [...]"

2.3 „Aktive" und „passive" Belästigungen

Belästigungshandlungen können nach dem GlBG vom **Arbeitgeber** (bzw dessen Vertretern) und von **„Dritten"** ausgehen. Zur Gruppe der Dritten gehören insb die Arbeitnehmer und sonstige Vertragspartner des Arbeitgebers wie zB Kunden oder Lieferanten. Belästiger können aber auch sonstige Menschen sein, mit denen Arbeitnehmer durch ihr Arbeitsverhältnis in Kontakt kommen.

Beim Arbeitgeber können Belästigungen nicht nur ihre eigenen „aktiven" Belästigungshandlungen sein, sondern auch die Unterlassung angemessener Abhilfemaßnahmen zum Schutz bei Belästigungen durch Dritte. Eine angemessene Abhilfe liegt nicht vor, wenn der Arbeitgeber völlig „passiv" bleibt, aber auch dann, wenn er zu spät oder nur unzureichend auf die vorgefallene Belästigung reagiert.

2.4 Gemeinsame Merkmale von Belästigungen

2.4.1 Diskriminierendes Motiv

Vorweg ist daran zu erinnern, dass ein Verhalten nur dann eine Belästigung iSd GlBG sein kann, wenn es durch einen im Gesetz festgelegten **Diskriminierungsgrund** motiviert ist. Wegen der taxativen Aufzählung der Diskriminierungsgründe kommt eine unter die §§ 6, 7 und 21 GlBG fallende Belästigung daher nur dann in Betracht, wenn das Fehlverhalten auf dem Geschlecht[11] (§ 3), dem Alter, der ethnischen Zugehörigkeit, der Religion, der Weltanschauung oder der sexuellen Orientierung einer Person (§ 17 Abs 1 GlBG) beruht.

Alle Belästigungsformen nach dem GlBG weisen **vier gemeinsame grundlegende Tatbestandsmerkmale** auf: Die Beeinträchtigung der Würde der belästigten Person, ein unerwünschtes und unangemessenes Verhalten aufgrund eines diskriminierendes Motivs und die Schaffung einer belastenden Arbeitsumwelt. Darauf wird im Folgenden näher eingegangen.

---

[11] Bei Belästigungen iS des § 6 GlBG steht das biologische Geschlecht („sex") im Vordergrund, bei Belästigungen iSd § 7 GlBG das soziale Geschlecht („gender").

2.4.2 Beeinträchtigung der Menschenwürde

Ferner liegt eine Belästigung iSd GlBG lediglich dann vor, wenn das vorgefallene Verhalten die Würde der betroffenen Person beeinträchtigt oder dies bezweckt. Unter den allen Belästigungsformen gemeinsamen Merkmalen ist die Beeinträchtigung der Würde wohl das wichtigste, weil darin der Zweck der gegen Belästigungen gerichteten Bestimmungen klar zum Ausdruck kommt: Der **Schutz der Menschenwürde** und damit die Wahrung eines fundamentalen Persönlichkeitsrechts. Dieser Schutzzweck ist bei der Auslegung aller Belästigungstatbestände zu berücksichtigen.

Die Beeinträchtigung der Menschenwürde ist letztlich das wesentliche Kriterium zur Abgrenzung gleichbehandlungsrechtlich relevanter Belästigungen von weniger schwerwiegenden Verhaltensweisen. Judikatur und Lehre leiten aus diesem Erfordernis zutreffend ab, dass eine **Mindestintensität** des Fehlverhaltens Voraussetzung für die Verwirklichung eines Belästigungstatbestandes nach dem GlBG ist.[12]

Ob die Menschenwürde im Einzelfall beeinträchtigt wurde, kann nur anhand der konkreten Umstände beurteilt werden. Dabei zu berücksichtigende **Kriterien** sind zB das Alter, die betriebliche und soziale Stellung der involvierten Personen, die Intensität und Häufigkeit der Übergriffe sowie die Nachhaltigkeit ihrer negativen Auswirkungen.

Das GlBG stellt der tatsächlichen Beeinträchtigung der Menschenwürde gleich, wenn dies bloß bezweckt wird. Die Gleichstellung der Absicht zur Beeinträchtigung der Würde einer Person mit ihrer Verwirklichung bekräftigt ebenfalls wie wichtig dem Gesetzgeber der effektive Schutz dieses Rechtsgutes ist.

2.4.3 Unerwünschtes unangemessenes Verhalten

Eine Gesamtschau der Belästigungstatbestände des GlBG ergibt als weitere Voraussetzung für eine Belästigung die Unerwünschtheit und Unangemessenheit des vorgefallenen Geschehens. Der genaue Wortlaut der einzelnen Belästigungstatbestände stimmt aber nicht vollständig überein. So muss das zu beurteilende Verhalten nach den Tatbeständen der sexuellen Belästigung (§ 6 Abs 2 GlBG) und der Belästigung aufgrund eines § 17-Diskriminierungsgrundes (§ 21 Abs 2 GlBG) für die betroffene Person **unerwünscht, unangebracht oder anstößig** sein,[13] während im Tatbestand der sonstigen geschlechtsbezogenen Belästigung (§ 7 Abs 2 GlBG) lediglich von „unerwünscht" die Rede ist.

---

[12] S weiterführend *Hopf/Mayr/Eichinger/Erler*, GlBG[2], 2021, § 6 Rz 24.
[13] Dies ist alternativ zu verstehen, dh das belästigende Verhalten muss unerwünscht *oder* unangebracht *oder* anstößig sein.

Aus dem in allen Tatbeständen angeführten Kriterium der Unerwünschtheit ergibt sich, dass sich die Belästigungsbestimmungen nur gegen Verhaltensweisen richten, die von den betroffenen Personen nicht gewollt sind, die ihnen vielmehr aufgedrängt werden. Die Unerwünschtheit eines Verhaltens hat somit zunächst eine **subjektive Komponente**.[14] Aus dem Blickwinkel der betroffenen Person betrachtet, nach ihrem subjektiven Empfinden ist eine ihr entgegengebrachte Verhaltensweise ungewollt.[15]

Die Beurteilung der Unerwünschtheit hat bei der Einschätzung von Sozialkontakten im Arbeitsumfeld große Bedeutung für die **Abgrenzung** verpönter Belästigungshandlungen **von akzeptierten unbedenklichen Kontakten.** Häufig verteidigen sich wegen Belästigung beschuldigte Personen nämlich damit, ihr Verhalten sei nicht unerwünscht gewesen oder eine allfällige Unerwünschtheit sei für sie nicht erkennbar gewesen.

Daher stellt sich die Frage, ob mit einem „zweifelhaften" Verhalten konfrontierte Personen – für ihr Gegenüber erkennbar – zum Ausdruck bringen „müssen", dass sie dieses Verhalten als unerwünscht und belästigend empfinden und nicht dulden. Ist dafür etwa ein ausdrückliches „Nein", eine Abwehrbewegung oder ein sonstiges Artikulieren des Unwillens rechtlich erforderlich? Dies wird unter dem Aspekt einer eventuellen Ablehnungsobliegenheit der Betroffenen diskutiert.[16]

Der OGH befasste sich 2017 in einem Verfahren wegen sexueller Belästigung detailliert mit dieser Frage und kam zur Rechtsauffassung, dass die betroffenen Personen **keine Ablehnungsobliegenheit** trifft. Nach der Entscheidungsbegründung ist die ausdrückliche oder stillschweigende Zurückweisung oder Ablehnung eines sexuell belästigenden Verhaltens durch die betroffene Person keine Tatbestandsvoraussetzung der sexuellen Belästigung iSd § 6 Abs 2 Z 1 GlBG.[17]

Dieser Auslegung liegt das überzeugende Begriffsverständnis des OGH zugrunde, dass die Unerwünschtheit eines Verhaltens nicht nur eine subjektive, sondern auch eine **objektive Komponente** hat.[18] Einer redlichen Vergleichsperson in der Situation des Handelnden sei die Unerwünschtheit bestimmter Verhaltensweisen nach objektiven Verhaltensmaßstäben selbst erkennbar.

---

[14] Vgl die Formulierung „für die betroffene Person unerwünscht" etwa in § 6 Abs 2 GlBG.

[15] Im Sinne von: „Ich will nicht, was da geschieht."

[16] Aus der Formulierung der Unerwünschtheit „für die betroffene Person" könnte abgeleitet werden, dass die Unerwünschtheit lediglich aus dem Blickwinkel der mit dem Verhalten konfrontierten Person (subjektiv) zu beurteilen sei. Zutreffend ist mE jedoch eine subjektiv-objektive Betrachtungsweise.

[17] OGH 20.4.2017, 9 ObA 38/17d; vgl auch RIS-Justiz RS0131404.

[18] Vertiefend *Hopf*, Ablehnungsobliegenheit bei sexueller Belästigung? in Feigl/Konstatzky (Hrsg), Auf dem Weg zur Gleichbehandlung, Festschrift für Ingrid Nikolay-Leitner, 2018, 175 ff.

Dem ist zuzustimmen, weil in unserer Gesellschaft neben ausdrücklichen Verbotsregelungen auch **Verhaltenserwartungen** und **Wertvorstellungen** bestehen, die einem redlichen Menschen ein bestimmtes Verhalten auch dann als unerwünscht (objektiv) erkennbar machen, wenn die davon betroffene Person ihr subjektives Empfinden nicht „unmissverständlich" zeigt,[19] nicht zu zeigen wagt[20] oder gar nicht zeigen kann.[21]

Systematisch wird die Auslegung des OGH außerdem dadurch gestützt, dass die **Unerwünschtheit** des Verhaltens im Gesetz **nicht isoliert** angesprochen wird, sondern gemeinsam mit der objektiv zu beurteilenden Beeinträchtigung der Menschenwürde der betroffenen Person und seiner Unangebrachtheit oder Anstößigkeit.[22] Auch diese beiden Begriffe enthalten nicht nur eine subjektive Komponente („Ich empfinde dieses Verhalten als unangebracht oder anstößig."), sondern auch eine objektive Komponente („Nach den gesellschaftlichen Wertvorstellungen ist dieses Verhalten für einen Durchschnittsbetrachter unangebracht oder anstößig.").

Bei der Verhaltensbeurteilung sind mE in **subjektiv-objektiver Betrachtungsweise** beide Komponenten zu berücksichtigen. Danach muss ein Verhalten sowohl von der betroffenen Person selbst als ungewollt empfunden werden als auch aus der Sicht eines neutralen Betrachters anhand objektiver Kriterien als für die betroffene Person unerwünscht beurteilt werden.[23]

2.4.4 Belastende Arbeitsumwelt

Eine Tatbestandsvoraussetzung für Belästigungen iSd GlBG ist schließlich, dass das vorgefallene Verhalten eine belastende Arbeitsumwelt für die betroffenen Personen schafft oder dies bezweckt. Bei der rechtlichen Beurteilung des Verhaltens sind somit nicht nur dessen verpönte Eigenschaften (Unerwünschtheit, Unangebrachtheit, Anstößigkeit), sondern auch die **negativen Auswirkungen** auf das Arbeitsumfeld der Betroffenen zu berücksichtigen.

---

[19] Die Art der Artikulation von Empfindungen ist individuell und hängt vom jeweiligen Menschentyp ab.

[20] ZB aus Furcht vor dem Verlust des Arbeitsplatzes.

[21] ZB aus Überraschung, Angst oder wegen eines Schockzustands („Freezing").

[22] Vgl die Legaldefinitionen in § 6 Abs 2 und § 21 Abs 2 GlBG. In § 7 Abs 2 GlBG wird nur der Begriff „unerwünscht" verwendet.

[23] Dieser Auslegungsansatz entspricht jenem beim Entlassungsgrund der groben Ehrenbeleidigung. Auch dort wird geprüft, ob ein Verhalten nach objektiven Gesichtspunkten als grob ehrverletzend zu beurteilen ist und ob die betroffene Person dieses Verhalten auch subjektiv so empfunden hat. S etwa OGH 24.7.2013, 9 ObA 26/13h; vgl auch RIS-Justiz RS0029845; *Burger-Ehrnhofer/Drs*, Beendigung von Arbeitsverhältnissen, 2014, 85.

Im Detail bestehen in den Legaldefinitionen der einzelnen Belästigungsformen Unterschiede. Während für sexuelle und sonstige geschlechtsbezogene Belästigungen übereinstimmend **„eine einschüchternde, feindselige oder demütigende Arbeitsumwelt"**[24] verlangt wird, stellt § 21 GlBG auf **„ein einschüchterndes, feindseliges, entwürdigendes, beleidigendes oder demütigendes Umfeld für die betroffene Person"** ab.

In dieser Bestimmung wird somit nicht der Begriff Arbeitsumwelt, sondern der weitere Begriff Umfeld verwendet. Außerdem kommen zu den Verhaltenseigenschaften einschüchternd, feindselig und demütigend noch **entwürdigend** und **beleidigend** hinzu.[25] Alle genannten Adjektive sind im GlBG alternativ aufgezählt, es genügt daher, wenn in einem bestimmten Fall zumindest eines davon zutreffend ist.

2.5 Rechtsfolgen von Belästigungen, Geltendmachungsfristen und zuständige Institutionen

Das GlBG legt in § 12 Abs 11 detailliert fest unter welchen Voraussetzungen und wem gegenüber Belästigungsopfer, namentlich belästigte Arbeitnehmer, Schadenersatzansprüche haben. Bei Belästigung besteht ein **Schadenersatzanspruch gegenüber dem Belästiger**, wobei Arbeitgeber nicht nur für „aktive" Belästigungshandlungen haften, sondern auch für die Unterlassung angemessener Abhilfemaßnahmen zum Schutz belästigter Arbeitnehmer. Zu ersetzen sind materielle Schäden (Vermögensschäden) und immaterielle Schäden (zB Kränkung aufgrund der Belästigungshandlungen). Der Ausgleich für immaterielle Schäden wird im GlBG als Entschädigung bezeichnet.

Für die **gerichtliche Geltendmachung** von Rechtsansprüchen wegen Belästigung sieht das GlBG bei sexueller Belästigung eine **Frist** von drei Jahren und bei den zwei übrigen Belästigungsformen von einem Jahr vor. Zur Beratung und Information in Bezug auf Belästigungen können sich Arbeitnehmer an die **Gleichbehandlungsanwaltschaft (GAW)** wenden, für eine außergerichtliche Geltendmachung von Belästigungen an die **Gleichbehandlungskommission (GBK)**.

---

[24] S § 6 Abs 2 Z 1 und § 7 Abs 2 Z 1 GlBG.
[25] S § 21 Abs 2 Z 3 GlBG.

3 Mobbing im Zusammenhang mit Arbeitsverhältnissen

3.1 Mobbingbegriff und -formen

Das österreichische Recht definiert den Begriff Mobbing nicht.[26] Im Folgenden wird daher von der **Mobbingdefinition** ausgegangen, die sich in der Judikatur[27], im einschlägigen Schrifttum[28] und in den Gesetzesmaterialien zur Einführung des Mobbingverbots im öffentlichen Dienst mit der 2. Dienstrechts-Novelle 2009[29] findet. Diese lautet:

> „Unter Mobbing versteht man eine konfliktbelastete Kommunikation am Arbeitsplatz unter Kolleginnen und Kollegen oder zwischen Vorgesetzten und Mitarbeiterinnen und Mitarbeitern, bei der die angegriffene Person unterlegen ist und von einer oder einigen Personen systematisch, oft und während längerer Zeit mit dem Ziel und/oder Effekt des Ausstoßes aus dem Arbeitsverhältnis direkt oder indirekt angegriffen wird."

Ähnlich wie bei Belästigungen geht es im Kern darum, ob Personen durch unerwünschtes Verhalten anderer Personen in ihrer Menschenwürde beeinträchtigt werden. Nach einer Untersuchung zu arbeitsbezogenen Gesundheitsproblemen geht es bei Mobbing und Belästigung um die **beabsichtigte Machtausübung**[30] durch eine Person oder eine Gruppe gegen eine andere Person, wodurch deren körperliche, mentale, spirituelle, moralische oder soziale Entwicklung beeinträchtigt und in weiterer Folge das mentale **Wohlbefinden verringert** wird.[31]

Mobbing tritt auf sehr unterschiedliche Art und zwischen verschiedenen Personen(gruppen) in Erscheinung. So etwa Mobbinghandlungen seitens des Arbeitgebers bzw diesen vertretender Führungskräfte gegenüber Arbeitnehmern. Mobbingkonstellationen zwischen Personen im Über- und Unterordnungsverhältnis können als „vertikales Mobbing" bezeichnet werden. „**Vertikales Mobbing**" des

---

[26] S zu Mobbing, insb im Zusammenhang mit Arbeitsverhältnissen, weiterführend *Hopf,* Mobbingverbot – was nun? ÖJZ/2014, 897; *Majoros,* Mobbing; *Smutny/Hopf,* Ausgemobbt! – Wirksame Reaktionen gegen Mobbing², 2012; *Smutny/Hopf,* Mobbing – auf dem Weg zum Rechtsbegriff? DRdA/2003, 110.

[27] OGH 2.9.2008, 8 ObA 59/08x; 4.8.2009, 9 ObA 86/08z; 26.11.2012, 9 ObA 131/11x DRdA 2013/35 *(Smutny),* ZAS 2013/46 *(Pirker),* JBl 2014, 460 *(Mosler);* VwGH 12.5.2010, 2009/12/0072.

[28] S *Binder,* Mobbing aus arbeitsrechtlicher Sicht, 1999, 24 ff; *Leymann,* Der neue Mobbing-Bericht, 1995, 18; *Smutny/Mayr,* GlBG, 2001, 282; *Hopf,* Belästigung in der Arbeitswelt, in FS Bauer/Maier/Petrag, 2004, 147; *Posch* in Rebhahn, GlBG, 2005, §§ 6-7 Rz 10; *Hopf/Mayr/Eichinger/Erler,* GlBG², 2021, § 7 Rz 12; *Majoros,* Mobbing, 2010, 34 f.

[29] BGBl I 2009/153. Gesetzesmaterialien: RV 488 BlgNR 24. GP 9.

[30] Vgl OGH 17.3.2004, 9 ObA 143/03z, wonach es bei sexueller Belästigung in der Regel nicht um sexuelle Befriedigung des Belästigers, sondern es um sexuell gefärbte Machtausübung geht.

[31] *Statistik Austria* (Hrsg), Arbeitsunfälle und arbeitsbezogene Gesundheitsprobleme – Modul der Arbeitskräfteerhebung 2013, 2014, 70.

Arbeitgebers oder von Vorgesetzten gegenüber nachgeordneten Arbeitnehmern (**„Bossing"**) ist verbreiteter als Mobbinghandlungen von Arbeitnehmern gegenüber dem Arbeitgeber oder Vorgesetzten (**„Staffing"**).

Mobbing tritt aber auch zwischen den Arbeitnehmern oder zwischen anderen Beschäftigten „auf gleicher Ebene" (zB unter freien Dienstnehmern oder unter Führungskräften ohne Arbeitnehmerstatus) auf und kann dann als **„horizontales Mobbing"** bezeichnet werden. Denkbar sind auch Mobbingfälle zwischen Arbeitnehmern und dritten Personen, mit denen sie im Rahmen ihrer Erwerbstätigkeit Kontakt haben, etwa mit Kunden oder anderen Vertragspartnern des Arbeitgebers. Schließlich zeigt sich Mobbing mitunter auch in Gestalt einer Belästigung iSd Gleichbehandlungsrechts („qualifiziertes Mobbing").[32]

Im österreichischen Arbeitsrecht gibt es keine ausdrücklichen gesetzlichen Regelungen zu Mobbing.[33] Mobbing „als solches" ist daher im Arbeitsrecht kein im Gesetz geregelter Anknüpfungspunkt für konkrete Rechtsfolgen.[34] Mobbing bildet somit „per se" keine Anspruchsgrundlage.

3.2 Mobbingverbot im öffentlichen Dienstrecht

Für den öffentlichen Dienst wurde durch die 2. Dienstrechts-Novelle 2009 ein gesetzliches Mobbingverbot eingeführt.[35] Es ist ua im für Bundesbeamte maßgebenden **§ 43a BDG 1979** unter der Überschrift **„Achtungsvoller Umgang (Mobbingverbot)"** geregelt. Danach haben Beamte als Vorgesetzte ihren Mitarbeitern

---

[32] Vgl zu diesem „qualifizierten Mobbing" insb die §§ 6, 7 und 21 GlBG, BGBl I 2004/66.

[33] Der Vollständigkeit halber ist in diesem Zusammenhang aber auf die am 1.1.2014 in Kraft getretene Novelle des Bankwesengesetzes (BWG), BGBl 1993/532, hinzuweisen, die in einer Spezialregelung ausdrücklich Mobbing im Bankenbereich erwähnt. Konkret verlangt der mit dieser Novelle, BGBl I 2013/184, – in Umsetzung der RL 2013/36/EU des Europäischen Parlaments und des Rates vom 26.6.2013 über den Zugang zur Tätigkeit von Kreditinstituten und die Beaufsichtigung von Kreditinstituten und Wertpapierfirmen – eingeführte § 99g Abs 3 Z 2 BWG ausdrücklich einen angemessenen Schutz für die Mitarbeiter von Kreditinstituten, die Verstöße innerhalb ihres Instituts melden, vor Vergeltungsmaßnahmen, Diskriminierung oder anderen Arten von *Mobbing*. Auf nähere inhaltliche Details kann hier aus Platzgründen nicht näher eingegangen werden. S dazu *Hopf*, ÖJZ/2014, 897 (898), insb die dort zitierten weiterführenden Quellen zu „Whistleblowing" am Arbeitsplatz.

[34] Dennoch können sowohl einzelne Mobbinghandlungen als auch das Mobbinggeschehen als solches arbeitsrechtliche Konsequenzen nach sich ziehen.

[35] Es trat am 1.1.2010 in Kraft. S BGBl I 2009/153. Die ErläutRV 488 BlgNR 24. GP 9 beschreiben Mobbing als eine konfliktbelastete Kommunikation am Arbeitsplatz unter Kollegen oder zwischen Vorgesetzten und Mitarbeitern, bei der die angegriffene Person unterlegen ist und von einer oder einigen Personen systematisch, oft und während längerer Zeit mit dem Ziel und/oder Effekt des Ausstoßes aus dem Arbeitsverhältnis direkt oder indirekt angegriffen wird. Im Gesetz wurde keine Legaldefinition von Mobbing verankert. Regelungen zu Mobbing enthalten im öffentlichen Dienstrecht außerdem Frauenförderungspläne.

und als Mitarbeiter ihren Vorgesetzten sowie einander mit Achtung zu begegnen und zu einem guten Funktionieren der dienstlichen Zusammenarbeit beizutragen. Sie haben im Umgang mit ihren Vorgesetzten, Kollegen und Mitarbeitern Verhaltensweisen oder das Schaffen von Arbeitsbedingungen zu unterlassen, die deren menschliche Würde verletzen oder dies bezwecken oder sonst diskriminierend sind.

Damit wird ausdrücklich klargestellt, dass Mobbing in Beamtendienstverhältnissen unzulässig ist. Vorgesetzte und Mitarbeiter werden angewiesen, einander achtungsvoll zu begegnen, und Verhaltensweisen und das Schaffen von Arbeitsbedingungen, die die menschliche Würde verletzen oder dies bezwecken oder sonst diskriminierend sind, zu unterlassen. Wer gegen das Mobbingverbot verstößt begeht eine **Dienstpflichtverletzung**.[36]

Im Zentrum des Mobbingverbots steht der Schutz vor Verhaltensweisen im Zusammenhang mit dem Arbeitsverhältnis, die die **Menschenwürde** verletzen. Dieses Regelungsziel hat das Mobbingverbot mit den Belästigungsverboten im Gleichbehandlungsrecht gemeinsam.

4 Rechtsfolgen und Verhaltensoptionen bei Belästigung und Mobbing

4.1 Verhaltensoptionen im Überblick

Die tatsächlichen und rechtlichen Konsequenzen von Belästigungs- und Mobbinggeschehen sind vielfältig. Daher sind an dieser Stelle nur Hinweise auf die Verhaltensoptionen für die an solchen Geschehnissen als „Opfer" oder „Täter" beteiligten Personen möglich.[37] Auch die Optionen des Arbeitgebers auf Belästigungs- und Mobbingfälle zu reagieren und angemessene Abhilfemaßnahmen zu ergreifen, können nur grob skizziert werden. Etwas näher sollen aber die Voraussetzungen für die Durchsetzung von Schadenersatzansprüchen belästigter und gemobbter Personen gegenüber ihren „Peinigern" erörtert werden.[38]

4.1.1 Optionen für den Arbeitgeber

Bei einem Verdacht gegen Arbeitnehmer gerichteter[39] Belästigungs- oder Mobbinghandlungen hat sich der Arbeitgeber aufgrund seiner **Fürsorgepflicht** (siehe

---

[36] S § 43a iVm § 91 BDG 1979.
[37] Ausführlich zum typischen Mobbingverlauf, zum Umgang mit Mobbing und zur Bewältigung von Konflikten *Kolodej*, Mobbing, 2005, 82 ff.
[38] S näheres dazu bei *Eichinger*, Diskriminierung und Beendigung – am Beispiel von Belästigungen, in Resch/Kietaibl (Hrsg), Diskriminierung – Schutz und Folgen im Arbeitsrecht, 2018, 75 (112 ff); *Wagner-Steinrigl*, in Wachter (Hrsg), Arbeits- und Sozialrecht – Jahrbuch 2018, 2018, 111 ff.
[39] Etwa durch Arbeitskollegen oder Vorgesetzte.

§ 1157 Abs 1 ABGB und § 18 AngG) umgehend ernsthaft mit dieser Situation zu befassen und zunächst den **Sachverhalt zu ermitteln.** Dabei ist die Befragung aller Beteiligten geboten,[40] weil die Fürsorgepflicht den Arbeitgeber in solchen Situationen nicht nur gegenüber den möglichen Belästigungs- und Mobbingopfern trifft, sondern auch gegenüber den in Verdacht stehenden Arbeitnehmern. Es ist daher auch den wegen Belästigung oder Mobbing Beschuldigten die Gelegenheit zur Stellungnahme und allfälligen Rechtfertigung zu geben, weil eine Fehleinschätzung der Situation oder sogar eine wissentliche Falschbeschuldigung nicht von vornherein auszuschließen sind. Gleichzeitig ist aber zu bedenken, dass Belästiger und Mobber Falschbeschuldigungen oder Fehleinschätzungen der Situation durch die Betroffenen als unwahre Schutzbehauptungen vorbringen könnten.Bei Erhärtung der Verdachtslage trifft den Arbeitgeber eine Abhilfeverpflichtung gegenüber belästigten oder gemobbten Arbeitnehmern. Bei Mobbing beruht diese auf der Fürsorgepflicht, bei Belästigungen verpflichtet auch eine Spezialbestimmung im GlBG den Arbeitgeber ausdrücklich für **„angemessene Abhilfe"**[41] zu sorgen. Hinsichtlich der Auswahl der Abhilfemaßnahmen im Einzelfall besteht eine weitgehende **Wahlfreiheit** des Arbeitgebers.[42] Er ist beispielsweise nicht dazu verpflichtet „auf Wunsch" belästigter oder gemobbter Arbeitnehmer Belästiger oder Mobber zu versetzen oder deren Arbeitsverhältnisse zu beenden. Die Abhilfemaßnahmen müssen aber dem Verhältnismäßigkeitsgrundsatz[43] entsprechen und die Arbeitnehmer im Ergebnis effektiv vor künftigen Belästigungs- oder Mobbinghandlungen schützen.[44]

In der Praxis bieten sich zB Ermahnung und Verwarnung, Suspendierung, Versetzung oder die Beendigung des Arbeitsverhältnisses von Belästigern und Mobbern an. Durch die **Ermahnung**[45] als mildeste Reaktion des Arbeitgebers wird der Ermahnte konkret auf seine Pflichtverletzung hingewiesen und zur Unterlassung des Fehlverhaltens sowie zu künftigem korrektem Benehmen aufgefordert. Bei

---

[40] Insb mögliches Belästigungsopfer, verdächtiger Arbeitnehmer, allfällige Zeugen oder Betriebsrat.

[41] Vgl zB § 6 Abs 1 Z 2 GlBG zur sexuellen Belästigung.

[42] Als Orientierungshilfe für die Konkretisierung der Angemessenheit der Abhilfemaßnahmen weist der Gesetzgeber lediglich auf gesetzliche Bestimmungen, Normen der kollektiven Rechtsgestaltung und den Arbeitsvertrag hin (vgl exemplarisch § 6 Abs 1 Z 2 GlBG).

[43] S OGH 29.9.2010, 9 ObA 13/10t Arb 12.921 zum Verhältnismäßigkeitsprinzip iZm der Abhilfeverpflichtung des Arbeitgebers. Im Einzelfall zu berücksichtigende Kriterien sind etwa Intensität, Dauer und Folgen des Belästigungs- oder Mobbinggeschehens. Auch die Stellung des Belästigers oder Mobbers im Unternehmen (zB strenge Verhaltensmaßstäbe bei Führungskräften) und bestimmte persönliche Umstände auf Seiten der betroffenen Arbeitnehmer (zB besondere Schutzbedürftigkeit von Jugendlichen) können relevant sein.

[44] In diesem Sinne auch *Wagner-Steinrigl*, in Wachter (Hrsg), Arbeits- und Sozialrecht – Jahrbuch 2018, 2018, 110, 112.

[45] S *Löschnigg*, Arbeitsrecht[13], 2017, Rz 8/119.

der **Verwarnung** kommt die Androhung strengerer Konsequenzen (zB der Entlassung) bei einem neuerlichen Verstoß hinzu.

Durch eine **Suspendierung** werden wegen sexueller Belästigung oder Mobbing beschuldigte Arbeitnehmer einseitig vorübergehend vom Dienst enthoben.[46] Dies verschafft dem Arbeitgeber mehr Zeit zur Sachverhaltsfeststellung und für die Auswahl geeigneter Abhilfemaßnahmen. Außerdem signalisiert die Suspendierung, dass sich der Arbeitgeber bei der Bestätigung der Verdachtslage weitergehende arbeitsrechtliche Konsequenzen vorbehält, und verhindert auch zeitweilig die weitere Anwesenheit des potentiellen Belästigers oder Mobbers im Unternehmen, die für betroffene Arbeitnehmer sehr belastend sein kann.

Zur Unterbindung weiterer Belästigungs- und Mobbinghandlungen durch die räumliche Trennung der involvierten Personen bietet sich die **Versetzung** belästigender oder mobbender Arbeitnehmer[47] an.[48] Dabei sind aber arbeitsvertragliche Schranken[49] und der betriebsverfassungsrechtliche Versetzungsschutz gem §101 ArbVG[50] zu berücksichtigen.[51]

Bei besonders schwerwiegenden Belästigungs- oder Mobbingfällen kann die Beendigung des Arbeitsverhältnisses[52] mit dem Belästiger oder Mobber zur Verhinderung künftiger Konflikte erforderlich sein. Im Vordergrund steht die **einseitige Vertragsauflösung durch den Arbeitgeber**[53] entweder durch die fristgebundene, grundsätzlich begründungsfreie **Kündigung** oder die fristlose, einen wichtigen Grund voraussetzende **Entlassung**.

---

[46] S zur Dienstfreistellung *Hutter* in Mazal/Hutter (Hrsg), Fachlexikon Arbeitsrecht, 2012, 201; kritisch *Löschnigg*, Arbeitsrecht[13], 2017, Rz 6/029.

[47] Versetzungen der belästigten oder gemobbten Arbeitnehmer sollten nur auf deren Wunsch in Betracht gezogen werden.

[48] Nach § 101 ArbVG ist die Versetzung die dauernde Einreihung des Arbeitnehmers auf einen anderen Arbeitsplatz, insb die Änderung des Arbeitsortes und/oder des Tätigkeitsbereiches.

[49] Vertragsrechtlich darf eine einseitige (direktionale) Versetzung des Arbeitnehmers durch den Arbeitgeber nur im Rahmen des im Arbeitsvertrag Vereinbarten erfolgen. Sonst wäre eine Zustimmung des Arbeitnehmers erforderlich (Versetzungsvereinbarung). S *Löschnigg*, Arbeitsrecht[13] 6/039; *Marhold/Brameshuber/Friedrich*, Österreichisches Arbeitsrecht[4], 2021, 95.

[50] In Betrieben mit Betriebsrat ist dieser vom Arbeitgeber jedenfalls in das Versetzungsgeschehen einzubinden. Eine dauernde und verschlechternde Versetzung bedarf der Betriebsratszustimmung.

[51] S weiterführend *Födermayr* in Strasser/Jabornegg/Resch, ArbVG (31. Lfg), 2013, § 101 Rz 35 ff; *Goricnik* in Gahleitner/Mosler, Arbeitsverfassungsrecht[35] § 101 Rz 1 ff, Rz 48 ff.

[52] S dazu ausführlich *Burger-Ehrnhofer/Drs*, Beendigung; *Neumann/Bamberger*, Handbuch Beendigungsrecht, 2016.

[53] Es könnte aber auch die einvernehmliche Vertragsauflösung (Aufhebungsvereinbarung) Sinn machen, etwa wenn der Nachweis eines Entlassungsgrundes für den Arbeitgeber schwierig wäre und er sonst eine sehr lange Kündigungsfrist in Kauf nehmen müsste.

4.1.2 Optionen für belästigte oder gemobbte Arbeitnehmer

Arbeitnehmer, die sich einer Belästigungs- oder Mobbingsituation ausgesetzt fühlen, sollten weder passiv bleiben noch unter emotionalem Druck unbedacht reagieren.[54] Wenn ein Belästigungs- oder Mobbinggeschehen noch nicht allzu weit fortgeschritten ist, könnte ein direktes **„klärendes Gespräch"** zwischen den Beteiligten gleichsam als „Stoppsignal" der belästigten oder gemobbten Personen zur Deeskalation der Lage beitragen. Jedenfalls sollten Betroffene aber möglichst frühzeitig faktische und rechtliche Unterstützung im Betrieb suchen. Als **Ansprechpartner** bieten sich neben dem **Arbeitgeber** (sofern dieser nicht selbst als Mobber auftritt) bzw dessen Vertretern in betriebsratspflichtigen Betrieben[55] der **Betriebsrat**[56], allenfalls vorhandene **Mobbingbeauftragte**, **Betriebsärzte**[57] oder sonstige **Vertrauenspersonen** im Betrieb – zB verständnisvolle, wohl gesonnene Arbeitskollegen – an.

Bei Mobbing ist außerdem die **Einholung qualifizierter externer Rechtsberatung**, etwa durch **Mobbingberatungsstellen** überbetrieblicher Arbeitnehmerinteressenvertretungen (Arbeiterkammern und Gewerkschaften) oder durch die Interessenvertretungen selbst empfehlenswert. Für Opfer von Belästigungen ist auch die Kontaktaufnahme mit der **Gleichbehandlungsanwaltschaft (GAW)**[58] ratsam.

Für gemobbte Personen ist die GAW hingegen nur dann zuständig, wenn das Mobbing am Arbeitsplatz in Form einer Belästigung iSd Gleichbehandlungsrechts auftritt, also das Belästigungsgeschehen im Zusammenhang mit einem geschützten Merkmal steht („qualifiziertes Mobbing").

Im Übrigen bieten sich die Konsultation von **Rechtsanwälten** oder die Einholung von Rechtsauskünften an **Amtstagen bei Gericht** an. Schließlich kann die Einleitung eines Verfahrens vor der **Gleichbehandlungskommission (GBK)**[59] zur außergerichtlichen Konfliktbeilegung bei Belästigung und qualifiziertem Mobbing angedacht oder ein **Gerichtsverfahren** angestrengt werden.

---

[54] S dazu *Eichinger* in Resch/Kietaibl (Hrsg), Diskriminierung – Schutz und Folgen im Arbeitsrecht, 2018, 122 ff.

[55] Vgl dazu § 34 und § 40 Abs 1 iVm § 49 Abs 1 ArbVG.

[56] Sofern dort ein Betriebsrat gewählt wurde und sich dieses Organ konstituiert hat.

[57] S § 79 ASchG zur Bestellung von Arbeitsmedizinern, § 81 ASchG zu ihren Aufgaben und Befugnissen sowie § 82 ASchG zu ihren Tätigkeiten.

[58] S §§ 3 ff GBK/GAW-G zur Anwaltschaft für Gleichbehandlung (einschließlich der Regionalbüros) und ihren Aufgaben. Vgl weiterführend *Hopf/Mayr/ Eichinger/Erler*, GlBG, 2021, § 3 GBK/GAW-G Rz 1 ff, § 5 GBK/GAW-G Rz 1 ff.

[59] Zur GBK und ihren Aufgaben s § 1 f und §§ 8 ff GBK/GAW-G. Weiterführend *Hopf/Mayr/Eichinger/Erler*, GlBG², 2021, § 1 GBK/GAW-G Rz 1 ff; § 8 GBK/GAW-G Rz 1 ff.

Arbeitnehmer sind nicht nur mit dem Problem ihres Schutzes vor Belästigungen und Mobbing im aufrechten Arbeitsverhältnis konfrontiert. Insb dann, wenn die Belästigungs- und Mobbinghandlungen vom Arbeitgeber selbst ausgehen oder er die gebotene Unterstützung verweigert, stehen die betroffenen Arbeitnehmer häufig vor der Wahl, ob sie weiterhin im Arbeitsverhältnis verbleiben (können) oder eine **Vertragsauflösung** in Betracht ziehen sollten. Im Vordergrund steht dann die Frage, ob das vorgefallene Belästigungs- und Mobbinggeschehen einen wichtigen Grund für den **vorzeitigen Austritt** aus dem Arbeitsverhältnis darstellt.

Ebenso bedeutsam ist für die Arbeitnehmer, ob sie **Schadenersatzansprüche** gegenüber dem Belästiger oder Mobber und gegebenenfalls auch gegenüber dem Arbeitgeber erfolgreich geltend machen können, wenn dieser keine ausreichenden Abhilfemaßnahmen zu ihrem Schutz ergreift.

Die rechtlichen Rahmenbedingungen für die Durchsetzung von Ersatzansprüchen wegen Belästigung und Mobbing sind unterschiedlich. Die folgenden Abschnitte widmen sich den konkreten gesetzlichen Voraussetzungen für Schadenersatzansprüche belästigter und gemobbter Arbeitnehmer sowie für deren Durchsetzung im Rechtsweg.

5 Schadenersatz bei Belästigung und Mobbing im Zusammenhang mit Arbeitsverhältnissen

5.1 Vorbemerkung

Die Durchsetzung von Schadenersatzansprüchen wegen Mobbing ist erfahrungsgemäß schwieriger als jene wegen Belästigung. Ein wesentlicher Grund dafür können die unterschiedlichen rechtlichen Rahmenbedingungen für die Ermittlung von Ersatzansprüchen und ihre Durchsetzung im Rechtsweg sein.

Während die Gleichbehandlungsgesetze bei Belästigung die Rechtsdurchsetzung erleichternde Spezialbestimmungen enthalten, sind auf Mobbing gestützte Ersatzansprüche nach dem **Schadenersatzrecht des ABGB** anhand der Grundsätze der **Verschuldenshaftung** zu beurteilen.[60] Einschlägig sind die §§ 1293 ff ABGB.

5.2 Allgemeine Voraussetzungen für Schadenersatzansprüche bei Verschuldenshaftung

Die allgemeinen Voraussetzungen für einen Schadenersatzanspruch wegen Mobbing nach dem ABGB sind:

---

[60] *Majoros*, Mobbing, 2010, 178 ff.

- Das Vorliegen eines Schadens beim Gemobbten,

- ein Kausalzusammenhang zwischen dem Mobbingverhalten und dem Schadenseintritt,

- ein rechtswidriges Verhalten des Mobbers und

- ein Verschulden des Mobbers.

Bei der Beurteilung von Schadenersatzansprüchen wegen Mobbing ist zuerst zu prüfen, ob beim Gemobbten ein **Schaden** eingetreten ist. **Typische Mobbingschäden** liegen im Bereich einer **Verletzung** der folgenden von der Rechtsordnung **absolut geschützten Rechtsgüter**:

- Physische und psychische Integrität („Leib und Leben", Gesundheit),

- Ehre,

- Freiheit,

- geschlechtliche Selbstbestimmung und

- Eigentum.

5.3 Besonderheiten bei Mobbing

Bei Mobbing haben Schäden infolge Verletzung des Rechtsgutes der **Gesundheit** die größte praktische Bedeutung. Bloßes Unbehagen ist allerdings noch keine **Körperverletzung**.[61] Entscheidend dafür ist, ob die psychische oder physische Beeinträchtigung behandlungsbedürftig oder wenigstens ärztlich diagnostizierbar und damit medizinisch fassbar ist.[62]

Nach der Schadensfeststellung ist die **Kausalität** zwischen dem **Mobbingverhalten** und dem **Schadenseintritt** zu prüfen. Dabei wird anhand einer sorgfältigen Erfassung und Analyse des Mobbinggeschehens festgestellt, ob der Schaden die Folge eines Mobbingverhaltens ist. Die Kausalität wird im Schadenersatzrecht auch bei Mobbing nach der Formel von der *conditio sine qua non* beurteilt.[63] Danach ist ein Verhalten dann ursächlich für einen Erfolg, wenn es nicht weggedacht werden kann, ohne dass auch der Erfolg entfiele.[64]

Die **Rechtswidrigkeit des Mobbingverhaltens** ergibt sich bei der Inanspruchnahme des Arbeitgebers, der mit dem gemobbten Arbeitnehmer durch den Arbeitsvertrag verbunden ist, typischerweise aus der Verletzung der Fürsorge-

---

[61] OGH 1.12.1982, 1 Ob 658/82 = EvBl 1983/82; *Boninsegna/Kasper*, Schadenersatzrechtliche Folgen von Mobbing, Zak 14/2015, 270.
[62] OGH 21.5.2003, 2 Ob 120/02.
[63] *Majoros*, Mobbing, 2010, 179.
[64] *Karner* in KBB⁴, § 1295 Rz 3.

pflicht des Arbeitgebers.[65] Die schuldhafte Fürsorgepflichtverletzung des Arbeitgebers ist eine Verletzung vertraglicher Nebenpflichten, somit eine sog **„positive Vertragsverletzung"**.[66]

Anderweitig kann sich die Rechtswidrigkeit auch aus der Verletzung absolut geschützter Rechtsgüter (zB der Gesundheit) ergeben. Das ist insb im Verhältnis unter mobbenden Kollegen relevant.

Bei Inanspruchnahme eines mobbenden Arbeitnehmers ist zu beachten, dass zwischen Arbeitnehmern regelmäßig kein vertragliches Band vorliegt. Die wechselseitige Rücksichtnahme zwischen Arbeitnehmern ergibt sich daher nicht aus einer direkten vertraglichen Beziehung zwischen ihnen, sondern im Umweg über ihre jeweilige arbeitsvertragliche Bindung gegenüber dem Arbeitgeber. Damit ist neben der Arbeitspflicht auch eine **Interessenwahrungspflicht** verbunden, die als **Treuepflicht** des Arbeitnehmers bezeichnet wird. Arbeitnehmer haben danach im Rahmen des Möglichen und Zumutbaren auf die legitimen Interessen des Arbeitgebers Bedacht zu nehmen.

Daraus resultieren zB die Verpflichtungen den Betriebsfrieden nicht zu stören, Schäden vom Arbeitgeber abzuwenden und selbst keine den Arbeitgeber schädigenden Handlungen auszuführen.[67] Aus der Treuepflicht des Arbeitnehmers ergibt sich auch die Verpflichtung zu einem angemessenen Verhalten gegenüber dem Arbeitgeber und dessen Angehörigen sowie gegenüber den Arbeitskollegen. Mobben Arbeitnehmer andere Arbeitnehmer, so verletzen sie – neben dem Eingriff in die absolut geschützten Rechtsgüter der gemobbten Arbeitskollegen – auch ihre Interessenwahrungspflicht gegenüber dem Arbeitgeber.[68]

Da bei gemobbten Arbeitnehmern Leistungsabfall, vermehrte Fehler bei der Arbeitsverrichtung und Krankenstände auftreten können, kann auch das **Unternehmen geschädigt** werden. Eine Verletzung der Interessenwahrungspflicht des Mobbers gegenüber dem Arbeitgeber resultiert gleichzeitig daraus, dass das Mobbinggeschehen den Arbeitgeber regelmäßig zur Ergreifung von Abhilfe- und Schutzmaßnahmen für die gemobbten Arbeitnehmer verpflichtet. Sonst würde sich der Arbeitgeber seinerseits dem Vorwurf einer Fürsorgepflichtverletzung gegenüber den gemobbten Arbeitnehmern durch Untätigbleiben („passives Mobbing") aussetzen.[69]

---

[65] S dazu *Marhold/Brameshuber/Friedrich*, Österreichisches Arbeitsrecht[4], 2021, 294.
[66] OGH 8.5.2003, 2 Ob 95/03i.
[67] *Smutny/Hopf*, DRdA/2003, 110 (115).
[68] *Hopf* in FS Bauer/Maier/Petrag, 2004, 147 (158).
[69] Vgl die Leitentscheidung des OGH mit der rechtlichen Beurteilung, dass der Arbeitgeber, der von einem Mitarbeiter um Abhilfe gegen Mobbing durch andere Mitarbeiter ersucht worden

Schadenersatzansprüche wegen Mobbing setzen schließlich auch ein **Verschulden des Schädigers** voraus. Das Verhalten muss dem Mobber daher vorwerfbar sein, wobei zumindest Fahrlässigkeit vorliegen muss.[70] Fahrlässigkeit ist die Außerachtlassung der gehörigen Sorgfalt.[71] Vorsätzlich handelt ein Mobber, der sich der Rechtswidrigkeit seines Verhaltens bewusst ist und den schädlichen Erfolg vorhersieht und auch billigt.[72]

Ferner sind bei der Durchsetzung von Schadenersatzansprüchen wegen Mobbing zahlreiche **rechtliche und tatsächliche Probleme** zu bewältigen. Die Aufarbeitung eines Mobbinggeschehens ist unter anderem schwierig, weil sich die Mobbinghandlungen meistens über einen längeren Zeitraum erstrecken und zudem häufig „verdeckt" erfolgen.

Diesbezüglich kann das Führen eines **Mobbingtagebuchs**[73] eine wertvolle Gedächtnisstütze sein. Für einen erfolgreichen Gerichtsprozess bei Mobbing ist die präzise **Substantiierung des Mobbinggeschehens** unerlässlich. Vage Ausführungen „gemobbt worden zu sein" reichen keinesfalls aus.

Nicht weniger schwierig ist der **Nachweis** des Mobbinggeschehens im Gerichtsverfahren.

Wer im Prozess das Vorliegen von Mobbing behauptet, muss das auch nachweisen. Nach der allgemeinen Beweislastregel trifft jede Verfahrenspartei die **Beweislast** für das Vorliegen aller tatsächlichen Voraussetzungen der ihr günstigen Rechtsnorm.[74] Das gilt auch für Verfahren zur Feststellung von Mobbing und daraus resultierender Rechtsansprüche, wie zB eines Schadenersatzanspruchs gegenüber dem Mobber. Kann der Gemobbte die Voraussetzungen des geltend gemachten Anspruches nicht beweisen – oder anders formuliert – führt das Beweisverfahren zu keiner Überzeugung des Gerichts und bleibt der **Sachverhalt unklar** („non liquet"), dann greift die **allgemeine Beweislastregel** ein,[75] wonach jede Verfahrenspartei die Beweislast für das Vorliegen der ihr günstigen Rechtsnorm trägt. Bleibt also eine tatbestandsrelevante Tatsache unklar, ist vom Gericht

---

war, zwar nicht völlig untätig blieb, aber bei einer Gesamtbetrachtung seiner Fürsorgepflicht nicht ausreichend und nicht unverzüglich nachgekommen war. OGH 26.11.2012, 9 ObA 131/11x DRdA 2013/35 (*Smutny*), ZAS 2013/46 (*Pirker*), JBl 2014, 460 (*Mosler*).
[70] *Majoros*, Mobbing, 2010, 180 f.
[71] *Karner* in KBB⁴, § 1294 Rz 11.
[72] *Karner* in KBB⁴, § 1294 Rz 10.
[73] Darin werden die einzelnen Mobbinghandlungen dokumentiert.
[74] *Rechberger* in Rechberger, ZPO⁴, Vor § 266 Rz 11 mwN.
[75] *Rechberger* in Rechberger, ZPO⁴, Vor § 266 Rz 8.

so zu entscheiden, als wäre festgestellt worden, dass diese Tatsache nicht einge-treten ist.[76]

Ein weiteres Beweisführungsproblem liegt im erforderlichen **Beweismaß**. Während bei Belästigung nach dem Gleichbehandlungsrecht eine Beweiserleichterung durch Herabsetzung des Beweismaßes für die belästigte Person besteht, indem schon die Glaubhaftmachung der Belästigung genügt (siehe § 12 Abs 12, § 26 Abs12 GlBG, § 7p BEinstG),[77] muss vom Gemobbten der Beweis des Mobbing-geschehens erbracht werden. Als Regelbeweismaß[78] gilt im Zivilprozess **hohe Wahrscheinlichkeit**.[79]

Nach dem Regelbeweismaß muss dem Gericht vom Gemobbten daher die Über-zeugung vermittelt werden, dass das behauptete Mobbinggeschehen mit hoher Wahrscheinlichkeit vorliegt. Zur **Glaubhaftmachung** einer Belästigung reicht es nach dem Gleichbehandlungsrecht hingegen aus, dass das Gericht vom Vorliegen der behaupteten Belästigung mit **überwiegender Wahrscheinlichkeit** über-zeugt ist.[80]

Eine Beweiserleichterung kommt gemobbten Arbeitnehmern aber bei der Gel-tendmachung von Schadenersatzansprüchen gegen den Arbeitgeber zugute. Die-se betrifft den **Nachweis des Verschuldens**. Da zwischen Arbeitnehmer und Ar-beitgeber eine Vertragsbeziehung vorliegt, greift die im allgemeinen Schadener-satzrecht bei Verletzung vertraglicher Verbindlichkeiten („ex contractu") beste-hende Beweislastumkehr gem § 1298 ABGB ein. Danach muss der Schädiger be-weisen, dass ihn kein Verschulden trifft.[81]

In Mobbingverfahren „unter Arbeitnehmern" gilt die Beweiserleichterung des § 1298 ABGB mangels Vertragsbeziehung nicht.[82] Hier bleibt es bei der allgemeinen Regel nach § 1296 ABGB, wonach die Schuldlosigkeit des Schädigers vermutet wird. Der Beweis des Verschuldens obliegt dann dem Geschädigten.[83]

---

[76] *Rechberger* in Rechberger, ZPO[4], Vor § 266 Rz 1

[77] Weiterführend *Hopf/Mayr/Eichinger/Erler*, GlBG § 12 Rz 123 ff, § 26 Rz 65 ff; § 7p BEinstG Rz 1 f.

[78] Dh der im Regelfall vom Richter bei der Beweiswürdigung geforderte Überzeugungsgrad (vgl § 272 Abs 1 ZPO: „freie Überzeugung"). S Näheres bei *Rechberger* in Rechberger, ZPO[4], Vor § 266 Rz 4 f.

[79] *Rechberger* in Rechberger, ZPO[4], Vor § 266 Rz 5 mwN.

[80] *Rechberger* in Rechberger, ZPO[4] § 274 Rz 1.

[81] *Karner* in KBB[4] § 1298 Rz 1.

[82] Die Beziehung zwischen Arbeitnehmern ist keine vertragliche, sondern eine deliktische. Bei Vorliegen der Voraussetzungen gebührt Schadenersatz „ex delicto".

[83] *Karner* in KBB[4] § 1296 Rz 1.

5.4 Schadenersatz bei Belästigung – Erleichterungen der Rechtsdurchsetzung

Aufgrund der Spezialbestimmungen zur Belästigung im Gleichbehandlungsrecht können von Belästigungen betroffene Arbeitnehmer gegen ihre Belästiger Schadenersatzansprüche geltend machen. Dafür sind mehrere **Erleichterungen für die Rechtsdurchsetzung** gesetzlich verankert. Für Mobbingbetroffene gelten diese Erleichterungen nur dann, wenn das Belästigungsgeschehen auf einem Diskriminierungsgrund iSd Gleichbehandlungsvorschriften beruht („qualifiziertes Mobbing"). Konkret geht es um folgende Erleichterungen:

- Vorliegen einer speziellen gesetzlichen Regelung der Belästigungstatbestände und Rechtsfolgen,

- Belästigung als Anspruchsgrundlage,

- Beweiserleichterung im Gerichtsverfahren und

- Festlegung eines ideellen Schadenersatzes.

Das Vorliegen von **Spezialbestimmungen**, die die Voraussetzungen der verschiedenen **Belästigungstatbestände** im Gleichbehandlungsrecht genau definieren[84] und diesen Tatbeständen **konkrete Rechtsfolgen** zuordnen,[85] gibt den belästigten Personen ein hohes Maß an Rechtssicherheit. Vergleichbare Bestimmungen liegen in Bezug auf („einfaches") Mobbing nicht vor.

Im Gleichbehandlungsrecht sind den Belästigungstatbeständen ausdrücklich bestimmte Rechtsfolgen – Schadenersatzansprüche der Belästigten – zugeordnet. Damit ist eine Belästigung iSd Gleichbehandlungsrechts eine **Anspruchsgrundlage**, auf die sich Betroffene direkt stützen können. Mobbing bildet hingegen per se keine selbständige Anspruchsgrundlage im Arbeitsrecht. Mobbingbetroffene können ihre Schadenersatzansprüche daher nur „auf dem Umweg" über das allgemeine Schadenersatzrecht des ABGB verfolgen.

Es wurde bereits dargelegt, dass für die Geltendmachung von Rechtsansprüchen, die auf Belästigungen iSd Gleichbehandlungsrechts beruhen, namentlich für Schadenersatzansprüche, **Beweiserleichterungen** gesetzlich verankert sind. Diese Erleichterungen betreffen insb das Beweismaß.[86]

Danach genügt die **Glaubhaftmachung** eines Belästigungstatbestandes, dh das Gericht muss vom Vorliegen der Tatsachenbehauptung („nur") mit **überwiegen-**

---

[84] §§ 6, 7, 21 GlBG; § 7d BEinstG.
[85] § 12 Abs 11, § 26 Abs 11 GlBG; § 7i BEinstG.
[86] Ferner besteht bei Belästigung eine spezielle Regelung zur Verteilung der Beweislast auf die Verfahrensparteien, während in Mobbingprozessen die allgemeine Regel zur Beweislastverteilung gilt.

der **Wahrscheinlichkeit** überzeugt sein.[87] Mobbingbetroffene müssen hingegen vor Gericht den **Beweis** erbringen, dass sie gemobbt wurden. Der davor erforderliche Überzeugungsgrad ist hohe Wahrscheinlichkeit („Regelbeweismaß").

Ferner gewährt das Gleichbehandlungsrecht bei Belästigung – neben dem Ersatz eines allfälligen Vermögensschadens[88] (materieller Schaden, zB für zerrissene Kleidung oder beschädigten Schmuck) – einen Ausgleich für die durch das Belästigungsgeschehen erlittene persönliche Beeinträchtigung. Dieser Ausgleich wird als **Entschädigung** bezeichnet. Es handelt sich dabei um einen im Gesetz ausdrücklich normierten **ideellen Schadenersatz**, für den bei allen Belästigungstatbeständen eine Untergrenze von **mindestens 1.000 Euro** gesetzlich festgelegt ist. Je nach den Umständen des Einzelfalles kann der angemessene Ersatzbetrag aber auch höher sein. Eine Obergrenze des Ersatzbetrags gibt es nicht.[89] Mit dem gesetzlich angeordneten Mindestersatz soll eine abschreckende Wirkung gewährleistet und der Bagatellisierung von Belästigungen entgegengewirkt werden.[90]

§ 7j BEinstG[91] enthält – anders als zB das GlBG – auch Regelungen für die Ermittlung der Höhe der Entschädigung.[92] Die im BEinstG beispielsweise genannten **Bemessungsfaktoren**, die Dauer der Diskriminierung,[93] die Schwere eines allfälligen Verschuldens, die Erheblichkeit der Beeinträchtigung und etwaige Mehrfachdiskriminierungen, sind nach dem OGH auch im Anwendungsbereich des GlBG nutzbar.[94] Weitere berücksichtigungswürdige Faktoren können etwa die Art,[95] Häufigkeit[96] und Intensität[97] der Belästigung sowie das Ausmaß und die

---

[87] Demgegenüber erfordert das Regelbeweismaß eine hohe Wahrscheinlichkeit.

[88] Im Gleichbehandlungsrecht bestehen keine näheren Regelungen zu Vermögensschäden, sodass die Haftung für materielle Schäden im Einzelnen nach dem Schadenersatzrecht des ABGB zu beurteilen ist.

[89] *Hopf/Mayr/Eichinger/Erler*, GlBG² § 12 Rz 117; OGH 12.7.2000, 9 Ob 147/00h.

[90] *Hopf/Mayr/Eichinger/Erler*, GlBG² § 12 Rz 117; *Hopf/Mayr/Eichinger*, GlBG – Novelle 2011 § 12 Rz 1.

[91] Das BEinstG gilt bei Diskriminierungen, einschließlich Belästigungen, aufgrund einer Behinderung.

[92] Die Höhe der Entschädigung für die erlittene persönliche Beeinträchtigung ist danach so zu bemessen, dass die Beeinträchtigung tatsächlich und wirksam ausgeglichen wird und die Entschädigung der erlittenen Beeinträchtigung angemessen ist sowie Diskriminierungen verhindert.

[93] Je länger die Belästigungssituation andauert desto höher wird typischerweise die Entschädigung sein.

[94] Vgl OGH 5.6.2008, 9 ObA 18/08z SZ 2008/77 = RdW 2009/602, 593 (*Kulmer*) = ZAS 2009/45, 288 (*Krömer*).

[95] Körperliche Übergriffe werden idR zu höheren Ersatzbeträgen führen als rein verbale Belästigungen.

[96] Kommt es zu wiederholten Belästigungen, wird sich das ersatzerhöhend auswirken, insb dann, wenn der Arbeitgeber zuvor bereits eine Ermahnung oder Verwarnung ausgesprochen hat.

Nachhaltigkeit der Folgen[98] für das Belästigungsopfer sein. Über die persönliche Beeinträchtigung durch die Belästigung hinaus verlangt das Gleichbehandlungsrecht keine Verletzung von absolut geschützten Rechtsgütern des Belästigten, insb auch keine Körperverletzung oder Gesundheitsschädigung.

Für **Mobbing** hat als ideeller Schadenersatz insb das **Schmerzengeld** iSd § 1325 **ABGB** die größte praktische Bedeutung. Schmerzengeld dient der Abgeltung sämtlicher Schmerzempfindungen körperlicher und seelischer[99] Art.[100] Es gebührt aber auch dem, der durch eine haftungsbegründende Einwirkung auf seine Persönlichkeitsstruktur außerstande gesetzt wird, Schmerz und Leid im Gegensatz zu Wohlbefinden und Freude zu empfinden und damit elementarster menschlicher Empfindungen beraubt wird.[101]

Ob der Zustand des Verletzten mit Geld überhaupt ausgeglichen werden kann, ist bei der Bemessung des Schmerzengeldes unbeachtlich.[102] Das Schmerzengeld wird aber nicht schon allein aufgrund einer persönlichen Beeinträchtigung des Gemobbten gewährt, sondern setzt eine **Gesundheitsschädigung** voraus. Eine psychische Beeinträchtigung, die bloß in Unbehagen und Unlustgefühlen besteht, reicht für sich allein noch nicht aus, um als Verletzung am Körper angesehen oder einer Verletzung gleichgestellt zu werden.[103] Daraus ist hinsichtlich des Ausgleichs immaterieller Schäden ersichtlich, dass eine Entschädigung wegen einer Belästigung iSd Gleichbehandlungsvorschriften im Allgemeinen wohl leichter erreichbar sein wird als etwa ein Schmerzengeld bei Mobbing.

6 Zusammenfassende Gegenüberstellung der Rechtslage bei Belästigung und Mobbing

6.1 Rechtslage bei Belästigung

Zu Belästigungen im Zusammenhang mit Arbeitsverhältnissen kann zusammenfassend Folgendes festgehalten werden:

---

[97] Umso schwerwiegender der Übergriff ist – insb durch Zufügen von Schmerzen und Verletzungen, Hervorrufen von Ängsten und Ekel sowie die Brutalität der Vorgehensweise – desto höher hat eine angemessene Entschädigung zu sein.

[98] Wie insb Ausmaß und Dauer physischer und psychischer Beeinträchtigungen sowie Behandlungs-und Therapiebedürftigkeit.

[99] In Judikatur und Lehre ist anerkannt, dass auch seelische Schmerzen durch Schmerzengeld nach § 1325 ABGB abzugelten sind. S dazu weiterführend *Danzl* in KBB[5], 2017 Rz 28, zur Schmerzengeldbemessung Rz 30.

[100] OGH 25.11.1981, 3 Ob 569/81.

[101] OGH 17.2.2011, 2 Ob 106/10t.

[102] OGH 12.4.1973, 2 Ob 49/73.

[103] OGH 3.11.1999, 9 Ob 78/99g.

- Im Arbeitsrecht und im öffentlichen Dienstrecht bestehen ausdrückliche Sonderregelungen in Bezug auf Belästigungen, insb im GlBG, B-GlBG und BEinstG.

- Im Gleichbehandlungsrecht (insb im GlBG, B-GlBG und BEinstG) sind Legaldefinitionen der einzelnen Belästigungsarten und explizit Belästigungsverbote festgelegt.

- Die Belästigungsverbote schützen nur die Beschäftigten im Geltungsbereich des jeweiligen Gleichbehandlungsgesetzes. Das trifft zB beim GlBG vor allem auf Arbeitnehmer zu, während etwa freie Dienstnehmer nur dann vor Belästigung geschützt sind, wenn sie in einem arbeitnehmerähnlichen Beschäftigungsverhältnis stehen.

- Eine Belästigung iSd Gleichbehandlungsrechts liegt nur dann vor, wenn sie aufgrund eines der in den Gleichbehandlungsgesetzen taxativ aufgezählten Diskriminierungsgründe erfolgt. Das Belästigungsmotiv muss somit eines der sieben gesetzlich geschützten Merkmale – Geschlecht, Alter, Behinderung, ethnische Zugehörigkeit, Religion, Weltanschauung oder sexuelle Orientierung – sein.

- Belästigung gilt als Diskriminierung iSd Gleichbehandlungsregelungen.

- Belästigung bildet per se eine Anspruchsgrundlage.

- Für Belästigung sind im Gleichbehandlungsrecht spezielle Rechtsfolgenregelungen festgelegt.

- Für Belästigung sind im Gleichbehandlungsrecht spezielle Beweisregelungen festgelegt.

- Im Gleichbehandlungsrecht sind speziellen Fristen für die gerichtliche Geltendmachung von aus Belästigung resultierenden Rechtsansprüchen festgelegt.

- Es bestehen spezielle Einrichtungen zur Beratung und Information (insb GAW) sowie zur außergerichtlichen Feststellung (GBK) einer Belästigung.

6.2 Rechtslage bei Mobbing

Zu Mobbing im Zusammenhang mit Arbeitsverhältnissen kann zusammenfassend Folgendes festgehalten werden:

- In den Arbeitsrechtsgesetzen besteht keine ausdrückliche Regelung zu Mobbing.

- Ein ausdrückliches Mobbingverbot (zB § 43a BDG) gibt es nur im öffentlichen Dienstrecht. Dort ist auch gesetzlich klargestellt, dass Mobbing eine Dienstpflichtverletzung bildet.[104]

- Weder im Arbeitsrecht noch im öffentlichen Dienstrecht besteht eine Legaldefinition des Begriffs Mobbing. Die Judikatur greift auf die in der Literatur gebräuchliche Begriffsbestimmung zurück.[105]

- Mobbing können beliebige Motive zugrunde liegen, es bedarf keines Zusammenhangs mit einem bestimmten geschützten Merkmal.

- Mobbing bildet per se keine Anspruchsgrundlage.

- Es besteht keine spezielle Rechtsfolgenregelung bei Mobbing.

- Es besteht keine spezielle Beweisregelung bei Mobbing.

- Es gibt keine speziellen Regelungen der Fristen für die gerichtliche Geltendmachung von aus Mobbing resultierenden Rechtsansprüchen.

- Es gibt keine besonderen Einrichtungen zur außergerichtlichen Feststellung von Mobbing, aber zB bei Arbeitnehmerinteressenvertretungen eingerichtete Mobbingberatungsstellen.

6.3 Verhältnis von Belästigung und Mobbing

Anhand der zuvor dargestellten Unterschiede bei den rechtlichen Rahmenbedingungen für Belästigung und Mobbing im Zusammenhang mit Arbeitsverhältnissen kann deren Verhältnis zueinander wie folgt zusammengefasst werden:

- Nicht jedes Mobbing ist Belästigung.[106]

- Nicht jede Belästigung ist Mobbing.[107]

- Mobbing kann aber in Form einer Belästigung iSd Gleichbehandlungsrechts auftreten („qualifiziertes Mobbing").[108]

---

[104] Nach der Klarstellung des OGH ist Mobbing, obwohl nur im öffentlichen Dienstrecht ein ausdrückliches Mobbingverbot existiert, auch im Arbeitsrecht verboten.

[105] RV 488 BlgNR 24. GP 9; OGH 2.9.2008, 8 ObA 59/08x; 4. 8. 2009, 9 ObA 86/08z; 26.11.2012, 9 ObA 131/11x DRdA 2013/35 (*Smutny*), ZAS 2013/46 (*Pirker*), JBl 2014, 460 (*Mosler*); VwGH 12.5.2010, 2009/12/0072.

[106] Insb wenn es am Zusammenhang mit einem Diskriminierungsgrund („geschütztes Merkmal") nach dem GlBG, B-GlBG fehlt.

[107] Belästigung kann auch schon bei einer bloß einmaligen Handlung vorliegen. Für Mobbing hingegen ist eine gewisse Dauerkomponente typisch.

[108] Wenn das Mobbingverhalten auf einem Diskriminierungsgrund („geschütztem Merkmal") nach dem GlBG, B-GlBG oder BEinstG beruht und unter einen gesetzlichen Belästigungstatbestand subsumierbar ist.

- Umgekehrt kann eine Belästigung Mobbingelemente (zB systematische langfristige Belästigungshandlungen) aufweisen.[109]

- Die wichtigste Gemeinsamkeit von Mobbing und Belästigung liegt darin, dass beide Verhaltensweisen die Menschenwürde der Betroffenen verletzen.

- Der wichtigste Unterschied von Belästigung und Mobbing besteht darin, dass Belästigung auf einem Diskriminierungsgrund („geschütztem Merkmal") nach einem Gleichbehandlungsgesetz beruhen muss.

---

[109] Wenn Belästigungen zB von längerer Dauer sind, systematisch erfolgen und eine ausgrenzende Tendenz haben.

Rolf GLEISSNER/Christoph WIESINGER*

Die Höhe des Entgeltanspruchs von nach Österreich entsandten Arbeitnehmern

I. Grundlagen

Erbringt ein Arbeitnehmer (AN) seine Arbeitsleistung vorübergehend in einem anderen Staat, bleibt auf sein Arbeitsverhältnis grundsätzlich das Recht des Herkunftsstaats anwendbar (Art 8 Abs 2 Rom I-VO). Sofern sich aber aus der Entsende-RL ein höherer Mindestentgeltanspruch ergibt als aus dem Arbeitsvertrag, hat der AN für die Dauer der Entsendung Anspruch auf dieses. Der Vergleich ist daher zwischen dem aus dem Arbeitsvertrag resultierenden Anspruch auf ein Ist-Entgelt mit dem sich aus der Eingriffsnorm ergebenden Anspruch auf ein Mindestentgelt durchzuführen.

In formaler Hinsicht ist allerdings nicht die Entsende-RL, sondern die jeweils innerstaatliche Umsetzungsbestimmung Eingriffsnorm iSd Art 9 Rom I-VO.[1] Die Umsetzung erfolgte für Entsendungen nach Österreich im Wesentlichen in § 3 Abs 3 LSD-BG. Die Regelung des § 29 LSD-BG steht zwar in einem engen thematischen Zusammenhang mit dieser Bestimmung, ist aber nicht die Anspruchsgrundlage, auch wenn dies gelegentlich verwechselt wird. Die Entgeltbegriffe der beiden Bestimmungen sind zum größten Teil deckungsgleich, aber nicht ident.[2] Das ergibt sich schon allein daraus, dass die Ausnahmen des § 29 LSD-BG in § 3 Abs 3 LSD-BG nicht zu finden sind.[3]

Demnach hat der AN für die Dauer der Entsendung zwingend Anspruch auf zumindest jenes gesetzliche, durch Verordnung festgelegte oder kollektivvertragliche (kollv-liche) Entgelt, das am Arbeitsort vergleichbaren AN von vergleichba-

---

* Mag. Dr. Rolf Gleißner hat in Innsbruck Rechtswissenschaften und Politikwissenschaft studiert. Er ist seit 1997 in der Wirtschaftskammer Österreich tätig und seit 2019 Leiter der Abteilung für Sozialpolitik und Gesundheit; fachkundiger Laienrichter am OGH; diverse Fachpublikationen MMag. Dr. Christoph Wiesinger, LL.M. hat in Wien Rechtswissenschaften und Geschichte studiert. Er ist seit 2002 in der Wirtschaftskammer Österreich (Bundesinnung Bau und Fachverband der Bauindustrie) tätig. Seit 2012 ist er fachkundiger Laienrichter am OGH, seit 2018 am Bundesverwaltungsgericht (Vergaberecht), seit 2019 Lehrbeauftragter an der TU Wien (Institut für interdisziplinäres Bauprozessmanagement, Baubetrieb und Bauwirtschaft); Verfasser zahlreicher Fachpublikationen.

[1] *Krebber* in *Franzen/Gallner/Oetker*, Kommentar zum europäischen Arbeitsrecht[2] (2018), VO 593/2008/EG, Art 9 Rz 19.

[2] AA *Kozak*, LSD-BG (2016), § 29 Rz 13 (krit dazu und ebenfalls nicht für Begriffsidentität *Felten*, DRdA 2017, 517; *F. Schrank* in F. Schrank/ V. Schrank/Lindmayr, LSD-BG (2017), § 3 Rz 7.

[3] Nach § 29 LSDBG ist nicht das arbeitsrechtliche, sondern das sozialversicherungsrechtliche Entgelt nach § 49 Abs 3 ASVG relevant, das einige Elemente wie Schmutzzulagen, Auslagenersätze, etc. nicht umfasst.

ren Arbeitgebern (AG) gebührt. Die Bestimmungen der Entsende-RL sind für den nationalen Gesetzgeber Verpflichtung und Begrenzung zugleich. Er ist nämlich einerseits verpflichtet, die Entsende-RL umzusetzen, andererseits stellt die Entsende-RL die Grenze der Beschränkung der Dienstleistungsfreizügigkeit durch eine Eingriffsnorm dar.[4]

Die Arbeitnehmerfreizügigkeit spielt im Übrigen bei Entsendungen von vornherein keine Rolle, da die entsandten AN keinen Zugang zum Arbeitsmarkt des Empfangsstaats suchen. Daher sind die Eingriffe auch ausschließlich an der Dienstleistungsfreizügigkeit zu messen.[5]

Für die Frage des Mindestlohns für Entsendungen nach Österreich ist das kollvliche Entgelt entscheidend und diesem ist daher die folgende Untersuchung gewidmet. Die Vorfrage, ob eine Entsendung (oder grenzüberschreitende Überlassung) vorliegt, wird im Folgenden nicht behandelt, sondern als gegeben vorausgesetzt.

II. Feststellung des anwendbaren Kollektivvertrags

A. Regelung im Gesetz

1. Arbeitsrechtliche Aspekte

Zur Lösung der Frage, welcher Kollektivvertrag (KollV) zur Feststellung des Mindestentgeltanspruchs eines entsandten AN heranzuziehen ist, sind zwei Elemente näher zu prüfen:

- Nach § 3 Abs 3 LSD-BG ist auf vergleichbare AN von vergleichbaren AG abzustellen.

- Kennt man diesen vergleichbaren AN, ist in einem zweiten Schritt festzustellen, welchem KollV dieser vergleichbare AN unterliegt.

- Es ist sinnvoll, die Untersuchung mit dem zweiten Schritt zu beginnen, da die KollV den Rahmen bilden für die Beurteilung der zweiten Frage, welche AG und AN vergleichbar sind.

- Ganz vereinfachend ergibt sich die Anwendbarkeit eines KollV bei innerstaatlichen Sachverhalten aus folgenden Elementen (kumulativ):

- Zugehörigkeit des AG zu einer kollv-fähigen Körperschaft (§ 8 ArbVG); die Zugehörigkeit des AN zu einer solchen ist wegen der Außenseiterwirkung (§ 12 ArbVG) letztlich unerheblich.

---

[4] *Krebber* in *Franzen/Gallner/Oetker*, Kommentar zum europäischen Arbeitsrecht[2], VO 593/2008/EG, Art 9 Rz 19; *Fuchs/Marhold*, Europäisches Arbeitsrecht[5] (2018), 602–607.
[5] EuGH 27.3.1990, C-113/89 *Rush Portugesa*.

- Erfüllung der Bestimmungen zum Geltungsbereich im entsprechenden KollV. Das betrifft zumeist die Eigenschaft, Arbeiter oder Angestellter zu sein, sowie evtl – je nach Branche – auch noch fachliche Kriterien (im Hinblick auf Berufszweige).

Die Zugehörigkeit des AG zu einer kollv-fähigen Körperschaft ist nach dieser Systematik eine faktische Frage. Der OGH lehnt nach stRsp eine gerichtliche Überprüfung dieser Einreihung ab, weil es sich um einen Eingriff in das Selbstverwaltungsrecht der Kammern handeln würde.[6] Anderes gilt freilich, wenn ein Unternehmen seine Gewerbeberechtigung überschreitet. Hier ordnet § 2 Abs 13 GewO 1994 (insofern dem LSD-BG vergleichbar) eine Anwendung jenes KollV an, der bei korrekter Gewerbeanmeldung (und daraus folgender Mitgliedschaft im entsprechenden Fachverband) anzuwenden wäre.[7]

Der Vollständigkeit halber sei noch erwähnt, dass die §§ 9 und 10 ArbVG Bestimmungen für jenen Fall enthalten, dass ein AG in mehreren kollv-fähigen Körperschaften Mitglied ist und daher verschiedene KollV zur Anwendung kommen können.

2. Kammerorganisationsrechtliche Aspekte

Unternehmen, die im Zuge des freien Dienstleistungsverkehrs in Österreich Leistungen erbringen wollen, benötigen keine Gewerbeberechtigung nach österreichischem Recht. Sofern es sich um Tätigkeiten eines reglementierten Gewerbes handelt, ist allerdings eine Dienstleistungsanzeige erforderlich (§ 373a GewO 1994). Doch auch in diesem Fall begründen die Unternehmen keine Mitgliedschaft in der Wirtschaftskammerorganisation, weil die Voraussetzungen des § 2 WKG nicht erfüllt sind. Gleiches gilt für die Kammern der freien Berufe.

(Gewerbliche) Unternehmen mit Sitz in Österreich sind hingegen kraft Gesetzes sowohl Mitglied in der Wirtschaftskammer als auch in den entsprechenden Fachorganisationen (Fachgruppe, Fachverband). Die Einreihung in eine Fachgruppe erfolgt aufgrund der Bestimmungen des FOO (§ 43 Abs 5 WKG); die konkrete Entscheidung trifft die jeweilige Landeskammer (§ 44 Abs 1 WKG). Ein Unternehmen ist dann kraft Gesetzes auch Mitglied des Fachverbandes (§ 47 Abs 2 WKG). Das ist deshalb von Bedeutung, weil die KollVe meistens von den Fachverbänden abgeschlossen werden.

---

[6] OGH 11.5.1988, 9 ObA 501/88, DRdA 1990/36, 344 *(Schwarz)*; OGH 23. 5.1996, 8 ObA 210/96, DRdA 1997/33, 299 *(Klein)*; OGH 24.5.2017, 9 ObA 16/17v, Arb 13.405 = DRdA 2018/17, 158 *(Friedrich)* = ZAS 2018/40, 241 *(Kühteubl)*.
[7] OGH 22.11.2007, 8 ObA 62/07m, DRdA 2008, 272.

Bei Entsendungen erfolgt keine derartige tatsächliche Einreihung, und die Wirtschaftskammer hat auch keine Zuständigkeit für eine (fiktive) Entscheidung, weil Entsendebetriebe nicht Mitglied werden.[8] Daher hat der AG eine fiktive Einreihung in eine Fachorganisation vorzunehmen, die in diesem Fall freilich der gerichtlichen (und im Falle des § 29 LSD-BG auch der verwaltungsbehördlichen) Kontrolle unterliegt.

B. Praktische Feststellung

Wie hat ein AG dabei vorzugehen? Primärer Anknüpfungspunkt ist die Tätigkeit des AG in Österreich. Auch bei Arbeitsverträgen, die nur österreichischem Recht unterliegen, ist nach ArbVG im Wesentlichen die Zugehörigkeit des AG zu einer kollv-fähigen Körperschaft von Bedeutung, die letztlich aus der Tätigkeit und der darauf beruhenden Gewerbeberechtigung des Unternehmens in Österreich resultiert.

Dass aus der Tätigkeit eines AN Rückschlüsse auf die Tätigkeit des AG zu ziehen sind, ist logisch, doch kommt es letztlich nicht auf die Tätigkeit des einzelnen AN an, sondern auf die Gesamtheit aller nach Österreich entsandten AN eines Unternehmens, weil diese in ihrer Gesamtheit die „vergleichbare" Tätigkeit des AG widerspiegeln.[9] Das ermöglicht letztlich auch die Feststellung eines KollV für einen AN, der Hilfsarbeiten erbringt, weil in diesem Fall aus der Tätigkeit des AN allein ein fachlich passender KollV nicht abzuleiten wäre.

Besondere Fragen stellen sich, wenn die in Österreich erbrachten Leistungen verschiedenen Gewerben zuordenbar sind und damit eine Einreihung in mehrere Fachorganisationen erfolgen kann. F. Schrank schlägt zur Lösung dieses Problems die sinngemäße Anwendung der Kollisionsregeln des § 9 ArbVG vor.[10] Die bisher einzige höchstgerichtliche Entscheidung dazu wählt einen leicht anderen Ansatzpunkt.

Im Anlassfall kamen zwei KollVe in Betracht und die Behörde stellte fest, welche Gewerbetreibenden in Österreich üblicherweise derartige Arbeiten ausführen. Verfahrensgegenständlich waren Verspachtelungsarbeiten, die nach den Feststellungen bis zu einer Materialstärke von 3 mm üblicherweise von Malern, bei darüber liegenden Materialstärken von Trockenbauern ausgeführt werden. Hier knüpfte die Behörde also nicht an der rechtlichen Zulässigkeit, sondern an den

---

[8] *Kühteubl/Kozak*, Arbeitnehmerentsendung (2010), Rz 393.
[9] *F. Schrank* in F. Schrank/V. Schrank/Lindmayr, LSD-BG, § 3 Rz 100 iVm Rz 95.
[10] *F. Schrank* in F. Schrank/V. Schrank/Lindmayr, LSD-BG, § 3 Rz 100 iVm Rz 96 und 97.

faktischen Gegebenheiten an. Nach Ansicht der VwGH war diese Vorgehensweise zulässig.[11]

III. Berücksichtigung einzelner Entgeltbestandteile

A. Problemaufriss

Art 3 Abs 1 Entsende-RL bestimmt sich die Entlohnung nach den Rechtsvorschriften des Empfangsstaats und umfasst alle zwingend verbindlichen Bestandteile. Die RL verweist also für Österreich auf das LSD-BG, das nicht mehr vom Mindestlohn, sondern von einem weiten Entgeltbegriff ausgeht.

Bei der Prüfung des Mindestlohns stellt sich das Problem, dass das Lohngefüge, also die einzelnen Entgeltbestandteile, in Europa unterschiedlichen Mustern folgt. Für die Frage des Mindestlohns ist aber nicht bloß auf einen als „Lohn" bezeichneten Entgeltbestandteil abzustellen, sondern auf den gesamten Entgeltanspruch.[12]

Funktional geht es um die Frage der Abgrenzung zwischen Entgelt und Aufwandersatz, doch darf dem Lohnbegriff der Entsende-RL nicht das traditionelle österreichische Verständnis der Abgrenzung zwischen diesen beiden Leistungen des AG zugrunde gelegt werden. Allerdings differenziert auch das Unionsrecht zwischen reinen Reisespesen und Entgeltansprüchen, was sich aus Art 3 Abs 7 Entsende-RL ergibt: *„Die Entsendungszulagen gelten als Bestandteil des Mindestlohns, soweit sie nicht als Erstattung für infolge der Entsendung tatsächlich entstandene Kosten wie zB Reise-, Unterbringungs- und Verpflegungskosten gezahlt werden."*

B. Allgemeine Analyse

1. EuGH Kommission gegen Deutschland

Die Stammfassung der Entsende-RL enthielt außer einem Hinweis auf Überstunden keine nähere Regelung für den Umfang des Mindestlohns (Art 3 Abs 1 lit c Entsende-RL). Der EuGH musste sich zunächst in der E *Kommission gegen Deutschland* damit näher befassen. Im Anlassfall erkannte Deutschland Entgeltbestandteile am, die nicht als Lohn gewidmet waren, nicht als Teil des deutschen Mindestlohns. In der E ist mehrfach von „Zulagen" und „Zuschlägen" die Rede, doch muss darauf hingewiesen werden, dass diese Begriffe nicht mit den in Österreich gebräuchlichen Begriffen ident sind. Zulagen sind nach klassischem österreichischem Verständnis Abgeltungen für erschwerende Arbeitsbedingungen (zB Schmutz, Erschwernis, Gefahren) oder für die Übernahme besonderer Aufga-

---

[11] VwGH 26.9.2013, 2013/11/0176, RdW 2014/319, 287 (zur Vorgängerbestimmung in § 7b AVRAG).
[12] VwGH 9.11.2016, Ro 2015/11/0015, Arb 13.358.

ben (zB Funktionszulagen). Diese sind zT in KollVen vorgesehen, zT haben sie ihre Rechtsgrundlage in arbeitsvertraglichen Vereinbarungen. Zuschläge gebühren hingegen für eine besondere Lage der Arbeitszeit (Überstunden, Nacht, Sonn- und Feiertag).

In weiten Teilen beschäftigt sich die E aber – folgt man der österreichischen Diktion – mit der Frage, inwieweit die Sonderzahlungen (13. und 14. Lohn) Teil des Mindestlohns sind. Der EuGH vertrat hier die Ansicht, dass diese als Teil des Mindestlohns zu berücksichtigen sind, sah aber in der deutschen Forderung, dass diese Entgeltbestandteile nicht irgendwann, sondern gemeinsam mit dem Entgelt, das für den Zeitraum der Entsendung bezahlt wird, ausbezahlt wird, keinen Verstoß gegen unionsrechtliche Bestimmungen.[13]

2. EuGH Isbir

Bei der E *Tevfik Isbir gegen DB Services GmbH* ist in formaler Hinsicht zu beachten, dass dem Fall keine Entsendung zugrunde lag. Der EuGH bejahte seine Zuständigkeit nur deshalb, weil der deutsche Gesetzgeber auch für das nationale Recht das Unionsrecht umsetzte, um zu einer einheitlichen Auslegung zu gelangen.[14]

Im Anlassfall wurde der AN nach einem KollV bezahlt, war aber der Ansicht, Anspruch auf den betragsmäßig höheren Lohn eines anderen KollV zu haben. Strittig war, ob zwei Zulagen sowie „vermögenswirksame Leistungen"[15], die der AN erhalten hatte, auf den Mindestlohn anrechenbar waren. Der EuGH löste die Vorlagefrage dahingehend, dass die *„Einbeziehung von Vergütungsbestandteilen in den Mindestlohn nicht entgegensteht, wenn sie das Verhältnis zwischen der Leistung des Arbeitnehmers auf der einen und der Gegenleistung, die er dafür erhält, auf der anderen Seite nicht verändern."*[16]

Die als Zulagen bezeichneten Zahlungen sind nach österreichischem Verständnis mit Einmalzahlungen vergleichbar, waren aber von ihrer Funktion her keine Erschwerniszulagen. Letztlich hat der EuGH die Frage offengelassen, weil der synallagmatische Charakter dieser Leistungen offenbar unklar war.

---

[13] EuGH 14.4.2005, C-341/02 *Kommission/Deutschland*.
[14] EuGH 7.11.2013, C-522/12 *Isbir*, Rz 29.
[15] Die „vermögenswirksamen Leistungen" sind am ehesten mit der Abfertigung neu vergleichbar, weil der AG einem Dritten Leistungen erbringt, die am Kapitalmarkt für den AN veranlagt werden. Der AN kann zu einem späteren Zeitpunkt auf Zinsen und Kapital zugreifen. Anders als die Abfertigung sind sie aber kein Anspruch, dessen Geltendmachung eine Beendigung des Arbeitsverhältnisses voraussetzt.
[16] EuGH 7.11.2013, C-522/12 *Isbir*, Rz 45.

3. EuGH Sähköalojen ammattiliitto ry

Inhaltlich wesentlich tiefergehend ist die E *Sähköalojen ammattiliitto ry gegen Elektrobudowa Spółka Akcyjna*. In diesem Fall wurden Bauarbeiter aus Polen zu einer Kraftwerksbaustelle nach Finnland entsandt. Verfahrensgegenständlich waren sowohl der Umfang des Entgeltanspruchs der entsandten AN unter Beachtung des finnischen Rechts als Eingriffsnorm als auch die Frage, welche Leistungen des AG bei der Ermittlung des tatsächlichen bezahlten Entgelts als Entgelt gewertet werden dürfen. Hervorzuheben sind folgende Aussagen:

- Nach der finnischen Eingriffsnorm hatten AN einen Anspruch auf ein pauschales Taggeld, wenn die Fahrtzeit zu ihrem (finnischen) Wohnort mehr als zehn Stunden betragen würde. Im Anlassfall waren die AN in der Nähe der Baustelle untergebracht, womit die eigentliche Anreise auf die Arbeitsstelle weitaus kürzer war. Stellt man aber auf den Wohnsitz in Polen ab, würde die Zehn-Stunden-Grenze überschritten werden. Hier bejahte der EuGH den Anspruch auf das Taggeld und wertete es als Teil des Mindestlohns, weil dieses Tagegeld den sozialen Schutz der AN gewährleisten soll, indem es die Nachteile ausgleicht, die ihnen durch die Entsendung aufgrund der Entfernung von ihrem gewohnten Umfeld entstehen.[17]

- Die Eingriffsnorm sah einen Anspruch auf eine Wegzeitenvergütung vor, wenn die Wegzeit mehr als eine Stunde beträgt. Hier stellte der EuGH nicht auf die Dauer der Wegzeit für eine Fahrt zum polnischen Wohnsitz ab, sondern zwischen dem in Finnland gelegenen Quartier und der Baustelle (ob hier die einstündige Frist überschritten wurde, war im Anlassfall nicht festgestellt worden).[18]

- Bezüglich der Frage, welche tatsächliche Leistung als Entgeltzahlung des AG anerkannt wird, ging es im Anlassfall um die Übernahme der Nächtigungskosten sowie um Essensgutscheine. In beiden Fällen verneinte der EuGH die Berücksichtigung als tatsächliche Lohnzahlung.[19]

4. Die neue Entsende-Richtlinie

Hinsichtlich der Mindestentgeltbestandteile bringt die neue Entsende-RL keine Änderungen im Vergleich zur bisherigen Rechtslage, jedenfalls so wie sie der EuGH interpretiert hat.[20] Die neue Entsende-RL verlangt von den Mitgliedstaaten

---

[17] EuGH 12.2.2015, C-396/13 *Sähköalojen*, Rz 46-52.
[18] EuGH 12.2.2015, C-396/13 *Sähköalojen*, Rz 53-57.
[19] EuGH 12.2.2015, C-396/13 *Sähköalojen*, Rz 58-60 (Nächtigung) und Rz 61-63 (Essensgutscheine).
[20] *Gagawczuk*, Die Änderung der Entsenderichtlinie, DRdA-infas 2018, 329 (330); *Kozak*, Die Änderung der Entsende-Richt-linie, DRdA 2019, 110 (113); ähnlich *Niksova*, Entsenderichtlinie

Transparenz bezüglich der Kundmachung der Mindestentgeltsätze. Dieser Bestimmung kommt aber nur bei der Frage der Strafbarkeit der Unterentlohnung Bedeutung zu[21], nach österreichischem Recht also bei der Anwendung des § 29 LSD-BG. Für den zivilrechtlichen Anspruch des AN auf das allenfalls höhere Entgelt im Empfangsstaat hat dieses Transparenzgebot aber keine Bedeutung. Der Anspruch besteht daher auch, wenn dieses Gebot verletzt wird (§ 3 LSD-BG). Da es sich dabei um einen vertraglichen Anspruch handelt, kann der AG nicht mangelndes Verschulden einwenden (etwa weil keine Information bezüglich Mindestentgelt verfügbar war).

Die neue Entsende-RL unterscheidet nun stärker bei den Reisekosten, insbesondere zwischen jenen, die aus Anlass der Entsendung für Reisebewegungen zwischen Herkunfts- und Empfangsstaat geleistet werden, und solchen, die während der Entsendung im oder vom Empfangsstaat aus erfolgen. Die Kosten der zweiten Gruppe sind Teil des Mindestlohns.[22]

Die neuen Bestimmungen für die Langzeitentsendungen[23] haben auf die Frage des Entgelts hingegen keine Auswirkung, weil hier die nationalen Bestimmungen bereits bei kürzeren Entsendungen als Eingriffsnorm wirken.

5. Zwischenfazit

Die Prüfung, ob ein AG einem entsandten AN den gebührenden Mindestlohn bezahlt hat, erfolgt in zwei Schritten: In einem ersten Schritt sind jene Entgeltbestandteile zu ermitteln, die zum Mindestlohn des Empfangsstaats zählen. In einem zweiten Schritt ist vom tatsächlich bezahlten Betrag zu ermitteln, welche Bestandteile als Zahlung des Mindestlohns gelten (und damit bei der Vergleichsrechnung zu berücksichtigen sind), und welche bloß den Aufwand, der durch die Entsendung entsteht, abgelten (und damit nicht zu berücksichtigen sind).[24]

Ausdrücklich sei nochmals darauf hingewiesen, dass Rechtsfragen, die sich aus den §§ 3 und 29 LSD-BG ergeben, meist, aber nicht immer ident zu lösen sind. Abgesehen von den schon genannten Ausnahmen des § 29 LSD-BG (siehe Fußnote

---

neu: „Gleiches Entgelt für gleiche Arbeit am gleichen Ort"? Änderungen der Entgeltvorschriften der EntsendeRL neu, ZAS 2019/28, 152 (155), die aber zu Recht darauf hinweist, dass Unschärfen, die aus der E *Sähköalojen* resultierten, im Text der RL klarer formuliert sind.

[21] *Gagawczuk*, Die Änderung der Entsenderichtlinie, DRdA-infas 2018, 329 (330); *Kozak*, Die Änderung der Entsende-Richtlinie, DRdA 2019, 110 (113-114).

[22] *Gagawczuk*, Die Änderung der Entsenderichtlinie, DRdA-infas 2018, 329 (331); *Kozak*, Die Änderung der Entsende-Richtlinie, DRdA 2019, 110 (113).

[23] Konkret die Anwendung der Arbeits- und Beschäftigungsbedingungen des Empfangsstaats nach 12 bzw 18 Monaten gem Art 3 Abs 1a Entsende-RL.

[24] *Rebhahn* in Franzen/Gallner/Oetker, Kommentar zum europäischen Arbeitsrecht[2], RL 96/71/ EG, Art 3 Rz 15; *Niksova*, Entsenderichtlinie neu: „Gleiches Entgelt für gleiche Arbeit am gleichen Ort"?, ZAS 2019/28, 152 (154).

3) kann eine Strafbarkeit nach dieser Bestimmung auch bestehen, wenn § 3 LSD-BG formal gar nicht zur Anwendung kommt.

Dies ist nämlich dann der Fall, wenn der aus Art 8 Rom I-VO ergebende Anspruch – denkbar etwa bei Entsendung von Schweizern oder Deutschen nach Österreich – über dem österreichischen Mindestentgelt liegt. In diesem Fall richtet sich der zivilrechtliche Anspruch nach dem Arbeitsvertrag oder Normen des Herkunftslandes. Strafbar ist der AG in Österreich aber erst, wenn das in diesem Fall niedrigere Niveau des § 3 iVm § 29 LSD-BG unterschritten wird.

C. Ausgewählte Entgeltbestandteile

1. Lohn/Gehalt

Bezüglich des Lohns (Gehalts) besteht in der Lit Einigkeit darüber, dass nicht auf den niedrigsten Mindestlohn abzustellen ist, sondern dass das gesamte „Lohngitter" zu beachten ist, was sich bereits aus der E Sähköalojen ergibt.[25] Das betrifft daher nicht nur die Einreihung in eine Beschäftigungsgruppe entsprechend Tätigkeit oder Qualifikation, sondern wohl auch den Anspruch auf Berücksichtigung von Verwendungsjahren (Erfahrungsjahren), sofern sie in einem KollV vorgesehen sind.

Da auf „vergleichbare AN von vergleichbaren AG" abzustellen ist, sind dabei nicht nur in Österreich, sondern auch im Herkunftsstaat zurückgelegte Zeiten zu beachten, sofern es sich zumindest um gleichwertige Tätigkeiten handelt. Dies hat der EuGH klar judiziert.[26]

2. Abgeltung von Erschwernissen

Die Abgeltung von Erschwernissen im Zuge der Erbringung der Arbeitsleistung kann funktional auf zwei Arten erfolgen – über den Lohn (das Gehalt) und die Schaffung einer entsprechenden Lohngruppe oder über die Verankerung von Zulagen im KollV. Da Schmutz-, Erschwernis- und Gefahrenzulagen (kurz SEG-Zulagen) steuerlich begünstigt sind, sehen KollV oft SEG-Zulagen vor. Allerdings besteht die Begünstigung nur dann, wenn die Erschwernis im Vergleich zu anderen AN der Branche erhöht ist.[27] Diese Einschränkung antizipieren die KollV oft und sehen daher Zulagen nur für jene Fälle vor, in denen die steuerrechtliche Begünstigung greift.

---

[25] *Rebhahn* in Franzen/Gallner/Oetker, Kommentar zum europäischen Arbeitsrecht[2], RL 96/ 71/ EG, Art 3 Rz 17; *Gagawczuk*, Die Änderung der Entsenderichtlinie, DRdA-infas 2018, 329 (330-331); *Niksova*, Entsenderichtlinie neu: „Gleiches Entgelt für gleiche Arbeit am gleichen Ort"?, ZAS 2019/28, 152 (154).
[26] Vgl EuGH 5.12.2013, C-514/12 SALK. EuGH 8.5.2019, RS C-396/17. EuGH Rs Krah, C-703/17.
[27] Rz 1136 LStR.

In der Lit wird gelegentlich die Ansicht vertreten, dass Zulagen zwar Teil des zu zahlenden Mindestlohns sind, sie aber umgekehrt bei tatsächlicher Zahlung nicht angerechnet werden können.[28] Diese Ansicht ist uE nicht haltbar: Zum einen ist dies aus der E Isbir in dieser Deutlichkeit keinesfalls ableitbar, zum anderen wäre dies auch nicht gerechtfertigt. So kann es sein, dass in einem Staat zB im Tunnelbau Mineure einen erhöhten Lohnsatz erhalten, im anderen aber den „normalen" Lohn plus einer (zB steuerlich begünstigten) Zulage. In beiden Fällen wollen die KollV-Parteien (oder zumindest die Parteien des Arbeitsvertrags) für eine bestimmte Arbeit einen Entgeltanspruch schaffen. Im Hinblick auf die Ziele der Entsende-RL wäre die Nichtanrechnung der bezahlten Zulage bloß wegen der unterschiedlichen Zusammensetzung des Entgelts letztlich eine unionsrechtlich unzulässige Diskriminierung.

Nicht anrechenbar wäre eine – in der Praxis oftmals so bezeichnete – Funktionszulage, wenn dieser Funktion im Zeitraum der Entsendung keine Bedeutung zukommt. Grund dafür ist, dass mit dieser Zulage eine besondere Funktion (zB nach österreichischem Recht als abfallrechtlicher Geschäftsführer, obgleich eine solche Abgeltung gesetzlich nicht zwingend ist) abgegolten werden soll. In einem solchen Fall ist also zu prüfen, wofür genau der AG eine derartige Zulage bezahlt.

3. Überstunden

Bei Überstunden ist zwischen dem Überstundengrundlohn und dem Überstundenzuschlag zu unterscheiden. Der Überstundengrundlohn ist jedenfalls als tatsächliche Lohnzahlung nur dann zu berücksichtigen, wenn er Arbeitsstunden während der Entsendung betrifft und damit auch Teil des Mindestlohnanspruchs nach der Eingriffsnorm ist. Andernfalls wäre das in der E Isbir geforderte Verhältnis von Arbeitsleistung und Gegenleistung nicht mehr gegeben.

Die gleiche Überlegung gilt wohl auch für den Überstundenzuschlag: Er ist dann zu berücksichtigen, wenn das Überstundenentgelt (Grundstundenlohn plus Zuschlag) bei der Ermittlung des nach der Eingriffsnorm gebührenden Entgelts zu berücksichtigen ist. Problematisch könnten auf den ersten Blick unterschiedliche Normalarbeitszeitgrenzen sein, doch gebührt ein Zuschlag (nach österreichischer Diktion) für eine besondere Lage der Arbeitszeit und ist so gesehen keine Abgeltung für den besonderen Inhalt der Arbeitsleistung. Im Ergebnis sind daher wohl auch Überstundenzuschläge (ebenso wie solche für Sonn-, Feiertags- und Nachtarbeit) entsprechend sowohl beim gebührenden Mindestentgelt als auch als tat-

---

[28] So etwa *Rebhahn* in Franzen/Gallner/Oetker, Kommentar zum europäischen Arbeitsrecht[2], RL 96/71/EG, Art 3 Rz 20 (Teil des Mindestlohns) und 23 (keine Anrechenbarkeit unter uE unzutr Berufung auf EuGH *Isbir*).

sächlich bezahltes Entgelt zu berücksichtigen, weil es sich eben um den Entgeltanspruch für eine konkrete Arbeitsstunde handelt.

4. Sonderzahlungen

Sonderzahlungen sind entsandten AN nach § 3 Abs 4 LSD-BG für die jeweilige Lohnzahlungsperiode aliquot zu leisten. Auch hier gilt, dass ein höherer Lohn- oder Gehaltsanspruch des AN auf Grund der Rechtsordnung des Herkunftsstaates auf die Sonderzahlungen entsprechend anzurechnen ist.

Umgekehrt sind daher die Sonderzahlungen auch bei Entsendungen von Österreich ins Ausland auf Mindestlöhne und -gehälter im Empfangsstaat anrechenbar.[29] Aus Sicht des Praktikers ist zu beachten, dass eine laufende aliquote Leistung von Sonderzahlungen während Auslandsentsendungen arbeitsrechtlich zwar unbedenklich, hingegen lohnsteuerlich problematisch ist.

5. Verpflegung, Nächtigung

Der EuGH hat sich in der E Sähköalojen mit der Leistung des AG für Verpflegung und Nächtigung der AN beschäftigt und hier eine Berücksichtigung als tatsächliche Leistung des AG (im Anlassfall zutr) abgelehnt. Die Frage, ob derartige Leistungen Mindestentgeltbestandteil nach der Eingriffsnorm sein können, war damals hingegen nicht verfahrensgegenständlich.

Im Hinblick auf die neue Entsende-RL ist die Wertung derartiger Leistungen als Bestandteil des Mindestentgelts wohl zu bejahen (Art 3 Abs 1 lit i). In diesem Fall – aber auch nur in diesem – müssen dann aber Leistungen des AG mit dieser Widmung entsprechend berücksichtigt werden.

Das wirft aber die Frage auf, wie in einem solchen Fall Naturalleistungen zu werten sind. Hier ist uE auf die Eingriffsnorm Rücksicht zu nehmen. Lässt diese dem AG ein Wahlrecht zwischen Beistellung einer Sachleistung (zB für den AN kostenlose Nächtigung in einem Quartier), dann kann der AG im Falle der Entsendung ebenfalls zwischen Sachleistung und Geldleistung wählen. Ist der Anspruch hingegen im KollV als Geldanspruch konstruiert (zB als Taggeld), hat der AG kein Wahlrecht und kann diesen Geldanspruch nicht in Form einer Sachleistung (zB tatsächliche Bewirtung) abgelten.

Für das Verwaltungsstrafrecht sei darauf verwiesen, dass § 29 LSD-BG nach KollV gebührende Aufwandersätze nicht erfasst. Sie sind quasi neutral – eine Unterschreitung ist nicht strafbar, eine tatsächliche Leistung aber auch nicht anrechen-

---

[29] EuGH 14.4.2005, C-341/02 *Kommission/Deutschland*.

bar auf die Erfüllung des Mindestlohnanspruchs. Das gilt etwa auch für Tag- und Kilometergelder.

6. Reisekosten

Bei der Übernahme von Reisekosten durch den AG ist zu differenzieren zwischen Reisekosten, die aufgrund der Entsendung entstehen (also die Anreise in den Empfangsstaat, die Abreise aus ebenselbigem, sowie allfällige „Heimreisen" während der Entsendung), und Reisekosten, die während der Entsendung aufgrund einer beruflich bedingten Reisetätigkeit im Empfangsstaat entstehen. Vereinfacht gesagt, fällt die erste Gruppe dieser Kosten fällt nur bei entsandten AN an, die zweite Gruppe auch bei AN, die im Heimatstaat tätig sind.

Gerade im Hinblick auf die Reisekosten hat die neue Entsende-RL eine Neuerung gebracht: Entsendezulagen (also die oben erstgenannte Gruppe) waren schon bisher nicht als Bestandteil des tatsächlich bezahlten Mindestlohns zu werten, sondern galten als Aufwandersatz. Neu ist nunmehr eine Vermutung, dass die gesamte Entsendungszulage der Abdeckung von tatsächlich entstandenen Kosten dient.[30] Aufwandersatz für Reisen im Empfangsstaat zählen nunmehr ebenfalls zum Mindestentgelt.[31] Diese sind damit beim Mindestentgeltanspruch des Empfangsstaats zu berücksichtigen, allerdings dann auch als tatsächliche Entgeltzahlung zu werten.

IV. Besondere Fragen zur Höhe des Urlaubsentgelts

A. Allgemeine Bestimmung

Während es zum Entgeltanspruch während der Entsendung (§ 3 LSD-BG) zahlreiche Belegstellen gibt, finden sich zu § 4 LSD-BG in der Lit kaum Ausführungen. Der Urlaubsanspruch besteht aus zwei voneinander zu trennenden Ansprüchen – nämlich dem Anspruch auf Freistellung von der Arbeitsleistung (was die Frage nach der Dauer des Urlaubsanspruchs aufwirft) sowie dem Entgeltanspruch während des Urlaubskonsums. Für die vorliegende Untersuchung ist nur der zweite Aspekt von Interesse.

Da § 4 LSD-BG kaum Konkretes zum Umfang des Urlaubsanspruchs zu entnehmen ist, ist wohl auf den Entgeltbegriff des § 3 LSD-BG abzustellen.[32] Allerdings ist in der Lit nichts Konkretes zur Frage zu finden, für welchen Zeitraum dieser Anspruch gebührt. Die Frage stellt sich ja nicht nur, wenn nach österreichischem

---

[30] *Gagawczuk*, Die Änderung der Entsenderichtlinie, DRdA-infas 2018, 329 (331); *Niksova*, Entsenderichtlinie neu: „Gleiches Entgelt für gleiche Arbeit am gleichen Ort"?, ZAS 2019/28, 152 (156).

[31] *Gagawczuk*, Die Änderung der Entsenderichtlinie, DRdA-infas 2018, 329 (331).

[32] *F. Schrank* in F. Schrank/V. Schrank/Lindmayr, LSD-BG, § 4 Rz 3.

Recht ein längerer Urlaub gebührt, sondern bei jedem Urlaub, der für Zeiten einer Entsendung nach Österreich konsumiert wird, also auch dann, wenn nach dem Recht des Herkunftsstaats ein längerer Urlaub gebühren würde. Dem Grunde nach ergeben sich zwei Fragen:

- Die Frage nach dem Entgeltanspruch beim Urlaubskonsum während einer Entsendung, sei es dass der Konsum unmittelbar vor oder nach der Entsendung stattfindet oder diese unterbricht. Eine Vorfrage ist, ob dabei Urlaubsansprüche, die während der Entsendung erworben wurden, oder Ansprüche aus dem Zeitraum vor der Entsendung konsumiert werden.

- Die Frage nach dem Entgeltanspruch für Urlaubsansprüche, die während der Entsendung nach Österreich erworben werden, aber erst zu einem späteren Zeitpunkt – also nach dem Ende der Entsendung – konsumiert werden.

Aus § 4 Abs 2 LSD-BG geht uE nicht deutlich hervor, ob unter Urlaubsanspruch nur die Dauer des Urlaubsanspruchs oder auch die Höhe des damit verbundenen Entgeltanspruchs zu verstehen ist. Den Mat ist dazu nichts zu entnehmen.[33] Die Kommentierungen beschäftigen sich nur mit dem ersten Aspekt,[34] was die Frage offen lässt, ob den jeweiligen Verfassern die Problematik nicht bewusst war oder sie die Regelung auf den ersten Aspekt beschränkt sehen.

Auch ein Blick in die Entsende-RL hilft nur beschränkt weiter: Diese spricht zwar vom „bezahlten Mindestjahresurlaub" (Art 3 Abs 1 lit b), doch ist aus diesem Wort nicht unbedingt auf die Lohnhöhe zu schließen, denn der Urlaub ist auch bezahlt, wenn die Löhne im Herkunftsland niedriger sind.

Folgt man den Wertungen des § 6 UrlG, spräche das Ausfallsprinzip dafür, auf den Zeitpunkt des Urlaubskonsums abzustellen. Demnach stünde das Urlaubsentgelt gemäß UrlG nur zu, wenn der Urlaub in zeitlichem Zusammenhang mit der Entsendung konsumiert würde. Eine solche Lösung würde es den Parteien aber ermöglichen, die Höhe des Urlaubsentgelts durch die Lage des Urlaubs zu steuern. Die Zweifel werden dadurch bestärkt, dass der Gesetzgeber bei der Umsetzung der Entsende-RL im BUAG einen anderen Weg gewählt hat (siehe dazu im Folgenden unter Pkt 0).

Die Alternative dazu ist ein Abstellen auf die Höhe des Urlaubsentgeltanspruchs im Zeitraum des Erwerbs des Urlaubsanspruchs. Eine solche Lösung ist im Ergebnis sachgerechter: Einerseits erspart sie die Klärung der Frage, ob der Urlaub direkt vor oder nach Ende der Entsendung der Entsendung zuzurechnen ist oder

---

[33] RV 1111 BlgNR 25. GP, 6-7.
[34] *F. Schrank* in F. Schrank/V. Schrank/Lindmayr, LSD-BG, § 4 Rz 20-61.

nicht. Andererseits kann die Höhe des Urlaubsentgelts dann nicht mehr durch die Lage des Urlaubskonsums gesteuert werden. Im Ergebnis entspricht – wie gleich zu zeigen sein wird – diese Lösung jener des BUAG und es ist kein Grund ersichtlich, warum diese Frage für Bauarbeiter anders zu lösen wäre als für andere Beschäftigte.[35]

B. Urlaub für Bauarbeiter

Die Regelung im BUAG ist – wie schon erwähnt – bezüglich der Höhe der Ansprüche deutlicher als jene des LSD-BG. Das ergibt sich allein schon daraus, dass § 33e BUAG die Höhe des Urlaubsanspruchs (dh der Dauer) normiert, während die Höhe des Urlaubsentgeltanspruchs in § 33f BUAG geregelt wird. Dieser verweist im Wesentlichen auf den Abschnitt II des BUAG (dh auf die §§ 4-12 BUAG), der den Urlaubsanspruch nach nationalem Recht regelt (§ 33f Abs 1 BUAG).

Ein wesentlicher Unterschied zwischen dem UrlG und dem BUAG ist (auch und gerade bei reinen Inlandsfällen), dass das Urlaubsentgelt nach dem BUAG nicht nach dem Ausfallsprinzip gebührt,[36] sondern nach genau im Gesetz festgelegten Parametern. Ein entsandter AN kann den Urlaub sowohl während der Entsendung als auch nach dem Ende der Entsendung konsumieren (§ 33f Abs 3 BUAG). In beiden Fällen liegt dem Urlaubsentgeltanspruch das während der Dauer der Entsendung nach Österreich gebührende kollv-liche Entgelt zugrunde.

V. Zusammenfassung

Bei der Bemessung des Entgeltanspruchs von nach Österreich entsandten AN ist eine Reihe von Aspekten zu berücksichtigen:

Das anwendbare Recht: Zunächst gilt das Recht des Herkunftsstaats (Art 8 Abs 2 Rom I-VO). Ergibt sich aufgrund einer Eingriffsnorm im Empfangsstaat ein höheres Entgelt, gilt dieses. Die entscheidende Eingriffsnorm in Österreich ist aufgrund des LSD-BG der KollV.

Zivilrecht/Verwaltungsstrafrecht: Zu unterscheiden ist zwischen dem zivilrechtlichen Anspruch nach § 3 LSD-BG und dem verwaltungsstrafrechtlichen Tatbestand der Unterentlohnung nach § 29 LSD-BG, der bestimmte Leistungen ausnimmt.

KollV: Für die Ermittlung des anwendbaren KollV ist auf die Gesamttätigkeit der nach Österreich entsandten AN abzustellen. Ein Rückgriff auf die Zugehörigkeit zur Fachorganisation in der Wirtschaftskammer ist mangels Mitgliedschaft ausländischer Unternehmen nicht möglich.

---

[35] In diesem Sinne bereits *Wiesinger*, Lohn- und Sozialdumpingbekämpfungsgesetz, 2016, 29.
[36] *Wiesinger*, BUAG, 2017, § 8 BUAG Rz 9.

Entgelt: Es ist auf den gesamten Entgeltanspruch, nicht nur auf den Lohn abzustellen. Dabei geht es um die zwei Fragen, welcher Entgeltanspruch gebührt und welche Zahlungen des AG auf die Erfüllung des Anspruchs angerechnet werden. Für die Frage der Anrechenbarkeit von tatsächlichen Leistungen kommt es weniger auf die Bezeichnung (zB als Zulage, Sonderzahlung), sondern auf Funktion und Zweck der jeweiligen Zahlung an.

Aufwandersatz: Besonders wichtig ist die Abgrenzung Entgelt/Aufwandersatz. Aufwandersatz für Reisen zählt nach der Entsende-RL zum Mindestentgelt. Verwaltungsstrafrechtlich sind reine Aufwandersätze aber nicht erfasst (§ 29 Abs 1 LSD-BG iVm § 49 Abs 3 Z 1 ASVG).

Urlaub: Entsandte AN haben Anspruch auf Urlaub nach UrlG. Es gebührt das Urlaubsentgelt nach österreichischem Recht für den während der Entsendung erworbenen Urlaubsanspruch unabhängig vom Konsumzeitpunkt. Das entspricht

Eckhard KRESSEL*

Die Richtlinie über transparente und vorhersehbare Arbeitsbedingungen in der Europäischen Union – ein neues Instrument der Europäischen Sozialpolitik?

1 Einleitung

Universitätsprofessor Dr. Johann Egger hat sich in seiner wissenschaftlichen Arbeit in besonderer Weise dem Arbeits- und Sozialrecht in der Europäischen Union, der Europäischen Sozialpolitik gewidmet, wie diese inzwischen überwiegend in den Art 151 ff AEUV beschrieben ist. Zahlreiche seiner Veröffentlichungen zeugen davon, so zum Beispiel zur Antidiskriminierungsrichtlinie,[1] zur Aufenthaltsrichtlinie,[2] zu Arbeitnehmerentsendungen in der Europäischen Union[3] sowie zur Erhaltung der Sozialstandards.[4] Dabei hat sich Johann Egger intensiv sowohl mit den Grundsatzfragen der Europäischen Sozialpolitik, als auch mit den ganz praktischen Umsetzungsproblemen beschäftigt. Besonders hervorzuheben ist sein Beitrag zur Entwicklung der sozialpolitischen Kompetenzen in der Europäischen Union, in dem er die Entwicklung der sozialpolitischen Zuständigkeiten be-

---

* Professor Dr. Eckhard Kreßel studierte von 1977 bis 1982 Rechtswissenschaften und Slawistik an der Universität Würzburg. Bis Anfang 1988 war er wissenschaftlicher Mitarbeiter bei Professor Dr. Michael Wollenschläger, bei dem er über ein sozialrechtliches Thema promovierte. Im Rahmen eines Forschungsprojektes der Deutschen Forschungsgemeinschaft habilitierte er sich über das Thema: Öffentliches Haftungsrecht und sozialrechtlicher Herstellungsanspruch. Kreßel ist seit 1988 Privatdozent und seit 1994 außerplanmäßiger Professor an der Universität Würzburg; seit dem Wintersemester 2019 ist er zusätzlich Lehrbeauftragter an der Universität Tübingen. Kreßel war bis Ende 2017 Leiter der Direktion Personal- und Arbeitspolitik der Daimler AG in Stuttgart und Mitglied im Verwaltungsrat der Daimler Betriebskrankenkasse. Er ist derzeit alternierender Vorsitzender des Vorstandes der Berufsgenossenschaft Holz und Metall und alternierender Vorsitzender des Hauptausschusses des Klinikverbundes der Deutschen Gesetzlichen Unfallversicherung. Zu den aktuellen Forschungsschwerpunkten gehören die europäische und deutsche Beschäftigungspolitik, die betriebliche Altersversorgung und die aktuellen tarifpolitischen Entwicklungen.

[1] *Egger*, Die neue Antidiskriminierungsrichtlinie der EU, DRdA 2003, 302; *Egger*, Die (erweiterte) Gleichbehandlungsrichtlinie 2004/113/EG der EU und ihre Umsetzung in Österreichisches Recht, in Barta/Radner/Rainer/Scharnreiter, Analyse und Fortentwicklung im Arbeits-, Sozial- und Zivilrecht, Festschrift für Martin Binder, 2010, 239 ff.

[2] *Egger*, Die neue Aufenthaltsrichtlinie der EU in Egger/Kreßel/Wollenschläger, Recht-Wirtschaft-Kultur, Festschrift für Hans Hablitzel zum 60. Geburtstag, 2005, 95 ff.

[3] *Egger*, Probleme und Lösungsansätze im Rahmen von Arbeitnehmerentsendungen, in Wagner/Wedl, Bilanz und Perspektiven zum europäischen Recht. Eine Nachdenkschrift anläßlich 50 Jahre Römische Verträge, Wien 2007, 217 ff.

[4] *Egger*, Erhaltung der Sozialstandards in Hummer/Obwexer, 10 Jahre EU-Mitgliedschaft Österreichs: Bilanz und Ausblick, 2006, 497 ff.

schreibt, in den historischen Kontext stellt und die Auswirkungen erläutert.[5] Die Frage der Zuständigkeit und insbesondere die Frage nach dem Umfang dieser Zuständigkeit der Europäischen Union wird in dem folgenden Beitrag im Zusammenhang mit der Richtlinie über transparente und vorhersehbare Arbeitsbedingungen eine zentrale Rolle spielen.

2 Evaluation der EU-Nachweisrichtlinie

Im Jahre 2016 hat die EU-Kommission die Nachweisrichtlinie 91/533/EWG vom 14.10.1991 evaluiert.[6] Das ursprüngliche soziale Ziel der Richtlinie war es, Arbeitnehmer besser zu schützen, Rechtssicherheit zu stärken, illegale Beschäftigung zu verhindern und den Arbeitsmarkt transparenter zu machen. Die Umfrage und die Evaluation sollten nun die Wirkung der Richtlinie überprüfen und Verbesserungen vorschlagen.

Ein weiterer wichtiger Grund für die Evaluierung waren die Veränderungen der Arbeitswelten durch Arbeitnehmermobilität, Digitalisierung und Marktinnovationen. Ebenso sieht die Kommission Teilzeitarbeit, atypische Arbeitsverhältnisse und neue Arbeitsformen im Entstehen, die von der bisherigen Richtlinie nicht abgebildet werden. Methodisch wurden qualitative Interviews mit Stakeholdern und Experten geführt und es wurde am 7.12.2015 ein Workshop abgehalten. Darüber hinaus konnten vom 27.1.2016 bis zum 16.4.2016 alle interessierten Institutionen und Bürger, Verbände, Beschäftigte und Unternehmen an der Online-Umfrage der EU-Kommission teilnehmen.[7]

Als zusammenfassendes Ergebnis der Evaluation wurde folgendes festgehalten:

- Die Einhaltung der Richtlinie wurde mit mittel bis hoch bewertet; allerdings wird eine Grauzone festgestellt, die sich an der Schnittstelle zwischen Beschäftigten und Selbständigen ergibt.

- Die Richtlinie und deren Umsetzung wird als effizient angesehen; allerdings werden die Ausnahmemöglichkeiten der Richtlinie kritisiert.

- Es werden Unklarheiten festgestellt, ob die Richtlinie Heimarbeit und mobile Arbeit erfasst.

- Rechtsexperten sehen ein Problem in der 2. Monatsfrist zur Umsetzung der Information; die Frist wird als zu lang angesehen.

---

[5] *Egger*, Maastricht-Amsterdam-Nizza: Entwicklung der sozialpolitischen Kompetenz der EG, in Hummer, Europarecht im Wandel, Festschrift zum zehnjährigen Bestehen des „Zentrums für europäisches Recht" (ZER), 2003, 73 ff.

[6] REFIT Evaluation of the "Written Statement Directive" 91/533/EEC (2017) 2611 final.

[7] Positiv zu den Erfahrungen mit der Nachweisrichtlinie, *Egger*, Erhaltung der Sozialstandards in Hummer/Obwexer, 10 Jahre EU-Mitgliedschaft Österreichs: Bilanz und Ausblick, 2006, 497 ff, 525.

- Die Kostenbelastung der Unternehmen durch die Umsetzung der Richtlinie wird als gering angesehen.

- Die Bedeutung der Richtlinie für die Beschäftigten in Europa wird als sehr bedeutend angesehen.

Insbesondere aus bundesdeutscher Sicht wurde kritisiert, dass mangels ausreichender Sanktionen die gesetzlichen Vorschriften im deutschen Nachweisgesetz weitgehend leerlaufen würden. Da aber in Deutschland – anders als im anglo-amerikanischen Bereich – schriftliche Arbeitsverträge üblich sind, ist eine zeitnahe Umsetzung der meisten Informationspflichten ohnehin sichergestellt.

3 Zielsetzung und Inhalt der ursprünglichen Nachweisrichtlinie

Die ursprüngliche Richtlinie 91/533/EWG hatte zum Ziel, die Beschäftigten besser vor etwaiger Unkenntnis zu schützen und den Arbeitsmarkt transparenter zu gestalten: Da die Rechtsvorschriften der Mitgliedstaaten in der Pflicht zur schriftlichen Unterrichtung der Beschäftigten über die wesentlichen Bedingungen der Arbeitsverträge erheblich voneinander abweichen würden, könnte sich dieses Defizit unmittelbar auf das Funktionieren des Binnenmarktes auswirken.

Gestützt auf nunmehr Art 114, 115 AEUV (Funktionieren des Binnenmarktes), Art 153 Abs 1 lit b AEUV (Arbeitsbedingungen) und auf Nummer 9 der Gemeinschaftscharta der sozialen Grundrechte der Arbeitnehmer wurde damals in Art 2 eine Informationspflicht des Arbeitgebers über die im Arbeitsvertrag geltenden Bedingungen geschaffen; dabei handelte es sich um 10 Themenfelder, die in der Richtlinie aufgezählt wurden. Die Unterrichtung konnte nach Art 2 Abs 3 auch durch Hinweis auf die entsprechenden Rechtsgrundlagen erfolgen. Nach Art 3 konnte die Unterrichtung im Arbeitsvertrag, in einem Anschreiben oder in einem anderen Dokument erfolgen; dies musste innerhalb von 2 Monaten nach Aufnahme der Tätigkeit geschehen. In Art 5 ist geregelt, wie mit Änderungen bei den Informationsgegenständen umzugehen ist. Besondere Regelungen gibt es für im Ausland tätige Mitarbeiter. Um eine gewisse Flexibilität zu wahren, sollten bestimmte Fallgestaltungen von dieser Richtlinie ausgenommen werden können, wie dies in Art 1 Abs 2 beschrieben ist.

Die Richtlinie ist sehr klar gegliedert, auf 3,5 Seiten erfreulich kurz und erspart den Mitgliedstaaten die inzwischen üblichen zahlreichen Erwägungsgründe.

4 Zielsetzung der neuen Richtlinie über transparente und vorhersehbare Arbeitsbedingungen in der Europäischen Union

Am 20.6.2019 wurde die „**Richtlinie (EU) 2019/1152 des Europäischen Parlaments und des Rates über transparente und vorhersehbare Arbeitsbedin-**

gungen in der Europäischen Union" verabschiedet. Sie trat am 31.7.2019 in Kraft und muss bis zum 1.8.2022 umgesetzt werden; dann wird auch die bisherige Nachweisrichtlinie aufgehoben (Art 22, 24, 25).[8] Wesentliches Merkmal dieser Richtlinie ist es, dass sie **Informationspflichten und Mindeststandards** verbindet.

In der Begründung zum Vorschlag für eine Richtlinie über transparente und verlässliche Arbeitsbedingungen in der Europäischen Union führt die Kommission auszugsweise aus:[9]

„Die Arbeitswelt hat sich seit der Annahme der Richtlinie 91/533/EWG über die Pflicht des Arbeitgebers zur Unterrichtung des Arbeitnehmers über die für seinen Arbeitsvertrag oder sein Arbeitsverhältnis geltenden Bedingungen erheblich verändert. **In den letzten 25 Jahren war der Arbeitsmarkt Gegenstand einer zunehmenden Flexibilisierung.** Im Jahr 2016 betraf ein Viertel aller Arbeitsverträge „atypische" Formen der Beschäftigung, und **mehr als die Hälfte der in den letzten zehn Jahren neu geschaffenen Arbeitsplätze waren „atypisch".** Die Digitalisierung hat die Schaffung neuer Formen der Beschäftigung begünstigt, und durch den demografischen Wandel hat sich auch die Erwerbsbevölkerung diversifiziert. Die Flexibilität, die mit den neuen Beschäftigungsformen einhergeht, hat sich als wichtiger Faktor für die Schaffung von Arbeitsplätzen und das Wachstum des Arbeitsmarkts erwiesen. Seit 2014 wurden mehr als fünf Millionen Arbeitsplätze geschaffen; davon betrafen fast 20 % neue Formen der Beschäftigung. [...]

Das Beschäftigungsniveau in der EU befindet sich mit 236 Millionen erwerbstätigen Männern und Frauen auf Rekordniveau. **Diese Tendenzen haben jedoch auch Instabilität und eine abnehmende Planbarkeit in einigen Arbeitsbeziehungen zur Folge,** vor allem für Arbeitnehmerinnen und Arbeitnehmer in besonders prekären Verhältnissen. Durch ungeeignete Rechtsvorschriften können Arbeitnehmerinnen und Arbeitnehmer in atypischen Beschäftigungsverhältnissen undurchsichtigen oder unlauteren Praktiken ausgesetzt sein, wodurch sie ihre Rechte nur schwer geltend machen können.

Die Herausforderung besteht darin zu gewährleisten, dass dynamische, innovative Arbeitsmärkte, die die Wettbewerbsfähigkeit der EU begründen, in einer Weise geregelt werden, die **allen Arbeitnehmerinnen und Arbeitnehmern einen grundlegenden Schutz** und **den Arbeitgebern längerfristige Produktivitätssteigerungen bietet** und eine Konvergenz hin zu besseren Lebens- und Arbeitsbedingungen in der ganzen EU ermöglicht. [...]

---

[8] *Maul-Srtgori*, NZA 2019, 1161, 1162; *Picker*, ZEuP 2020, 305, 306.
[9] COM(2017) 797 final; BR-Drs. v. 21.12.2017, 777/17.

Das **übergeordnete Ziel** der vorgeschlagenen Richtlinie ist es, sichere und verlässliche Beschäftigung zu fördern und gleichzeitig die Anpassungsfähigkeit des Arbeitsmarktes zu erhalten und die Lebens- und Arbeitsbedingungen zu verbessern.

Um dieses übergeordnete Ziel zu erreichen, werden die folgenden **Einzelziele** angestrebt:

(1) **verbesserter Zugang** der Arbeitnehmerinnen und Arbeitnehmer zu Informationen betreffend ihre Arbeitsbedingungen;

(2) **verbesserte Arbeitsbedingungen** für alle Arbeitnehmerinnen und Arbeitnehmer, vor allem die in neuen und atypischen Beschäftigungsverhältnissen Tätigen, unter Wahrung eines Spielraums für Anpassungsfähigkeit und Innovation am Arbeitsmarkt;

(3) **bessere Einhaltung** der Normen für die Arbeitsbedingungen durch verstärkte Durchsetzung;

(4) **größere Transparenz** am Arbeitsmarkt unter Vermeidung unnötigen Aufwands für Unternehmen jeder Größe."

Mit diesen vier Einzelzielen umschreibt die Richtlinie die Intention des Gesetzgebers und macht deutlich, dass – neben den Informationsrechten – die Gestaltung der materiellen Arbeitsbedingungen im Vordergrund steht. Damit löst sich aber diese Richtlinie von der Intention der Vorgängerrichtlinie und kann sich daher auch nicht mehr auf den Inhalt der Evaluation berufen. Das Recht der Europäischen Union ist damit umfangreich in die Gestaltung der materiellen Arbeitsbedingungen innerhalb der Union eingestiegen.

Ausgangspunkt ist die Feststellung, dass sich die sogenannten „atypischen Arbeitsbedingungen" in der Europäischen Union deutlich ausgebreitet haben. Unter die Definition von atypischen Arbeitsverhältnissen fallen nach deutschem Verständnis alle befristeten Arbeitsverhältnisse, Teilzeitarbeitsverhältnisse, die 20 Stunden in der Woche nicht überschreiten, einschließlich geringfügigen Tätigkeiten sowie die Zeitarbeit. Schon die Entscheidung, Teilzeitarbeit bis einschließlich 20 Stunden als atypisch oder gar prekär anzusehen, ist problematisch. Solche Teilzeitverträge beruhen überwiegend auf dem Wunsch von Arbeitnehmern, insbesondere von Arbeitnehmerinnen; das deutsche Recht bekennt sich in den §§ 6 ff. TzBfG zur Förderung von Teilzeitarbeit; nach § 8 hat ein Arbeitnehmer unter bestimmten Voraussetzungen sogar einen Anspruch auf zeitlich unbegrenzte Teilzeit und nach § 9a TzBfG unter bestimmten Voraussetzungen einen Anspruch auf zeitlich begrenzte Teilzeit. Die 20-Stundengrenze ist kaum noch sachlich nachvollziehbar; sie beruht auf der gedanklichen Halbierung einer Vollzeitarbeit von 40 Stunden, die es aber nur noch partiell und nicht mehr regelmäßig gibt. Außerdem hat die 20 Stundengrenze nichts mit den tatsächlichen Bedürfnissen und den Wünschen der Beschäftigten zu tun.

Darüber hinaus verkennt die Begründung der Richtlinie die arbeitsmarktpolitische Bedeutung der sog atypischen Arbeitsverhältnisse. Insbesondere die befristete Arbeit und die Zeitarbeit haben sich in der Vergangenheit als wichtige Brücken für Arbeitslose oder ungelernte Arbeitnehmer in den Arbeitsmarkt bewährt. Deutschland wurde wegen seiner dauerhaften Krise auf dem Arbeitsmarkt lange Jahre als der „Kranke Mann in Europa" bezeichnet und wurde regelmäßig im Rahmen der beschäftigungspolitischen Prozesse nach Art 148 AEUV von den Organen der Europäischen Union kritisiert. Mit einem Kraftakt hatte dann die Bundesregierung vier „Gesetze für Moderne Dienstleistungen am Arbeitsmarkt" erlassen, die auf der Arbeit der Reformkommission unter Peter Hartz beruhen (die sog Hartz-Gesetze), die insbesondere auch flexible Arbeitsverhältnisse wie die Zeitarbeit ermöglicht haben.

Die Folge war – unterstützt durch eine günstige Konjunktur – ein beschäftigungspolitisches Wunder; die Reformen brachten das Ende der Dauerkrise.[10] Seit dieser Zeit sind zwar auch atypische Arbeitsformen wie gerade die Teilzeit gewachsen, aber das Wachstum von sogenannten Normalarbeitsverhältnissen war stärker.[11] So sind bis 2013 fast 2 Mio. neue Normalarbeitsverhältnisse und zusätzlich noch einmal 800.000 atypische Arbeitsverhältnisse entstanden.[12] Der Anteil der atypischen Arbeitsverhältnisse in Deutschland lag 2018 bei 20 % und ist damit seit 2008 rückläufig.[13] Bereits im Jahr 2013 hat das Institut für Arbeitsmarkt- und Berufsforschung analysiert, dass die Reformen auf dem Arbeitsmarkt nicht zu einer nachhaltigen Beschleunigung des Wachstums der atypischen Erwerbsformen geführt haben; sie haben diesen Trend nur zeitweise verstärkt.[14] Weiterhin stellt das Institut für Arbeitsmarkt und Berufsforschung fest, dass jeder zweite Job in der Zeitarbeit zusätzlich ist und es zu keiner durchgreifenden Substitution von Normalarbeitsverhältnissen kommt.[15]

---

[10] Hierzu *Schäfer*, Hartz IV brachte die Wende, in IW Köln, online: www. iwkoeln.de/presse /iw-nachrichten/beitrag/atypische-beschäftigung-hartz-iv-brachte-die-wende-222222.html.
[11] *Sell*, Aus dem Jobwunderland Deutschland, in www.aktuelle-sozialpolitik.de/2019/06/25/atypische-beschaeftigte-imjob-wunderland-deutschland/.
[12] *Schäfer*, Hartz IV brachte die Wende, in IW Köln, online: www.iw koeln.de/presse/iw-nach richten/beitrag/atypische-beschäfti-gung-hartz-iv-brachte-die-wende-222222.html.
[13] Hierzu BT-Drs. 19/4280, Anhang Tabelle 1; BT-Drs. 19/13048, Anhang Tabelle 1.
[14] IAB-Forum, Zehn Jahre Agenda 2010, Ausgabe 2/2013.
[15] IAB-Kurzbericht, Zeitarbeit, Ausgabe 2/2013; Studie des Instituts der Deutschen Wirtschaft: Zu Unrecht in der Kritik: Zeitarbeit, in IW Köln, www. iwkoeln.de/presse/iw-nachrichten/bei trag/oliver-stettes-zu-unrecht-in-der-kritik-zeitarbeit.html v. 16.11.2020.

Auch im europäischen Vergleich liegt Deutschland sehr gut; danach hat Deutschland neben Dänemark, Estland und Ungarn die niedrigste Anzahl von Menschen in prekärer Beschäftigung. Besonders erfreulich ist, dass dies im europäischen Vergleich gerade auch für Frauen gilt.[16] Im Vergleich zu den 28 Mitgliedstaaten der Europäischen Union hat Deutschland weniger als die Hälfte Menschen in dieser Form der prekären Beschäftigung im Vergleich zu den anderen Mitgliedstaaten.[17]

Soweit die Europäische Union in ihren Beschäftigungspolitischen Leitlinien den **„Flexicurity-Ansatz"** vertritt, ist davon in dieser aktuellen Richtlinie kaum etwas zu finden. Flexicurity ist die integrierte Strategie der Europäischen Union zur gleichzeitigen Stärkung von **Flexibilität und Sicherheit** auf dem Arbeitsmarkt. Sie soll den Bedarf der Arbeitgeber an flexiblen Arbeitskräften mit den Anforderungen der Arbeitnehmer an die Sicherheit ihres Arbeitsplatzes vereinen, so dass diese keine langen Phasen der Arbeitslosigkeit fürchten müssen[18], die Unternehmen aber weiterhin flexibel auf Auftragsschwankungen und konjunkturelle Einflüsse reagieren können. In der vorliegenden Richtlinie werden diese Flexibilitätsnotwendigkeiten auf Arbeitgeberseite nicht berücksichtigt, sondern nur eingeschränkt.

So bleibt bei der Beschreibung der Ausgangssituation in der Richtlinie und der Evaluation unberücksichtigt, dass die atypischen Arbeitsverhältnisse eine wichtige **Brücke** sein können, um Menschen, die schwer den Einstieg in den Arbeitsmarkt finden, in ein Normalarbeitsverhältnis führen zu können. Analysen in Deutschland zeigen, dass zwei Drittel der befristet Beschäftigten vorher in keinem Arbeitsverhältnis standen und dass bereits im Folgejahr eines befristeten Arbeitsverhältnisses 38 % den Sprung in ein unbefristetes Arbeitsverhältnis geschafft haben; bei den Vollzeitbeschäftigten sind es sogar 50 %. Der Rückfall in die Arbeitslosigkeit liegt bei nur 7 %.[19] Vergleichbare Erkenntnisse liegen auch bei der Zeitarbeit vor, zumal die Zeitarbeit selbst häufig schon in einem unbefristeten Arbeitsverhältnis abgebildet wird und die Einstufung als atypisches Arbeitsverhältnis sowie der Vorwurf des Prekariats damit ohnehin nicht nachvollziehbar ist. Weiterhin hat eine Analyse des Zeitraums von 2005 bis 2014 ergeben,

---

[16] *Statista*, www.de.statista.com/statistik/daten/studie/1099000/umfrage/erwerbstaetige-in-prekaerer-beschaeftigung-in-der-eu/.
[17] *Statista*, www.de.statista.com/statistik/daten/studie/1099000/umfrage/erwerbstaetige-in-prekaerer-beschaeftigung-in-der-eu/.
[18] Bericht der "Flexicurity Mission" v. 9.12.2008, Dok. 17047/08; Schwarze/Kreßel, EU-Kommentar, Art 145 AEUV Rn 2.
[19] *Schäfer*, IW-Trends 1/2019 – Befristete Beschäftigung: Sprungbrett oder Sackgasse? 2019, 33 ff.

dass gerade für ausländische Arbeitnehmer der Sprungbretteffekt besonders ausgeprägt ist.[20]

In **Österreich** ist die beschäftigungspolitische Situation durchaus vergleichbar:[21] Ausgangspunkt ist ein für die Europäische Union hoher Beschäftigungsstand, der deutlich über dem Durchschnitt liegt. Betrachtet man den Zeitraum zwischen 2007 und 2017 so ist auch in Österreich die Zahl der Erwerbstätigen insgesamt deutlich gestiegen (8,1 %).[22] Allerdings ist die Zahl der „Normalarbeitsverhältnisse" in diesem Zeitraum leicht zurückgegangen, was aber an den kritischen Jahren 2009-2010 und 2013 und 2014 liegt. Die Steigerung fand überwiegend im Teilzeitbereich und dort überwiegend bei Frauen statt. Eine weitere Untersuchung zeigt[23], dass in den Krisenjahren 2008 bis 2010 die atypische Beschäftigung durch Zeitarbeit zurückgegangen ist und damit das Flexibilitätsbedürfnis der Unternehmen wiederspiegelt. Demgegenüber ist auch in diesem Zeitraum die Teilzeit gestiegen, was ein deutliches Eigeninteresse der Beschäftigten belegt.

5 Wesentliche Inhalte der Richtlinie[24]

Die Richtlinie lässt sich inhaltlich in sechs Teile gliedern:

- Anwendungsbereich (Art 1 Abs 2),

- Begriffsbestimmungen/Definitionen (Art 2),

- Pflicht zur Unterrichtung (Art 4 bis Art 7),

- Mindestanforderungen an Arbeitsbedingungen (Art 8 bis 14),

- Horizontale Bestimmungen/Sanktionen (Art 15 bis 19),

- Umsetzungs-, Durchführungs- und Übergangsbestimmungen/Inkrafttreten (Art 20 bis 25).

Die **Pflicht zur Unterrichtung** nach Art 4 umfasst:

- Personalien der Parteien,

- den Arbeitsort,

- Funktionsbezeichnung, Art der Arbeit, Beschreibung der Arbeit etc.,

---

[20] IAB-Kurzbericht, Zeitarbeit kann Perspektiven eröffnen, Ausgabe 19/ 2016.
[21] Zur kritischen Situation in Österreich ab 1995 *Egger*, Erhaltung der Sozialstandards in Hummer/Obwexer, 10 Jahre EU-Mitgliedschaft Österreichs: Bilanz und Ausblick, 2006, 497 ff, 510 ff.
[22] Atypische Beschäftigung 2017 – allgemein und im Familienkontext, Statistische Nachrichten 9/2018, in Statistik Austria www.statistik.at.
[23] Atypische Beschäftigung während der Krise nach soziodemographischen Merkmalen, Statistische Nachrichten 7/2012, in Statistik Austria www. statistik.at.
[24] Hierzu *Kressel*, ZFA 2021, 312 ff.

- Zeitpunkt des Beginns des Arbeitsverhältnisses,
- ggf. Befristung des Arbeitsverhältnisses,
- ggf. das entleihende Unternehmen,
- ggf. Probezeit,
- ggf. Fortbildung,
- bezahlten Urlaub,
- Verfahren und formelle Anforderungen bei Kündigungen und Kündigungsfristen,
- Vergütung,
- Arbeitsmuster und deren Veränderungsmöglichkeiten,
- bei unvorhersehbaren Arbeitsmustern den Arbeitsplan: Mindestangaben wie garantierte Stunden, Referenzstunden, Referenztage, Mindestankündigungsfristen,
- relevante Tarifverträge,
- ggf. Sozialversicherungsträger,
- zusätzliche Informationen bei Beschäftigung in einem anderen Mitgliedstaat bzw in einem Drittstaat (Art 7).
- Der Zeitpunkt der meisten Informationen, der in der Evaluation teilweise ein besonderer Kritikpunkt war, ist nun in Art 5 Abs 1 sehr kurzfristig bis spätestens zum 7. Arbeitstag vorgesehen. Eine Information über Veränderungen der Informationsinhalte ist in Art 6 geregelt.

Die **Mindestanforderungen an Arbeitsbedingungen** nach Art 8 bis 11 umfassen:

- Höchstdauer der Probezeit (6 Monate; Verkürzung bei befristeten Arbeitsverhältnissen),
- Zulässigkeit von Mehrfachbeschäftigung,
- Mindestvorhersehbarkeit der Arbeit bei unvorhersehbaren Arbeitsmustern,
- Zusatzanforderungen bei Abrufverträgen,
- Übergang zu anderen Arbeitsformen und
- Pflichtfortbildungen

Das Thema **Sicherheit der Arbeitnehmer** hat in der neuen Richtlinie im Bereich der Arbeitsbedingungen eine ganz zentrale und für die Praxis wichtige Bedeutung und wird beim deutschen Gesetzgeber einen Änderungsbedarf in § 12 TzBfG auslösen, der dann unter Umständen restriktiver gefasst werden muss[25]: So werden gerade die flexiblen Arbeitszeitmodelle unter dem Titel „Mindestvorhersehbarkeit der Arbeit" (Art 10) und „Zusatzmaßnahmen bei Abrufverträgen" (Art 11) erheblich eingeschränkt. Arbeitgeber sind dann gezwungen, vorab Referenzstunden und besonders problematisch Referenztage festzulegen (Art 10 Abs 1 lit a)).

Zudem gibt es für Abrufarbeitsverträge in Art 11 weitere Beschränkungen. Nun belasten solche Vorschriften die nationalen Arbeitsmärkte und Volkswirtschaften in sehr unterschiedlicher Weise, weil flexible Arbeitsmodelle insbesondere in Deutschland die Reaktion auf das sehr starre und administrativ aufwendige Kündigungsschutzsystem sind. In anderen Ländern mit weniger starren Kündigungsschutzregeln werden die Einschränkungen eine ganz andere Wirkung haben. Vor dem Hintergrund der Beschäftigungspolitik in den Art 145 ff. AEUV und den jeweiligen Beschäftigungspolitischen Leitlinien, die in einem iterativen Prozess nach Art 148 Abs 2 AEUV entwickelt werden, gibt es einen deutlichen Widerspruch zwischen der Beschäftigungspolitik und den Mindestbedingungen in der Transparenzrichtlinie.[26]

6 Rechtsgrundlage der Richtlinie

Nachdem sich die Nachweisrichtlinie auf die Regelung, wie sie heute in Art 114 Abs 1, 115 AEUV (Errichtung und Funktionierung des Binnenmarktes) zu finden sind,[27] gestützt hatte, ist nunmehr ausdrücklich Art 153 Abs 1 lit b) AEUV sowie Art 31 der Grundrechtscharta und Grundsatz 5 und 7 der europäischen Säule der sozialen Rechte genannt, wobei die europäische Säule der sozialen Rechte eine Richtlinienbefugnis aus dem Unionsvertrag nicht ersetzen, allenfalls konkretisieren und bestätigen kann. Während sich Art 31 GRC konkret auf die Begrenzung der Höchstarbeitszeit, auf tägliche und wöchentliche Ruhezeiten sowie auf den

---

[25] *Franzen/Gallner/Oetker/Kolbe*, Kommentar zum europäischen Arbeitsrecht, [3]2020, Rn 13; *Mävers*, ArbRAktuell 2019, 571, 573; anders wohl *Willemsen* v. 20.6.2019, in www.lto.de/persis tent/a_id/5999, abgerufen am 20.3.2020 und *Picker*, ZEuP 2020, 305, 331.

[26] *Picker*, ZEuP 2020, 305, 333, sieht ebenfalls eine Verschlechterung der Wettbewerbsfähigkeit, sieht sie aber als gerechtfertigt an.

[27] Zur Bedeutung dieser Zuständigkeit für die Sozialpolitik: *Egger*, Maastricht-Amsterdam-Nizza: Entwicklung der sozialpolitischen Kompetenz der EG, in Hummer, Europarecht im Wandel, Festschrift zum zehnjährigen Bestehen des „Zentrums für europäisches Recht" (ZER), 2003, 73 ff, 73; *Egger*, Erhaltung der Sozialstandards in Hummer/Obwexer, 10 Jahre EU-Mitgliedschaft Österreichs: Bilanz und Ausblick, 2006, 497 ff, 499.

Jahresurlaub beschränkt, gibt Art 153 Abs 1 lit b) AEUV generell eine Befugnis zur Regelung von Arbeitsbedingungen in der Union.[28]

7 Grenzen der Zuständigkeit der EU

Allerdings ist die Zuständigkeit der Union begrenzt: Zunächst fällt die Sozialpolitik in Titel X des Vertrages über die Arbeitsweise der Europäischen Union unter die Zuständigkeitsbegrenzung der Art 4 und 5 des EUV. Es gilt nach Art 5 Abs 1 EUV der Grundsatz der begrenzten Einzelermächtigung, dh die Europäische Union wird nur in den von den Mitgliedstaaten übertragenen Aufgaben tätig (Art 5 Abs 2 EUV). Soweit die Europäische Union eine geteilte Zuständigkeit hat, darf die Union davon nur im Rahmen des **Grundsatzes der Subsidiarität und der Verhältnismäßigkeit** Gebrauch machen (Art 5 Abs 1 S. 2 EUV).[29]

Die Europäische Sozialpolitik gehört nach Art 4 Abs 2 lit b AEUV zur geteilten Zuständigkeit, wobei die Zuständigkeit noch einmal ausdrücklich **auf die in den Verträgen genannten Aspekte** begrenzt ist. Im Erwägungsgrund 46 der vorliegenden Richtlinie wird die Behauptung aufgestellt, dass die Verbesserung der Arbeitsbedingungen durch Förderung transparenter und vorhersehbare Beschäftigung bei gleichzeitiger Gewährleistung der Anpassungsfähigkeit des Arbeitsmarktes **nicht ausreichend** von den Mitgliedstaaten hergestellt werden kann; der Erwägungsgrund bleibt aber Tatsachen und eine Begründung schuldig und kann sich dabei wieder nicht auf die Evaluation berufen, die inhaltlich andere Schwerpunkte hatte. Aus der Behauptung zieht die Richtlinie in dem Erwägungsgrund 46 die Schlussfolgerung, dass der Grundsatz der Subsidiarität erfüllt ist. Außerdem sei die Verhältnismäßigkeit gewahrt, da der Inhalt der Richtlinie nicht über die Verwirklichung dieser Ziele hinausgehe; auch hier werden durch eine Behauptung eine inhaltliche Auseinandersetzung und eine materielle Begründung ersetzt. In dem Erwägungsgrund 47 wird betont, dass (nur) Mindestanforderungen aufgestellt werden; allerdings wird offengelassen, wie man dieses Mindestschutzniveau ermittelt hat; die Evaluation gibt jedenfalls auf diese Frage keine Antwort.

Weitere Zuständigkeits-Schranken ergeben sich unmittelbar aus Art 153 AEUV: So schreibt Art 153 Abs 2 lit a) AEUV vor, dass auf jeden Fall eine Harmonisierung

---

[28] *Kolbe*, EuZA 2020, 35, 36; *Picker*, ZEuP 2020, 305 f; zur grundsätzlichen Entwicklung der Zuständigkeit *Egger*, Maastricht-Amsterdam-Nizza: Entwicklung der sozialpolitischen Kompetenz der EG, in Hummer, Europarecht im Wandel, Festschrift zum zehnjährigen Bestehen des „Zentrums für europäisches Recht" (ZER), 2003, 73 ff, 79 ff, 88 ff.

[29] Zur Bedeutung der Subsidiarität und des Verhältnismäßigkeitsgrundsatzes in der Europäischen Sozialpolitik, *Egger*, Maastricht-Amsterdam-Nizza: Entwicklung der sozialpolitischen Kompetenz der EG, in Hummer, Europarecht im Wandel, Festschrift zum zehnjährigen Bestehen des „Zentrums für europäisches Recht" (ZER), 2003, 73 ff, 76, 82, 102.

auszuschließen ist („unter Ausschluss jeglicher Harmonisierung"). In Art 153 Abs 2 lit b) AEUV wird vorgeschrieben, dass nur **Mindestbedingungen** zulässig sind;[30] außerdem muss auf die Gründung und Entwicklung von kleinen und mittleren Unternehmen Rücksicht genommen werden. Darüber hinaus sind in Art 153 Abs 5 AEUV bestimmte materielle Arbeitsbedingungen wie das Arbeitsentgelt sowie das Koalitions- und Arbeitskampfrecht ausgenommen.

Vor diesem Hintergrund ist nun der Inhalt der neuen Transparenzrichtlinie zu sehen: Ausgehend vom Zweck in Art 1 Abs 1 geht es darum die Arbeitsbedingungen zu verbessern, indem eine **transparente und vorhersehbare Beschäftigung gefördert** wird. Gleichzeitig soll die **Anpassungsfähigkeit des Arbeitsmarktes gewährleistet** sein. Dies soll nach Art 1 Abs 2 über die Festlegung von **Mindestrechten** geschehen. Inhaltlich teilen sich die Mindestrechte in eine Pflicht zur Unterrichtung (Kapitel II Art 4 ff.) und in Mindestanforderungen an die Arbeitsbedingungen (Kapitel III Art 8 ff.) auf. Das Ziel, die Anpassungsfähigkeit der Arbeitsmärkte zu gewährleisten, wird aber in dem folgenden Regelungsumfang nicht mehr aufgegriffen, sondern nur in Erwägungsgrund 6 angesprochen. So hätte zB die Chance bestanden, im Rahmen einer Pflichtfortbildung nach Art 13 wichtige Mitwirkungs- und Einlassungspflichten für Arbeitnehmer zu entwickeln, um die industriellen Anpassungsprozesse besser bewältigen zu können. Lediglich in Erwägungsgrund 6 wird ausgeführt, dass ein angemessenes Maß an Flexibilität atypischer Arbeitsverhältnisse beizubehalten ist, damit die Vorteile **für Arbeitnehmer und Arbeitgeber** gewahrt bleiben. Die Richtlinie beschränkt sich aber darauf zu beschreiben, was die Arbeitgeber **nicht** dürfen; ein geschützter Mindest-Flexibilitätsrahmen für Unternehmen, der in einer globalen Wirtschaft unverzichtbar ist, fehlt. Auch die arbeitsmarktpolitische Bedeutung von atypischen Arbeitsverhältnissen wird in dieser Richtlinie ignoriert. So hätte die Chance bestanden, bei Langzeitarbeitslosen und Berufseinsteigern oder in besonderen wirtschaftlichen Krisen-Situationen andere Akzente zu setzen.

Im IV. Kapitel sind **horizontale Bestimmungen** vorgesehen, dh sie unterstützen, dass die Verpflichtungen effizient umgesetzt werden können und entsprechende Sanktionen für Arbeitgeber vorgesehen sind.[31] In den Schlussbestimmungen (Kapitel V) wird den Mitgliedstaaten verboten, ein derzeit in den Mitgliedstaaten bestehendes Schutzniveau zu reduzieren, nur für Arbeitnehmer günstigere Regelungen sind zulässig. Auch hier wird in unverhältnismäßiger Weise in den Gestal-

---

[30] Zur Bedeutung der Mindestbedingungen in der Europäischen Sozialpolitik, *Egger*, Maastricht-Amsterdam-Nizza: Entwicklung der sozialpolitischen Kompetenz der EG, in Hummer, Europarecht im Wandel, Festschrift zum zehnjährigen Bestehen des „Zentrums für europäisches Recht" (ZER), 2003, S. 73 ff, 83.
[31] Kritisch zu den Sanktionen *BRAK-Info*, FD-ArbR 2018, 405595.

tungsspielraum der Mitgliedstaaten eingegriffen, da sie – nach Einführung der neuen europaweiten Mindestarbeitsbedingungen – nicht mehr die nationalen Systeme nachjustieren können, obwohl der Unionsvertrag ihnen grundsätzlich eine umfassende Regelungskompetenz in der Sozialpolitik zuschreibt.

Die entsprechenden Informationspflichten und Mindestbedingungen gelten grundsätzlich **für alle Unternehmen**, die Richtlinie lässt nur sehr wenige **Ausnahmen** zu:[32] So können die Mitgliedstaaten Arbeitsverhältnisse nach Art 1 Abs 3 ausnehmen, wenn die im Voraus festgelegte und tatsächlich geleistete Arbeitszeit in einem Referenzzeitraum von vier aufeinanderfolgenden Wochen im Durchschnitt nicht mehr als 3 Stunden wöchentlich beträgt. Weiterhin können die Mitgliedstaaten bestimmte öffentlich-rechtliche Funktionen und Beamte vom Anwendungsbereich des dritten Kapitels ausnehmen (Art 1 Abs 6).[33] Daraus spricht ein merkwürdiges Misstrauen gegen die eigenen Regelungen. Weiterhin gelten die Verpflichtungen der Art 12, 13 und 15 Abs 1 lit a) nicht, wenn eine natürliche Person als Arbeitgeber in einem Haushalt fungiert.

Weiterhin sind **alle Kleinst- und Kleinunternehmer, der Mittelstand sowie Existenzgründer** in vollem Umfang in die Verpflichtungen der Richtlinie einbezogen. Die Richtlinie behandelt alle Unternehmer und Unternehmen gleich, gleichgültig, welche Größe, Branche oder welches Geschäftsmodell vorliegt. Lediglich in Erwägungsgrund 48 gibt es einen Anhaltspunkt für eine Differenzierung. Danach sollen die Mitgliedstaaten administrative, finanzielle, oder rechtliche „Auflagen" vermeiden, die der Gründung und dem Ausbau von Kleinstunternehmen, kleinen und mittleren Unternehmen entgegenstehen. Weiter werden die Mitgliedstaaten aufgefordert sicherzustellen, dass der „Umsetzungsakt" nicht unverhältnismäßig beeinträchtigt. Da die Richtlinie von der eigenen Verhältnismäßigkeit ausgeht, können sich diese Aussagen nur auf „Verschärfungen" des Regelungsinhalts durch die Mitgliedstaaten beziehen. In Art 22 wird weiterhin eine Überprüfung der Richtlinie bis 2027 angekündigt; hier sollen die Auswirkungen auf Kleinstunternehmen, kleine und mittlere Unternehmen untersucht werden.

Eine gewisse Gestaltungsmöglichkeit besitzen nach Art 14 die **Sozialpartner**.[34] Sie können im Wege von Tarifverträgen die Mindestarbeitsbedingungen regeln, sofern die Mitgliedstaaten diese Möglichkeit einräumen und **sofern der Schutz der Arbeitnehmer insgesamt gewahrt bleibt**.[35] Nach Art 21 Abs 5 können die Mitgliedstaaten den Sozialpartnern die Umsetzung der Richtlinie übertragen, so-

---

[32] *Mävers*, ArbRAktuell 2019, 571 f.
[33] *Maul-Sartori*, NZA 2019, 1161, 1162; *Picker*, ZEuP 2020, 305, 315, bezeichnet dies zutreffend als „großzügig"; Kolbe, EuZA 2020, 35, 38, spricht von einer „Sonderbehandlung".
[34] *Franzen/Gallner/Oetker/Kolbe*, Kommentar zum Europäischen Arbeitsrecht, ³2020, Rn 14.
[35] Kritisch *Kolbe*, EuZA 2020, 35, 40 und *Picker*, ZEuP 2020, 305, 333.

fern die Mitgliedstaaten sicherstellen, dass die mit der Richtlinie angestrebten Ergebnisse erzielt werden können.

Konkrete Anforderungen an die Anwendung der **Grundsätze der Subsidiarität und Verhältnismäßigkeit** im Unionsrecht werden in dem **„Protokoll über die Anwendung der Grundsätze der Subsidiarität und Verhältnismäßigkeit"** gestellt. Insbesondere Art 5 sieht vor, dass die Richtlinienentwürfe besondere Anforderungen im Hinblick auf die die Zuständigkeit der Europäischen Union begrenzenden Grundsätze der Subsidiarität und Verhältnismäßigkeit erfüllen müssen. So sollte jeder Entwurf einen Vermerk **mit detaillierten Angaben** enthalten, die es ermöglichen zu beurteilen, ob die Grundsätze der Subsidiarität und Verhältnismäßigkeit eingehalten wurden (Art 5 S. 2 Subsidiaritätsprotokoll). Weiterhin muss der Vermerk die Angaben zu finanziellen Auswirkungen sowie die Auswirkungen auf die von den Mitgliedstaaten zu erlassenden Rechtsvorschriften enthalten (Art 5 S. 3 Subsidiaritätsprotokoll). Die Feststellung, dass ein Ziel der Union besser auf Unionsebene erreicht werden kann, muss auf qualitativen und wenn möglich auf quantitativen Zielen beruhen.[36]

Hinsichtlich dieser Anforderungen sind im Wesentlichen nur die Ausführungen in Erwägungsgrund 46 übriggeblieben:

> „Da die Ziele dieser Richtlinie, nämlich die Verbesserung der Arbeitsbedingungen durch die Förderung transparenter und vorhersehbarer Beschäftigung bei gleichzeitiger Gewährleistung der Anpassungsfähigkeit des Arbeitsmarktes von den Mitgliedstaaten nicht ausreichend verwirklicht werden können, sondern vielmehr wegen der Notwendigkeit, gemeinsame Mindestanforderungen festzulegen, auf Unionsebene besser zu verwirklichen sind, kann die Union im Einklang mit dem in Artikel 5 des Vertrages über die Europäische Union verankerten Subsidiaritätsgrundsatz tätig werden. Entsprechend dem im selben Artikel genannten Grundsatz der Verhältnismäßigkeit geht diese Richtlinie nicht über das für die Verwirklichung dieser Ziele erforderliche Maß hinaus."

Zunächst fällt auf, dass in Erwägungsgrund 46 lediglich Behauptungen aufgestellt werden; es gibt keinerlei Begründung für die Aussagen und schon überhaupt keine „detaillierten Angaben", wie dies vom Subsidiaritätsprotokoll in Art 5 S. 2 vorgeschrieben ist. Dier Evaluation der Nachweisrichtlinie kann dies nicht ersetzen, da es dort nicht um die neu definierten „Mindest- Arbeitsbedingungen" ging. So hätte zB eine Evaluation in den Mitgliedstaaten gezeigt, dass es sich bei dem vorliegenden Richtlinieninhalt gerade nicht Mindestarbeitsbedingungen handelt. Auch die konkreten Auswirkungen auf die Betriebe und Unternehmen, insbeson-

---

[36] Hierzu auch EuGH v. 8.12.2020, C-620/18, Rn 115, zur Arbeitsrechtlichen Entsenderichtlinie

dere auf kleinere Unternehmen, die sehr auf Flexibilität angewiesen sind, fehlen völlig.

Darüber hinaus erfordert die Aufstellung von Mindestbedingungen aus Gründen des Arbeitnehmerschutzes nach der Rechtsprechung des EuGH zwingend eine Abwägung mit den Grundfreiheiten.[37] Hier kommen insbesondere die unternehmerische Freiheit nach Art 16 GRCh sowie die Dienstleistungsfreiheit (Art 56 AEUV) und die Niederlassungsfreiheit (Art 49 AEUV) in Betracht. Auch hier fehlen in den Erwägungsgründen entsprechende Hinweise und konkrete Ergebnisse. Soweit in Art 173 Abs 1 Spiegelstrich 2 im Rahmen der Industriepolitik ausdrücklich von der Förderung der kleinen und mittleren Unternehmen gesprochen wird und ein „günstiges Umfeld" gefördert werden soll, fehlen in den Erwägungsgründen Hinweise auf die Auswirkungen gerade auf diese Unternehmen. In Art 153 Abs 2 lit b) S. 2 AEUV wird ausdrücklich vorgeschrieben, dass entsprechende Richtlinien keine verwaltungsmäßigen, finanziellen und rechtlichen Auflagen vorschreiben sollen, die der Gründung und Entwicklung von kleinen und mittleren Unternehmen entgegenstehen. Auch hierzu fehlen alle Feststellungen und Hinweise.

Dies bedeutet, dass zum Inhalt der sogenannten Mindestarbeitsbedingungen und deren Auswirkungen insbesondere auf besonders schützenswerte Unternehmen und auf den allgemeinen Arbeitsmarkt keinerlei Feststellungen getroffen sind; erst sie ermöglichen es aber zu überprüfen, ob die Grundsätze der Subsidiarität und Verhältnismäßigkeit nach Art 5 Abs 1 S. 2 EUV und dem Subsidiaritätsprotokoll gewahrt sind. Dies gilt auch für die weiteren Zuständigkeitsschranken, wie sie sich unmittelbar in Art 153 AEUV, insbesondere in Art 153 Abs 2 lit a) und b) finden.

Das Bundesverfassungsgericht hat sich in seiner grundlegenden Entscheidung zum Ankauf von Vermögenswerten und Wertpapieren durch die Europäische Zentralbank vom 5.5.2020[38] wegweisend zum Verhältnismäßigkeitsgrundsatz als Begrenzung der Zuständigkeit der Europäischen Union geäußert und bezieht sich dabei auf die Rechtsprechung des EuGH, der nach Art 19 EUV die Auslegung und die Anwendung der Verträge sichern muss:

„Der Grundsatz der Verhältnismäßigkeit ist ein allgemeiner, in Art 5 Abs 1 Satz 2 und Abs 4 EUV kodifizierter Rechtsgrundsatz des Unionsrechts, der seine Wurzeln im Common Law hat. Mit Blick auf den Grundsatz der Verhältnismäßigkeit wird in Deutschland zwischen **Geeignetheit, Erforderlichkeit und**

---

[37] EuGH v. 3.4.2008, C-346/06 ECLI:EU:C:2008:189; EuGH v. 19.1.2010, C.-555/07, ECLI: EU:C: 2010:21; *Hantel*, Europäisches Arbeitsrecht, [2]2019, 22 f.
[38] BVerfG v. 5.5.2020 Az: 2 BvR 859/15.

Angemessenheit unterschieden. Auch der EuGH erkennt den Grundsatz der Verhältnismäßigkeit in ständiger Rechtsprechung als ungeschriebenen Bestandteil des Unionsrechts an. Danach verlangt er, „dass die Handlungen der Organe **geeignet** sind, die mit der fraglichen Regelung zulässigerweise verfolgten Ziele zu erreichen, und nicht die Grenzen dessen überschreiten, was zur Erreichung dieser Ziele geeignet und **erforderlich** ist".[39] In der Rechtsprechung des EuGH kennzeichnen die Begriffe „geeignet", „erforderlich" oder „notwendig" oftmals die Anwendung des Grundsatzes, ohne dass damit eine vollständige Übereinstimmung mit der deutschen Terminologie und Dogmatik verbunden wäre. Eine Maßnahme ist nach der Rechtsprechung des EuGH geeignet, wenn sie tatsächlich dem Anliegen gerecht wird, das angestrebte Ziel in kohärenter und systematischer Weise zu erreichen,[40] wobei er sich häufig auf die Prüfung beschränkt, ob die betreffende Maßnahme nicht als offensichtlich ungeeignet zur Verwirklichung des angestrebten Ziels erscheint.

Im Rahmen der Erforderlichkeit prüft der EuGH, ob das Ziel nicht ebenso wirksam durch andere Maßnahmen erreicht werden kann, die das zu schützende Gut weniger beeinträchtigen, **während die Angemessenheit – die Verhältnismäßigkeit im engeren Sinne – kaum eine Rolle spielt.** In der Regel verzichtet der EuGH auf die Prüfung der Verhältnismäßigkeit im engeren Sinne."

Nach Ansicht des Bundesverfassungsgerichts ist diese Abgrenzung zwischen der Zuständigkeit der Mitgliedstaaten in der Wirtschaftspolitik einerseits und den Zuständigkeiten der Union andererseits durch diese Art und Weise der Anwendung des Verhältnismäßigkeitsgrundsatzes ungeeignet beziehungsweise funktionslos. In dieser vom EuGH praktizierten Form kann der in Art 5 Abs 1 Satz 2 und Abs 4 EUV verankerte Grundsatz der Verhältnismäßigkeit die ihm zukommende Korrektivfunktion zum Schutz mitgliedstaatlicher Zuständigkeiten nicht erfüllen.

So kritisiert das Bundesverfassungsgericht zu Recht, dass sich bei der Verhältnismäßigkeitsprüfung eine **Berücksichtigung der Auswirkungen nicht wiederfindet.** Der Ansatz des EuGH läuft vielmehr darauf hinaus, dass die Organe der Europäischen Union das von ihr für geeignet gehaltene Mittel wählen können, auch wenn der Vorteil – verglichen mit möglichen Alternativen – gering ist und die Kollateralschäden erheblich sind.

Der Kontrollansatz wird der Schnittstellenfunktion des Prinzips der begrenzten Einzelermächtigung nicht gerecht.

---

[39] EuGH v. 8.4.2014, Digital Rights, C-293/12 ua, EU:C:2014:238, Rn 46.
[40] EuGH v. 21.2.2011, Kommission/Österreich, C-28/09, Slg 2011, I-13567, 3605 Rn 126.

Das Prinzip der begrenzten Einzelermächtigung ist nicht nur ein unionsrechtlicher Grundsatz, sondern nimmt auch mitgliedstaatliche Verfassungsprinzipien auf.[41]

Diese Kritik des Bundesverfassungsgerichts an der unzureichenden Zuständigkeitsbegrenzung durch den Verhältnismäßigkeitsgrundsatz in seiner Auslegung durch den Europäischen Gerichtshof lässt sich auch auf die Anwendung des Verhältnismäßigkeitsgrundsatzes in der neuen Transparenzrichtlinie übertragen. Auch hier findet keine Tatsachenfeststellung zu den Mindestarbeitsbedingungen und deren Auswirkungen statt, die dann in eine Angemessenheitsprüfung münden müssten. Wenige, sehr oberflächliche Behauptungen ersetzen die Feststellung der Geeignetheit, Erforderlichkeit und Angemessenheit anhand von Tatsachen; ähnlich wie in der Entscheidung des Bundesverfassungsgerichts fehlen auch hier Feststellungen zu den weiteren Auswirkungen, hier die Auswirkungen auf den Arbeitsmarkt. Die Frage nach den Auswirkungen auf Kleinunternehmen und den Mittelstand wird einfach auf die Mitgliedstaaten übertragen und auf eine künftige Evaluation verschoben. Auch dies widerspricht einer unmittelbaren Anwendung des Verhältnismäßigkeitsgrundsatzes; vielmehr stellt dies den Verhältnismäßigkeitsgrundsatz auf den Kopf, da erst die negativen und unverhältnismäßigen Auswirkungen oder – wie es das Bundesverfassungsgericht nennt – die Kollateralschäden abgewartet werden sollen. Die faktenbasierte Verhältnismäßigkeitsprüfung wird auf die Zukunft und auf die Zeit nach dem in Kraft treten der Richtlinie verschoben.

8 Regelung von Arbeitsbedingungen im europäischen Recht

In der neuen Transparenzrichtlinie wird der Anspruch erhoben, neue Mindestarbeitsbedingungen für die Mitgliedstaaten zu definieren. Grundlage ist Art 153 Abs 1 lit b) AEUV. Allerdings definiert das Europarecht bereits über die Richtlinien zum sozialen Arbeitsschutz gemäß Art 152 Abs 1 lit a) AEUV Mindestarbeitsbedingungen. Beispiele sind hier die Richtlinien zur Arbeitszeit (2003/88) mit einer Begrenzung der täglichen und wöchentlichen Höchstarbeitszeit sowie dem Anspruch auf einen vier wöchigen Mindestjahresurlaub. Auch in der Jugendarbeitsschutzrichtlinie (94/33) und in der Mutterschutzrichtlinie (92/85) finden sich im Hinblick auf den sozialen Arbeitsschutz Mindestarbeitsbedingungen. Richtlinien zu Mindestarbeitsbedingungen, die heute unter Art 153 Abs 1 lit b) AEUV fallen, sind die Betriebsübergangsrichtlinie (2001/23), die Insolvenzrichtlinie (2008/94), die Teilzeitarbeitsrichtlinie (97/81), die Richtlinie über befristete Arbeitsverträge (1999/70), die Leiharbeitsrichtlinie (2008/ 105) und die Richtlinie zur

---

[41] BVerfG 142, 123, 219 Rn 185.

Vereinbarkeit von Beruf und Privatleben für Eltern und pflegende Angehörige (2019/1158). Die Regelung der oben genannten Arbeitsbedingungen war weitgehend anlassbezogen, dh Arbeitsbedingungen im Fall des Betriebsübergangs, der Insolvenz etc. In diesen Fällen lag auch immer ein gewisser Binnenmarktbezug gemäß Art 115 AEUV vor. Eine zweite Fallgruppe von Arbeitsbedingungen bezieht sich auf besondere Beschäftigtengruppen wie Teilzeitarbeitnehmer, Zeitarbeitnehmer, befristete Arbeitnehmer etc. Es handelt sich hier um Beschäftigtengruppen, bei denen der Normgeber zutreffend eine besondere Schutzbedürftigkeit sieht. Auf der anderen Seite bedient diese Art der Beschäftigung aber gerade auch ein besonderes Flexibilitätsbedürfnis der Arbeitgeber, um auf Auftragsschwankungen etc. besser reagieren zu können. Der Flexicurity-Ansatz der Europäischen Union will hier einen angemessenen Ausgleich zwischen den beiden Interessen schaffen.

In der neuen Transparenzrichtlinie werden Arbeitsbedingungen zur **Probezeit**, **Mehrfachbeschäftigung** und zur **„Mindestvorhersehbarkeit"** der Arbeit und zur **Arbeit auf Abruf** geschaffen. Bei der Probezeit und der Arbeit auf Abruf geht es ebenfalls um spezifische Beschäftigtengruppen mit besonderem Schutzbedürfnis. Warum in dieser Richtlinie gerade das Thema „Mehrfachbeschäftigung" aufgegriffen wird und europaweit einheitlich geregelt werden muss, erschließt sich zumindest nicht aus der Richtlinie.

Besonders problematisch ist Art 10 und insbesondere Art 10 Abs 1 lit a) der Richtlinie. Zum einen ist schon die Eingangsvoraussetzung, nämlich das „größtenteils unvorhersehbare Arbeitsmuster" unklar und, wie Art 11 S. 1 der Richtlinie zeigt, müsste dies etwas anderes als ein Abrufarbeitsverhältnis sein. Zum anderen sind die inhaltlichen Festlegungen wenig flexibel: Es müssen vorab Referenzstunden **und** Referenztage festgelegt sein. Dabei bleibt unklar, ob eine einseitige Veränderung (im Rahmen der Ankündigungsfrist nach Art 10 Abs 1 lit b)) zulässig ist und ob die kollektivrechtlichen Gestaltungsrechte, zB im Rahmen des § 87 Abs 1 Nr. 2 und 3 BetrVG möglich bleiben. Wenn aber Referenztage und Referenzstunden **vorab** festgelegt sein müssen, macht eine Ankündigungsfrist nur noch dann Sinn, wenn der Arbeitgeber aus den Referenztagen einseitig eine Auswahl treffen darf; dies wäre dann aber auch eine Art „Arbeit auf Abruf", wie sie in Art 11 angesprochen wird. Aus Erwägungsgrund 30 und 31 kann man ableiten, dass die einseitige Gestaltungsbefugnis im Rahmen der Ankündigungsfrist beim Arbeitgeber verbleibt und die Referenzstunden sowie die Referenztage dem Arbeitgeber Zeitfenster geben, um daraus auswählen zu können. Sind zum Beispiel als Referenztage Dienstag, Mittwoch und Donnerstag mit einem Zeitfenster von 6 Stunden zwischen 8 Uhr und 14 Uhr vereinbart, dann kann der Arbeitgeber im Rahmen der Ankündigungsfrist unter den genannten Tagen im jeweiligen Zeitfenster wählen, aber nicht einen anderen Wochentag oder zu einer anderen Uhrzeit, es sei denn, dass die ursprüngliche Vereinbarung einvernehmlich angepasst wird.

In ähnlicher Weise ist in Art 11 S. 1 lit a) unklar, wie Abrufverträge in Zukunft gestaltet werden dürfen, da die **Anwendung** und **Dauer** begrenzt sein müssen. Heißt das, dass Abrufarbeitsverhältnisse nicht mehr generell zulässig sind und dass sie befristet werden müssten?

Andere zulässige Gestaltungen für Abrufarbeitsverhältnisse im Sinne von Art 11 sind in lit b) und lit c) (dh eine widerlegbare Vermutung der Stunden **oder** andere gleichwertige Missbrauchsregelungen) vorgesehen. Der Einleitungssatz in Art 11 spricht ausdrücklich von „einer der folgenden Maßnahmen" und auch die Ausführungen im Erwägungsgrund 35 sind so formuliert, dass die Anforderungen in lit a) bis c) alternativ und nicht kumulativ zu verstehen sind, dh die Mitgliedstaaten können bei der zulässigen Gestaltung von Abrufarbeitsverhältnissen eine der drei Alternativen auswählen.

9 Schutz der Unternehmensflexibilität

Ausgehend vom Grundrecht auf unternehmerische Freiheit in 16 GRCh ist das berechtigte Flexibilitätsinteresse von Arbeitgebern geschützt. Vor diesem Hintergrund hat die Europäische Union den Flexicurity Ansatz entwickelt, der berechtigtes Flexibilitätsinteresse der Unternehmen und Sicherheit der Arbeitnehmer in Einklang bringen will. So hat die Kommission gemeinsame Grundsätze für einen Flexicurity Ansatz entwickelt, der im Jahr 2008 veröffentlicht wurde.[42] Dabei wurde der Flexicurity Ansatz als **übergeordnetes Ziel** der europäischen Arbeitsmärkte verstanden. Unter Ziff. 1.2. der gemeinsamen Grundsätze wird anerkannt, dass Unternehmen ein ausreichendes Maß an Flexibilität benötigen, um ihre Anpassungsfähigkeit zu verbessern. Gleichzeitig wird berücksichtigt, dass auch Arbeitnehmer mehr Flexibilität fordern, um ihr Privat- und Berufsleben in Einklang zu bringen. Diese Grundsätze unterscheiden sich wohltuend von der Semantik der Transparenzrichtlinie, die das Flexibilitätsinteresse von Arbeitgebern und Arbeitnehmern ignoriert und Flexibilität mit dem Makel des Prekariats versieht.

Eine teilweise Umsetzung dieser Flexicurity-Grundsätze findet man in der Richtlinie 2008/104/EG zur Zeitarbeit. Unter ausdrücklichem Hinweis auf diese Grundsätze erkennt Erwägungsgrund 9 an, dass es neue Formen der Arbeitsorganisation gibt und „eine größere Vielfalt der Arbeitsverträge mit besserer Kombination von Flexibilität und Sicherheit zur Anpassungsfähigkeit" beiträgt. Weiter

---

[42] Bericht der "Flexicurity Mission" v. 9.12.2008, 17047/08

wird darauf verwiesen, dass Zeitarbeit als flexibles Arbeitsmodell den Unternehmen, aber auch den Bedürfnissen der Arbeitnehmer dient (Erwägungsgrund 11). Zentrale Bedeutung hat aber Art 4 Abs 1 und Erwägungsgrund 18: Danach sind Verbote oder Einschränkungen des Einsatzes von Leiharbeit ausschließlich nur aus Gründen des Allgemeininteresses gerechtfertigt; hierzu zählen vor allem der Schutz der Leiharbeitnehmer, die Erfordernisse des Gesundheitsschutzes und die Sicherheit am Arbeitsplatz sowie die Notwendigkeit, das reibungslose Funktionieren des Arbeitsmarktes zu gewährleisten und eventuellen Missbrauch zu verhüten. Vor diesem Hintergrund sind die Mitgliedstaaten nach Art 4 Abs 2 und Erwägungsgrund 18 verpflichtet, die bestehenden Vorschriften zu überprüfen, ob bestehende Einschränkungen noch zu rechtfertigen sind.

Genau eine solche Regelungslogik, die unmittelbar aus den gemeinsamen Flexicurity Grundsätzen abgeleitet wird, fehlt in den Mindestbedingungen der §§ 10 und 11 der Transparenzrichtlinie. Es fehlt die Beschreibung und Festlegung einer Mindestflexibilität für die Unternehmen sowie die Verpflichtung, bestehende Vorschriften daraufhin zu überprüfen. Diese Notwendigkeit ergibt sich zum einen aus dem existierenden Unionsrecht, wie dies in den gemeinsamen Flexicurity Grundsätzen und in den entsprechenden Beschäftigungspolitischen Leitlinien gemäß Art 148 Abs 2 AEUV niedergelegt ist[43], zum anderen aus dem Grundsatz der Verhältnismäßigkeit, da Einschränkungen des Grundrechts auf unternehmerische Freiheit gerechtfertigt sein müssen.

10 Regelungstechnik – Die Erwägungsgründe

Besonders auffällig in dieser Richtlinie ist die große Anzahl von Erwägungsgründen, insgesamt 52 auf 7,5 Seiten; der Rest der Richtlinie umfasst weitere 8,5 Seiten bei insgesamt 26 Artikeln. Die Erwägungsgründe, die den Regelungen vorangestellt sind, haben einen sehr vielfältigen Charakter. Zum einen treffen sie eine wichtige Aussage über die Rechtsgrundlagen und die Zuständigkeit der Europäischen Union. Hierzu zählen auch Aussagen zur Subsidiarität und Verhältnismäßigkeit. Zum anderen erläutern sie den Ausgangspunkt für den Erlass der Richtlinie. Dazu zählen die Evaluation sowie die Aussagen zur Veränderung der Arbeitsmärkte, allerdings ohne dass hier auf konkretes Zahlenmaterial verwiesen wird; auch hier ersetzt die Behauptung die Begründung. Weiterhin werden die Ziele aufgeführt, die mit der Umsetzung der Richtlinie verfolgt werden. Ebenso wird der Konsultationsprozess mit den Sozialpartnern beschrieben, verbunden mit dem Hinweis, dass sich die Sozialpartner nicht über die Aufnahme von Ver-

---

[43] Grundsätzlich zur Beschäftigungspolitik *Egger*, Maastricht-Amsterdam-Nizza: Entwicklung der sozialpolitischen Kompetenz der EG, in Hummer, Europarecht im Wandel, Festschrift zum zehnjährigen Bestehen des „Zentrums für europäisches Recht" (ZER), 2003, 73 ff, 92 ff.

handlungen einigen konnten. Auch hier wird noch einmal betont, dass Evaluation und öffentliche Konsultationen einen akuten Handlungsbedarf ergeben hätten, ohne dass dazu auf konkrete Fakten verwiesen wird.

Ein großer Schwerpunkt der Erwägungsgründe liegt in einer Beschreibung und Wiederholung der Regelungen in den folgenden Artikeln der Richtlinie sowie in einer Kommentierung des späteren Richtlinientextes. Dabei wird häufig eine Umschreibung des verpflichtenden Teils des späteren Richtlinientextes mit „sollte" ("should") vorgenommen. Diese Regelungstechnik ist deshalb besonders schwierig und intransparent, weil die kommentierende Beschreibung **vor** dem verbindlichen Richtlinientext erfolgt. Allerdings zeigt diese Regelungstechnik auch deutlich, dass dieser Text aus den Erwägungsgründen nicht verbindlich ist und allenfalls in begrenztem Umfang zur Auslegung herangezogen werden kann, die aber durch den Richtlinientext selbst begrenzt ist. Dies wird besonders beim Erwägungsgrund 8 deutlich, der den Arbeitnehmerbegriff für den Anwendungsbereich in Art 1 beschreibt. Hier konnten sich Kommission und Mitgliedstaaten nicht auf eine Definition einigen, so dass diese Frage „nur" in die Erwägungsgründe aufgenommen wurde.[44]

Es wäre daher übersichtlicher, wenn sich die Erwägungsgründe auf eine Beschreibung und Begründung der Zuständigkeit sowie auf den Anlass und die Zielsetzung der Richtlinie beschränken würden. Dies gilt umso mehr, als die Erwägungsgründe und der Richtlinientext den Widerspruch zwischen dem umfassenden Arbeitnehmerschutz und der notwendigen Flexibilität für die Unternehmen inhaltlich nicht auflösen.

Zusammenfassung

Die bisherige Nachweisrichtlinie hatte gezeigt, wie einfach man den Themenkomplex Information zum Arbeitsverhältnis regeln kann; die neue Richtlinie hat dies deutlich komplexer gemacht, zum Teil auch mit Inhalten, die in Deutschland und in Österreich häufig von Kollektivregelungen erfasst sind. Die Informationen und insbesondere der Änderungsdienst und das enge Zeitgerüst werden die Unternehmen, insbesondere kleine und mittlere Unternehmen sowie Existenzgründer, erheblich belasten. Hinzu kommen die überdimensionierten Sanktionsregelungen.

Gleichzeitig sind sog. Mindestarbeitsbedingungen eingeführt worden, die bereits für Deutschland erheblichen Nachbesserungsbedarf bedeuten. Flexibilität für Unternehmen bleibt dabei auf der Strecke. Reaktionsmöglichkeiten werden auf ein Minimum eingeschränkt, so dass sich allein deshalb die Kompetenzfrage der Eu-

---

[44] Hierzu im Einzelnen *Picker* ZEuP 2020, 305 ff., 308 f.

ropäischen Union stellt. Auf Kleinbetriebe, den Mittelstand und Existenzgründer wird keine Rücksicht genommen und die Sozialpartner erhalten auch nur noch eine weitgehend umsetzende Funktion. Es hätte hier die Chance bestanden, die Flexicurity-Ansätze in der Europäischen Beschäftigungspolitik zu konkretisieren und die Interessen von Beschäftigten **und** Unternehmen aufeinander abzustimmen sowie den Sozialpartnern eine gestaltende Rolle einzuräumen.

Klaus MAYR*

**Die Freizügigkeit der ArbeitnehmerInnen in der Europäischen Union –
Quo vadis?**

1 Einleitung

Die Freizügigkeit der Arbeitnehmer gem Art 45 AEUV ist als wesentlicher Bestandteil der Personenverkehrsfreiheit eine der Grundfreiheiten des Unionsrechts. Überall dort, wo das Angebot an Arbeitsstellen knapp, jenes an Arbeitskräften jedoch groß ist, wird von den einzelnen Mitgliedstaaten versucht, diese Freizügigkeit zugunsten der heimischen Arbeitskräfte einzuschränken. Im Folgenden wird zuerst der materielle Gehalt der Freizügigkeit der Arbeitnehmer, wie er sich anhand der Judikatur des EuGH ergibt, dargestellt. Danach erfolgt eine Untersuchung, inwieweit Beschränkungen der Freizügigkeit zulässig sind. Abschließend werden noch arbeitnehmerrelevante Diskriminierungsverbote und deren praktische Auswirkungen in sonstigen Verträgen der Europäischen Union behandelt.

2 Die Freizügigkeit der Arbeitnehmer

Die Freizügigkeit von Personen ist eine der vom Unionsrecht garantierten Grundfreiheiten. Es ist wohl das wichtigste Recht, das Einzelpersonen aus den Unionsvorschriften herleiten können, und ein wesentlicher Bestandteil der Unionsbürgerschaft. Für Arbeitnehmer besteht diese Freiheit seit der Gründung der Europäischen Wirtschaftsgemeinschaft im Jahre 1957. Sie ist in Art 45 AEUV niedergelegt und beinhaltet:

- das Recht auf Arbeitsuche in einem anderen Mitgliedstaat,

- das Recht, in einem anderen Mitgliedstaat zu arbeiten,

- das Recht, sich zu diesem Zweck dort aufzuhalten,

- das Recht dort zu verbleiben und

- das Recht auf Gleichbehandlung in Bezug auf den Zugang zur Beschäftigung, die Arbeitsbedingungen und auf alle anderen Vergünstigungen, die dazu beitragen, die Integration des Arbeitnehmers im Aufnahmeland zu erleichtern.

* Mag. Dr. Klaus Mayr LLM, Diplom- und Doktoratstudium der Rechtswissenschaften JKU Linz, LLM Donau-Uni Krems, seit 1991 Mitarbeiter der AK OÖ, Lehrveranstaltungen an der JKU und WU Wien, Co-Schriftleiter der ÖZPR, Redaktionsmitglied der DRdA und des European Law Reporter, Mitglied der Selbstverwaltung der Gkk OÖ von 1999-2019, (Co)Autor zahlreicher Kommentare: BMSVG, GlBG, PatG, BEinstG, AngG, fachkundiger Laienrichter beim OGH und BVwG.

Art 45 AEUV (Freizügigkeit der Arbeitnehmer[1]) garantiert den Arbeitnehmern nicht nur eine diskriminierungsfreie Erbringung ihrer Leistungen, sondern enthält auch ein weitergehendes Beschränkungsverbot.

Voraussetzung für die Anwendbarkeit dieser Grundfreiheit ist primär ein grenzüberschreitendes Element, welches aber bereits durch die unterschiedliche Staatsbürgerschaft von jenem Staat, in welchem die Arbeitsleistung erbracht wird, gegeben ist.

Weiters ist die Frage der Arbeitnehmereigenschaft zu überprüfen. Der Begriff des Arbeitnehmers ist nach dem Unionsrecht zu bestimmen und nicht eng auszulegen.[2] Das wesentliche Merkmal des Arbeitsverhältnisses besteht darin, dass jemand während einer bestimmten Zeit für einen anderen nach dessen Weisung Leistungen erbringt, für die er als Gegenleistung eine Vergütung erhält, wobei die Art des Rechtsverhältnisses zwischen dem Arbeitnehmer und dem Arbeitgeber als solche unerheblich ist. Der Begriff „Arbeitnehmer" ist im Unionsrecht nicht definiert, er wird jedoch vom EuGH[3] dahin ausgelegt, dass er jede Person umfasst, die

1. eine echte und tatsächliche Berufstätigkeit

2. unter Anleitung einer anderen Person und

3. gegen Bezahlung ausübt.

So wird auch jemand, der keine Garantie in Bezug auf die zu leistenden Stunden aufgrund eines Vertrages hat, und deswegen nur sehr wenige Tage pro Woche oder Stunden pro Tag arbeitet, als Arbeitnehmer im Sinne von Art 45 AEUV angesehen, sofern es sich um die Ausübung von tatsächlichen und echten Tätigkeiten handelt und nicht um Tätigkeiten, die einen so geringen Umfang haben, dass sie nur unwesentlich und untergeordnet sind.[4] Personen, welche zehn Stunden wöchentlich arbeiten[5], sowie Praktikanten[6] sind daher als Arbeitnehmer im Sinne des Unionsrechts anzusehen, nicht jedoch ein Geschäftsführer einer Gesellschaft, deren einziger Gesellschafter er ist, da kein Unterordnungsverhältnis vorliegt[7].

---

[1] Vgl EuGH 15.12.1995,RsC-415/93, Slg 1995, I-4921 *Bosman*; EuGH 27.1.2000, RsC-190/98, Slg 2000, I-493 *Graf*; *Frenz*, Handbuch Europarecht, Bd 1,2004) 158 f mwN.
[2] EuGH 26.2.1992, RsC-357/89, Slg 1992, I-1027 *Raulin*; siehe auch *Egger*, Das Arbeits- und Sozialrecht der EU und die österreichische Rechtsordnung[2], 2005, 195 mwH.
[3] Vgl EuGH 14.10.2010, C-428/09, *Union syndicale Solidaires Isère*, Rn 28; 3.5.2012, C-337/10, *Neidel*, Rn 23.
[4] EuGH 3.7.1986, Rs 66/85, Slg 1986, 2121 *Lawrie-Blum*.
[5] EuGH 13.7.1989, Rs 171/88, Slg 1989, 2743 *Rinner-Kühn*.
[6] EuGH 21.11.1991, RsC-27/91, Slg 1991, I-5531 *Le Manoir*; ebenso ein Referendar im juristischen Vorbereitungsdienst EuGH 17.3.2005, RsC-109/ 04, Slg 2005, I-2421 *Kranemann*.
[7] EuGH 27.6.1996, RsC-107/94, Slg 1996, I-3089 *Asscher*.

Eine Person ist auch dann Arbeitnehmer, wenn ihre Einkünfte unter dem Existenzminimum im Aufnahmestaat liegen.[8] Da die Definition des Arbeitnehmers den Anwendungsbereich der Grundfreiheit der Freizügigkeit bestimmt, darf sie nicht einschränkend ausgelegt werden.[9] Daher sind natürlich auch Personen mit befristeten Arbeitsverträgen Arbeitnehmer, wenn sie die oben genannten drei Voraussetzungen erfüllen. Beamte und Angestellte im öffentlichen Sektor sind in diesem Zusammenhang ebenfalls Arbeitnehmer.[10] Da auch die Art des Rechtsverhältnisses zwischen Arbeitnehmer und Arbeitgeber unionsrechtlich unerheblich ist[11], werden vielfach auch freie Dienstnehmer von der Freizügigkeit erfasst sein. Diese weite Sicht des Arbeitnehmerbegriffs verfolgt das Unionsrecht schon seit vielen Jahren bei den Gleichbehandlungsrichtlinien[12], in denen jegliche berufliche Tätigkeit, also auch selbständige, erfasst wird.[13] Auch die neueren RL 2000/78/EG zur Festlegung eines allgemeinen Rahmens für die Verwirklichung der Gleichbehandlung in Beschäftigung und Beruf[14] und die RL 2000/43/EG zur Anwendung des Gleichbehandlungsgrundsatzes ohne Unterschied der Rasse oder der ethnischen Herkunft[15] gelten für unselbständige als auch selbständige Erwerbstätigkeiten und bestätigen diese weite Sicht des Arbeitnehmerbegriffs, welcher auch freie Dienstverhältnisse erfasst.

Die Unionsvorschriften über die Freizügigkeit der Arbeitnehmer gelten jedoch nicht für rein interne Sachverhalte.[16] Personen, die ihr Recht auf Freizügigkeit ausgeübt haben und danach in ihren Herkunftsmitgliedstaat zurückkehren, fallen jedoch unter die Unionsvorschriften.[17]Sind diese Voraussetzungen erfüllt, so

---

[8] EuGH 3.6.1986, Rs 139/85, Slg 1986, 1749 *Kempf*; EuGH 26. 3. 2015, C-316/13, *Fenoll*, ECLI: EU:C:2015:200.

[9] EuGH 23.3.1982, Rs 53/81, Slg 1982, 1035 *Levin*.

[10] Siehe dazu auch die Mitteilung der Kommission – Freizügigkeit der Arbeitnehmer: Volle Nutzung der Vorteile und Möglichkeiten, KOM/2002/ 0694 endg.

[11] Vgl *Egger*, Das Arbeits- und Sozialrecht der EU und die österreichische Rechtsordnung² (2005) 230.

[12] So bereits in der RL 76/207/EWG.

[13] Vgl *Hopf/Mayr/Eichinger*, GlBG² (2021) § 1 Rz 9 mwN.

[14] ABl L 303/16 vom 2.12.2000.

[15] ABl L 180/22 vom 19.7.2000.

[16] In einem solchen Falle spricht man von Inländerdiskriminierung, da sich inländische Arbeitnehmer, welche die Freizügigkeit nie in Anspruch genommen haben, nicht auf diese Grundfreiheit berufen können. Der österreichische VfGH sieht eine Diskriminierung von Inländern jedoch mit dem verfassungsrechtlichen Gleichheitssatz als nicht vereinbar an (vgl ua VfGH 17.6.1997, B 592/96, VfSlg 14863; VfGH 7.10.1997, V 76/97, V 92/97, VfSlg 14963; VfGH 9.12. 1999, G 42/99, G 135/99, V 18/99, V 77/99, VfSlg 15683; VfGH 1.3.2004, G 110/03, VfSlg 17150).

[17] EuGH 7.2.1979, Rs 115/78, Slg 1979, 399 *Knoors*; EuGH 7.7.1992, RsC-370/90, Slg 1992, I-4265 *Singh*; EuGH 26.1.1999, RsC-18/95, Slg 1999, I-345 *Terhoeve*.

steht das Recht auf Freizügigkeit unabhängig von der Dauer des Arbeitsverhältnisses[18] oder dem Ausmaß der Arbeitszeit[19] zu.

Der materielle Gehalt der Freizügigkeit besteht nach der Rechtsprechung des EuGH[20] darin, dass sämtliche Bestimmungen des Vertrages über die Freizügigkeit den Unionsangehörigen die Ausübung jeder Art von Berufstätigkeit im Gebiet der EU erleichtern sollen. Sie stehen daher Maßnahmen entgegen, die die Unionsangehörigen benachteiligen könnten, wenn sie im Gebiet eines anderen Mitgliedstaats eine wirtschaftliche Tätigkeit ausüben wollen.

Somit verbietet Art 45 AEUV nicht nur jede unmittelbare oder mittelbare Diskriminierung aus Gründen der Staatsangehörigkeit, sondern auch nationale Regelungen, die, auch wenn sie unabhängig von der Staatsangehörigkeit der betroffenen Arbeitnehmer anwendbar sind, deren Freizügigkeit beeinträchtigen.[21] Nationale Bestimmungen, die einen Arbeitnehmer, der Staatsangehöriger eines Mitgliedstaats ist, daran hindern oder davon abhalten, sein Herkunftsland zu verlassen, um von seinem Recht auf Freizügigkeit Gebrauch zu machen, stellen daher Beeinträchtigungen dieser Freiheit dar, auch wenn sie unabhängig von der Staatsangehörigkeit der betreffenden Arbeitnehmer angewandt werden.[22]

Die Verordnung Nr. 492/2011 über die Freizügigkeit der Arbeitnehmer sieht weiters in Art 7 vor, dass diskriminierende Bestimmungen in Einzelarbeitsverträgen, Tarifverträgen oder sonstigen Kollektivvereinbarungen nichtig sind.[23] Der Gleichbehandlungsgrundsatz bindet insofern auch die Kollektivvertragspartner und die privaten Arbeitgeber.

3 Beschränkungen der Freizügigkeit der Arbeitnehmer

Seit den Urteilen in den Rs *Bosman*[24], *Terhoeve*[25] und *Graf*[26] ist klargestellt, dass die Freizügigkeit der Arbeitnehmer nicht nur einem Diskriminierungs-, sondern

---

[18] EuGH 6.6.1985, Rs 157/84, Slg 1985, 1739 *Frascogna I*.
[19] Vgl EuGH 23.3.1982, Rs 53/81, Slg 1982, 1035 *Levin*; EuGH 3.6.1986, Rs 139/85, Slg 1986, 1749 *Kempf*; EuGH 26.2.1992, RsC-357/89, Slg 1992, I-1027 *Raulin*.
[20] Vgl EuGH 15.12.1995, RsC-415/93, Slg 1995, I-4921 (Rn 94) *Bosman*; EuGH 26.1.1999, RsC-18/95, Slg 1999, I-345 (Rn 37) *Terhoeve*.
[21] EuGH 27.1.2000, RsC-190/98, Slg 2000, I-493 (Rn 18) *Graf* betreffend den Verlust der Abfertigung gem § 23 Angestelltengesetz bei Kündigung des Arbeitnehmers wegen Aufnahme einer neuen Beschäftigung in einem anderen EU-Mitgliedsstaat; EuGH 10.3.2005, RsC-178/04, unveröffentlicht, *Marhold* betreffend die Rückzahlung des deutschen „Weihnachtsgeldes" bei Kündigung des Arbeitnehmers bis 31.3. des Folgejahres wegen Aufnahme einer neuen Beschäftigung in einem anderen EU-Mitgliedstaat; EuGH 17.3.2005, RsC-109/04, Slg 2005, I-2421 *Kranemann* betreffend die Reisekostenerstattung bei Tätigkeit in einem anderen EU-Mitgliedstaat.
[22] Vgl EuGH 17.3.2005, RsC-109/04, Slg 2005, I-2421 *Kranemann* mwH.
[23] Vgl ua OGH 9.5.2001, 9 Ob A 56/00a, Arb 12.098.
[24] EuGH 15.12.1995, RsC-415/93, Slg 1995, I-4921 *Bosman*.
[25] EuGH 26.1.1999, RsC-18/95, Slg 1999, I-345 *Terhoeve*.

auch einem allgemeinen Beschränkungsverbot unterliegt. Obwohl dies nun in Lehre[27] und Judikatur des EuGH[28] anerkannt ist, ist die Diskussion darüber noch lange nicht beendet, sondern verlagert sich hin auf das Ausmaß des Beschränkungsverbotes und allfällige Rechtfertigungsgründe.[29] Die Bejahung eines Beschränkungsverbotes bedeutet nämlich nicht, dass damit automatisch alle Beschränkungen verboten wären, sondern dass in jedem einzelnen Fall allfällige Rechtfertigungsgründe geprüft werden müssen, ob sie einen mit dem Vertrag zu vereinbarenden berechtigten Zweck verfolgen und aus zwingenden Gründen des Allgemeininteresses gerechtfertigt sind. In diesem Fall müsste aber außerdem die Anwendung dieser Regeln geeignet sein, die Verwirklichung des verfolgten Zweckes zu gewährleisten, und dürfte nicht über das hinausgehen, was zur Erreichung dieses Zweckes erforderlich ist.

In der Rs *Graf*[30] hat der Gerichtshof ausgesagt, dass auch unterschiedslos anwendbare Bestimmungen, die einen Staatsangehörigen eines Mitgliedstaats daran hindern oder davon abhalten, sein Herkunftsland zu verlassen, um von seinem Recht auf Freizügigkeit Gebrauch zu machen, Beeinträchtigungen dieser Freiheit darstellen. Dies sei jedoch nur dann der Fall, wenn sie den Zugang der Arbeitnehmer zum Arbeitsmarkt beeinflussen. Eine solche Beschränkung des Anwendungsbereiches von Art 45 AEUV ist jedoch aus folgenden Überlegungen nicht angezeigt[31]: Der EuGH begrenzt mit seinem Urteil in der Rs *Keck und Mithouard*[32] den weiten Anwendungsbereich der Freiheit des Warenverkehrs nach dem Urteil *Dassonville*[33], indem er einen bestimmten Regelungstyp – die Verkaufsmodalität – weitgehend ausschließt. Verkaufsmodalitäten zeichnen sich dadurch aus, dass sie nicht notwendigerweise denjenigen berühren, der ein Produkt aus- oder einführt, sondern erst den weiteren Absatz an den Endverbraucher. Ein ausländischer Erzeuger muss daher im Hinblick auf Verkaufsmodalitäten sein Produkt nicht je nach dem in den Blick genommenen Absatzmarkt verändern. Verkaufsmodalitäten berühren daher regelmäßig den Warenverkehr nur sehr mittelbar. Sollte der Warenverkehr zwischen den Mitgliedstaaten trotzdem stärker betroffen sein als der Binnenhandel des Mitgliedstaats, so ist die Formel des

---

[26] EuGH 27.1.2000, RsC-190/98, Slg 2000, I-493 *Graf*.

[27] Vgl *Windisch-Graetz* in *Jaeger/Stöger* (Hrsg), EUV/AEUV Art 45 AEUV Rz 66 mwN; *Egger,* Das Arbeits- und Sozialrecht der EU und die österreichische Rechtsordnung[2] (2005) 266.

[28] Siehe zuletzt EuGH 10.3.2005, RsC-178/04, unveröffentlicht, *Marhold*; EuGH 17.3.2005, RsC-109/04, Slg 2005, I-2421 *Kranemann*.

[29] Vgl *Mayr*, Freizügigkeit der Arbeitnehmer – Ist der Wandel vom Diskriminierungsverbot zum Beschränkungsverbot vollzogen?, RdW 1999, 664.

[30] EuGH 27.1.2000, RsC-190/98, Slg 2000, I-493 *Graf.*

[31] So auch GA *Alber* in den SA zu Rs C-176/96, Slg 2000, I-2681.

[32] EuGH 24.11.1993, RsC-267/91, Slg 1993, I-6097.

[33] EuGH 11.7.1974, Rs 8/74, Slg 1974, 837 *Dassonville.*

Urteils *Keck und Mithouard* schon nach ihrem Wortlaut nicht anwendbar. Darüber hinaus fallen produktbezogene Anforderungen nach der Rechtsprechung des EuGH immer unter die Freiheit des Warenverkehrs[34].

Berufsausübungsregeln sind den produktbezogenen Regeln sehr viel näher als den Verkaufsmodalitäten. Ausübungsregeln sind nämlich wie produktbezogene Regelungen unmittelbar von dem Unionsbürger zu erfüllen, der die Grundfreiheit des Art 45 AEUV in Anspruch nehmen will. Er muss gegebenenfalls nach jedem grenzüberschreitenden Arbeitsplatzwechsel neue Ausübungsregeln berücksichtigen und sich selbst entsprechende Fähigkeiten aneignen. Auch die Filterwirkung des Urteils *Keck und Mithouard* ist im Bereich der Arbeitnehmerfreizügigkeit nicht in gleicher Weise notwendig wie bei der Freiheit des Warenverkehrs. Nach dem Urteil *Keck und Mithouard* sind nur die Verkaufsmodalitäten an der Warenverkehrsfreiheit zu messen, die in gleicher Weise für alle betroffenen Produkte gelten oder in- wie ausländische Erzeugnisse tatsächlich und rechtlich gleichartig betreffen.

Auf Verkaufsmodalitäten, die den Warenverkehr besonders belasten, ist diese Grundfreiheit dagegen weiterhin anwendbar. Zwar ist auch für die Arbeitnehmerfreizügigkeit ein weiterer Tatbestand eröffnet – vergleichbar der Dassonville-Formel – er ist jedoch bereits dadurch begrenzt, dass sich nur diejenigen auf die Freizügigkeit berufen können, die sie grenzüberschreitend in Anspruch nehmen. Dieser Anknüpfungspunkt der Inanspruchnahme der Freizügigkeit bewirkt bereits eine ähnlich starke Begrenzung des Tatbestands wie sie sich aus dem Urteil *Keck und Mithouard* für Verkaufsmodalitäten ergibt.

Interessant ist auch, dass der EuGH bereits in der Rs *Petrie*[35] festgestellt hat, dass der in Art 39 EG (jetzt Art 45 AEUV) niedergelegte Grundsatz der Gleichbehandlung nicht nur für den Zugang zur Beschäftigung gilt, sondern sich auch auf das Entgelt und andere Arbeitsbedingungen erstreckt. Im Urteil in der Rs *Graf* hat der EuGH trotz eines entsprechenden Parteienvorbringens darauf keinen Bezug genommen. In nachfolgenden Entscheidungen[36] nahm der EuGH erfreulicherweise keinerlei Differenzierung zwischen Zugang und Ausübung etc vor. So genügte bereits die Rückzahlung eines Monatsbezuges, um gegen das Beschränkungsverbot zu verstoßen, obwohl sowohl Arbeitnehmer, welche selbst kündigen und inner-

---

34 Vgl EuGH 6.7.1995, RsC-470/93, Slg 1995, I-1923 *Mars*.
35 Vgl EuGH 20.11.1997, Rs C-90/96, Slg 1996, I-6529 *Petrie*.
36 Vgl EuGH 10.3.2005, RsC-178/04, unveröffentlicht, *Marhold*; EuGH 17.3.2005, RsC-109/ 04, Slg 2005, I-2421 *Kranemann*.

halb Deutschlands den Arbeitsplatz wechseln, als auch ins Ausland wechselnde Arbeitnehmer in gleicher Weise nachteilig betroffen sind.[37]

Beim Verlust von 2 Monatsentgelten in der Rs *Graf* erschien dies dem EuGH noch zu gering. Weitere Aussagen zum Beschränkungsverbot finden sich nun in den Urteilen des EuGH in den Rs *ZBR SALK*[38], *BR EurothermenResort Bad Schallerbach*[39] und *Krah*[40]. Während es in der Rs *BR EurothermenResort Bad Schallerbach* um eine Anrechnung von Vordienstzeiten zur Erlangung einer sechsten Urlaubswoche ging, betrafen die anderen Rs die Anrechnung von Vordienstzeiten für die Einstufung, also Entgeltfragen. Art 45 Abs 2 AEUV verbietet jede auf der Staatsangehörigkeit beruhende unterschiedliche Behandlung der Arbeitnehmer der Mitgliedstaaten in Bezug auf Beschäftigung, Entlohnung und sonstige Arbeitsbedingungen. Entgeltfragen sind somit im Primärrecht nicht anders zu behandeln als jene zu sonstigen Arbeitsbedingungen. Auch wenn der EuGH das Beschränkungsverbot im Rahmen von Art 45 Abs 1 AEUV prüft[41], besteht zwischen der AN-Freizügigkeit iSd Abs 1 und Abs 2 kein inhaltlicher Unterschied. In der Rs *ZBR SALK* wurde die Anrechnung von bestimmten Vordienstzeiten zur Erlangung eines höheren Entgelts auf 60 % beschränkt.

In der Rs *BR EurothermenResort Bad Schallerbach* war die Anrechnung von Vordienstzeiten zur Erlangung einer sechsten Urlaubswoche nach 25 Jahren auf 5 Jahre beschränkt. In der Rs *Krah* war die Anrechnung von Vordienstzeiten zur Erlangung eines höheren Entgelts auf 4 Jahre beschränkt. Kann 1 Jahr Unterschied eine Beschränkung ausschließen? Wohl kaum. Aber auch eine inhaltliche, wertende Beurteilung, ob eine bestimmte Regelung Arbeitnehmer von der Inanspruchnahme der Freizügigkeit abhält oder nicht, ist eine sehr schwierige. Die Beantwortung wird auch davon abhängen, wie viele Vordienstzeiten jemand hat. Hat ein Arbeitnehmer etwa 25 Vordienstjahre und möchte den Arbeitsplatz wechseln, so verliert er den Anspruch auf die sechste Urlaubswoche. Dies sind ca 2 % seines Jahresentgelts. Bei der Anrechnung der Vordienstzeiten für eine Einstufung hängt es von der Anzahl und vom Ausmaß der Vorrückungen ab, ob eine Beschränkung der AN-Freizügigkeit anzunehmen ist oder nicht. Der EuGH begründet dies wie folgt: „Anders als im Fall der nationalen Regelung im Urteil vom 13.3.2019, *Gemeinsamer Betriebsrat EurothermenResort Bad Schallerbach* C-437/17, (EU:C: 2019:193), wo es – wie sich insbesondere aus Rn 33 jenes Urteils ergibt – darum ging, die Treue eines Arbeitnehmers gegenüber einem be-

[37] EuGH 10.3.2005, RsC-178/04, unveröffentlicht, *Marhold*.
[38] EuGH 5.12.2013, C-514/12, *ZBR SALK*, ECLI:EU:C:2013:799.
[39] EuGH 13.3.2019, C-437/17, *BR EurothermenResort Bad Schallerbach*, ECLI:EU:C:2019:193.
[40] EuGH 10.10.2019, C-703/17, *Krah*, ECLI:EU:C:2019:850.
[41] EuGH 10.10.2019, C-703/17, *Krah*, ECLI:EU:C:2019:850 Rn 39.

stimmten Arbeitgeber zu honorieren, beruht die Tatsache, dass die teilweise Anrechnung der gleichwertigen Berufserfahrung die Arbeitnehmerfreizügigkeit behindern kann, auch nicht auf einer Gesamtheit von Umständen, die zu ungewiss und indirekt sind."

Was mit dem Ausdruck „zu ungewiss und indirekt" gemeint ist, ist schon seit dem Urteil in der Rs *Graf*[42] höchst unklar. Wenn der EuGH nämlich die Beschränkung bei § 3 UrlG mit einer Belohnung für die Treue des Arbeitnehmers rechtfertigt, so ist darauf hinzuweisen, dass der fleißigste Arbeitnehmer im Falle einer Kündigung durch den Arbeitgeber nach 25 Jahren Beschäftigung den Anspruch auf die sechste Urlaubswoche verliert.

Die bloße Tatsache, dass ein Arbeitsverhältnis (zufällig) 25 Jahre dauert und den Anspruch auf die sechste Urlaubswoche auslöst, erreicht aber nicht die Qualität eines Rechtfertigungsgrundes, welche zur Beschränkung einer Grundfreiheit erforderlich ist. Auch wenn es der EuGH nicht ausspricht, scheint er zwischen Entgelt und den sonstigen Arbeitsbedingungen zu differenzieren. Beschränkungen, die zu einem geringeren Entgelt führen, sind nämlich nach der Rechtsansicht nie ungewiss und indirekt wie beschränkende Regelungen bei sonstigen Arbeitsbedingungen.

Die Rechtsentwicklung zu einem sehr umfassenden Beschränkungsverbot ist mE als sehr positiv zu beurteilen, um nach wie vor bestehende Barrieren zwischen den Arbeitsmärkten der Mitgliedstaaten zu beseitigen bzw zumindest zu verringern. Die Differenzierung zwischen Entgelt und sonstigen Arbeitsbedingungen in der Judikatur des EuGH ist aber mangels Deckung im Primärrecht abzulehnen.

4 Diskriminierungsverbote[43]

Unter diesem Punkt sind die Partnerschafts- und Zusammenarbeitsabkommen mit Russland[44], das Freizügigkeitsabkommen mit der Schweiz[45], das Assoziationsabkommen mit der Türkei[46], die Kooperationsabkommen mit den Maghreb-Staaten[47] bzw die diese ersetzenden Europa-Mittelmeer-Abkommen[48], den AKP-Staaten[49] sowie die Stabilisierungs- und Assoziierungsabkommen mit Mazedoni-

---

[42] EuGH 27.1.2000, C-190/98, Graf, ECLI:EU:C:2000:49.
[43] Siehe auch *Mayr*, Freizügigkeit von Schachspielern in der (erweiterten) Europäischen Union, in GS Kürner (2005) 213.
[44] ABl L 327/1997, in Kraft seit 1.12.1997.
[45] ABl L 114/2002, in Kraft seit 1.6.2002.
[46] ABl 1963, 3685.
[47] Dies sind Algerien (ABl 1978 Nr L 263), Marokko (ABl 1978 Nr L 264), Tunesien (ABl 1978 Nr L 265).
[48] Mit Tunesien ABl L 97 vom 30.3.1998, Marokko ABl L 70 vom 18.3.2000.
[49] Dies sind bestimmte Afrikanische, Karibische oder Staaten aus dem Pazifischen Raum.

en[50] und Albanien[51] zu behandeln. Diese Diskriminierungsverbote erfassen jedoch nur die Ausübung von unselbständigen Tätigkeiten, betreffen jedoch nicht den Zugang zum Arbeitsmarkt. Für Letzteren gilt in Österreich weiterhin das Ausländerbeschäftigungsgesetz.

4.1 Partnerschafts- und Zusammenarbeitsabkommen mit Russland

Art 23 des Partnerschafts- und Zusammenarbeitsabkommens mit Russland lautet:

„Vorbehaltlich der in den Mitgliedstaaten geltenden Rechtsvorschriften stellen die EG und die Mitgliedstaaten Bedingungen und Verfahren sicher, dass den Staatsangehörigen der anderen Vertragsparteien, die im Gebiet eines Mitgliedstaates rechtmäßig beschäftigt sind, eine Behandlung gewährt wird, die hinsichtlich der Arbeitsbedingungen, der Entlohnung oder der Entlassung keine auf der Staatsangehörigkeit beruhende Benachteiligung gegenüber den eigenen Staatsangehörigen bewirkt."

Im Vergleich mit den früheren Europaabkommen besteht der Unterschied darin, dass bei den Europaabkommen „gewährt wird", während das Abkommen mit Russland von „stellen sicher, dass gewährt wird" spricht. Auch ein Vergleich mit anderen Sprachfassungen des Abkommens mit Russland belegt, dass sowohl der englische Urtext und die Mehrheit der Sprachfassungen als auch die Absicht der Verhandlungsparteien für eine klare Verpflichtung der Gemeinschaft und der Mitgliedstaaten und damit für die unmittelbare Wirkung dieser Bestimmung sprechen.[52] Dies hat der EuGH 2005 bestätigt.[53] Weitere Abkommen mit GUS-Staaten enthalten keine derart weitreichenden Diskriminierungsverbote.

4.2 Freizügigkeitsabkommen mit der Schweiz

Gem Art 2 werden die Staatsangehörigen einer Vertragspartei, die sich rechtmäßig im Hoheitsgebiet einer anderen Vertragspartei aufhalten, bei der Anwendung dieses Abkommens gemäß den Anhängen I, II und III nicht aufgrund ihrer Staatsangehörigkeit diskriminiert.

Anhang I Art 9 betreffend Freizügigkeit lautet:

„1. Ein Arbeitnehmer, der Staatsangehöriger einer Vertragspartei ist, darf aufgrund seiner Staatsangehörigkeit im Hoheitsgebiet der anderen Vertragspartei

---

[50] ABl C 213 E/05 vom 31.7.2001, S 22.
[51] Am 12.6.2006 unterzeichnet, Ratifizierungsprozess läuft; Text abrufbar unter: http://ec.europa.eu/enlargement/countries/index_en.htm.
[52] Vgl *Feik*, Arbeits- und sozialrechtliche Diskriminierungsverbote in den Assoziationsabkommen, DRdA 1999, 247 ff; nun bestätigt durch EuGH 16.9.2004, RsC-465/01, Slg 2004, I-8291 (Rn 8, 37, 47) *Kommission/Österreich*.
[53] Vgl EuGH 12.4.2005, RsC-265/03, Slg 2005, I-2579 *Simutenkov*.

hinsichtlich der Beschäftigungs- und Arbeitsbedingungen, insbesondere im Hinblick auf Entlohnung, Kündigung und, falls er arbeitslos geworden ist, im Hinblick auf berufliche Wiedereingliederung oder Wiedereinstellung nicht anders behandelt werden als die inländischen Arbeitnehmer.

2. Ein Arbeitnehmer und seine in Art 3 dieses Anhangs genannten Familienangehörigen genießen dort die gleichen steuerlichen und sozialen Vergünstigungen wie die inländischen Arbeitnehmer und ihre Familienangehörigen.

3. Er kann mit dem gleichen Recht und unter den gleichen Bedingungen wie die inländischen Arbeitnehmer am Unterricht der Berufsschulen und der Umschulungszentren teilnehmen.

4. Alle Bestimmungen in Tarif- oder Einzelarbeitsverträgen oder sonstigen Kollektivvereinbarungen betreffend den Zugang zur Beschäftigung, die Beschäftigung, die Entlohnung und alle übrigen Arbeits- und Kündigungsbedingungen sind von Rechts wegen insoweit nichtig, als sie für ausländische Arbeitnehmer, die Staatsangehörige der Vertragsparteien sind, diskriminierende Bedingungen vorsehen oder zulassen.

5. Ein Arbeitnehmer, der die Staatsangehörigkeit einer Vertragspartei besitzt und im Hoheitsgebiet der anderen Vertragspartei beschäftigt ist, hat Anspruch auf gleiche Behandlung hinsichtlich der Zugehörigkeit zu Gewerkschaften und der Ausübung gewerkschaftlicher Rechte, einschließlich des Wahlrechts und des Zugangs zu Verwaltungs- oder Führungsämtern in einer Gewerkschaft; er kann von der Teilnahme an der Verwaltung von Körperschaften des öffentlichen Rechts und der Ausübung eines öffentlich-rechtlichen Amtes ausgeschlossen werden. Er hat ferner das Recht auf Wählbarkeit zu den Arbeitnehmervertretungen in den Betrieben.

Diese Bestimmungen berühren nicht die Rechts- oder Verwaltungsvorschriften, durch die den Arbeitnehmern aus der anderen Vertragspartei im Aufnahmestaat weitergehende Rechte eingeräumt werden.

6. Unbeschadet des Art 26 dieses Anhangs genießt ein Arbeitnehmer, der die Staatsangehörigkeit einer Vertragspartei besitzt und im Hoheitsgebiet der anderen Vertragspartei beschäftigt ist, hinsichtlich einer Wohnung, einschließlich der Erlangung des Eigentums an der von ihm benötigten Wohnung, die gleichen Rechte und Vergünstigungen wie die inländischen Arbeitnehmer.

Dieser Arbeitnehmer kann sich mit dem gleichen Recht wie inländische Arbeitnehmer in dem Gebiet, in dem er beschäftigt ist, in die Listen der Wohnungssuchenden der Orte, wo solche Listen geführt werden, einschreiben und genießt die damit verbundenen Vergünstigungen und Rangstellungen.

Seine im Herkunftsstaat verbliebene Familie wird zu diesem Zweck als in diesem Gebiet wohnend betrachtet, soweit auch für inländische Arbeitnehmer eine entsprechende Vermutung gilt."

In Anbetracht des klaren Wortlautes, insbesondere der Rechtsfolgenanordnung der Nichtigkeit in Z 4, und der inhaltlichen Übereinstimmung mit den Art 7, 8 der VO 492/2011 ist dieses Diskriminierungsverbot gegen jedermann unmittelbar anwendbar.

4.3 Assoziationsabkommen mit der Türkei

Nach Art 12 des Assoziationsabkommens EWG – Türkei vereinbarten die Vertragsparteien, sich von den Art 48-50 EGV[54] leiten zu lassen, um untereinander schrittweise die Freizügigkeit der Arbeitnehmer herzustellen. Art 36 des 1970 abgeschlossenen Zusatzprotokolls[55] sieht vor, dass bis spätestens 1986 die Freizügigkeit der Arbeitnehmer nach den vom Assoziationsrat festgelegten Regeln schrittweise hergestellt wird.

Zur Herstellung der Freizügigkeit hat der Assoziationsrat den Beschluss 1/80 gefasst. Dieser Beschluss beinhaltet vor allem eine Aufhebung von beschäftigungsrechtlichen Beschränkungen für die dem regulären Arbeitsmarkt eines Mitgliedstaates angehörigen Arbeitnehmer aus der Türkei.

Nach Art 10 Abs 1 dieses Beschlusses räumen die Mitgliedstaaten den regulär beschäftigten türkischen Arbeitnehmern eine Regelung ein, die gegenüber den Arbeitnehmern aus der Gemeinschaft hinsichtlich des Arbeitsentgeltes und der sonstigen Arbeitsbedingungen jede Diskriminierung aufgrund der Staatsangehörigkeit ausschließt.[56]

Dieses Recht ergibt sich aber auch bereits aus Art 37 des Zusatzprotokolls, wonach jeder Mitgliedstaat für die in der Gemeinschaft beschäftigten Arbeitnehmer türkischer Staatsangehörigkeit eine Regelung vorsieht, die in Bezug auf die Arbeitsbedingungen und das Entgelt keine auf der Staatsangehörigkeit beruhende Diskriminierung gegenüber Arbeitnehmern enthält, die Staatsangehörige der anderen Mitgliedstaaten sind.

Der EuGH hat nun in zwei Urteilen bestätigt, dass Art 10 Abs 1 des Beschlusses Nr 1/80 des Assoziationsrates unmittelbar anzuwenden ist, sodass jede Diskrimi-

---

[54] Nun Art 39 – 41 EG.

[55] ABl L 293/1972.

[56] Vgl *Mayr*, Anwendbarkeit des Arbeitsplatz-Sicherungsgesetzes auf Ausländer, RdW 1998, 411; *ders*, Gilt das Behinderteneinstellungsgesetz für ausländische Arbeitnehmer?, RdW 1999, 535; *Feik*, Arbeits- und sozialrechtliche Diskriminierungsverbote in den Assoziationsabkommen, DRdA 1999, 247 ff.

nierung aufgrund der Staatsbürgerschaft unzulässig ist, sobald türkische Staatsangehörige dem regulären Arbeitsmarkt des Mitgliedstaates angehören.[57]

4.4 Kooperationsabkommen mit den Maghreb-Staaten

Art 38 des Kooperationsabkommens EWG-Algerien, Art 40 des Kooperationsabkommens EWG-Marokko[58] und Art 39 des Kooperationsabkommens EWG-Tunesien[59] normieren, dass jeder Mitgliedstaat den Arbeitnehmern algerischer, marokkanischer, tunesischer Staatsangehörigkeit, die in seinem Hoheitsgebiet beschäftigt sind, eine Behandlung gewährt, die hinsichtlich der Arbeits- und Entlohnungsbedingungen keine auf der Staatsangehörigkeit beruhende Benachteiligung gegenüber seinen eigenen Staatsangehörigen bewirkt.

Nach der Judikatur des EuGH zum Gebiet der sozialen Sicherheit[60] gibt es klare Hinweise, dass auch die Bestimmung über gleiche Arbeitsbedingungen unmittelbar anwendbar ist. In der Rs *Bahia Kziber*[61], bei welcher es überwiegend um die unmittelbare Anwendbarkeit von Art 41 des Abkommens gegangen ist, hat der EuGH nämlich gemeint, dass der Umstand, dass mit dem Abkommen im Wesentlichen die wirtschaftliche Entwicklung Marokkos gefördert werden soll und dass es sich darauf beschränkt, eine Zusammenarbeit zwischen den Parteien einzuführen, ohne auf eine Assoziierung oder einen zukünftigen Beitritt Marokkos zu den Gemeinschaften abzuzielen, nicht die unmittelbare Anwendbarkeit einiger seiner Bestimmungen auszuschließen vermag.

Dies gilt nach Meinung des EuGH insbesondere für die Art 40 und 41, die zu Titel III – Zusammenarbeit im Bereich der Arbeitskräfte – gehören und die keineswegs rein programmatischen Charakter besitzen, sondern auf dem Gebiet der Arbeits- und Entlohnungsbedingungen sowie der sozialen Sicherheit einen Grundsatz einführen, der geeignet ist, die Rechtsstellung der einzelnen zu regeln. Damit ist die unmittelbare Anwendbarkeit des Art 40 des Abkommens EWG-Marokko und der wortgleichen Abkommen mit Algerien und Tunesien bzw nun der neuen Europa-Mittelmeer-Abkommen gegeben.[62]

---

[57] Vgl EuGH 8.5.2003, RsC-171/01, Slg 2003, I-4301 (Rn 77) *Wählergruppe Gemeinsam*; EuGH 16.9. 2004, RsC-465/01, Slg 2004, I-8291 (Rn 8, 37, 47) *Kommission/Österreich*. Danach auch der VwGH 14.5.2009, Zl 2006/ 11/0039, VwSlg 17695 A/2009.

[58] Nun auch Art 64 des Europa-Mittelmeer-Abkommens.

[59] Nun auch Art 65 des Europa-Mittelmeer-Abkommens.

[60] Vgl EuGH 31.1.1991, RsC-18/90, Slg 1991, I-199 *Bahia Kziber*; EuGH 20.4.1994, RsC-58/93, Slg 1994, I-1353 *Zoubir Yousfi*; EuGH 3.10.1996, RsC-126/95, Slg 1996, I-4807 *Hallouzi-Choho*.

[61] EuGH 31.1.1991, RsC-18/90, Slg 1991, I-199 *Bahia Kziber*.

[62] Vgl *Mayr*, Anwendbarkeit des Arbeitsplatz-Sicherungsgesetzes auf Ausländer, RdW 1998, 411; *ders*, Gilt das Behinderteneinstellungsgesetz für ausländische Arbeitnehmer?, RdW 1999, 535; *Feik*, Arbeits- und sozialrechtliche Diskriminierungsverbote in den Assoziationsabkommen,

4.5 Kooperationsabkommen mit den AKP-Staaten

Art 13 Abs 3 des Cotonou-Abkommens[63] lautet: „Die Mitgliedstaaten gewähren den Arbeitnehmern aus AKP-Staaten, die legal in ihrem Hoheitsgebiet beschäftigt sind, eine Behandlung, die hinsichtlich der Arbeits-, Entlohnungs- und Kündigungsbedingungen keine auf der Staatsangehörigkeit beruhende Diskriminierung gegenüber ihren eigenen Staatsangehörigen bewirkt. In dieser Hinsicht gewähren ferner die AKP-Staaten den Arbeitnehmern, die Staatsangehörige eines Mitgliedstaates sind, eine vergleichbare diskriminierungsfreie Behandlung." Diese Bestimmungen sind iSd Rechtsprechung des EuGH zu vergleichbaren Regelungen hinreichend klar und eindeutig und von keiner weiteren Ausführungsbestimmung abhängig; sie bilden daher einen unmittelbar wirksamen Anspruch auf Inländerbehandlung.[64]

4.6 Stabilisierungs- und Assoziierungsabkommen mit Mazedonien und Albanien

Der Stabilisierungs- und Assoziierungsprozess (SAP) kombiniert neue vertragliche Beziehungen (Stabilisierungs- und Assoziierungsabkommen-SAA) mit einem Hilfeprogramm (CARDS), die jedem Land helfen, seinem eigenen Rhythmus entsprechend Fortschritte im Hinblick auf die Anforderungen der EU-Mitgliedschaft zu machen. Die SAA sind rechtsverbindliche internationale Abkommen. Sie lehnen sich eng an die Europaabkommen mit den Kandidatenländern und die Erfahrung aus dem Erweiterungsprozess an.

Es sind ehrgeizige und anspruchsvolle Abkommen, deren Kern die Grundprinzipien sind, die die EU-Mitgliedschaft ausmachen. Die SAA fordern die Achtung der demokratischen Grundsätze, der Menschenrechte und der Rechtsstaatlichkeit. Sie sehen die Errichtung einer Freihandelszone mit der EU vor und legen die Rechte und Pflichten in Bereichen wie Wettbewerb und staatliche Beihilfevorschriften, Rechte am geistigen Eigentum und Niederlassungsrecht fest, die es den Volkswirtschaften erlauben, mit der Integration in die EU zu beginnen.[65]

DRdA 1999, 247 ff; nun bestätigt durch EuGH 16.9.2004, RsC-465/01, Slg 2004, I-8291 (Rn 8, 37, 47) *Kommission/ Österreich*.

[63] Vgl ABl L 209/2005 und http://europa.eu/scadplus/leg/de/lvb/r12101.htm. Dieses wurde am 23.6.2000 unterzeichnet und ist das Nachfolgeabkommen von Lomé IV-Abkommen (ABl L 229/1991). Es ist am 21.6.2005 in Kraft getreten.

[64] Vgl etwa zum bisherigen Lomé IV-Abkommen *Stahlberg*, Drittstaatsangehörige im EG-Sozialrecht, EuroAS 1997, 119 (123 f); *Martin-Guild*, Free Movement 292 f; *Feik*, Arbeits- und sozialrechtliche Diskriminierungsverbote in den Assoziationsabkommen, DRdA 1999, 247 ff.

[65] Vgl zu Mazedonien ABl L 84 vom 20.3.2004, 13; zu Kroatien ABl L 26 vom 28.1.2005, 3; zu Albanien: am 12.6.2006 unterzeichnet, Ratifizierungsprozess läuft; Texte abrufbar unter: http://ec.europa.eu/enlargement/coun-tries/index_en.htm.

Art 44 Abs 1 des Abkommens mit Mazedonien bzw Art 45 Abs 1 des Abkommens mit Kroatien bzw Art 46 Abs 1 des Abkommens mit Albanien bestimmen Folgendes: „Vorbehaltlich der in den einzelnen Mitgliedstaaten geltenden Bedingungen und Modalitäten wird den Arbeitnehmern, die die Staatsangehörigkeit der ehemaligen jugoslawischen Republik Mazedonien besitzen und im Gebiet eines Mitgliedstaates legal beschäftigt sind, eine Behandlung gewährt, die hinsichtlich der Arbeits-, Entlohnungs- und Kündigungsbedingungen keine auf der Staatsangehörigkeit beruhende Diskriminierung gegenüber den Staatsangehörigen des betreffenden Mitgliedstaates bewirkt."

In Anbetracht der Ähnlichkeit mit den Europaabkommen bzw dem Abkommen mit Russland ist auch in diesen Fällen von einer unmittelbaren Anwendung des Diskriminierungsverbotes auszugehen.[66]

5 Zusammenfassung und Ausblick

Die Freizügigkeit der Arbeitnehmer (Art 45 AEUV) verbietet nicht nur die Diskriminierung von Angehörigen unterschiedlicher Mitgliedstaaten bzw Staatsbürgern, sondern stellt ein umfassendes Verbot dar, die Tätigkeit von Arbeitnehmern aus den Mitgliedstaaten zu beschränken.

Die Diskriminierungsverbote in Assoziationsverträgen, Partnerabkommen etc mit Drittstaaten sind unmittelbar anwendbar, sodass auch für diese Staatsangehörigen bei legaler Beschäftigung in Österreich das umfassende Gleichbehandlungsgebot gilt.

In Anbetracht der enormen Erweiterung der Europäischen Union spielt auch die Freizügigkeit der Arbeitnehmer eine immer bedeutendere Rolle. Obwohl die Freizügigkeit dazu dient, dass auch die Arbeitnehmer Vorteile des Binnenmarktes nutzen können, müssen auch jene Arbeitnehmer aus den alten Mitgliedstaaten geschützt werden, damit es nicht durch ein Überangebot an Arbeitskräften zu einem Lohndumping kommt. Aber auch eine zu starke Abwanderung von Arbeitskräften kann die Leistungsfähigkeit der neuen Mitgliedstaaten beeinträchtigen. Daher ist zwar die Freizügigkeit der Arbeitnehmer sehr positiv, sie kann aber ihre positiven Auswirkungen nur in einer Union mit möglichst ähnlichen Lohn- und Arbeitsbedingungen zeigen. Dazu darf aber das Beschränkungsverbot vom EuGH nicht auf bloße Entgeltfragen reduziert werden.

---

[66] EuGH 16.9.2004, RsC-465/01, Slg 2004, I-8291 (Rn 8, 37, 47) *Kommission/Österreich.*

Mario NIEDERFRINIGER*

Rechtliche Aspekte des Kollektivvertragswechsels

1 Vorbemerkung

Wodurch unterscheiden sich KollV von den Zehn Geboten? – Nun, sie sind nicht in Stein gemeißelt. Zunächst befinden sie sich inhaltlich in einem ständigen Wandel. Aber auch der Kreis der kollektivvertragsunterworfenen AG und AN ist keineswegs beständig. Verschiedenste Gründe führen zum Eintritt oder zum Ausscheiden eines Normunterworfenen in den bzw aus dem Geltungsbereich eines KollV oder zum Wechsel vom Geltungsbereich des einen in den Geltungsbereich eines anderen KollV. Die verschiedenen Ursachen und Rechtsfolgen dieses sog Kollektivvertragswechsels sollen im Rahmen dieses Beitrags genauer beleuchtet und juristisch analysiert werden.

Die österreichische Arbeitsrechtsordnung ist geprägt vom Branchenkollektivvertrag, welcher im Fokus der vorliegenden Untersuchung steht. Generalkollektivverträge und Firmenkollektivverträge werden hier bewusst ausgeblendet.

2 Ursachen des Kollektivvertragswechsels

Die Ursachen, die zum Wechsel des KollV führen, lassen sich nur bedingt systematisieren. Grob gesprochen könnte man diese Auslöser, die in den folgenden Kapiteln einzeln angeführt werden, wie folgt gruppieren:

- Gründe in der Sphäre der Arbeitsvertragsparteien, welche sich untergliedern in
  - fachliche Gründe iwS (vgl 2.1 bis 2.7)
  - persönliche Gründe (vgl 2.8 und 2.9)
  - örtliche Gründe (vgl 2.10)
- Gründe in der Sphäre der Kollektivvertragsparteien (vgl 2.11 und 2.12)

2.1 Wechsel des Arbeitgeberverbandes

2.1.1 Einleitende Bemerkungen

Einer der wohl häufigsten Gründe für einen Kollektivvertragswechsel ergibt sich aus dem Wechsel des Arbeitgeberverbandes.[1]

* Mag. Dr. Mario Niederfriniger hat nach der Matura am Bundesgymnasium Vöcklabruck das Diplomstudium (Abschluss 2015) und das Doktoratstudium der Rechtswissenschaften an der Universität Innsbruck (Abschluss 2019) belegt; Gerichtspraxis im LG-Sprengel Wels; 2017-19 Universitätsassistent am Institut für Arbeitsrecht, Sozialrecht und Rechtsinformatik der Universität Innsbruck; seit 2019 Rechtsberater in der Wirtschaftskammer Oberösterreich.

Gem § 8 Z 1 ArbVG sind Kollektivvertragsangehörige, sofern der KollV nichts Anderes bestimmt, innerhalb seines räumlichen, fachlichen und persönlichen Geltungsbereichs die AG und AN, die zur Zeit des Abschlusses des KollV Mitglieder der am KollV beteiligten Parteien waren oder dies später werden. Da auf Arbeitnehmerseite die Außenseiterwirkung nach § 12 ArbVG greift und die Mitgliedschaft des AN in der kollektivvertragsschließenden Partei somit kein notwendiges Anwendungskriterium ist, ist die Grundvoraussetzung für die Anwendung eines KollV, dass zumindest der AG kollektivvertragsangehörig ist.[2]

Würde man rein den Wortlaut betrachten, so ließe § 8 Z 1 ArbVG den Schluss zu, der AG würde bei einem Wechsel der kollektivvertragsschließenden Partei sowohl dem alten als auch dem neuen KollV unterliegen und es würde somit zu einer Kollektivvertragskollision kommen. Es verwundert daher nicht, dass es vereinzelte Lehrmeinungen gibt, die genau diese Auffassung vertreten.[3] Die hM folgt hier aber dem Grundsatz der Mitgliedschaftsnähe, wonach jener KollV zur Anwendung kommt, der aus der aktuellen Mitgliedschaft resultiert.[4] Gemäß diesem Prinzip kommt es bei einem jeden Wechsel des Arbeitgeberverbandes – vorausgesetzt, beide Verbände haben einen KollV geschlossen – unweigerlich zu einer Kollektivvertragsablöse. Hierbei findet eine Totalablöse statt,[5] sodass nicht etwa einzelne, im neuen KollV nicht geregelte Aspekte, weiterhin nach dem alten KollV zu beurteilen wären.

Der bloße Austritt des AG aus dem Arbeitgeberverband, dem er zur Zeit des Kollektivvertragsabschlusses angehörte, bewirkt für sich allein noch nicht den Verlust der Kollektivangehörigkeit. Vielmehr bleibt der bisherige KollV weiterhin anwendbar, und zwar nicht etwa aufgrund der in § 13 ArbVG normierten Nach-

---

[1] Der Begriff „Arbeitgeberverband" entstammt nicht dem Arbeitsverfassungsrecht, wird aber mitunter in der Rechtswissenschaft (vgl zB OGH 16.6.2008, 8 ObA 10/08s, infas 2008 A 88; *Löschnigg*, Arbeitsrecht[13], 2017, z 3/110) als Überbegriff für die gesetzliche Interessenvertretung auf Arbeitgeberseite einerseits und die freiwillige Berufsvereinigung auf Arbeitgeberseite andererseits verwendet.

[2] OGH 25.1.2006, 9 ObA 139/05i, DRdA 2007/38, 334 (*Kallab*).

[3] So etwa *Jaborengg*, Die Wahl des Kollektivvertrages durch den Arbeitgeber – eine Option des geltenden Arbeitsverfassungsrechts? DRdA 2005, 107 (109 f).

[4] Vgl zB OGH 23.11.2005, 9 ObA 127/04y, ZAS 2006/41, 278 (*Winkler*) = Arb 12.578; *Resch*, Bemerkungen zur Kollektivvertragsfähigkeit und zur Kollektivvertragsunterworfenheit, JBl 2001, 762 (772); *Weiß*, Zur Bedeutung des Wegfalls eines BV-Vorbehaltes, DRdA 2001/47, 547 (554); *Egermann/Hauer*, Normativer Kollektivvertragswechsel in Mischbetrieben: Zulässigkeit auch von Schlechterstellungen? RdW 2016/371, 482 (484); *Marhold*, Kollektivvertragsangehörigkeit nach Fachverbandswechsel: Verbandsautonomie und Arbeitnehmerschutz, ASoK 1999, 345 (345); *Marhold/Friedrich*, Kollektivvertragswechsel durch Wechsel der Mitgliedschaft zu freiwilligen Berufsvereinigungen – Teil 1, RdW 2005/324, 309 (310 f) mwN.

[5] OGH 4.11.1980, 4 Ob 138/80, Arb 9914.

wirkung,[6] sondern kraft § 8 Z 1 erster Fall ArbVG, also normativ. Erst durch den Beitritt zu einem anderen Arbeitgeberverband kann es zu einer Kollektivvertragsablöse kommen. Strittig war hier lange Zeit, ob es zur Kollektivvertragsablöse bereits zum Zeitpunkt des Beitritts zum neuen Arbeitgeberverband kommt[7] oder erst mit dem Abschluss eines neuen KollV durch den neuen Arbeitgeberverband.[8] Die Judikatur positionierte sich hierzu lange Zeit nicht eindeutig. In der sog Dorotheum-Entscheidung[9] ließ der OGH diese Streitfrage noch ausdrücklich offen, ehe er sich in der BA-CA-Entscheidung[10] endlich klar für den sofortigen Kollektivvertragswechsel aussprach. Diese zuletzt vom OGH vertretene Rechtsausfassung ist sicherlich aus mehreren Gründen angebracht, deren Erörterung an dieser Stelle allerdings müßig wäre, zumal die meisten Argumente bereits an anderer Stelle (insb von *Weiß*[11] und *Rebhahn*[12]) vorgebracht wurden.

Da, wie oben erwähnt, aufgrund der Außenseiterwirkung auf Arbeitnehmerseite die Mitgliedschaft im Arbeitgeberverband den primären Ausschlag für die Kollektivvertragsunterworfenheit gibt, vermag der AG einseitig eine Kollektivvertragsablöse herbeizuführen, indem er den Arbeitgeberverband verlässt und einem anderen beitritt. Die vorgeblich arbeitnehmerschützende Funktion der gesetzlichen Außenseiterwirkung des KollV verkehrt sich in solchen Situationen – wie *Mair*[13] treffend feststellt – in ihr Gegenteil. Die scheinbare Möglichkeit des AG, sich den ihm genehmen KollV auszusuchen, relativiert sich allerdings dadurch, dass sich zumindest die Mitgliedschaft in den gesetzlichen Interessenvertretungen nicht aus einem freien Willensentschluss des AG, sondern kraft Gesetzes ergibt.

2.1.2 Gesetzliche Interessenvertretung

In der Mehrzahl der Fälle üben auf Arbeitgeberseite die gesetzlichen Interessenvertretungen, überwiegend verkörpert durch die Fachorganisationen (Fachgrup-

---

[6] Worauf auch *Wolf/Karner*, Kollektivvertragsunterworfenheit bei Verbandswechsel des Arbeitgebers, ecolex 1998, 498 (500 f); *Marhold/Friedrich*, RdW 2005/324, 312 ff ausdrücklich hinweisen.
[7] So zB *Weiß*, DRdA 2001/47, 554; *Rebhahn*, Wechsel des anwendbaren Kollektivvertrags und Verbandswechsel, RdW 2005/323, 300 (304); *Marhold*, RdW 2005/324, 310 f; hingegen spricht *Strasser* in *Strasser/Jabornegg/Resch* (Hrsg), Kommentar zum Arbeitsverfassungsgesetz (1. Lfg 2002) § 8 Rz 15 nur vom Wiederaufleben der Kollektivvertrags*fähigkeit*.
[8] So zB *Löschnigg*, Arbeitsrecht[13] Rz 3/099 und 3/110.
[9] OGH 21.12.2000, 8 ObA 125/00s, DRdA 2001/47, 547 (*Weiß*) = RdW 2001/242, 220 (*Runggaldier*) = Arb 12.066.
[10] OGH 23.11.2005, 9 ObA 128/04w, DRdA 2006/42, 467 (*Grillberger*) = Arb 12.758 mwN.
[11] DRdA 2001/47, 554.
[12] RdW 2005/323, 304.
[13] *Mair*, Die Außenseiterwirkung des Kollektivvertrags: Der Kollektivvertrag als der „richtige" Vertrag? 2019, 96 f.

pen auf Landes- und Fachverbände auf Bundesebene) der Wirtschaftskammerorganisation, ihre Kollektivvertragsfähigkeit aus.[14]

Die Kollektivvertragsangehörigkeit des AG ist ausschließlich durch die Organisationszugehörigkeit determiniert.[15] Maßgeblich ist hierbei – unabhängig von der Richtigkeit der Zuordnung – die faktische Mitgliedschaft, was sich neben dem Wortlaut des § 8 Z 1 ArbVG aus dem Selbstverwaltungsrecht der Kammern und deren Befugnis, die gesetzlichen Bestimmungen über die Mitgliedschaft der AG zu den in Betracht kommenden Kammerorganisationen im Einzelfall zu konkretisieren, also den einzelnen AG der nach dem Gesetz für ihn in Betracht kommenden Organisation zuzuordnen.[16] Ist der AG also beispielsweise Mitglied der Fachgruppe der Immobilien- und Vermögenstreuhänder und gehört innerhalb derselben der Berufsgruppe der Immobilienverwalter an, ohne dieses Gewerbe jemals auszuüben, so unterliegt er trotzdem dem KollV für die Immobilienverwalter.[17]

Die Mitgliedschaft in einer Fachgruppe und folglich im entsprechenden Fachverband wird gemäß § 43 Abs 5 WKG durch die Fachorganisationsordnung (FOO),[18] bestimmt und mit dem rechtskräftigen Erwerb einer entsprechenden Gewerbeberechtigung ex lege begründet.[19] Die konkrete Zuordnung eines Unternehmens zu einer oder mehreren Fachgruppe(n) erfolgt durch die Kammerdirektion der jeweiligen Landeskammer per Eintragung in das Mitgliederverzeichnis.[20] Wird diese Eintragung vom betroffenen Mitglied bestritten, hat das Präsidium der Landeskammer darüber zu entscheiden, welcher Fachgruppe oder welchem Fachverband das Mitglied angehört.[21]

Gegen die Entscheidung des Präsidiums steht den betroffenen Organisationen und Mitgliedern innerhalb von vier Wochen ab Zustellung die Beschwerde an das Landesverwaltungsgericht offen.[22] Den in Betracht kommenden kollektivvertragsfähigen Körperschaften der AN steht ebenfalls ein Rechtsbehelf gegen die

---

[14] OGH 16.12.2005, 9 ObA 43/05x, Arb 12.582; *Wolf/Karner*, ecolex, 1998, 499.
[15] OGH 23.5.1996, 8 Ob A 210/96, DRdA 1997/33, 299 (*Klein*).
[16] OGH 21.10.1986, 14 Ob 147/86, DRdA 1988, 245 (*Binder*) in Anschluss an *Schrank*, Kollektivvertragsangehörigkeit und Handelskammermitgliedschaft: Dargestellt am Beispiel der Industrie KollV, ZAS 1978, 129 ff.
[17] OGH 24.3.2014, 9 ObA 11/14d, EvBL 2014/89, 571 (*Rohrer*).
[18] Verlautbarungsblatt der Wirtschaftskammer Österreich Nr 2/2008; es handelt sich hierbei um eine auf Grundlage des § 15 WKG beschlossene Satzung.
[19] Vgl § 12 FOO; *Wolf/Karner*, ecolex 1998, 499.
[20] § 44 Abs 1 und 7 WKG.
[21] § 44 Abs 7 und 8 WKG.
[22] § 44 Abs 9 WKG.

Fachgruppenzuordnung zur Verfügung:[23] Sie können gemäß § 137 WKG bei Verdacht auf eine rechtswidrige Fachgruppenzuordnung eine Aufsichtsbeschwerde an den Bundesminister für Wirtschaft richten. Dieser hat in weiterer Folge die Einrichtung sog paritätischer Ausschüsse, bestehend aus je zwei Vertretern der jeweiligen Wirtschaftskammer sowie der antragstellenden kollektivvertragsfähigen Körperschaft der AN, zu verfügen und im Falle des Scheiterns einer einvernehmlichen Lösung in der Sache selbst zu entscheiden.[24] Den ordentlichen Gerichten ist es jedoch infolge der Unzulässigkeit des Rechtswegs verwehrt, eben etwa im Rahmen der Beurteilung der Kollektivvertragsangehörigkeit, die Rechtmäßigkeit der Fachorganisationszuordnung selbständig zu beurteilen,[25] selbst über § 2 Abs 13 GewO (dazu unten 2.2) besteht keine solche Möglichkeit.[26]

Es besteht aber die Möglichkeit, den ordentlichen Rechtsweg über den Umweg einer Schadenersatzklage zu beschreiten: Handeln die Organe bei der Fachgruppenzuordnung rechtswidrig, können betroffene AN den dadurch erlittenen Schaden (zB Entgelteinbußen) aus dem Titel der Amtshaftung gerichtlich geltend machen.[27]

Weil eben, wie gesagt, ausschließlich die Fachorganisationszugehörigkeit die Kollektivvertragsangehörigkeit bestimmt, geht mit einem jeden Wechsel der Fachorganisation potentiell[28] eine Kollektivvertragsablöse einher. Mit dem Zeitpunkt des Wechsels der Fachorganisationszugehörigkeit des AG endet die Anwendbarkeit des alten KollV und unterliegen die Arbeitsverträge pro futuro ausschließlich dem KollV des neuen Verbands.[29]

Hat die neue Fachorganisation keinen KollV abgeschlossen oder ist sie aus dessen fachlichem Geltungsbereich ausgenommen, endet die Angehörigkeit zum bisherigen KollV dennoch. Der alte KollV wirkt also weder nach § 8 Z 1 noch nach § 13 ArbVG fort.[30] Zum einen verbietet dies die Begrenztheit des fachlichen Geltungs-

---

[23] Dieser Rechtsbehelf gibt den kollektivvertragsfähigen Körperschaften der AN ein Instrument in die Hand, die Anwendung eines „falschen" KollV infolge falscher Fachgruppenzuordnung abzuwenden.

[24] So geschehen etwa in VwGH 18.10.1988, 88/04/0139, infas 1989 A 61.

[25] OGH 21.10.1986, 14 Ob 147/86, DRdA 1988, 245 *(Binder)*.

[26] OGH 29.8.2002 8 ObA 192/01w, DRdA 2003/32, 346 *(Resch)*.

[27] OGH 19.5.1993, 9 ObA 13/93, infas 1993 A 140.

[28] Es gibt daneben freilich auch Konstellationen, wo in beiden Fachorganisationen ein und derselbe KollV gilt, zB im Fachverband der Metalltechniker und im Fachverband der Mechatroniker, oder Fälle, in denen die neue Fachorganisation keinen KollV abgeschlossen hat oder aus dem fachlichen Geltungsbereich des KollV ausgenommen ist.

[29] OGH 4.11.1980, 4 Ob 138/80, Arb 9914, der entsprechend der damaligen Nomenklatur noch von „Sektionszugehörigkeit" spricht und damit die „Spartenzugehörigkeit" meint.

[30] Vgl *Wolf/Karner*, ecolex 1998, 500 f; *Marhold/Friedrich*, RdW 2005/324, 312 f jeweils mit ausführlicher Begründung; ebenso *Reissner* in *Neumayr/Reissner* (Hrsg), Zeller Kommentar zum Arbeitsrecht³ (2018) § 8 ArbVG Rz 12.

bereichs. Wie nämlich schon § 8 Satz 1 ArbVG zum Ausdruck bringt, können nur jene AG kollektivvertragsangehörig sein, die in den fachlichen Geltungsbereich fallen.

Scheidet der AG aus dem fachlichen Geltungsbereich aus, kann der KollV für ihn zumindest normativ nicht mehr gelten. Zum anderen würde ein Fortwirken des alten KollV dem Prinzip der Selbstverwaltung widersprechen, da der AG mangels Verbandsmitgliedschaft keine Möglichkeit mehr hätte, den KollV willentlich zu beeinflussen. Und schließlich scheidet die Nachwirkung gemäß § 13 ArbVG des bisherigen KollV aus, weil der KollV immerhin gar nicht erlischt, sondern lediglich der AG aus dessen Geltungsbereich fällt.

2.1.3 Freiwillige Berufsvereinigungen

Auch bei einem Wechsel der freiwilligen Berufsvereinigung ist nach hL jener KollV anzuwenden, der sich aus der aktuellen Verbandsmitgliedschaft ergibt.[31] Darum kann an dieser Stelle größtenteils auf die bisherigen Ausführungen verwiesen werden. Der entscheidende Unterschied zu den gesetzlichen Interessenvertretungen ergibt sich hier aber zum einen aus § 6 ArbVG. Diese Norm ordnet einen Vorrang der Kollektivvertragsfähigkeit der freiwilligen Berufsvereinigung vor jener der gesetzlichen Interessenvertretung an und attestiert damit freiwilligen Berufsvereinigungen quasi eine größere Mitgliedschaftsnähe als gesetzlichen Interessenvertretungen.

Das ist nachvollziehbar, weil – und damit wären wir schon beim zweiten wesentlichen Unterschied zu den gesetzlichen Interessenvertretungen – der AG der freiwilligen Berufsvereinigung immerhin kraft eigener Willensbetätigung beitritt und auf gleiche Weise wieder austreten kann. Dieser scheinbar feine Unterschied wirkt sich, wie weiter unten (siehe 3.7.2) zu demonstrieren sein wird, massiv auf die Rechtsfolgen eines Kollektivvertragswechsels aus.

2.2 Überschreitung der Gewerbeberechtigung

Gemäß § 2 Abs 13 GewO haben Normen der kollektiven Rechtsgestaltung, die für Arbeitsverhältnisse zu AG gelten, welche ihre Tätigkeiten auf Grund von Gewerbeberechtigungen ausüben, auch für Arbeitsverhältnisse zu jenen AG Geltung, welche diese Tätigkeiten ohne die erforderliche Gewerbeberechtigung ausüben. Diese Bestimmung ist gewissermaßen ein Sonderfall des § 8 ArbVG[32] und statuiert ausnahmsweise eine Kollektivvertragsangehörigkeit eines AG, die nicht auf einem „formellen" Mitgliedschaftsverhältnis zu einem an einem Kollektivver-

---

[31] *Rebhahn*, RdW 2005/323, 304 mwN.
[32] *Resch*, JBl 1991, 775; *Andexlinger/Filzmoser*, Fachübergreifende Leistungen und Kollektivvertrag, ecolex 1997, 868 (868).

tragsabschluss beteiligten Verband beruht,[33] sondern eben an der konkreten Tätigkeit des AG anknüpft.

§ 2 Abs 13 GewO erfasst nicht nur AG, die gänzlich ohne Gewerbeberechtigung operieren, sondern fingiert die Geltung des jeweiligen KollV auch für jene AG, die neben einem Gewerbe, für das eine aufrechte Gewerbeberechtigung besteht, unbefugt ein anderes Gewerbe betreiben.[34] § 2 Abs 13 GewO darf jedoch keinesfalls dahin missverstanden werden, er erfasse auch Fälle einer falschen Zuordnung zu Gewerbe oder Industrie.[35] Ebenso wenig erfasst er Fälle einer falschen Fachorganisationszuordnung (dazu oben 2.1.2).[36]

Wie man schon erahnen kann, kann im Zuge einer Gewerberechtsüberschreitung unter Umständen ein Kollektivvertragswechsel eintreten. Denn welcher KollV in einem solchen Fall auf das konkrete Arbeitsverhältnis Anwendung zu finden hat, ist nach den Kollisionsregeln des § 9 ArbVG zu ermitteln.[37] Hiernach kann der KollV auf zweifache Weise wechseln: Entweder dadurch, dass das Unternehmen des AG aus mehreren Betrieben oder zumindest fachlich und organisatorisch abgegrenzten Betriebsabteilungen besteht. Dann nämlich tritt eine Kollektivvertragsablöse hinsichtlich jener Betriebe oder Betriebsabteilungen ein, die dem unbefugt betriebenen Gewerbe zuzuordnen sind. Oder, falls keine fachliche und organisatorische Abgrenzung existiert, indem dem unbefugt betriebenen Gewerbe die maßgebliche wirtschaftliche Bedeutung zukommt.

In formalrechtlicher Hinsicht ist hier ein bedeutsamer Unterschied zur Kollektivvertragsangehörigkeit kraft Verbandsmitgliedschaft zu konstatieren: Die ordentlichen Gerichte sind hier nämlich befugt, die Anwendung des „richtigen" KollV selbst zu beurteilen. Denn eine Bindung des Gerichts an die durch die Kammer getroffene Zuordnung kann notwendigerweise nicht bestehen, weil eine derartige Zuordnung für die aufgrund des § 2 Abs 13 GewO zu ermittelnde „richtige" Gewerbeberechtigung nicht besteht.[38]

Auf eine andere – zulässige! – Form der Gewerberechtsüberschreitung nimmt § 8 Z 3 ArbVG Bedacht. Die Rede ist von den verbundenen Gewerben. Hierbei ist der Gewerbetreibende berechtigt, Tätigkeiten, die in den Bereich anderer (verbundener) Gewerbe fallen, zu verrichten, ohne über eine entsprechende Gewerbeberechtigung für das andere Gewerbe zu verfügen.[39] Ganz in der Manier des § 2

[33] VwGH 18.12.2003, 2001/08/0204, ASoK 2004, 185 (*Resch*)-
[34] OGH 14.5.1997 9 ObA 131/97y, DRdA 1998, 110 (*Resch*) = ZAS 1998, 117 (*Andexlinger*).
[35] OGH 23.5.1996, 8 ObA 210/96, DRdA 1997, 299 (*Klein*) = Arb 11.503.
[36] Vgl OGH 29.8.2002 8 ObA 192/01w, DRdA 2003/32, 346 (*Resch*).
[37] OGH 14.5.1997 9 ObA 131/97y, DRdA 1998, 110 (*Resch*) = ZAS 1998, 117 (*Andexlinger*).
[38] OGH 29.8.2002 8 ObA 192/01w, DRdA 2003/32, 346 (*Resch*).
[39] VwGH 28.10.1997, 97/04/0173, ZfVB 1999/187; vgl § 30 Abs 1 GewO.

Abs 13 GewO ordnet § 8 Z 1 ArbVG die Kollektivvertragsangehörigkeit hinsichtlich der den ausgeübten Wirtschaftsbereichen entsprechenden KollV an, in denen mangels Gewerbeberechtigung sonst keine Kollektivvertragsangehörigkeit bestehen würde.

Formalrechtlich muss für die verbundenen Gewerbe dasselbe gelten wie im Anwendungsfeld des § 2 Abs 13 GewO, da im Bereich jener fachlichen Tätigkeiten, die ohne Gewerbeberechtigung ausgeübt werden, keine Fachorganisationszuordnung stattzufinden hat und somit das Selbstverwaltungsrecht der Wirtschaftskammer nicht tangiert wird. Den ordentlichen Gerichten steht daher die Beurteilung des „richtigen" KollV auch hier offen.

Andere zulässige Überschreitungen der Gewerbeberechtigung, etwa die Ausübung von Nebenrechten iSd §§ 32 ff GewO, begründen hingegen mangels gesetzlicher Anordnung keine zusätzliche Kollektivvertragsangehörigkeit und lassen daher auch nicht an einen Kollektivvertragswechsel denken. Die unterlassene Bedachtnahme des Gesetzgebers auf diese Fallgruppen erscheint aber berechtigt, weil trotz Inanspruchnahme solcher Befugnisse die typische Betriebsform bewahrt bleibt.[40]

2.3 Verlagerung des Kerngeschäfts

Eine weitere Ursache für eine Kollektivvertragsablöse kann in einer Änderung des Kerngeschäfts des AG liegen. Der Grund dafür ist die Kollisionsregel des § 9 Abs 3 ArbVG, die innerhalb eines einheitlichen, organisatorisch nicht unterteilten Betriebs das Prinzip der Tarifeinheit normiert. Hiernach ist pro Betrieb immer nur ein KollV anwendbar, und zwar jener, welcher für den fachlichen Wirtschaftsbereich gilt, der für den Betrieb die maßgebliche wirtschaftliche Bedeutung hat. Die maßgebliche wirtschaftliche Bedeutung ist danach zu beurteilen, welcher Fachbereich dem Betrieb das „wirtschaftliche Gepräge" gibt. Hierfür kommt es nach der Rsp auf Aspekte wie zB Umsatz, Gewinn, Betriebsmitteleinsatz, Ertragskomponenten, Zahl der AN oder Zusammensetzung des Kundenkreises an, wobei letztlich immer eine Gesamtbetrachtung anzustellen ist.[41] Verschieben sich die darin zum Ausdruck kommenden Verhältnisse zugunsten eines anderen fachlichen Wirtschaftsbereichs, ändert sich also die maßgebliche wirtschaftliche Bedeutung, kann damit nach § 9 Abs 3 ArbVG unter Umständen ein Kollektivvertragswechsel einhergehen.

---

[40] *Andexlinger/Filzmoser*, ecolex 1997, 868 f.
[41] OGH 30.10.2018, 9 ObA 16/18w, JAS 2019,182 (*Mosing*) = DRdA 2019/39, 426 (*Resch*) = Arb 13.545.

In der Theorie so weit so gut. In der Praxis sind aber mit ebendiesen Szenarien meist schier unlösbare rechtliche Probleme verbunden. Das beginnt bereits mit der Frage nach der maßgeblichen wirtschaftlichen Bedeutung, welche gesetzlich eben nicht näher ausgeführt wird: Worin liegt etwa die maßgebliche wirtschaftliche Bedeutung, wenn die Umsatzverhältnisse zugunsten des einen, die Gewinnverhältnisse aber zugunsten eines anderen Wirtschaftsbereichs ausschlagen und andere Parameter ähnlich unergiebig sind?[42]

Damit einher geht ein weiteres praktisch sehr bedeutsames, aber in der Rechtswissenschaft kaum thematisiertes Problem. Es betrifft den exakten Zeitpunkt der Änderung des Kerngeschäfts und damit den Wirksamkeitsbeginn des neuen KollV. Nicht jede wirtschaftliche Neuausrichtung wird im Vorfeld terminisiert. Im Gegenteil. Die meisten gehen schleichend vonstatten. Bei strenger rechtsdogmatischer Betrachtung müsste die Frage nach dem Wirksamkeitsbeginn des neuen KollV – wie auch sonst – damit beantwortet werden, dass dieser sofort mit der Schwerpunktverlagerung eintritt. Man kann aber wohl davon ausgehen, dass eben dies nicht uneingeschränkt dem Willen des Gesetzgebers entspricht. Es hätte nämlich zur Folge, dass jede noch so kurzfristige Verlagerung des Kerngeschäfts einen Kollektivvertragswechsel nach sich zöge. So werden wiederkehrende, zB bloß saisonal bedingte Verlagerungen des Kerngeschäfts nach dem Gesetzeszweck wohl kaum einen ständig wiederkehrenden Kollektivvertragswechsel auslösen, würde dies für die Normunterworfenen doch einen inakzeptablen Zustand der Rechtsunsicherheit nach sich ziehen.

Überall dort, wo eine schleichende Änderung des Kerngeschäfts zu konstatieren ist, wird man deshalb mE einen längeren Beobachtungszeitraum ins Auge fassen müssen. Gerade unter dem Aspekt, bloß saisonale Schwankungen zu neutralisieren, erscheint mir der Zeitraum von einem Jahr als sachgerecht. Da bei der Bewertung der maßgeblichen wirtschaftlichen Bedeutung auch buchhalterische Kennzahlen herangezogen werden, bietet sich optimal das konkrete Geschäftsjahr als Beobachtungszeitraum an. Unter der Annahme, dass der Beobachtungszeitraum das Geschäftsjahr ist, ist schließlich davon auszugehen, dass ein Kollektivvertragswechsel infolge einer Verlagerung des Kerngeschäfts immer nur mit dem Beginn eines neuen Geschäftsjahres vonstattengehen kann, und zwar mit dem Beginn desjenigen Geschäftsjahres, das auf das Geschäftsjahr, in welchem sich die Schwerpunktverlagerung erstmals zugetragen hat, folgt. Freilich kann das angesprochene Problem va in größeren Betrieben auch durch eine BV iSd § 9 Abs 3 Halbsatz 2 ArbVG abgefangen werden. In einer derartigen BV kann nämlich

---

[42] Wenn alle Stricke reißen, schafft hier glücklicherweise noch die Auffangbestimmung des § 9 Abs 4 ArbVG Abhilfe.

auch ein genauer Termin für die Änderung der maßgeblichen wirtschaftlichen Bedeutung angegeben werden.

2.4 Teilung oder Zusammenschluss von Betrieben oder Betriebsabteilungen

Dort, wo es getrennte Betriebe oder fachlich und organisatorisch abgegrenzte Betriebsabteilungen gibt, ist das in § 9 Abs 1 und 2 ArbVG verbriefte Prinzip der Tarifvielfalt ein potenzieller Auslöser eines Kollektivvertragswechsels. Übt ein AG zwei oder mehrere Gewerbe aus und ändert sich infolge einer Teilung oder Ausgliederung eines Betriebs oder einer Betriebsabteilung dessen (deren) fachliche Ausrichtung oder zumindest dessen fachlicher Schwerpunkt (zur Verlagerung des Kerngeschäfts vgl 2.3), geht damit für die AN dieses Betriebs bzw dieser Betriebsabteilung automatisch ein Kollektivvertragswechsel einher. Umgekehrt führt die Fusion zweier oder mehrerer Betriebe oder Betriebsteile unterschiedlicher fachlicher Ausrichtung zwangsläufig zur Tarifeinheit und damit wenigstens für die AN eines Betrieb oder einer Betriebsabteilung zu einer geänderten Kollektivvertragsangehörigkeit. Man darf dabei nicht übersehen, dass eine Teilung oder ein Zusammenschluss von Betriebsabteilungen iSd § 9 ArbVG schon durch relativ bescheidene organisatorische Maßnahmen bewirkt werden kann, so etwa durch das Ein- oder Absetzen eines eigenen Abteilungsleiters[43] für die betreffende Betriebsabteilung.

2.5 Betriebsübergang

Der wohl prominenteste Grund für einen Kollektivvertragswechsel ist der Betriebs(teil)übergang, der bekanntlich gemäß § 3 Abs 1 AVRAG einen Ex-lege-Eintritt des Erwerbers in die bestehenden Arbeitsverhältnisse nach sich zieht. Im Gegensatz zu den unter 2.4 genannten Fällen findet hier also ein Wechsel des Betriebsinhabers statt. Weil das hierarchische Verhältnis innerhalb des § 8 ArbVG einen Anwendungsvorrang des § 8 Z 1 vor dem § 8 Z 2 ArbVG gebietet,[44] ist primär auf die Kollektivvertragsangehörigkeit kraft Mitgliedschaft zu schauen. Gehört der Erwerber hiernach einem anderen KollV an als der Veräußerer, kommt es zur Ablöse des KollV. Selbiges gilt für den Fall einer mit dem Betriebs (teil) übergang einhergehenden Betriebszweckänderung[45] (vgl dazu bereits 2.3 und

---

[43] Vgl hierzu *Weiß*, Zum Vorliegen einer Betriebsabteilung iSd § 9 Abs 2 ArbVG, DRdA 1999, 308 (311).
[44] Ua *Weiß*, Die Hierarchie der Kollektivvertragsangehörigkeiten, ASoK (2006) 138 (140); *Löschnigg*, Arbeitsrecht[13] Rz 3/115; *Pfeil* in *Gahleitner/Mosler* (Hrsg), Arbeitsverfassungsrecht II[6], 2020, § 8 Rz 38; *Reissner* in ZellKomm[3] § 8 ArbVG Rz 15 mwN.
[45] S *Binder/Mair* in *Binder/Burger/Mair* (Hrsg), Arbeitsvertragsrechts-Anpassungsgesetz (AVRAG)[3] (2016) § 4 Rz 9.

2.4). Auch im Falle eines Kollektivvertragswechsels kraft Betriebsübergangs ist eine vollständige Ablösung des Veräußerer-KollV durch den Erwerber-KollV anzunehmen.[46]

2.6 Rechtsgeschäftliche Arbeitsvertragsübernahme

In ihren Rechtswirkungen kommt einer rechtsgeschäftlichen Arbeitsvertragsübernahme durch einen neuen AG einem Betriebsübergang über weite Strecken gleich: Tritt ein neuer AG kraft vertraglicher Vereinbarung mit allen Rechten und Pflichten anstelle des bisherigen AG in ein Arbeitsverhältnis ein, so kommt es – wie beim Betriebsübergang – kraft § 8 Z 1 ArbVG dann zu einer Kollektivvertragsablöse, wenn der bisherige AG einem anderen KollV angehörte als der neue AG. Der entscheidende Vorteil der rechtsgeschäftlichen Arbeitsvertragsübernahme gegenüber dem Ex-lege-Eintritt bei Betriebsübergang sind die Dispositionsmöglichkeiten der Vertragsparteien. So können diese bspw auch auf die geänderte kollektivrechtliche Situation reagieren und die Arbeitsverträge im Rahmen des Übernahmevertrages entsprechend adaptieren, indem sie etwa die im Arbeitsvertrag genannte Bezeichnung des anwendbaren KollV, die kollv Normalarbeitszeit oder das kollv Mindestentgelt korrigieren.[47]

2.7 Versetzung in einen anderen Betrieb oder eine Betriebsabteilung

In Bezug auf das einzelne Arbeitsverhältnis gilt der Grundsatz der Tarifeinheit. Dh, auf ein Arbeitsverhältnis kann immer nur ein KollV zur Anwendung kommen.[48] Entsprechend den Regeln der §§ 8 und 9 ArbVG kommt auf ein Arbeitsverhältnis immer der KollV jenes Betriebs oder jener Betriebsabteilung zur Anwendung, in dem/der der AN beschäftigt wird. Mit einer Versetzung in einen Betrieb oder eine Betriebsabteilung, in welchem/r gemäß § 9 ArbVG ein anderer KollV gilt, wechselt demgemäß auch die Kollektivvertragsunterworfenheit des versetzten AN, und zwar mit dem Zeitpunkt der Versetzung.[49]

Dasselbe Resultat ergibt sich im Übrigen auch bei AN, die in zwei oder mehreren Betrieben beschäftigt werden, wenn sich deren überwiegender Tätigkeitsbereich

---

[46] OGH 26.1.2010, 9 ObA 123/09t, DRdA 2011/9, 67; zuletzt OGH 16.12.2016, 8 ObA 68/16g, ARD 6532/10/2017; so ua auch *Binder/Mair* in *Binder/Burger/Mair*, AVRAG[3] § 4 Rz 11 mwN. Zweifel an diesem Dogma schürte allerdings die einzeln gebliebene Entscheidung EuGH 6.9. 2011, C-108/10, *Scattolon*, ECLI:EU:C: 2011:542, ASoK 2013, 344 *(Friedrich)* = DRdA 2013/12, 140 *(Mayer)* = wbl 2013, 191 *(Kietaibl)*.
[47] Vgl auch *Lindmayr*, Übernahme eines Dienstverhältnisses außerhalb eines Betriebsübergangs, ARD 6599/4/2018, 3 (5).
[48] RV 840 BlgNR 13. GP 58 f; vgl OGH 28.06.1976 4 Ob 40/76, ZAS 1977/30, 212 *(Tomandl)* = Arb 9486; *Resch* in *Jabornegg/Resch* (Hrsg), Kommentar zum Arbeitsverfassungsgesetz (53. Lfg 2019) § 10 Rz 1; *Löschnigg*, Arbeitsrecht[13] Rz 3/121; *Reissner* in ZellKomm[3] § 10 ArbVG Rz 3.
[49] OGH 23.6.1981, 4 Ob 126/80, DRdA 1983/17.

verlagert. Denn § 10 Abs 1 ArbVG sieht für diese sog „Springer" die Anwendung des KollV jenes Betriebs bzw Betriebsabteilung vor, in welchem/r der AG überwiegend zum Einsatz kommt.

Bloß kurzfristige Versetzungen ziehen nach hL[50] noch keinen Kollektivvertragswechsel nach sich. Dieser Lehrmeinung ist entschlossen beizutreten. Zum einen nämlich hätte bei gegenteiliger Betrachtungsweise § 10 ArbVG kein Anwendungsgebiet. Zum anderen würde eine in kurzen Intervallen wechselnde Kollektivvertragsunterworfenheit nicht nur zu einem inakzeptablen Zustand der Rechtsunsicherheit, sondern in Ansehung divergierender kollv Bestimmungen außerdem zu schier unlösbaren Folgefragen führen, etwa in Bezug auf kollv Kündigungsfristen, Krankenentgelt, Urlaubsausmaß und dergleichen.[51] Der Kernfrage aber, ab wann infolge einer Versetzung ein Kollektivvertragswechsel eintritt, wird in der Literatur nicht weiter nachgegangen. Während die meisten Autoren mit Begriffen wie „kurzfristig", „sporadisch" und „vorübergehend" sehr vage bleiben, setzt Reissner[52] für eine Kollektivvertragsablöse offenbar eine dauerhafte Zuordnung des AN zum jeweiligen Betrieb voraus.

Der OGH hatte sich zur gegenständlichen Frage bislang erst ein einziges Mal zu äußern. In der Grazer-Stadtwerke-Entscheidung[53] urteilte er, dass eine bloße „Abordnung" eines AN in einen anderen Betrieb noch keinen Kollektivvertragswechsel begründe. Auf die Frage, wie lange eine derartige „Abordnung" dauern könne, ging er nicht mehr näher ein. Ein mehr als zehnjähriger Einsatz in einem anderen Betrieb sei jedenfalls nicht mehr unter den Begriff „Abordnung" zu subsumieren. Der gegenständlichen Entscheidung lag jedoch ein spezieller Sachverhalt zugrunde. Und zwar sah dort einer der fraglichen KollV eigens eine ausdrückliche Regelung für den Fall einer „Abordnung" des AN in den Geltungsbereich des anderen KollV vor und ging es daher im Grunde nur um einen Anwendungsfall der Kollektivvertragsauslegung. Folglich sind die in der Grazer-Stadtwerke-Entscheidung getroffenen Ausführungen nicht verallgemeinerungsfähig.

Aus diesem Grund möchte ich mich der Frage rechtsdogmatisch annähern. Geht man mit Reissner[54] davon aus, dass die Beschäftigung im anderen Betrieb bzw in der anderen Betriebsabteilung, um den Kollisionsfall des § 10 Abs 1 ArbVG auszu-

---

[50] Vgl iZm § 10 ArbVG *Reissner* in ZellKomm³ § 10 ArbVG Rz 3; *Strasser* in *Strasser/Jabornegg/ Resch*, ArbVG (2. Lfg 2002) §§ 9, 10 Rz 16; *Resch* in *Jabornegg/Resch*, ArbVG § 10 Rz 9; *Pfeil* in *Gahleitner/Mosler*, ArbVR II⁶ § 10 Rz 3; *Runggaldier* in *Tomandl* (Hrsg), Arbeitsverfassungsgesetz (3. Lfg 2007) § 10 Rz 3.
[51] Vgl etwa LGZ Wien 9.3.1937, 46 Cg 158/36, Arb 4751.
[52] In ZellKomm³ § 10 ArbVG Rz 3, der diesbezüglich ua auf OGH 8.5.1979, 4 Ob 6/79, Arb 9783 verweist.
[53] OGH 8.5.1979, 4 Ob 6/79, Arb 9783.
[54] In ZellKomm³ § 10 ArbVG Rz 3.

lösen, von Dauer sein muss, so würden Versetzungen, die zeitlich unbefristet und die nicht offensichtlich nur auf kurze Dauer ausgerichtet sind, jedenfalls eine Kollektivvertragsablöse bewirken.

Dass sich aber ex ante betrachtet vermeintlich vorübergehende Versetzungen mitunter ex post als Dauerlösung herausstellen, zeigt bereits die vorhin erwähnte OGH-Entscheidung: Über zehn Jahre lang wurde dort der falsche KollV angewandt. Aus diesem Grund greift das alleinige Abstellen auf eine Befristung der Versetzung jedenfalls zu kurz, könnte dies doch mit einem kollektivarbeitsrechtlich nicht hinnehmbaren Rechtsschutzdefizit einhergehen. Eine zeitliche Grenze halte ich daher für unentbehrlich. Doch wo zieht man eine solche? Der Schlüssel zur Antwort liegt mE in einer systematischen Gesetzesinterpretation: Ebenfalls in Zusammenhang mit Versetzungen, jedoch unter rein betriebsverfassungsrechtlichem Aspekt, normiert § 101 ArbVG, dass eine „dauernde Einreihung" nicht vorliegt, wenn sie für einen „Zeitraum von voraussichtlich weniger als 13 Wochen" erfolgt.

Die besagte 13-Wochen-Frist wurde mit der Stammfassung des ArbVG aufgrund von Sozialpartnerverhandlungen eingeführt, um das Wort „dauernd" zu präzisieren.[55] Sie entsprang also einer im Wesentlichen ganz ähnlichen Fragestellung, wie sie im Zusammenhang mit dem Kollektivvertragwechsel auftaucht, nämlich: Wann ist von einer dauernden Versetzung auszugehen? Zwar mag § 101 ArbVG nur für den betriebsverfassungsrechtlichen Versetzungsschutz gedacht sein, doch die dahinterstehenden Wertungen sind mE auch auf den zu untersuchenden Fall übertragbar: Getragen von dem Gedanken, dass eine bloß vorübergehende Versetzung nicht im selben Maße schutzwürdig ist wie eine dauernde, ging der Gesetzgeber seinerzeit – wenn auch auf Zuruf durch die Sozialpartner – von der Notwendigkeit einer genauen Grenzziehung aus. Betrachtet man das Schutzbedürfnis des AN im Kontext mit einem Kollektivvertragwechsel, könnte man auch hier zu dem Schluss gelangen, eine Versetzung von weniger als 13 Wochen sei noch nicht lange genug, um das Bedürfnis nach einem Kollektivvertragwechsel zu wecken.

Im Gegenteil. Der Nachteil der sich aus einem ständigen Kollektivvertragwechsel bei jeder noch so kurzweiligen Versetzung ergebenden Rechtsunsicherheit würde das Rechtsschutzinteresse des AN wohl sogar überwiegen. Und ein weiterer Aspekt scheint für ein Heranziehen des 13-Wochen-Zeitraums zu sprechen: § 101 ArbVG geht davon aus, dass eine Versetzung zu einer Verschlechterung der Entgeltbedingungen führen kann. Derartige Verschlechterungen können gerade auch durch einen Wechsel der Kollektivvertragsangehörigkeit infolge einer Versetzung

---

55 *Schrank* in *Tomandl* (Hrsg), Arbeitsverfassungsgesetz (1. Lfg 2005) Vorbemerkung zu § 101.

hervorgerufen werden.[56] Es wäre daher nur stimmig, den betriebsverfassungs-rechtlichen Versetzungsschutz genau ab jenem Zeitpunkt greifen zu lassen, zu dem der KollV wechseln könnte. Ganz offensichtlich findet der OGH diesen Ansatz ebenfalls nicht abwegig, wo er den § 101 ArbVG in der oben erwähnten Grazer-Stadtwerke-Entscheidung doch ausdrücklich als potenziellen Maßstab ins Treffen führt.

Bei Heranziehung der 13-Wochen-Frist tun sich naturgemäß Folgefragen auf. Soweit vorhanden, wird man die Rsp und Literatur zu § 101 ArbVG sinngemäß auf den Fall des Kollektivvertragswechsels übertragen können. Folglich hat mE hinsichtlich der Dauer einer Versetzung eine ex-ante-Beurteilung stattzufinden (arg „voraussichtlich").[57] Steht von vorn herein fest, dass die Versetzung länger als 13 Wochen dauern wird, wechselt der KollV somit bereits zum Zeitpunkt der Versetzung. Wird die Versetzung hingegen mit maximal 13 Wochen befristet und stellt sich erst nachträglich die Überschreitung dieses Zeitraums heraus, tritt die Kollektivvertragsablöse erst mit dem Zeitpunkt, zu dem die Überschreitung ab-sehbar wird, spätestens aber 13 Wochen nach der Versetzung ein.[58] Wird eine Versetzung ohne nähere Zeitangabe, also ohne Befristung, vorgenommen, so ist sie als „dauernd" anzusehen[59] und führt damit wiederum a priori zur Kollektiv-vertragsablöse. Unter diesem Aspekt empfiehlt es sich, um einen ungewollten Kollektivvertragswechsel abzuwenden, vorübergehende Versetzungen ausdrück-lich mit einer bestimmten Dauer zu begrenzen oder wenigstens festzuhalten, dass die Versetzung längstens 13 Wochen andauern wird.

2.8 Änderung des Arbeitnehmerstatus

Ein weiterer Auslöser für einen Kollektivvertragswechsel besteht in einer Ände-rung des Arbeitnehmerstatus, dh einem Wechsel vom Arbeiter zum Angestellten oder umgekehrt. Der Wechsel des KollV kann hier auf zweierlei Art zustande kommen: Bei AN, die Mitglieder der kollektivvertragsschließenden Partei sind, also Gewerkschaftsmitgliedern, tritt durch den Wechsel des Arbeitnehmerstatus unter Umständen eine Änderung der Gewerkschaftsmitgliedschaft ein. Die Kol-lektivvertragsablöse resultiert dort unmittelbar aus § 8 Z 1 ArbVG. Bei Nichtmit-gliedern führt die Statusänderung hingegen typischerweise zu einem Ausschei-

---

[56] Vgl nur OGH 12.10.1994, 9 ObA 171/94, ZAS 1995/10, 88 (*Tomandl*)

[57] *Reissner* in ZellKomm³ § 101 ArbVG Rz 26; *Födermayr* in *Strasser/Jabornegg/Resch*, Kommen-tar zum Arbeitsverfassungsgesetz (31. Lfg 2013) § 101 Rz 42; *Schrank* in *Tomandl*, ArbVG § 101 Rz 22.

[58] *Reissner* in ZellKomm³ § 101 ArbVG Rz 26; aber auch *Födermayr* in *Strasser/Jabornegg/Resch*, ArbVG § 101 Rz 46; *Schrank* in *Tomandl*, ArbVG § 101 Rz 24; *Goricnik* in *Gahleitner/Mosler* (Hrsg), Arbeitsverfassungsrecht III⁶ (2020) § 101 Rz 52.

[59] OGH 28.12.2002, 8 ObA 202/02t = DRdA 2003/47, 536 (*Mazal*).

den aus dem im KollV normierten persönlichen Geltungsbereich und einem Eintritt in den persönlichen Geltungsbereich des jeweils anderen KollV.

Etwas spezieller ist die Rechtslage in Bezug auf Angestellte ex contractu (auch Vertrags- oder Ehrenangestellte genannt). Zwar kann auch bei ihnen mit der Verleihung des Angestelltenstatus ein Gewerkschaftswechsel einhergehen. Letztlich wird aber immer die kollv Definition des persönlichen Geltungsbereichs der in Betracht kommenden KollV den entscheidenden Ausschlag geben.[60] Nach ständiger Rsp muss hierbei, damit der Angestelltenkollektivvertrag auch für die Vertragsangestellten normative Geltung entfaltet, unwiderruflich die Anwendung des AngG, des Angestelltenkollektivvertrages und die konkrete Einstufung in diesen KollV (wenigstens konkludent) vereinbart sein.[61] Überall dort, wo der Angestelltenkollektivvertrag nach dem Gesagten nicht normativ wirkt, kann ihm kraft Vereinbarung nur die Funktion einer Vertragsschablone zugedacht werden und ist er gemäß § 3 ArbVG einem Günstigkeitsvergleich mit dem normativ weiterhin geltenden Arbeiterkollektivvertrag zu unterziehen.[62]

Eine Änderung des Arbeitnehmerstatus erfolgt ferner mit dem Übertritt eines AN vom Lehr- ins reguläre Arbeitsverhältnis. Üblicherweise werden zwar Lehrlinge dem persönlichen Geltungsbereich desjenigen KollV unterworfen, welcher dem jeweiligen Lehrberuf (eher) entspricht. „Kaufmännische" Lehrlinge werden also typischerweise dem Angestelltenkollektivvertrag, „gewerbliche" Lehrlinge dem Arbeiterkollektivvertrag zugeordnet. Doch gibt es davon Ausnahmen. So erfasst bspw der persönliche Geltungsbereich des KollV für Handelsangestellte sämtliche Lehrlinge im Handel unabhängig von der Art ihres Lehrberufs, somit auch „Arbeiterlehrlinge".[63] Genau aufgrund solcher Ausnahmen kann unter Umständen mit dem Übertritt vom Lehr- ins reguläre Arbeitsverhältnis eine Kollektivvertragsablöse verbunden sein.

---

[60] Sollte der Vertragsangestellte zB der Arbeiter-Gewerkschaft angehören, aber vom persönlichen Geltungsbereich des Arbeiterkollektivvertrags ausgeschlossen und vom persönlichen Geltungsbereich des Angestelltenkollektivvertrags umfasst sein, würde gemäß § 12 ArbVG kraft Außenseiterwirkung dennoch der Angestelltenkollektivvertrag Anwendung finden. Sollte der Vertragsangestellte umgekehrt Mitglied der Angestelltengewerkschaft werden, aber vom persönlichen Geltungsbereich des Angestelltenkollektivvertrags nicht, vom persönlichen Geltungsbereich des Arbeiterkollektivvertrags dagegen sehr wohl erfasst sein, würde wiederum die Außenseiterwirkung zur Anwendung des Arbeiterkollektivvertrags führen.

[61] Grundlegend VwGH 20.1.1977, 564/76, SVSlg 24.044; ihm folgend ua OGH 28.11.1996, 8 ObA 2167/96a, DRdA 1997/37, 316 (*Mayr*) = Arb 11.544, wenngleich über rechtsdogmatischen Irrweg; vgl dazu auch die berechtigte Kritik von *Wachter*, Beitrags- und kollektivvertragsrechtliche Fragen zum Angestellten ex contractu, ZAS 1978, 43 (45) und *Mayr*, An-gestellte ex contractu – Anwendung des Ang-KollV, DRdA 1997/37, 316 (318). Vgl speziell zum Handelsangestellten-KollV auch *Löschnigg/Sarny*, Handelsangestellten-KV 2020[7] (2020) 218.

[62] *Wachter*, ZAS 1978, 47 f.

[63] *Löschnigg/Sarny*, Handelsangestellten-KV[7] 222 f.

Dieses Phänomen mag in manchen Branchen mit speziellen Folgefragen verbunden sein. So ordnet zB – um beim Handel zu bleiben – der Handelsangestellten-KollV[64] eine Verlängerung der Weiterbeschäftigungszeit (Behaltefrist) auf fünf Monate an. Da jedoch der Handelsangestellten-KollV für nunmehrige Arbeiter nicht mehr gilt[65] und der Handelsarbeiter-KollV[66] keine vergleichbare Regelung vorsieht, könnte man meinen, „Arbeiterlehrlinge" im Handel kämen lediglich in den Genuss der gesetzlichen[67] Behaltefrist von drei Monaten. Tatsächlich aber liegen zwei separate Arbeitsverhältnisse vor: Das Lehrverhältnis einerseits und das daran anschließende Arbeitsverhältnis andererseits.[68] Und wie schon aus § 2 Abs 2 Z 3 ArbVG abzuleiten ist, kann der KollV kraft § 2 Abs 2 Z 2 ArbVG über das Ende eines Arbeitsverhältnisses hinaus reichende Rechte und Pflichten begründen. Davon dürfte er auch im Fall der fraglichen Kollektivvertragsnorm Gebrauch gemacht haben. Der Anspruch auf eine längere Behaltefrist hat somit seinen Ursprung im bereits beendeten Lehrverhältnis und über dessen Beendigung hinaus Bestand, selbst wenn der einstige Lehrling nun in einem neuen Arbeitsverhältnis zum selben AG steht.[69] Aus diesem Grund gilt die fünfmonatige Behaltefrist auch für Handelsarbeiter.

2.9 Wechsel des Arbeitnehmerverbandes

Ein weiterer theoretischer Verursacher einer Kollektivvertragsablöse ist auch der Ein- oder Austritt des AN in bzw aus einer freiwilligen Berufsvereinigung (kurz: Arbeitnehmerverband), ohne dass damit eine Änderung des Arbeitnehmerstatus verbunden wäre. Der in § 6 ArbVG verankerte „Vorrang freiwilliger Berufsvereinigungen" führt dazu, dass für die Dauer der Mitgliedschaft des AN in einer freiwilligen Berufsvereinigung die gesetzliche Interessenvertretung ihre Kollektivvertragsfähigkeit verliert. Auch bei einem Wechsel des Arbeitnehmerverbandes würde sich nach § 8 Z 1 ArbVG ein Kollektivvertragswechsel vollziehen, wenn beide Verbände einen KollV abgeschlossen hätten. Allerdings ist sowohl die eine als auch die andere Konstellation von rein akademischer Relevanz. Denn es gibt in Österreich momentan weder Arbeiterkammer-KollV noch, soweit mir bekannt, konkurrierende Arbeitnehmerverbände, die ihrerseits jeweils einen eigenen KollV abgeschlossen hätten.

---

[64] Abschnitt 4) B.6. KollV für Angestellte und Lehrlinge in Handelsbetrieben (idF 1.1.2021).

[65] Ein Weiterwirken der fraglichen Norm kommt aufgrund der Totalablöse des KollV (vgl 2.1.1) nicht in Betracht.

[66] Kollektivvertrag für Handelsarbeiter (idF 1.1.2021).

[67] § 18 Abs 1 BAG.

[68] Vgl OGH 16.9.1987, 14 ObA 85/87, Arb 10.672.

[69] Vgl *Strasser* in *Strasser/Jabornegg/Resch*, ArbVG (1. Lfg 2002) § 2 Rz 41.

2.10 Standortverlegung

Wie schon eingangs angeklungen, kann der Kollektivvertragswechsel seine Wurzel auch in örtlichen Gegebenheiten haben. Schließlich ist der räumliche Geltungsbereich eines KollV unweigerlich begrenzt. So ist der Wirkungsbereich der kollektivvertragsschließenden Parteien notwendigerweise auf ein örtliches Gebiet begrenzt. Schließt etwa der jeweilige Fachverband einen KollV ab, kann dieser nie eine weiterreichende Wirkung als für das Bundesgebiet haben. Bei Abschluss durch eine Fachgruppe erstreckt sich der Geltungsbereich gar nur auf ein einzelnes Bundesland. Innerhalb dieser Grenzen kann der örtliche Geltungsbereich kraft kollv Vereinbarung freilich noch enger gezogen werden. Wird nun der Betriebsstandort in den räumlichen Geltungsbereich eines anderen KollV verlegt, ist damit womöglich ein Kollektivvertragswechsel verbunden.

2.11 Änderung des kollv Geltungsbereichs

Da die Kollektivvertragsparteien den Geltungsbereich ihres KollV selbst festlegen können, bedarf es wohl keiner näheren Erklärung, dass ein Kollektivvertragswechsel durch eine Änderung dieses Geltungsbereichs verursacht werden kann. Die Trias aus fachlichen, persönlichen und örtlichen Gründen für den Kollektivvertragswechsel zieht sich hier insofern fort, als eine Änderung des Geltungsbereichs sowohl in örtlicher, fachlicher als auch persönlicher Hinsicht denkbar ist. Ein prominentes Beispiel hierfür ist die mit 1.1.2016 erfolgte Ausweitung des persönlichen Geltungsbereichs des KollV für die Arbeiter der Garagierungs-, Tankstellen- und Servicestationsunternehmungen auf die Angestellten,[70] womit für diese vielfach eine Ablöse des Handelsangestellten-KollV[71] einherging.[72]

2.12 Abschluss oder Erlöschen eines KollV

Schließlich bewirken unter bestimmten Umständen auch ein Neuabschluss oder das Erlöschen eines KollV einen Kollektivvertragswechsel.

Zum einen verdrängt ein neu abgeschlossener KollV nach den allgemeinen Derogationsregeln einen früheren KollV, ein spezieller einen generellen.

Zum anderen vollzieht sich eine Kollektivvertragsablöse uU dort, wo wenigstens eine der beiden Arbeitsvertragsparteien Mitglied einer kollektivvertragsfähigen freiwilligen Berufsvereinigung ist. § 6 ArbVG ordnet für dieses Szenario an, dass die gesetzliche Interessenvertretung hinsichtlich der Mitglieder der Berufsverei-

---

[70] Dem ging das weithin bekannte Urteil des OGH 12.9.1990, 9 ObA 194/90, DRdA 1991/ 39, 361 (*Resch*) voraus.
[71] Zumal viele Tankstellenbetreiber in Form von Tankstellenshops das Handelsgewerbe ausübten.
[72] Hierzu eingehend *Egermann/Hauer*, RdW 2016/371, 482.

nigung die Kollektivvertragsfähigkeit verliert, sowie die freiwillige Berufsvereinigung einen KollV abschließt oder, genauer gesagt, dieser KollV in Kraft tritt. Im Ergebnis bedeutet dies das Erlöschen des KollV der gesetzlichen Interessenvertretung[73] und dessen Ablöse durch den KollV der freiwilligen Berufsvereinigung.

Vice versa wechselt der KollV auch durch das Erlöschen[74] des KollV der freiwilligen Berufsvereinigung, sofern die gesetzliche Interessenvertretung einen KollV abgeschlossen hat. Umstritten ist nur, ob dies bereits zum Zeitpunkt des Erlöschens[75] oder erst mit dem Neuabschluss eines KollV durch die gesetzliche Interessenvertretung geschieht.[76] Der Wortlaut des § 17 Abs 3 Satz 2 ArbVG, der vom „Erlöschen" des KollV spricht, mag zwar gegen ein Wiederaufleben des einstigen KollV sprechen, das Prinzip der Mitgliedschaftsnähe und die BA-CA-Entscheidung[77] legen aber mE einen sofortigen Kollektivvertragswechsel nahe.

3 Rechtsfolgen

3.1 Vorbemerkung

Sobald sich ein Kollektivvertragswechsel vollzieht, verdrängt der neue KollV den alten zur Gänze. Einzelne Bestimmungen des alten KollV bleiben somit nicht neben dem neuen KollV anwendbar.[78] Es greift hier also nicht das Günstigkeits-, sondern das Ablöseprinzip. Durchbrochen wird dieses Prinzip nur durch den in § 4 Abs 2 AVRAG verankerten Vertrauensschutz (vgl 3.7). Ansonsten wird die Hoffnung der AN auf die Weitergeltung des KollV wohl bewusst nicht geschützt, was sozialpolitisch nicht weiter bedenklich ist, weil der KollV schließlich auch in anderen Situationen erlöschen kann.[79]

Im Folgenden sollen nun die praktisch relevantesten Rechtsfolgen eines Kollektivvertragswechsels genauer erörtert werden – selbstverständlich ohne Anspruch auf Vollständigkeit.

---

[73] § 17 Abs 3 Satz 2 ArbVG.

[74] Hierfür kommen neben einem Befristungsablauf und einer Kündigung des KollV die Aberkennung der Kollektivvertragsfähigkeit der freiwilligen Berufsvereinigung in Betracht (vgl § 17 Abs 3 Satz 1 ArbVG).

[75] So zB *Strasser* in *Strasser/Jabornegg/Resch*, ArbVG (1. Lfg 2002) § 6 Rz 12; *Resch*, JBl 2001, 769 f; *Weiß*, DRdA 2001/47, 554; *Runggaldier* in *Tomandl*, ArbVG (3. Lfg 2007) § 6 Rz 10.

[76] So zB *Reissner* in ZellKomm³ § 6 ArbVG Rz 10; *Löschnigg*, Arbeitsrecht¹³ Rz 3/099; offenlassend OGH 21.12.2000, 8 ObA 125/00s, DRdA 2001/47, 547 (*Weiß*) = RdW 2001/242, 220 (*Runggaldier*) = Arb 12.066.

[77] OGH 23.11.2005, 9 ObA 128/04w, DRdA 2006/42, 467 (*Grillberger*) = Arb 12.758 mwN

[78] OGH 28.06.1976 4 Ob 40/76, ZAS 1977/30, 212 (*Tomandl*) = Arb 9486.

[79] Vgl *Rebhahn*, RdW 2005/323, 305.

3.2 Generelle Auswirkungen auf den Arbeitsvertrag

Die normative Geltung eines neuen KollV wirkt sich mitunter tiefgreifend auf den individuellen Arbeitsvertrag aus. Da jedoch im Verhältnis zwischen Arbeits- und KollV gemäß § 3 Abs 1 ArbVG das Günstigkeitsprinzip herrscht und der KollV somit nicht zum Nachteil des AN in arbeitsvertragliche Rechte eingreifen kann, vermag ein Kollektivvertragswechsel keinesfalls einzelvertraglich eingeräumte Ansprüche zu schmälern oder zu beseitigen.[80] Insofern kann sich für den AN ein Kollektivvertragswechsel ausschließlich zum Vorteil auswirken.

Soweit die Arbeitsbedingungen jedoch nicht einzelvertraglich geregelt werden, sondern sich unmittelbar aus dem KollV ergeben, ist eine Verschlechterung der Rechtsstellung sehr wohl möglich. Dies gilt selbstverständlich auch dann, wenn der Arbeitsvertrag bezüglich einzelner Ansprüche bloß auf den anzuwendenden KollV verweist. Vereinbaren die Arbeitsvertragsparteien zB eine Entlohnung nach dem jeweils geltenden KollV, ohne die Entgelthöhe zu beziffern, könnte sich im Zuge eines Kollektivvertragswechsels das Entgelt sehr wohl verringern, sofern nicht ausnahmsweise der in § 4 Abs 2 Satz 1 AVRAG verbriefte Entgeltschutz greift (siehe dazu 3.7).[81] Es zeigt sich gerade in diesem Kontext, dass sich das Verwenden von einzelvertraglichen Verweisen auf den KollV aus Arbeitgebersicht als klug erweisen kann.

3.3 Schicksal von Bezugnahmeklauseln

Es sind aber gerade solche Verweise, die sich iZm einem Kollektivvertragswechsel als problematisch entpuppen können. Es verlangt nach keiner weiteren Erklärung, dass eine Vertragsklausel, die auf eine bestimmte Norm des alten KollV verweist, nach der Kollektivvertragsablöse für Interpretationsbedarf sorgt. Denn hier sind grundsätzlich zwei Auslegungsvarianten denkbar: Einerseits die, dass die Arbeitsvertragsparteien nun die Bestimmungen des neuen KollV zur Anwendung bringen wollen; andererseits jene, die weiterhin der bezughabenden Norm des bisherigen KollV Geltung verleiht.

Dort, wo der neue KollV eine für den AN günstigere Regelung als der alte bereit hält, erübrigt sich die Auslegungsfrage praktisch ohnedies, da diesfalls die Regelung des neuen KollV unter allen Umständen zum Durchbruch gelangt.[82] Selbst wenn man die Bezugnahmeklausel nämlich als einen Verweis auf den bisherigen

---

[80] *Schrank*, Kollektivvertragsrechtsfragen bei Ausgliederungen und Umstrukturierungen, ecolex 2000, 660 (661).
[81] So auch *Gahleitner* in *Neumayr/Reissner* (Hrsg), Zeller Kommentar zum Arbeitsrecht[3] (2018) § 4 AVRAG Rz 5.
[82] Freilich muss man hier die Günstigkeit iSd § 3 Abs 2 ArbVG anhand eines Gruppenvergleich bewerten.

KollV verstanden wissen wollte, würde wegen des ihr innewohnenden Verstoßes gegen den relativ zwingenden (neuen!) KollV daraus letztendlich ihre Unwirksamkeit resultieren.

Dort aber, wo zulässigerweise auf den bisherigen KollV verwiesen werden dürfte, gilt es nach dem Willen der Arbeitsvertragsparteien zu forschen. Obgleich die Vertragsauslegung natürlich stets einzelfallabhängig ist, wird man den Vertragsparteien in den wenigsten Fällen den Willen zusinnen können, die Inhalte eines normativ nicht (mehr) wirksamen KollV vereinbart haben zu wollen. Daran würde sich mE auch dann nichts ändern, wenn der nunmehr „falsche" KollV explizit beim Namen genannt wird. Nach § 914 ABGB ist nämlich nicht am buchstäblichen Sinn des Ausdrucks zu haften, sondern die Absicht der Parteien zu erforschen und der Vertrag so zu verstehen, wie es der Übung des redlichen Verkehrs entspricht. Und es entspricht eben nicht der Verkehrssitte, hinsichtlich bestimmter Vertragsinhalte auf einen „fremden" KollV zu verweisen. Vielmehr dürfte eine Vertragslücke vorliegen, welche es mithilfe der ergänzenden Vertragsauslegung zu füllen gilt. Es ist nach dem hypothetischen Parteiwillen zu fragen, also danach, was redliche Parteien, hätten sie den möglichen Eintritt eines Kollektivvertragswechsels bedacht, für diesen Fall vereinbart hätten. Davon ausgehend muss die Bezugnahmeklausel in dem Sinn verstanden werden, dass die Vertragsparteien in Wahrheit einen dynamischen Verweis angestrebt haben.[83]

Tatsächlich ist sogar zu hinterfragen, ob sich die Vertragsparteien mit der Bezugnahmeklausel überhaupt binden wollten oder ob sie sich damit nicht doch nur dem relativ zwingendem KollV unterwerfen wollten, maW, ob eine konstitutive Willens-, oder doch eine bloß deklarative Wissenserklärung vorliegt.[84] Wie auch sonst ist diese Frage stets individuell im Wege der Vertragsauslegung zu beantworten, wobei allein maßgeblich ist, welchen Eindruck der Erklärungsempfänger haben musste.[85] Demnach werden Bezugnahmeklauseln wohl idR als Wissenserklärungen zu verstehen sein. Es ist eben nicht anzunehmen, dass der Verweis auf einen KollV, von dem die Vertragsparteien davon ausgehen, dass er ohnehin Kraft seiner normativen Wirkung zur Anwendung gelangt, aus einem Verpflichtungswillen heraus erfolgt, sondern rein informativen Charakter besitzt.[86]

---

[83] IdS auch – am Beispiel der Arbeitszeitvereinbarung – *Felten*, Entgeltschutz bei Betriebsübergang, ZAS 2012/15, 79 (81).

[84] Vgl *Neumayr/Hofer* in *Reissner/Neumayr* (Hrsg), Zeller Handbuch Arbeitsvertrags-Klauseln[2] (2019) Rz 4.04 ff.

[85] OGH 18.10.1983, 4 Ob 126/83, DRdA 1986/2, 40 (*Kerschner*).

[86] Vgl OGH 24.09.2012, 9 ObA 93/12k, infas 2013 A 15 (dort ging es zwar um einen Verweis in einem Dienstzettel, jedoch kann mE für einen im schriftlichen Arbeitsvertrag enthaltene Bezugnahmeklausel nichts Anderes gelten, zumal die Verweisklauseln oft nur deshalb Eingang in die Vertragsurkunde finden, um das Aufzeichnungsgebot des § 4 Abs 4 Z 2 AVRAG zu erfüllen); *Byd-*

So geht der OGH[87] bspw zu Recht davon aus, dass die im Arbeitsvertrag vorgenommene kollv Einstufung „zumeist als Verweis auf eine ohnehin geltende Norm nur als Wissenserklärung zu verstehen [ist], ohne mit dieser Erklärung die Rechtslage im Sinne einer vertraglichen Vereinbarung gestalten zu wollen". Für eine besserstellende Vertragszusage müssten die Begleitumstände oder die Textierung auf mehr als die bloße Anwendbarkeit hindeuten.[88] Sollten trotz allem Zweifel darüber bestehen bleiben, ob eine Vertragsbestimmung als Wissens- oder Willenserklärung intendiert war, ist sie gemäß § 915 Halbsatz 2 ABGB zulasten desjenigen auszulegen, der sich ihrer bedient hat.[89] Das ist regelmäßig der AG.

3.4 Einzelvertragliche Wiedergabe von Kollektivvertragsinhalten

Von den Fällen bloßer Verweise zu unterscheiden sind solche Arbeitsvertragsbestimmungen, welche die kollv Anordnungen inhaltlich ausdrücklich wiedergeben, beispielsweise die Höhe des kollv Mindestentgelts, die kollv Normalarbeitszeit, die Höhe von Reiseaufwandsentschädigungen oder die Dauer kollv Kündigungs- oder Verfallsfristen. Haftete man hier streng am Wortlaut an, würden sich im Kontext eines Kollektivvertragswechsels ähnliche Probleme ergeben wie bei den Bezugnahmeklauseln: Ist die Vereinbarung für den AN ungünstiger als der neue KollV, würde dies zur Nichtigkeit der jeweiligen Klausel führen. Stellt sie den AN hingen besser als der nunmehrige KollV, ist zu hinterfragen, ob die Arbeitsvertragsparteien dies überhaupt anstrebten.

Auch derartige Vertragsbestandteile sind im Rahmen der Vertragsauslegung darauf zu untersuchen, ob sie konstitutiv oder bloß deklarativ gemeint sind. ME wird in den meisten Fällen von einer bloßen Wissenserklärung auszugehen sein.[90] Es ist schlichtweg sehr unwahrscheinlich, dass die Arbeitsvertragsparteien aus freien Stücken zufällig die exakt gleiche Regelung getroffen hätten wie der KollV. Sieht der KollV zB ein Mindestentgelt von € 2.159,- vor und wird derselbe Betrag im Arbeitsvertrag als Entgelt festgelegt, ist anzunehmen, dass sich die Arbeitsvertragsparteien lediglich auf die Bezahlung des kollv Mindestentgelts verständigt haben und die ziffernmäßige Angabe des Entgelts eine darauf beruhende Wissenserklärung ist.

---

linski, Willens- und Wissenserklärungen im Arbeitsrecht (I), ZAS 1976, 83 (88); Marhold, ASoK 1999, 345 f; in Bezug auf die essentialia negotii „Arbeitszeit" und „Entgelt" aA Gahleitner, Ausgewählte Rechtsfragen zur Beziehung zwischen Arbeitszeit und Entgelt, DRdA 2012, 123 (130).

[87] 28.6.2011, 9 ObA 72/11w, ARD 6189/2/2011.

[88] Schrank, Leitentscheidungen der Höchstgerichte zum Arbeitsrecht und Sozialversicherungsrecht (38. Lfg 2013) 1.8.2.Nr1.

[89] Neumayr/Hofer in ZellHB AV-Klauseln[2] Rz 4.07.

[90] Generell in diese Richtung Rebhahn in Neumayr/Reissner (Hrsg), Zeller Kommentar zum Arbeitsrecht[3] (2018) §§ 861 – 864a ABGB Rz 55.

Schon allein die Tatsache, dass das kollv Mindestentgelt üblicherweise einem ständigen Wandel unterliegt (zB durch jährliche Erhöhungen, Vorrückungen, Umreihungen usw), lässt den Schluss, dass sich die Parteien ausschließlich auf den im Arbeitsvertrag genannten Betrag geeinigt haben, kaum zu. Vielmehr handelt es sich bei der Angabe des konkreten Betrags zwangsläufig um eine reine Momentaufnahme, hinter der in Wahrheit die Vereinbarung des jeweils gültigen kollv Mindestentgelts steht. Daran ändert auch die in § 2 Abs 2 Z 9 AVRAG normierte Pflicht, das Grundgehalt betragsmäßig auszuweisen, nichts,[91] handelt es sich schließlich auch bei den Angaben im Dienstzettel um nichts anderes als bloße Wissenserklärungen.[92]

Gesagtes gilt sinngemäß auch für das vereinbarte Arbeitszeitausmaß, wobei mehrere Fallvariationen unterschieden werden müssen: Definiert der Arbeitsvertrag kein konkretes Arbeitszeitausmaß und ergibt sich nach den konkreten Umständen nichts Anderes, so wird entsprechend der Verkehrssitte davon auszugehen sein, dass die Arbeitsvertragsparteien ein Vollzeitarbeitsverhältnis unter Heranziehung der kollv Normalarbeitszeitgrenzen vereinbaren wollten.[93] Dasselbe gilt freilich auch dann, wenn die Arbeitsvertragsparteien ausdrücklich auf die kollv Normalarbeitszeit verweisen oder einfach nur „Vollzeit" vereinbaren. Haben sich AG und AN hingegen auf ein ziffernmäßiges Arbeitszeitausmaß geeinigt, gilt es zwischen Voll- und Teilzeitarbeitsverhältnissen zu unterscheiden. Bei Teilzeitvereinbarungen werden mit der Änderung der Kollektivvertragsangehörigkeit keine nennenswerten Auslegungsfragen einhergehen.

Es darf nämlich angenommen werden, dass die Arbeitsvertragsparteien auch dann dasselbe Arbeitszeitausmaß vereinbart hätten, wenn ein anderer KollV zur Anwendung gekommen wäre. Anders bei den Vollzeitarbeitsverhältnissen, denn für diese ist die kollv Normalarbeitszeit sehr wohl maßgeblich. Und auch hier wird man regelmäßig davon ausgehen können, dass die Arbeitsvertragsparteien nicht zufällig dasselbe Arbeitszeitausmaß gewählt haben, wie es der KollV vorsieht, sondern dass der dahinterstehende Parteienwille darauf gerichtet war, ein Vollzeitarbeitsverhältnis nach den Bestimmungen des anwendbaren KollV zu vereinbaren, und in der Angabe des konkreten Stundenausmaßes lediglich eine Wissenserklärung darüber zu erblicken ist, welchem Stundenausmaß eine Vollzeitbeschäftigung nach dem anwendbaren KollV entspricht. Ein Kollektivvertragswechsel kann demzufolge bei Vollzeitarbeitsverhältnissen sehr wohl ohne

---

[91] IdS aber die Argumentation von *Gahleitner*, DRdA 2012, 130.
[92] RIS-Justiz RS0027889.
[93] *Heilegger* in *Gasteiger/Heilegger/Klein*, Arbeitszeitgesetz[5] (2019) § 19d Rz 20.

weiteres Zutun der Arbeitsvertragsparteien eine Änderung des geschuldeten Arbeitszeitausmaßes herbeiführen[94] – sowohl nach oben als auch nach unten. Damit bleibt freilich die Frage im Raum, inwiefern das geänderte Arbeitszeitausmaß den Entgeltanspruch beeinflusst. Hier muss zwischen dem individualarbeitsvertraglichen und dem kollv Entgelt unterschieden werden: Soweit es um das einzelvertragliche Entgelt geht, ist davon auszugehen, dass die Vertragsparteien das Szenario einer geänderten Normalarbeitszeit nicht bedacht haben. Insofern ist der Arbeitsvertrag lückenhaft und bedarf einer ergänzenden Vertragsauslegung unter Zuhilfenahme des hypothetischen Parteiwillens. Da redlichen Vertragsparteien mE unterstellt werden muss, dass sie das arbeitsvertragliche Synallagma bei einer Änderung der geschuldeten Arbeitszeit wahren wollen, ist das einzelvertraglich vereinbarte Entgelt ohne jeden Zweifel an das geänderte Arbeitszeitausmaß anzupassen.[95] Das vertraglich bedungene Entgelt wäre demnach bspw bei einer Erhöhung der kollv Normalarbeitszeit von 38,5 auf 40 Stunden um 1,5/40 zu erhöhen und im gegenteiligen Fall entsprechend zu senken. Das kollv Mindestentgelt muss hingegen nicht an das geänderte Arbeitszeitausmaß angepasst werden. Schließlich ist das (normativ gültige) neue kollv Mindestentgelt ja gerade auf die neue kollv Normalarbeitszeit angelegt. Ebenso wenig muss das bisherige kollv Mindestentgelt in angepasster Höhe weiterbezahlt werden, weil das bisherige kollv Mindestentgelt nur mehr im Rahmen des Entgeltschutzes nach § 4 Abs 2 Z 1 AVRAG gesichert ist und von diesem das synallagmatische Verhältnis zwischen Arbeitszeit und Entgelt nicht geschützt wird (vgl 3.7.1).

3.5 Willentliche Weiteranwendung des bisherigen KollV

Stellt sich heraus, dass der Verpflichtungswille des AG tatsächlich darauf gerichtet ist, sich – oder besser gesagt: das Arbeitsverhältnis – dem bisherigen KollV zu unterwerfen, so vereitelt dies keineswegs die normative Geltung des neuen KollV. Der alte KollV wird aber kraft Einzelvereinbarung als Vertragsschablone Inhalt

---

[94] Von der Möglichkeit einer Erhöhung der geschuldeten Arbeitszeit gehen offensichtlich auch *Geiger*, Entgeltschutz bei Betriebsübergang mit veränderter kollektivvertraglicher Normalarbeitszeit, ASoK 2010, 898 (898 ff); *Schneller*, Betriebsübergang, Kollektivvertragswechsel und Vertrauensschutz, DRdA 2011, 3 (16 ff) und *Traxler*, Umstrukturierungen aus arbeitsrechtlicher Sicht: Was es in diesem Zusammenhang zu beachten gibt, ASoK 2020, 418 (420), wenn auch unter der Prämisse, dass dann das Entgelt pro rata temporis anzuheben ist, aus; ähnlich *Felten*, ZAS 2012/15, 81 f, der aber anders im Falle eines ziffernmäßig vereinbarten Arbeitszeitausmaß an diesem festhalten will; vgl auch OGH 22.2.2011, 8 ObA 19/10t, ZAS 2012/15, 79 (*Felten*), wo sich die Normalarbeitszeit ebenfalls von 37 auf 40 Stunden erhöhte, ohne dass der Kläger dies bekämpfte; generell aA *Gahleitner*, DRdA 2012, 130.
[95] Insoweit ebenso *Felten*, ZAS 2012/15, 81 f.

des individuellen Arbeitsvertrags, soweit dies iSd § 3 Abs 1 ArbVG für den AN günstiger ist als der normativ gültige KollV.[96]

Eine solche Vereinbarung kann auch konkludent zustande kommen, indem der bisherige KollV weiterhin regelmäßig und unwiderruflich angewendet wird.[97] Auch in letzterem Fall muss freilich der AG einen entsprechenden Verpflichtungswillen unzweideutig zum Ausdruck gebracht haben. Steht der Wechsel der Kollektivvertragsangehörigkeit mit einer Betriebsänderung iSd § 109 Abs 1 Z 1 bis 6 ArbVG in Verbindung, könnte die schuldrechtliche[98] Weiteranwendung des bisherigen KollV auch Inhalt eines Sozialplans sein.

3.6 Irrtümliche Weiteranwendung des bisherigen KollV

Wird der bisherige KollV hingegen ohne entsprechenden Verpflichtungswillen des AG weiterhin angewandt, ist dies normalerweise auf einen arbeitgeberseitigen Irrtum zurückzuführen. Gerade dort, wo ein Kollektivvertragswechsel, etwa infolge der Verlagerung des Kerngeschäfts, unbemerkt vonstattengeht, ist dieses Phänomen nicht selten. Im Gegenteil. In der arbeitsrechtlichen Beratung durch die Wirtschaftskammern gehören derartige Fälle regelrecht zum Tagesgeschäft. Es ist daher umso mehr angebracht, die daraus abzuleitenden Rechtsfolgen genauer zu untersuchen.

Zunächst kann die Weiteranwendung des falschen KollV aus der Warte der AN iSv § 863 ABGB als Willenserklärung des AG verstanden werden, wenn dieser durch regelmäßige, vorbehaltlose Gewährung bestimmter Leistungen an die AN seinen Willen, sich diesbezüglich auch für die Zukunft zu verpflichten, unzweideutig zum Ausdruck bringt. Nehmen die AN dieses Leistungsangebot – wenn auch nur schlüssig – an, werden die Leistungen zum Inhalt der einzelnen Arbeitsverträge. Die Rede ist von der betrieblichen Übung.[99]

Auf das Vorhandensein eines Erklärungswillens aufseiten des AG kommt es hierbei nicht an. Vielmehr ist für das Entstehen eines Anspruchs allein entscheidend, welchen Eindruck die AN vom schlüssigen Verhalten des AG haben mussten und was die AN bei sorgfältiger Überlegung dem Erklärungsverhalten des AG entnehmen können.[100]

---

[96] OGH 29.03.2006, 9 ObA 70/05t, ARD 5701/6/2006; 4.11.1980, 4 Ob 138/80, Arb 9914.

[97] *Marhold*, ASoK 1999, 345.

[98] Durch den zweiseitig zwingenden Charakter des Arbeitsverfassungsgesetzes vermag selbst ein betrieblicher Sozialplan iSd § 94 Abs 1 Z 4 ArbVG die Normwirkung eines bestimmten KollV nicht zu begründen. Lediglich ein kollv Sozialplan nach § 2 Abs 2 Z 4 ArbVG hätte dazu die Macht.

[99] Vgl RIS-Justiz RS0014543.

[100] Ua OGH 15.07.1987, 14 ObA 54/87, DRdA 1989/2, 33 (*Schwarz*).

Selbstverständlich ist das Vorliegen einer betrieblichen oder individuellen Übung im einzelnen Anlassfall individuell zu prüfen. Typischerweise wird der AN aber eben nicht frei von Zweifeln davon ausgehen können, dass der AG dem bisherigen KollV bewusst weiterhin Geltung verschaffen will. Hierzu müsste wechselseitig offensichtlich sein, dass der falsche KollV weiter angewendet werden soll.[101] Unter gewöhnlichen Umständen wird folglich eine betriebliche bzw individuelle Übung zu verneinen sein.

Selbst wenn in der Weiteranwendung des bisherigen KollV keine Willenserklärung des AG zu erblicken ist, kommt in dessen Verhalten wohl zumeist eine Wissenserklärung zum Ausdruck.[102] Diese verpflichtet zwar grundsätzlich nicht dazu, die unrichtige Handhabung auch in Zukunft beizubehalten.[103] Ebenso wenig ist sie aber völlig rechtsfolgenlos. Die mittlerweile ständige Rsp[104] geht hier in Anschluss an *Bydlinski*[105] von einem Vertrauensschutz zugunsten des AN aus. Demzufolge wird das „Minus" der Wissenserklärung als Vertrauenstatbestand durch die größere Intensität anderer Kriterien aufgewogen. Nach dieser Theorie ist das Vertrauen des AN dann schützenswert, wenn die Erklärung in besonderer Weise dem AG zuzurechnen ist, der AN bezüglich der Erklärung im guten Glauben ist und wenn schließlich eine nachhaltige Vertrauensdisposition des AN vorliegt. Besondere Bedeutung misst die Judikatur hierbei dem zeitlichen Aspekt bei. Ein besonders lange andauerndes irriges Verhalten des AG sei dem AG im besonderen Ausmaß zuzurechnen und begründe zugleich eine nachhaltige Vertrauensdisposition des AN. Das sei nach Ansicht des OGH jedenfalls bei einem Zeitraum von über 15[106] und umso mehr bei einer Dauer von fast 30 Jahren[107] der Fall. Orientiert sich der AG daher längere Zeit am falschen KollV, käme selbst entsprechenden Wissenserklärungen Erfüllungswirkung zu.

Der Vertrauensschutz darf jedoch nicht überbewertet werden. Die bloße Veranlassung eines Vertrauenstatbestandes durch einen Fehler in der Sphäre des AG ist schwach und nur ausnahmsweise ausreichend, um einen Anspruch des AN zu begründen.[108] Eine nur kurzfristige Weiteranwendung des alten KollV wird daher idR nicht ausreichen, um aus dem Verhalten des AG Rechtsansprüche ableiten zu

---

[101] Vgl *Bydlinski*, ZAS 1976, 91 zur Situation, dass der AG im Glauben, dazu verpflichtet zu sein, mehr leistet als er müsste.
[102] Immerhin bring der AG durch die fortwährende Anwendung des alten KollV die Meinung zum Ausdruck, dass dieser KollV der normativ gültige sei.
[103] *Schrank*, Arbeitsrecht und Sozialversicherungsrecht (85. Lfg 2020) Kap 18 Rz 5.
[104] RIS-Justiz RS0014478, RS0014012.
[105] ZAS 1976, 83 sowie *Bydlinski* Willens- und Wissenserklärungen im Arbeitsrecht (II), ZAS 1976, 126.
[106] OGH 7.8.1997, 8 ObA 2292/96h, DRdA 1998/25, 248 (*Kerschner*).
[107] OGH 19.12.2013, 9 ObA 142/13t, ARD 6388/10/2014.
[108] OGH 29.1.1998, 8 ObA 340/97a, DRdA 1998/62, 429 (*Geist*).

können. Wo hier die zeitliche Grenze liegt, ist schwer einzuschätzen und letztendlich auch immer einzelfallabhängig. Oft dauert es – wie schon die zitierten OGH-Entscheidungen zeigen – einige Jahre, bis der Irrtum hervorkommt.

Daher erscheint es unbillig, die Grenze zu eng zu ziehen. Aus der oben genannten Rsp generell einen 15-Jahres-Zeitraum abzuleiten, ist aus meiner Sicht dennoch überzogen.[109] In die Beurteilung wird mE vor allem einfließen müssen, wie leicht die fehlerhafte Vorgangsweise auffallen musste. Bei einem infolge des Erwerbs einer neuen Gewerbeberechtigung hervorgerufenen Kollektivvertragswechsel ist sicher ein strengerer Maßstab anzusetzen als zB bei der bloßen Verlagerung des Kerngeschäfts, die sich ja üblicherweise nur sehr undeutlich manifestiert. Jedenfalls wird der AG aber die fehlerhafte Kollektivvertragsanwendung, sobald er sie bemerkt, umgehend einstellen und die AN davon informieren müssen.[110]

Offen zu erörtern bleibt in diesem Zusammenhang noch, inwiefern der vor Bemerken des Irrtums bestehende rechtswidrige Zustand saniert werden kann oder muss. Soweit der richtige KollV den AN besser gestellt hätte, hat der AG die Pflicht, die unbefriedigten Ansprüche des AN rückwirkend zu begleichen, wenn nicht bereits deren Verjährung oder der Verfall eingetreten ist. Unter Umständen ist darüber hinaus gemäß § 29 LSD-BG sogar die Nachzahlung bereits verjährter oder verfallener Entgeltansprüche geboten.[111] Umgekehrt hat dagegen der AG prinzipiell die Möglichkeit, allenfalls zu viel geleistetes Entgelt über § 1431 ABGB zurückzufordern. Ausgeschlossen ist dies jedoch bei bereits erfolgtem gutgläubigem Verbrauch der bezogenen Zuwendungen durch den AN.[112] Der gute Glaube beim Empfang und Verbrauch eines unrechtmäßigen Übergenusses ist zwar schon dann nicht mehr anzunehmen, wenn der AN objektiv an der Rechtmäßigkeit des ihm ausgezahlten Bezuges auch nur Zweifel haben musste.[113]

Wenn aber schon der AG hinsichtlich des anzuwendenden KollV im Ungewissen ist, wird man dem AN umso weniger Zweifel an der Richtigkeit des KollV unterstellen können. Eine Rückforderung von Leistungen scheitert daher idR[114] am gutgläubigen Verbrauch durch den AN.[115] Selbst die Aufrechnung der gutgläubig

---

[109] So aber offenbar *Schrank*, Arbeitsrecht Kap 18 Rz 6.
[110] Vgl *Schrank*, Arbeitsrecht Kap 18 Rz 6.
[111] Der Verfall des Entgeltanspruchs verhindert nicht die Strafbarkeit einer Unterentlohnung (OGH 26.1.2018, 8 ObS 9/17g, DRdA 2019/5, 53 [*Jabornegg*]).
[112] Grundlegend OGH 23.4.1929, Präs 1025/28, Judikat Nr 33 = Arb 3893.
[113] RIS-Justiz RS0033826.
[114] In ganz speziellen Konstellationen könnte die Beurteilung freilich auch anders ausfallen, wobei immer der AG die Unredlichkeit des AN zu beweisen hat.
[115] So auch *Kühteubl*, KollV-Angehörigkeit: Keine gerichtliche Überprüfung der AG-Zuordnung, ZAS 2018/40, 241 (244).

empfangenen Überbezüge mit allfälligen Nachzahlungsansprüchen des AN ist unstatthaft.[116]

3.7 Entgeltschutz

3.7.1 Entgeltschutz bei Betriebsübergang

§ 4 Abs 2 Satz 1 AVRAG ordnet an, dass durch den Wechsel der Kollektivvertragsangehörigkeit infolge des Betriebsüberganges das dem AN vor Betriebsübergang für die regelmäßige Arbeitsleistung in der Normalarbeitszeit gebührende kollv Entgelt nicht geschmälert werden darf. Diese Form des Entgeltschutzes ist eine Ausprägung des sog "gold platings", weil sie nach der BeitriebsübergangsRL[117] nicht geboten wäre. Sie bewirkt lediglich die statische Festlegung einer Entgeltuntergrenze, wobei sich das kollv Mindestentgelt aber ausschließlich nach dem Erwerberkollektivvertrag bestimmt.[118] Mit der Bestimmung sollte somit kein mit den normativ anzuwendenden KollV konkurrierendes „normatives" Entgelt geschaffen werden.[119] Das bisherige normative Entgelt wird viel eher in ein einzelvertragliches Entgelt umgewandelt,[120] welches auch durch eine neue Einzelvereinbarung nicht unterschritten werden kann.[121] Als Schutzdauer hierfür wendet die überwiegende Lehre[122] die Einjahresgrenze des § 4 Abs 1 Satz 2 AVRAG analog an.

Der Entgeltschutz beschränkt sich nach dem Gesetzeswortlaut auf das für die regelmäßige Arbeitsleistung in der Normalarbeitszeit gebührende kollv Entgelt. Welche Entgeltbestandteile davon im Detail erfasst sind, ist in der Lehre[123] teilweise umstritten, zumal zu dieser Frage, soweit ersichtlich, keine besonders aus-

---

[116] Vgl OGH 15.7.1986, 14 Ob 112/86, REDOK 10.491.

[117] Richtlinie 2001/23/EG des Rates vom 12.3.2001 zur Angleichung der Rechtsvorschriften der Mitgliedstaaten über die Wahrung von Ansprüchen der Arbeitnehmer beim Übergang von Unternehmen, Betrieben oder Unternehmens- oder Betriebsteilen, ABl L 2001/82, 16.

[118] OGH 18.12.2014, 9 ObA 109/14s, Arb 13.191.

[119] OGH 11.10.1995, 9 ObA 97/95, DRdA 1996/39, 396 (*Wachter*).

[120] *Schrank*, Eintrittsautomatik bei Betriebsübergang (I), ecolex 1993, 541 (545).

[121] *Schrank*, ecolex 2000, 660 (663).

[122] So ua *Grillberger*, Betriebsübergang und Arbeitsverhältnis – Neuregelung durch das AVR AG, wbl 1993, 311; *Gahleitner/Leitsmüller*, Umstrukturierung und AVRAG (1996) 142; *Schrank*, ecolex 2000, 663; *Reissner*, Arbeitsrechtliche Probleme im Zusammenhang mit Ausgliederung und Standortverlegung, DRdA 2002, 248 (251); *Binder/Mair* in *Binder/Burger/Mair*, AVRAG³ § 4 Rz 17; *Gahleitner* in ZellKomm³ § 4 AVRAG Rz 9; *Geiger*, ASoK 2010, 92; aA *Löschnigg*, Arbeitsrecht¹³ Rz 9/066.

[123] ZB *Schima*, Kollektivvertragsgeltung und Betriebsübergang, RdW 1993, 184 (187); *Schrank*, ecolex 2000, 663 f; *Mayr*, Kollektivvertrag und „ex-gemeinnützige Wohnungswirtschaft", RdW 2001/756, 739 (741); *Reissner*, DRdA 2002, 251; *Höfle*, Absoluter Entgeltschutz für ein Jahr nach Betriebsübergang? ASoK 2005, 176; *Schneller*, DRdA 2011, 17; *Binder/Mair* in *Binder/Burger/Mair*, AVRAG³ § 4 Rz 18; *Gahleitner* in ZellKomm³ § 4 AVRAG Rz 5 ff; *Jöst* in *Mazal/Risak* (Hrsg), Das Arbeitsrecht: System und Praxiskommentar (36. Lfg 2020) Kap IX Rz 57.

sagekräftige Judikatur besteht. Der OGH[124] führt diesbezüglich lediglich den weiten Entgeltbegriff ins Treffen und spricht sich für einen Schutz jenes Entgelts aus, mit dem der AN nach dem früheren KollV gesichert rechnen konnte. Eine allzu enge Auslegung scheint demzufolge auszuscheiden. Allerdings greift die Aussage des OGH insofern zu kurz, als der AN grundsätzlich ja mit allen kollv Ansprüchen „gesichert" rechnen kann. Zum Zweck der Auslegung des § 4 Abs 2 Satz 1 AVRAG sollte man sich vielmehr dessen Textierung widmen. Zunächst deutet das kleine Wörtchen „für" klar darauf hin, dass es darauf ankommt, ob die Höhe der jeweiligen Leistung davon abhängt, ob der AN seine Arbeitsleistung erbringt oder ob die Leistung davon vollkommen entkoppelt ist.

Ein aussagekräftiges Indiz hierfür ist, ob die Leistung durch entgeltfreie Zeiten (dh etwa nach Ausschöpfen der Entgeltfortzahlung) geschmälert wird. Trifft dies zu, so besteht mE ein Konnex mit der „regelmäßigen Arbeitsleistung" und die Leistung ist vom Entgeltschutz erfasst. Darüber hinaus schließt die Bezugnahme auf die „Normalarbeitszeit" offenkundig das Überstunden- und mE auch Mehrarbeitsentgelt aus. § 4 Abs 2 Satz 1 AVRAG inkludiert demnach neben dem kollv Grundentgelt Leistungsentgelte, Provisionen,[125] Prämien, Zulagen, die für die Normalarbeitszeit gebühren, Sachbezüge[126] und Sonderzahlungen, nicht jedoch Überstunden- und Mehrarbeitsentgelte, Beteiligungen am Unternehmenserfolg, Jubiläumsgelder oder eine zusätzlich Abfertigung.

Lange Zeit war umstritten, ob § 4 Abs 2 Satz 1 AVRAG auch das nach dem kollv bestehende Synallagma zwischen Arbeitsleistung und Entgelt schützt, maW, ob das bisherige Mindestentgelt an ein allenfalls geändertes Arbeitszeitausmaß angepasst werden muss. Vollkommen zu Recht hat der OGH diese Frage schließlich negiert.[127] Veränderungen im arbeitszeitrechtlichen Bereich – mögen diese bei der Abrechnung auch entgeltrechtliche Konsequenzen haben – seien nicht als „entgeltrechtliche Regelungen" einzustufen. Dadurch, dass der Gesetzgeber ausdrücklich nur auf das „Entgelt" abgestellt hat, habe er im Ergebnis klar zum Ausdruck gebracht, dass es ihm nicht um das Festhalten des nach dem alten KollV bestehenden „Synallagmas" zwischen Entgelt und Arbeitsleistung geht, sondern nur um das Festhalten eines Schutzes des AN vor einer Minderung des Entgelts für die in der „Normalarbeitszeit" zu erbringende Arbeitsleistung. Uneingeschränkt gilt dies freilich nur dort, wo der alte KollV Monatsentgelte beinhaltet.

---

124 OGH 26.5.2010, 9 ObA 8/10g, DRdA 2011, 3 (*Schneller*) = Arb 12.896.
125 Sofern es sich hierbei nicht um Direkt- oder Folgeprovisionen handelt.
126 OGH 11.10.1995, 9 ObA 97/95, DRdA 1996/39, 396 (*Wachter*).
127 OGH 26.5.2010, 9 ObA 8/10g, DRdA 2011, 3 (*Schneller*) = Arb 12.896; idS auch *Schrank*, ecolex 1993, 545; *Binder/Mair* in *Binder/Burger/Mair*, AVRAG³ § 4 Rz 19; aA *Gahleitner/Leitsmüller*, Umstrukturierung Rz 260; *Gahleitner*, ZellKomm³ § 4 Rz 5; *Schneller*, DRdA 2011, 17 f; *Geiger*, ASoK 2010, 91.

Sieht er indessen eine Entlohnung nach Stunden vor, ist das arbeitsvertragliche Synallagma mE sehr wohl gewahrt, gilt dann immerhin der jeweilige Stundensatz als gesetzlich geschützt.

3.7.2 Analoge Anwendbarkeit des § 4 Abs 2 Satz 1 AVRAG

Nun bezieht sich § 4 Abs 2 Satz 1 AVRAG ausdrücklich nur auf den Betriebsübergang. Die dahinterstehenden Wertungen haben den OGH allerdings in der BA-CA-Entscheidung[128] dazu bewogen, den Entgeltschutz analog auch auf all jene Kollektivvertragsablösen anzuwenden, die durch den arbeitgeberseitigen Wechsel der freiwilligen Berufsvereinigung bewirkt werden. Überhaupt sei die Norm bei einem jeden Kollektivvertragswechsel, der durch eine freiwillige Entscheidung des AG herbeigeführt werde, analog anzuwenden. Wenngleich man berechtigte Zweifel dieser vom OGH geübten Rechtsfortbildung anmelden darf,[129] hat das Höchstgericht durch seine Entscheidung in einer lange Zeit umstrittenen Rechtsfrage Klarheit geschaffen.

Eine weitergehende Analogie – über den freiwilligen Verbandswechsel hinaus – ist mE aber nicht statthaft. Das scheint auch der OGH selbst so zu sehen, indem er in besagter Entscheidung strikt zwischen dem Wechsel der freiwilligen Berufsvereinigung und einem infolge einer Änderung der Geschäftätigkeit verbundenen Fachorganisationswechsel differenziert. Denn anders als über den Wechsel der Mitgliedschaft zu einer Fachgruppe der Wirtschaftskammer könne der AG bei einer freiwilligen Berufsvereinigung auch ohne Änderung seiner Geschäftstätigkeit privatautonom über seinen Aus- bzw Beitritt (mit-)bestimmen.

Natürlich könnte man zwar in Frage stellen, dass der KollV deshalb gleich der Disposition des AG unterliegt[130] und umgekehrt behaupten, dass auch die Änderung der Geschäftstätigkeit auf einem freien Willensentschluss des AG beruht. Dennoch sehe ich wie der OGH eine klare Trennlinie zwischen dem Wechsel der freiwilligen Berufsvereinigung und dem Wechsel der gesetzlichen Interessenvertretung. Denn man wird einem AG kaum unterstellen können, dass er seine Geschäftstätigkeit nur deswegen ändert, um an einen anderen KollV zu kommen,

---

[128] OGH 23.11.2005, 9 ObA 128/04w, DRdA 2006/42, 467 (*Grillberger*) = Arb 12.758 in Anlehnung an *Rebhahn*, RdW 2005/323, 300.

[129] Vgl insb die beachtlichen Argumente von *Marhold/Friedrich*, RdW 2005/324, 318 ff, welche das Vorliegen einer planwidrigen Gesetzeslücke negieren und denen zufolge eine Gesamtanalogie gar das gegenteilige Ergebnis bewirke, also, dass es im Fall eines Wechsels der freiwilligen Berufsvereinigung zur vollkommenen Unanwendbarkeit des bisherigen KollV kommt; ebenfalls krit *Schima*, Umgründungen im Arbeitsrecht (2004) 113 ff; *Winkler*, Kollektivvertragswechsel, ZAS 2006/41, 278; *Binder/Mair* in *Binder/Burger/Mair*, AVRAG[3] § 4 Rz 11 FN 34.

[130] *Rebhahn*, RdW 2005/323, 304 betont, dass ein Verbandswechsel nicht allein auf der Entscheidung des AG beruht, sondern ebenso auf dem Bereitstehen eines anderen adäquaten KollV und dessen Voraussetzungen.

was sinngemäß wohl auch für eine Standortverlegung gilt. Folglich weisen AN in derartigen Situationen gewiss kein erhöhtes Schutzbedürfnis auf.

Aus diesen Gründen beschränkt sich der Entgeltschutz auf Kollektivvertragsablösen infolge Betriebsübergangs und Wechsels der freiwilligen Berufsvereinigung.[131] Keine Bedeutung kommt ihm dagegen dort zu, wo der Wechsel der Kollektivvertragsangehörigkeit der Disposition des AG weitestgehend entzogen ist, etwa bei einem Fachorganisationswechsel,[132] wie überhaupt bei einer Änderung der fachlichen Ausrichtung,[133] bei rechtsgeschäftlicher Arbeitsvertragsübernahme,[134] einer Standortverlegung oder etwa der Änderung des kollv Geltungsbereichs.[135]

Ebenso wenig vertretbar ist die Analogie mE bei bloßen Versetzungen. Dort nämlich nimmt der Gesetzgeber, wie sich insb aus § 101 Satz 3 ArbVG erschließen lässt, die Möglichkeit einer Verschlechterung der „Entgelt- oder sonstigen Arbeitsbedingungen" ausdrücklich in Kauf. Er muss in diesem Zusammenhang eine Verschlechterung der Entgeltbedingungen infolge eines Kollektivvertragswechsels also sehr wohl bedacht haben, weshalb keine planwidrige Regelungslücke vorliegt.

Umso weniger ist ein Entgeltschutz für mischverwendete AN iSd § 10 ArbVG angezeigt, hätte der Gesetzgeber andernfalls im offenkundigen Problembewusstsein mit Sicherheit eine entsprechende Vorkehrung getroffen.[136] Diskutabel ist die Analogie – der ich generell skeptisch begegne – bestenfalls noch bei betriebsorganisatorischen Maßnahmen, also der Teilung oder dem Zusammenschluss von Betrieben oder Betriebsabteilungen (vgl 2.4), wo im Verhältnis zum Betriebsübergang eine ausgeprägte Wertungsähnlichkeit besteht.

3.8 Kollektivvertragliche Einstufung und Dienstzeitenanrechnung

Da die Lohn- bzw Gehaltsschemata in der Kollektivvertragslandschaft sehr heterogen ausgeprägt sind, hat mit einem Kollektivvertragswechsel üblicherweise eine Neueinstufung nach dem neuen KollV zu erfolgen. Der AN muss demnach

---

[131] AA *Rebhahn*, RdW 2005/323, 308, der eine analoge Anwendung des § 4 Abs 2 Satz 1 AVRAG auf jede Konstellation eines Kollektivvertragswechsels befürwortet. Für eine generelle analoge Anwendung des Entgeltschutzes, aber auch des Vertrauensschutzes nach § 4 Abs 1 S 2 AVRAG, bei allen wirtschaftlichen und organisatorischen Maßnahmen des AG, die einen Kollektivvertragswechsel bedingen, *Jabornegg*, DRdA 2005, 116 ff.

[132] So auch *Egermann/Hauer*, RdW 2016/371, 484; für den Fall, dass die neue Fachorganisation keinen KollV abgeschlossen hat, aA *Reissner* in ZellKomm³ § 8 ArbVG Rz 12; *Pfeil* in *Gahleitner/Mosler*, Arbeitsverfassungsrecht II⁶ § 8 Rz 33

[133] Ebenso *Egermann/Hauer*, RdW 2016/371, 485, 487.

[134] Ebenso *Lindmayr*, ARD 6599/4/2018, 3 f.

[135] Ebenso *Egermann/Hauer*, RdW 2016/371, 487 f.

[136] Ebenso *Resch* in *Jabornegg/Resch*, ArbVG § 10 Rz 21.

entsprechend seiner Tätigkeit und/oder Qualifikation einer neuen Verwendungs-, Beschäftigungs- oder Lohngruppe zugeordnet werden. Zumal eine totale Kollektivvertragsablöse stattfindet, kommt es auf die Einreihung des AN im früheren KollV grundsätzlich nicht an.[137]

Die meisten KollV sehen in ihren Lohn- und Gehaltsordnungen zudem eine Abstufung nach dem Senioritätsprinzip vor. Zu differenzieren sind dabei im Wesentlichen Abstufungen nach Dienstjahren, nach Jahren der Betriebszugehörigkeit und nach Verwendungsgruppenjahren iwS. Da durch einen Kollektivvertragswechsel das Arbeitsverhältnis nicht unterbrochen wird, sondern ein durchgängiges Arbeitsverhältnis vorliegt, sind die vor der Kollektivvertragsablöse verbrachten Dienstzeiten bei der Einstufung, selbst wenn der neue KollV keine Vordienstzeitenanrechnung vorsieht, in vollem Umfang zu berücksichtigen.[138]

Uneingeschränkt gilt dies jedoch nur für solche Lohn- und Gehaltsordnungen, die auf die Anzahl der Dienstjahre abstellen. Sieht der KollV eine Einstufung nach der Dauer der Betriebszugehörigkeit vor, so sind naturgemäß nur jene Dienstzeiten einzubeziehen, die im selben Betrieb zugebracht worden sind. Geht der KollV wiederum nach Verwendungsgruppenjahren vor, so sind die Dienstjahre je nach Verwendungsgruppendefinition des jeweiligen KollV nur insoweit anzurechnen, als die bisherige Tätigkeit der ins Auge genommenen Verwendungsgruppe entsprochen hat. Soweit sich die Tätigkeit des AN im Zuge des Kollektivvertragswechsels nicht (wesentlich) geändert hat, sind die bisherigen Dienstjahre als Verwendungsgruppenjahre somit voll anzurechnen.[139]

Strikt von der Frage anrechenbarer Dienstzeiten zu unterscheiden sind kollv Vertrauensschutz-Klauseln, die auf einen bestimmten Stichtag abstellen. Da diese nur dem Schutz des Vertrauens auf den jeweiligen KollV bezwecken, kommen tatsächlich nur jene AN in ihren Genuss, welche dem besagten KollV zum bedungenen Stichtag tatsächlich unterworfen waren.[140]

Die Anrechnung von Dienstzeiten ist nicht nur ein einstufungsrelevantes Thema. Sie tritt in den verschiedenen KollV in unterschiedlichster Ausprägung zutage, etwa beim Anspruch auf Jubiläumsgelder oder der Bemessung von kollv Kündigungsfristen, Zusatzabfertigungen und anderen dienstzeitabhängigen Ansprüchen. Der Umstand, dass ein durchgängiges Arbeitsverhältnis vorliegt, schlägt

---

[137] OGH 16.12.2016, 8 ObA 68/16g, ARD 6532/10/2017.
[138] OGH 18.12.2014, 9 ObA 109/14s, Arb 13.191 iZm einem Betriebsübergang.
[139] Vgl zu diesem spezifischen Problem auch OGH 18.12.2014, 9 ObA 109/14s, Arb 13.191. Dort nämlich hat sich der Tätigkeitsbereich der betroffenen AN im Zuge eines Betriebsübergangs tatsächlich wesentlich verändert.
[140] OGH 26.1.2017, 9 ObA 145/16p, Arb 13.375.

selbstverständlich auch bei solchen dienstzeitabhängigen Ansprüchen durch und bewirkt die volle Dienstzeitanrechnung.[141]

3.9 Auswirkungen auf Betriebsvereinbarungen

Abschließend soll noch kurz das Schicksal von BV beleuchtet werden. An sich berührt ein Wechsel des anwendbaren KollV den Bestand von BV ja nicht. Selbst ein Betriebsübergang vermag gemäß § 31 ArbVG die Geltung einer BV für die davon betroffenen AN nur ausnahmsweise zu beenden. Nun handelt es sich aber nicht bei allen BV um solche, zu deren Abschluss der BR und der Betriebsinhaber schon ex lege befugt sind. Häufig beruht die Regelungskompetenz der BV auch nur auf einer kollv Ermächtigung. Entfällt nun aber diese Ermächtigung, indem der KollV unanwendbar wird, so erlischt auch die ermächtigte BV ersatz- und nachwirkungslos.[142] Dies wird primär damit begründet, dass die BV ihre Ermächtigungsgrundlage nicht überdauern kann.

Der OGH[143] entschied allerdings in Anschluss an *Rebhahn*,[144] dass der Entgeltschutz nach § 4 Abs 2 Satz 1 AVRAG analog auch auf solche BV anzuwenden sei, die Entgeltregelungen enthalten. Dies gilt jedoch nur unter denselben Voraussetzungen, die schon unter 3.7.2 genannt wurden. Eine „Fortwirkung" der BV kommt demnach nur bei Betriebsübergängen und dem Wechsel des Arbeitgeberverbandes in Betracht.

---

[141] In Bezug auf einen Betriebsübergang aA *Sagan*, JAS 2019, 262 (271), dem zufolge bei der Bemessung von kollv Kündigungsfristen beim Veräußerer zugebrachte Dienstzeiten nicht angerechnet werden müssen.
[142] Ua OGH 21.12.2000, 8 ObA 125/00s, DRdA 2001/47, 547 (*Weiß*) = RdW 2001/242, 220 (*Runggaldier*) = Arb 12.066; 23.11.2005, 9 ObA 128/04w, DRdA 2006/42, 467 (*Grillberger*) mwN.
[143] 23.11.2005, 9 ObA 128/04w, DRdA 2006/42, 467 (*Grillberger*).
[144] RdW 2005/323, 308.

Luca Nogler*

EuGH C-762/18 und C-37/19: ein Schritt in Richtung einer Harmonisierung des Kündigungsschutzes?

1 Vorbemerkung

Das Europarecht spielt in den Werken von Johann Egger eine herausragende Rolle. Die ihm gewidmete Festschrift stellt daher eine privilegierte Veröffentlichung dar, um die Aufmerksamkeit der Arbeitsrechtslehre auf die systematischen Überlegungen zu lenken, die sich aus der jüngsten Entscheidung C-762/18 und C-37/19 des EuGH ergeben. Diese Entscheidung bezieht sich sowohl auf die rechtliche Bedeutung des Zeitraums von der Entlassung bis zur Wiederaufnahme der Arbeit durch den entlassenen Arbeitnehmer als auch auf die Einbeziehung dieses Zeitraums in die Periode, in der das Recht auf Jahresurlaub und eventuell, im Falle der Nichtinanspruchnahme, auf eine finanzielle Abgeltung anstelle des Urlaubs entsteht.

In den Abschnitten 3 und 4 werde ich versuchen zu klären, wie diese beiden Fragen in Bulgarien und vor allem in Italien – den beiden Staaten, aus denen die Ausgangsfälle stammen – geregelt sind, während ich mich im anschließenden Abschnitt 5 auf die Entscheidung des Gerichtshofs konzentrieren und die Kritikpunkte an ihr herausstellen werde.

2 Die rechtliche Bedeutung des Zeitraums zwischen dem Tag der Entlassung und dem Tag der Wiederaufnahme seiner Beschäftigung: das Fehlen einer einheitlichen Regelung des EU-Rechts

Für einen deutschen Juristen ist die Fragestellung des kommentierten Urteils nicht leicht zu verstehen. Er bewegt sich nämlich in einer Rechtsordnung, in der bei einer sozial ungerechtfertigten Kündigung das Arbeitsverhältnis nicht als beendet angesehen werden kann. § 9 Kündigungsschutzgesetzes (KSchG) sieht vor, dass in einem solchen Fall das Gericht feststellt, „daß das Arbeitsverhältnis durch die Kündigung nicht aufgelöst ist". Die beiden Rechtsordnungen, die bulgarische und die italienische, in denen die Zweifel aufgetreten sind, um deren Klärung der EuGH ersucht wurde, folgen jedoch nicht dem deutschen Modell des Kündigungsschutzes. Nach dem bulgarischen System gilt das Arbeitsverhältnis auch im Falle einer rechtswidrigen Entlassung als beendet. Nur wenn der Arbeiter oder Angestellte aufgrund der Entlassung arbeitslos war, ist er berechtigt, laut Art 354 Abs 1 des Kodeks na truda (Arbeitsgesetzbuch) die Zeit vom Tag der Entlassung bis

* Luca Nogler ist ordentlicher Professor für Arbeitsrecht an der Universität von Trient und Mitherausgeber der Zeitschrift Giornale di diritto del lavoro e relazioni industriali.

zum Tag der Kündigung als zurückgelegte Arbeitszeit anzusehen. Aus demselben Grund sollte nach bulgarischem Recht gelten, dass der Arbeitnehmer, der entlassen wurde und daraufhin ein Gerichtsverfahren eingeleitet hat, während des Zeitraums zwischen dem Tag seiner ersten Entlassung und dem Tag seiner Wiederbeschäftigung kein *Arbeitnehmer* im Sinne der Richtlinie 2003/88 gewesen und daher nicht in deren Anwendungsbereich bzw im Allgemeinen in den des Unionsrechts gefallen sei, weswegen der Gerichtshof für die Beantwortung der Vorlagefragen nicht zuständig sei.

2.1 Der italienische Rechtsrahmen für den Schutz vor ungerechtfertigter Kündigung

Noch komplizierter ist die Disziplin des ungerechtfertigten Kündigungsschutzes in Italien, dessen gesetzliche Regelung traditionell durch eine ausgeprägte Zweiteilung der Regelungen gekennzeichnet ist[1].

Bei Betrieben mit bis zu 15 Arbeitnehmern sieht die italienische Gesetzgebung (Gesetz Nr. 604 vom Jahr 1966) nur einen schuldrechtlichen Schutz (*tutela obbligatoria*) vor. Die Kündigung – auch wenn sie ungerechtfertigt ist – bewirkt gleichwohl die Auflösung des Arbeitsverhältnisses. Die Tatsache, dass die Kündigung ungerechtfertigt ist, kennzeichnet eine „bloße" Verletzung einer schuldrechtlichen Nebenpflicht zur Rechtfertigung einer Kündigung. Dieser (nur) verpflichtende Schutz besteht darin, dass der Arbeitgeber den Gekündigten innerhalb von drei Tagen wieder einzustellen hat (Neueinstellung = *riassunzione*) oder, falls der Arbeitnehmer dies nicht wünscht, ihm eine Entschädigung zu leisten hat, deren Höhe vom Gericht unter Berücksichtigung von folgenden Faktoren festgelegt wird:

a) Zahl der Arbeitnehmer;

b) Größe des Unternehmens;

c) Dienstalter des betroffenen Arbeitnehmers;

d) Verhalten und wirtschaftliche Lage der Parteien;

e) wirtschaftliche Lage des Unternehmens;

f) Situation des lokalen Arbeitsmarktes.

Die Entschädigung hat mindestens 2,5, höchstens 6 Monatsbezüge zu betragen. Sie erhöht sich auf zehn bzw zwanzig Monatsgehälter, wenn das Arbeitsverhält-

---

[1] Vgl in der deutschsprachigen Literatur *Runggaldier*, DRdA 1999, 512 ff und *Nogler*, AuR 2003, 321 ff.

nis bereits zehn bzw zwanzig Jahre bestanden hat. Die genaue Höhe der Entschädigung legt der Richter fest.

Bei Betrieben mit mindestens 16 Arbeitnehmern kann der Richter die ungerechtfertigte Kündigung aufheben. Um die italienische Gesetzgebung zu verstehen, muss man daher die – aus der deutschen Rechtstradition stammende und der französischen fremde – Unterscheidung zwischen der Nichtigkeit (*nullità*), eine Wirkung, die von Gesetzes wegen eintritt und vom Richter von Amts wegen festgestellt werden kann, und der Anfechtbarkeit (*annullabilità*), eine Wirkung, die nur vom Berechtigten herbeigeführt werden kann und der Verjährung unterliegt, berücksichtigen. Nichtige Rechtsgeschäfte sind von Anfang an und ohne das Zutun des Erklärenden ungültig, also so zu behandeln als wären sie gar nicht zustande gekommen. Anfechtbare Rechtsgeschäfte sind bis zur Anfechtung voll gültig. Erst nachträglich nichtig durch fristgerechte Anfechtung. In Italien ist eine diskriminierende Kündigung nichtig, während eine ungerechtfertigte Kündigung „nur" anfechtbar ist.

Gem Art 18 des Gesetzes Nr. 300 aus dem Jahr 1970 (das sogenannte Arbeitnehmerstatut) hat ein Arbeitnehmer in einem Unternehmen mit mindestens 16 Beschäftigten, der ungerechtfertigt entlassen wurde, das Recht auf:

1. Aufhebung der Kündigung;

2. dass das Gericht die Wiedereingliederung (*reintegrazione*) des Arbeitnehmers anordnet. Problematisch ist die Vollstreckung des Wiedereingliederungsanspruchs, weil er auf ein – nicht ersetzbares – Verhalten des Arbeitgebers gerichtet ist (in der Praxis wurden statt der Wiedereingliederung allerdings oft außergerichtlich Abfindungen vereinbart);

3. die Verurteilung des Arbeitsgebers zur Zahlung von Sozialversicherungsbeiträgen;

4. die Verurteilung des Arbeitgebers zur Zahlung einer Entschädigung, die der letzten tatsächlichen Gesamtvergütung vom Tag der Entlassung bis zum Tag der tatsächlichen Wiedereinstellung entspricht, abzüglich dessen, was der Arbeitnehmer während der Ausschlusszeit für die Ausübung anderer Arbeitstätigkeiten erhalten hat und was er bei sorgfältiger Suche nach einer neuen Beschäftigung hätte erhalten können.

Seit 1990 kann der Arbeitnehmer auf die Wiedereingliederung verzichten und zusätzlich als Ersatz 15 Monatslöhne verlangen. Zu dieser Abfindung ist der Abfertigungsbetrag (*trattamento di fine rapporto*) hinzuzurechnen. *In jedem Fall einer Beendigung des Arbeitsverhältnisses*, auch bei Kündigung durch den Arbeitnehmer, hat der Arbeitnehmer in Italien Anspruch auf eine Summe (eine Art

Treueprämie), die in der Weise ermittelt wird, dass für jedes Dienstjahr ein Anteil berechnet wird, der gleich hoch sein muss und keinesfalls höher sein darf als die durch 13,5 geteilte Entlohnung für das betreffende Jahr (Art 2120 italienisches Zivilgesetzbuch). Weiterhin ist der Arbeitgeber verpflichtet, 6,91 % für den *trattamento di fine rapporto* in eine Rücklage oder, bei über 50 Beschäftigten, an das Nationale Institut für soziale Fürsorge *(Istituto nazionale previdenza sociale)*[2] zu zahlen. Der angesparte Betrag steht dem Arbeitnehmer bei Beendigung des Arbeitsverhältnisses als Abfindung zu. Sofern der Arbeitnehmer dies wünscht, gehen die 6,91 % in einen Tariffonds oder in andere Anlageformen der ergänzenden Alterssicherung.

2.2 Die Reform des Artikels 18 der Regierung Monti (2012)

Im Jahr 2012 wurde Art 18 des Gesetzes Nr. 300 geändert[3]. Insbesondere sieht die Reform vor, dass das Arbeitsgericht bei einer erfolgreichen Kündigungsklage die Kündigung aufheben nur dann kann, wenn sie sozial ungerechtfertigt ist: wegen Fehlens von Gründen in der Person des Arbeitnehmers; wegen Fehlens von Gründen im *reinen Verhalten* des Arbeitnehmers (es wird daher bei Pflichtverletzungen von Arbeitnehmern zwischen objektiven und subjektiven Elementen unterschieden, also zwischen dem reinen Verhalten und vorsätzlichem oder fahrlässigem Verhalten); bei *offensichtlichem Fehlen* dringender betrieblicher Erfordernisse.

In diesem Fall hebt der Richter nicht nur die Kündigung auf, sondern ordnet auch weiterhin die Wiedereingliederung des Arbeitnehmers an seinem Arbeitsplatz an. Der Arbeitnehmer behält außerdem das Recht, auf die Wiedereingliederung zu verzichten und als Ersatz bis zu 15 Monatslöhne verlangen, und hat darüber hinaus Anspruch auf den Ersatz des Vermögensschadens bis zu maximal zwölf Monatslöhnen. Diese Verdoppelung der Geldbeträge, die dem ungerechtfertigt entlassenen Arbeitnehmer zustehen, stellt die eigentliche Besonderheit des italienischen Kündigungsschutzes dar.

Ist die Kündigung unberechtigt, aber die Unberechtigtheit nicht so schwerwiegend, dass ein Verschulden des Arbeitnehmers oder offensichtliches Fehlen dringender betrieblicher Erfordernisse erkennbar ist, ist die Kündigung nicht anfechtbar. In diesem Fall erklärt das Arbeitsgericht das Arbeitsverhältnis für nicht

---

[2] Das Nationale Institut für soziale Fürsorge (NISF/INPS) ist das verpflichtende staatliche Sozialfürsorgeinstitut für abhängig beschäftigte Arbeitnehmer in der Privatwirtschaft. Die einbezahlten Beiträge werden durch das Institut verwaltet und für die Rentenauszahlungen an Arbeitnehmer, aber auch zur Zahlung von Krankheiten, Mutterschaften, Lohnausgleich, Familiengelder, Arbeitslosengelder usw. verwendet.

[3] Vgl in der deutschsprachigen Literatur *Nogler*, AuR 2014, 93 ff.

aufgelöst und der Arbeitnehmer hat „nur" Anspruch auf Ersatz eines Vermögensschadens in Höhe von zwölf bis 24 Monatslöhnen. Schließlich hat der Arbeitnehmer Anspruch auf eine Entschädigungszahlung von mindestens sechs bis maximal zwölf Monatsgehältern, wenn die Kündigung gerechtfertigt ist, aber dem Arbeitgeber ein Verfahrensfehler unterlaufen ist oder er die Kündigung nicht begründet hat. Vor der Kündigung aus objektiven, organisatorisch-wirtschaftlichen Gründen muss ein Verfahren zur gütlichen Streitbeilegung durchgeführt werden.

Wirklich neu sind daher nur drei Dinge: dass der Vermögensschaden auf zwölf Monatslöhne begrenzt ist; dass der Arbeitnehmer dann, wenn dem Arbeitgeber ein Verfahrensfehler unterlaufen ist oder er die Kündigung nicht schriftlich begründet hat, diese aber dennoch sozial gerechtfertigt ist, er lediglich Anspruch auf Ersatz eines Vermögensschadens von sechs bis zwölf Monatslöhnen hat; und dass jeder Arbeitgeberbei Kündigung von Arbeitnehmern sowie bei einvernehmlichen Auflösungen, eine Austrittsentschädigung an das Nationale Institut für soziale Fürsorge zahlen muss (es ist eine Art der Besteuerung).

2.3 Die Entlassungsregeln, die für diejenige gelten, die ab März 2015 eingestellt wurden (die Reform der Regierung Renzi)

Seit 1.3.2015 (Gesetzesdekret Nr. 23 von 2015) gilt für neu eingestellte Arbeitnehmer, dass im Falle von Kündigungen ohne anerkannten Grund Entschädigungszahlungen anfallen, die vom Dienstalter abhängen und bis zu 24 Monatslöhne ausmachen. Zugleich wird aber angemerkt, dass im Falle von Kündigungen wegen des Verhaltens des Arbeitnehmer, bei denen der Richter zweifellos feststellt, dass der materielle Grund für die Kündigung nicht besteht, nach wie vor die Pflicht zur Weiterbeschäftigung besteht und die Verpflichtung des Gerichts, die Kündigung vorher aufzuheben. In den folgenden Jahren wurden zwei Säulen dieser Regelung aus dem Jahr 2015 bereits wieder ausgehebelt. Zuerst erhöhte die italienische Regierung das Ausmaß der Schadenersatzzahlung auf mindestens sechs und maximal sechsunddreißig Monatsgehälter (Gesetz Nr. 96/2018).

Gleich anschließend sprach der Verfassungsgerichtshof den Richtern erneut den Ermessensspielraum in der Festlegung des Schadenersatzes zu. Die vorab festgelegte Entschädigung ist nicht angemessen, denn sie stellt nur einen ungenügenden Ersatz für den konkret erlittenen Schaden des zu Unrecht entlassenen Arbeitnehmers dar. Ebenso ist die fix festgelegte Höhe der Entschädigung nicht ausreichend abschreckend für einen Arbeitgeber, welcher mit Vorsatz eine ungerechtfertigte Entlassung durchführt. Das in Art 3 Abs 1 des Gesetzesdekrets Nr. 23/2015 bestimmte Kriterium verletzt auch den im Art 24 der Europäischen Sozialcharta festgelegten Grundsatz, wonach der ohne ausreichenden Grund entlassene Arbeitnehmer Anrecht auf eine angemessene Entschädigung oder anderen Ausgleich hat[4].

Trotz der Reformen zu Kündigungen durch die Regierungen Monti (2012) und Renzi (2015) sieht das italienische Arbeitsrecht daher weiterhin vor, dass in den schwerwiegendsten Fällen der Richter die Kündigung aufhebt. In der Zeit von der Kündigung bis zur Wiederaufnahme der Arbeit erbringt der Arbeitnehmer also keine Arbeitsleistung. Genau aus diesem Grund hat die italienische Rechtsprechung stets verneint, dass die Aufhebung einer Kündigung dem Arbeitnehmer einen Anspruch auf eine Abgeltung des Urlaubs gibt. Es kann auch nicht argumentiert werden, dass der Arbeitgeber eine Verpflichtung hat den Arbeitnehmer in die Lage zu versetzen einen Anspruch auf bezahlten Jahresurlaub auszuüben, da das Arbeitsverhältnis mit der Kündigung geendet hat. Die tarifvertraglich vorgesehene Urlaubsabgeltung ist nur dann fällig, wenn der Arbeitnehmer während des gesamten Jahres gearbeitet hat, ohne Jahresurlaub zu nehmen[5].

3 Das Recht auf einen jährlichen bezahlten Urlaub

Es ist schwierig, den EuGH mit der unmittelbaren Auslegung einer nationalen Regelung über den Kündigungsschutz zu betrauen. Wenige Tage vor der kommentierten Entscheidung hatte sich derselbe Gerichtshof für offensichtlich unzuständig erklärt, die Vereinbarkeit unseres Gesetzesdekrets Nr. 23/2015 mit Art 30 der EU-Charta zu beurteilen, und zwar mit der Begründung, dass das Grundrecht auf Kündigungsschutz, das in der letztgenannten Bestimmung vorgesehen ist, nicht Gegenstand der Umsetzung durch das EU-System sei, da es an Mindestanforderungen mit Sanktionscharakter auch im Rahmen von Massenentlassungen fehle[6].

Um die Vorlage vor den EuGH zu bringen, musste die *Corte di cassazione* daher einen Umweg wählen, der in den Regelungen zum Urlaubsanspruch zu finden war.

Für Arbeitnehmer, die in Italien tätig sind, ist das Recht auf bezahlten Jahresurlaub durch Art 36 Abs 3 verfassungsrechtlich geschützt, wonach „der Arbeitnehmer das Recht auf wöchentliche Ruhezeit und bezahlten Jahresurlaub hat und nicht darauf verzichten kann". Das zwingende Prinzip wird durch die kombinierten Bestimmungen von Art 2109 des italienischen Zivilgesetzbuchs (*codice civile*) und Art 10 des Gesetzesdekrets Nr. 66 vom 8.4.2003, zur Umsetzung der Richtlinien 93/104/ EG und 2000/34/EG, näher erläutert. Gemäß Art 2109 Zivilgesetz-

---

[4] Italienisches Verfassungsgericht 13.6.2018, Urteil Nr 120.
[5] Corte di Cassazione 29.11.2016 Nr 24270; 5.4.2001 Nr 5092; 23.10.2000 Nr 13953.
[6] EuGH 4.6.2020 – C-32/20 – Balga.

buch hat der Arbeitnehmer das Recht auf einen jährlichen bezahlten Urlaub, eventuell ohne Unterbrechung, zu einem Zeitpunkt, der vom Arbeitgeber unter Berücksichtigung der betrieblichen Bedürfnisse und der Interessen des Arbeitnehmers festgelegt wird. Der Arbeitgeber hat auch die Pflicht, den Arbeitnehmer im Voraus über den festgelegten Zeitraum für die Inanspruchnahme des Urlaubs zu informieren und darf ihn nicht in die Kündigungsfrist gemäß Art 2118 Zivilgesetzbuch legen. Der Jahresurlaub darf gem Art 10 des Gesetzesdekrets Nr. 66 vom 8.4.2003 nicht weniger als vier Wochen betragen, es sei denn, günstigere kollektiv- oder einzelvertragliche Bestimmungen sehen etwas anderes vor. Weiterhin muss der Jahresurlaub vom Arbeitnehmer während des Jahres, in dem er anfällt, für mindestens zwei Wochen genommen werden, die auf Wunsch des Arbeitnehmers aufeinander folgen, und für die restlichen zwei Wochen während der achtzehn Monate, die auf das Ende des Jahres folgen, in dem der Urlaub anfällt.

Darüber hinaus kann der Tarifvertrag in Bezug auf die folgenden achtzehn Monate, die sich auf die Inanspruchnahme früherer Urlaube beziehen, die Inanspruchnahme von Urlauben auch für nachfolgende Zeiträume verschieben, es sei denn, er stört die eigentliche Funktion desselben, und das ist das Recht auf Erholung der psycho-physischen Energie des Arbeitnehmers.

Aus diesem Grund schließt Art 10 Abs 2 des Gesetzesdekrets Nr. 66 vom 8.4.2003 die Möglichkeit aus, die oben genannte Mindesturlaubszeit durch die entsprechende Vergütung für nicht genommenen Urlaub zu ersetzen, außer im Falle der Beendigung des Arbeitsverhältnisses. In diesem Sinne ergibt sich aus der Nichtinanspruchnahme des Urlaubs, auch wenn es dem Arbeitgeber unmöglich geworden ist, ihn zu gewähren, und auch ohne sein Verschulden, das Recht des Arbeitnehmers auf die Zahlung der relativen Ersatzleistung. Diese hat einen Abgeltungscharakter hat, da sie gem Art 1463 und 2037 des *codice civile* die Zahlung des Wertes der nicht geschuldeten und nicht in einer bestimmten Form rückzahlbaren Leistungen darstellt.

Nach der Rechtsprechung der *Corte di Cassazione* besteht der Ausschluss zur Zahlung der Urlaubsabgeltung, wenn der Arbeitgeber nachweisen kann, dass er eine angemessene Zeit für den Genuss des Urlaubs angeboten hat und der Arbeitnehmer diesen nicht genommen hat, wodurch er in Gläubigerverzug gerät [7].

Die Entstehung des Urlaubsanspruchs ist an den Zeitraum der tatsächlich geleisteten Arbeit und die tarifvertraglich oder gesetzlich festgelegte Quantifizierung gebunden. Zu diesem Zweck unterbrechen Abwesenheiten von der Arbeit aus Gründen, die der Arbeitnehmer nicht zu vertreten hat, nicht die Ansammlung von

---

[7] Corte di Cassazione 21.4.2020 Nr 7976.

Urlaubstagen (zum Beispiel: Krankheit, Unfall, Heiratsurlaub, erzwungene Enthaltung usw.). Der Anspruch auf Urlaub entsteht in einem Zeitraum von zwölf Monaten und im Verhältnis zur tatsächlich geleisteten Arbeit.

Die Entstehung des Urlaubsanspruchs ist an den Zeitraum der tatsächlich geleisteten Arbeit und die tarifvertraglich oder gesetzlich festgelegte Quantifizierung gebunden. Zu diesem Zweck unterbrechen Abwesenheiten von der Arbeit aus Gründen, die der Arbeitnehmer nicht zu vertreten hat, nicht die Ansammlung von Urlaubstagen (zum Beispiel: Krankheit, Unfall, Heiratsurlaub, erzwungene Enthaltung). Der Anspruch auf Urlaub entsteht über einen Zeitraum von zwölf Monaten und im Verhältnis zur tatsächlich erbrachten Leistung.

Abschließend halte ich es für sinnvoll, den Inhalt der Bestimmungen des Tarifvertrags darzulegen, die in dem Fall galten, auf den sich die Vorlage der *Corte di Cassazione* bezog. Art 52 des Tarifvertrags für die *Banche di Credito Cooperativo, Casse Rurali ed Artigiane* vom 7.12.2000 sah vor, dass

„das Recht auf Urlaub unverzichtbar ist. Urlaube müssen in dem Kalenderjahr genommen werden, auf das sie sich beziehen. – Im Falle der Beendigung des Arbeitsverhältnisses hat der Arbeitnehmer, der den gesamten oder einen Teil des Urlaubs für das laufende Kalenderjahr nicht in Anspruch genommen hat, der (für die Fälle, die nicht durch die ersten drei Absätze oben zum Thema Schichtdienst angeordnet sind) in Höhe eines Zwölftels des Jahresurlaubs für jeden vollen Monat der Betriebszugehörigkeit seit dem 1. Januar angesammelt wurde, Anspruch auf eine Vergütung, die dem Gehalt der verlorenen Urlaubstage entspricht. Bei Abwesenheit von der Arbeit wird der Urlaubsanspruch um so viele Zwölftel gekürzt, wie es ganze Monate der Abwesenheit sind. Ist die Abwesenheit auf eine Krankheit oder einen Unfall zurückzuführen, entfällt die im vorigen Absatz angeordnete Kürzung für die ersten sechs Monate bzw für 180 Tage bei Abwesenheit aufgrund einer nicht ununterbrochenen Krankheit oder eines Unfalls, es sei denn, die Abwesenheit dauert das ganze Jahr. In den Urlaubszeitraum fallenden Krankheitstage, die der Arbeitnehmer unverzüglich der Firma zu melden hat, werden nicht in den Urlaubszeitraum eingerechnet."

Der nachfolgende Art 53 sah stattdessen vor, dass

„gemäß den Bestimmungen des Gesetzes über Feiertage Urlaub und/oder bezahlter Urlaub gewährt wird, der während des Kalenderjahres auch in Verbindung mit Feiertagen zu nehmen ist. Der oben genannte, während des Kalenderjahres nicht in Anspruch genommene Urlaub sowie jeder Urlaub von weniger als einem Tag wird auf der Grundlage des letzten in dem betreffenden Jahr bezogenen Gehalts ausgezahlt."

4 Die Vorlagen

In seinen Schlussanträgen vom 29.1.2020, hat Generalanwalt *Gerard Hogan*, obwohl die zwei Vorlagen von zwei verschiedenen Verfahren stammen,[8] vorgeschlagen die beiden Schlussanträge zusammenzufassen, weil er die Fragestellungen als ähnlich betrachtet hat.

Mit seiner ersten Frage wollte das vorlegende Gericht wissen, ob Art 7 Abs 1 der Richtlinie 2003/88 dahin auszulegen ist, dass er einer nationalen Regelung und/oder Rechtsprechung entgegensteht, wonach ein Arbeitnehmer, dem rechtswidrig gekündigt wurde und dessen Wiederaufnahme seiner Beschäftigung später gerichtlich angeordnet wird, keinen Anspruch auf bezahlten Jahresurlaub für die Zeit vom Tag der Kündigung bis zum Tag der Wiederbeschäftigung hat.

Mit der zweiten Frage in der Rechtssache C-762/18 und der Frage in der Rechtssache C-37/19 wollten die vorlegenden Gerichte wissen, ob Art 7 Abs 2 der Richtlinie 2003 und Art 31 Abs 2 der EU-Grundrechtecharta dahin auszulegen sind, dass sie nationalen Rechtsvorschriften oder nationaler Rechtsprechung oder nationalen Gepflogenheiten entgegenstehen, wonach nach Beendigung des Arbeitsverhältnisses der Anspruch auf Zahlung einer Vergütung für den erworbenen, aber nicht genommenen bezahlten Urlaub dann nicht besteht, wenn der Arbeitnehmer den Urlaub vor Beendigung des Arbeitsverhältnisses wegen einer Entlassung nicht nehmen konnte und ein nationales Gericht die Entlassung als rechtswidrig festgestellt und rückwirkend die Wiederherstellung des Arbeitsverhältnisses für den Zeitraum zwischen dieser rechtswidrigen Handlung des Arbeitgebers und der anschließenden Wiederbeschäftigung angeordnet hat.

Im Wesentlichen betreffen beide Vorlagen den Zeitraum zwischen der Entlassung und dem Zeitpunkt, ab dem der Arbeitnehmer wieder arbeiten kann: Die erste Vorlage bittet um Klärung, ob dieser Zeitraum bei der Berechnung des dem Arbeitnehmer zustehenden Urlaubs berücksichtigt werden kann; die zweite Vorlage fragt, ob dem Arbeitnehmer in diesem Zeitraum die Urlaubsabgeltung zusteht oder nicht.

Der EuGH ist der Ansicht, dass dies zwei Seiten derselben Medaille sind. Im Einzelnen weist der EuGH darauf hin, dass „der Anspruch auf Jahresurlaub nur einen der beiden Aspekte des Rechts auf bezahlten Jahresurlaub als wesentlicher Grundsatz des Sozialrechts der Union darstellt, der in Art 7 der Richtlinie 93/104/EG des Rates vom 23.11.1993 über bestimmte Aspekte der Arbeitszeit-

---

[8] Und zwar einem ersten zwischen QH und dem Varhoven kasatsionen sad na Republika Bulgaria (Oberstes Kassationsgericht der Republik Bulgarien) und einem zweiten zwischen CV und ihrer früheren Arbeitgeberin, der Iccrea Banca SpA Istituto Centrale del Credito Cooperativo.

gestaltung[9] und in Art 7 der Richtlinie 2003/88 zum Ausdruck kommt und inzwischen im Art 31 Abs 2 der Charta ausdrücklich als Grundrecht verankert ist. Dieses Grundrecht umfasst somit auch einen Anspruch auf Bezahlung und – als eng mit diesem Anspruch auf ‚bezahlten' Jahresurlaub verbundenen Anspruch – den Anspruch auf eine finanzielle Vergütung für bei Beendigung des Arbeitsverhältnisses nicht genommenen Jahresurlaub."[10]

Die beiden Fragen beziehen sich daher auf dieselbe Problematik: Kann man den Zeitraum zwischen der aufgehobenen Kündigung und der Wiederaufnahme der Arbeit als relevant für das Entstehen des von der Richtlinie 93/104/EG geregelten Urlaubszeitraums ansehen oder nicht?

5 Die Entscheidung: ein Eingriff in den Kompetenzbereich der Staaten (Kündigungsschutz) oder ein legitimes europäisches Richterrecht?

Die Rechtsprechung des EuGH hat bereits in früheren Entscheidungen anerkannt, dass es bestimmte typische Umstände gibt, die unabhängig vom Willen des Arbeitnehmers bestehen und bei denen der Anspruch auf bezahlten Jahresurlaub nicht von der Voraussetzung abhängig gemacht werden kann, dass der Arbeitnehmer während des von einem Mitgliedstaat festgelegten Bezugszeitraums tatsächlich gearbeitet hat. Diese Umstände sind: Krankheit[11] und Mutterschaftsurlaub[12].

Die Rechtsprechung des EuGH selbst hat jedoch auch anerkannt, dass es andere typische Umstände gibt, bei denen der Anspruch auf bezahlten Jahresurlaub nicht anfällt: wenn der Arbeitnehmer während des Bezugszeitraums in Elternzeit ist[13] und wenn sich der Arbeitnehmer in „Kurzarbeit Null" befindet[14].

Krankheit und Mutterschutzurlaub haben gemeinsam, dass sie Umstände sind, unter denen die Abwesenheit vom Arbeitsplatz erstens nicht vorhersehbar[15] und zweitens vom Willen des Arbeitnehmers unabhängig[16] ist. Mit den Worten von Generalanwalt *Gerard Hogan* „ist diesen Situationen gemeinsam, dass sie einen physischen oder psychischen Zustand betreffen", der vom Arbeitnehmer „*hinge-*

[9] ABl 1993, L 307, S. 18.

[10] EuGH 6.11.2018 – C-569/16 und C-570/16 Rn 58 – Bauer und Willmeroth.

[11] In diesem Sinne EuGH 20.1.2009 – C-350/06 und C-520/06 Rn 41 – Schultz-Hoff ua; EuGH 24.1.2012 – C-282/10 Rn 20- Dominguez; EuGH 4. 10.2018 – C-12/17 Rn 29 – Dicu.

[12] Vgl in diesem Sinne EuGH 18.3.2004 – C-342/01 Rn 33, 41 – Merino Gómez.

[13] EuGH 4.10.2018 – C-12/17 Rn 31 – Dicu.

[14] EuGH 8.11.2012 C-229/11 und C-230/11 Rn 26 – Heimann und Toltschin.

[15] EuGH 20.1.2009 – C-350/06 und C-520/06 Rn 51 – Schultz-Hoff ua sowie EuGH 4.10.2018 – C-12/17 Rn 32 – Dicu. Vgl auch im Umkehrschluss EuGH 8.11.2012 C-229/11 und C-230/11 Rn 29 – Heimann und Toltschin.

[16] Vgl in diesem Sinne EuGH 29.11.2017 – C-214/16 Rn 49 – King; EuGH 4.10.2018 – C-12/17 Rn 32 – Dicu.

nommen werden muss"[17]. Diese Situationen müssen auch dem Arbeitgeber, der die Kündigung angenommen hat obwohl sie anfechtbar war, zuzurechnen sein[18]. Diese letzte *ratio decidendi*[19] leitet der EuGH aus einem Präzedenzfall ab, der einen deutschen Fall betraf. Der Gerichtshof entschied in Fall *Kreuziger* von 2018[20], dass es gegen Art 7 der Richtlinie verstößt, wenn § 9 der Verordnung über den Erholungsurlaub der Beamten und Richter vom 26.4.1988 so ausgelegt wird, dass, wenn ein Arbeitnehmer vor Beendigung des Arbeitsverhältnisses keinen Antrag auf Wahrnehmung seines bezahlten Jahresurlaubs gestellt hat, dies automatisch dazu führt, dass der Arbeitnehmer bei Beendigung des Arbeitsverhältnisses seinen Urlaubsanspruch und entsprechend seinen Anspruch auf eine Vergütung für diesen nicht genommenen Urlaub verliert. Bei dieser Gelegenheit bemerkte der EuGH, dass

> „indem Art 7 Abs 2 der Richtlinie 2003/88 vorsieht, dass der bezahlte Mindestjahresurlaub außer bei Beendigung des Arbeitsverhältnisses nicht durch eine finanzielle Vergütung ersetzt werden darf, [...] im Übrigen insbesondere gewährleistet werden [soll], dass der Arbeitnehmer über eine tatsächliche Ruhezeit verfügen kann, damit ein wirksamer Schutz seiner Sicherheit und seiner Gesundheit gewährleistet ist".

Der EuGH verwies in diesem Zusammenhang auf seine eigene Entscheidung *Robinson-Steele*[21]. Daraus leitet der EuGH die Verpflichtung des Arbeitgebers ab – eine Verpflichtung, die in Rn 51 des hier besprochenen Urteils wiederholt wird –

> „konkret und in völliger Transparenz dafür zu sorgen, dass der Arbeitnehmer tatsächlich in der Lage ist, seinen bezahlten Jahresurlaub zu nehmen, indem er ihn – erforderlichenfalls förmlich – auffordert, dies zu tun, und ihm, damit sichergestellt ist, dass der Urlaub ihm noch die Erholung und Entspannung bie-

---

[17] Vgl in diesem Sinne *Gardin*, Acquisition de droits à congés payés par un salarié en congé parental: l'assimilation à du temps de travail effectif ne s'impose pas, Anmerkung zum Urteil des EuGH vom 4.11.2018, Dicu, Revue de jurisprudence sociale, 2/19, S. 83.

[18] Generalanwalt *Hogan* 29.1.2020, Schlussanträge EuGH C-762/18 und C-37/19 Rn 48 – QH/NH: „Ganz grundsätzlich erscheint es nicht gerecht, dass ein Arbeitnehmer, dem während der Zeit seiner Entlassung aufgrund einer *per definitionem* rechtswidrigen Handlung des Arbeitgebers die Arbeitsleistung verwehrt wird, im Ergebnis benachteiligt werden sollte. Mit anderen Worten sollte der Anspruch auf bezahlten Jahresurlaub, da der betroffene Arbeitnehmer – gäbe es die unrechtmäßige Handlung des Arbeitgebers in Form seiner Entlassung nicht – während des fraglichen Zeitraums andernfalls seine Arbeitsleistung erbracht hätte, im Ergebnis nicht vereitelt werden."

[19] Die Entscheidung wurde stark kritisiert von *Franza*, Diritto alle ferie retribuite dal licenziamento alla reintegra: il tempo è denaro, in Massimario di giurisprudenza del lavoro, 2020/2, 754.

[20] EuGH 6.11.2018 – C-619/16 – Kreuziger.

[21] EuGH 6.11.2018 – C-619/16 Rn 40 – Kreuziger unter Verweis auf EuGH 16.3.2006 – C-131/04 und C-257/04 Rn.60 – Robinson-Steele ua.

ten kann, zu denen er beitragen soll, klar und rechtzeitig mitteilt, dass der Urlaub, wenn er ihn nicht nimmt, am Ende des Bezugs- oder eines zulässigen Übertragungszeitraums oder am Ende des Arbeitsverhältnisses, wenn dies in einen solchen Zeitraum fällt, verfallen wird".

Es muss jedoch eingeräumt werden, dass, wenn vom EuGH C-762/18 und C-37/19 in Rn 77 angenommen wird, dass der Arbeitgeber seine Pflicht „den Arbeitnehmer in eine solche Lage zu versetzen, dass er seinen Anspruch auf bezahlten Jahresurlaub ausüben kann", auch dann verletzt, wenn er eine ungerechtfertigte Kündigung ausgesprochen hat, er einen logischen Sprung macht. Die Argumentation des EuGH ist nur zu verstehen, wenn man davon ausgeht, dass die Kündigung nichtig ist. Im Gegensatz dazu endet in Systemen, in denen die ungerechtfertigte Kündigung „nur" anfechtbar ist, das Arbeitsverhältnis mit der Kündigung und damit die Rechtsgrundlage für die Verpflichtung des Arbeitgebers, den Arbeitnehmer in eine solche Lage zu versetzen, dass er seinen Anspruch auf bezahlten Jahresurlaub ausüben kann.

Ich beziehe mich natürlich auf die Zeit nach der Kündigung selbst, denn es steht außer Zweifel, dass er dem Arbeitnehmer die Urlaubsabgeltung zahlen muss, die der Arbeitnehmer bis zur Beendigung des Arbeitsverhältnisses angesammelt hat. Erst nachdem der Richter die Kündigung aufgehoben hat und der Arbeitnehmer sich zur Wiederaufnahme der Arbeit zur Verfügung gestellt hat, beginnt der Zeitraum für den Erwerb des Urlaubs erneut zu laufen. Es ist nicht Sache des EuGH, darüber zu entscheiden, ob eine ungerechtfertigte Entlassung nichtig oder anfechtbar ist: Dies ist Sache des nationalen Gesetzgebers. Im Wesentlichen glaube ich, dass der EuGH in dieser Entscheidung die Dogmatik des Individualarbeitsrechts im deutschen System verallgemeinert.

An dieser Stelle muss ich aber auch auf eine Tatsache hinweisen, über die der EuGH offenbar nicht informiert war. Ein Teil der italienischen Lehre[22] vertritt die These, dass, obwohl Art 18 des Arbeitnehmerstatuts von der Aufhebung der Kündigung spricht, die Klage auf Anfechtung der ungerechtfertigten Kündigung eine Nichtigkeitsklage ist. Die These geht von der Prämisse aus, die in Art 2103 des codice civile bestätigt wird, dass der Arbeitnehmer immer das Recht hat, beschäftigt zu werden.

---

[22] *Consolo*, Oggetto del giudicato e principio dispositivo. II. Oggetto del giudizio ed impugnazione del licenziamento, 1991, 569 ff.; *Pagni*, Tutela specifica e tutela per equivalente, 2004; *Barraco*, Tutela reale e processo: rimedio (eccezionale) di mero accertamento?, Argomenti di diritto del lavoro, 2008, 1064 ff.; *Valentini*, Licenziamento e reintegrazione, 2008, pag. 29; *Nogler*, La disciplina dei licenziamenti individuali nell'epoca del bilanciamento tra i «principi» costituzionali, Giornale di diritto del lavoro e relazioni industriali, 2007, 657 ff.; *Motto*, Poteri sostanziali e tutela giurisdizionale, 2012, 549 ff.; *Ballestrero*, voce Licenziamento individuale, in Enc. dir. Annali V, 2011, 823.

Auch wenn es selten eingeklagt wird: Aus dem Recht auf freie Persönlichkeitsentfaltung ergibt sich im laufenden Arbeitsverhältnis ein Anspruch gegen den Arbeitgeber auf Beschäftigung. Aus dem Arbeitsvertrag ergibt sich daher nicht nur eine Pflicht des Arbeitnehmers zur Arbeitsleistung, sondern auch ein entsprechendes Recht, das der Arbeitgeber zu erfüllen hat. Ein „Zwang zum Nichtstun" würde die Würde des Arbeitnehmers beeinträchtigen.[23] Nimmt man diese Prämisse an, so befindet sich der Arbeitgeber mit der Aufhebung der Kündigung in Bezug auf das Recht des Arbeitnehmers, beschäftigt zu werden, in Verzug. Folgt man diesen Prämissen, erscheint es schließlich auch richtig, dem Arbeitgeber zuzurechnen, dass er den Arbeitnehmer nicht in die Lage versetzt hat, in der Zeit von der Kündigung bis zur Wiederaufnahme der Arbeit den Urlaubsanspruch zu erwerben.

Es ist hier nicht der Ort, sich eingehend mit diesem dogmatischen Problem zu befassen, zu dem die italienische Doktrin erheblich gespalten ist und auch die Rechtsprechung des Kassationsgerichtshofs keine eindeutige Position vertritt.

Ich bin auf diesen Punkt eingegangen, weil man, wenn man die These des Teils der italienischen Doktrin akzeptiert, der die Nichtigkeitsklage befürwortet, argumentieren könnte, dass der EuGH nicht in den Zuständigkeitsbereich des italienischen Gesetzgebers eingedrungen ist.

Abschließend scheint mir dieses Urteil sehr gut zu zeigen, wie der Gerichtshof, da die Fragen des individuellen Arbeitsverhältnisses systematisch miteinander verknüpft sind, ausgehend von einer bestimmten Frage (in diesem Fall die Frage des Urlaubsanspruchs) Schritt für Schritt eine eigene Dogmatik des Arbeitsverhältnisses aufbaut. Kurzum, das Richterrecht des Gerichtshofs wirkt mehr oder weniger bewusst in Richtung einer Harmonisierung des europäischen individuellen Arbeitsrechts.

---

[23] Ein ähnliches Argument wurde in Deutschland verwendet von Bundesarbeitsgericht (Großer Senat) 27.2.1985 – GS 1/84, Arbeitsrechtliche Praxis (AP) BGB § 611 BGB Beschäftigungspflicht Nr 14.

Johannes PEYRL[*]

Regeln und Grenzen der Aufrechterhaltung der Erwerbstätigeneigenschaft und des Bezuges sozialer Leistungen

1 Einleitung

Das Wirken von Prof. Egger ist gekennzeichnet von einem starken Bezug zum europäischen Arbeits- und Sozialrecht. Daher soll in diesem Beitrag auch der Fokus auf ein europarechtliches Thema gelegt werden: Die Urteile des EuGH zu Sozialhilfe, Ausgleichszulage und unionsrechtlichem Aufenthaltsrecht sind in der Literatur breit diskutiert worden,[1] an dieser Schnittstelle gibt es aber andere Problemkreise, die deutlich weniger Aufmerksamkeit erfahren. Daher sollen im Folgenden nun Fragen der Aufrechterhaltung der Erwerbstätigeneigenschaft von UnionsbürgerInnen (insb im Fall der Elternschaft, aber auch andere Probleme dieses Themenkomplexes) beleuchtet werden.

ArbeitnehmerInnenfreizügigkeit – soweit bedarf das natürlich keiner näheren Erklärung – ist ein wesentlicher Grundpfeiler der EU. An der Qualifikation als ArbeitnehmerIn hängt in vielen Fällen das unionsrechtliche Aufenthaltsrecht von EU-BürgerInnen und in weiterer Folge der Anspruch auf Gleichbehandlung mit StaatsbürgerInnen des Aufnahmemitgliedstaats beim Bezug von sozialen Leistungen. Nun genießen Personen, die unselbständig arbeiten (von Abgrenzungsfällen wie völlig untergeordneter Erwerbstätigkeit abgesehen[2]), den Schutz der ArbeitnehmerInnenfreizügigkeit des Art 45 AEUV, gleiches gilt im Wesentlichen für arbeitsuchende Personen.[3] Die Erwerbstätigeneigenschaft kann aber in bestimmten Fällen auch nach Ende einer Erwerbstätigkeit aufrechterhalten bleiben, wobei gem Art 7 Abs 3 RL 2004/38/EG[4] nach Dauer der vorangegangenen Erwerbstätigkeit bzw dem Zweck der Unterbrechung differenziert wird. Im Folgenden sol-

---

[*] Dr. Johannes Peyrl ist Experte für österreichisches und europäisches Migrationsrecht und in der AK Wien beschäftigt. Er hat zahlreiche Publikationen zum Migrations- und Arbeitsmarktrecht verfasst (ua Kommentare Niederlassungs- und Aufenthaltsgesetz sowie Staatsbürgerschaftsrecht) und ist auch Lehrbeauftragter der FH Vorarlberg, der FH Oberösterreich und der Universität Wien sowie Vortragender der Donau-Universität Krems.

[1] S anstatt vieler *Niksova*, Zugang zu Sozialleistungen für wirtschaftlich nicht aktive Unionsbürger, ZAS 2017, 305 bzw *Karl*, Sozialversicherung und Auslandsbezug: positive und negative Entwicklungen, DrdA 2018, 371.

[2] *Junker*, Der europäische Arbeitnehmerbegriff und seine Auswirkungen auf das nationale Arbeitsrecht, in Kietaibl/Mosler/Pacic, Gedenkschrift Rebhahn, 2019, 177–190 (180 f).

[3] EuGH 26.02.1991, C-292/89, Antonissen, ECLI:EU:C:1991:80.

[4] Richtlinie 2004/38/EG des Europäischen Parlamentes und des Rates vom 29.4.2004 über das Recht der Unionsbürger und ihrer Familienangehörigen, sich im Hoheitsgebiet der Mitgliedstaaten frei zu bewegen und aufzuhalten, ABl L 2004/158, idF ABl L 2011/141.

len einige – bislang kaum beachtete – Abgrenzungsfragen der Aufrechterhaltung der Erwerbstätigeneigenschaft beleuchtet werden.

2 Aufrechterhaltung der Erwerbstätigeneigenschaft bei Unterbrechung aus Gründen der Elternschaft

Erstaunlich unbeachtet blieb in der Literatur bislang die Frage, ob bzw wie lange UnionsbürgerInnen weiterhin in einem anderen Mitgliedstaat aufenthaltsberechtigt sind, wenn sie sich in Elternkarenz befinden und/oder aus diesem Grund Familienleistungen wie Kinderbetreuungsgeld beziehen. Die Ausgangsfrage ist einfach: Für welchen Zeitraum behalten UnionsbürgerInnen, die noch kein Daueraufenthaltsrecht erworben haben,[5] für die Zeit nach Aufgabe der Erwerbstätigkeit aus Gründen der Elternschaft ihre Eigenschaft als ArbeitnehmerInnen iSd Art 45 AEUV und haben daher gem Art 7 VO 492/2011 Anspruch auf gleiche soziale Vergünstigungen sowie gem Art 24 RL 2004/38/EG Anspruch auf Gleichbehandlung mit eigenen StaatsbürgerInnen?

Gem Art 7 Abs 3 RL 2004/38/EG wird die Erwerbstätigeneigenschaft in einzelnen Fällen, insb bei unfreiwilliger Arbeitslosigkeit,[6] aber auch nach Arbeitsunfällen und Krankheit auch nach dem Ende eines Arbeitsverhältnisses aufrechterhalten. Elternkarenz bzw vorübergehende Aufgabe einer Erwerbstätigkeit aufgrund Elternschaft ist nicht explizit als solcher Grund in Art 7 Abs 3 RL 2004/38/EG festgehalten.

Der EuGH hat in der Rs Saint Prix[7] klargestellt, dass die ArbeitnehmerInneneigenschaft auch in anderen als den explizit in der RL festgehaltenen Fällen aufrechterhalten werden kann und ausgesprochen, dass Art 45 AEUV dahin auszulegen ist, dass eine Frau, die ihre Erwerbstätigkeit oder Arbeitsuche wegen der körperlichen Belastungen im Spätstadium ihrer Schwangerschaft und nach der Geburt des Kindes aufgibt, die ArbeitnehmerInneneigenschaft iSd Vorschrift behält, sofern sie innerhalb eines angemessenen Zeitraums nach der Geburt ihres Kindes ihre Beschäftigung wieder aufnimmt oder eine andere Stelle findet.[8] Der EuGH verweist zunächst auf die nach st Rspr weite Auslegung des ArbeitnehmerInnenbegriffs des Art 45 AEUV[9] und darauf, dass die ArbeitnehmerInneneigenschaft nicht in allen Fällen vom tatsächlichen Bestehen oder Fortbestehen eines Arbeitsverhältnisses abhängt.[10] Daher kann die ArbeitnehmerInneneigenschaft

---

[5] IdR nach fünf Jahren rechtmäßiger Niederlassung, vgl Art 16 f RL 2004/38/EG.
[6] Siehe dazu unten Pkt 4.3.
[7] EuGH 19.6.2014, C-507/12, Saint Prix, ECLI:EU:C:2014:2007.
[8] EuGH Saint Prix, Rn 47.
[9] Hinweis auf EuGH N., 21.02.2013, C 46/12, EU:C:2013:97, Rn 39.
[10] EuGH Saint Prix Rn 37 mit Hinweis auf EuGH Lair, 39/86, EU:C:1988:322, Rn 31 und 36.

auch im Fall einer Elternschaft weiter vorliegen, sofern UnionsbürgerInnen innerhalb eines angemessenen Zeitraums nach der Geburt des Kindes ihre Beschäftigung wieder aufnehmen oder eine andere Beschäftigung finden.[11] Gleiches gilt auch für die Aufrechterhaltung einer selbständigen Erwerbstätigkeit, wie der EuGH im Urteil Dakneviciute festgehalten hat.[12] Bei gemeinsamer Betrachtung der Urteile Saint Prix und Dakneviciute wird klar, dass der EuGH offenbar nicht Art 7 Abs 3 RL 2004/38/EG als demonstrative Aufzählung versteht, sondern weitere Möglichkeiten der Beibehaltung bzw Aufrechterhaltung der Erwerbstätigeneigenschaft in einer primärrechtskonformen Auslegung des Art 7 Abs 1 RL 2004/38/EG begründet sieht.[13]

Der VwGH hat – unter Bezugnahme auf dieses Urteil – eine mE deutlich zu restriktive Herangehensweise gewählt und ausgesprochen, dass Erwerbstätigeneigenschaft nur während der Zeit des Mutterschutzes, nicht einmal aber für die Zeit einer Elternkarenz danach vorliegen würde und aus diesem Grund einen Mindestsicherungsanspruch (im Anlassfall nach dem Salzburger MSG) verneint.[14] Für die Anwendung im österreichischen Recht bleibt daher die Frage zu klären, welcher Zeitraum in Österreich als angemessen zu betrachten ist, innerhalb dessen wieder eine Erwerbstätigkeit (bzw uU Arbeitsuche) aufgenommen werden muss, um die Erwerbstätigeneigenschaft nicht zu verlieren. Der EuGH nennt keinen expliziten Zeitraum und judiziert in Rn 42 des Urteils Saint Prix, dass zur Beurteilung dieses Zeitraumes nationales Recht (in Einklang mit dem geltenden Unionsrecht) relevant sei, sodass dieses in diesem Zusammenhang jedenfalls auch beachtlich ist. Umgelegt auf das österreichische Recht kommen grundsätzlich folgende Möglichkeiten zur Festsetzung eines „angemessenen Zeitraums" in Betracht: Zeiten des Beschäftigungsverbotes iSd MSchG[15] bzw Zeiten einer Elternkarenz und/oder des Bezuges von Kinderbetreuungsgeld (in seinen unterschiedlichen Varianten). Weiters ist fraglich, ob bzw in welcher Form Väter sich ebenfalls auf die Aufrechterhaltung der Erwerbstätigeneigenschaft stützen können.

Unstrittig ist, dass jedenfalls für die Zeit des Beschäftigungsverbots gem §§ 3 und 5 MSchG die Erwerbstätigeneigenschaft aufrechterhalten wird.[16] Im Erk Ro 2015/10/0019 hat der VwGH hat ausgesprochen, dass über die Zeit des Mutter-

---

[11] EuGH Saint Prix Rn 41 mit Verweis auf EuGH 29.04.20004, C-482/01 und C-493/01, Orfanopoulos und Oliveri EU:C:2004:262, Rn 50.
[12] EuGH 19.9.2019, C-544/18, Dakneviciute, ECLI:EU:C:2019:761, Rn 34.
[13] EuGH Dakneviciute Rn 27 ff unter Hinweis auf EuGH Saint Prix, Rn 30.
[14] VwGH 11.08.2017, Ro 2015/10/0019.
[15] Mutterschutzgesetz 1979 – MSchG, BGBl 21/1979, zuletzt geändert BGBl I 212/2021.
[16] Gleiches muss auch bei verlängertem Beschäftigungsverbot zB bei Kaiserschnitt bzw bei einem früher eintretenden Verbot gem § 3 Abs 3 MSchG gelten, siehe aktuell auch § 3a MSchG bzgl Sonderfreistellung aufgrund der Covid-19 Pandemie.

schutzes hinaus keine Aufrechterhaltung der Erwerbstätigeneigenschaft iSd Art 7 Abs 1 bzw 3 RL 2004/38/EG möglich sei. Begründet wird dies im Wesentlichen damit, dass der EuGH judiziert habe, dass körperliche Belastungen während der Schwangerschaft und unmittelbar nach der Geburt des Kindes, die eine Frau zur vorübergehenden Aufgabe ihrer Erwerbstätigkeit zwingen würden, nicht zum Verlust der ArbeitnehmerInneneigenschaft führen könnten; der VwGH schließt daraus, dass von der Aufrechterhaltung der Erwerbstätigkeit nur Zeiten des Mutterschutzes, nicht aber der nachfolgenden Elternkarenz umfasst seien.[17] Der VwGH vertritt die Auffassung, dass der EuGH im Urteil Saint Prix die Voraussetzungen der Beibehaltung der ArbeitnehmerInneneigenschaft „eng gefasst" habe und begründet dies mit dem Verweis des EuGH auf Art 8 RL 92/95/EWG[18] sowie der Wortfolge „kurzzeitigen Aufgabe ihrer Erwerbstätigkeit".[19] Gegen diese enge Auslegung lassen sich aber mehrere Argumente vorbringen.

Der EuGH betont in st Rpsr, dass in Fragen der ArbeitnehmerInnenfreizügigkeit eine weite Auslegung geboten sei, da diese eine im AEUV festgelegte Grundfreiheit betreffen würden.[20] Die Ausführungen in Rn 42 und 44 des Urteils Saint Prix, auf die der VwGH Bezug nimmt, sind mE schlicht dem Ausgangssachverhalt geschuldet,[21] da die betreffende Arbeitnehmerin eben nur vergleichsweise kurz ihre Tätigkeit eingestellt hat: Frau Saint Prix hat im sechsten Schwangerschaftsmonat ihre Beschäftigung aufgegeben, den Antrag auf Beihilfe elf Wochen vor dem errechneten Entbindungstermin gestellt und drei Monate nach der vorzeitigen Geburt neuerlich eine Erwerbstätigkeit aufgenommen.

Der Zeitraum der nach den Worten des vorlegenden Gerichts „vernünftigen" freiwilligen Aufgabe der Erwerbstätigkeit war aber länger als die in § 3 MSchG vorgesehene 16-Wochenfrist. Daraus wird klar, dass selbst in dem EuGH Urteil, das der VwGH (richtigerweise) zur Lösung der Frage heranzieht, die Erwerbstätigeneigenschaft länger als 16 Wochen erhalten blieb. Ein bloßes Abstellen auf das Beschäftigungsverbot gem § 3 MSchG geht somit hinter das EuGH Urteil zurück, was mE keinesfalls möglich und daher europarechtswidrig ist. Zwar ist richtig, dass der EuGH auf Art 8 RL 92/95/EWG verweist und diese Bestimmung Mindestzeiten des Mutterschaftsurlaub vor und nach Entbindung regelt, dh tatsäch-

---

17 VwGH Erk 11.8.2017, Ro 2015/10/0019, Rn 20.
18 Richtlinie 92/85/EWG des Rates vom 19.10.1992 über die Durchführung von Maßnahmen zur Verbesserung der Sicherheit und des Gesundheitsschutzes von schwangeren Arbeitnehmerinnen, Wöchnerinnen und stillenden Arbeitnehmerinnen am Arbeitsplatz, ABl L 92/348.
19 EuGH Saint Prix, Rn 44.
20 *Windisch-Graetz* in *Jaeger/Stöger*, EUV/AEUV Art 45 Rn 1 und 9 (Stand September 2019).
21 Zwar formuliert der EuGH durchaus Vorlagefragen um (*Windisch-Graetz*, Zugang zu Sozialleistungen unter Berücksichtigung des Aufenthaltsstatus, DRdA 2015, 444), muss aber eine Antwort auf die Rechtsfrage des konkreten Ausgangssachverhalts geben.

lich ein Beschäftigungsverbot normiert, es sprechen aber mE gute Gründe dafür, diesen Verweis nicht als abschließend zu betrachten:

Der EuGH verweist mehrfach auf die weite Auslegung des Art 45 AEUV, weiters ist im britischen Recht der Regelmutterschaftsurlaub deutlich länger als das Beschäftigungsverbot gem § 3 MSchG.[22]

Wesentlich ist, dass der EuGH explizit auf die Bestimmung des Art 16 Abs 3 RL 2004/38/EG verweist, in der geregelt wird, dass für die Erlangung eines Daueraufenthaltsrechts in einem anderen Mitgliedstaat eine Abwesenheit von höchstens zwölf aufeinanderfolgenden Monaten aus wichtigen Gründen wie Schwangerschaft und Niederkunft unschädlich ist.[23] Damit dieser Verweis nicht ins Leere gehen soll, muss er so verstanden werden, dass par analogiam eine Nichtausübung der Erwerbstätigkeit aus diesen Gründen für bis zu einem Jahr die Erwerbstätigeneigenschaft nicht erlöschen lässt. Umgekehrt machen die Verweise des EuGH auf Art 8 RL 92/95/EWG und Art 16 Abs 3 RL 2004/38/EG mE aber deutlich, dass im Unionsrecht eine zeitliche Grenze der Aufrechterhaltung der Erwerbstätigeneigenschaft begründet wird. Es wird daher (von Ausnahmefällen abgesehen) jedenfalls möglich sein, ein Jahr diese Erwerbstätigeneigenschaft aufrechtzuerhalten. Liegt aber wie im Ausgangssachverhalt des oa VwGH Erk ein aufrechtes (wenn auch karenziertes) Dienstverhältnis vor, wäre mE nicht einzusehen, dass während eines aufrechten DV die ArbeitnehmerInneneigenschaft verloren gehen kann, wenn diese Karenz zum einen zeitlich klar begrenzt ist[24] und zum anderen aus einem von der Rechtsordnung ausdrücklich anerkannten Grund angetreten wird.[25]

Das Ergebnis wird auch dadurch gestützt, dass bei der engen, vom VwGH gewählten Auslegung es für Väter gänzlich ausgeschlossen wäre, die Erwerbstätigeneigenschaft aufrechtzuerhalten, wenn diese eine Elternkarenz gem § 2 ff VKG[26] in Anspruch nehmen und/oder Kinderbetreuungsgeld beziehen. Zwar besteht gem § 1a VKG unter bestimmten Voraussetzungen auch für Väter für die Dauer von einem Monat Anspruch auf Freistellung anlässlich der Geburt eines Kindes, diese

---

[22] Siehe dazu SA GA Wahl EuGH 12.12.2013, C-507/12, ECLI:EU: C:2013: 841, Rn 10.
[23] Diese Bestimmung wird 53a Abs 2 Z 3 NAG nahezu wortwörtlich umgesetzt.
[24] Nicht aufrechterhalten wird mE diese Erwerbstätigeneigenschaft, wenn über die Dauer der gesetzlich vorgesehenen Elternkarenz eine weitere Karenz vereinbart wird;
[25] Beachte in diesem Zusammenhang auch Art 15 und 16 RL 2006/54/EG über Rechte bei Rückkehr aus Mutterschafts- oder Vaterschaftsurlaub.
[26] Bundesgesetz, mit dem Karenz für Väter geschaffen wird (Väter-Karenzgesetz – VKG), BGBl 651/1989 idF BGBl I 2020/2021.

Freistellung ist aber nicht mit dem Beschäftigungsverbot gem § 3 ff MSchG vergleichbar.[27]

Selbst wenn davon ausgegangen werden muss, dass jedenfalls für die Dauer dieser Freistellung auch für Väter eine Aufrechterhaltung der Erwerbstätigeneigenschaft gegeben ist, bliebe bei einer solchen Auslegung das Gleichbehandlungsproblem bestehen, da ein Beschäftigungsverbot von idR 16 Wochen nicht mit einem von diversen Voraussetzungen abhängigen[28] Anspruch auf Freistellung für Väter zu vergleichen ist.[29]

Die mE einzige auf Basis der EuGH Urteile Saint Prix sowie Dakneviciute sinnvolle Lösung für die Rechtsfrage ist, dass die Erwerbstätigeneigenschaft während Elternkarenz und/oder Kinderbetreuungsgeldbezug (allerdings höchstens für die Dauer eines Jahres) aufrechterhalten wird.

Bei dieser Interpretation ist es somit nicht relevant, welches Modell des Kinderbetreuungsgeldes[30] gewählt wird. Eine völlige Außerachtlassung des Verweises auf Art 16 RL 2004/38/EG wäre mE schon deshalb nicht sachgerecht, weil der EuGH diese Regelung klar erkennbar als Interpretationshilfe heranzieht. Hätte der Gerichtshof nur die bloßen Fälle des Mutterschaftsurlaubs als Aufrechterhaltung erfasst wissen wollen, hätte es dieses Verweises nicht bedurft.

Die Ableitung des VwGH, dass die ArbeitnehmerInneneigenschaft nur während des Zeitraums des Beschäftigungsverbots gem MSchG aufrechterhalten wird, lässt sich aus diesem EuGH Urteil nicht begründen. Aufgrund der unmittelbaren Anwendbarkeit des Art 45 AEUV und der Pflicht von nationalen Gerichten, die subjektiven Rechte von UnionsbürgerInnen zu wahren, hätte der VwGH mE dem EuGH diese Frage zur Vorabentscheidung gem Art 267 AEUV vorlegen müssen; ein acte clair[31] liegt jedenfalls nicht vor.

Diese Frage ist nicht nur akademisch interessant, sondern hat auch praktische enorme Auswirkungen. Sozialhilfe muss nach der mittlerweile verfestigten Judikatur des EuGH idR nur dann gewährt werden, solange Erwerbstätigeneigen-

---

[27] Außerdem trat diese Bestimmung am 1.9.2019 in Kraft (BGBl I 73/2019), zum Zeitpunkt dieses VwGH Erk gab es diese daher noch gar nicht.
[28] Insb gemeinsamer Haushalt mit dem Kind, vgl § 1a Abs 1VKG.
[29] Offenbar aA *Gerhartl*, Ausschluss von Unionsbürgern von Sozialleistungen, ASoK 2018, 64, demzufolge die Aufrechterhaltung der Erwerbstätigeneigenschaft nur aus einer „besonderen Schutzbedürftigkeit von Frauen" resultiert.
[30] Vgl *Brodil/Windisch-Graetz*, Sozialrecht in Grundzügen, 2017, 117 ff.
[31] Grundsätzlich besteht eine Vorlageverpflichtung bei jeder sich stellenden Auslegungsfrage des Europarechts (EuGH 6.10.1982, C-283/81, CILFIT, ECLI:EU:C:1982:335, Rn 11 f), keine Vorlagepflicht besteht nur dann, wenn eine Auslegungsfrage nicht entscheidungserheblich oder bereits entschieden ist oder die Auslegung des Europarechts offenkundig erscheint, *Mayer*, Verfassungsgerichtsbarkeit, in *von Bogdandy/Bast* (Hrsg), Europäisches Verfassungsrecht[2], 2009, 559, 563.

schaft nach Art 7 RL 2004/38/EG aufrechterhalten wird.[32] Relevant ist die Aufrechterhaltung der Erwerbstätigeneigenschaft aber nicht nur für Mindestsicherung bzw Sozialhilfe, sondern insb auch für die Gewährung von Kinderbetreuungsgeld und Familienbeihilfe: Gem § 3 Abs 1 FLAG[33] und § 2 Abs 1 Z 5 KBGG[34] jeweils iVm § 9 NAG ist für den Bezug dieser Leistungen ein rechtmäßiger Aufenthalt (der durch die Anmeldebescheinigung bestätigt wird[35]) nötig. Der EuGH hat nicht nur im Bereich der Sozialhilfe, sondern auch für die Leistungen im Anwendungsbereich der VO 883/2004 nationale Regelungen akzeptiert, nach denen nur aufenthaltsberechtigte Personen Familienleistungen in einem anderen Mitgliedstaat beziehen können.[36]

In vielen Fällen wird zwar unabhängig von der hier besprochenen Frage ein unionsrechtliches Aufenthaltsrecht vorliegen, etwa weil schon ein Daueraufenthaltsrecht erworben wurde, weil die/der EhegattIn zB ebenfalls aufenthaltsberechtigte/r EWR-BürgerIn ist oder weil aufgrund ausreichender Unterhaltsmittel und Krankenversicherung gem Art 7 Abs 1 Z 2 RL 2004/38/EG ein Recht auf Aufenthalt gegeben ist. Aber insb für alleinerziehende Mütter/Väter oder in Konstellationen, in denen nur einE PartnerIn erwerbstätig ist und diese/r eben die Erwerbstätigkeit aufgrund Elternschaft unterbricht, ist die Frage der Aufrechterhaltung der Erwerbstätigeneigenschaft auch praktisch enorm wichtig.

3 Aufrechterhaltung der Erwerbstätigeneigenschaft während Bildungskarenz

Nachdem geklärt wurde, dass Erwerbstätigeneigenschaft für die Dauer einer Elternkarenz – jedenfalls idR für die Dauer eines Jahres – aufrechterhalten wird, stellt sich die Frage, ob gleiches für andere Formen der Karenz gilt. Untersucht werden soll daher an dieser Stelle das Fortwirken der Erwerbstätigeneigenschaft während der Inanspruchnahme einer Bildungskarenz.

Gemäß § 11 Abs 1 AVRAG können ArbeitnehmerInnen und ArbeitgeberInnen eine Bildungskarenz gegen Entfall des Arbeitsentgeltes für die Dauer von mindestens zwei Monaten bis zu einem Jahr vereinbaren, sofern das Arbeitsverhältnis unun-

---

[32] Siehe dazu anstatt vieler *Devetzi/Schreiber*, Diskriminierungsfreier Zugang zu Sozialleistungen – nur noch nach Maßgabe der Unionsbürger-Richtlinie, Zesar 01/16, 15.

[33] Familienlastenausgleichsgesetz, BGBl 367/67, zuletzt geändert BGBl I 135/2020.

[34] Kinderbetreuungsgeldgesetz (KBGG), BGBl I 103/2001, zuletzt geändert BGBl I 2021/2021.

[35] Da sich das unionsrechtliche Aufenthaltsrecht unmittelbar aus Europarecht ergibt, müssen diese Leistungen letztlich auch ohne konkretes Vorliegen einer Anmeldebescheinigung möglich sein (etwa wenn diese aus Behördensäumnis nicht erteilt wird), solange ein Aufenthaltsrecht vorliegt.

[36] EuGH 14.6.2016, C-308/14, ECLI:EU:C:2016:436, EK/UK, Rn 68 ff, zu Recht kritisch *Felten*, Beschränkter Zugang zu Sozialleistungen für Unionsbürger, DRdA 2017, 97.

terbrochen sechs Monate gedauert hat. In einem Saisonbetrieb iSd § 53 Abs 6 ArbVG ist eine Bildungskarenz dann möglich, wenn das befristete Arbeitsverhältnis ununterbrochen drei Monate gedauert hat und jeweils vor dem Antritt einer Bildungskarenz oder einer neuerlichen Bildungskarenz eine Beschäftigung zum/r selben Arbeitgeber/in im Ausmaß von mindestens sechs Monaten vorliegt. Unter bestimmten Voraussetzungen[37] kann gem § 26 AlVG für die Dauer einer Bildungskarenz Weiterbildungsgeld bezogen werden.

In den meisten Fällen wird ein Aufenthaltsrecht gem Art 7 Abs 1 lit c RL 2004/38/EG (Ausbildung sowie Glaubhaftmachen von Unterhaltsmitteln) oder Art 7 Abs 3 lit d (Beginn einer Berufsausbildung iZm früherer Erwerbstätigkeit) vorliegen. Ist das aber nicht der Fall,[38] können sich ähnliche Fragen wie oben besprochen stellen, um komplementär Sozialhilfeleistungen beziehen zu können, oder damit der/dem nicht erwerbstätigen PartnerIn selbst ein abgeleitetes Aufenthaltsrecht zusteht. Weiterbildungsgeld ist keine Leistung der sozialen Sicherheit iSd VO 883/2004, da eine nationale Leistung nur dann als Leistung der sozialen Sicherheit betrachtet wird, wenn sie sich auf eines der in der VO ausdrücklich aufgezählten Risiken bezieht.[39] Leistungen bei Arbeitslosigkeit sollen nach der Rpsr des EuGH das Risiko des Einkommensverlustes decken, den ArbeitnehmerInnen wegen des Verlustes ihrer Beschäftigung erleiden.[40] Allerdings stellt Weiterbildungsgeld zweifelsfrei eine soziale Vergünstigung iSd Art 7 VO 492/2011 dar, allerdings nur, wenn die betreffenden Personen als ArbeitnehmerInnen iS dieser VO zu qualifizieren sind.[41]

Im Fall der Bildungskarenz liegt ein aufrechtes, wenn auch karenziertes Arbeitsverhältnis vor, weiters ist Weiterbildungsgeld nach der Überschrift des Abschnitt 2 AlVG eine Leistung der Beschäftigungsförderung und deshalb als Leistung bei

---

[37] Insb Vorliegen einer Weiterbildung im Ausmaß von idR mindestens 20 Stunden pro Woche bzw bei Absolvierung eines Studiums 8 ECTS-Punkten pro Semester.

[38] ZB wenn die Höhe des Weiterbildungsgeldes nicht existenzsichernd ist bzw eine berufsfremde Ausbildung absolviert wird.

[39] *Bruckner*, Bemessung des Arbeitslosengeldes und des Weiterbildungsgeldes bei EU-Wanderarbeitnehmern, DRdA 2015, 156 (160).

[40] EuGH 18.6.2006, C-406/04, De Cuyper, ECLI:EU:C:2006:491, Rn 27. Förderungen zur beruflichen Fortbildung können nur als Leistungen bei Arbeitslosigkeit iSd VO 883/2004 qualifiziert werden, wenn diese bereits Arbeitslosen oder unmittelbar von Arbeitslosigkeit bedrohten ArbeitnehmerInnen gewährt werden; EuGH 4.6.1087, C-375/85, Campana, ECLI:EU:C:1987:253, Rn 12.

[41] Das ist nach der Alimanovic Rspr offenbar nicht der Fall, soweit die Erwerbstätigeneigenschaft nicht gem Art 7 RL 2004/38/EG aufrechterhalten wird, siehe dazu *Peyrl*, The judgments of Brey, Dano and Alimanovic: A case of derogation or a need to solve the riddle?, in *Mantu/Minderhoud/Guild* (Hrsg), EU Citizenship and Free Movement Rights (2020), 105–128; bejahend zur Qualifikation als soziale Vergünstigung *Bruckner* aaO. Wesentlich ist auch, dass selbst in der VO 492/2011 der ArbeitnehmerInnenbegriff nicht einheitlich gebraucht wird, siehe dazu *Windisch-Graetz* in Jaeger/Stöger, EUV/AEUV Art 45 Rn 18 (Stand September 2019).

ArbeitnehmerInnenfreizügigkeit iSd EuGH Rspr Vatsouras[42] einzuordnen. Daher spricht mE vieles dafür, dass ArbeitnehmerInnen in jedem Fall während Bildungskarenz bzw während des Bezuges von Weiterbildungsgeld ein unionsrechtliches Aufenthaltsrecht gem Art 7 RL 2004/38/EG zukommt.

Dagegen könnte eingewendet werden, dass der Unionsgesetzgeber eben sowohl ein Aufenthaltsrecht bei Ausbildung als auch eine Aufrechterhaltung der Erwerbstätigeneigenschaft im Fall einer nicht berufsfremden Ausbildung vorgesehen hat und diese Möglichkeiten als abschließend zu beurteilen sind, dh andere, nicht geregelte Fälle nicht darunterfallen sollen. Eine solche Ansicht würde aber übersehen, dass bei Inanspruchnahme einer Bildungskarenz sowohl ein aufrechtes Dienstverhältnis vorliegt als auch im nationalen Recht überdies andere Weiterbildungsformen vorgesehen werden können.[43]

Darüber hinaus ist gibt es mE keine Anhaltspunkte dafür, dass nur Sachverhalte unter den Schutz der ArbeitnehmerInnenfreizügigkeit fallen sollen, wenn sie eine explizite sekundärrechtliche Grundlage haben. Daher sind auch Personen während einer Bildungskarenz als ArbeitnehmerInnen anzusehen, wenn ausnahmsweise kein explizit in Art 7 Abs 1 oder 3 RL 2004/38/EG angeführtes Aufenthaltsrecht vorliegt.[44]

4 Rechtsfragen in Zusammenhang mit Aufrechterhaltung der Erwerbstätigeneigenschaft nach einem Dienstverhältnis

4.1 Beschränkung der Aufrechterhaltung der Erwerbstätigeneigenschaft nach kurzem Dienstverhältnis möglich?

Fraglich kann sein, ob die Erwerbstätigeneigenschaft auch im Anschluss an ein sehr kurzes Arbeitsverhältnis für mindestens sechs Monate aufrechterhalten wird oder ob für diese Aufrechterhaltung eine gewisse Nachhaltigkeit der vorangegangenen Erwerbstätigkeit nötig ist. Der EuGH hat in st Rspr zum Begriff der unselbständigen Arbeit als wesentlichstes Merkmal definiert, dass während einer

---

[42] EuGH 4.6.2019, C-2208 und 23/08, Vatsouras und Koupatantze, ECLI:EU:C:2009:344, Rn 37.

[43] Zur Möglichkeit einer berufsfremden Ausbildung beachte, dass nach der OGH Rsp (25.2. 2016, 9 ObA 9/16p) die Vereinbarung der einvernehmlichen Auflösung mit Ende der Karenzierung zulässig ist, damit ist klar, dass der Zweck der Bildungskarenz nicht notwendigerweise im Einsatz der neu gewonnenen Fertigkeiten für die alten ArbeitgeberInnen liegen muss; vgl idZ auch *Binder*, AVRAG[2] (2010) § 11 Rz 1 und 2, wonach eine Bildungskarenz fraglos auch den Interessen der sie beanspruchenden ArbeitnehmerInnen dienen würde.

[44] Diese Auffassung ist mE dreifach abgesichert: Erstens: Soziale Vergünstigung iSd Art 7 VO, 492/2011, zweitens Leistung der AN-Freizügigkeit iSd Urteils Vatsouras und drittens Telos des Art 7 RL 2004/38/EG iSd EuGH Urteils Dakneviciute.

bestimmten Zeit für eine/n anderen nach dessen/ihren Weisung Leistungen erbracht werden, für die als Gegenleistung eine Vergütung bezahlt wird.[45]

Explizit unschädlich für diese Begriffsdefinition ist, wenn lediglich eine geringe Anzahl von Wochenstunden gearbeitet wird[46] oder die betreffende Person nur eine geringe Vergütung erhält.[47] Außer Betracht bleiben lediglich Tätigkeiten, die einen so geringen Umfang haben, dass sie sich als völlig untergeordnet und unwesentlich darstellen.[48]

Wenn ein solches kurzes Dienstverhältnis in diesem Sinn von der Arbeitnehmer-Innenfreizügigkeit gem Art 45 AEUV umfasst ist, bleibt die Frage, ob gem Art 7 Abs 3 lit c RL 2004/38/EG die Aufrechterhaltung der Erwerbstätigeneigenschaft für mindestens sechs Monate davon abhängig gemacht werden darf, dass diese Tätigkeit eine gewisse Nachhaltigkeit hatte. Art 7 Abs 3 RL 2004/38/EG kennt zwei Abstufungen der Aufrechterhaltung der Erwerbstätigeneigenschaft und differenziert, ob eine Erwerbstätigkeit länger oder kürzer als ein Jahr gedauert hat: Im ersten Anwendungsfall bleibt die Erwerbstätigeneigenschaft grundsätzlich unbefristet aufrecht, hat die Erwerbstätigkeit kürzer als ein Jahr gedauert, wird diese für mindestens sechs Monate aufrechterhalten.

Der EuGH hat klar ausgesprochen, dass auch nach einem kurzen Dienstverhältnis (hier: zwei Wochen) die Erwerbstätigeneigenschaft unter den Voraussetzungen des Art 7 Abs 3 lit b RL 2004/38/EG (insb unfreiwillige Arbeitslosigkeit und Meldung bei der Arbeitsmarktverwaltung) aufrechterhalten bleibt.[49] Der Gerichtshof folgt damit dem GA, der die Meinung vertritt, dass die MS die Aufrechterhaltung der Erwerbstätigeneigenschaft nicht davon abhängig machen dürfen, dass Betroffene eine unselbständige Tätigkeit während einer anderen Mindestdauer als der in Art 7 Abs 3 lit c RL 2004/38 festgelegten ausgeübt haben, da andernfalls eine zusätzliche Begrenzung eingeführt würde, die der Unionsgesetzgeber nicht vorgesehen habe.[50]

---

[45] EuGH 3.7.1986, C-66/85, Lawrie Blum, Rn 17, EuGH 11.9.2008, C-228/07, Petersen, Rn 45.
[46] EuGH 4.2.2010, C-14/09, Hava Genc, Rn 26 zu einer Arbeit von lediglich 5,5 Stunden pro Woche.
[47] EuGH Lawrie Blum, Rn 21.
[48] Siehe dazu anstatt vieler EuGH 4.2.2010, C-14/09, Hava Genc, Rn 26. Siehe aber EuGH 26.2. 1992, C-357/89, Raulin, Rn 14, wonach im Rahmen eines Vertrags über Gelegenheitsarbeit die tatsächlich erbrachten Leistungen zu berücksichtigen sind und diese ein Anhaltspunkt dafür sein können, dass die ausgeübten Tätigkeiten nur untergeordnet und unwesentlich sind.
[49] EuGH 11.4.2019, C-483/17, Tarola, ECLI:EU:C:2019:309, Rn 58.
[50] SA GA Szpunar, C-483/17, Rn 58.

Es gibt daher keine Mindestbeschäftigungsdauer für die Frage der Aufrechterhaltung der Erwerbstätigeneigenschaft,[51] sodass diese – bei Erfüllung der Voraussetzungen – auch nach einer sehr kurzen Erwerbstätigkeit eintritt.[52] An diesem Ergebnis kann auch ErwGr 10 RL 2004/38/EG nichts ändern, wonach UnionsbürgerInnen die Sozialhilfe nicht „unangemessen" in Anspruch nehmen sollen.[53]

4.2 Wann muss die Meldung an die Arbeitsmarktverwaltung erfolgen?

Die Rechtsfolge der Aufrechterhaltung der Erwerbstätigeneigenschaft nach Ende des Arbeitsverhältnisses tritt wie ausgeführt nur ein, wenn sich die UnionsbürgerInnen dem zuständigen Arbeitsamt zur Verfügung stellen.[54] Welches zeitliche Naheverhältnis für die Meldung nach Ende des Dienstverhältnisses vorliegen muss, bestimmt explizit weder die RL noch die (unbedenkliche) Umsetzung in § 51 NAG.

Mit dem Argument, es handle sich um eine „Aufrechterhaltung" und nicht um ein „nachträgliches Wiederaufleben" der Erwerbstätigeneigenschaft hat der VwGH judiziert, dass jedenfalls eine Meldung beim Arbeitsmarktservice zwei Wochen nach Ende des (im Anlassfall aber sehr kurzen) Dienstverhältnisses keine Aufrechterhaltung bewirken könne.[55] Allerdings betont der VwGH, dies sei eine „fallbezogene" Entscheidung, auf Abgrenzungsfragen müsse in diesem Judikat nicht eingegangen werden.[56]

Somit ist zu klären, wann noch von einer Aufrechterhaltung ausgegangen werden kann und ab wann (mangels Wiederaufleben) eine Meldung beim AMS zu spät kommt. Bei wörtlicher Betrachtung des VwGH Erkenntnisses (der EuGH hat sich bislang nicht zu diesem Problemfeld geäußert) müsste davon ausgegangen werden, dass die Meldung stets am nächsten Werktag erfolgen müsse; das kann aber mE nicht in allen Fällen gelten:

---

[51] Zur Geltung bei selbständiger Erwerbstätigkeit siehe EuGH 20.12.2012, C-442/16, Gusa, ECLI:EU:C:2017: 1004, Rn 43 ff.

[52] Allerdings weist der EuGH explizit darauf hin, dass Sozialleistungen in diesem Fall nur gewährt werden müssen, wenn diese auch eigenen StaatsbürgerInnen nach sehr kurzem DV zustehen (EuGH Tarola Rn 56); zur Kritik bzgl möglicher mittelbarer Diskriminierung *Peyrl*, Unionsrechtliches Aufenthaltsrecht durch Aufrechterhaltung der Erwerbstätigeneigenschaft auch nach kurzem Dienstverhältnis, zu EuGH C-483/17, DRdA 2019, 513.

[53] SA GA Szpunar C-483/17, Rn 53.

[54] Gem § 51 Abs 2 Z 2 bzw 3 NAG ist dies in Österreich die zuständige regionale Geschäftsstelle des AMS.

[55] VwGH 30.4.2019, Ra 2017/10/0050, Rn 18. Ähnlich LVwG Tirol 28.8.2019, LVwG-2019/45/1404-1, wonach eine Meldung einen Monat nach einer Lösung des Dienstverhältnisses im Probemonats und damit „nach einem Sechstel des Zeitraumes der Aufrechterhaltung" der Erwerbstätigeneigenschaft nicht ausreichend sei.

[56] VwGH 30.4.2019, Ra 2017/10/0050, Rn 19.

In Zeiten, in denen aufgrund eines nicht verbrauchten Urlaubs eine Urlaubsersatzleistung oder wegen fristwidriger Kündigung eine Kündigungsentschädigung bezogen wird, ist zwar das zuvor bestehende Arbeitsverhältnis nicht mehr aufrecht, aber die Pflichtversicherung in der Sozialversicherung besteht gem § 11 Abs 2 ASVG in diesen Fällen weiter.

In diesen Fällen muss wohl eine Meldung nach Ende des Versicherungszeitraumes ausreichend sein, zumal auch ein allfälliger Anspruch auf Arbeitslosengeld gem § 16 AlVG für diese Zeiträume ruht. Ebenso muss eine Meldung nach Ende eines Krankenstandes, wenn ein solcher über das Ende eines Dienstverhältnisses hinaus andauert, rechtzeitig sein. Aber auch unabhängig davon wird die Rechtzeitigkeit nicht losgelöst von der Dauer des davorliegenden Dienstverhältnisses betrachtet werden können:

Es ist kaum zu beanstanden, dass ein „Loch" von 14 Tagen nach einem sehr kurzen Dienstverhältnis keine Aufrechterhaltung der Erwerbstätigeneigenschaft bewirkt. Eine Meldung innerhalb von 14 Tagen nach etwa einem vierjährigen Dienstverhältnis wird dagegen (insb wenn die Gründe für die leichte Verzögerung nachvollziehbar sind[57]) mE durchaus eine Aufrechterhaltung der Erwerbstätigeneigenschaft bewirken. Eine andere Auslegung, insb wenn in allen Fällen eine nicht am nächsten Tag erfolgte Meldung beim Arbeitsamt als zu spät betrachtet würde, wäre mE mit der gebotenen weiten Auslegung der ArbeitnehmerInnenfreizügigkeit und dem Grundsatz der Verhältnismäßigkeit nicht zu vereinbaren.[58]

Die Meldung, mit der Betroffene sich daher nach Ende ihres Dienstverhältnisses beim Arbeitsamt zur Verfügung stellen, muss daher zeitnah erfolgen. Eine Beurteilung, wann eine Meldung noch als rechtzeitig erkannt werden kann, ist aber nur im jeweiligen Einzelfall möglich.

4.3 Bedeutung des Terminus „unfreiwillige Arbeitslosigkeit"

Die Aufrechterhaltung der Erwerbstätigeneigenschaft (je nach Dauer des vorangegangenen Arbeitsverhältnisses) wird gem Art 7 Abs 3 lit b und c RL 2004/38/EG jeweils nur dann aufrechterhalten, wenn sich die UnionsbürgerInnen bei „ordnungsgemäß bestätigter unfreiwilliger Arbeitslosigkeit" auch dem zuständigen Arbeitsamt[59] zur Verfügung stellen. Letztere Bestimmung macht keine Prob-

---

[57] ZB ein länger geplanter Urlaub.
[58] Zum Verhältnismäßigkeitsprinzip als Grundprinzip des Unionsrecht vgl *Hamenstädt*, The impact of the duration of lawful residence on the rights of European Union citizens and their third-country family members, Maastricht Journal of European and Comparative Law, 2017, 63–85 (75).
[59] § 51 Abs 2 Z 2 und 3 NAG sprechen jeweils – in jedenfalls unbedenklicher Umsetzung – von der „zuständigen regionalen Geschäftsstelle des Arbeitsmarktservice".

leme: Soweit diese Personen arbeitsfähig sind (andernfalls kann ohnehin keine Erwerbstätigeneigenschaft aufrecht bleiben) müssen diese sich beim AMS zumindest arbeitsuchend melden;[60] das Vorliegen eines Arbeitslosengeldanspruchs ist dagegen nicht nötig. Nicht klar ist aber, was unter dem Begriff „unfreiwillige Arbeitslosigkeit" zu verstehen ist.

Zwei Deutungen scheinen möglich und auch vom Wortlaut der Bestimmungen gedeckt zu sein: Unfreiwillige Arbeitslosigkeit kann bedeuten, dass das letzte Dienstverhältnis vor Eintritt dieser Arbeitslosigkeit aus Gründen gelöst wurde, die der Dispositionsfähigkeit der ArbeitnehmerInnen entzogen ist (idR Kündigung durch DienstgeberIn). Es kann aber auch auf die Unfreiwilligkeit des Zustandes der Beschäftigungslosigkeit abgestellt werden, dh auf den Willen, diese unfreiwillige Arbeitslosigkeit so schnell wie möglich (unter Beachtung der jeweils geltenden Zumutbarkeitsbestimmungen) zu beenden.

Nach der Judikatur scheint ausschließlich ersteres Kriterium relevant zu sein: Die LVwG judizieren in st Rspr, dass weder eine ArbeitnehmerInnenkündigung noch eine einvernehmliche Lösung des Dienstverhältnisses den Begriff der unfreiwilligen Arbeitslosigkeit erfüllen würde.[61] Der VwGH hat in einem einzigen Erk zu dieser Frage zwar erkennbar ebenfalls auf die Beendigungsart abgestellt, sich aber mit möglichen anderen Argumenten nicht befassen müssen, da der zugrundeliegende Bescheid schon aus diesem Grund aufgehoben wurde.[62]

Nicht jede einvernehmliche Lösung bzw ArbeitnehmerInnenkündigung führt aber dazu, dass eine unfreiwillige Arbeitslosigkeit ausgeschlossen ist, insb sind Gründe beachtlich, die gem § 11 AlVG auch zu einer Nachsicht von der 28-tägigen Ausschlussfrist vom Bezug des Arbeitslosengeldes bei freiwilliger Lösung des Dienstverhältnisses führen können (zB Entgeltvorenthalt).[63] Soweit die Judikatur der LVwG auch bei einvernehmlicher Lösung auf § 11 AlVG rekurrieren, übersehen sie, dass bei einer einvernehmlichen Lösung eine Sperre des Arbeitslosengeldbezuges für 28 Tage idR nicht in Betracht kommt.[64] Trotzdem könnte argumentiert werden, dass sinngemäß die Nachsichtsgründe des § 11 Abs 2 AlVG auch in die-

---

[60] LVwG Tirol 28.8.2019, LVwG-2019/45/1404-1: Das Abschicken von Bewerbungen anstelle einer Meldung beim AMS ist nicht ausreichend.

[61] LVwG Wien 10.5.2016, VGW-141/023/1633/2016, LVwG Wien, 20.4. 2016, VGW-141/081/ 15242/2015.

[62] VwGH 22.4.2015, 2012/10/0218.

[63] Vgl das oa VwGH Erk 2012/10/0218.

[64] Sdoutz/Zechner, AlVG, § 11, Rn 295 (Stand 2020). Ausnahme von dieser Regel ist, wenn die einvernehmliche Lösung von der/dem ArbeitnehmerIn initiiert wurde, vgl VwGH 22.4.2015, 2012/ 10/2018.

sem Fall heranzuziehen sind.[65] Hinzuweisen ist aber bei einer Bezugnahme auf § 11 AlVG, dass insb auch die Aufnahme eines Dienstverhältnisses innerhalb von acht Wochen zu einer Nachsichtsgewährung führt; sohin muss auch bei ArbeitnehmerInnenkündigung und darauffolgender rascher Neuannahme einer Erwerbsarbeit die Erwerbstätigeneigenschaft aufrechterhalten werden.

Auch die EB zu BGBl I 122/2009 stellen offenbar auf die Beendigungsart ab, da sie die Behörden quasi anleiten, bei der Beurteilung der Unfreiwilligkeit auf den Abmeldegrund bei der Sozialversicherung zurückzugreifen.[66] Zuletzt gibt es auch Hinweise, dass der EuGH dies ähnlich beurteilt – in der Rs Gusa führt dieser als Zweck des Art 7 Abs 3 RL 2004/38/EG an, dass dieser die Aufrechterhaltung der Erwerbstätigkeit für jene Personen sichern solle, die „ihre Berufstätigkeit wegen eines Mangels an Arbeit aufgegeben haben, der auf von ihrem Willen unabhängigen Umständen beruht".[67] Allerdings geht es in diesem Urteil um selbständig Erwerbstätige, die typischerweise nicht von der Arbeitslosenversicherung erfasst sind. In der Rs Tarola (siehe zu diesem Urteil ausführlich oben 4.1) bezieht GA Szupnar Art 7 Abs 3 RL 2004/38/EG auf den „unfreiwilligen Verlust seines Arbeitsplatzes (Buchst. b und c)".[68]

Trotz dieser von unterschiedlichen Gerichten mehr oder weniger deutlich geäußerten Rechtsansicht bleiben mE Zweifel, dass sich die Wortfolge „unfreiwillige Arbeitslosigkeit" ausschließlich auf die Beendigungsart des letzten Dienstverhältnisses bezieht: Während wie besprochen in Art 7 Abs 3 lit b und c RL 2004/38/EG von „bestätigter unfreiwilliger Arbeitslosigkeit" gesprochen wird, heißt es nur eine lit später, dass die Aufrechterhaltung der Erwerbstätigeneigenschaft bei Beginn einer Berufsausbildung einen Zusammenhang zur früheren Erwerbstätigkeit voraussetzt, „es sei denn, der Betroffene hat zuvor seinen Arbeitsplatz unfreiwillig verloren."

Diese unterschiedlichen Formulierungen dürfen nicht gänzlich unbeachtet bleiben, zumal die letztere Wortfolge klar auf den vorangegangenen Arbeitsplatz Bezug nimmt, während das in lit b und c gebrauchte Wording offener formuliert ist. Allerdings soll nicht unerwähnt bleiben, dass sowohl in der englischen als auch in der französischen Sprachfassung in allen Litera sehr ähnliche bis idente Formulierungen verwendet werden (involuntary unemployment bzw chomage involuntaire in lit Art 7 Abs 3 b, c, aber auch d RL 2004/38/EG).

---

[65] Der VwGH hat sich im Anlassfall bei einer ArbeitgeberInnenkündigung auf § 11 AlVG bezogen; auch die EB sprechen nur vom „Maßstab des § 11 AlVG", ErläutRV 330 BlgNR 24. GP zu § 51 NAG.

[66] ErläutRV 330 BlgNR 24 GP zu § 51 NAG.

[67] EuGH 20.12.2017, C-442/16, Gusa, EU:C:2017:1004, Rn 42.

[68] SA GA Szupnar 15.11.2018, C-483/17, Tarola, ECLI:EU:C:2018:919, Rn 32.

Jedenfalls nach österreichischem nationalen Recht ist Arbeitswilligkeit und damit unfreiwillige Arbeitslosigkeit auch Voraussetzung für den Bezug von Leistungen aus der Arbeitslosenversicherung.[69] Somit kann „unfreiwillige Arbeitslosigkeit" auch darauf abzielen, dass die Personen bestrebt sein müssen, diese auch schnellstmöglich zu beenden.

Legt man diese Erwägungen zugrunde, bietet sich als Ausweg eine Lösung an, die beide Aspekte einbezieht: Die Personen müssen bestrebt sein, ihre Arbeitslosigkeit zu beenden und in diesem Sinn unfreiwillig arbeitslos sein. Die Beendigungsart kann berücksichtigt werden, aber es ist kein zu strenger Maßstab anzulegen (dafür spricht auch der Verweis auf § 11 AlVG in den EB, der ja insb keine negativen Konsequenzen bei einer einvernehmlichen Lösung vorsieht). Ähnlich wie oben Pkt 2 wäre es mE angezeigt, eine entsprechende Frage dem EuGH zur Vorabentscheidung vorzulegen, da wiederum nicht von einem act claire ausgegangen werden kann.

5 Schlussbemerkung

Nicht zum ersten Mal zeigt sich, dass auch Fragen, die nicht den Kern der ArbeitnehmerInnenfreizügigkeit betreffen, sondern eher am Rande der Grundfreiheiten angesiedelt sind, ganz wesentliche praktische Auswirkungen haben können. Ob im Fall einer Elternkarenz in den ersten fünf Jahren des Aufenthalts in einem anderen Mitgliedstaat noch ein unionsrechtliches Aufenthaltsrecht vorliegt, kann für eine Entscheidung, eine Erwerbstätigkeit in einem anderen Mitgliedstaat aufzunehmen, entscheidend sein: Schließlich ist das unionsrechtliche Aufenthaltsrecht quasi die Eintrittskarte für den Anspruch auf Gleichbehandlung mit StaatsbürgerInnen des Aufnahmemitgliedstaats. Die Schnittstellen von Aufenthaltsrecht und dem Zugang zu sozialen Leistungen werden auch weiterhin Judikatur und Literatur beschäftigen.

---

[69] Vgl § 7 und 9 AlVG.

Bernd POSSELT[*]

Das europäische Sozialmodell

Drei Wochen vor dem 70. Geburtstag des verdienstvollen österreichischen Arbeits- und Sozialrechtlers Univ.-Prof. Johann Egger wurde die berühmte Sozialenzyklika *Rerum Novarum* von Papst Leo XIII., offizieller Ausgangspunkt der Katholischen Soziallehre, 130 Jahre alt. Ein gutes Jahr später, im Herbst 2022, begeht die älteste europäische Einigungsbewegung, die Paneuropa-Union, ihr 100-jähriges Bestehen.

Die Wurzeln dieser beiden für das 20. wie für das 21. Jahrhundert besonders bedeutsamen Ideen liegen auf dem Boden der Habsburgermonarchie, nämlich in der Gegend, wo die böhmische Ebene in sanfte Hügel übergeht und das südliche Egerland in den Böhmerwald. Dort findet man – unweit der bayerischen Grenzstadt Furth im Wald – nicht nur herrliche Wälder und kostbare kulturelle Schätze, sondern auch zahlreiche mehr oder weniger verfallene Schlösser. Nur 27 Kilometer trennen jenes der Fürsten Löwenstein in Haid (tschechisch: Bor) – mit seinem weithin berühmten Loretto – von dem der Grafen Coudenhove-Kalergi in Ronsperg (Poběžovice).

Ersteres war der Ort, an dem 1884 mit den Thesen von Haid an christlich-sozialen Antworten auf die Arbeiterfrage gefeilt wurde, die schließlich in der Katholischen Soziallehre mündeten. Ronsperg war wiederum sowohl die Wiege der Paneuropa-Idee, aus der die heutige EU entstand, als auch Schauplatz eines bis dahin beispiellosen interreligiösen und interkulturellen Dialoges, wie er schicksalshaft für unsere Zeit werden dürfte.

Während seiner erfolgreichen EU-Ratspräsidentschaft in der ersten Hälfte 2006, die in vielen Bereichen Maßstäbe gesetzt hat, verfocht Österreichs damaliger Bundeskanzler Wolfgang Schüssel sehr energisch seine Forderung nach einer Stärkung des „europäischen Lebensmodells". Dieses sei durch Globalisierung und antieuropäische Kräfte in der Welt gefährdet, weshalb es dringend notwendig sei, seine innere Stabilität und seine Konkurrenzfähigkeit zu verbessern. Auch deshalb müsse die europäische Einigung weiter vorangetrieben werden, im Sinne

---

[*] Bernd Posselt ist der Sohn eines Sudetendeutschen aus dem nordböhmischen Gablonz an der Neiße und einer Steirerin aus Graz. Der ehemalige Tageszeitungsjournalist war von 1978 bis 1994 engster politischer Mitarbeiter und Pressesprecher von Otto von Habsburg. In den Jahren 1994 bis 2014 vertrat er Bayern als CSU-Abgeordneter im Europäischen Parlament in Straßburg. Heute engagiert er sich als Publizist, u. a. mit einer Wochenkolumne in der Südtiroler Tageszeitung *Dolomiten*, als Präsident der Paneuropa-Union Deutschland, als Sprecher der Sudetendeutschen Volksgruppe sowie als Mitglied des CSU-Parteivorstandes mit Zuständigkeit für Beziehungen mit Mittel- und Osteuropa.

eines „Europa, das schützt und nützt". So wie die US-Amerikaner mit Stolz von ihrem "American Way of Life" redeten, so müssten dies die Europäer tun, was ihre einzigartige Mischung von persönlicher Freiheit und sozialer Gerechtigkeit betrifft.

Diese wurzelt tief in der Ideen- und Gesellschaftsgeschichte unseres Kontinents, hat jedoch im industriellen wie im postindustriellen Zeitalter noch an Präzisierung und Brisanz gewonnen. Insbesondere die Bankenkrise und das wachsende menschliche Schutzbedürfnis, die vom Raubtierkapitalismus geprägten Fehlentwicklungen des Global Village und das Erstarken neomarxistischer Denkweisen haben mit Beginn des 21. Jahrhunderts zu einer neuen Debatte über Soziale Marktwirtschaft und christliche Soziallehre geführt. Ausdruck dessen war auch ein Buch des Münchener Erzbischofs Reinhard Marx, das bewusst den Titel des Hauptwerkes seines kommunistischen Namensvetters, Karl Marx, trägt: *Das Kapital.*

Kardinal Marx beginnt seine 2008 erschienene Streitschrift mit einem fiktiven Brief an seinen Widerpart aus dem 19. Jahrhundert:

„Sie waren noch nicht einmal geboren, da haben bereits sozial engagierte Christen wie Franz von Baader (1785–1824) und Adam Heinrich Müller (1779–1829) den im 18. Jahrhundert aufkommenden Kapitalismus scharf kritisiert und auf die Not der in den neuartigen Fabriken schuftenden Arbeiter aufmerksam gemacht. 1848 haben Sie mit Friedrich Engels das ‚Manifest der Kommunistischen Partei' veröffentlicht. Sie schreiben dort, man könne das kommunistische Programm ‚in dem einen Ausdruck: Aufhebung des Privateigentums, zusammenfassen.' Im selben Jahr hat der katholische Priester und Abgeordnete des Paulskirchenparlaments Wilhelm Emmanuel von Ketteler in seinen berühmten Adventspredigten im Mainzer Dom ebenfalls die damals herrschende Eigentumsauffassung angegriffen, den Egoismus vieler Besitzender und deren Kaltherzigkeit gegenüber der Not der Armen, insbesondere der Arbeiterschaft, gegeißelt. Aber anders als Sie wollte Ketteler das Eigentum nicht abschaffen, sondern er betonte schon damals, was hundert Jahre später in das deutsche Grundgesetz geschrieben wurde: Eigentum verpflichtet. Sein Gebrauch soll zugleich dem Wohle der Allgemeinheit dienen."

Lebte der Trierer Philosoph noch, seine Reaktionen auf die Aussagen seines heutigen Namensvetters im bischöflichen Dienst dürften sich kaum von dem unterscheiden, was er nach einer Fahrt durch das Rheinland im Jahre 1869 in einem Brief an seinen Partner und Förderer Engels ätzend so formulierte: Er sei davon überzeugt,

„dass energisch, speziell in den katholischen Gegenden, gegen die Pfaffen losgegangen werden muß. Ich werde in diesem Sinne durch die Internationale wirken. Die Hunde kokettieren (zum Beispiel Bischof Ketteler in Mainz, die Pfaffen auf dem Düsseldorfer Kongreß usw.), wo es passend scheint, mit der Arbeiterfrage."

Doch auch Karl Marx mitsamt seiner Internationalen konnte nicht verhindern, dass Christen immer wieder die soziale Thematik aufgriffen, wie dies dem Gebot der Nächstenliebe entspricht. Ganz im Geiste Kettelers handelte etwa schon in der zweiten Hälfte des 19. Jahrhunderts Fürst Karl von Löwenstein, der Präsident der Generalversammlung deutscher Katholiken, aus der die Deutschen Katholikentage hervorgegangen sind.

Jene mitteleuropäische Laienvertretung erteilte ihm ebenso wie der große Papst Leo XIII. den Auftrag, „über Wucher, Arbeitslohn und Grundentlastung" zu konferieren und Thesen zur Lösung der „Arbeiterfrage" zu entwickeln. Diese 1883 am böhmischen Wohnsitz der Löwensteins von Professoren und Sozialpolitikern aus Wien, Prag und Deutschland ausgearbeiteten, bereits erwähnten „Thesen von Haid" flossen in die päpstlichen Sozialenzykliken ein, und jene bilden wiederum gemeinsam mit der evangelischen Sozialethik und dem Gedankengut der Ordoliberalen der Freiburger Schule bis heute die geistige Basis einer Sozialen Marktwirtschaft, die sich gleichermaßen als Alternative zum Kapitalismus wie zum Sozialismus anbietet.

Besondere Verdienste um die Verankerung dieses Gedankengutes in der europäischen Rechts- und Vertragsordnung haben der ehemalige deutsche Bundespräsident Prof. Roman Herzog und der langjährige Vizepräsident des Europäischen Parlamentes Ingo Friedrich, ein fränkischer Paneuropäer. Sie setzten sich sowohl im EU-Konvent zur Schaffung der Europäischen Grundrechtecharta als auch bei der Vorbereitung des jetzigen EU-Vertrages erfolgreich dafür ein, dass beide Texte nachhaltig auf die Förderung der Sozialen Marktwirtschaft ausgerichtet wurden.

Art 17 der Grundrechtecharta beinhaltet eine derart klare Eigentumsgarantie, dass bei seiner Verabschiedung sogar von einem „Sozialismusverbot" die Rede war. Auf der anderen Seite wurde im selben Paragraphen auch das „Wohl der Allgemeinheit" im Sinne der Sozialpflichtigkeit geregelt. Art 3 des Vertrages von Lissabon nennt unter den zentralen Zielen der EU eine

„in hohem Maße wettbewerbsfähige soziale Marktwirtschaft, die auf Vollbeschäftigung und sozialen Fortschritt abzielt, sowie ein hohes Maß an Umweltschutz und Verbesserung der Umweltqualität [...]. Sie bekämpft soziale Ausgrenzung und Diskriminierungen und fördert soziale Gerechtigkeit und sozialen Schutz [...]."

Aufgrund solcher Formulierungen könnte man nicht nur von einem Sozialismusverbot, sondern auch von einer klaren Absage an den nackten und schrankenlosen Kapitalismus sprechen.

Diese Erneuerung der christlichen Soziallehre wie der Sozialen Marktwirtschaft war dringend notwendig und darf keinesfalls auf dem Papier vergessen werden. Im Zuge des übertriebenen Wirtschaftsliberalismus, der in ganz Europa nach dem Fall des Eisernen Vorhanges um sich griff und mittlerweile weltweit in eine existentielle Krise geraten ist, haben Denker und Parteien in Europa, darunter leider auch christdemokratische, einen folgenschweren Irrtum begangen:

Sie rissen Teile der klug ausbalancierten Christlichen Soziallehre aus dem Zusammenhang, um sie einseitig überzubetonen. Den Personalismus, also die Idee, dass der Mensch als Ebenbild Gottes gleichermaßen Einzelner wie auch Gemeinschaftswesen ist, reduzierten sie auf einen modischen Individualismus, und das auf Eigenverantwortung beruhende Subsidiaritätsprinzip hoben sie in einer liberalistischen Fehlinterpretation unverhältnismäßig hervor, und zwar zu Lasten des Prinzips der Solidarität wie auch der Verpflichtung zum Gemeinwohl, die genauso zentrale Bestandteile dieser Konzeption sind.

Heute setzt eine Rückbesinnung auf die wahren Fundamente und Proportionen dieses Gedankengebäudes ein, das Papst Pius XI. erstmalig mit dem Namen *Soziallehre* belegte. Ausgangspunkt ist die unantastbare Menschenwürde jedes Einzelnen als einer unverwechselbaren, vom Schöpfer selbst mit elementaren Rechten und Pflichten ausgestatteten, frei entscheidenden und eigenverantwortlich handelnden Person. Dementsprechend ist Europa ein Kontinent der Freiheit, wie dies auch die EU-Grundrechtecharta festhält. Der gleichmacherische Kollektivismus ist seinem Wesen nach zutiefst uneuropäisch, auch wenn ihn der in Europa entstandene Kommunismus jahrzehntelang mit diktatorischen Mitteln auf unserem Kontinent ausgebreitet hat.

Unsere Kultur ist aber genauso wenig die eines extremen Individualismus, sondern betont die Eingebundenheit der Person in natürliche Gemeinschaften. Deren kleinste und wichtigste ist seit den Anfängen der Menschheitsgeschichte die Familie. Die Enzyklika *Rerum Novarum* stellt klar:

„Die Familie ist älter als jedes andere Gemeinwesen, und deshalb besitzt sie unabhängig vom Staat ihre innewohnenden Rechte und Pflichten. Staat und Gesellschaft sind für die Familie da und nicht umgekehrt; sie müssen sie daher respektieren, fördern und schützen, dürfen aber nicht ‚nach Gutdünken in das Innere der Familie [...] eindringen.'"

Der Wiener Kardinal Christoph Schönborn hat in seinem Buch *Die Menschen, die Kirche und das Land* nicht nur den „Vorrang der menschlichen Person" zur Quintessenz der Soziallehre erklärt, sondern unterstreicht darüber hinaus: „Vorrang kommt der Förderung der Familie zu. Sie ist der erste Lernort für jene Tugenden, ohne die eine Gesellschaft nicht gedeihen kann: Sinn für Solidarität, für die elementaren menschlichen Tugenden des Zusammenlebens wie Fleiß, Rücksicht, Ausdauer, Fähigkeit zur Kooperation, zur gegenseitigen Geduld, zum Miteinander der Generationen, zur Rücksichtnahme für Schwächere." Eine Wirtschaftspolitik, die familienfeindlich sei, untergrabe „ihre eigenen Fundamente!"

Der 2020 in Wien verstorbene Föderalismusexperte Prof. Ferdinand Graf Kinsky stellt in seiner Studie *Solidarität statt Egoismus – Lebensmodell Europa* den Zusammenhang zwischen diesen Tatsachen und dem Funktionieren des Subsidiaritätsprinzips her. Dieses solle „kleinen Gemeinschaften, insbesondere der Familie, eine ausreichende Autonomie und Freiheit zur Wahrung ihrer eigentlichen Aufgabe" garantieren.

Das Subsidiaritätsprinzip legt bekanntlich fest, dass sich die größere Einheit auf die Zuständigkeiten beschränken soll, die die kleinere nicht eigenständig bewältigen kann. Es beinhaltet allerdings auch – anders als seine liberalistischen Fehldeutungen – die Verpflichtung der höheren Ebene, wenn nötig helfend einzugreifen, und ist eng gekoppelt mit seinem Schwesterprinzip, der Solidarität. Letztere ist nicht nur zentrale, in der Nächstenliebe wurzelnde Menschenpflicht für jeden Einzelnen, sondern unverzichtbare Grundlage einer möglichst gerechten Gemeinschaft, wenn diese nicht zur von hemmungslosem Egoismus geprägten Räuberbande verkommen soll, vor der schon der Heilige Augustinus gewarnt hat. Die Verantwortung für das Gemeinwohl wiederum gilt ebenfalls nicht nur für den Einzelnen, sondern auch für die natürlichen Gemeinschaften sowie für die verschiedenen staatlichen Ebenen. Sie ist neben der Wahrung des Rechts, der Sicherheit und des Friedens eine wesentliche Daseinsberechtigung der politischen Autorität.

Zu den Kernelementen christlich-sozialer Politik im überparteilichen Sinne gehört es, durch eine verantwortungsvolle Sozialpartnerschaft die Spaltung der Gesellschaft zu überwinden, die ihre Ursache in egoistischem Gewinnstreben und Ausbeutung auf der einen sowie im Klassenkampf auf der anderen Seite hat. Der Gegensatz zwischen Arbeit und Kapital wird aufgelöst, indem die Arbeit dem Kapital übergeordnet und von einer Würde der Arbeit gesprochen wird. In diesem Sinne ist die Marktwirtschaft kein Selbstzweck. „Zweck an sich ist nur der Mensch mit seiner Personenwürde, der Markt aber ist ein Mittel im Dienst des Menschen", schreibt Reinhard Marx.

Der Ordoliberale Alexander Rüstow, einer der großen ökonomischen Denker des 20. Jahrhunderts, bezeichnete dementsprechend die Wirtschaft als „Dienerin der Menschlichkeit". Während Ludwig Erhard und Walter Eucken, bei allen ihren großen Verdiensten, eher die Meinung vertraten, dass der Markt aus sich heraus sozial sei, forderte der eigentliche geistige Vater der Sozialen Marktwirtschaft, Alfred Müller-Armack, das Prinzip der Freiheit auf dem Markt mit dem des sozialen Ausgleichs zu verbinden – was nicht nur notwendig macht, dass der Staat klare Rahmenbedingungen setzt, sondern zuweilen auch sein Eingreifen erfordert.

Sein kongenialer Mitstreiter Wilhelm Röpke legte ganz in diesem Sinne dar, dass es die Aufgabe der Sozial-, Wirtschafts- und Finanzpolitik sei, jenseits des Marktes Schwache zu schützen, Interessen auszugleichen, Spielregeln zu setzen und Macht zu begrenzen. Röpke verließ übrigens in den sechziger Jahren gemeinsam mit anderen, wie Otto von Habsburg, die liberale Mont-Pelerin-Gesellschaft, deren Gründungsmitglied und zeitweiliger Präsident er war, weil er wie der Habsburger die Meinung vertrat, man müsse Soziale Marktwirtschaft mit einem großen S schreiben, also bei Marktversagen aktiv eingreifen. Die Grundlage für dieses menschenrechtsorientierte, vom „ökonomischen Humanismus" geprägte Denken findet sich in Röpkes zentralem Werk *Jenseits von Angebot und Nachfrage*.

Die Soziale Marktwirtschaft als erfolgreiche Alternative zur sozialistischen Planwirtschaft wie zum „ungebändigten Kapitalismus, der den Markt vergötzt" – so Johannes Paul II. in *Centesimus Annus* – hat angesichts der jüngsten weltweiten Entwicklungen erneut an Bedeutung und Strahlkraft gewonnen. Dem polnischen Papst ging es stets darum, beide Materialismen, den östlichen und den westlichen, gleichermaßen zu bekämpfen und den personalistischen Geist der Katholischen Soziallehre zur Grundlage des europäischen Lebensmodells zu machen. Sein Nachfolger Papst Benedikt XVI. definierte letzteres bei einer Ansprache in der Wiener Hofburg am 7.9.2007 so:

„Damit ist eine Gesellschaftsordnung gemeint, die wirtschaftliche Effizienz mit sozialer Gerechtigkeit, politische Pluralität mit Toleranz, Liberalität und Offenheit verbindet, aber auch das Festhalten an Werten bedeutet, die diesem Kontinent seine besondere Stellung geben."

Ferdinand Kinsky weist in *Solidarität statt Egoismus* darauf hin, dass dieses Gedankengut zwar „christlich inspiriert" sei, aber allen Europäern gleichermaßen offenstehe:

„Gläubige anderer Religionen oder Ungläubige sollen genauso respektiert werden wie Christen. [...] Jede menschliche Person hat ihre eigene Identität mit eigenen Anschauungen und Werten, die aus verschiedenen Quellen stammen [...]. So unterschiedlich die Ergebnisse [...] dann sein können, so darf und sollte dennoch die Frage nach mehr Solidarität und weniger Egoismus immer gestellt werden."

Selbstverständlich umfasst das europäische Lebensmodell mehr als nur den erfolgreichen – nicht „dritten", sondern eigenständigen – Weg zwischen freiheitstötendem Kollektivismus und jenem kalten Individualismus, den der frühere tschechische Präsident Václav Klaus als „Marktwirtschaft ohne Attribute" preist. Zu unserem "way of life" gehören auch die Trennung von Staat und Kirche – gepaart mit einer Partnerschaft beider, die dem Gemeinwohl dient; die unbedingte Überordnung des Rechts über die Macht; die permanente Verständigung zwischen Glaube und Vernunft sowie die typisch abendländische Kombination von Innovation und Nachhaltigkeit.

Müller-Armack versuchte dementsprechend in *Religion und Wirtschaft* die verschiedenen großen geistigen Strömungen Europas zusammenzuführen. Seiner Idee einer Sozialen Marktwirtschaft legt er „außer volkswirtschaftlichen Erkenntnissen" mehrere „Weltanschauungsgruppen" zugrunde: die Katholische Soziallehre („sie ist das festeste Fundament"), die evangelische Sozialethik, die sozialistische Theorie und die liberale Sozialtheorie. Der Staatssekretär Ludwig Erhards berief sich auf das „sittliche Wollen des Sozialismus, den Ordo-Gedanken des Katholizismus, die Beseelung der Berufsidee und die brüderliche Hilfsbereitschaft der Protestantismen sowie die Einsicht in neue Organisationsprinzipien im Liberalismus".

Gemeinsam könnten diese viel bewirken: „Erst auf dem Boden einer solchen übergreifenden Sozialidee kann eine wahrhaft europäische Sozialordnung erwachsen."

Zuspruch von sozialdemokratischer Seite fanden Müller-Armacks Überlegungen etwa in dem 1985 erschienenen *Manifest für eine Europäische Linke* des damaligen Vordenkers und Bundesgeschäftsführers der Sozialdemokratischen Partei Deutschlands, Peter Glotz, eines nach dem Zweiten Weltkrieg nach Bayern vertriebenen Egerländers, der sich in seinem Werk ausdrücklich auf Coudenhove-Kalergi und die Paneuropa-Union berief. Europa,

> „seine Geschichte im Rücken, kann nur dann von einem geographischen zu einem politischen Begriff werden, wenn die Europäer die unabweisbaren Minima Moralia respektieren: Soziale Gerechtigkeit."

Dies begründet er scharf und barsch: „Auf neuer Armut und gebrochenen Gesellschaftsverträgen lässt sich kein europäischer Lebenswille gründen." So veraltet die Thesen von Glotz in manchen Punkten sind, etwa was die deutsche und europäische Teilung betrifft, so zutreffend ist diese Aussage angesichts der gegenwärtigen Krise der EU, die auch eine soziale ist. Seine Analyse der europäischen Politik liest sich ähnlich überspitzt, ist aber keinesfalls unaktuell:

„Europa ist derzeit der hilflose und schweigende Kontinent, ohne soziale Vision und ohne historische Mission. Ein schlafender Riese; aber einer, der beim Schlafen schrumpft".

Eindeutig wandte sich der bayerische Sozialdemokrat sudetendeutscher Herkunft gegen jeden Nationalegoismus und Protektionismus:

„Beim Versuch, eine Wagenburg zu bauen, werden wir uns gegenseitig umbringen; die Verteilungskämpfe in der Wagenburg wären mörderisch."

Doch Glotz kritisierte nicht nur, sondern entwickelte Alternativen, die in diesem Punkt den Ideen Müller-Armacks ähneln. Europa müsse, um nicht „auszurinnen", eine

„neue, die alten Lager und die nationalen Grenzen überspringende, historisch operierende Führungsschicht bilden",

wolle es nicht „im Ekel vor der Selbsterhaltung, sensibel und demoralisiert, bestenfalls in satirischer Résistance" enden. Der „alte Kontinent" solle

„als Ideenlieferant [...] aufnehmen, zusammenfassen, zum Leben bringen, was in den letzten vierhundert Jahren, seit Hume und Locke, Kepler, Galilei, Descartes und Kant auf dem Humus einer dreitausendjährigen Geschichte unter schrecklichen Opfern herausentwickelt worden ist. Das aber heißt: dem Geist des rationalistischen Individualismus gerade jetzt, am Beginn einer neuen, elektronischen, die Arbeit revolutionierenden Phase der Zivilisation nicht davonzulaufen, sondern das Projekt der Moderne weiterzutreiben."

Den Kapitalismus, den Glotz ein „Produkt des abendländischen Rationalismus" nannte, zur sozialen Demokratie weiterzuentwickeln, greife auf,

„was historisch in Europa durchaus entfaltet ist: ein auf wissenschaftlich-experimentellem Geist aufgebautes, aufklärerisches, antiheroisches, unkriegerisches Programm."

Einen wichtigen Beitrag zu den geistigen Grundlagen eines europäischen Lebensmodells hat auch der klassische Liberalismus geleistet, dessen bedeutendster Theoretiker in der Mitte des 19. Jahrhunderts Alexis de Tocqueville war. Einer aristokratischen Familie aus der Normandie entstammend, reflektierte er äußerst kritisch sowohl das Ancien Regime, dessen Teil seine Vorfahren gewesen waren, als auch die Französische Revolution, nach deren Abklingen er geboren wurde.

Sein Hauptwerk *De la Democratie en Amérique*, das er nach einer rund neunmonatigen Reise durch die USA verfasste, sollte Impulse für eine Neuordnung Europas geben, ohne dass er die Unterschiedlichkeiten der beiden Kontinente aus den Augen verlor.

Das eigentliche Thema des großen Liberalen war dabei das Verhältnis zwischen Demokratie und Religion. Eine liberale Ordnung hielt er nur auf dem Fundament des Christentums für realisierbar. Prägnant fasste er zusammen:

„Der Despotismus kommt ohne Glauben aus, die Freiheit nicht."

Nur mit Blick auf das Jenseits wisse der Mensch, dass es Wichtigeres gebe als

„die allzu heftige und ausschließliche Neigung zum Wohlergehen."

Dabei wehrt sich Tocqueville sowohl gegen eine Staatsreligion, wie sie das feudalistische Frankreich kannte, als auch gegen die Ersetzung des Christentums durch die Normen einer laizistischen „Zivilreligion", wie sie Jean-Jacques Rousseau ein Jahrhundert früher gefordert und die Französische Revolution umgesetzt hatte.

Gegen eine Staatsreligion wandte Tocqueville ein, dass das Bündnis zwischen Thron und Altar zur fortschreitenden Entchristlichung der Gesellschaft und schließlich dazu geführt habe, dass mit dem Thron auch der Altar gestürzt wurde.

In der Tat: Die Kirchenfeindlichkeit verschiedener Aufklärer und auch Revolutionäre hing nur zum Teil mit ihrer Religionskritik zusammen, aufgrund derer sie – mit katastrophalen Folgen, wie sie in der Französischen Revolution und erst recht in den totalitären Systemen des 20. Jahrhunderts sichtbar wurden – die Emanzipation des Subjekts von der göttlichen Ordnung vorantrieben. Brüche und Konflikte waren vor allem auch dadurch entstanden, dass viele Kritiker des Ancien Regime die Kirche in erster Linie als Zensuranstalt, politische Institution der Mächtigen oder Teil der wirtschaftlichen Oberschicht wahrgenommen hatten. Die Befreiung der Religion aus den Fesseln des Staates war tatsächlich, wie Tocqueville am Beispiel der USA prophezeit hatte, die Voraussetzung ihrer Wiedergeburt als starke geistige Kraft in einer freien Gesellschaft.

Dass diese notwendig sei, hatte der Staatsphilosoph angesichts der totalitären Versuchungen einer Demokratie ohne religiöse und ethische Grundlagen betont. Politik lässt sich, wie er feststellte, nicht von Moral und Moral dauerhaft nicht von Religion trennen. Ganz in seinem Sinne formulierte in unserer Zeit der große deutsche Verfassungsjurist Ernst Wolfgang Böckenförde seine berühmte These, dass der Staat, zumal der demokratische und säkulare, von Voraussetzungen lebe, die er selbst nicht garantieren könne. Eine laizistische Zivilreligion, wie sie heute vor allem von Linksliberalen und Spätachtundsechzigern anstelle des Christentums propagiert wird, oft auch noch unter dem Schlagwort „europäische Werte", lehnt Tocqueville mit der richtigen Begründung ab, dass ein solcher „politischer Glaube" noch mehr als eine Staatsreligion das liberale Laizismusgebot verletze.

Außerdem könne eine solche Pseudoreligion, die statt an der Wahrheit an der Nützlichkeit orientiert wäre, weder als Korrektiv zu einem demokratiegefährdenden Egoismus dienen noch einem drohenden Totalitarismus Einhalt gebieten.

Vom Liberalismus als einer „Religion der Freiheit", die ihrerseits Gefolgschaft beansprucht, sprach Benedetto Croce 1935 in seiner *Geschichte Europas im 19. Jahrhundert*. Zwar erkläre diese machtvolle Geistesströmung, so Croce, jede Religion zur Privatsache, wer aber behaupte,

> „dass die Gesellschaft als Ganzes den Gesetzen Gottes unterworfen sei, der wird vom Liberalismus in den Bann getan."

Problematisch sind auch andere Aspekte des ansonsten für Europas Entwicklung sehr verdienten liberalen Gedankengebäudes. So bemängelte Albert Maria Weiß 1904 in seiner *Apologie des Christentums*, dass der Liberalismus „das Recht vollständig von der Pflicht trennt". Einer der Vordenker der Katholischen Soziallehre im 19. Jahrhundert, der österreichische Baron mecklenburgischer Herkunft Carl Vogelsang, wandte sich gegen die liberale Idee vom „Nachtwächterstaat", dem er vorwarf, dass seine einzelnen Organe „ohne Übereinstimmung mit dem Zweck des Ganzen, ohne Solidaritätsgefühl egoistisch funktionieren."

Croce zeigte sich von solcher Kritik an der liberalen Denkart gänzlich unbeeindruckt, indem er letztere als eine definiert, „die den Sinn des Lebens im Leben selbst erblickt." In diesem materialistischen Ansatz ist der Liberalismus sogar mit dem ihm auf vielen Gebieten entgegengesetzten Sozialismus geistesverwandt.

Die Grundfragen, die Tocqueville bereits 1835 aufgeworfen hat, stellen sich in den europäischen Nationalstaaten wie auch in der EU heute brennender denn je. Gegen Tocquevilles Thesen wird allerdings eingewandt, dass sein Satz, wonach „keine Gesellschaft ohne gleiche Glaubenslehren gedeihen kann", mit der multireligiösen und -kulturellen Realität des modernen Europa unvereinbar sei. Vor diesem Befund kann man entweder kapitulieren, sich auf einen reinen Verfassungspatriotismus beziehen, wonach nur das jeweilige Grundgesetz als Leitkultur genüge – oder um eine ehrliche Antwort auf die Frage nach den gemeinsamen europäischen Werten ringen.

Diese lässt sich am ehesten dadurch finden, dass sich die letzten Endes doch christlich geprägte Mehrheit der Europäer sowohl ihrer Wurzeln entsinnt als auch Interesse am Glauben und an der Identität anderer entwickelt. Dies entspräche dem christlichen Verständnis des Wortes Toleranz, wie es Manfred Lütz in seiner *Geheimen Geschichte des Christentums* herausgearbeitet hat, die unter dem Titel *Der Skandal der Skandale* erschien:

„Toleranz ist eine christliche Erfindung. Während ‚tolerantia' im klassischen Latein das Ertragen von körperlichen Lasten und Mühen bedeutete, von Unrecht, Folter und Gewalt, niemals aber das Ertragen anderer Meinungen oder Menschen",

hätten die Christen im Altertum dafür gesorgt,

„dass sich die Bedeutung dieses Wortes änderte. Von nun an versteht man darunter den liebevollen Respekt vor anderen Menschen, die Duldsamkeit gegenüber Andersdenkenden."

Wenn es also darum geht, sich gegenseitig nicht nur zu ertragen, sondern zu tragen, müssen gerade Christen ein besonderes Charisma entwickeln, um zu verstehen und einzubeziehen, was Juden, Muslime und andere auf unserem Kontinent umtreibt. Die daraus entstehende Zusammenarbeit zum Kitt unserer Gesellschaft zu machen, ist jedenfalls realistischer als ein Sich-Begnügen mit diffuser, voraussetzungsloser Vielfalt, nacktem und wertlosem Gewinnstreben oder dem irreführenden Ruf nach einer rein nationalen Leitkultur.

Otto von Habsburg hat sich stets vehement für einen klaren Primat der Politik sowohl gegenüber der Wirtschaft als auch gegenüber bürokratischen, die Freiheit erstickenden Strukturen ausgesprochen. Gleichzeitig war ihm im Bereich des Staates und der Politik der Vorrang des Rechts vor der Macht in besonderer Weise bewusst. Staat und Herrschaft sind nicht Quelle des Rechts, sondern diesem unterworfen. Wer dem Recht dient, ob als Wissenschaftler, Politiker oder Publizist, erwirbt sich größte Verdienste um das Gemeinwesen. In diesem Sinne sei Univ.-Prof. Johann Egger von Herzen zu seinem 70. Geburtstag gratuliert.

Wilhelm REES[*]

Sexualisierte Gewalt in Dienst- und Arbeitsverhältnissen der römisch-katholischen Kirche

„Römisch-katholische Kirche sichert in Österreich rund 123.000 Arbeitsplätze in Vollzeitäquivalenten." So lautete die Schlagzeile eines Berichts, mit dem auf eine Studie des Instituts für Höhere Studien (IHS) und von Joanneum Research, die von den Finanzkammerdirektionen der österreichischen (Erz-)Diözesen und der österreichischen Superiorenkonferenz in Auftrag gegeben und im Jahr 2015 durchgeführt wurde, aufmerksam gemacht worden ist.[1] Näherhin beträgt der Anteil an der Wirtschaftsleistung Österreichs durch die Katholische Kirche 2,36 %.[2] Nach der Statistik der Diözesen Österreichs für das Jahr 2019 sind 1990 Diözesanpriester, 475 Weltpriester aus anderen Diözesen, 1367 Ordenspriester und 744 Ständige Diakone in der österreichischen Kirche tätig.[3] Hinzu kommen zahlreiche Laien als Religionslehrer*innen, Pastoralassistent*innen und Mitarbeiter*innen in kirchlichen Einrichtungen und der kirchlichen Verwaltung.[4]

---

[*] Nach dem Studium der Katholischen Theologie an der Katholisch-Theologischen Fakultät der Universität Augsburg war o. Univ.-Prof. Dr. Wilhelm Rees von 1980 bis 1982 als Pastoralassistent im Dienst der Diözese Augsburg tätig. Von 1982 bis 1986 wirkte er als Wissenschaftlicher Mitarbeiter am Lehrstuhl für Kirchenrecht der Katholisch-Theologischen Fakultät der Universität Augsburg, nach der Promotion im Jahr 1986 dort für sechs Jahre als Akademischer Rat auf Zeit. 1991 erfolgte die Habilitation. Von 1992 bis 1996 vertrat Rees an der Otto-Friedrich-Universität in Bamberg den Lehrstuhl für Kirchenrecht und war zugleich in Augsburg als Privatdozent im Einsatz. Im Mai 1996 erfolgte die Ernennung zum o. Univ.-Prof. für Kirchenrecht an der Katholisch-Theologischen Fakultät der Universität Innsbruck.

[1] Vgl *Erzdiözese Wien*, Kirche in Österreich wichtiger Wirtschaftsfaktor und Arbeitgeber. Aktuelle Studie von Joanneum Research und Institut für Höhere Studien: Römisch-katholische Kirche sichert in Österreich rund 123.000 Arbeitsplätze in Vollzeitäquivalenten (25.6.2015), https://www.erzdioezese-wien.at/site/home/nachrichten/article/43765.html, 27.2.2021; s auch *orf. at*, Studie: Kirche als Milliardenunternehmen. Eine aktuelle Studie von Joanneum Research und des Instituts für Höhere Studien (IHS) setzt sich mit dem Wirtschaftsfaktor Kirche auseinander. Sie bildet Einnahmen und Ausgaben ab, versucht aber auch, Leistungen im Sozial- und Kulturbereich in Zahlen zu fassen (26.6.2015), http://religion.orf.at/stories/2717991/, 27.2.2021. Nach der Fertigstellung des Manuskripts erfolgten gesetzliche Änderungen seitens der römisch-katholischen Kirche, die im Schlussteil ergänzt wurden.
[2] Vgl *Katholische Kirche Steiermark*, Kirche und Gesellschaft. Vier Prozent der Beschäftigten in Österreich. 71.000 Schulplätze. 47.000 Spitalsbetten. Jeder Kirchenbeitrag ist Teil dieser Faktoren, Kirche und Gesellschaft (katholische-kirche-steiermark.at), 27.2.2021.
[3] S *Katholisch.at*, Kirchliche Statistik der Diözesen Österreichs (Klerus, Orden, Kirchen) für das Jahr 2019, https://www.katholisch.at/dl/mmuNJmoJKmOoJqx4KJKJmMJMKKm/Statistik_2019_Klerus_Orden_Kirchen_pdf, 27.2.2021.
[4] Die Zahl der Religionslehrer*innen wird mit 6816 angegeben. Vgl *Katholische Kirche Österreich*, Ich glaube – ja. Kampagne für den Katholischen Religionsunterricht: „Ich glaube – ja."|Kampagne für den Katholischen Religionsunterricht (mein-religionsunterricht.at), 27.2.2021.

Andererseits ist die österreichische Kirche – abgesehen vom Fall Groer im Jahr 1995 – seit dem Jahr 2010 verstärkt von der Problematik des sexuellen Missbrauchs tangiert, nicht zuletzt infolge zahlreicher Medienberichte und dadurch, dass zahlreiche Opfer in die Öffentlichkeit getreten sind. Auch die von den deutschen Bischöfen in Auftrag gegebene Studie „Sexueller Missbrauch an Minderjährigen durch katholische Priester, Diakone und männliche Ordensangehörige im Bereich der Deutschen Bischofskonferenz", die Ende September 2015 durch die Deutsche Bischofskonferenz vorgestellt worden ist, hat für die römisch-katholische Kirche in der Bundesrepublik Deutschland nicht nur Zahlen und das Ausmaß des sexuellen Missbrauchs offengelegt, sondern auch Vertuschung, Verschweigen, Vernichtung von Unterlagen usw ans Licht gebracht.[5] So ist bei etwa einem Viertel der eingeleiteten Verfahren keine Sanktionierung seitens der Kirche erfolgt. Sofern Sanktionen verhängt worden waren, waren „aus kirchlicher Sicht drastische oder irreversible Sanktionen wie Entlassung aus dem Priesterstand oder Exkommunikation" nur „in geringer Zahl" verzeichnet. Die Mehrzahl der ausgesprochenen Sanktionen „erschien als leicht, mit zum Teil möglichen problematischen Folgen hinsichtlich des Rückfallrisikos".[6] In Österreich konnte die Unabhängige Opferschutzkommission seit Beginn ihrer Tätigkeit im Jahr 2010 2305 von Missbrauch und Gewalt im Bereich der Katholischen Kirche in Österreich betroffenen Personen therapeutische Hilfe im Wert von 30,7 Millionen Euro zuerkennen.[7] Die Reaktionen der österreichischen Kirche stehen im Zusammenhang mit einem Prozess, der nicht nur das Thema „sexueller Missbrauch" bzw

---

[5] Vgl *MHG*, Forschungsprojekt „Sexueller Missbrauch an Minderjährigen durch katholische Priester, Diakone und männliche Ordensangehörige im Bereich der Deutschen Bischofskonferenz. Projektbericht (24.9.2018), https://www.dbk.de/fileadmin/redaktion/diverse_downloads/dossiers_2018/MHG-Studie-gesamt.pdf, 27.2.2021; s dazu *dbk.de*, Erklärung der deutschen Bischöfe zu den Ergebnissen der Studie „Sexueller Missbrauch an Minderjährigen durch katholische Priester, Diakone und männliche Ordensangehörige im Bereich der Deutschen Bischofskonferenz" anlässlich der Herbstvollversammlung der Deutschen Bischofskonferenz am 27.9.2018 in Fulda (= Pressemitteilungen der Deutschen Bischofskonferenz, 27.9.2018, Nr 154a – Anlage 1), https://www.dbk.de/fileadmin/redaktion/diverse_downloads/presse_2018/2018-154a-Anlage1-Erklaerungder-Deutschen-Bischofskonferenz-zu-den-Ergebnissen-der-MHG-Studie.pdf, 27.2.2021; s auch *Haering*, Die Kirche und die Erfahrungen des Jahres 2010, in AfkKR 180/2011, 133–149, insb 137–141.
[6] *MHG Studie*, Zusammenfassung (13.8.2018), https://www.dbk.de/file-admin/redaktion/diverse_downloads/dossiers_2018/MHG-Studie-Endbericht-Zusammenfassung.pdf, 27.2.2021, 6.
[7] Vgl *Informationen der Unabhängigen Opferschutzanwaltschaft und aktuelle Zahlen*, Unabhängige Opferschutzanwaltschaft (opferschutz.at), 27.2.2021; s auch *Österreichische Bischofskonferenz*, Presseerklärung zur Frühjahrsvollversammlung 2019 der Österreichischen Bischofskonferenz 18.–21.3.2019 in Reichenau an der Rax, Nr 6: Maßnahmen der Katholischen Kirche in Österreich gegen Missbrauch und Gewalt, in Amtsblatt der Österreichischen Bischofskonferenz, Nr 78 vom 1.5.2019, Nr I. 6, 5–11, hier 10; ferner unter https://www.bischofskonferenz.at/2019/presse erklaerungen-zur-fruehjahrsvollversammlung-2019, 27.2.2021; s auch *Österreichische Bischofskonferenz*, Presseerklärung Nr 1: Kinderschutzgipfel, ibid, Nr I. 2.

„sexualisierte Gewalt" in die Öffentlichkeit gebracht und zur Aufdeckung zahlreicher Fälle sexuellen Missbrauchs von minderjährigen Personen durch Kleriker in der römisch-katholischen Kirche, sondern auch zu einer Novellierung bzw Ergänzung der diesbezüglichen Bestimmungen der kirchlichen Gesetzbücher, dh des Codex Iuris Canonici von 1983 (CIC/1983) und des Codex Canonum Ecclesiarum Orientalium (CCEO), durch die Gesamtkirche und zu detaillierten Vorgaben einzelner Bischofskonferenzen mit Blick auf Ahndung und Prävention geführt hat. Der von Papst Franziskus Ende Februar 2019 in Rom einberufene Antimissbrauchsgipfel sollte weltweit das Bewusstsein schärfen und zu weiteren Entwicklungen führen. Zusehends hat Papst Franziskus auf Versagen der Bischöfe bei der Ahndung bzw auf Vertuschung reagiert. Gezielt will Papst Franziskus auch gegen Missbrauch von Ordensfrauen vorgehen,[8] ein Problem, an dem die Kirche gearbeitet habe, zu dem sie jedoch bislang völlig geschwiegen hat. Verstärkt kommen geistlicher Missbrauch[9] und der Missbrauch erwachsener Frauen durch Kleriker[10] in den Blick.

Sexueller Missbrauch tangiert sowohl das kirchliche Recht bzw Strafrecht als auch kirchliche Dienst- und Arbeitsverhältnisse. Daher soll im Folgenden ein Blick auf das kirchliche Arbeitsrecht, sodann auf die kirchlichen Vorgaben zur Ahndung von sexuellem Missbrauch seitens der katholischen Kirche sowie auf neuere Entwicklungen und offene Fragen geworfen werden.

---

[8] Vgl *Die Presse*, Missbrauch von Nonnen: „Ja, es gibt das Problem". Papst Franziskus hat mit der „Kultur des Schweigens" gebrochen und einbekannt, dass es in seiner Kirche zum sexuellen Missbrauch von Ordensfrauen gekommen sei. Er will etwas dagegen unternehmen (6.2.2019), https://diepresse.com/home/ausland/welt/5575313/Missbrauch-von-Nonnen_Ja-es-gibt-das-Problem, 27.2.2021; *Der Standard*, Papst Franziskus räumt sexuellen Missbrauch von Nonnen in Kirche ein. Bisher hatte sich Franziskus nicht zu dem Thema geäußert (6.2.2019), https://der-standard.at/2000097583002/Papst-raeumt-sexuellen-Missbrauch-von-Nonnen-in-Kirche-ein, 27.2.2021; s auch *Zeit online*, Führung des Vatikan-Frauenmagazins tritt zurück. Sie haben in ihrer Zeitschrift den Missbrauch von Nonnen durch Kleriker öffentlich gemacht – nun geben die Frauen auf. Sie stünden unter „direkter Kontrolle von Männern" (26.3.2019), https://www.zeit.de/gesellschaft/2019-03/katholische-kirche-frauenmagazin-ruecktritt-vatikan-missbrauch, 27.2.2021.
[9] Vgl *Süddeutsche Zeitung*, „Die Kirche kann Missbrauch von ihrer inneren Logik her nicht denken". Seit Jahren wird in der katholischen Kirche über sexualisierte Gewalt diskutiert. Die Theologin Doris Reisinger findet: Man muss auch über spirituellen Missbrauch sprechen. Worum es sich dabei handelt und was die Kirche Betroffenen schuldet – Interview von Annette Zoch, 22.2.2021, Katholische Kirche: Spiritueller Missbrauch – Politik-SZ.de (sueddeutsche.de), 27.2.2021.
[10] Vgl *Sailer*, D: Missbrauch an erwachsenen Frauen wurde unterschätzt. Gewalt gegen erwachsene Frauen ist eine bisher kaum wahrgenommene Variation von Missbrauch in der Kirche. Ein neues Buch wirft in Deutschland Licht auf dieses Phänomen. Es zeigt, wie eng spiritueller und sexueller Missbrauch verbunden sind – und dass eine doppelte Machtsymetrie die Hauptrolle spielt, wenn Frauen zu Opfern werden (19.11.2020), D: Missbrauch an Frauen wurde unterschätzt – Vatican News, 27.2.2021.

I. Das Dienst- und Arbeitsrecht der römisch-katholischen Kirche

Es steht außer Zweifel, dass es mit Blick auf die Mitarbeiter*innen der Römisch-katholischen Kirche und kirchennaher Organisationen in Österreich,[11] wie in allen anderen Bereichen von Arbeit und Dienstleistung, arbeitsrechtliche Regelungen braucht. Dabei zeigt die Praxis, dass das kirchliche Dienst- und Arbeitsrecht sich vom Arbeitsrecht anderer Arbeitgeber*innen und -nehmer*innen unterscheidet und somit „ein Rechtsgebiet [ist], in dem sich kirchliches und staatliches Recht notwendigerweise wechselseitig überlagern".[12]

1. Grundlegende Vorgaben

Gem Art 15 StGG „ordnet und verwaltet" jede gesetzlich anerkannte Kirche und Religionsgesellschaft „ihre inneren Angelegenheiten selbständig"; sie „ist aber, wie jede Gesellschaft, den allgemeinen Staatsgesetzen unterworfen". Zu Recht verweisen Hans Heimerl und Helmuth Pree mit Blick auf die römisch-katholische Kirche darauf, dass Träger dieser Verfassungsgarantie „nicht nur die Kirche als ganze, sondern auch ihre juristischen Personen" sind.[13] Näherhin haben Einrichtungen der Kirche, die nach kanonischem Recht Rechtspersönlichkeit besitzen, „Rechtspersönlichkeit auch für den staatlichen Bereich" (vgl Art II des Konkordats zwischen dem Heiligen Stuhle und der Republik Österreich samt Zusatzprotokoll vom 5.6.1933; BGBl II 1934/2).

Im Unterschied zur Bundesrepublik Deutschland kommt den gesetzlich anerkannten Kirchen und Religionsgesellschaften in Österreich trotz ihrer öffentlich-rechtlichen Stellung jedoch keine Dienstherrenfähigkeit zu, sodass keine „Möglichkeit einer öffentlich-rechtlichen Gestaltung kirchlicher Dienstverhältnisse"

---

[11] Vgl *Rees*, Auf der Suche nach dem Arbeitgeber im kirchlichen/religiösen Bereich, in Marko/Schleifer/Karl-Franzens-Universität Graz (Hrsg), Staat und Religion. 9. Fakultätstag der Rechtswissenschaftlichen Fakultät der Karl-Franzens-Universität Graz, 16.5.2014, 2014, 255–264, s zum Folgenden auch *Rees*, Der Dienst von Priestern, Diakonen und Laien. Kanonische Bemerkungen zum innerkirchlichen Dienst- und Arbeitsrecht, in öarr 63/2018, 32–87.

[12] *Kalb*, Kirchliches Dienst- und Arbeitsrecht in Deutschland und Österreich, in HdbKathKR³, 2015, 324–341, hier 324; vgl auch *Heimerl/Pree* unter Mitwirkung von *Primetshofer*, Handbuch des Vermögensrechts der katholischen Kirche unter Berücksichtigung der Rechtsverhältnisse in Bayern und Österreich, 1993, Rdnr 6/1, 663, die näherhin auf „Kirchenrecht, Staatskirchenrecht und sonstiges staatliches Recht (zB Arbeitsrecht)" verweisen.

[13] *Heimerl/Pree* unter Mitwirkung von *Primetshofer*, Handbuch des Vermögensrechts der katholischen Kirche unter Berücksichtigung der Rechtsverhältnisse in Bayern und Österreich, 1993, Rdnr 6/73, 680. Näherhin liegt der kirchliche Gesetzgeber die Rechtsnorm kirchlicher juristischer Personen in cc 113–123 CIC/1983 (vgl cc 920–930 CCEO) fest. S dazu *Kaptijn*, Rechtspersönlichkeit und rechtserhebliches Geschehen, in HdbKathKR³, 2015, 183–198, hier insb 191–195.

besteht, dh sie keine Beamtendienstverhältnisse, vielmehr ausschießlich privat-rechtliche Dienstverhältnisse mit Arbeitnehmer*innen eingehen können.[14] Die katholische Kirche regelt „das geistliche Amt, seine Übertragung, seine Pflichten und Rechte und seinen Verlust, vor allem den Dienst der Kleriker (Bischöfe, Priester und Diakone)" sowie „die rechtlichen Beziehungen der Mitglieder zu den Orden iwS (Institute des geweihten Lebens und Gesellschaften des apostolischen Lebens)" durch eigenes Recht.[15] Sie legt fest, „welche Ämter und Dienste der Laien es in der Kirche gibt", „welche Voraussetzungen der Mitarbeiter dafür erbringen muß" und „ob sie ein solches Dienstverhältnis durch hoheitliche Beauftragung und Amtsübertragung gem Kirchenrecht oder/und durch privatrechtlichen Dienstvertrag begründen will".[16] Für die Dienstnehmer*innen der Römisch-katholischen Kirche in Österreich, die nicht geistliche Amtsträger sind, gilt das staatliche Arbeitsrecht, dh das Bundesgesetz vom 14.12.1973 betreffend die Arbeitsverfassung (Arbeitsverfassungsgesetz – ArbVG), „mit individualrechtlichen und kollektivrechtlichen [...] Modifikationen".[17] Die Fähigkeit und Berechtigung der Katholischen Kirche in Österreich zum Abschluss von Kollektivverträgen bzw von Betriebsvereinbarungen ergibt sich aufgrund ihres Status als juristische Person des öffentlichen Rechts bzw ihrer öffentlich-rechtlichen Stellung (vgl § 7 ArbVG).[18]

---

[14] *Kalb/Potz/Schinkele*, Religionsrecht, 2003, 285 f; s auch *Schwendenwein*, Österreichisches Staatskirchenrecht (= BzMK CIC, Bd 6), 1992, 342 f.

[15] *Heimerl/Pree* unter Mitwirkung von *Primetshofer*, Handbuch des Vermögensrechts der katholischen Kirche unter Berücksichtigung der Rechtsverhältnisse in Bayern und Österreich, 1993, Rdnr 6/70, 679.

[16] *Heimerl/Pree* unter Mitwirkung von *Primetshofer*, Handbuch des Vermögensrechts der katholischen Kirche unter Berücksichtigung der Rechtsverhältnisse in Bayern und Österreich, 1993, Rdnr 6/71, 680.

[17] *Schwendenwein*, Österreichisches Staatskirchenrecht (= BzMK CIC, Bd 6), 1992, 343; s auch *Kalb/Potz/Schinkele*, Religionsrecht, 2003, 273–301; *Pree/Primetshofer*, Das kirchliche Vermögen, seine Verwaltung und Vertretung. Eine Handreichung für die Praxis, ²2010, 78; *Schrammel*, Die Betriebsverfassung der gesetzlich anerkannten Kirchen und Religionsgemeinschaften, in Schinkele/Kuppe/Schima/Synek/Wallner/Wieshaider (Hrsg), Recht Religion Kultur. Festschrift für Richard Potz zum 70. Geburtstag, 2014, 805–815; § 132 Abs 4 ArbVG.

[18] Vgl hierzu *Rees*, Auf der Suche nach dem Arbeitgeber im kirchlichen/religiösen Bereich, in Marko/Schleifer/Karl-Franzens-Universität Graz (Hrsg), Staat und Religion. 9. Fakultätstag der Rechtswissenschaftlichen Fakultät der Karl-Franzens-Universität Graz, 16.5.2014, 2014, 263–265; *Runggaldier*, Das Arbeitsrecht in der Kirche: kollektivrechtliche Aspekte, in Runggaldier/Schinkele (Hrsg), Arbeitsrecht und Kirche. Zur arbeitsrechtlichen und sozialrechtlichen Stellung von Klerikern, Ordensangehörigen und kirchlichen Mitarbeitern in Österreich, 1996, 145–176; *Schinkele*, Das Arbeitsrecht in der Kirche. Der verfassungsrechtliche und staatskirchenrechtliche Rahmen unter besonderer Berücksichtigung der katholischen Kirche, in Runggaldier/Schinkele (Hrsg), Arbeitsrecht und Kirche. Zur arbeitsrechtlichen und sozialrechtlichen Stellung von Klerikern, Ordensangehörigen und kirchlichen Mitarbeitern in Österreich, 1996, 3–40, hier 18 f und 26 f; *Heimerl/Pree* unter Mitwirkung von *Primetshofer*, Handbuch des Vermögensrechts der katholischen Kirche unter besonderer Berücksichtigung der Rechtsverhältnisse in Bayern und Ös-

Mit Blick auf das kirchliche Dienst- und Arbeitsrecht ist zwischen dem allgemeinen und dem besonderen kirchlichen Dienst zu unterscheiden.[19] Der allgemeine kirchliche Dienst gliedert sich in einen Dienst von Laien als solchen, dh einen Dienst im weiteren Sinn, und einen Dienst aufgrund eines vertraglichen Dienst- oder Arbeitsverhältnisses. Im ersten Fall „liegt kein Kirchenamt oder arbeitsrechtliches Beschäftigungsverhältnis vor, vielmehr handelt es sich um Dienste, die allen Gläubigen aufgrund der in Taufe und Firmung grundgelegten Teilhabe am dreifachen Amt Christi zukommen".[20]

Im zweiten Fall geht es um ein Dienstverhältnis ua mit Handwerker*innen, Reinigungspersonal oder Bediensteten in der kirchlichen Verwaltung.[21] Der besondere kirchliche Dienst unterteilt sich in den geistlichen Dienst und den besonderen Dienst von Laien. Zwar gründet auch der besondere kirchliche Dienst auf der in Taufe und Firmung grundgelegten Teilhabe am dreifachen Amt Christi. Er erfordert jedoch im ersten Fall den Empfang des Sakraments der Weihe und eine kirchenamtliche Sendung, im zweiten Fall nur letztere in Form einer Beauftragung, einer Bestätigung, eines Mandatum, der Erteilung der Missio canonica bzw des Nihil obstat usw.[22]

Zu dieser Gruppe zählen Katechet*innen, Religionslehrer*innen, Theologieprofessor*innen, Lektor*innen und Akolyth*innen, kirchliche Richter*innen und Sachverständige, insb auch Pastoralassistent*innen. Der Dienst in einem Institut des geweihten Lebens oder in einer Gesellschaft des apostolischen Lebens stellt,

terreich, 1993, Rdnr 6/845–6/851, 853–855; *Kalb/Potz/Schinkele*, Religionsrecht, 2003, 284 f; *Mazal*, Anmerkungen zur Kollektivvertragsfähigkeit kirchlicher juristischer Personen, in Schinkele/Kuppe/Schima/Synek/Wallner/Wieshaider (Hrsg), Recht Religion Kultur. Festschrift für Richard Potz zum 70. Geburtstag, 2014, 493–499.

[19] Vgl *Heimerl/Pree* unter Mitwirkung von *Primetshofer*, Handbuch des Vermögensrechts der katholischen Kirche unter besonderer Berücksichtigung der Rechtsverhältnisse in Bayern und Österreich, 1993, Rdnr 6/25–6/29, 668 f; *Kalb*, Kirchliches Dienst- und Arbeitsrecht in Deutschland und Österreich, in HdbKathKR[3], 2015, 325 f; *Haunschmidt*, Das Arbeitsrechtsverhältnis der Laienmitarbeiter im Bereich der katholischen Kirche (= Dissertationen der Johannes Kepler-Universität Linz, Bd 82), 1989, 49–54; *Koizar*, Erbringung „abhängiger Arbeit" im kanonischen Recht, in Rungaldier/Schinkele (Hrsg), Arbeitsrecht und Kirche. Zur arbeitsrechtlichen und sozialrechtlichen Stellung von Klerikern, Ordensangehörigen und kirchlichen Mitarbeitern in Österreich, 1996, 43–65, hier 44–46; s auch *Rhode*, Kirchenrecht (= Kohlhammer Studienbücher Theologie, Bd 24), 2015, 138 f; *Aymans*, Die Träger kirchlicher Dienste, in HdbKathKR[3], 2015, 313–323.

[20] *Kalb*, Kirchliches Dienst- und Arbeitsrecht in Deutschland und Österreich, in HdbKathKR[3], 2015, 325.

[21] Vgl *Kalb*, Kirchliches Dienst- und Arbeitsrecht in Deutschland und Österreich, in HdbKathKR[3], 2015, 325, mit Anm 5.

[22] Vgl *Riedel-Spangenberger*, Art Sendung, in LKStKR, Bd 3 (2004), 547 f; ausführlich *Riedel-Spangenberger*, Sendung in der Kirche. Die Entwicklung des Begriffes „missio canonica" und seine Bedeutung in der kirchlichen Rechtssprache, 1991; s auch *Schwendenwein*, Die Katholische Kirche. Aufbau und rechtliche Organisation (= BzMK CIC, Bd 37), 2003, 20–26.

wie Franz Haunschmidt bemerkt, „eine herausragende Form des besonderen Dienstes in der Kirche" dar.[23]

Grundsätzlich definiert das derzeit geltende kirchliche Gesetzbuch für die römisch-katholische Kirche, dh der Codex Iuris Canonici von 1983 (CIC/1983), das Kirchenamt in einem weiten Sinn, sodass nicht nur Kleriker, sondern auch Laien ein solches innehaben können (vgl c 145 § 1 CIC/1983; c 936 § 1 CCEO). Ausführliche Bestimmungen finden sich zum Dienst der Kleriker in Form eines spezifischen Ämterrechts, jedoch nur wenige zu einem kirchlichen Dienstrecht für Laien.[24] Außer den gesamtkirchlichen Normen kommt mit Blick auf das Dienst- und Arbeitsrecht den partikularen Gesetzgebern,[25] dh vor allem den Diözesanbischöfen, eine bedeutende Rolle und Aufgabe zu (vgl c 381 § 1 CIC/1983; c 178 CCEO). Eine Bischofskonferenz besitzt im Bereich des Dienst- und Arbeitsrechts keine bzw nur eine ersatzweise Kompetenz (vgl c 455 § 1 CIC/1983 und c 1274 §§ 1–5 CIC/1983; c 1021 §§ 1–3 CCEO).[26] Sie kann jedoch für die Kirche ihres Landes Rahmenordnungen erlassen.

2. Kleriker im Dienst der römisch-katholischen Kirche

Kleriker wird ein getaufter Mann durch den Empfang der Diakonenweihe (vgl c 266 § 1 CIC/1983; c 358 CCEO), dh der ersten bzw untersten Weihestufe in der dreigliedrigen Weihehierarchie (vgl c 1009 § 1 CIC/1983; c 325 CCEO).[27] Jeder Kleriker muss „entweder einer Teilkirche oder einer Personalprälatur oder einem Institut des geweihten Lebens oder einer Gesellschaft, die diese Befugnisse haben, inkardiniert sein, sodass es Kleriker ohne Inkardination in keiner Weise geben

---

[23] *Haunschmidt*, Das Arbeitsrechtsverhältnis der Laienmitarbeiter im Bereich der katholischen Kirche (= Dissertationen der Johannes Kepler-Universität Linz, Bd 82), 1989, 52, unter Hinweis auf cc 573–730 CIC/1983 (Institute des geweihten Lebens) und cc 731–746 CIC/1983 (Gesellschaften des apostolischen Lebens) und *Pree*, Die Stellung des kirchlichen Laiendienstnehmers im CIC/1983, in Lüdicke/Paarhammer/Binder (Hrsg), Recht im Dienste des Menschen. Eine Festgabe. Hugo Schwendenwein zum 60. Geburtstag, 1986, 467–478, hier 467.

[24] Dies ist angesichts der unterschiedlichen Rahmenbedingungen in den einzelnen Staaten der Welt durchaus verständlich. Wie *Schmitz*, Codex Iuris Canonici, in HdbKathKR³, 2015, 70–100, hier 87 f, bemerkt, ließen sich „wegen des Bezugs dieser Rechtsmaterien zum weltlichen Recht [...] vermutlich eingehendere Normen nicht statuieren".

[25] Vgl allgemein *Rees*, Die Rechtsnormen, in HdbKathKR³, 2015, 127–162, insb 141 und 149 f.

[26] Vgl *Rees*, Plenarkonzil und Bischofskonferenz, in HdbKathKR³, 2015, 543–576, insb 564–572, hier 571.

[27] Zu den Klerikern, die es in der Kirche „kraft göttlicher Weisung gibt" (vgl c 207 § 1 CIC/1983; c § 2 CCEO), s *Meckel-Pfannkuche*, Art Kleriker – Katholisch, in LKRR, Bd 2 (2019), 940–943; *Hallermann*, Art Klerikerstand – Katholisch, in LKRR, Bd 2 (2019), 947 f; zur Geschichte des Diakonats s *Congregatio de Institutione Catholica, Congregatio pro Clericis*, De diaconatu permanenti. Declaratio coniuncta vom 22.2.1998, in AAS 90/1998, 835–842; ferner unter The Holy See – Vatican web site, 27.2.2021; dt VApSt 132, 1998, 7–17.

darf" (c 265 CIC/1983; vgl c 357 § 1 CCEO).[28] Somit gelten als geistliche Heimat-verbände Teilkirchen, dh Diözesen und ihnen gleichgestellte Organisationsfor-men (vgl c 368 CIC/1983; c 313 CCEO), wie territoriale Prälaturen oder Abteien, Apostolische Vikariate, Präfekturen und Administraturen, evtl personal um-schriebene Apostolische Administraturen, eine Personalprälatur (vgl c 295 § 1 CIC/1983; keine Parallele im CCEO), ein Militärordinariat,[29] ferner die Religiosen-institute (vgl c 266 § 2 CIC/1983; c 428 CCEO), dh Ordensgemeinschaften, sowie die klerikalen Gesellschaften des apostolischen Lebens (vgl c 266 § 2 iVm c 736 § 1 CIC/1983; keine Parallele im CCEO) und Säkularinstitute, denen der Apostoli-sche Stuhl das Inkardinationsrecht verliehen hat (vgl c 266 § 3 CIC/1983 iVm c 715 § 2 CIC/1983; c 565 CCEO).[30] Auch die von Papst Benedikt XVI. geschaffenen Personalordinariate für den anglikanischen Bereich besitzen ein Inkardinations-recht,[31] nicht jedoch Vereine von Gläubigen (christifidelium associationes) im Sinn der cc 298–329 CIC/1983 (vgl cc 573–583 CCEO).

---

[28] Anstelle von Inkardination spricht man auch von Adskription oder in den katholischen Ostkir-chen von Askription. Vgl *Hallermann*, Art Inkardination – Katholisch, in LKRR, Bd 2 (2019), 604–606; ausführlich *Schwendenwein*, Die Zugehörigkeit zu einem geistlichen Heimatverband, in Hdb KathKR³, 2015, 342–354, insb 345–347; *Schmitz*, Fragen des Inkardinationsrechtes, in Siepen/Weitzel/Wirth (Hrsg), Ecclesia et Ius. Festgabe für Audomar Scheuermann zum 60. Geburtstag, 1968, 137–152; *Steinbach*, Das Inkardinationsrecht. Eine rechtsvergleichende Untersuchung der kodikarischen Normen des CIC und CCEO aufgrund der konziliaren Lehre (= FzK, Bd 25), 1996.
[29] Vgl *Johannes Paul II.*, Constitutio Apostolica "Spirituali Militum Curae" qua nova canonica ordi-natio pro spirituali militum curae datur vom 21.4.1986, Art 6 §§ 3 und 4, in AAS 78/1986, 481–486, hier 484; dt unter Spirituali militum curae (21. April 1986)|Johannes Paul II. (vatican.va), 27.2.2021. Im Unterschied zu Deutschland wird in Österreich von der Möglichkeit, dem Militär-ordinariat Kleriker zu inkardinieren, Gebrauch gemacht.
[30] Nach *Schwendenwein*, Die Zugehörigkeit zu einem geistlichen Heimatverband, in HdbKathKR³, 2015, 345 f, ist „bei Ordensgemeinschaften und Gesellschaften des apostolischen Lebens [...] die ewige Profess oder eine andere Form der dauernden oder definitiven Bindung bzw die definitive Eingliederung in die Gemeinschaft Voraussetzung für die Diakonenweihe (c 266 § 2), dh die Ver-bandszugehörigkeit geht der Weihe voraus. Doch bewirkt auch hier die Diakonenweihe die Ad-skription als Kleriker an den betreffenden Verband (c 298 §§ 2 und 3). Entsprechendes gilt auch in jenen Fällen, in denen Weltinstitute mit Inkardinationsrecht ausgestattet sind". S auch *Pri-metshofer*, Inkorporation und Inkardination von Ordensklerikern, in Paarhammer/Rinnerthaler (Hrsg), Scientia Canonum. Festgabe für Franz Pototschnig zum 65. Geburtstag, 1991, 323–338; *Primetshofer*, Ordensrecht auf der Grundlage des CIC 1983 und des CCEO unter Berücksichtigung des staatlichen Rechts der Bundesrepublik Deutschland, Österreichs und der Schweiz, ⁴2003, insb 199–205, 296–298 und 317; *Haering*, Die Inkardination in Religioseninstituten und in den Gesellschaften des Apostolischen Lebens, in Navarro (a cura di), L'istituto dell'incardinazione. Natura e prospettive (= MonG 29), 2006, 161–193; *Althaus*, Art Inkardination, in Meier/Kandler-Mayr/Kandler (Hrsg), 100 Begriffe aus dem Ordensrecht, 2015, 215–218.
[31] Vgl *Benedikt XVI.*, Constitutio Apostolica „Anglicanorum coetibus" qua Personales Ordinariatus pro Anglicanis conduntur qui plenam communionem cum Catholica Ecclesia ineunt vom 4.11. 2009, Nr VI, § 3, in AAS 101/2009, 985–990, hier 988; dt unter http://w2.vatican.va/content/benedict-xvi/de/apost_constitutions/documents/hf_ben-xvi_apc_20091104_anglicanorum-coeti bus.html, 27.2.2021; *Congregatio pro Doctrina Fidei*, Ergänzende Normen zur Apostolischen

Im Inkardinationsverhältnis wurzeln nach Heribert Schmitz vor allem die dem Kleriker zukommenden Rechte mit Blick auf die dienstliche Verwendung, die geistliche und geistige Betreuung sowie die wirtschaftliche Versorgung und der Anspruch auf Sicherung dieser Rechte.[32] Hugo Schwendenwein verweist darauf, „dass das Verhältnis des Priesters zur Kirche als Dienstgeber, auch wenn es Elemente eines Arbeitsvertrages, wie er sich in der staatlichen Rechtsordnung findet, umgreift, weit über ein Dienstverhältnis im Sinne des staatlichen Rechtes hinaus geht", sodass bei Priestern „der Arbeitsvertrag des staatlichen Rechts als unzureichendes Modell [erscheint], um rechtlich ihr Verhältnis zur Kirche auszudrücken".[33] Dies treffe auch für das Dienstverhältnis der Diakone zur Kirche zu. Es entsteht somit „ein Rechtsverhältnis sui generis zwischen dem Kleriker und der ihn aufnehmenden Einrichtung, jedoch kein ‚Dienstverhältnis' im Sinne des österreichischen Zivil- und Arbeitsrechtes".[34]

Großen Wert legt die Kirche auf eine entsprechende finanzielle Entlohnung und soziale Absicherung der in ihrem Dienst stehenden Personen. „Dadurch, dass die Kleriker sich dem kirchlichen Dienst widmen, verdienen sie eine Vergütung, die ihrer Stellung angemessen ist; dabei sind die Natur ihrer Aufgabe und die Umstände des Ortes und der Zeit zu berücksichtigen, damit sie mit ihr für die Erfordernisse ihres Lebens und auch für eine angemessene Entlohnung derer sorgen können, deren Dienste sie bedürfen" (c 281 § 1 CIC/1983; vgl c 390 § 1 CCEO: bei verheirateten Klerikern auch für die Familie),[35] wie nicht zuletzt einer Haushälterin.[36] Ebenso ist „Vorsorge zu treffen", dass die Kleriker „jene soziale Hilfe

---

Konstitution Anglicanorum coetibus vom 4.11.2009, Art 6 § 1, Ergänzende Normen zur Apostolischen Konstitution »Anglicanorum coetibus« (vatican.va), 27.2.2021.

[32] Vgl *Schmitz*, Fragen des Inkardinationsrechtes, in Siepen/Weitzel/Wirth (Hrsg), Ecclesia et Ius. Festgabe für Audomar Scheuermann zum 60. Geburtstag, 1968, 146–152.

[33] *Schwendenwein*. Die Rechte und Pflichten der Kleriker, in HdbKathKR³, 2015, 355–371, hier 357, unter Hinweis auf *Pontificium Consilium de Legum Textibus Interpretandis*, Nota vom 12.2.2004, in Communicationes 36/2004, 33–38, insb 35 und 37.

[34] *Ehn*, Das Arbeitsrecht in der Kirche aus Dienstgebersicht, in Runggaldier/Schinkele (Hrsg), Arbeitsrecht und Kirche. Zur arbeitsrechtlichen und sozialrechtlichen Stellung von Klerikern, Ordensangehörigen und kirchlichen Mitarbeitern in Österreich, 1996, 247–253, hier 248; ebenso *Schrammel*, Durch religiöse Motive bestimmte Arbeit und Arbeitsverhältnisse, in Runggaldier/Schinkele (Hrsg), Arbeitsrecht und Kirche. Zur arbeitsrechtlichen und sozialrechtlichen Stellung von Klerikern, Ordensangehörigen und kirchlichen Mitarbeitern in Österreich, 1996, 83–95, hier 90.

[35] Vgl *Congregatio pro Episcopis*, Direktorium für den Hirtendienst der Bischöfe vom 22.2.2004, Nr 80; engl unter Directory for the Pastoral Ministry of Bishops "Apostolorum Successores" (vatican.va), 27.2.2021; dt VApSt 173/2006, 116 f. Can 390 § 1 CCEO spricht auch den verheirateten Kleriker und die Sorge für die Familie an. Vgl auch *Hallermann*, Art Lebensunterhalt – Katholisch, in LKRR, Bd. 3 (2020), 49 f.

[36] Eine Haushälterin ist in der Regel Dienstnehmerin des Pfarrers. Vgl *Lederhilger*, Die Mitarbeiterinnen und Mitarbeiter des Pfarrers, in HdbKathKR³, 2015, 721–736, hier 735; *Kalde*, Art Haushälterin – Katholisch, in LKRR, Bd 2 (2019), 500–502.

erfahren, durch die für ihre Erfordernisse bei Krankheit, Arbeitsunfähigkeit oder im Alter angemessen gesorgt ist" (c 281 § 2 CIC/1983; vgl c 390 § 2 CCEO). Auch „verheiratete Diakone, die sich ganz dem kirchlichen Dienst widmen", haben „Anspruch auf Vergütung, mit der sie für ihren und ihrer Familie Lebensunterhalt sorgen können". Für den Fall, dass ein verheirateter Diakon „wegen eines Zivilberufs, den er ausübt bzw ausgeübt hat, Vergütung erhält", hat er aus seinen Einkünften „für sich und die Erfordernisse seiner Familie zu sorgen" (c 281 § 3 CIC/ 1983; vgl c 390 § 1 CCEO).[37] Während mit hauptamtlichen Ständigen Diakonen, ähnlich wie mit Laien, Arbeitsverträge abgeschlossen werden, ist dies mit Ständigen Diakonen mit Zivilberuf nicht der Fall. Es wird kein Arbeitsverhältnis begründet; vielmehr erhält der Ständige Diakon für seine Tätigkeit nur eine Aufwandsentschädigung. Ausdrücklich betont das Dienstrecht für die Ständigen Diakone in der Erzdiözese Wien vom Oktober 2020, dass Diakone im diözesanen Beruf in der Regel mit Erreichen des gesetzlichen Pensionsalters gem Allgemeinem Sozialversicherungsgesetz (ASVG) in Pension gehen, in dieser Zeit jedoch weiterhin als Diakon tätig sein können.[38] Gem Beschluss der Österreichischen Bischofskonferenz vom 8. bis 10.11.1988 sollte bezüglich Altersvorsorge der Kleriker „in jeder Diözese in Österreich eine Einrichtung in Form eines unselbständigen Fonds geschaffen" werden.

3. Laien im Dienst der römisch-katholischen Kirche

Das Zweite Vatikanische Konzil hat – im Unterschied zur früheren Sichtweise der Laien – deren rechtliche Stellung und Funktion in der Kirche grundlegend verändert und aufgewertet (vgl Art 30–38 VatII LG; VatII AA). Laien können kirchliche Ämter und Aufgaben übernehmen (vgl c 228 § 1 CIC/1983; c 408 § 2 CCEO). Im Unterschied zum Kleriker, der mit Empfang der Diakonenweihe einer Teilkirche inkardiniert wird (vgl c 266 § 1 CIC/1983; c 358 CCEO) und damit in ein besonderes Rechts- und Beziehungsverhältnis zu seinem Oberen eintritt, enthält „die Bestellung von Laien zu einem besonderen kirchlichen Dienst bzw zu einem Kirchenamt [...] ein vertragliches Element und weicht dadurch (und durch manche auf Laien nicht anzuwendende Einzelheiten) vom Ämterrecht ab".[39] Wenngleich

[37] Bezüglich Diakone s insb *Weiß*, Der Diakon, in HdbKathKR³, 2015, 388–409, hier 388 f und 402 f; ferner auch *Pulte*, Die Sustentation der Diakone nach dem universalen und partikularen Kirchenrecht, in Güthoff/Korta/Weiß (Hrsg), Clarissimo Professori Doctori Carolo Giraldo Fürst. In memoriam Carl Gerold Fürst (= AIC, Bd 50), 2013, 441–460; *Pulte*, Art Diakon – Katholisch, in LKRR, Bd 1 (2019), 590–592.

[38] Vgl *Erzdiözese Wien*, Dienstrecht für Ständige Diakone in der Erzdiözese Wien, § 7 Abs 2, in Wiener Diözesanblatt, 158. Jg, 10/2020, Nr 91, 130–137, hier 132.

[39] *Heimerl/Pree* unter Mitwirkung von *Primetshofer*, Handbuch des Vermögensrechts der katholischen Kirche unter besonderer Berücksichtigung der Rechtsverhältnisse in Bayern und Österreich, 1993, Rdnr 6/353, 743; s auch *Bethke*, Das kirchenamtliche Dienstverhältnis von Laien.

der CIC/1983 im Unterschied zum Kleriker „kein ausformuliertes Dienstrecht für Laien" enthält,[40] wird ausdrücklich das Recht von im Dienst stehenden Laien „auf eine angemessene Vergütung" betont, „die ihrer Stellung entspricht und mit der sie, unter Beachtung des weltlichen Rechts, für die eigenen Erfordernisse und für die ihrer Familie in geziemender Weise sorgen können; ebenso steht ihnen das Recht zu, dass für ihre soziale Vorsorge und Sicherheit sowie ihre Gesundheitsvorsorge, wie man sagt, gebührend vorgesehen wird" (c 231 § 2 CIC/1983; vgl c 409 § 2 CCEO). Umstritten ist jedoch, wie Wolfgang Koizar bemerkt, welche Personen in diesem Kanon unter den Begriff des Laien fallen.[41] So subsumiere Heinrich J. F. Reinhardt darunter alle „Laien, die im Kirchendienst stehen", also auch Personen, die keiner besonderen kirchenamtlichen Sendung bedürfen,[42] Helmuth Pree hingegen nur Laien, „die sich ausschließlich entweder auf Dauer oder auf Zeit für einen besonderen Dienst der Kirche zur Verfügung stellen und dazu mit kirchenamtlicher Sendung bestellt werden".[43] Grundsätzlich haben die Vermögensverwalter „bei der Beschäftigung von Arbeitskräften auch das weltliche Arbeits- und Sozialrecht genauestens gem den von der Kirche überlieferten Grundsätzen zu beachten" (c 1286, 1° CIC/1983; vgl c 1030, 1° CCEO).[44] Sie haben „denjenigen, die aufgrund eines Vertrages Arbeit leisten, einen gerechten und ange-

---

Die rechtliche Stellung des Laien in der Katholischen Kirche bei berufsmäßiger Ausübung von Kirchenämtern mit besonderer Berücksichtigung der Rechtslage in den bayerischen (Erz-)Diözesen (= Bamberger Theologische Studien, Bd 32), 2006.

[40] *Pree*, Die Stellung des kirchlichen Laiendienstnehmers im CIC/1983, in Lüdicke/Paarhammer/ Binder (Hrsg), Recht im Dienste des Menschen. Eine Festgabe. Hugo Schwendenwein zum 60. Geburtstag, 1986, 472.

[41] Hierzu und zum Folgenden *Koizar*, Erbringung „abhängiger Arbeit" im kanonischen Recht, in Runggaldier/Schinkele (Hrsg), Arbeitsrecht und Kirche. Zur arbeitsrechtlichen und sozialrechtlichen Stellung von Klerikern, Ordensangehörigen und kirchlichen Mitarbeitern in Österreich, 1996, 50 f.

[42] So *Koizar*, Erbringung „abhängiger Arbeit" im kanonischen Recht, in Runggaldier/Schinkele (Hrsg), Arbeitsrecht und Kirche. Zur arbeitsrechtlichen und sozialrechtlichen Stellung von Klerikern, Ordensangehörigen und kirchlichen Mitarbeitern in Österreich, 1996, 50 f, unter Hinweis auf Reinhardt, Kommentar, in MK CIC, c 231, Rdnr 1 (Stand Oktober 1987).

[43] So *Koizar*, Erbringung „abhängiger Arbeit" im kanonischen Recht, in Runggaldier/Schinkele (Hrsg), Arbeitsrecht und Kirche. Zur arbeitsrechtlichen und sozialrechtlichen Stellung von Klerikern, Ordensangehörigen und kirchlichen Mitarbeitern in Österreich, 1996, 50 f, unter Hinweis auf *Pree*, Die Stellung des kirchlichen Laiendienstnehmers im CIC/1983, in Lüdicke/Paarhammer/Binder (Hrsg), Recht im Dienste des Menschen. Eine Festgabe. Hugo Schwendenwein zum 60. Geburtstag, 1986, 472.

[44] Die Prinzipien der katholischen Soziallehre sind zu berücksichtigen. Vgl *Sekretariat der Österreichischen Bischofskonferenz* (Hrsg), Sozialhirtenbrief der katholischen Bischöfe Österreichs vom 15.5.1990, [2]1990; ferner unter http://www.bischofskonferenz.at/material/sozialhirtenbrief-der-katholischen-bischoefe-sterreichs-teil-1; http://www.bischofskonferenz.at/material/sozialhirtenbrief-der-katholischen-bischoefe-sterreich-teil-2 und http://www.bischofskonferenz.at/material/sozialhirtenbrief-der-katholischen-bischoefe-sterreichs-teil-3, alle 27.2.2021; s auch *Ökumenischer Rat der Kirchen in Österreich* (Hrsg), Sozialwort, [2]2004; ferner unter http://www.sozialwort.at/, 27.2.2021.

messenen Lohn zu zahlen, sodass sie in der Lage sind, für ihre und ihrer Angehörigen Bedürfnisse angemessen aufzukommen" (c 1286, 2° CIC/1983; vgl c 1030, 2° CCEO). Dadurch, dass der CIC/1983 auf das weltliche Recht verweist und seine genaueste Einhaltung fordert, „anerkennt das universale kirchliche Recht prinzipiell das jeweilige staatliche Arbeits- und Vertragsrecht und übernimmt dieses in seine eigene Rechtsordnung".[45] Darüber hinaus rezipiert c 1290 CIC/1983 (vgl c 1034 CCEO) formal staatliches Recht mit Blick auf Dienst- und Arbeitsverträge.[46] Nach Koizar gilt die Forderung des c 1286 CIC/1983 „für die Beschäftigung aller Arbeitskräfte durch die Kirche"; sie „geht daher in ihrem Anwendungsbereich über jenen des c 231 CIC hinaus".[47] Gem c 22 CIC/1983 sind weltliche Gesetze, auf die das Recht der Kirche verweist, „im kanonischen Recht mit denselben Wirkungen einzuhalten, soweit sie nicht dem göttlichen Recht zuwiderlaufen und wenn nicht etwas anderes im kanonischen Recht vorgesehen ist".[48] Die grundsätzliche Kündigungsfreiheit der Kirche erfährt durch Kündigungsfristen und -termine gem Zivilrecht eine gewisse Beschränkung. Zwar ist ein Personal- bzw Mitarbeiter*innenvertretungsrecht im CIC/1983 „nirgendwo verankert, allerdings auch nicht verboten".[49]

---

[45] *Koizar*, Erbringung „abhängiger Arbeit" im kanonischen Recht, in Runggaldier/Schinkele (Hrsg), Arbeitsrecht und Kirche. Zur arbeitsrechtlichen und sozialrechtlichen Stellung von Klerikern, Ordensangehörigen und kirchlichen Mitarbeitern in Österreich, 1996, 51; vgl *Heimerl/Pree* unter Mitwirkung von *Primetshofer*, Handbuch des Vermögensrechts der katholischen Kirche unter besonderer Berücksichtigung der Rechtsverhältnisse in Bayern und Österreich, 1993, Rdnr 6/22, 668. *Heimerl/Pree* unter Mitwirkung von *Primetshofer*, Handbuch des Vermögensrechts der katholischen Kirche unter besonderer Berücksichtigung der Rechtsverhältnisse in Bayern und Österreich, 1993, Rdnr 6/23, 668, führen auch c 281 CIC/1983 für Kleriker an, wobei „das weltliche Recht nicht ausdrücklich genannt" wird, sondern „nur von der Bedachtnahme auf die Umstände des Ortes und der Zeit usw die Rede" ist. Vgl auch Art 20 VatII PO.

[46] Vgl *Heimerl/Pree* unter Mitwirkung von *Primetshofer*, Handbuch des Vermögensrechts der katholischen Kirche unter besonderer Berücksichtigung der Rechtsverhältnisse in Bayern und Österreich, 1993, Rdnr 6/24, 668.

[47] *Koizar*, Erbringung „abhängiger Arbeit" im kanonischen Recht, in Runggaldier/Schinkele (Hrsg), Arbeitsrecht und Kirche. Zur arbeitsrechtlichen und sozialrechtlichen Stellung von Klerikern, Ordensangehörigen und kirchlichen Mitarbeitern in Österreich, 1996, 51; s auch *Pree/Primetshofer*, Das kirchliche Vermögen, seine Verwaltung und Vertretung. Eine Handreichung für die Praxis, ²2010, Anm 27, 76, die unter c 1286 CIC/1983 „alle kirchlichen Dienstnehmer [subsumieren], seien sie Gläubige oder nicht", und unter c 231 § 2 CIC/1983 „kirchliche Beschäftigungsverhältnisse von Gläubigen sehen, speziell von Laien".

[48] Vgl *Rees*, Die Rechtsnormen, in HdbKathKR³, 2015, 157; zu. c 1286 CIC/1983 und c 1290 CIC/1983 s auch *Haering*, Rezeption weltlichen Rechts im kanonischen Recht. Studien zur kanonistischen Rezeption, Anerkennung und Berücksichtigung des weltlichen Rechts im kirchlichen Rechtsbereich aufgrund des Codex Iuris Canonici von 1983 (= MThS.K, Bd 53), 1998, insb 194–199 und 205–213.

[49] *Pree*, Die Stellung des kirchlichen Laiendienstnehmers im CIC/1983, in Lüdicke/Paarhammer/Binder (Hrsg), Recht im Dienste des Menschen. Eine Festgabe. Hugo Schwendenwein zum 60. Geburtstag, 1986, 473.

Erstmals fand der Dienst der Pastoralassistent*innen als eigenständiger kirchlicher Beruf im Sinne eines Kirchenamtes[50] in den Dokumenten des Österreichischen Synodalen Vorgangs 1973/74 Erwähnung.[51] Heimerl/Pree verweisen darauf, dass „die Beauftragung zum speziellen kirchlichen Dienst" bei Laien weithin „nur durch ein Dekret ausgesprochen [wird], in dem der betreffende Dienst (das Amt) übertragen wird". Dabei darf nicht übersehen werden, dass durch die Annahme dieses Dekrets „(konkludent) auch ein Vertragsverhältnis (Dienstvertrag, ggf Werkvertrag) iS des staatlichen Rechts zustande" kommt.[52] Mit Blick auf die Sozialversicherung besteht „Meldepflicht bei der Krankenkasse".[53]

Religionslehrer*innen[54] und Professor*innen der Theologie[55] kommt dienst- und arbeitsrechtlich ein besonderer Status zu. Für letztere sind generell die cc 815–

---

[50] Vgl *Lederhilger*, Die Mitarbeiterinnen und Mitarbeiter des Pfarrers, in HdbKathKR[3], 2015, 730–733.

[51] Vgl *Österreichischer Synodaler Vorgang*, Beschluss I „Träger kirchlicher Dienste", Nr 3.3.2 und 3.3.3, in *Sekretariat des Österreichischen Synodalen Vorganges* (Hrsg), Österreichischer Synodaler Vorgang. Dokumente, 1974, 21 f; zur Entstehungsgeschichte der pastoralen Dienste in Österreich s *Haunschmidt*, Das Arbeitsrechtsverhältnis der Laienmitarbeiter im Bereich der katholischen Kirche (= Dissertationen der Johannes Kepler-Universität Linz, Bd 82), 1989, 55–62.

[52] *Heimerl/Pree* unter Mitwirkung von *Primetshofer*, Handbuch des Vermögensrechts der katholischen Kirche unter besonderer Berücksichtigung der Rechtsverhältnisse in Bayern und Österreich, 1993, Rdnr 6/427, 759.

[53] *Heimerl/Pree* unter Mitwirkung von *Primetshofer*, Handbuch des Vermögensrechts der katholischen Kirche unter besonderer Berücksichtigung der Rechtsverhältnisse in Bayern und Österreich, 1993, Rdnr 6/427, 759.

[54] Vgl *Meckel*, Art Religionslehrerin und -lehrer – Katholisch, in LKRR, Bd 3 (2020), 883–885; *Rees*, Der Religionsunterricht, in HdbKathKR[3], 2015, 1018–1048, insb 1019–1026 und 1030 f; *Schinkele*, Zur Rechtsstellung kirchlich bestellter Religionslehrer unter besonderer Berücksichtigung der katholischen Kirche, in Runggaldier/Schinkele (Hrsg), Arbeitsrecht und Kirche. Zur arbeitsrechtlichen und sozialrechtlichen Stellung von Klerikern, Ordensangehörigen und kirchlichen Mitarbeitern in Österreich, 1996, 121–141; s auch *Österreichische Bischofskonferenz*, Rahmenordnung für Religionslehrer der österreichischen Diözesen (c 804 CIC) vom 26.–28.3.1996, geändert am 20.5.1998, in Amtsblatt der Österreichischen Bischofskonferenz, Nr 17 vom 12.5. 1996, Nr II. 2, 8–10; Korrektur, in Amtsblatt der Österreichischen Bischofskonferenz, Nr 23 vom 28.7.1998, Nr II. 5, 5; ferner unter https://www.uibk.ac.at/praktheol/kirchenrecht/ru-recht/ gesetze/kirche/rahmenordnung.html, 27.2.2021; *Potz*, Zur Verfahrensordnung des Entzugs der Missio canonica in der österreichischen Rahmenordnung für Religionslehrer, in Geringer/ Schmitz (Hrsg), Communio in Ecclesiae Mysterio. Festschrift für Winfried Aymans zum 65. Geburtstag, 2001, 405–415; *Mückl*, „Wie aber soll jemand verkünden, wenn er nicht gesandt ist?". Die Missio canonica für Religionslehrer, in Ohly/Haering/Müller (Hrsg), Rechtskultur und Rechtspflege in der Kirche. Festschrift für Wilhelm Rees zur Vollendung des 65. Lebensjahres (= KST, Bd 71), 2020, 481–493.

[55] Vgl *Rhode*, Die Hochschulen, in HdbKathKR[3], 2015, 1049–1085, insb 1062 f und 1077–1080; *Rees*, Katholisch-Theologische Fakultäten und Studium der Katholischen Theologie in der Bundesrepublik Deutschland und der Republik Österreich, in Egler/Rees (Hrsg), Dienst an Glaube und Recht. Festschrift für Georg May zum 80. Geburtstag (= KST, Bd 52), 2006, 723–789, insb 742–745, hier 747–751; *Löffler*, Missio Canonica und Nihil Obstat: Wege des Rechtsschutzes im Konfliktfall, in Breitsching/Rees (Hrsg), Tradition – Wegweisung in die Zukunft. Festschrift für Johannes Mühlsteiger SJ zum 75. Geburtstag (= KST, Bd 46), 2001, 429–462; *Grabenwarter*, Zur

821 CIC/1983 (vgl cc 646–650 CCEO), die Apostolische Konstitution „Veritatis gaudium" aus dem Jahr 2017 und die im selben Jahr seitens der Kongregation für das Katholische Bildungswesen erlassenen Ordinationes dazu in Verbindung mit dem sog Akkommodationsdekret, das die Kongregation für das Katholische Bildungswesen zur Anpassung der gesamtkirchlichen Rechtsnormen an die besondere Situation der Katholisch-Theologischen Fakultäten an staatlichen Universitäten in Österreich erlassen hat, verbindlich.[56] Hinzu kommen teilkirchliche Regelungen für die Erteilung bzw den Entzug des Nihil obstat bzw der Missio canonica bei Religionslehrer*innen.

Der CIC/1983 enthält kein eigenes Disziplinarrecht, wie dies im weltlichen Bereich für einige Berufsgruppen der Fall ist.[57] Vielmehr finden sich in Buch VI des CIC/1983 sowohl allgemeine Straf- als auch spezifische Disziplinarmaßnahmen,[58] dies nicht zuletzt mit Blick auf den sexuellen Missbrauch.

II. Bestimmungen der römisch-katholischen Kirche zur Ahndung von sexuellem Missbrauch und sexualisierter Gewalt

1. Strafrechtliche Bestimmungen des CIC/1983

Wie das weltliche Recht kennt auch das Recht der katholischen Kirche die Straftat des sexuellen Missbrauchs. Der kirchliche Gesetzgeber von 1983 verpflichtet Kleriker, in ihrer Lebensführung in besonderer Weise „nach Heiligkeit" zu streben (vgl c 276 § 1 CIC/1983; vgl auch c 521 §§ 1–3 CIC/1983; s auch c 368 CCEO und c 285 §§ 1–3 CCEO). Zudem sind sie gehalten, „vollkommene und immerwährende

---

Frage der Erteilung der bischöflichen Zustimmung zur „Ernennung oder Zulassung der Professoren oder Dozenten", in Ohly/Haering/Müller (Hrsg), Rechtskultur und Rechtspflege in der Kirche. Festschrift für Wilhelm Rees zur Vollendung des 65. Lebensjahres (= KST, Bd 71), 2020, 415–426.

[56] Vgl *Franziskus*, Constitutio Apostolica „Veritatis Gaudium" de universitatibus et facultatibus ecclesiasticis vom 8.12.2017 und *Congregatio de Institutione Catholica*, Ordinationes ad Constitutionem Apostolicam "Veritatis Gaudium" fideliter exequendam vom 17.12.2017; dt unter Veritatis gaudium, De universitatibus et facultatibus ecclesiasticis (8 Decembris 2017)|Francis (vatican.va), 27.2.2021; dt VApSt 211/2018.

[57] S dazu *Rees*, Grundfragen des kirchlichen Strafrechts, in HdbKathKR³, 2015, 1569–1590, hier 1579 f; s auch *Althaus*, „Das kann man ihm doch (nicht) durchgehen lassen. Aspekte eines Disziplinarrechts für Kleriker, in Ohly/Haering/Müller (Hrsg), Rechtskultur und Rechtspflege in der Kirche. Festschrift für Wilhelm Rees zur Vollendung des 65. Lebensjahres (= KST, Bd 71), 2020, 519–536; *Schwendenwein*, Probleme um die disziplinäre Verantwortung im kirchlichen Dienst. Zur Frage der Unterscheidung von Straf- und Disziplinarstrafrecht, in Egler/Rees (Hrsg), Dienst an Glaube und Recht. Festschrift für Georg May zum 80. Geburtstag (= KST, Bd 52), 2006, 611–634; *Paarhammer*, Das spezielle Strafrecht des CIC, in Lüdicke/Paarhammer/Binder (Hrsg), Recht im Dienste des Menschen. Eine Festgabe. Hugo Schwendenwein zum 60. Geburtstag, 1986, 403–466, hier 408 f.

[58] Vgl *Rees*, Einzelne Straftaten, in HdbKathKR³, 2015, 1615–1643; s auch *Rees*, Art Klerikerstrafen – Katholisch, in LKRR, Bd 2 (2019), 948 f.

Enthaltsamkeit um des Himmelreiches willen zu wahren" (c 277 § 1 CIC/1983; vgl c 373 CCEO), dh zölibatär zu leben, und sich „mit der gebotenen Klugheit gegenüber Personen zu verhalten, mit denen umzugehen die Pflicht zur Bewahrung der Enthaltsamkeit in Gefahr bringen oder bei den Gläubigen Anstoß erregen könnte" (c 277 § 2 CIC/1983; keine Parallele im CCEO). Mitglieder von Ordensinstituten entscheiden sich für ein Leben in Keuschheit.[59] Von Mitarbeiter*innen, Religionslehrer*innen und Theologieprofessor*innen erwartet die römisch-katholische Kirche, dass sie im Glauben und in ihrer Lebensführung mit den Grundsätzen der Kirche übereinstimmen. Generell sind alle Gläubigen verpflichtet, „ein heiliges Leben zu führen sowie das Wachstum der Kirche und ihre ständige Heiligung zu fördern" (c 210 CIC/1983; vgl c 13 CCEO).

Sexuellen Missbrauch haben bereits sowohl alt- als auch neutestamentliche Schriften (vgl Dt 5,18; Mt 18,6–7; 1 Kor 6,9–10; Eph 5,5–7) und die Kirchenväter (Justin, Polykarp) verurteilt. Näherhin war es gem den Vorgaben der Synode von Elvira (306) verboten, „Personen, die Jungen vergewaltigen", die Eucharistie „selbst unter Todesgefahr" zu reichen (Canon 71). Bischöfe, Priester oder Diakone durften bei sexuellen Sittenwidrigkeiten „die Kommunion bis zu ihrem Ende nicht empfangen, wegen des Skandalums und des enormen Anstoßes" (Canon 18). „Jene, die sich im Verlaufe ihrer Adoleszenz sexuell versündigt haben", durften nicht zu Subdiakonen geweiht werden; sofern sie bereits geweiht waren, mussten sie „entlassen" werden (Canon 30).[60] Wie im Codex Iuris Canonici von 1917 (CIC/1917) (vgl cc 2358; 2359; 2368 und 2388 CIC/1917)[61] werden auch im CIC/1983 mit Blick auf Kleriker die Verführung eines/einer Pönitent*in durch den Beichtvater zu einer Sünde gegen das sechste Gebot (Sollizitation) (vgl c 1387 CIC/

---

[59] Vgl *Rhode*, Die Religiosenverbände, in HdbKathKR[3], 2015, 846–878, hier 867. Die folgenden Ausführungen basieren weithin auf *Rees*, Was ist und was sein soll. Zur Ahndung sexuellen Missbrauchs minderjähriger Personen im Recht der römisch-katholischen Kirche, in ThQ 199/2019, 183–207.

[60] Zit n *Scicluna*, Ein Überblick über die Entwicklung des kanonischen Rechts im Bereich des sexuellen Missbrauchs durch Kleriker, in Hallermann/Meckel/Pfannkuche/Pulte (Hrsg), Der Strafanspruch der Kirche in Fällen von sexuellem Missbrauch (= WTh, Bd 9), 2012, 325–335, hier 328 f; weitere Dokumente s ibid; s auch *Rees*, Zur Novellierung des kirchlichen Strafrechts im Blick auf sexuellen Missbrauch einer minderjährigen Person durch Kleriker und andere schwerwiegendere Straftaten gegen die Sitten. Gesamtkirchliches Recht und Maßnahmen einzelner Bischofskonferenzen, in AfkKR 180/2011, 466–513, hier 467 f; zur Entwicklung des kirchlichen Strafrechts s *Rees*, Die Strafgewalt der Kirche. Das geltende kirchliche Strafrecht – dargestellt auf der Grundlage seiner Entwicklungsgeschichte (= KST, Bd 41), 1993, 116–171; *Rees*, Evolution im Strafrecht der römisch-katholischen Kirche mit besonderem Blick auf die delicta graviora und die von Papst Benedikt XVI. in die Wege geleitete Strafrechtsreform, in Schulte (Hrsg), Politik, Religion und Recht (= Wissenschaftliche Abhandlungen und Reden zur Philosophie, Politik und Geistesgeschichte, Bd 88), 2017, 165–209, insb 166–189.

[61] S *Rees*, Die Strafgewalt der Kirche. Das geltende kirchliche Strafrecht – dargestellt auf der Grundlage seiner Entwicklungsgeschichte (= KST, Bd 41), 1993, 268 f und 262 f.

1983; c 1458 CCEO),[62] Sexualdelikte im Allgemeinen (vgl c 1395 § 1 CIC/1983; c 1453 § 1 CCEO) und vor allem qualifizierte Sittlichkeitsvergehen von Klerikern mit Strafe bedroht.[63] So soll ein Kleriker, wenn „er die Straftat mit Gewalt, durch Drohungen, öffentlich oder an einem Minderjährigen unter sechzehn Jahren begangen hat, mit gerechten Strafen belegt werden (iustis poenis puniatur), gegebenenfalls die Entlassung aus dem Klerikerstand nicht ausgenommen" (c 1395 § 2 CIC/1983; keine Parallele im CCEO).[64] Die Bestrafung ist verpflichtend, aber unbestimmt. Wenngleich das Sakrament der Weihe ein unauslöschliches Prägemal (character indelebilis; vgl c 1008 CIC/1983) vermittelt, sodass die einmal gültig empfangene Weihe nicht verloren gehen bzw rückgängig gemacht und die damit verbundene Weihevollmacht nicht aufgehoben werden kann, sind dennoch ein Ausscheiden aus dem Klerikerstand (amissio status clericalis) und damit der „Verlust der besonderen Rechtsstellung als geistlicher Amtsträger (‚Kleriker') in der Kirche" möglich.[65] Weithin wird von Laisierung oder auch von einer Rückversetzung in den Laienstand (reductio in statum laicalem) gesprochen.[66] Die Entlassung aus dem Klerikerstand (vgl c 1336 § 1, 5° CIC/1983; c 1433 § 2 CCEO) ist die schwerste Kirchenstrafe gegen einen Kleriker und eine Strafe für immer.[67] Sie ist eine Sühnestrafe, „sodass der Vergeltungsgesichtspunkt im Vordergrund steht

---

[62] Die Sünde gegen das sechste Gebot ist hier traditionell sehr weit verstanden. Sie meint nicht nur den Ehebruch. Zu den Verstößen gegen die Keuschheit s Nrn 2351–2359 KKK.

[63] Vgl zum Folgenden ausführlich *Rees*, Koordiniertes Vorgehen gegen sexuellen Missbrauch – Die Normen der Kongregation für die Glaubenslehre über die delicta graviora vom 21.5.2010, in Hallermann/Meckel/Pfannkuche/Pulte (Hrsg), Der Strafanspruch der Kirche in Fällen von sexuellem Missbrauch (= WTh, Bd 9), 2012, 67–135; *Rees*, Zur Novellierung des kirchlichen Strafrechts im Blick auf sexuellen Missbrauch einer minderjährigen Person durch Kleriker und andere schwerwiegendere Straftaten gegen die Sitten. Gesamtkirchliches Recht und Maßnahmen einzelner Bischofskonferenzen, in AfkKR 180/2011, 466–513; *Rees*, Sexueller Missbrauch von Minderjährigen durch Kleriker. Anmerkungen aus kirchenrechtlicher Sicht, in AfkKR 172/2003, 392–426.

[64] *Rees*, Die Strafgewalt der Kirche. Das geltende kirchliche Strafrecht – dargestellt auf der Grundlage seiner Entwicklungsgeschichte (= KST, Bd 41), 1993, 475–477; zu den Neuregelungen s unten, IV.

[65] Vgl *Rieger*, Das Ausscheiden aus dem klerikalen Stand, in HdbKathKR³, 2015, 410–429, hier 410; s auch *Pree*, Priester ohne Amt. Probleme um die amissio status clericalis und ihre kirchenrechtlichen Rechtsfolgen, in Paarhammer/Rinnerthaler (Hrsg), Scientia Canonum. Festgabe für Franz Pototschnig zum 65. Geburtstag, 1991, 233–273; *Pree*, Priester ohne Amt, in ThPQ 141/1993, 54–64.

[66] Trotz Rückversetzung in den Laienstand ist die uneingeschränkte Wahrnehmung der Rechte der Laien nicht möglich. So macht *Schwendenwein*, Art Laisierung, in LKStKR, Bd 2 (2002), 679–681, hier 680, darauf aufmerksam, dass laisierten Priestern eine Lehrtätigkeit in Seminaren und Theologischen Fakultäten „untersagt" ist. Vgl auch *Gruber*, Art Laisierung – Katholisch, in LKRR, Bd 3 (2020), 20–23.

[67] Vgl im Einzelnen *Rees*, Straftat und Strafe, in HdbKathKR³, 2015, 1591–1614, insb 1602; s auch *Landau*, Amtsenthebung bei Pfarrern im geltenden lateinischen Kirchenrecht, in Grabenwarter/Lüdecke (Hrsg), Standpunkte im Kirchen- und Staatskirchenrecht. Ergebnisse eines interdisziplinären Seminars (= FzK, Bd 33), 2002, 117–153.

und der Strafnachlass nicht von der Besserung des Bestraften abhängig ist".[68] René Pahud de Mortanges versteht Sühnestrafen als „disziplinarische Maßnahmen zur Sicherstellung des kirchlichen Auftrages".[69] Damit rücken die kirchliche Gemeinschaft und ihre Integrität sowie die Unbescholtenheit des kirchlichen Dienstes in den Vordergrund. Die rechtswirksame Strafe der Entlassung „bewirkt in jedem Fall die Exkardination aus dem jeweiligen geistlichen Heimatverband".[70] Somit gehen alle Rechte, die mit der Inkardination verbunden sind, wie ua das Recht auf Unterhalt und soziale Sicherheit, verloren; zudem besteht keine Verpflichtung zur Einhaltung der damit verbundenen Pflichten seitens des zuständigen Ordinarius bzw Oberen (vgl c 292 CIC/1983; c 395 CCEO).[71] Bei der Bestrafung eines Klerikers ist mit Ausnahme der Entlassung aus dem Klerikerstand immer darauf zu achten, dass dieser „nicht das entbehrt, was zu seinem angemessenen Unterhalt notwendig ist" (c 1350 § 1 CIC/1983; vgl c 1410 CCEO). Doch soll der Ordinarius bei einem aus dem Klerikerstand Entlassenen, „der wegen der Strafe wirklich in Not geraten ist", auf „möglichst gute Weise Vorsorge treffen" (c 1350 § 2 CIC/1983; vgl c 1410 CCEO).[72] Der Verlust des klerikalen Standes bringt

---

[68] *Pree*, Priester ohne Amt. Probleme um die amissio status clericalis und ihre kirchenrechtlichen Rechtsfolgen, in Paarhammer/Rinnerthaler (Hrsg), Scientia Canonum. Festgabe für Franz Pototschnig zum 65. Geburtstag, 1991, insb 238–240, hier 238; s auch *Rees*, Die Strafgewalt der Kirche. Das geltende kirchliche Strafrecht – dargestellt auf der Grundlage seiner Entwicklungsgeschichte (= KST, Bd 41), 1993, 395 f; *Torfs*, Die Entlassung aus dem Klerikerstand im Strafrecht, in Weiß/Ihli (Hrsg), Flexibilitas Iuris Canonici. Festschrift für Richard Puza zum 60. Geburtstag (= AIC, Bd 28), 2003, 477–497.

[69] *Pahud de Mortanges*, Zwischen Vergebung und Vergeltung. Eine Analyse des kirchlichen Straf- und Disziplinarrechts (= Rechtsvergleichende Untersuchungen zur gesamten Strafrechtswissenschaft, 3. Folge, Bd 23), 1992, 96; s auch *Hörting*, „... doch ganz ungestraft kann ich dich nicht lassen" (Jer 30,11). Über die Frage nach der Bedeutung von Strafrecht und Strafe in der Lateinischen Kirche, in Ohly/Haering/Müller (Hrsg), Rechtskultur und Rechtspflege in der Kirche. Festschrift für Wilhelm Rees zur Vollendung des 65. Lebensjahres (= KST, Bd 71), 2020, 571–590.

[70] *Rieger*, Das Ausscheiden aus dem klerikalen Stand, in HdbKathKR³, 2015, 410. Wie *Aymans/Mörsdorf*, KanR II, 1997, 170, betonen, steht „für Angehörige eines kanonischen Lebensverbandes [...] in der Regel die Ausgliederung aus dem Klerikerstand in Zusammenhang mit dem Ausscheiden aus dem Lebensverband". S auch *Aymans/Mörsdorf*, KanR II, 1997, 718 f und 731–734.

[71] Nach c 292 CIC/1983 (vgl c 395 iVm c 725 CCEO) ist es einem Kleriker, der nach Maßgabe des Rechts den klerikalen Stand verliert, „verboten, die Weihegewalt auszuüben, unbeschadet der Vorschrift des can 976", dh der Erteilung der Absolution in Todesgefahr. Vgl *Rieger*, Das Ausscheiden aus dem klerikalen Stand, in HdbKathKR³, 2015, 421–426. Gem c 293 CIC/1983 (vgl c 398 CCEO) kann ein Kleriker, der den klerikalen Stand verloren hat, „nur durch Reskript des Apostolischen Stuhles von neuem unter die Kleriker aufgenommen werden".

[72] Vgl auch *Sacra Congregatio pro Doctrina Fidei*, Normae ad apparandas in Curiis dioecesanis et religiosis causas reductionis ad statum laicalem cum dispensatione ab obligationibus cum sacra Ordinatione conexis vom 13.1.1971, Nr VI, 5, in AAS 63/1971, 303–308, hier 308; ferner unter Normae ad apparandas in Curiis dioecesanis et religiosis causas reductionis ad statum laicalem cum dispensatione ab obligationibus cum sacra Ordinatione conexis, d. 13 m. Ianuarii a. 1971, Congregatio pro Doctrina Fide (vatican.va), 27.2.2021; abgedr in AfkKR 140/1971, 151–156, hier 156; lat/dt NKD 38, 1973, 74–91, hier 91.

– außer im Fall der Feststellung der Nichtigkeit der Weihe (vgl c 290, 1° CIC/ 1983; c 394, 1° CCEO) – „nicht die Dispens von der Zölibatsverpflichtung mit sich", die „einzig und allein vom Papst gewährt" werden kann (c 291 CIC/1983; vgl c 396 CCEO).[73]

Ein Ordenskleriker muss im Fall der Begehung der in c 1395 CIC/1983 angeführten Straftaten entlassen werden, „außer der Obere ist bei den in can 1395, § 2 genannten Straftaten der Ansicht, dass eine Entlassung nicht unbedingt nötig ist und dass für die Besserung des Mitglieds, für die Wiederherstellung der Gerechtigkeit und für die Wiedergutmachung des Ärgernisses anderweitig hinreichend gesorgt werden kann" (c 695 § 1 CIC/1983; keine Parallele im CCEO).[74] Can 695 § 1 CIC/1983 gilt iVm c 729 CIC/1983 bzw c 746 CIC/1983 (vgl auch c 568 § 2 CCEO) auch für Mitglieder von Säkularinstituten und Gesellschaften des apostolischen Lebens. Der gewährte Freiraum kann zumindest Bedenken hervorrufen.

Von den Strafbestimmungen des kirchlichen Gesetzbuchs von 1983 zum sexuellen Missbrauch werden nur Kleriker (vgl c 266 §§ 1–3 CIC/1983; cc 358; 428 und 565 CCEO), dh Welt- und Ordenskleriker einschließlich der Diakone, erfasst, nicht jedoch, wie die Bestimmungen des CIC/1917 dies taten, auch Laien (vgl c 2357 §§ 1 und 2 CIC/1917). Im Fall von Laien im kirchlichen Dienst ist gemäß der Rechtslage des CIC/1983 eine Ahndung sexuellen Missbrauchs nur über das Dienst- und Arbeitsrecht möglich, wobei eine Kündigung nicht ausgeschlossen ist bzw sogar erfolgen muss. Ehrenamtlich tätige Personen in der Kirche – so insb auch im Bereich der Jugendarbeit Tätige – und damit „normale" Christgläubige werden vom kirchlichen Strafrecht des CIC/1983 nicht erfasst. Sie können allein von dieser Tätigkeit ausgeschlossen werden.

Minderjährige Opfer sexuellen Missbrauchs werden seitens des kirchlichen Gesetzgebers durch die Androhung einer Strafe für mutmaßliche Täter*innen ge-

---

[73] S dazu *Gruber*, Art Laisierung – Katholisch, in LKRR, Bd 3 (2020), 20–23, maN; *Rieger*, Das Ausscheiden aus dem klerikalen Stand, in HdbKathKR³, 2015, 421 f.

[74] Vgl *Rhode*, Die Religiosenverbände, in HdbKathKR³, 2015, 876; *Primetshofer*, Ordensrecht auf der Grundlage des CIC 1983 und des CCEO unter Berücksichtigung des staatlichen Rechts der Bundesrepublik Deutschland, Österreichs und der Schweiz, ⁴2003, 285–287; *Rieger*, Aufarbeitung von Strafrechtsdelikten in Instituta Religiosa. Verantwortung und Zuständigkeit der Ordensoberen, in Pulte (Hrsg), Tendenzen der kirchlichen Strafrechtsentwicklung (= KStKR 25), 2017, 111–131, hier 121–124; *Berkmann*, Straf- und disziplinarrechtliche Befugnisse des Diözesanbischofs über Ordensleute, in Pulte/Rieger (Hrsg), Ecclesiae et scientiae fideliter interserviens. Festschrift für Rudolf Henseler CSsR zur Vollendung des 70. Lebensjahres (= Mainzer Beiträge zu Kirchen- und Religionsrecht 7), 2019, 419–435, hier 432–435; *Haering*, Art Disziplinarmaßnahmen, in Meier/Kandler-Mayr/Kandler (Hrsg), 100 Begriffe aus dem Ordensrecht, 2015, 142–147; *Schöch*, Fragen zur Anwendung der Entlassung durch Dekret gem c 695 CIC/1983 auf bereits verjährte Straftaten und auf nichtgeweihte Mitglieder, in Ohly/Haering/Müller (Hrsg), Rechtskultur und Rechtspflege in der Kirche. Festschrift für Wilhelm Rees zur Vollendung des 65. Lebensjahres (= KST, Bd 71), 2020, 391–411.

schützt. Es geht um „den Schutz der physischen und psychischen Integrität eines im sexuellen Handeln noch nicht einwilligungsfähigen Opfers".[75] Dieser Schutz endet gem den Bestimmungen des kirchlichen Gesetzbuchs von 1983 für Mann und Frau mit der Vollendung des 16. Lebensjahres (vgl c 1395 § 2 CIC/1983; keine Parallele im CCEO).[76] In Analogie zu den Bestimmungen des CIC/1917 setzte der kirchliche Gesetzgeber die Verjährungsfrist für sexuellen Missbrauch von minderjährigen Personen durch Kleriker auf fünf Jahre fest (c 1362 § 1, 2° CIC/1983; vgl c 1152 § 2, 2° CCEO).[77] Sowohl die Androhung einer Strafmaßnahme im Fall sexuellen Missbrauchs von minderjährigen Personen durch Kleriker als auch die Bestrafung selbst sind im Sinne von Prävention zu sehen.[78] In allen Fällen ist auf den Schutz persönlicher Rechte und auf den Schutz des guten Rufs (vgl c 220 CIC/1983; c 23 CCEO) zu achten.[79]

2. Die Neuordnung der delicta graviora im Jahr 2010

Die vom Heiligen Offizium im Jahr 1922 erlassene (nicht veröffentlicht) und am 16.3.1962 verlautbarte Instruktion „Crimen sollicitationis"[80] über die Vorgehens-

---

[75] *Lüdicke*, Kommentar, in MK CIC, c 1395, Rdnr 4b (Stand November 2012).

[76] Zur Heraufsetzung des Alters s unten, II. 2.

[77] Vgl im Einzelnen *Rees*, Straftat und Strafe, in HdbKathKR³, 2015, 1614; *Potz*, Zur Frage der Verjährung der schwereren Delikte gegen die Sittlichkeit, im Besonderen des sexuellen Missbrauchs von Minderjährigen, im geltenden katholischen Kirchenrecht, in Rees (Hrsg), Recht in Kirche und Staat. Joseph Listl zum 75. Geburtstag (= KST, Bd 48), 2004, 271–282, hier 273 f und 278 f. Zu den Änderungen s unten, II.2.

[78] Zu den Strafzwecken s *Rees*, Die Strafgewalt der Kirche. Das geltende kirchliche Strafrecht – dargestellt auf der Grundlage seiner Entwicklungsgeschichte (= KST, Bd 41), 1993, 65–68 und 368–370; s auch *Rees*, Grundfragen des kirchlichen Strafrechts, in HdbKathKR³, 2015, 1583; *Rees*, Strafe und Strafzwecke – Theorien, geltendes Recht und Reformen, in Pulte (Hrsg), Tendenzen der kirchlichen Strafrechtsentwicklung (= KStKR 25), 2017, 23–60.

[79] Vgl *Rees*, Rechtsschutz im kirchlichen Strafrecht und in kirchlichen Strafverfahren, in Müller (Hrsg), Rechtsschutz in der Kirche (= KRB, Bd 15), 2011, 75–105, hier 78 f; *Rees*, Faire Verfahren in der Kirche. Rechtsschutz in der römisch-katholischen Kirche, besonders in kirchlichen Strafverfahren, in Heizer/Hurka (Hrsg), Mitbestimmung und Menschenrechte. Plädoyer für eine demokratische Kirchenverfassung (= topos taschenbücher, Bd 763), 2011, 255–295, hier 259.

[80] Vgl *Suprema Sacra Congregatio Sancti Officii*, Ad omnes Patriarchas, Archiepiscopos, Episcopos aliosque locorum Ordinarios „etiam Ritus Orientalis", Instructio de modo procedendi in causis sollicitationis, Typ Pol Vat 1962; lat Text unter crimenlatinfull.PDF (cbsnews.com), 27.2.2021; engl unter Instruction on the Manner of Proceeding in Causes involving the Crime of Solicitation (vatican.va), 27.2.2021. Die Instruktion des Heiligen Offiziums vom 8./9.6.1922 war weithin inhaltsgleich, wurde jedoch nur betroffenen Ordinarien übersandt. Vgl *Beal*, The 1962 Instruction Crimen sollicitationis: Caught redhanded or handed a red herring?, in Studia Canonica 41/2007, 199–236; ferner unter Beal-article-studia-canonica41-2007-pp.199-236.pdf (vatican.va), 27.2.2021; s auch Interview zu Crimen sollicitationis mit Charles Scicluna (vatican.va), 27.2.2021; Interview von Gianni Cardinali mit Msgr. Charles Scicluna 13.3.2010, Interview von Gianni Cardinali mit Msgr. Charles Scicluna (vatican.va), 27.2.2021; *Rees*, Koordiniertes Vorgehen gegen sexuellen Missbrauch – Die Normen der Kongregation für die Glaubenslehre über die delicta graviora vom 21.5.2010, in Hallermann/Meckel/Pfannkuche/Pulte (Hrsg), Der Strafanspruch der Kirche in Fällen von sexuellem Missbrauch (= WTh, Bd 9), 2012, 76 f; Schriftliche Anfrage von Maurizio Turco (NI), Marco Pannella (NI), Marco Cappato (NI) und Gianfranco

weise in Fällen einer Aufforderung zur Sünde (vor allem der Unkeuschheit) im Rahmen der Beichte durch den Beichtvater und weiteren Fällen sexuellen Missbrauchs enthält spezielle verfahrensrechtliche Normen zur Ahndung der Straftat der Verführung einer beichtenden Person durch den Beichtvater, die auch in anderen Fällen sehr schwerwiegender Vergehen sexueller Art, wie homosexuelle Handlungen, Sex mit Tieren/Zoofilie bzw des sexuellen Missbrauchs Minderjähriger (vgl Kap V, Nr 73) zu befolgen waren. Mit den Normen der Kongregation für die Glaubenslehre vom 21.5.2010 (Normae2010) haben die sog delicta graviora (schwerwiegendere Straftaten) sowohl eine Neuordnung als auch eine hinlängliche Öffentlichkeit und Transparenz erfahren.[81] Es handelt sich nämlich um eine überarbeitete und promulgierte Fassung jener Normen, die Papst Johannes Paul II. mit dem Motu Proprio „Sacramentorum sanctitatis tutela" vom 30.4.2001[82] „für promulgiert erklärt",[83] aber nicht amtlich veröffentlicht hatte. Vielmehr

---

Dell'Alba (NI) an den Rat, Betrifft: Instruktion „Crimen Sollicitationis" der Heiligen Kongregation des Heiligen Offiziums des Heiligen Stuhls, zur Deckung der von Priestern begangenen Sexualdelikte vom 28.8.2003, Schriftliche Anfrage – Instruktion Crimen Sollicitationis der Heiligen Kongregation des Heiligen Offiziums des Heiligen Stuhls, zur Deckung der von Priestern begangenen Sexualdelikte – E-2612/2003 (europa.eu), 27.2.2021; für Ordensleute s *Suprema Sacra Congregatio Sancti Officii*, De modo procedendi contra religiosos reos criminis pessimi vom 1.8.1962; abgedr in Ochoa, Leges III, Nr 3072, Sp 4302.

[81] Vgl *Congregatio pro Doctrina Fidei*, Normae de gravioribus delictis vom 21.5.2010, in AAS 102/2010, 419–430; dt unter http://www.vatican.va/resources/resources_norme_ge.html, 27.2.2021; s auch *Rieger*, De gravioribus delictis Congregationi pro Doctrina Fidei reservatis. Anmerkungen aus der Praxis zu den schwerwiegenderen Straftaten bei der Feier der Sakramente und gegen die Sitten, deren Behandlung der Glaubenskongregation vorbehalten ist, in öarr 59/2012, 327–345; *Rees*, Koordiniertes Vorgehen gegen sexuellen Missbrauch – Die Normen der Kongregation für die Glaubenslehre über die delicta graviora vom 21.5.2010, in Hallermann/Meckel/Pfannkuche/Pulte (Hrsg), Der Strafanspruch der Kirche in Fällen von sexuellem Missbrauch (= WTh, Bd 9), 2012, 99–132; *Rees*, Evolution im Strafrecht der römisch-katholischen Kirche mit besonderem Blick auf die delicta graviora und die von Papst Benedikt XVI. in die Wege geleitete Strafrechtsreform, in Schulte (Hrsg), Politik, Religion und Recht (= Wissenschaftliche Abhandlungen und Reden zur Philosophie, Politik und Geistesgeschichte, Bd 88), 2017, 197–206; *Rees*, Grundfragen des kirchlichen Strafrechts, in HdbKathKR³, 2015, 1584–1588; *Rees*, Einzelne Straftaten, in HdbKathKR³, 2015, 1639–1642.

[82] Vgl *Johannes Paul II.*, „Sacramentorum sanctitatis tutela" Motu Proprio datae, quibus Normae de gravioribus delictis Congregationi pro Doctrina Fidei reservatis promulgantur vom 30.4.2001, in AAS 93/2001, 737–739; lat/dt in AfkKR 170/2001, 144–147; dt unter http://w2.vatican.va/content/john-paul-ii/de/motu_proprio/documents/hf_jp-ii_motu-proprio_20020110_sacramentorum-sanctitatis-tute-la.html, 27.2.2021; dazu *Lombardi*, The significance of the publication of the new "Norms concerning the most serious crimes", http://www.vatican.va/resources/resources_lombardi-nota-norme_en.html, 27.2.2021; *Scicluna*, The Procedure and Praxis of the Congregation for the Doctrine of the Faith regarding Graviora Delicta, http://www.vatican.va/resources/resources_mons-scicluna-graviora-delicta_en.html, 27.2.2021.

[83] Vgl hierzu *Lüdicke*, Kirchliches Strafrecht und sexueller Missbrauch Minderjähriger. Eine Problemanzeige, in Haering/Hirnsperger/Katzinger/Rees (Hrsg), In mandatis meditari. Festschrift für Hans Paarhammer zum 65. Geburtstag (= KST, Bd 58), 2012, 619–638, hier 620.

konnten die Normen von 2001 (Normae2001)[84] nur aus dem genannten, in den Acta Apostolicae Sedis publizierten Motu Proprio und einem ebenso darin publizierten Brief der Kongregation für die Glaubenslehre an alle Bischöfe vom 18.5.2001[85] näher erschlossen werden. Dabei stellt das Schreiben fest, dass für die aufgelisteten Delikte „allein die Glaubenskongregation zuständig bleibt". Es „informierte die Bischöfe über das neue Gesetz und die neuen Vorgehensweisen, welche die Instruktion ‚Crimen Sollicitationis' ersetzten".[86] Alfred E. Hierold forderte bereits damals zu Recht die Promulgation der Normen, „um nicht den Hauch von Geheimniskrämerei und Vertuschung aufkommen zu lassen".[87] Auch war der Zeitpunkt des Inkrafttretens der Normae2001 umstritten (30.4. oder 5. 11.2001).[88] Festzustellen ist, dass die bisher geltenden Normen in der Praxis kaum Anwendung gefunden haben und auch deren Anwendung seitens der Römischen Kurie so gut wie nie eingefordert wurde. Die Kongregation für die Glaubenslehre entschuldigte dies mit „verschiedenen Strömungen" in der Zeit nach dem Zweiten Vatikanischen Konzil, „was die Zwecke des kirchlichen Strafrechtes und die Notwendigkeit einer dezentralisierten Herangehensweise an die Fälle

---

[84] Vgl *Johannes Paul II.*, Normae substantiales und Normae processuales des Apostolischen Schreibens Motu Propio „Sacramentorum Sanctitatis Tutela" vom 30.4.2001; abgedr in AfkKR 171/2002, 458–466.

[85] Vgl *Congregatio pro Doctrina Fidei*, Epistula ad totius Catholicae Ecclesiae Episcopos aliosque Ordinarios et Hierarchas quorum interest: de delictis gravioribus eidem Congregationi pro Doctrina Fidei reservatis, 18.5.2001, in AAS 93/2001, 785–788; ferner unter Epistula a Congregatione pro Doctrina Fidei missa ad totius Catholicae Ecclesiae Episcopos aliosque Ordinarios et Hierarchas interesse habentes: de delictis gravioribus eidem Congregationi pro Doctrina Fidei reservatis (vatican.va), 27.2.2021; lat/dt in AfkKR 170/2001, 147–152.

[86] *Congregatio pro Doctrina Fidei*, Le Norme del Motu Proprio Sacramentorum sanctitatis tutela (2001). Introduzione storica vom 15.7.2010, http://www.vatican.va/resources/resources_introd-storica_it.html, 27.2.2021; dt Übersetzung *Pytlik*, Kirchengeschichtliche Hinführung zu Sacramentorum sanctitatis tutela (16.7. 2010), kath.net, 27.2.2021.

[87] *Hierold*, Pädophilie und Ephebophilie: Rechtsschutz für Opfer und Beschuldigte, in Müller/Hierold/Demel/Gerosa/Krämer (Hrsg), „Strafrecht" in einer Kirche der Liebe. Notwendigkeit oder Widerspruch? (= KRB, Bd 9), 2006, 171–181, hier 179; ebenso *Schmitz*, Der Kongregation für die Glaubenslehre vorbehaltene Straftaten, in AfkKR 170/2001, 441–462, hier 442; *Schmitz*, Delicta graviora Congregationi de Doctrina Fidei reservata, in DPM 9/2002, 293–312, hier 306; *Rhode*, Zweierlei Recht?, in StdZ 228/2010, 505 f; zu den Normen s auch *De Paolis*, Normae de gravioribus delictis riservati alla Congregazione per la Dottrina della Fede, in PerRCan 91/2002, 273–312.

[88] Vgl *Platen*, Perspektiven für eine Reform des kirchlichen Strafrechts mit besonderem Blick auf den sexuellen Missbrauch Minderjähriger durch Geistliche, in Haering/Hirnsperger/Katzinger/Rees (Hrsg), In mandatis meditari. Festschrift für Hans Paarhammer zum 65. Geburtstag (= KST, Bd 58), 2012, 639–656, hier 641; *Rees*, Koordiniertes Vorgehen gegen sexuellen Missbrauch – Die Normen der Kongregation für die Glaubenslehre über die delicta graviora vom 21.5.2010, in Hallermann/Meckel/Pfannkuche/Pulte (Hrsg), Der Strafanspruch der Kirche in Fällen von sexuellem Missbrauch (= WTh, Bd 9), 2012, 71 f.

betraf, indem die Autorität und das Beurteilungsvermögen der Ortsbischöfe als aufgewertet betrachtet wurde".[89]

Die Normae2010, die sowohl für die römisch-katholische Kirche als auch für die katholischen Ostkirchen[90] gelten, legen unmissverständlich die Zuständigkeit der Kongregation für die Glaubenslehre für die Beurteilung und Ahndung schwerwiegenderer Straftaten gegen die Sitten fest (vgl Art 1 § 1 Normae2010; Art 1 § 1 Normae2001: delicta graviora tum contra mores tum in sacramentorum celebratione commissa), zu denen der sexuelle Missbrauch von minderjährigen Personen durch Kleriker zählt (vgl Art 6 § 1, 1° Normae2010; Art 4 §§ 1 und 2 Normae2001).[91] Weiterhin wird von einer „Straftat gegen das sechste Gebot" gesprochen.

Mit Blick auf eine Strafverfolgung erfolgte bereits in den Normae2001 im Unterschied zu den Bestimmungen des CIC/1983 (vgl c 1395 § 2 CIC/1983) eine Anhebung des Alters der Person, mit der ein Kleriker diese Straftat begeht, von 16 auf 18 Jahre (vgl Art 4 § 1 Normae2001; unverändert in Art 6 § 1, 1° Normae2010).[92] Ergänzend zu den Normae2001 wurde einer minderjährigen Person unter 18 Jahren „eine Person gleichgestellt, deren Vernunftgebrauch habituell eingeschränkt ist" (Art 6 § 1, 1° Normae2010),[93] und somit ein neuer Straftatbestand in die kirchliche Rechtsordnung eingeführt. Auch „der Erwerb, die Aufbewahrung und die Verbreitung pornographischer Bilder von Minderjährigen unter vierzehn Jahren in jedweder Form und mit jedwedem Mittel durch einen Kleriker in übler

---

[89] *Congregatio pro Doctrina Fidei*, Le Norme del Motu Proprio Sacramentorum sanctitatis tutela (2001). Introduzione storica vom 15.7.2010, http://www.vatican.va/resources/resources_in trod-storica_it.html, 27.2.2021; dt Übersetzung *Pytlik*, Kirchengeschichtliche Hinführung zu Sacramentorum sanctitatis tutela (16.7.2010), kath.net, 27.2.2021. Ibid heißt es ferner: „Gegenüber unangemessenen Verhaltensweisen wurde eine ‚pastorale Herangehensweise' bevorzugt [...]. Sehr oft überwog das ‚therapeutische Modell' in der Behandlung der Fälle ungebührenden Verhaltens der Kleriker. Man erwartete sich, daß der Bischof in der Lage wäre, mehr zu ‚heilen' als zu ‚strafen'."

[90] Vgl hierzu *Rees*, Delicta graviora im Recht der römisch-katholischen Kirche und der katholischen Ostkirchen, in Güthoff/Korta/Weiß (Hrsg), Clarissimo Professori Doctori Carolo Giraldo Fürst. In memoriam Carl Gerold Fürst (= AIC, Bd 50), 2013, 467–506.

[91] Weder der CIC/1917 noch der CIC/1983 hatte diese Straftat als schwerwiegendere eingestuft.

[92] Vgl dazu *Potz*, Zur Frage der Verjährung der schwereren Delikte gegen die Sittlichkeit, im Besonderen des sexuellen Missbrauchs von Minderjährigen, im geltenden katholischen Kirchenrecht, in Rees (Hrsg), Recht in Kirche und Staat. Joseph Listl zum 75. Geburtstag (= KST, Bd 48), 2004, 281 f; s auch *Platen*, Das kirchliche Strafrecht – eine (leider?) vernachlässigte Disziplin. Überlegungen zur kirchenrechtlichen Ahndung des sexuellen Missbrauchs Minderjähriger durch Geistliche, in KuR 330/2010, 192–208, hier 199–201.

[93] Näherhin *Althaus*, Normae de gravioribus delictis Congregationi pro Doctrina Fidei reservatis – Vorschriften über schwerer wiegende Straftaten, die der Glaubenskongregation vorbehalten sind, in Althaus/Lüdicke, Der kirchliche Strafprozess nach dem Codex Iuris Canonci und Nebengesetzen. Normen und Kommentar (= BzMK CIC 61), ²2015, Art 6, Rdnr 3.

Absicht" wurden neu aufgenommen (Art 6 § 1, 2° Normae2010).[94] In Übereinstimmung mit c 1395 § 2 CIC/1983 soll ein Kleriker, der die genannten schwerwiegenderen Straftaten gegen die Sitten begangen hat, „je nach Schwere des Verbrechens bestraft werden, die Entlassung oder Absetzung nicht ausgeschlossen" (Art 6 § 2 Normae2010; vgl Art 4 § 2 Normae2001). Die Verjährungsfrist wurde auf 20 Jahre erhöht – unbeschadet der Möglichkeit der Aufhebung der Frist durch die Kongregation für die Glaubenslehre (vgl Art 7 § 1 Normae2010). Abweichend von den Regelungen der kirchlichen Gesetzbücher (vgl c 1362 § 2 CIC/1983; c 1152 § 3 CCEO) beginnt die Verjährungsfrist „mit dem Tag zu laufen, an dem der Minderjährige das achtzehnte Lebensjahr vollendet hat" (Art 7 § 2 Normae 2010; vgl Art 5 § 2 Normae2001), sodass eine Strafverfolgung bis zum Vortag des 38. Geburtstags gegeben ist.[95] Mit den erfolgten Neuregelungen kamen erstmals die Opfer sexualisierter Gewalt stärker in den Blick der katholischen Kirche, die bislang seitens der Kirche und ihrer Verantwortlichen keine bzw nur eine geringe Aufmerksamkeit erhalten hatten.

„Wann immer der Ordinarius oder Hierarch eine mindestens wahrscheinliche Nachricht über eine schwerwiegendere Straftat erhält, muss er nach Durchführung einer Voruntersuchung die Kongregation für die Glaubenslehre darüber informieren" (Art 16 Normae2010; vgl Art 13 Normae2001).[96] Im Fall von Ordens-

---

[94] Hier erfolgte wohl eine Annäherung an weltliches Recht, das ua in der Republik Österreich entsprechende Strafnormen kennt. Vgl § 207a StGB; ferner auch Bundesgesetz vom 31.3.1950 über die Bekämpfung unzüchtiger Veröffentlichungen und den Schutz der Jugend gegen sittliche Gefährdung, BGBl 1950/97; ferner unter http://www.ris.bka.gv.at/Geltende Fassung.wxe?Ab frage=Bundesnormen&Gesetzesnummer=10005226, 27.2.2021; *Platen*, Die Würdigung von Handlungen im Zusammenhang von pornographischen Darstellungen von Minderjährigen im geltenden kirchlichen Strafrecht, in Ohly/Haering/Müller (Hrsg), Rechtskultur und Rechtspflege in der Kirche. Festschrift für Wilhelm Rees zur Vollendung des 65. Lebensjahres (= KST, Bd 71), 2020, 623–636.

[95] Vgl *Althaus*, Normae de gravioribus delictis Congregationi pro Doctrina Fidei reservatis – Vorschriften über schwerer wiegende Straftaten, die der Glaubenskongregation vorbehalten sind, in Althaus/Lüdicke, Der kirchliche Strafprozess nach dem Codex Iuris Canonci und Nebengesetzen. Normen und Kommentar (= BzMK CIC 61), ²2015, Art 7, Rdnr 4; ähnlich für Österreich §§ 57 f StGB. Sofern die Tat vor Inkrafttreten der Normae2001 begangen wurde, gilt auf Grund des Rückwirkungsverbots (vgl c 9 CIC/1983 und c 1494 CCEO) die kürzere Verjährungsfrist des kirchlichen Gesetzbuchs von 5 Jahren vom Zeitpunkt der Tat an (vgl c 1362 § 1, 2° und § 2 CIC/1983; c 1152 § 2, 2° CCEO). Vgl *Lüdicke*, Kirchliches Strafrecht und sexueller Missbrauch Minderjähriger. Eine Problemanzeige, in Haering/Hirnsperger/Katzinger/Rees (Hrsg), In mandatis meditari. Festschrift für Hans Paarhammer zum 65. Geburtstag (= KST, Bd 58), 2012, 619–638, hier 624 f. Entsprechendes gilt für Zeit der Anhebung der Frist von zehn auf 20 Jahre.

[96] Zu den verfahrensrechtlichen Normen ausführlich *Hallermann*, Zwischen Anzeige und Strafprozess – Die „vorprozessuale" Phase nach den Leitlinien der DBK, in Hallermann/Meckel/Pfannkuche/Pulte (Hrsg), Der Strafanspruch der Kirche in Fällen von sexuellem Missbrauch (= WTh, Bd 9), 2012, 137–184, hier 141–147; s auch *Althaus*, Vorverfahren, in Althaus/Lüdicke, Der kirchliche Strafprozess nach dem Codex Iuris Canonci und Nebengesetzen. Normen und Kommentar (= BzMK CIC 61), ²2015, cc 1717–1719; *Rees*, Koordiniertes Vorgehen gegen sexuellen

angehörigen (vgl c 695 § 1 CIC/1983; keine Parallele CCEO) hat der Höhere Obere die Voruntersuchung (vgl cc 1717–1719 CIC/1983; cc 1468–1470 CCEO) durchzuführen und die Unterlagen an den obersten Leiter des Instituts zu übersenden, der dann Meldung an die Kongregation für die Glaubenslehre erstattet.[97] Norbert Lüdecke bringt mit Blick auf die Voruntersuchung c 1389 § 2 CIC/1983 (vgl auch c 1464 § 2 CCEO) ins Spiel, der den fahrlässigen Amtsmissbrauch mit Strafe belegt, und bemerkt: „Ihn begeht zB ein Bischof, der jemandem Schaden zufügt, indem er erforderliche Amtshandlungen unterlässt."[98] Auf Grund der Neuregelung ist im Unterschied zu c 1718 CIC/1983 (vgl c 1469 CCEO) nach durchgeführter Voruntersuchung die Entscheidung über das weitere Vorgehen nicht mehr dem Diözesanbischof bzw Hierarchen überlassen. Vielmehr muss er die Kongregation für die Glaubenslehre informieren und deren Weisungen über das weitere Vorgehen abwarten.[99] Die Kongregation kann den Fall „aufgrund besonderer Umstände" an sich ziehen und entscheiden. Andernfalls „beauftragt sie den Ordinarius oder den Hierarchen, weiter vorzugehen" (Art 16 Normae 2010; ebenso Art 13 Normae2001). Wenngleich in der Regel die der Kongregation für die Glaubenslehre zur Beurteilung und Ahndung reservierten Straftaten in einem Strafprozess untersucht werden müssen (vgl Art 21 § 1 Normae2010; Art 17 Normae2001), kann die Kongregation weiterhin – wie bereits bisher auf Grund einer Sondervollmacht und abweichend von den Bestimmungen der kirchlichen Gesetzbücher – von der Einhaltung des Gerichtswegs dispensieren, sodass „in einzelnen Fällen von Amts wegen oder auf Antrag des Ordinarius oder Hierarchen" auf dem „Weg eines außergerichtlichen Dekrets" vorgegangen werden kann (vgl Art 21 § 2, 1° Normae2010). Bisher war die Verhängung von Strafen auf Dauer auf dem Verwal-

---

Missbrauch – Die Normen der Kongregation für die Glaubenslehre über die delicta graviora vom 21.5.2010, in Hallermann/Meckel/Pfannkuche/Pulte (Hrsg), Der Strafanspruch der Kirche in Fällen von sexuellem Missbrauch (= WTh, Bd 9), 2012, 108–132.

[97] Zu fragen bleibt, inwieweit die beschuldigte Person in die Voruntersuchung mit einbezogen wird. Vgl hierzu *Rees*, Koordiniertes Vorgehen gegen sexuellen Missbrauch – Die Normen der Kongregation für die Glaubenslehre über die delicta graviora vom 21.5.2010, in Hallermann/ Meckel/Pfannkuche/Pulte (Hrsg), Der Strafanspruch der Kirche in Fällen von sexuellem Missbrauch (= WTh, Bd 9), 2012, 112; ferner auch *Rees*, Rechtsschutz im kirchlichen Strafrecht und in kirchlichen Strafverfahren, in Müller (Hrsg), Rechtsschutz in der Kirche (= KRB, Bd 15), 2011, 89–92; *Rees*, Faire Verfahren in der Kirche. Rechtsschutz in der römisch-katholischen Kirche, besonders in kirchlichen Strafverfahren, in Heizer/Hurka (Hrsg), Mitbestimmung und Menschenrechte. Plädoyer für eine demokratische Kirchenverfassung (= topos taschenbücher, Bd 763), 2011, 268–270. Der CIC/1983 sieht eine Einbeziehung erst in einem Strafverfahren vor (vgl c 1720 CIC/1983 und c 1721 CIC/1983), wobei eine frühere jedoch nicht ausgeschlossen ist. Weitergehend c 1469 § 3 CCEO; s dazu *Huber*, Die Strafverhängung durch außergerichtliches Dekret in CIC und CCEO, in Zapp/Weiß/Korta (Hrsg), Ius Canonicum in Oriente et Occidente. Festschrift für Carl Gerold Fürst zum 70. Geburtstag (= AIC, Bd 25), 2003, 879–895, hier 887 f.

[98] *Lüdecke*, Sexueller Missbrauch von Kindern und Jugendlichen durch Priester aus kirchenrechtlicher Sicht, in MThZ 62/2011, 33–60, hier 57.

[99] Vgl *Rieger*, Das Ausscheiden aus dem klerikalen Stand, in HdbKathKR[3], 2015, 415–417.

tungsweg generell ausgeschlossen (vgl c 1342 § 2 CIC/1983; c 1402 § 2 CCEO). Im Fall der Strafverhängung kann der betroffene Kleriker Verwaltungsbeschwerde bei der Ordentlichen Versammlung (Feria IV) der Kongregation einlegen (vgl Art 27 Normae2010; Art 22 Normae2001). Zur Behandlung des Rekurses wurde durch ein Rescriptum ex audientia vom 3.11.2014 ein eigenes Richterkollegium aus sieben Kardinälen bzw Bischöfen eingerichtet; der Feria IV bleiben nur die Fälle der Bischöfe vorbehalten.[100] Schließlich steht es der Kongregation frei, sehr schwerwiegende Fälle, bei denen die begangene Straftat offenkundig und dem Angeklagten die Möglichkeit der Verteidigung eingeräumt worden ist, „direkt dem Papst zur Entscheidung über die Entlassung aus dem Klerikerstand oder über die Absetzung zusammen mit der Dispens von der Zölibatsverpflichtung vorzulegen" (Art 21 § 2, 2° Normae2010; vgl c 291 CIC/1983; c 396 CCEO).[101] Eine Anfechtung der Entscheidung ist in diesem Fall ausgeschlossen (vgl c 333 § 3 CIC/1983; c 45 § 3 CCEO).

Keine Aussage wird in den Normae2010 bezüglich der Übernahme von Therapiekosten und der Entschädigung der Opfer sowie bezüglich einer Anzeigepflicht gegenüber staatlichen Stellen bzw einer Kooperation mit staatlichen Strafverfolgungsbehörden gemacht.[102] Dennoch ist eine Anzeige durch den Ortsordinarius seitens der gesamtkirchlichen Regelungen nicht ausgeschlossen. Gem Art 30 § 1 Normae2010 (ebenso Art 25 § 1 Normae2001) wurden die Verfahren im Fall schwerwiegenderer Straftaten gegen die Sitten dem „päpstlichen Amtsgeheimnis" (secretum pontificium),[103] dh einer strengen Geheimhaltungspflicht, unterstellt

---

[100] Vgl *Rieger*, Das Ausscheiden aus dem klerikalen Stand, in HdbKathKR³, 2015, Anm 32, 416; *Graulich*, Die große Strafrechtsreform der Päpste Benedikt XVI. und Franziskus, in Pulte (Hrsg), Tendenzen der kirchlichen Strafrechtsentwicklung (= KStKR 25), 2017, 11–21; hier 15; kritisch *Rees*, Zur Novellierung des kirchlichen Strafrechts im Blick auf sexuellen Missbrauch einer minderjährigen Person durch Kleriker und andere schwerwiegendere Straftaten gegen die Sitten. Gesamtkirchliches Recht und Maßnahmen einzelner Bischofskonferenzen, in AfkKR 180/2011, 491 f; *Rees*, Koordiniertes Vorgehen gegen sexuellen Missbrauch – Die Normen der Kongregation für die Glaubenslehre über die delicta graviora vom 21.5.2010, in Hallermann/Meckel/Pfannkuche/Pulte (Hrsg), Der Strafanspruch der Kirche in Fällen von sexuellem Missbrauch (= WTh, Bd 9), 2012, 118 und 121.

[101] Im Fall der Entlassung ex officio et pro bono Ecclesiae erteilt der Papst die Dispens von der Zölibatspflicht ohne Ansuchen der betreffenden Person. Vgl c 291 CIC/1983; *Gruber*, Art Laisierung – Katholisch, in LKRR, Bd 3 (2020), 20; *Rieger*, Das Ausscheiden aus dem klerikalen Stand, in HdbKathKR³, 2015, 416.

[102] S dazu unten, III. 6.

[103] Vgl *Secretaria Status*, Rescriptum ex Audientia, Instructio "Secreta continere" de Secreto Pontificio vom 4.2.1974, in AAS 66/1974, 89–92; ferner unter Rescriptum ex audientia-Instructio Secreta continere, d. 4 m. Februarii a. 1974 (vatican.va), 27.2.2021; lat/dt in NKD 47, 1975, 124–135; s dazu *Schmitz*, Kommentar, ibid, 11–61, insb 54–57, hier 56; *Schwendenwein*, Secretum Pontificium, in Leisching/Pototschnig/Potz (Hrsg), Ex aequo et bono. Willibald M. Plöchl zum 70. Geburtstag (= Forschungen zur Rechts- und Kulturgeschichte, Bd 10), 1977, 295–307;

und eine Verletzung mit Strafe bedroht (vgl Art 30 § 2 Normae2010; ebenso Art 25 § 2 Normae2001). In der jeweiligen Diözese sind die diesbezüglichen Akten im Geheimarchiv der Kurie aufzubewahren (vgl cc 489 §§ 1 und 2; 490 §§ 1–3 und 1719 CIC/1983; cc 259 §§ 1 und 2; 260 §§ 1–3 und 1470 CCEO).[104] Mit Reskript vom 6.12.2019 und der damit verbundenen Instruktion wurde das Päpstliche Geheimnis mit Blick auf Anzeigen, Prozesse und Entscheidungen bezüglich der in Art 6 Normae2010 angeführten Straftaten gegen die Sitten, „die dem Urteil der Kongregation für die Glaubenslehre reserviert sind und im Motu proprio ‚Sacramentorum Sanctitatis Tutela' vom heiligen Johannes Paul II. vom 30.4.2001 und den nachfolgenden Änderungen behandelt werden", aufgehoben (Nr 1 b).[105] Die Aufhebung gilt auch für den Fall, dass diese Straftaten „im Zusammentreffen mit anderen Delikten verübt worden sind" (Nr 2). Allerdings unterliegt die Verfolgung dieser Straftaten weiter dem Vertraulichkeitsgebot (Amtsgeheimnis) zum Schutz der Persönlichkeitsrechte von betroffenen und beschuldigten Personen. Die Informationen müssen daher „unter Gewährleistung der Sicherheit, der Vollständigkeit und Vertraulichkeit gem can 471, 2° CIC und can 244 2, 2° CCEO behandelt" werden, „um den guten Ruf, das Ansehen und die Privatsphäre aller beteiligten Personen zu schützen" (Nr 3). Wie das Reskript betont, steht das Amtsgeheimnis „der Erfüllung der allerorts von den staatlichen Gesetzen festgelegten Pflichten nicht im Wege, einschließlich allfälliger Mitteilungspflichten, wie auch der Ausführung von Verfügungen seitens der zivilen gerichtlichen Behörden" (Nr 4). Ausdrücklich wird festgestellt, dass „demjenigen, der Meldung erstattet, der Person, die aussagt, geschädigt worden zu sein, und den Zeugen [...] in keiner Weise eine Schweigepflicht hinsichtlich des Tatsachenbestandes auferlegt werden" kann (Nr 5).

Sondervollmachten wurden der Kongregation für die Evangelisierung der Völker und der Kongregation für den Klerus bezüglich der strafweisen Entlassung aus dem Klerikerstand erteilt.[106]

---

abgedr in *Schwendenwein*, Jus et Justitia. Kirchenrechtliche und staatskirchenrechtliche Aufsätze (= Freiburger Veröffentlichungen aus dem Gebiete von Kirche und Staat, Bd 45), 1996, 140–152.

[104] Zum Geheimarchiv s *Platen*, Art Geheimarchiv – Katholisch, in LKRR, Bd 2 (2019), 128 f.

[105] Vgl *Rescriptum ex audientia SS.mi*, Rescritto del Santo Padre Francesco con cui si promulga l' istruzione sulla riservatezza delle cause, 6.12.2019, und die damit verbundene Instruktion, https://press.vatican.va/content/sala-stampa/it/bollettino/pubblico/2019/12/17/1011/020 62.html #tedesca, 27.2.2021. Das Geheimnis besteht ebenfalls nicht bei den in Art 1 des Motu proprio „Vox estis lux mundi" vom 7.5.2019 genannten Straftaten. S dazu unten, II. 4.

[106] Vgl *Haering*, Verlust des klerikalen Standes. Neue Rechtsentwicklungen durch päpstliche Sondervollmachten der Kongregation für den Klerus. Heribert Schmitz zum 80. Geburtstag, in AfkKR 178/2009, 369–395; *Rieger*, Das Ausscheiden aus dem klerikalen Stand, in HdbKathKR³, 2015, 417–421; s auch *Rees*, Rechtsschutz im kirchlichen Strafrecht und in kirchlichen Strafverfahren, in Müller (Hrsg), Rechtsschutz in der Kirche (= KRB, Bd 15), 2011, 102–104; *Rees*, Faire Verfah-

3. Maßnahmen der Österreichischen Bischofskonferenz

Die Kongregation für die Glaubenslehre hat mit Datum vom 3.5.2011 ein Rundschreiben erlassen, „um den Bischofskonferenzen zu helfen, Leitlinien für die Behandlung von Fällen sexuellen Missbrauchs Minderjähriger durch Kleriker zu erstellen".[107] Gem der von der Österreichischen Bischofskonferenz bereits im Juni 2010 verabschiedeten Rahmenordnung mit dem Titel „Die Wahrheit wird euch frei machen", die am 1.7.2010 in Kraft getreten ist,[108] sind „Hilfe und Gerechtigkeit für die Opfer" primäres Ziel aller kirchlichen Bemühungen. Bei der Rahmenordnung handelt es sich rechtlich gesehen „um einen einvernehmlichen Beschluss der österreichischen Diözesanbischöfe gem c 455 § 4 CIC, den sie mangels Gesetzgebungskompetenz der Bischofskonferenz für ihre Diözese in Kraft zu setzen haben".[109] In den einzelnen (Erz-)Diözesen wurden Ombudsstellen als Ansprech-

---

ren in der Kirche. Rechtsschutz in der römisch-katholischen Kirche, besonders in kirchlichen Strafverfahren, in Heizer/Hurka (Hrsg), Mitbestimmung und Menschenrechte. Plädoyer für eine demokratische Kirchenverfassung (= topos taschenbücher, Bd 763), 2011, 283–286; *Graulich*, Die große Strafrechtsreform der Päpste Benedikt XVI. und Franziskus, in Pulte (Hrsg), Tendenzen der kirchlichen Strafrechtsentwicklung (= KStKR 25), 2017, insb 13 f.

[107] Vgl *Congregatio pro Doctrina Fidei*, Lettera circolare per aiutare le conferenze episcopali nel preparare linee guida per il trattamento dei casi di abuso sessuale nei confronti di minori da parte di chierici vom 3.5.2011, in AAS 103/2011, 406–412; dt unter https://www.vatican.va/roman_curia/congrega-tions/cfaith/documents/rc_con_cfaith_doc_20110503_abuso-mi-nori_ge.html, 27.2.2021.

[108] Vgl *Österreichische Bischofskonferenz*, Die Wahrheit wird euch frei machen. Rahmenordnung für die katholische Kirche in Österreich. Maßnahmen, Regelungen und Orientierungshilfen gegen Missbrauch und Gewalt vom 21.6.2010, 2010, Teil B: Rahmenordnung, beschlossen in der Sommervollversammlung vom 21. bis 23.6.2010 in Mariazell, in Kraft getreten am 1.6.2010; auch in Amtsblatt der Österreichischen Bischofskonferenz, Nr 52 vom 15.9.2010, Nr II. 5, 15–36; abgedr in AfkKR 179/2010, 530–561; s dazu *Berkmann*, Verfahren bei sexuellem Missbrauch und Gewalt. Die österreichische Rahmenordnung im Licht des gesamtkirchlichen Rechts, in DPM 21, 22/2014/15, 19–43; zu Spannungen mit dem gesamtkirchlichen Recht s insb ibid, 30–38; s auch *Kandler-Mayr*, Leitlinien für den Umgang mit sexuellem Missbrauch, b) Österreich, in Meier/Kandler-Mayr/Kandler (Hrsg), 100 Begriffe aus dem Ordensrecht, 2015, 284–287; *Bischofskonferenz.at*, Missbrauch: Wie sich die katholische Kirche dem Problem stellt (18.2.2019), https://www.bischofskonferenz.at/124645/missbrauch-wie-sich-die-katholische-kirche-dem-problem-stellt, 27.2.2021. *Haering*, Reichweite und Grenzen des kirchlichen Strafrechts im Vorgehen gegen Sexualstraftäter, in Hallermann/Meckel/Pfannkuche/Pulte (Hrsg), Der Strafanspruch der Kirche in Fällen von sexuellem Missbrauch (= WTh, Bd 9), 2012, 211–242, hier Anm 32, 224, sieht die Ordnung von 2010 als „insgesamt allerdings völlig missglückte".

[109] *Berkmann*, Verfahren bei sexuellem Missbrauch und Gewalt. Die österreichische Rahmenordnung im Licht des gesamtkirchlichen Rechts, in DPM 21,22/2014/15, 28. Erst mit dem Rundschreiben der Kongregation für die Glaubenslehre an die Bischofskonferenzen vom 3.5.2011 (*Congregatio pro Doctrina Fidei*, Epistula ad totius Catholicae Ecclesiae Episcopos aliosque Ordinarios et Hierarchas quorum interest: de delictis gravioribus eidem Congregationi pro Doctrina Fidei reservatis, 18.5.2001, in AAS 93/2001, 785–788) „scheint den Bischofskonferenzen allgemein eine Gesetzgebungskompetenz für entsprechende Partikularnormen im Sinne des c 455 § 1 CIC/1983 zugewiesen worden zu sein". So *Hallermann*, Zwischen Anzeige und Strafprozess – Die „vorprozessuale" Phase nach den Leitlinien der DBK, in Hallermann/Meckel/Pfannkuche/Pulte

möglichkeit für mutmaßliche Opfer eingerichtet, die einheitlich gestaltet und von unabhängigen Expert*innen geleitet werden sollen.[110] Zusätzlich wurde in jeder (Erz-)Diözese eine Kommission geschaffen, die an Hand des Berichts der Ombudsstelle mit dem jeweiligen Bischof das weitere Vorgehen berät.[111] Über finanzielle Hilfe und Therapiekosten entscheidet die Unabhängige Opferschutzkommission, die bereits am 24.4.2010 ihre Arbeit aufgenommen hat.[112] Nach staatlichem Recht ist jedermann „berechtigt, vom Beschädiger den Ersatz des Schadens, welchen dieser ihm aus Verschulden zugefügt hat, zu fordern" (§ 1295 Abs 1 ABGB). „Wer jemanden durch eine strafbare Handlung oder sonst durch Hinterlist, Drohungen oder Ausnützung eines Abhängigkeits- oder Autoritätsverhältnisses zur Beiwohnung oder sonst zu geschlechtlichen Handlungen missbraucht, hat ihm den erlittenen Schaden und den entgangenen Gewinn zu ersetzen sowie eine angemessene Entschädigung für die erlittene Beeinträchtigung zu leisten" (§ 1328 ABGB 1a). Für Burkhard Berkmann kommen im Fall sexuellen Missbrauchs „vor allem drei Arten von Schadenersatz in Betracht: Verdienstentgang, sonstige materielle Schäden (insb Kosten einer psychotherapeutischen Behandlung) und ideelle Schäden (Schmerzensgeld)".[113] Auch das kirchliche Recht verpflichtet eine Person, die „widerrechtlich durch eine Rechtshandlung oder auch durch eine andere mit Vorsatz oder aus Fahrlässigkeit vorgenommene Handlung einem anderen Schaden zufügt", „den Schaden wiedergutzumachen" (c 128 CIC/1983; vgl c 935 CCEO).

(Hrsg), Der Strafanspruch der Kirche in Fällen von sexuellem Missbrauch (= WTh, Bd 9), 2012, Anm 68, 149.

[110] Vgl hierzu näherhin das in *Österreichische Bischofskonferenz*, Die Wahrheit wird euch frei machen. Rahmenordnung für die katholische Kirche in Österreich. Maßnahmen, Regelungen und Orientierungshilfen gegen Missbrauch und Gewalt vom 21.6.2010, 2010, Teil B: Rechtsnormen, beschlossen in der Sommervollversammlung vom 21. bis 23.6.2010 in Mariazell, in Kraft getreten am 1.6.2010, 15–36, hier 30–33; auch in Amtsblatt der Österreichischen Bischofskonferenz, Nr 52 vom 15.9.2010, Nr II. 5, unter Teil B: Rahmenordnung Nr. 6, 39–41, enthaltene „Statut der diözesanen Ombudsstellen für Opfer von Gewalt und sexuellem Missbrauch in der katholischen Kirche"; ferner unter www.ombudsstellen.at, 27.2.2021.

[111] Vgl hierzu näherhin das in *Österreichische Bischofskonferenz*, Die Wahrheit wird euch frei machen. Rahmenordnung für die katholische Kirche in Österreich. Maßnahmen, Regelungen und Orientierungshilfen gegen Missbrauch und Gewalt vom 21.6.2010, 2010, Teil B: Rechtsnormen, beschlossen in der Sommervollversammlung vom 21. bis 23.6.2010 in Mariazell, in Kraft getreten am 1.6.2010, 15–36, hier 33–36; auch in Amtsblatt der Österreichischen Bischofskonferenz, Nr 52 vom 15.9. 2010, Nr II. 5, unter Teil B: Rahmenordnung Nr 7, 42–44, enthaltene „Statut der diözesanen Kommission gegen Missbrauch und Gewalt".

[112] S dazu unter http://www.opferschutz.at/, 27.2.2021.

[113] *Berkmann*, Maßnahmen der Österreichischen Bischofskonferenz bei Missbrauch und Gewalt. Zivilrechtliche Aspekte, in Ohly/Rees/Gerosa (Hrsg), Theologia Iuris Canonici. Festschrift für Ludger Müller zur Vollendung des 65. Lebensjahres (= KST, Bd 67), 2017, 473–494, hier 476, unter Hinweis auf *Reischauer*, in Rummel, ABGB³ (Stand 1.1.2004), § 1328 ABGB, Rz 12 und Rz 14.

Die durch eine Straftat geschädigte Person kann gem c 1596 §§ 1–3 CIC/1983 iVm cc 1729–1731 CIC/1983 (vgl c 1276 §§ 1–3 CCEO iVm cc 1483–1485 CCEO) im Strafprozess Streitklage auf Schadensersatz stellen. Aufgrund des Inkardinationsverhältnisses kann sich diese auch auf den Inkardinationsträger, dh die Diözese oder eine Ordensgemeinschaft, erstrecken. Zur Finanzierung der geldlichen Hilfe und der Therapiekosten wurde seitens der Österreichischen Bischofskonferenz mit Datum vom 10.7.2010 die Kirchliche Stiftung Opferschutz errichtet.[114] In einer überarbeiteten und damit verbesserten Version der Rahmenordnung, die in der Frühjahrsvollversammlung der Österreichischen Bischofskonferenz vom 7. bis 10.3.2016 beschlossen wurde,[115] wurden die bisher über die Ordnung verstreuten rechtlichen Regelungen in Teil C: „Verfahrensordnung bei Beschuldigungen wegen sexuellen Missbrauchs und Gewalt" unter den Aspekten Geltungsbereich, Einrichtungen, Zuständigkeit, Arbeitsweise der Ombudsstelle, Verfahren bei der diözesanen Kommission, Stellung des Beschuldigten, Konsequenzen und Maßnahmen, Verhältnis zu anderen Verfahren, wie einem kirchlichen Strafverfahren und einem staatlichen Straf- und Zivilverfahren, zusammengefasst. Es handelt es sich „um ein Verfahren mit speziellen Zielen, das sich weder mit kirchlichen noch mit staatlichen Straf- oder Schadensersatzprozessen deckt noch diese ersetzen will". Vielmehr wird jenes Verfahren geregelt, das dann beginnt, „wenn ein Vorfall bei einer Ombudsstelle gemeldet wird".[116] Die Verfahrensordnung gilt „für Handlungen von sexuellem Missbrauch und/oder Gewaltanwendung, die durch Kleriker, Ordensleute oder haupt- und ehrenamtliche Laienmitarbeiter von Einrichtungen der römisch-katholischen Kirche gegenüber Minderjährigen bzw Schutzbedürftigen oder Erwachsenen verübt wurden" (Teil C: Verfahrensordnung § 1). Die Rahmenordnung sieht eine Verpflichtungserklärung auf die Rahmenordnung für kirchliche Mitarbeiter*innen (vgl Teil B: Rahmenordnung Nr 1. 3

---

[114] Vgl *Österreichische Bischofskonferenz*, Statut der Kirchlichen Stiftung Opferschutz, beschlossen auf der Vollversammlung vom 21. bis 23.6.2010 in Mariazell, mit 1.7.2010 in Kraft getreten, in Amtsblatt der Österreichischen Bischofskonferenz, Nr 52 vom 15.9.2010, Nr II. 4, 10–14.

[115] Vgl *Österreichische Bischofskonferenz*, Die Wahrheit wird euch freimachen. Rahmenordnung für die katholische Kirche in Österreich. Maßnahmen, Reglungen und Orientierungshilfen gegen Missbrauch und Gewalt. Zweite, überarbeitete und ergänzte Ausgabe (2016), in Amtsblatt der Österreichischen Bischofskonferenz, Nr 70 vom 1.11.2016, 1–64; ferner unter Amtsblatt_ No 70_ 05_final.indd, bischofskonferenz.at, 27.2.2021 und https://www.bischofskonferenz.at/dl/mum OJKJKKoNLOJqx4kJK/Rahmenordnung_2016_web.pdf, 27.2.2021 sowie Separatdruck, 2016; dazu *Berkmann*, Verfahrensordnung bei Beschuldigungen wegen sexuellen Missbrauchs und Gewalt. Die Regelungen der österreichischen Bischöfe von 2016 (= Open Publishing LMU), 2017; zu einer weiteren Überarbeitung s unten, IV.

[116] *Berkmann*, Verfahrensordnung bei Beschuldigungen wegen sexuellen Missbrauchs und Gewalt. Die Regelungen der österreichischen Bischöfe von 2016 (= Open Publishing LMU), 2017, 17; s auch ibid, 109–145. Die §§ 71–78 Teil C: Verfahrensordnung, 47 f, nehmen eine Abgrenzung zum kirchlichen Strafverfahren und zu den staatlichen Straf- und Zivilverfahren vor und zeigen zugleich Querverbindungen auf.

und Teil D: Ergänzungen Nr 8) und die nachweisliche Absolvierung einer Schulung über die Themen der Rahmenordnung (vgl Teil B: Rahmenordnung, Nr 1. 2) vor. Einige österreichische Diözesen haben aufgrund der Aufforderung in der Rahmenordnung (vgl Teil B: Rahmenordnung Nr 1. 7) im Rahmen ihrer Gesetzgebung Dienstordnungen für Priester erlassen,[117] die ua auch den Umgang mit Kindern, Jugendlichen und besonders schutzbedürftigen Personen regeln.[118] Ausdrücklich nennt die Dienst- und Besoldungsordnung der Erzdiözese Wien vom Januar 2011[119] innerhalb der Dienstordnung (A.) als Voraussetzung für eine Anstellung im kirchlichen Dienst ua die „strafrechtliche Unbescholtenheit" (A. § 2 Abs 1 lit f) und erlässt besondere Bestimmungen für den Umgang mit Kindern, Jugendlichen und besonders schutzbedürftigen Personen im Sinne von „Verhaltensregeln" (A. § 4 a) sowie für die Beendigung des Dienstverhältnisses durch Kündigung (A. § 14 Abs 1 lit b), ua aufgrund eines Lebenswandels, „der dem Ansehen der Kirche abträglich ist" (A. § 14 Abs 2 lit b). Verhaltensregeln finden sich auch im diözesanen Dienstrecht der Erzdiözese Wien für Ständige Diakone.[120] In der seitens der Österreichischen Bischofskonferenz auf ihrer Vollversammlung vom 7. bis 10.3.2016 beschlossenen Rahmenordnung in Bezug auf die Voraussetzungen für Anstellungen im kirchlichen Dienst, die für die Anstellung von Absolvent*innen eines theologischen Studiums oder eines Lehramtsstudiums für das Fach katholische Religion in Schule, Pastoral und auf diözesaner Ebene gilt[121] und die Ordnung von 1978 ersetzt, wird unter den verbindlichen Elementen des studienbegleitenden Ausbildungsprogramms deutlich auf eine „berufspraktische

---

[117] Nach *Heimerl/Pree* unter Mitwirkung von *Primetshofer*, Handbuch des Vermögensrechts der katholischen Kirche unter besonderer Berücksichtigung der Rechtsverhältnisse in Bayern und Österreich, 1993, Rdnr 6/175, 706, besteht für den Erlass von diözesanen Dienstordnungen für Priester „keine absolute Notwendigkeit", da der CIC/1983 ausführliche Regelungen enthält.

[118] Vgl *Diözese Graz-Seckau*, Dienstordnung für Priester, die in der Diözese Graz-Seckau tätig sind, in Kirchliches Verordnungsblatt für die Diözese Graz-Seckau, 2011-IV vom 29.9.2011, Nr 34, 66–70; ferner unter KVBL _2011_IV_web.pdf (katholische-kirche-steiermark.at), 27.2.2021; https://www.uibk.ac.at/praktheol/kirchenrecht/teilkirchenrecht/graz/do_priester.html, 27.2. 2021; s auch *Diözese Gurk*, Dienstordnung für Priester in der Diözese Gurk/Klagenfurt „Mit Jesus Christus den Menschen nahe sein", Nr 5, in Kirchliches Verordnungsblatt für die Diözese Gurk, Nr 4, 7.10.2013, Anhang; ferner unter kirchliches-verordnungsblatt_ dioezese-gurk_2013_nr-04_ anhang_dienstordnung-fuer-priester.pdf (kath-kirche-kaernten.at), http://www.uibk.ac.at/prak theol/kirchenrecht/teilkirchen-recht/gurk/dienstordnung.html, beide 27.2.2021.

[119] Vgl *Erzdiözese Wien*, Dienst- und Besoldungsordnung. Zusatzbestimmungen, Durchführungsbestimmungen, Betriebsvereinbarungen, Jänner 2011, DIENST- UND BESOLDUNGSORDNUNG DER ERZDIÖZESE WIEN – PDF Kostenfreier Download (docplayer.org), 27.2.2021.

[120] Vgl *Erzdiözese Wien*, Dienstrecht für Ständige Diakone in der Erzdiözese Wien, in Wiener Diözesanblatt, 158. Jg, 10/2020, Nr 91, § 11, 132 f.

[121] Vgl *Österreichische Bischofskonferenz*, Rahmenordnung in Bezug auf die Voraussetzungen für Anstellungen im kirchlichen Dienst, beschlossen auf der Frühjahrsvollversammlung vom 7. bis zum 10.3.2016, in Kraft getreten am 1.6.2016, in Amtsblatt der Österreichischen Bischofskonferenz, Nr 68 vom 1.6.2016, Nr II. 1, 7 f; ferner unter Österreichische Bischofskonferenz – Rechtliches, 27.2.2021, und Rahmenordnung_Amtsblatt_BK_2016_pdf (dioezese-linz.at), 27.2.2021.

Vorbereitung inklusive Missbrauchs- und Gewaltprävention im Sinne der Rahmenordnung „Die Wahrheit wird euch frei machen" verwiesen (Nr II. 8). Ausdrücklich findet sich in den von einzelnen kirchlichen Einrichtungen abgeschlossenen Kollektivverträgen der Hinweis, dass die Beendigung des Dienstverhältnisses nach den Bestimmungen des Angestelltengesetzes ua durch Kündigung durch die Dienstgeberin erfolgen kann.[122]

4. Weiterentwicklungen mit Blick auf sexuellen Missbrauch und andere Vergehen gegen die Sitten auf gesamtkirchlicher Ebene

Papst Franziskus hat eine nachdrückliche Tätigkeit zur Ahndung, Aufarbeitung und Vermeidung von sexuellem Missbrauch entfaltet.[123] So errichtete der Papst am 22.3.2014 eine Kommission für den Schutz von Minderjährigen (Kinderschutzkommission), die eng mit der Disziplinarabteilung der Kongregation für die Glaubenslehre zusammenarbeitet.[124] Beachtung, aber auch Kritik[125] erfuhr die Sonderkonferenz „Treffen zum Schutz Minderjähriger in der Kirche" (Kinderschutzkonferenz), zu der die Vorsitzenden der nationalen Bischofskonferenzen vom 21. bis 24.2.2019 in den Vatikan eingeladen wurden. In seiner Ansprache bei der Eucharistiefeier zum Abschluss der Konferenz erwähnte Papst Franziskus „Best Practices", die unter Leitung der Weltgesundheitsbehörde von einer Gruppe von zehn internationalen Agenturen formuliert wurden, und damit Strategien, um der Gewalt gegen Kinder ein Ende zu setzen.[126] Den Teilnehmern des Kinderschutzgipfels hatte Papst Franziskus zum Auftakt des Treffens 21 „Denkanstöße" übergeben, über die sie beim viertägigen Gipfel diskutieren sollten.[127]

---

[122] Vgl *Diözese Innsbruck*, Kollektivvertrag (gültig ab 1.1.2020), § 14 Abs 1 lit c, KV-Infoplattform – (kollektivvertrag.at), 27.2.2021.

[123] Vgl *Deutsche Bischofskonferenz*, Papst und Vatikan, https://www.dbk.de/themen/sexueller-missbrauch/papst-und-vatikan/, 27.2.2021.

[124] Vgl *Franziskus*, Chirografo "Minorum tutela actuosa" per l'istituzione della Pontificia Commissione per la Tutela dei Minori vom 22.3.2014, https://w2.vatican.va/content/francesco/it/letters/2014/do-cuments/papa-francesco_20140322_chirografo-pontificia-commissione-tutela-minori.html, 27.2. 2021; s auch Statuto vom 21.4.2015, ibid.

[125] Vgl *Horst*, Warum der Kinderschutz-Gipfel in Rom gescheitert ist. Hohe Erwartungen, ein Aufruf des Papstes, konkret zu werden, neun Vorträge in der Synodenaula. Doch an einem Aktionsplan haben die Teilnehmer des Treffens nicht gearbeitet (27.2.2021), Warum der Kinderschutz-Gipfel in Rom gescheitert ist|Die Tagespost (die-tagespost.de), 27.2.2021.

[126] Text unter *dbk.de*, Papst Franziskus: Rede in der Eucharistiefeier zum Abschluss der Kinderschutz-Konferenz im Vatikan vom 21. bis zum 24.2.2019 (= Aktuelles 24.2.2019), https://www.dbk.de/fileadmin/redaktion/diverse_downloads/dossiers_2019/2019-02-24_Rede-Papst-Franziskus-Kinderschutz-Konferenz.pdf, 27.2.2021.

[127] Text unter *dbk.de*, Denkanstöße in 21 Punkten zum weltweiten Gipfel zum Schutz Minderjähriger im Vatikan vom 21. bis zum 24.2.2019 (= Aktuelles 21.2.2019), https://www.dbk.de/fileadmin/redaktion/diverse_downloads/dossiers_2019/2019-02-21_Denkanstoesse-Papst-Franziskus_Kinder-schutz_Vatican-news.pdf, 27.2.2021.

Gut zwei Monate nach Abschluss des Anti-Missbrauchsgipfels im Vatikan hat Papst Franziskus mit dem Apostolischen Schreiben „Vos estis lux mundi" vom 7.5.2019 (VELM) neue Richtlinien zur Missbrauchsbekämpfung und zur Verhinderung von Vertuschung vorgelegt,[128] die die Anliegen des Gipfels berücksichtigen und ab 1.6.2019 zunächst auf drei Jahre weltweit in Kraft getreten sind. Ausdrücklich werden die Straftaten genannt, die der Meldepflicht an die Kongregation für die Glaubenslehre unterliegen (vgl Art 1 a VELM), und die Begriffe „minderjährig", „schutzbedürftige Person" und „kinderpornographisches Material" geklärt (vgl Art 1 b VELM). Es geht um Fälle von Gewalt und sexuellen Handlungen bzw Vorstufen dazu, die von Klerikern oder Angehörigen von Instituten des geweihten Lebens oder Gesellschaften des apostolischen Lebens verübt werden. Im Einzelnen werden genannt: „unter Gewalt oder Drohung oder durch Amtsmissbrauch erfolgter Zwang, sexuelle Handlungen zu vollziehen oder zu erleiden" (Art 1 § 1 a) I). „Vollzug sexueller Handlungen mit einer minderjährigen oder einer schutzbedürftigen Person" (Art I § 1 a) II), Herstellung, Darbietung, Besitz oder Verbreitung „von kinderpornographischem Material auch auf telematischem Weg und die Anwerbung oder Verleitung einer minderjährigen oder schutzbedürftigen Person, an pornographischen Darbietungen teilzunehmen" (Art 1 § 1 a) III), sowie „die Verhaltensweisen, die von den in Art 6 genannten Personen verwirklicht werden und in Handlungen oder Unterlassungen bestehen, die darauf gerichtet sind, die zivilen Untersuchungen oder kirchenrechtlichen Untersuchungen verwaltungsmäßiger oder strafrechtlicher Natur gegenüber einem Kleriker oder einer Ordensperson bezüglich der unter dem Buchstaben a) dieses Paragraphen genannten Vergehen zu beeinflussen oder zu umgehen" (Art 1 § 1 b), dh die unterlassene Meldung und Vertuschung ua durch Kardinäle, Patriarchen, Bischöfe, Gesandte des Papstes und oberste Leiter von Instituten des geweihten Lebens oder von Gesellschaften des apostolischen Lebens päpstlichen Rechts sowie von Klöstern sui iuris. Gefordert wird, dass Diözesen oder Eparchien innerhalb eines Jahres nach Inkrafttreten der vorliegenden Normen „ein oder mehrere feste Systeme bestimmen, die der Öffentlichkeit leicht zugänglich sind, um Meldungen einzureichen" (Art 2 § 1 VELM).[129] Ein Kleriker bzw Angehöriger eines Instituts des geweihten Lebens oder einer Gesellschaft des apostolischen Lebens hat – vorbehaltlich der in c 1548 § 2 CIC/1983 und c 1229 § 2 CCEO vorgesehenen Fälle (Ausnahmen von der Aussagepflicht) – „wenn er Nachricht darüber hat oder triftige Gründe zur Annahme hat, dass eine der Taten nach Art 1 begangen wurde,

---

[128] Vgl *Franziskus*, Apostolisches Schreiben in Form eines Motu Proprio „Vos estis lux mundi" vom 7.5.2019, http://w2.vatican.va/content/francesco/de/motu_proprio/documents/papa-francesco-motu-proprio-201905 07_vos-estis-lux-mundi.html, 27.2.2021.
[129] Eine solche Einrichtung ist in Österreich mit der Errichtung von Ombudsstellen in etwa bereits erfolgt.

die Pflicht, die Tatsache beizeiten dem Ordinarius des Ortes, wo die Taten stattgefunden haben sollen, oder einem anderen Ordinarius gem can 134 CIC und can 984 CCEO zu melden, unter Vorbehalt der Bestimmung des § 3 dieses Artikels" (Art 3 § 1 VELM), der speziell höhere kirchliche Verantwortungsträger wie Kardinäle, Bischöfe usw im Blick hat.[130] Im Fall einer Meldung über einen Bischof der Lateinischen Kirche leitet die Autorität, die die Meldung erhält, „diese sowohl an den Heiligen Stuhl als auch an den Metropoliten der Kirchenprovinz weiter, in der die gemeldete Person ihren Wohnsitz hat" (Art 8 § 1 VELM; s Art 9 VELM zum Verfahren gegenüber Bischöfen der katholischen Ostkirchen). Sofern die Meldung den Metropoliten betrifft oder der Metropolitansitz vakant ist, muss diese „sowohl an den Heiligen Stuhl als auch an den dienstältesten Suffraganbischof weitergeleitet" werden, wobei die für den Metropoliten festgelegte Vorgehensweise einzuhalten ist (Art 8 § 2 VELM). Mit Ausnahme des Falls, dass die Meldung „offenkundig haltlos" erscheint,[131] bittet der Metropolit das zuständige Dikasterium[132] „umgehend um den Auftrag, die Untersuchung einzuleiten" (Art 10 § 1 VELM). Die römischen Behörden werden verpflichtet, innerhalb von 30 Tagen nach Erhalt einer Meldung zu reagieren (vgl Art 10 § 2 VELM). Näheres wird über die Durchführung der Untersuchung (vgl Art 12 VELM), die Einbeziehung qualifizierter Personen (vgl Art 13 VELM), vor allem von Laien gem c 228 § 1 CIC/1983 (vgl c 408 § 2 CCEO), die Festlegung von Fristen für die Dauer der Untersuchung (vgl Art 14 VELM), vorbeugende Maßnahmen (vgl Art 15 VELM) und die Errichtung eines Fonds für die Bestreitung der Untersuchungskosten (vgl Art 16 VELM) bestimmt. Ausdrücklich wird betont, dass staatliche Gesetze einzuhalten sind, „insb diejenigen in Bezug auf allfällige Meldepflichten an die zuständigen zivilen Behörden" (Art 19 VELM). Die kirchlichen Autoritäten müssen sich dafür einsetzen, dass mutmaßliche Opfer „zusammen mit ihren Familien mit Würde und Respekt behandelt werden". Genannt werden Annahme, Gehör und Begleitung, auch mittels spezifischer Dienste, spirituelle Betreuung, medizinische, therapeutische und psychologische Betreuung sowie der Schutz der Privatsphäre und persönlicher Daten (vgl Art 5 VELM). Wie Bischof Stephan Ackermann bemerkt, weitet das Motu proprio die bisherigen Straftatbestände des kirchlichen Rechts aus. „Es umfasst beispielsweise nicht nur Kleriker, sondern auch Ordensangehörige, die

---

[130] S dazu unten, III. 3.

[131] Sollte der Metropolit die Meldung „für offenkundig haltlos" erachten, informiert er den Päpstlichen Vertreter darüber. Vgl Art 10 § 1 VELM.

[132] Unter zuständigem Dikasterium ist die Kongregation für die Glaubenslehre „hinsichtlich der ihr von den geltenden Normen reservierten Straftaten" zu verstehen, in allen anderen Fällen je nach Zuständigkeit aufgrund des Eigenrechts der Römischen Kurie die Kongregation für die Ostkirchen, die Kongregation für die Bischöfe, die Kongregation für die Evangelisierung der Völker, die Kongregation für den Klerus und die Kongregation für die Institute des geweihten Lebens und die Gesellschaften des apostolischen Lebens. Vgl Art 7 VELM.

keine Kleriker sind." Auch die Gruppe der möglichen Opfer sei auf „schutzbedürftige Personen" ausgedehnt worden, dh auf Personen, „die aufgrund unterschiedlicher Bedingungen in ihrer Fähigkeit, sich gegen Übergriffe zu wehren, eingeschränkt sind". Zudem bleibe die Strafbarkeit der Erstellung von pornographischem Material nicht mehr auf Kinder beschränkt, sondern werde „auf Minderjährige insgesamt und schutzbedürftige Personen ausgedehnt". Dezidiert kämen Personen mit Verantwortung innerhalb der Kirche in den Blick und würden in Pflicht genommen.[133] Mit Reskript vom 6.12.2019 hat Papst Franziskus verfügt, dass der Besitz und die Verbreitung kinderpornographischen Materials mit Opfern im Alter bis zu 18 Jahren anstelle der bisherigen Altersgrenze von 14 Jahren zu den schwerwiegenderen Straftaten zählen.[134]

Konkret ist seitens des Papstes mit dem Apostolischen Schreiben „Come una madre amorevole" (Wie eine liebende Mutter) vom 4.6.2019,[135] das am 5.9.2019 in Kraft getreten ist, die Amtsenthebung von Diözesanbischöfen, Eparchen, anderen Leitern von Teilkirchen und Ordensoberen geregelt worden, die aus Nachlässigkeit Akte gesetzt oder unterlassen haben, die anderen, dh physischen Personen oder Gemeinschaften als Ganzen, Schaden verursacht haben, der physischer, moralischer, spiritueller Art oder in einem Patrimonium begründet sein kann, dh die ua auch sexuellen Missbrauch in der römisch-katholischen Kirche vertuschen, verschweigen oder auf diesen nicht angemessen reagieren. Neue Regelungen bezüglich des Schutzes von Minderjährigen wurden auch für den Vatikanstaat und die Römische Kurie bereits Ende März 2019 erlassen, die ab 1.6.2019 Geltung erlangten.[136]

---

[133] S dazu *dbk.de*, Bischof Ackermann zum Motu proprio „Vos estis lux mundi" von Papst Franziskus. Konkret und wirksam gegen sexuellen Missbrauch vorgehen (= Pressemeldung, 9.5.2019, Nr 075), Bischof Ackermann zum Motu proprio „Vos estis lux mundi" von Papst Franziskus: Deutsche Bischofskonferenz (dbk.de), 27.2.2021.

[134] Vgl *Rescriptum ex audientia SS.mi*, Rescritto del Santo Padre Francesco con cui si promulga l'Istruzione sulla riservatezza delle cause, 6.12.2019, und die damit verbundene Instruktion, https://press.vatican.va/content/salastampa/it/bolletino/publico/2019/12/17/1011/02062. html#tedesca, 27.2.2021.

[135] Vgl *Franziskus*, Lettera Apostolica in Forma di Motu Proprio "Come una madre amorevole" vom 4.6.2016, http://www.vatican.va/content/fran-cesco/it/motu_proprio/documents/papa-francesco-motu-proprio_20160 604_come-una-madre-amore-vole.html, 27.2.2021; dazu *Meckel*, Das Motu Proprio "Come una madre amorevole" zur Amtsenthebung von Bischöfen, in Ohly/ Haering/Müller (Hrsg), Rechtskultur und Rechtspflege in der Kirche. Festschrift für Wilhelm Rees zur Vollendung des 65. Lebensjahres (= KST, Bd 71), 2020, 263–273.

[136] Vgl *Franziskus*, Lettera Apostolica in forma di Motu Proprio" sulla protezione dei minori e delle persone vulnerabili vom 26.3.2019, https://press.vatican.va/content/salastampa/it/bol lettino/pubblico/2019/03/29/0260/00527.html, 27.2.2021; *Franziskus*, Legge N. CCXCVII sulla protezione dei minori e delle persone vulnerabili dello Stato della Città del Vaticano vom 26.3. 2019, Legge N. CCXCVII sulla protezione dei minori e delle persone vulnerabili dello Stato della Città del Vaticano, 27.2.2021.

Hilfreich erweist sich die von Papst Franziskus am 28.2.2020 eingerichtete Task Force, die nationale Bischofskonferenzen beim Erstellen von Kinderschutzleitlinien unterstützen soll, insb in Ländern, in denen die nötigen Strukturen für eine rasche Umsetzung fehlen.

Bereits nach dem Kinderschutzgipfel im Vatikan war ein Leitfaden zum juristischen Umgang mit Fällen sexuellen Missbrauchs angekündigt worden, den die Kongregation für die Glaubenslehre am 16.7.2020 veröffentlicht hat. Hinzu kam die Veröffentlichung eines Formulars (Tabella) zur Anzeige der schwerwiegenderen Straftaten bei der Kongregation für die Glaubenslehre. Beim diesem „Vademecum zu einigen Fragen in den Verfahren zur Behandlung von Fällen sexuellen Missbrauchs Minderjähriger durch Kleriker (Version 16.7.2020)"[137] handelt es sich um „eine Art ‚Handreichung', welche von der ersten Kenntnisnahme (notitia criminis) bis zum endgültigen Abschluss des Falles diejenigen bei der Hand nehmen und Schritt für Schritt leiten will, die mit der Wahrheitsfindung im Bereich der oben genannten Straftaten betraut sind" (Einleitung). Das Vademecum ist kein normativer Text. Es „erneuert also die diesbezügliche Gesetzgebung nicht, sondern möchte den Verfahrensweg erklären" (Einleitung). Näherhin will die Kongregation für die Glaubenslehre „die zahlreichen Fragen zu den einzelnen Schritten" beantworten, „die in den ihr reservierten Strafsachen einzuhalten sind", und sich „in erster Linie an die Ordinarien und die Rechtsanwender [wenden], die vor der Aufgabe stehen, die kanonischen Normen über die Fälle von sexuellem Missbrauch Minderjähriger durch Kleriker konkret umzusetzen" (Einleitung). Sie bezieht sich dabei hauptsächlich auf „die zwei geltenden Codices (CIC und CCEO), die durch das Motuproprio Sacramentorum sanctitatis tutela erlassenen Normen über die der Kongregation für die Glaubenslehre vorbehaltenen Straftaten in der im Jahr 2010 überarbeiteten Fassung (unter Berücksichtigung der durch die Rescripta ex Audientia vom 3. und 6.12.2019 eingefügten Neuerungen), das Motuproprio Vos estis lux mundi und schließlich die in den vergangenen Jahren zusehends ausgearbeitete und gefestigte Praxis der Glaubenskongregation" (Einleitung).

---

[137] Vgl *Congregatio pro Doctrina Fidei*, Vademecum zu einigen Fragen in den Verfahren zur Behandlung von Fällen sexuellen Missbrauchs Minderjähriger durch Kleriker (16.7.2020), Vademecum zu einigen Fragen in den Verfahren zur Behandlung von Fällen sexuellen Missbrauchs Minderjähriger durch Kleriker (16. Juli 2020) (vatican.va), 27.2.2021.

III. Spezielle Fragen zum Vorgehen im Fall von sexuellem Missbrauch und Straftaten gegen die Sitten

Trotz detaillierter Regelungen und dem spürbaren Anliegen der katholischen Kirche, sexuellen Missbrauch und weitere Vergehen gegen die Sitten zu ahnden, ergeben sich Fragen und Unsicherheiten.

1. Umschreibung und Einordnung des Straftatbestands

Während staatliche Strafgesetzbücher bezüglich des sexuellen Missbrauchs Minderjähriger verschiedene Arten und Schweregrade unterscheiden, wird seitens der katholischen Kirche bis heute überwiegend von einer Sünde gegen das sechste Gebot (vgl c 1395 §§ 1 und 2 CIC/1983; Art 6 § 1, 1° Normae2010; Art 4 § 1 Normae2001: peccatum contra Decalogi praeceptum; cc 1457–1458 CCEO: peccatum contra castitatem)[138] im Sinne eines Sittlichkeitsverstoßes eines Klerikers bzw einer Verletzung der Zölibatspflicht gesprochen, was nach Matthias Pulte „unbeholfen, juristisch unpräzise und daher höchst auslegungsbedürftig" wirkt.[139] Wenngleich mit der Formulierung „Sünde gegen das sechste Gebot", die sich letztlich nur auf Ehebruch bezieht, traditionell im Verständnis der katholischen Kirche eine breite Palette von Vergehen erfasst ist – nach Nr 2336 KKK bezieht sich das sechste Gebot auf den gesamten Bereich der Sexualität –,[140] erscheinen eine Präzisierung und die genaue Benennung der möglichen Straftatbestände wünschenswert, wie dies die von Pulte angeführten Klassifikationen des Ferns-, Murphy- und Cloyne-Report und auch die möglichen Varianten strafbarer Handlungen gegen die sexuelle Integrität und Selbstbestimmung einer Person in staatli-

---

[138] Vgl *Pfannkuche*, Die Sünde gegen das sechste Gebot – eine Analyse der geltenden Rechtsordnung der katholischen Kirche und der jüngeren Rechtsgeschichte, in Hallermann/Meckel/Pfannkuche/Pulte (Hrsg), Der Strafanspruch der Kirche in Fällen von sexuellem Missbrauch (= WTh, Bd 9), 2012, 243–278; s auch *Hallermann*, Ne bis in idem. Kanonistische Überlegungen zu einem alten Rechtssprichwort angesichts problematischer Aspekte der Anwendung des kirchlichen Sanktionsrechts, in Ohly/Rees/Gerosa (Hrsg), Theologia Iuris Canonici. Festschrift für Ludger Müller zur Vollendung des 65. Lebensjahres (= KST, Bd 67), 2017, 533–559, hier 546–549.

[139] *Pulte*, Strafanspruch des Staates – Strafanspruch der Kirche. Der juristische Umgang mit den Delicta graviora. Rechtsdogmatische Anmerkungen, in Hallermann/Meckel/Pfannkuche/Pulte (Hrsg), Der Strafanspruch der Kirche in Fällen von sexuellem Missbrauch (= WTh, Bd 9), 2012, 39–65, hier 53.

[140] Wie Charles J. Scicluna betont, kann „die Straftat contra Sextum cum minore [...] von einem physischen Kontakt herrühren. In diesem Fall, etwa bei gegenseitiger Masturbation oder beim Geschlechtsverkehr mit Minderjährigen, sprechen wir vom direkten Missbrauch. Aber auch Formen indirekten Missbrauchs, wie etwa das Zeigen von pornografischen Materials gegenüber Minderjährigen oder exhibitionistische Akte in ihrer Gegenwart, sind unter den Straftatbestand des delictum contra sextum cum minore zu zählen." S *Scicluna*, Sexueller Missbrauch: Wann und wie die Glaubenskongregation einschalten? Einige Anmerkungen zum Motu proprio Sacramentorum Sanctitatis Tutela (30.4.2001/21.5.2010) und zur Praxis der Kongregation für die Glaubenslehre, in Hallermann/Meckel/Pfannkuche/Pulte (Hrsg), Der Strafanspruch der Kirche in Fällen von sexuellem Missbrauch (= WTh, Bd 9), 2012, 307–324, hier 312 f.

chen Strafgesetzbüchern zeigen.[141] Näherhin behandelt das österreichische Strafgesetzbuch im zehnten Abschnitt „Strafbare Handlungen gegen die sexuelle Integrität und Selbstbestimmung" ua die Vergewaltigung (§ 201 StGB), die geschlechtliche Nötigung (§ 202 StGB), den sexuellen Missbrauch einer wehrlosen oder physisch beeinträchtigten Person (§ 205 StGB), die Verletzung der sexuellen Selbstbestimmung (§ 205a StGB), schweren sexuellen Missbrauch von Unmündigen (§ 206 StGB), sexuellen Missbrauch von Unmündigen (§ 207 StGB), pornographische Darstellungen Minderjähriger (§ 207a StGB), sexuellen Missbrauch von Jugendlichen (§ 207b StGB), sittliche Gefährdung von Personen unter sechzehn Jahren (§ 208 StGB) und den Missbrauch eines Autoritätsverhältnisses (§ 212 StGB). So stellt Sabrina Pfannkuche fest, dass die Formulierung „Sünde gegen das sechste Gebot", die „keine rechtsgeschichtliche Verankerung hat und erstmals im CIC/1917 verwendet wird", „offensichtlich mehr verwirrt als nützt".[142] Andererseits lässt eine weite Formulierung die Ahndung eines breiten Feldes an strafbaren Handlungen zu, die bereits bisher unter die Sünde des sechsten Gebots subsumiert bzw nach und nach in neueren kirchlichen Vorschriften und Verlautbarungen, wie ua Art 11 a) und b) VELM, auch ausdrücklich genannt wurden. Durch eine weite Formulierung, ergänzt durch konkret angeführte Straftatbestände, ist es möglich, im Sinne von Einzelfallgerechtigkeit sowohl Opfern als auch Täter*innen gerecht zu werden. Jedoch sollte der kirchliche Gesetzgeber nicht (nur) von Verstößen gegen die Zölibatspflicht sprechen, sondern vielmehr wohl richtiger von einer Straftat gegen die Keuschheit, die c 2359 § 2 CIC/1917 näher dargelegt hatte, bzw von einer Straftat gegen die Freiheit des Menschen (vgl Buch VI, Teil II, Titel VI CIC/1983) bzw seine physische und psychische Gesundheit.

2. Voruntersuchung und Zuständigkeit

Die Voruntersuchung ist in den cc 1717–1719 CIC/1983 (vgl cc 1468–1470 CCEO) geregelt. Nach c 1717 § 1 CIC/1983 (vgl c 1468 § 1 CCEO) soll der Ordinarius, der eine wenigstens wahrscheinliche Kenntnis (notiam, saltem veri similem) erhält, dass eine Straftat begangen worden ist, „selbst oder durch eine andere geeignete Person vorsichtig Erkundigungen über den Tatbestand, die näheren Umstände und die strafrechtliche Zurechenbarkeit einziehen, außer dies erscheint

---

[141] Vgl *Pulte*, Strafanspruch des Staates – Strafanspruch der Kirche. Der juristische Umgang mit den Delicta graviora. Rechtsdogmatische Anmerkungen, in Hallermann/Meckel/Pfannkuche/Pulte (Hrsg), Der Strafanspruch der Kirche in Fällen von sexuellem Missbrauch (= WTh, Bd 9), 2012, 41–51.

[142] *Pfannkuche*, Die Sünde gegen das sechste Gebot – eine Analyse der geltenden Rechtsordnung der katholischen Kirche und der jüngeren Rechtsgeschichte, in Hallermann/Meckel/Pfannkuche/Pulte (Hrsg), Der Strafanspruch der Kirche in Fällen von sexuellem Missbrauch (= WTh, Bd 9), 2012, 277 und 278.

als gänzlich überflüssig". Es geht also im Sinne der Vermeidung aussichtsloser Voruntersuchungen und damit nutzloser Strafverfahren um eine „wenigstens wahrscheinliche Kenntnis", die der Ordinarius auf irgendeine Weise erhält. Somit muss der Ordinarius nicht „jedem Gerücht und jeder üblen Nachrede" nachgehen.[143] Sofern das Vorliegen einer Straftat öffentlich oder notorisch ist und daher keine weiteren Nachforschungen erforderlich sind, erübrigt sich eine Voruntersuchung. Charles J. Scicluna nennt „verschiedene Möglichkeiten", wie die kirchliche Autorität Kenntnis von sexuellem Missbrauch durch Kleriker und andere im Dienst der Kirche stehende Personen erlangen kann: „Unter den Informationsquellen ist an erster Stelle die Anzeige durch das Opfer zu nennen. [...] Neben einer Anzeige können auch Nachrichten in den Massenmedien, Hinweise von Seiten staatlicher Autoritäten (Kriminalpolizei, Staatsanwaltschaft, Jugendamt) oder das Geständnis eines Beschuldigten als Informationsquelle dienen."[144] Auch eindeutige Aussagen von glaubwürdigen Zeugen kämen in Frage. „Jedes Mal, wenn der Ordinarius – auf welchem Weg auch immer (Anzeige, Presseberichte, Mitteilung der Staatsanwaltschaft, des Jugendamtes, Geständnis) – eine wenigstens wahrscheinliche Kenntnis davon erhält, dass eine Straftat begangen worden ist, muss er eine Voruntersuchung durchführen."[145] In dieser geht es darum, „Beweise und Indizien zu erheben, um die anfänglichen Anhaltspunkte zu ergänzen".[146] Wenn genügend Anhaltspunkte für das Vorliegen einer Straftat vorhanden sind, hat der Ordinarius im Normalfall zu entscheiden, ob „ein Verfahren zum Zweck der Verhängung oder der Feststellung einer Strafe eingeleitet werden kann; dies unter Beachtung von can 1341 tunlich ist; ein gerichtliches Verfahren stattfinden muss oder ob, falls gesetzlich nicht verboten, mittels eines außergerichtlichen Dekretes vorzugehen ist" (c 1718 § 1, 1°–3° CIC/1983; vgl c 1469 § 1 CCEO). Einleitung und

---

[143] Vgl *Lüdicke*, Kommentar, in MK CIC, c 1717, Rdnr 2 (Stand November 2001); s auch *Althaus*, Vorverfahren, in Althaus/Lüdicke, Der kirchliche Strafprozess nach dem Codex Iuris Canonici und Nebengesetzen. Normen und Kommentar (= BzMK CIC 61), ²2015, c 1717, Rdnr 3.

[144] *Scicluna*, Sexueller Missbrauch: Wann und wie die Glaubenskongregation einschalten? Einige Anmerkungen zum Motu proprio Sacramentorum Sanctitatis Tutela (30.4.2001/21.5.2010) und zur Praxis der Kongregation für die Glaubenslehre, in Hallermann/Meckel/Pfannkuche/Pulte (Hrsg), Der Strafanspruch der Kirche in Fällen von sexuellem Missbrauch (= WTh, Bd 9), 2012, 314 f.

[145] *Scicluna*, Sexueller Missbrauch: Wann und wie die Glaubenskongregation einschalten? Einige Anmerkungen zum Motu proprio Sacramentorum Sanctitatis Tutela (30.4.2001/21.5.2010) und zur Praxis der Kongregation für die Glaubenslehre, in Hallermann/Meckel/Pfannkuche/Pulte (Hrsg), Der Strafanspruch der Kirche in Fällen von sexuellem Missbrauch (= WTh, Bd 9), 2012, 315.

[146] Vgl *Ihli*, Das Strafverfahren, in HdbKathKR³, 2015, 1733–1748, hier 1735, unter Hinweis auf *Althaus*, Sive procedura iudicialis sive administrativa. Zwei gleichwertige Alternativen der kirchlichen Strafverhängung?, in Althaus/Oehmen-Vieregge/Olschewski (Hrsg), Aktuelle Beiträge zum Kirchenrecht. Festgabe für Heinrich J. F. Reinhardt zum 60. Geburtstag (= AIC 24), 2002, 31–54, hier 36–40.

Abschluss der Voruntersuchung sind durch den Ordinarius per Dekret zu verfügen (vgl c 1719 CIC/1983; c 1470 CCEO).

Anders verhält es sich im Fall sexuellen Missbrauchs und anderer Straftaten gegen die Sitten durch Kleriker. Mit den Normae2001 bzw 2010 wurde ausdrücklich bestimmt, dass für die Beurteilung und Ahndung von schwerwiegenderen Straftaten, dh auch des sexuellen Missbrauchs und anderer Straftaten gegen die Sitten, allein die Kongregation für die Glaubenslehre zuständig ist bzw bleibt. Gem Art 16 Normae2010 muss der Ordinarius bzw Hierarch daher „nach Durchführung einer Voruntersuchung die Kongregation für die Glaubenslehre darüber informieren", die dann das weitere Vorgehen bestimmt. Konkreter spricht das Direktorium für das Vorgehen bei Vorwürfen wegen sexuellen Missbrauchs von Minderjährigen durch Kleriker davon, dass der Fall der Kongregation für die Glaubenslehre „vorgelegt wird" (is referred), wenn die Vorermittlung ergibt, dass die Anschuldigung auf einen wahren Sachverhalt hindeutet. Näherhin gibt der Ortsbischof „alle notwendigen Informationen an die Glaubenskongregation weiter und teilt seine Meinung mit, welche Vorgehensweisen gewählt und welche Maßnahmen kurzfristig und langfristig getroffen werden sollen".[147] Nur so kann die Kongregation entscheiden, wie weiter zu verfahren ist. Auch andere kirchliche Texte betonen diese Anzeigepflicht, ebenso die Fachkanonistik.[148] Charles J. Scicluna konkretisiert die „Rechtspflicht zur Einschaltung der Glaubenskongregation" (vgl Art 16 Normae2010) dahingehend, dass „alle graviora-delicta-Fälle, die nach dem 30.4.2001 zur Anzeige gebracht wurden, bei denen die Anzeige sich nicht als falsch erwiesen hat und der Beschuldigte noch am Leben ist, unabhängig davon,

---

[147] *Congregatio pro Doctrina Fidei*, Directorium ad fundamentaliter intellegendam rationem procedendi in allegationibus respicientibus abusus sexuales in minores patratos a Congregatione pro Doctrina Fidei latum (lingua anglica una cum versione italica) o D (April 2010), A. Preliminary Procedures, in Communicationes 42 (2010), 58–61, hier 58; dt *Congregatio pro Doctrina Fidei*, Verständnishilfe für die grundlegende Vorgangsweise der Kongregation für die Glaubenslehre bei Vorwürfen sexuellen Missbrauchs, Verständnishilfe für die grundlegende Vorgangsweise der Kongregation für die Glaubenslehre bei Vorwürfen sexuellen Missbrauchs (vatican.va), 27.2.2021; s ibid, C. Revision of MP SST, 59: "The proposed modifications under discussion will not change the above-mentioned procedures (A, B1–B3)". S dazu *Hallermann*, Zwischen Anzeige und Strafprozess – Die „vorprozessuale" Phase nach den Leitlinien der DBK, in Hallermann/Meckel/Pfannkuche/Pulte (Hrsg), Der Strafanspruch der Kirche in Fällen von sexuellem Missbrauch (= WTh, Bd 9), 2012, 145 mit Anm 49.

[148] Vgl *Hallermann*, Zwischen Anzeige und Strafprozess – Die „vorprozessuale" Phase nach den Leitlinien der DBK, in Hallermann/Meckel/Pfannkuche/Pulte (Hrsg), Der Strafanspruch der Kirche in Fällen von sexuellem Missbrauch (= WTh, Bd 9), 2012, 138; *Platen*, Der Diözesanbischof und das Disziplinar- und Strafrecht, in Demel/Lüdicke (Hrsg), Zwischen Vollmacht und Ohnmacht. Die Hirtengewalt des Diözesanbischofs und ihre Grenzen, 2015, 229–255, hier 249 und 251 f; *Althaus*, Vorverfahren, in Althaus/Lüdicke, Der kirchliche Strafprozess nach dem Codex Iuris Canoni und Nebengesetzen. Normen und Kommentar (= BzMK CIC 61), ²2015, c 1718, Rdnr 5.

ob die kanonische Strafklage durch Verjährung erloschen ist oder nicht", der Kongregation für die Glaubenslehre übermittelt werden müssen.[149] Für die Übermittlung der Daten und die Bearbeitung eines Falles durch die Kongregation sei die sogenannte „Tabella", ein von der Kongregation für die Glaubenslehre zur Verfügung gestelltes Formblatt, „ein sehr nützliches Hilfsmittel".[150] Sofern die Kongregation für die Glaubenslehre den Fall aufgrund besonderer Umstände nicht an sich zieht, beauftragt sie den Ordinarius bzw Hierarchen, weiter vorzugehen. „Wenn ein Fall direkt der Kongregation für die Glaubenslehre vorgelegt wird und noch keine Voruntersuchung stattgefunden hat, können die prozessvorbereitenden Maßnahmen, die nach allgemeinem Kirchenrecht dem Ordinarius oder dem Hierarchen zukommen, von der Kongregation selbst durchgeführt werden" (Art 17 Normae2010).

Das von der Kongregation für die Glaubenslehre herausgegebene Vademecum zu einigen Fragen in den Verfahren zur Behandlung von Fällen sexuellen Missbrauchs Minderjähriger durch Kleriker vom 16.7.2020 verdeutlicht und bestätigt die geltende Rechtslage. Die notitia delicti ist „jede Information über eine mögliche Straftat, die auf jegliche Weise den Ordinarius oder Hierarchen erreicht" (Nr 9 Vademecum). Ausdrücklich verweist Nr 16 Vademecum auf Art 16 Normae2010 (vgl auch c 1717 CIC/1983; c 1468 CCEO), der bestimmt, „dass nach Erhalt der notitia de delicto eine Voruntersuchung durchgeführt wird, sofern die notitia de delicto mindestens wahrscheinlich (,saltem verisimilis') ist" (Nr 16 Vademecum). Nach Auffassung der Kongregation für die Glaubenslehre ist eine Unterlassung der Voruntersuchung nur in wenigen Fällen gerechtfertigt, wenn zB die beschuldigte Person zum Zeitpunkt der Tat „noch nicht Kleriker", das mutmaßliche Opfer zum Zeitpunkt der Tat „nicht minderjährig" war oder „allgemein bekannt ist, dass sich die beschuldigte Person zum Zeitpunkt der ihr zur Last gelegten Tat nicht am Ort der Straftat befunden haben konnte" (vgl Nr 18 Vademecum). Doch ist gem Vademecum auch in diesen Fällen „ratsam, dass der Ordinarius oder der Hierarch der Glaubenskongregation über die notitia de delicto und über die Entscheidung, von der Voruntersuchung aufgrund offenkundigen Nichtvorhandenseins der Wahrscheinlichkeit abzusehen, Meldung erstattet" (Nr 19

---

[149] Vgl *Scicluna*, Sexueller Missbrauch: Wann und wie die Glaubenskongregation einschalten? Einige Anmerkungen zum Motu proprio Sacramentorum Sanctitatis Tutela (30.4.2001/21.5.2010) und zur Praxis der Kongregation für die Glaubenslehre, in Hallermann/Meckel/Pfannkuche/Pulte (Hrsg), Der Strafanspruch der Kirche in Fällen von sexuellem Missbrauch (= WTh, Bd 9), 2012, 318.

[150] Vgl *Scicluna*, Sexueller Missbrauch: Wann und wie die Glaubenskongregation einschalten? Einige Anmerkungen zum Motu proprio Sacramentorum Sanctitatis Tutela (30.4.2001/21.5.2010) und zur Praxis der Kongregation für die Glaubenslehre, in Hallermann/Meckel/Pfannkuche/Pulte (Hrsg), Der Strafanspruch der Kirche in Fällen von sexuellem Missbrauch (= WTh, Bd 9), 2012, 319 f, hier 319; s den Abdruck ibid, 323 f.

Vademecum). Der Ordinarius oder Hierarch muss nach Übersendung der Akten der Voruntersuchung an die Kongregation für die Glaubenslehre gem Art Normae2010 „diesbezügliche Mitteilungen oder Anordnungen der Glaubenskongregation abwarten" (Nr 74 Vademecum).

Deutlich findet sich auch der Hinweis, dass „eine allfällige Nichterfüllung" der geforderten Voruntersuchung gem c 1717 CIC/1983 bzw c 1468 CCEO eine Straftat sein kann, „die im Sinn der beiden Codices und des Motuproprio ‚Come una madre amorevole' wie auch von Art 1 § 1, b VELM geahndet werden kann" (Nr 21 Vademecum). „Die kanonische Voruntersuchung muss unabhängig von der Existenz einer entsprechenden Ermittlung seitens der staatlichen Behörden durchgeführt werden" (Nr 26 Vademecum). Jedoch kann „die Aneignung der Ergebnisse der staatlichen Voruntersuchungen (oder des gesamten Prozesses vor dem staatlichen Gericht) die kanonische Voruntersuchung überflüssig machen". In diesem Fall soll der Voruntersuchungsführer „dennoch der Bewertung der staatlichen Ermittlungen die geschuldete Aufmerksamkeit zukommen lassen" (Nr 36 Vademecum).

Ebenso wie in weltlichen Verfahren kann auch in kirchlichen Verfahren Befangenheit gegeben sein (vgl cc 1447–1451 CIC/1983; cc 1105–1109 CCEO), die die beteiligten Gerichtspersonen verpflichtet, sich „im Interesse einer unparteilichen Rechtsprechung" der Tätigkeit zu enthalten.[151] Befangenheit ist auch im Fall einer Voruntersuchung möglich. Da der Ordinarius diese nicht selbst durchführen muss, kann er generell, vor allem aber, wenn er sich befangen hält, die Durchführung der Voruntersuchung einer anderen geeigneten Person übertragen (vgl c 1717 § 1 CIC/1983; c 1468 § 1 CCEO). Diese soll er „nach den in can 1428 §§ 1–2 CIC oder can 1093 CCEO angegebenen Kriterien auswählen" (Nr 38 Vademecum). In diesem Fall hat die betreffende Person dem Ordinarius bzw Hierarchen „alle Untersuchungsakten zusammen mit einer eigenen Beurteilung der Untersuchungsergebnisse zu übergeben" (Nr 67 Vademecum). Das Vademecum erinnert daran, dass der Ordinarius oder Hierarch gem c 1719 CIC/1983 und c 1470 CCEO „den Abschluss der Voruntersuchung per Dekret verfügen" muss (Nr 68 Vademecum) und gem Art 16 Normae2010 „nach Abschluss der Voruntersuchung und unabhängig von ihrem Ergebnis" die Pflicht hat, „schnellmöglich eine beglaubigte Kopie der entsprechenden Akten an die Glaubenskongregation zu senden" (Nr 69 Vademecum).[152] „Ab der notitia de delicto hat der Angeklagte das Recht, einen Antrag auf Dispens von allen Pflichten des klerikalen Standes, einschließlich des

---

[151] *Güthoff*, Gerichtsverfassung und Gerichtsordnung, in HdbKathKR³, 2015, 1661–1672, hier 1670.
[152] Die „Originale aller Akten" sind „im Geheimarchiv der Kurie" aufzubewahren. Vgl Nr 73 Vademecum unter Hinweis auf c 1719 CIC/1983 und c 1470 CCEO.

Zölibats, und gleichzeitig von etwaigen Ordensgelübden zu stellen", worüber der Ordinarius oder Hierarch ihn „in klarer Weise" zu informieren hat (Nr 157 Vademecum). Für den Fall, „dass die notitia de delicto einen bereits verstorbenen Kleriker betrifft", kann „keine Art von Strafverfahren eingeleitet werden" (Nr 160 Vademecum).

Insgesamt gesehen bestehen das Erfordernis der Voruntersuchung und die Einschaltung der Kongregation für die Glaubenslehre nicht erst seit dem Vademecum 2020 oder Art 16 Normae2010 oder der Verschärfung durch das Apostolische Schreiben „Vos estis lux mundi" von Papst Franziskus aus dem Jahr 2019, sondern zumindest seit dem gleichlautenden Art 13 Normae2001. Ein diesbezüglicher Ermessensspielraum für den Ordinarius bzw Hierarchen besteht zumindest seit 2001[153] nicht mehr. Dies wird dadurch bestätigt, dass es gem der Einleitung zum Vademecum bei diesem nicht „um ein neues Gesetz", sondern um die Erklärung der einzelnen Schritte und Erfordernisse im Fall von sexuellem Missbrauch geht. Wie Papst Johannes Paul II. mit Blick auf die Zuständigkeit der Kongregation für die Glaubenslehre bezüglich der „delicta graviora, einschließlich der delicta contra mores", betont hat, handelt es sich bei dieser Zuständigkeit um eine „Kompetenz, die das Dikasterium ‚ratione materiae' besitzt".[154] Dies bedeutet, dass die Kongregation für die Glaubenslehre auch für Missbrauchsfälle zuständig

---

[153] Die Weitergeltung der Instruktion „Crimen sollicitationis" des Hl. Offiziums vom 16.3.1962 und die damit verbundene Übertragung der richterlichen Zuständigkeit in Fällen sexuellen Missbrauchs Minderjähriger nach Inkrafttreten des CIC/1983 (vgl § 6 § 1, 3° CIC/1983) müsste gesondert geprüft werden. Für die Weitergeltung spricht *Congregatio pro Doctrina Fidei*, Epistula ad totius Catholicae Ecclesiae Episcopos aliosque Ordinarios et Hierarchas quorum interest: de delictis gravioribus eidem Congregationi pro Doctrina Fidei reservatis, 18.5.2001, in AAS 93/2001, 785–788: „Die bisher ausschließliche Zuständigkeit der Kongregation für die Glaubenslehre als Apostolischer Gerichtshof blieb unangetastet." S auch *Congregatio pro Doctrina Fidei*, Le Norme del Motu Proprio Sacramentorum sanctitatis tutela (2001). Introduzione storica vom 15. 7.2010, http://www.vatican.va/resources/ resources_introd-storica_it.html, 27.2.2021; dt. Übersetzung *Pytlik*, Kirchengeschichtliche Hinführung zu Sacramentorum sanctitatis tutela (16.7. 2010), kath.net, 27. 2.2021. Der Brief der Kongregation für die Glaubenslehre an die Bischöfe vom 18.5.2011 informierte die Bischöfe über „die neuen Vorgehensweisen, welche die Instruktion ‚Crimen Sollicitationis' ersetzten". „Alle Fälle, die die Würde des Bußsakraments betrafen, blieben „nach dem Konzil bei der Kongregation für die Glaubenslehre [...] und die Instruktion ‚Crimen Sollicitationis' wurde weiterhin für diese Fälle verwendet, bis zu den neuen vom Motu proprio ‚Sacramentorum sanctitatis tutela' des Jahres 2001 fixierten Normen." Andererseits: „Nach dem CIC 1983 werden die Prozesse in den Diözesen geführt." S auch *Rees*, Koordiniertes Vorgehen gegen sexuellen Missbrauch – Die Normen der Kongregation für die Glaubenslehre über die delicta graviora vom 21.5.2010, in Hallermann/Meckel/Pfannkuche/Pulte (Hrsg), Der Strafanspruch der Kirche in Fällen von sexuellem Missbrauch (= WTh, Bd 9), 2012, 74–79; Art 52 PastBon.
[154] *Johannes Paul II.*, Discorso ai partecipanti alla Plenaria della Congregazione per la Dottrina della Fede vom 6.2.2004, in AAS 96/2004, 399-402; dt unter An die Teilnehmer der Vollversammlung der Glaubenskongregation (6. Februar 2004)|Johannes Paul II. (vatican.va), 27.2. 2021.

ist, „bei denen nach kanonischem Recht keine Straftat vorzuliegen scheint oder bei denen die Möglichkeit zur Strafklage aufgrund von Verjährung bereits erloschen ist".[155]

3. Zuständigkeit mit Blick auf Vergehen von Bischöfen

Zwar ist gem c 1405 § 1 CIC/1983 (vgl c 1060 § 1 CCEO) „der Papst selbst" für Strafsachen von Kardinälen, Gesandten des Apostolischen Stuhls und von Bischöfen zuständig. In Art 1 § 2 Normae2010 wurde jedoch das Recht der Kongregation für die Glaubenslehre eingefügt, „mit vorherigem Auftrag durch den Papst die Kardinäle, die Patriarchen, die Gesandten des Apostolischen Stuhls, die Bischöfe und andere natürliche Personen zu richten, die in c 1405 § 3 CIC und c 1061 CCEO genannt werden".[156]

Seit dem Apostolischen Schreiben „Vos estis lux mundi", das von Papst Franziskus 2019 veröffentlicht wurde, ist auch jede Vertuschung eines Missbrauchsfalls durch „Kardinäle, Patriarchen, Bischöfe und Gesandte des Papstes" gem Art 6 VELM in Rom meldepflichtig und muss in einem eigenen kirchlichen Ermittlungsverfahren untersucht werden. So hat die Autorität, die eine Meldung über einen Bischof der Lateinischen Kirche im Hinblick auf Vertuschung von sexuellem Missbrauch erhält, „diese sowohl an den Heiligen Stuhl als auch an den Metropoliten der Kirchenprovinz weiter[zuleiten], in der die gemeldete Person ihren Wohnsitz hat" (Art 8 § 1 VELM). Wenn die Meldung den Metropoliten selbst betrifft oder der Metropolitansitz vakant ist, wird diese „sowohl an den Heiligen Stuhl als auch an den dienstältesten Suffraganbischof weitergeleitet, für den in diesem Fall die [...] Bestimmungen hinsichtlich des Metropoliten anzuwenden sind" (vgl Art 8 § 2 VELM iVm Art 10 § 1 VELM).

Würde der für die Meldung zuständige Amtsträger eine solche unterlassen, würde er sich selbst gem diesen Normen strafbar machen. Die Kongregation, an die die Meldung zuständigkeitshalber ergeht (vgl Art 7 VELM), verpflichtet sich, „unverzüglich", dh „jedenfalls innerhalb von dreißig Tagen nach Erhalt der ersten Meldung seitens des Päpstlichen Vertreters oder der Bitte um die Beauftragung seitens des Metropoliten" bzw dienstältesten Suffraganbischofs im Falle des Met-

---

[155] *Scicluna*, Sexueller Missbrauch: Wann und wie die Glaubenskongregation einschalten? Einige Anmerkungen zum Motu proprio Sacramentorum Sanctitatis Tutela (30.4.2001/21.5.2010) und zur Praxis der Kongregation für die Glaubenslehre, in Hallermann/Meckel/Pfannkuche/Pulte (Hrsg), Der Strafanspruch der Kirche in Fällen von sexuellem Missbrauch (= WTh, Bd 9), 2012, 310.

[156] Vgl *Congregatio pro Doctrina Fidei*, Kurze Zusammenfassung der Veränderungen in den Normae de gravioribus delictis, die der Kongregation für die Glaubenslehre vorbehalten sind, o D (2010), Kurze Zusammenfassung der Veränderungen in den Normae de gravioribus delictis, die der Kongregation für die Glaubenslehre vorbehalten sind (vatican.va), 27.2.2021.

ropoliten, „Anweisungen bezüglich der Vorgehensweise" zu geben (Art 10 VELM). Näherhin wird die Absetzung von Bischöfen aufgrund eines schuldhaften Umgangs mit Fällen sexuellen Missbrauchs im Motu proprio "Come una madre amorevole" von Papst Franziskus aus dem Jahr 2019 geregelt. So kann ein Diözesanbischof rechtmäßig seines Amtes enthoben werden, wenn er durch Nachlässigkeit oder Unterlassung Schaden an Personen oder der Gemeinschaft als Ganzer verursacht hat (vgl Art 1).

4. Täter und Täterinnen

Can 1395 CIC/1983 (vgl c 1453 CCEO) und Art 6 §§ 1 und 2 Normae2010 sprechen nur von Klerikern als Tätern. Dabei sind Welt- und Ordenskleriker sowie Diakone gemeint. Es kann neben diesen jedoch auch andere Personen im kirchlichen Dienst geben – und es gibt diese wohl auch –, deren Fehlverhalten den Straftatbeständen des c 1395 CIC/1983 bzw anderer kirchlicher Regelungen entsprechen. Diese Personen unterliegen einer Bestrafung durch weltliche Gerichte, sind jedoch durch den CIC/1983 explizit nicht erfasst.

Die Päpstliche Kommission für den Schutz von Minderjährigen betont daher in ihrem sogenannten Template-Dokument, dass Verfahrensnormen nicht nur für Kleriker und Ordensleute, sondern auch für Laienangestellte und ehrenamtliche Personen notwendig sind.[157] So hat die Österreichische Bischofskonferenz bezüglich der Hilfe für Opfer bereits auch nichtklerikale Ordensleute und Laienmitarbeiter*innen als Täter*innen im Blick. Papst Benedikt XVI. (2005–13) hatte bereits kurz nach seinem Amtsantritt eine Reform des kirchlichen Strafrechts in die Wege geleitet.

In dem bekannt gewordenen Schema Recognitionis Libri VI Codicis Iuris Canonici, das vom Pontificium Consilium De Legum Textibus erarbeitet und im Jahr 2016 zur Begutachtung an Bischofskonferenzen und andere Einrichtungen ausgesandt worden ist,[158] wird der Straftatbestand des c 1395 CIC/1983 durch eine Strafbe-

---

[157] Vgl *Pontifical Commission for the Protection of Minors*, Guidelines Template document vom 27.5.2016, Art 9 Pkt 5, WEB.0191.001.0001.pdf (childabuseroyalcommission.gov.au), 27.2.2021.
[158] Vgl *Pontificium Consilium de Legum Textibus*, Schema Recognitionis Libri VI Codicis Iuris Canonici (Reservatum), Typis Vaticanis 2016; Teilabdruck in Pulte (Hrsg), Tendenzen der kirchlichen Strafrechtsentwicklung (= KStKR 25), 2017, 209–233, hier 231; *Güthoff*, Ein Überblick über die im zweiten Teil des Strafrechts des CIC (cann 1364–1399) geplanten Änderungen, in Güthoff/Korta/Weiß (Hrsg), Clarissimo Professori Doctori Carolo Giraldo Fürst. In memoriam Carl Gerold Fürst (= AIC, Bd 50), 2013, 157–165, hier 161; *Haering*, Reichweite und Grenzen des kirchlichen Strafrechts im Vorgehen gegen Sexualstraftäter, in Hallermann/Meckel/Pfannkuche/Pulte (Hrsg), Der Strafanspruch der Kirche in Fällen von sexuellem Missbrauch (= WTh, Bd 9), 2012, 238; zu den Reformplänen s *Rees*, Evolution im Strafrecht der römisch-katholischen Kirche mit besonderem Blick auf die delicta graviora und die von Papst Benedikt XVI. in die Wege geleitete Strafrechtsreform, in Schulte (Hrsg), Politik, Religion und Recht (= Wissenschaftliche

stimmung für andere Personen, die eine Würde, ein Amt oder einen Dienst in der Kirche innehaben, ergänzt, ohne jedoch auf den Vorbehalt der Kongregation für die Glaubenslehre zur Beurteilung und Ahndung dieser Straftaten zu verweisen. Dadurch sollen in Zukunft die Funktionsfähigkeit, Integrität und Glaubwürdigkeit des gesamten kirchlichen Dienstes sichergestellt werden.

Gesetze, die eine Strafe festlegen, unterliegen „enger Auslegung" (c 18 CIC/1983; c 1500 CCEO). Auch ist bei einer Gesetzesänderung nach Begehen einer Straftat „das für den Täter günstigere Gesetz anzuwenden" (c 1313 § 1 CIC/1983; c 1412 § 2 CCEO). Eine rückwirkende Geltung neuerer, dh auch strengerer Strafnormen ist somit ausgeschlossen. Allerdings kann die Kongregation für die Glaubenslehre auch in Fällen, die gesetzlich verjährt sind, die Verjährung aufheben.[159] Spannungen bleiben mit Blick auf die Frage nach dem Verhältnis von privatrechtlichem Dienstverhältnis und kirchlichem Ämterrecht bei kirchlichen Laiendienstnehmer*innen im Fall einer Kündigung. Wie Herbert Kalb bemerkt, gilt es, „eine Kündigung/Entlassung ohne Amtsenthebung zu vermeiden", da aufgrund der Zweigliedrigkeit von Amts- und Dienstverhältnis „vertretbar [wäre], daß dem Amtsträger bis zur Amtsenthebung ein Anspruch auf Besoldung zukommt". Es sei daher „sinnvollerweise in die Dienstordnungen/Vertragsrecht eine Bestimmung aufzunehmen, wonach mit Kündigung/Entlassung ein Besoldungsanspruch erlischt und bei noch aufrechtem Amtsverhältnis ‚nur' die Regelung von c 195 zur Anwendung kommt".[160] Auch macht Kalb zu Recht darauf aufmerksam, dass „die formalrechtliche Bewertung" diözesaner Bestimmungen teilweise schwierig ist, „da nicht in allen Fällen ein Promulgationsakt vorliegt und auch verschiedentlich die Genese der ‚aktuellen Fassung' einer Dienst- und Besoldungsordnung nicht in jedem Fall plausibel nachvollziehbar ist".[161]

Abhandlungen und Reden zur Philosophie, Politik und Geistesgeschichte, Bd 88), 2017, 206–208; *Rees*, Grundfragen des kirchlichen Strafrechts, in HdbKathKR³, 2015, 1588–1590.

[159] Auch aus diesem Grund bedarf es der Information der Kongregation für die Glaubenslehre nach Abschluss der Voruntersuchung. Zur Verjährung s oben, II. 2.

[160] *Kalb*, Amt und Dienstverhältnis bei der Kündigung kirchlicher Laiendienstnehmer, in Geringer/Schmitz (Hrsg), Communio in Ecclesiae Mysterio. Festschrift für Winfried Aymans zum 65. Geburtstag, 2001, 219–232, hier 232; s auch *Bethke*, Das kirchenamtliche Dienstverhältnis von Laien. Die rechtliche Stellung des Laien in der Katholischen Kirche bei berufsmäßiger Ausübung von Kirchenämtern mit besonderer Berücksichtigung der Rechtslage in den bayerischen (Erz-)Diözesen (= Bamberger Theologische Studien, Bd 32), 2006, 91–115; s auch c 195 CIC/1983 (vgl c 977 CCEO): „Wird jemand nicht von Rechts wegen, sondern durch Dekret des zuständigen Autorität eines Amtes enthoben, durch das sein Unterhalt gesichert wird, so hat dieselbe Autorität Vorkehrungen dafür zu treffen, dass eine angemessene Zeit lang für die Existenz gesorgt ist, wenn nicht auf andere Weise Vorsorge getroffen wurde."

[161] *Kalb*, Kirchliches Dienst- und Arbeitsrecht in Deutschland und Österreich, in HdbKathKR³, 2015, 336 f; s auch *Rees*, Die Rechtsnormen, in HdbKathKR³, 2015, 139–141.

5. Strafmaßnahmen

Im Fall des sexuellen Missbrauchs minderjähriger Personen und anderer Verge-hen gegen die Sitten durch Kleriker ist eine Bestrafung von Gesetzes wegen vor-geschrieben (vgl c 1395 § 2 CIC/1983; Art 6 § 2 Normae2010), wenn die Tat vor-sätzlich begangen wurde. Die bisherige Androhung einer gerechten Strafe (iusta poena) gewährt jedoch einen großen Ermessensspielraum bei der Strafverhän-gung sowohl auf dem Verwaltungs- als auch auf dem Gerichtsweg, der in der Pra-xis nicht immer sachdienlich bzw von Vorteil sein muss.[162] Hinzu kommt eine Reihe von Strafmilderungs- und Strafausschließungsgründen.[163] Allerdings gibt c 1395 § 2 CIC/1983 keinen absoluten Freiraum, sodass der Willkür Tür und Tor geöffnet wären. Gefordert ist eine gerechte Strafe, wobei als Höchststrafe die Ent-lassung aus dem Klerikerstand nicht ausgeschlossen wird. Generell sind Beuge- und Sühnestrafen möglich, wobei bei letzteren nicht so sehr der/die Täter*in als vielmehr die kirchliche Gemeinschaft im Vordergrund steht.[164]

Vieles spricht dafür, den bisherigen Ermessungsspielraum und damit die Andro-hung einer iusta poena bis hin zur Entlassung aus dem Klerikerstand entgegen der im Strafrechtsschema von 2016 feststellbaren Tendenz, die Androhung einer iusta poena durch eine konkrete Strafandrohung zu ersetzen, beizubehalten, da die jeweilige Sachlage, die berücksichtigt werden muss, sowohl im Hinblick auf den/die Täter*in als auch das Opfer sehr unterschiedlich sein kann. Für den Fall, dass nicht die schwerste Strafe, nämlich die Entlassung aus dem Klerikerstand verhängt wird, ist die Verhängung anderer (Sühne-)Strafen gem c 1336 § 1 CIC/1983; keine Parallele im CCEO) möglich.[165] Näherhin kommen das „Verbot oder Gebot, sich in einem bestimmten Ort oder Gebiet aufzuhalten" (c 1336 § 1, 1° CIC/

---

[162] Vgl *Althaus*, Sive procedura iudicialis sive administrativa. Zwei gleichwertige Alternativen der kirchlichen Strafverhängung?, in Althaus/Oehmen-Vieregge/Olschewski (Hrsg), Aktuelle Beiträ-ge zum Kirchenrecht. Festgabe für Heinrich J. F. Reinhardt zum 60. Geburtstag (= AIC, Bd 24), 2002, 31–54; *Ohly*, Dekretverfahren versus Gerichtsweg – Sanktionsrechtliche Erwägungen zu einer kodikarischen Alternative, in Pulte (Hrsg), Tendenzen der kirchlichen Strafrechtsentwick-lung (= KStKR 25), 2017, 61–80.

[163] Vgl *Rees*, Straftat und Strafe, in HdbKathKR³, 2015, 1595–1597.

[164] *Rees*, Die Strafgewalt der Kirche. Das geltende kirchliche Strafrecht – dargestellt auf der Grundlage seiner Entwicklungsgeschichte (= KST, Bd 41), 1993, 368–370; *Rees*, Strafe und Straf-zwecke – Theorien, geltendes Recht und Reformen, in Pulte (Hrsg), Tendenzen der kirchlichen Strafrechtsentwicklung (= KStKR 25), 2017, insb 41–45.

[165] S *Bitterli*, Von möglichen und unmöglichen Strafen. Überlegungen zur Bestrafung von Welt-klerikern für Vergehen im Sinne von Art. 6 § 1 1° der Normae de gravioribus delictis vom 21.5. 2010, in Schüller/Zumbült (Hrsg), Iustitia est constans et perpetua voluntas ius suum cuique tribuendi. 20 Jahre Studiengang Lizentiat im Kanonischen Recht an der Westfälischen Wilhelms-Universität Münster. Festschrift für Klaus Lüdicke zum 70. Geburtstag (= BzMK CIC 70), 2014, 87–104, insb 93–104; *Rees*, Straftat und Strafe, in HdbKathKR³, 2015, 1601–1603; s auch *Meier*, Art Aufenthaltsverbot, in Meier/Kandler-Mayr/Kandler (Hrsg), 100 Begriffe aus dem Ordens-recht, 2015, 46 f.

1983), der Entzug einer Vollmacht, eines Amtes (privatio), einer Aufgabe, eines Rechtes usw (vgl c 1336, 2° CIC/1983), ggf auch der Beichtvollmacht (vgl c 975 iVm c 967 § 2 CIC/1983; c 726 § 1–3 CCEO), ferner Ausübungsverbote (vgl c 1336, 3° CIC/1983) und die „Strafversetzung (translatio) auf ein anderes Amt" (c 1336, 4° CIC/1983) in Frage. Letztere erscheint im Fall der Verurteilung als problematisch, da die Gefahr der Wiederholung bzw Fortsetzung im neuen Tätigkeitsbereich nicht ausgeschlossen ist und somit neue Opfer betroffen sein können.[166] Ggf sind Strafsicherungsmittel oder Strafbußen gefordert (vgl cc 1339 f CIC/ 1983; c 1427 § 1 CCEO).[167] Der mit Absetzung (privatio) bestrafte Kleriker (vgl c 1336 § 1, 2° iVm c 196 § 1 CIC/1983; c 1430 § 1 CCEO iVm c 978 CCEO) „behält einen Rechtsanspruch auf angemessenen Lebensunterhalt", während für Nichtkleriker, die mit Absetzung bestraft werden, seitens des CIC/1983 „keine entsprechende Regelung" vorgesehen ist.[168] Die im Sinne des Rechtsschutzes bei der Bestrafung eines Klerikers zu beachtende Vorschrift, darauf zu achten, „dass er nicht das entbehrt, was zu seinem angemessenen Unterhalt notwendig ist" (c 1350 § 1 CIC/1983; vgl c 1410 CCEO), gilt, „solange das Inkardinationsverhältnis besteht".[169] Auch das Amt des Diözesanbischofs kann durch Absetzung vakant werden (vgl c 416 CIC/1983; c 219 CCEO).[170]

Im Fall der Verhängung der Strafe der Entlassung aus dem Klerikerstand entfällt jegliche Sorgepflicht des Bischofs für den entlassenen Kleriker (vgl c 1350 § 1 CIC/1983; c 1410 CCEO), damit aber auch die Möglichkeit, auf ihn in irgendeiner Weise positiv einzuwirken und ihn zu begleiten. Sofern der aus dem Klerikerstand Entlassene „wegen der Strafe wirklich in Not geraten ist", soll der Ordinarius jedoch „auf möglichst gute Weise Vorsorge treffen" (c 1350 § 2 CIC/1983; vgl c 1410 CCEO). Es besteht keine Rechtspflicht, wohl aber eine moralische Ver-

---

[166] Die Strafe findet sich im Entwurf des künftigen Strafrechts nicht mehr. Vgl *Güthoff*, Ein Überblick über die im ersten Teil des Strafrechts des CIC (cc 1311–1363) geplanten Änderungen, in AfkKR 181/2012, 75–89, hier Anm 29, 81.

[167] Vgl *Ihli*, Buße statt Strafe. Ein wenig beachtetes Rechtsinstitut als Handlungsalternative im Strafrecht, in Ohly/Haering/Müller (Hrsg), Rechtskultur und Rechtspflege in der Kirche. Festschrift für Wilhelm Rees zur Vollendung des 65. Lebensjahres (= KST, Bd 71), 2020, 591–607.

[168] *Hallermann*, Art Amtsverlust – Katholisch, in LKRR, Bd 1 (2019), 145–147, hier 147; s auch *Rees*, Art Amtsenthebung – Katholisch, in LKRR, Bd 1 (2019), 120 f; *Rehak*, Art Absetzung – Katholisch, in LKRR, Bd 1 (2019), 21.

[169] *Hallermann*, Art Lebensunterhalt – Katholisch, in LKRR, Bd 3 (2020), 49 f, hier 50; s auch *Kowatsch*, Der Unterhalt von Weltpriestern im Kontext des kirchlichen Strafverfahrens. Zur Unterscheidung von sustentatio und remuneratio im Blick auf einige partikularrechtliche Unterhaltsregelungen, in Rees/Haering (Hrsg), Iuris sacri pervestigatio. Festschrift für Johann Hirnsperger (= KST, Bd 72), 2020, 191–232; *Rees*, Straftat und Strafe, in HdbKathKR³, 2015, 1608 f.

[170] S *Rehak*, Art Absetzung – Katholisch, in LKRR, Bd 1 (2019), 21.

pflichtung.[171] So bestimmt auch c 195 § 1 CIC/1983 (vgl c 977 CCEO): „Wird jemand nicht von Rechts wegen, sondern durch Dekret der zuständigen Autorität eines Amtes enthoben, durch das sein Unterhalt gesichert wird, so hat dieselbe Autorität Vorkehrungen dafür zu treffen, dass eine angemessene Zeit lang für seine Existenz gesorgt wird, wenn nicht auf andere Weise Vorsorge getroffen wurde", dh ua durch eine neue berufliche Tätigkeit. Da es sich „um eine Norm aus dem allgemeinen Ämterrecht handelt", ist diese Norm „auch auf Ämter anzuwenden [...], die von Laien ausgeübt werden".[172] Sofern Straftaten gegen c 1395 § 2 CIC/1983 von Ordensangehörigen begangen werden, kann dies gem c 695 CIC/1983 ein Grund für die Entlassung sein.[173]

Zu fragen ist, ob die Entlassung aus dem Klerikerstand den unterschiedlichen Tätern und Opfern gerecht wird. Marius Johannes Bitterli verweist darauf, dass diese Maßnahme „nicht mit der Kündigung eines Arbeitsvertrages in der Privatwirtschaft" vergleichbar ist. Es handle sich vielmehr „um den Erlass eines lebenslangen Berufsverbots".[174] Zudem sei bei der Entlassung aus dem Klerikerstand „auch deshalb äußerste Vorsicht geboten, weil diese Maßnahme im Prinzip nicht widerrufbar ist. Ein rechtlicher Anspruch auf Wiederaufnahme unter die Kleriker besteht jedenfalls nicht. Letztere ist nur in Ausnahmefällen durch den Apostolischen Stuhl möglich".[175] Matthias Pulte hält die „unbefristete und umfassende suspensio

---

171 Vgl *Rees*, Die Strafgewalt der Kirche. Das geltende kirchliche Strafrecht – dargestellt auf der Grundlage seiner Entwicklungsgeschichte (= KST, Bd 41), 1993, 402 f; s auch *Pree*, Priester ohne Amt. Probleme um die amissio status clericalis und ihre kirchenrechtlichen Rechtsfolgen, in Paarhammer/Rinnerthaler (Hrsg), Scientia Canonum. Festgabe für Franz Pototschnig zum 65. Geburtstag, 1991, 240; *Platen*, Die Sustentation der Kleriker. Der Neuansatz in der Versorgung der Kleriker mit Blick auf ausgewählte Problemstellungen (= BzMK CIC 24), 2004.
172 *Kowatsch*, Der Unterhalt von Weltpriestern im Kontext des kirchlichen Strafverfahrens. Zur Unterscheidung von sustentatio und remuneratio im Blick auf einige partikularrechtliche Unterhaltsregelungen, in Rees/Haering (Hrsg), Iuris sacri pervestigatio. Festschrift für Johann Hirnsperger (= KST, Bd 72), 2020, 216.
173 Vgl *Haering*, Die Entlassung aus einem kanonischen Lebensverband, in Müller (Hrsg), Rechtsschutz in der Kirche (= KRB, Bd 15), 2011, 107–126, hier 111 f.
174 *Bitterli*, Von möglichen und unmöglichen Strafen. Überlegungen zur Bestrafung von Weltklerikern für Vergehen im Sinne von Art. 6 § 1 1° der Normae de gravioribus delictis vom 21.5.2010, in Schüller/Zumbült (Hrsg), Iustitia est constans et perpetua voluntas ius suum cuique tribuendi. 20 Jahre Studiengang Lizentiat im Kanonischen Recht an der Westfälischen Wilhelms-Universität Münster. Festschrift für Klaus Lüdicke zum 70. Geburtstag (= BzMK CIC 70), 2014, 102–104, hier 102.
175 *Bitterli*, Von möglichen und unmöglichen Strafen. Überlegungen zur Bestrafung von Weltklerikern für Vergehen im Sinne von Art. 6 § 1 1° der Normae de gravioribus delictis vom 21.5.2010, in Schüller/Zumbült (Hrsg), Iustitia est constans et perpetua voluntas ius suum cuique tribuendi. 20 Jahre Studiengang Lizentiat im Kanonischen Recht an der Westfälischen Wilhelms-Universität Münster. Festschrift für Klaus Lüdicke zum 70. Geburtstag (= BzMK CIC 70), 2014, 104, unter Hinweis auf *Haering*, Verlust des klerikalen Standes. Neue Rechtsentwicklungen durch päpstliche Sondervollmachten der Kongregation für den Klerus. Heribert Schmitz zum 80. Geburtstag, in AfkKR 178/2009, 386, und *Congregatio pro Clericis*, Rundschreiben, Prot N

a divinis gem c 1333 § 1 iVm c 1334 § 1 zusammen mit einer Reduzierung der Bezüge auf Sustentationsniveau" für „die angemessenere Strafe".[176] Peter Landau wollte den Straftatbestand des sexuellen Missbrauchs sogar dahingehend ergänzt wissen, dass nicht nur Kleriker und Laien sanktioniert werden, sondern die Exkommunikation als Tatstrafe angedroht werde.[177] Die Exkommunikation ist jedoch, wie die Suspension, eine Beugestrafe, die dann nachzulassen ist, wenn der Täter „die Widersetzlichkeit aufgegeben hat" (vgl c 1358 § 1 iVm c 1347 § 2 CIC/ 1983; c 1424 §§ 1 und 2 CCEO iVm c 1407 § 2 CCEO).[178] Zudem ist die Androhung von Tatstrafen kritisch zu hinterfragen. Klar ist die Ordnung für die Versorgung der Priester in der Diözese Eisenstadt,[179] die mit 1.1.2020 in Kraft getreten ist: „Das Ausscheiden aus dem Priesterstand bedeutet den Entfall aller Bezüge und auch das Erlöschen des Anspruches auf Ruhestandsversorgung. Aus sozialen Gründen wird anlässlich des Übertrittes in den Laienstand nach Bescheid von der Pensionsversicherungsanstalt der sog Überweisungsbetrag zuerkannt" (§ 12 Abs 3).

Gem § 5 Abs 1 Z 7 ASVG iVm § 4 ASVG sind Priester und Angehörige der Orden und Kongregationen der katholischen Kirche von der gesetzlichen Vollversicherungspflicht, die neben Kranken- und Unfallversicherung die Pensionsversicherung umfasst, ausgenommen, sofern sie nicht in einem Dienstverhältnis zu einer anderen Körperschaft als ihrer Kirche oder Ordensgemeinschaft stehen.[180] Diese Regelung erfasst auch Angehörige von Gemeinschaften des apostolischen Lebens

---

2009 0556 vom 18.4.2009, Nr 9; abgedr in AfkKR 178/2009, 181–190, hier 190; s auch c 293 CIC/1983 und c 398 CCEO; *Rieger*, Das Ausscheiden aus dem klerikalen Stand, in HdbKathKR³, 2015, 428 f.

[176] *Pulte*, Strafanspruch des Staates – Strafanspruch der Kirche. Der juristische Umgang mit den Delicta graviora. Rechtsdogmatische Anmerkungen, in Hallermann/Meckel/Pfannkuche/Pulte (Hrsg), Der Strafanspruch der Kirche in Fällen von sexuellem Missbrauch (= WTh, Bd 9), 2012, 59.

[177] Vgl *Die Presse*, Kirchenrechtler: Missbrauchstäter gehören exkommuniziert. Ein Passus, der Missbrauchstäter aus der Kirche ausschließt, wurde laut Peter Landau 1983 gestrichen. Eine Änderung des Kirchenrechts könnte „verlorene Glaubwürdigkeit zurückgewinnen" (2.10.2018), https://diepresse.com/home/panorama/religion/5506481/Kirchenrechtler_Missbrauchstaeter-gehoeren-exkommuniziert, 27.2.2021; *Landau*, Sofort exkommunizieren. Wie das Kirchenrecht für Missbrauchstaten reformiert werden sollte (1.10.2018), https://www.sueddeutsche.de/politik/gastkommentar-sofort-exkommunizieren-1.4152 205, 27.2. 2021.

[178] *Rees*, Strafe und Strafzwecke – Theorien, geltendes Recht und Reformen, in Pulte (Hrsg), Tendenzen der kirchlichen Strafrechtsentwicklung (= KStKR 25), 2017, 44; *Rees*, Straftat und Strafe, in HdbKathKR³, 2015, 1613.

[179] Vgl *Diözese Eisenstadt*, Ordnung für die Versorgung der Priester in der Diözese Eisenstadt vom 15.12.2019 mit Rechtswirksamkeit vom 1.1.2020, in Amtliche Mitteilungen der Diözese Eisenstadt Nr 652, 15.12.2019, 2019/7, 42–47, hier 45; ferner unter AMTLICHE MITTEILUNGEN (martinus.at), 27.2.2021.

[180] Vgl *Bundesgesetz* vom 9.9.1955 über die Allgemeine Sozialversicherung (Allgemeines Sozialversicherungsgesetz – ASVG), BGBl 1955/189; s dazu *Frank*, in Mosler/Müller/Pfeil, Der SV-Kommentar, Wien (Stand 1.12.2020), § 314 ASVG.

und im Einzelfall auch von Säkularinstituten. Kleriker und Ordensleute erwerben somit keine staatlichen Pensionsansprüche. „Weder haben sie selbst noch ihr Dienstgeber in die staatliche Pensionsversicherung Beiträge gezahlt, noch zählen die Zeiten des priesterlichen Dienstes als relevante Versicherungszeiten".[181] Die Diözesen schließen daher für den Fall von Krankheit privatrechtliche Gruppen- bzw Sammelversicherungsverträge ab. Auch haben einzelne österreichische Diözesen in Ausführung eines Beschlusses der Österreichischen Bischofskonferenz vom 8. bis 10.11.1988 zur Vorsorge für die Altersversorgung des Klerus einen Pensionsfonds als unselbständigen Fonds bei der jeweiligen diözesanen Finanzkammer eingerichtet, der aus Mitteln aus dem Kirchenbeitrag und anderen Geldquellen gespeist wird.[182] § 314 Abs 1 ASVG iVm Abs 5 ASVG verpflichtet daher für den Fall des Ausscheidens eines Geistlichen oder Angehörigen eines Ordens oder einer Kongregation der katholischen Kirche aus dem geistlichen Dienst den bisherigen Inkardinationsverband binnen 18 Monaten zur Zahlung eines Überweisungsbetrags, mit dem die Lücke des Pensionskontos geschlossen werden soll.[183] Die 41. ASVG-Novelle (BGBl 1986/111) schränkte den Anwendungsbereich der Ausnahmebestimmung von § 5 Abs 1 Z 7 ASVG (keine Vollversicherungspflicht) ausdrücklich auf Priester ein, während Ständige „Diakone der katholischen Kirche, wenn sie hauptberuflich im kirchlichen Dienst stehen, als Dienstnehmer gem § 4 ASVG qualifiziert und als pflichtversichert angesehen" werden.[184] Wolfgang Mazal sieht die Gestaltung der Ausnahmebestimmung in § 5 Abs 1 Z 7 ASVG „stark [...] von innerkirchlichen Spannungen über die Einordnung der Diakone gekennzeichnet", was „mit den innerkirchlichen Rechtsnormen nicht im Einklang [stehe], die von einer grundsätzlichen sozialrechtlichen Gleichbehandlung der Diakone ausgehen". Er sieht daher die Gefahr, „daß die Ausnahme unsachlich und

---

[181] *Kowatsch*, Der Unterhalt von Weltpriestern im Kontext des kirchlichen Strafverfahrens. Zur Unterscheidung von sustentatio und remuneratio im Blick auf einige partikularrechtliche Unterhaltsregelungen, in Rees/Haering (Hrsg) Iuris sacri pervestigatio. Festschrift für Johann Hirnsperger (= KST, Bd 72), 2020, insb 229–231, hier 229.

[182] S zB *Diözese Innsbruck*, Statut des Pensionsfonds (für die Priester und Angestellten) der Diözese Innsbruck mit Rechtswirksamkeit vom 1.1.2013, in Diözesanblatt. Amtliche Mitteilungen der Diözese Innsbruck, 88. Jg, Nr 6, September/Oktober 2013, Nr 66, 5 (Das Statut kann in der Ordinariatskanzlei eingesehen werden); *Diözese Linz*, Statut des Pensionsfonds der Diözese Linz (Novelle) vom 1.6.2015, rückwirkend mit 1.1.2015 in Kraft getreten, in Linzer Diözesanblatt 161. Jg, Nr 4, 1.7.2015, Nr 31, 33 f; ferner unter Diözesanblatt März_2007, dioezese-linz.at, 27.2. 2021.

[183] S *Schrammel*, Sozialversicherung und Geistliches Amt, in ÖAKR 33/1982, 81–106; *Kalb*, Ausscheiden aus dem geistlichen Stand. Bemerkungen zu § 314 ASVG, in ÖAKR 36/1986, 328–332; *Kalb*, Art Rentenversicherung, b) Österreich, in Meier/Kandler-Mayr/Kandler (Hrsg), 100 Begriffe aus dem Ordensrecht, 2015, 425–428.

[184] S *Kalb/Potz/Schinkele*, Religionsrecht, 2003, 244.

damit gleichheitswidrig ist".[185] Mit Blick auf Diakone ist es notwendig, „zwischen dem Ende des konkreten Dienstes und der ‚Beendigung des Dienstverhältnisses'" zu unterscheiden.[186] Wie Heimerl/Pree bemerken, ist im Fall „der Beendigung des Beschäftigungsverhältnisses (entweder einseitig durch Kündigung eines Teiles oder einvernehmlich)" zu beachten, „daß trotz Amtsverlusts das Inkardinationsverhältnis und daher der Anspruch auf Lebensunterhalt weiterbesteht".[187] Die damit verbundenen Probleme seien jedoch weithin ungeklärt.

Der CIC/1917 kannte eine große Vielfalt an Sühnestrafen gegen Kleriker (vgl cc 2298–2305 CIC/1917),[188] wie ua auch die Unfähigkeit zur künftigen Übernahme von Ämtern und Diensten (vgl c 2298, 5° CIC/1917) oder die Entziehung des Gehalts oder der Pension (vgl c 2291, 7° CIC/1917 und c 2298, 6° CIC/1917), die jedoch weithin im CIC/1983 nicht mehr aufrechterhalten wurden. Der Entwurf für die Neufassung des Buches VI des Codex Iuris Canonici des Päpstlichen Rates für die Gesetzestexte vom Sommer 2011 sieht eine Differenzierung und Ausweitung der Sühnestrafen gegenüber dem geltenden c 1336 CIC/1983 vor.[189] So nimmt der Entwurf einzelne Sühnestrafen des CIC/1917 wieder auf, ua auch die Möglichkeit von Geldstrafen und Gehaltskürzungen,[190] die sich durchaus als schmerzlich und wirkungsvoll erweisen können, ebenso auch die Suspension (vgl c 2359 § 2 CIC/1917). Die einbehaltenen Beträge könnten durchaus zur Wiedergutmachung des angerichteten Schadens verwendet werden.

---

[185] *Mazal*, Zur Versicherungspflicht für kirchliche Dienstnehmer unter besonderer Berücksichtigung der Ständigen Diakone, in Runggaldier/Schinkele (Hrsg), Arbeitsrecht und Kirche. Zur arbeitsrechtlichen und sozialrechtlichen Stellung von Klerikern, Ordensangehörigen und kirchlichen Mitarbeitern in Österreich, 1996, 225–244, hier 243.

[186] Vgl *Weiß*, Der Diakon, in HdbKathKR³, 2015, 388–409, insb 408 f, hier 408.

[187] *Heimerl/Pree* unter Mitwirkung von *Primetshofer*, Handbuch des Vermögensrechts der katholischen Kirche unter besonderer Berücksichtigung der Rechtsverhältnisse in Bayern und Österreich, 1993, Rdnr 6/144, 700; s auch *Congregatio pro Clericis*, Directorium pro ministerio et vita diaconorum permanentium vom 22.2.1998, Nr 21, unter Hinweis auf cc. 290–293 CIC/1983, in AAS 90/1998, 879–889, hier 888 f; dt VApSt 132, 1998, 67–131, hier 80 f; ferner unter Grundnormen für die Ausbildung der ständigen Diakone (vatican.va), 27.2. 2021.

[188] Vgl *Rees*, Die Strafgewalt der Kirche. Das geltende kirchliche Strafrecht – dargestellt auf der Grundlage seiner Entwicklungsgeschichte (= KST, Bd 41), 1993, 223–225 und 396.

[189] Vgl *Pontificium Consilium de Legum Textibus*, Schema Recognitionis Libri VI Codicis Iuris Canonici (Reservatum), Typis Vaticanis 2016, Rationes 1, Nr 5 und 7, sowie c 1336, 7, 9 und 23 f; s *Güthoff*, Ein Überblick über die im ersten Teil des Strafrechts des CIC (cc 1311–1363) geplanten Änderungen, in AfkKR 181/2012, 79–82.

[190] Vgl *Haering*, Reichweite und Grenzen des kirchlichen Strafrechts im Vorgehen gegen Sexualstraftäter, in Hallermann/Meckel/Pfannkuche/Pulte (Hrsg), Der Strafanspruch der Kirche in Fällen von sexuellem Missbrauch (= WTh, Bd 9), 2012, 237.

6. Kooperation zwischen Kirche und Staat

Die staatliche Autorität ist für die Bestrafung von Sexualstraftäter*innen im weltlichen Bereich zuständig. Unabhängig davon kann bzw muss die katholische Kirche ein Verfahren führen, da mit einer staatlichen Bestrafung die kirchliche Gemeinschaft und ihre Belange nicht berührt werden. Ausdrücklich gewährleistet Art 15 StGG das kirchliche Selbstbestimmungsrecht und damit auch kirchliche Strafverfahren. Verstärkt muss die Kirche zur Kooperation mit den staatlichen Ermittlungsbehörden (Staatsanwaltschaft) bereit sein, wenngleich eine Verpflichtung zur Anzeige von Klerikern und kirchlichen Mitarbeiter*innen seitens der kirchlichen Autorität aufgrund des staatlichen Rechts in der Republik Österreich nicht besteht. Anders als in einigen europäischen Ländern, wie ua Großbritannien, Irland und Frankreich, verpflichtet die Republik Österreich ihre Bürger*innen nicht zur Anzeige bekanntgewordener Missbrauchsfälle bei Polizei oder Staatsanwaltschaft. § 78 StPO enthält eine solche Anzeigepflicht nur, wenn einer Behörde oder öffentlichen Dienststelle „der Verdacht einer Straftat" bekannt wird, sowie in bestimmten Fällen gem § 54 Abs 4 ÄrzteG auch für Ärzt*innen, „wenn sich in Ausübung der beruflichen Tätigkeit der begründete Verdacht ergibt, dass durch eine gerichtlich strafbare Handlung [...] Kinder oder Jugendliche misshandelt, gequält, vernachlässigt oder sexuell missbraucht werden oder worden sind" (Z 2). Entsprechendes gilt auch für „nichthandlungs- oder entscheidungsfähige oder wegen Gebrechlichkeit, Krankheit oder einer geistigen Behinderung wehrlose Volljährige (Z 3). Eine Ausweitung auf andere Gesundheitsberufe wurde angedacht bzw gefordert und im Jahr 2019 auch umgesetzt.[191] Eine Selbstanzeige durch den/die Täter*in erscheint wünschenswert. Sie kann jedoch nicht auferlegt bzw angeordnet werden, sondern muss eigenständig und frei durch diesen/diese erfolgen. Zwang in Form einer generellen Anzeigepflicht kann mutmaßliche Opfer abhalten, sich zu offenbaren und sich einer Stelle bzw Person anzuvertrauen. Für Manfred Bauer hat der „Beweiswert staatsanwaltschaftlicher Ermittlungen" im kirchenrechtlichen Verfahren einen „hohen Stellenwert", wobei jedoch zu beachten sei, „dass die kirchlichen Stellen diesen Ermittlungen nicht höheren Rang einräumen, als es die staatlichen Stellen selbst tun". Dies führe, solange kein gerichtliches Urteil vorliegt, „zu einer gewissen Zurückhaltung, da insb staatsanwaltschaftliche Ermittlungen einen anderen Zweck haben als ein abschließendes Ur-

---

191 Vgl die Neuordnung der Anzeigepflicht durch Gesundheitsberufe in § 7 GuKG, in Kraft getreten am 30.10.2019; *noen.at*, Gesundheitsberufe: Anzeigepflicht wird neu geregelt. Die türkisblaue Regierung hat Strafrechts-Verschärfungen angekündigt. Geändert werden sollen aber auch die Anzeigepflichten der Gesundheitsberufe. Wie die APA erfuhr, sollen in Zukunft die Anzeigepflichten für gesetzlich geregelte Gesundheitsberufe generell in die Strafprozessordnung kommen. Es soll aber weiterhin wesentliche Einschränkungen geben (22.2.2019), Österreich – Gesundheitsberufe: Anzeigepflicht wird neu geregelt – noen.at, 27.2.2021.

teil", dh „lediglich Voraussetzung dafür [sind], dass ein gerichtliches Verfahren mit eigener Beweiserhebung und Beweiswürdigung durchgeführt wird".[192]

Weithin wird die Aufhebung des Beichtgeheimnisses (vgl cc 983 f CIC/1983; cc 733 f CCEO)[193] im Fall sexuellen Missbrauchs Minderjähriger durch Kleriker gefordert,[194] in einigen Staaten sogar von der staatlichen Autorität gesetzlich vorgegeben. Ausdrücklich hat die Päpstliche Kinderschutzkommission „die Unantastbarkeit des Beichtgeheimnisses bekräftigt"; sie sucht jedoch nach einer besseren „Balance zwischen Vertraulichkeit, Transparenz und Rechenschaftspflicht".[195]

7. Rechtsschutz

Die Kirche spricht ihren Gläubigen das Recht zu, „ihre Rechte, die sie in der Kirche besitzen, rechtmäßig geltend zu machen und sie nach Maßgabe des Rechts vor der zuständigen kirchlichen Behörde zu verteidigen" (c 221 § 1 CIC/1983; vgl auch c 1400 § 1, 1° CIC/1983; c 1491 CIC/1983; cc 24 § 1; 1055 § 1, 1° und 1149 CCEO). Dies ist auf dem Gerichts- bzw. Verwaltungsweg möglich. Der Verwaltungsweg ist zB dann zu beschreiten, „wenn einem im besonderen Dienst tätigen Dienstnehmer seine kirchenamtliche Sendung (zB missio canonica) entzogen bzw

---

[192] *Bauer*, Der Beweiswert staatsanwaltschaftlicher Ermittlungen im kirchenrechtlichen Strafverfahren, in Hallermann/Meckel/Pfannkuche/Pulte (Hrsg), Der Strafanspruch der Kirche in Fällen von sexuellem Missbrauch (= WTh, Bd 9), 2012, 337–366, hier 365.

[193] Zum Beichtgeheimnis s *Ohly*, Das Bußsakrament, in HdbKathKR³, 2015, 1184–1205, insb 1200–1202; *Bernard*, Das Beichtgeheimnis im Zeitalter der Transparenz und Whistleblower. Anmerkungen zum Schutz des Beichtgeheimnisses im katholischen Kirchenrecht und in der deutschen Rechtsordnung, in Anuth/Dennemarck/Ihli (Hrsg), „Von Barmherzigkeit und Recht will ich singen". Festschrift für Andreas Weiß (= Eichstätter Studien. Neue Folge, Bd 84), 2020, 105–114, insb 112–114; zum Schutz s ua § 151 Z 1 StPO; ausführlich *Kalb/Potz/Schinkele*, Religionsrecht, 2003, 263–265.

[194] S *Katholische Presseagentur Österreich*, Klasnic für Aufhebung des Beichtgeheimnisses bei Missbrauch. Kirchliche Opferschutzanwältin in „Datum"-Interview zudem auch gegen Löschung von Missbrauchsfällen aus dem Strafregister, in KATHPRESS-Infodienst Nr 847, 12.4.2019, 2 f, hier 2; s auch *Apfl*, „Vertuschung ist heute nicht mehr möglich". Opferschutzanwältin Waltraud Klasnic spricht über Missbrauch in der Kirche, den Umgang mit Tätern und „flotte Detschn" für ihre Söhne (April 2019), https://datum.at/vertuschung-ist-heute-nicht-mehr-moeglich/, 27.2. 2021.

[195] Vgl *Wijlens*, zit. n. *Katholische Presseagentur Österreich*, Kirchenjuristin: Beichtgeheimnis bei Missbrauch genauer klären. Expertin Wijlens: Päpstliche Kinderschutzkommission sucht nach Möglichkeiten für bessere „Balance zwischen Vertraulichkeit, Transparenz und Rechenschaftspflicht", in *KATHPRESS-Tagesdienst* Nr 42, 18.2.2021, 11 f, hier 11; ferner unter https://www. kathpress.at/goto/meldung/1989926/kirchenjuristin-beicht-geheim-nis-bei-missbrauch-ge nauer-klaeren, 27.2.2021; *Sailer*, Umgang mit Missbrauch: Vertraulich oder transparent? Kinderschutz in der Kirche ist eine Priorität, die so rasch nicht mehr verschwinden wird. Vor zwei Jahren berief Papst Franziskus einen Krisengipfel im Vatikan ein. Und vor gut einem Jahr tagte in Rom ein Seminar der Päpstlichen Kinderschutzkommission, dessen Ergebnisse nun vorliegen. Darüber sprachen wir mit der in Erfurt lehrenden Kirchenrechtlerin Myriam Wijlens (17.2. 2021), Umgang mit Missbrauch: Vertraulich oder transparent? – Vatican News, 27.2.2021.

er des Amtes enthoben wird".[196] Allerdings ist der Rechtsschutz gegen Maßnahmen der ausführenden Gewalt nicht voll ausgestaltet, da die ursprünglich geplante Einführung einer Verwaltungsgerichtsbarkeit unterhalb des Apostolischen Stuhls auf partikularkirchlicher Ebene nicht in den CIC/1983 übernommen worden ist.[197]

Wenngleich von kirchlichen Dokumenten immer wieder die Rechtsschutzgewährung bei der Ahndung sexuellen Missbrauchs betont wird,[198] muss festgestellt werden, dass der Rechtsschutz durchaus verbesserungswürdig erscheint.[199] So stellt Andreas Kowatsch mit Blick auf die partikularen Richtlinien die Frage, inwieweit „unaufgebbare grund- und menschenrechtlich geschützte Prinzipien wie die Unschuldsvermutung, das Recht auf ein faires Verfahren, das Recht auf Schutz des guten Rufes und gegebenenfalls das Recht auf Rehabilitation ausreichend be-

---

[196] So ausdrücklich *Koizar*, Erbringung „abhängiger Arbeit" im kanonischen Recht, in Runggaldier/Schinkele (Hrsg), Arbeitsrecht und Kirche. Zur arbeitsrechtlichen und sozialrechtlichen Stellung von Klerikern, Ordensangehörigen und kirchlichen Mitarbeitern in Österreich, 1996, 64 f, hier 64. Wie *Schinkele*, Zur Rechtsstellung kirchlich bestellter Religionslehrer unter besonderer Berücksichtigung der katholischen Kirche, in Runggaldier/Schinkele (Hrsg), Arbeitsrecht und Kirche. Zur arbeitsrechtlichen und sozialrechtlichen Stellung von Klerikern, Ordensangehörigen und kirchlichen Mitarbeitern in Österreich, 1996, 138, unter Hinweis auf c 193 §§ 1 und 2 CIC/1983 bemerkt, sind im Fall des Entzugs der Missio canonica „die Normen über die Amtsenthebung heranzuziehen". Vgl cc 192–195 CIC/1983; c 974–977 CCEO.

[197] Vgl *Pontificia Commissio Codici Iuris Canonici Recognoscendo*, Principia quae Codicis Iuris Canonici recognitionem dirigant, Nr 6 und 7, in Communicationes 1/1969, 77–85, hier 82 f; s auch *Rees*, Rechtsschutz im kirchlichen Strafrecht und in kirchlichen Strafverfahren, in Müller (Hrsg), Rechtsschutz in der Kirche (= KRB, Bd 15), 2011, 93–96; *Rees*, Faire Verfahren in der Kirche. Rechtsschutz in der römisch-katholischen Kirche, besonders in kirchlichen Strafverfahren, in Heizer/Hurka (Hrsg), Mitbestimmung und Menschenrechte. Plädoyer für eine demokratische Kirchenverfassung (= topos taschenbücher, Bd 763), 2011, 271–273; *Pree*, Die Stellung des kirchlichen Laiendienstnehmers im CIC/1983, in Lüdicke/Paarhammer/Binder (Hrsg), Recht im Dienste des Menschen. Eine Festgabe. Hugo Schwendenwein zum 60. Geburtstag, 1986, 473 f.

[198] Vgl *Congregatio pro Doctrina Fidei*, Normae de gravioribus delictis vom 21.5.2010, in AAS 102/2010, 419–430; dt unter http://www.vatican.va/resources/resources_norme_ge.html, 27. 2.2021; *Congregatio pro Doctrina Fidei*, Vademecum zu einigen Fragen in den Verfahren zur Behandlung von Fällen sexuellen Missbrauchs Minderjähriger durch Kleriker (16.7.2020), Vademecum zu einigen Fragen in den Verfahren zur Behandlung von Fällen sexuellen Missbrauchs Minderjähriger durch Kleriker (vatican.va), 27.2.2021.

[199] Zu bedenken gilt, dass gem c 1620, 7° CIC/1983 (vgl c 1303 § 1, 7° CCEO) die Verweigerung des Verteidigungsrechts zur unheilbaren Nichtigkeit des Urteils führt. Vgl *Rees*, Rechtsschutz im kirchlichen Strafrecht und in kirchlichen Strafverfahren, in Müller (Hrsg), Rechtsschutz in der Kirche (= KRB, Bd 15), 2011, 79 f; mit Blick auf die delicta graviora s ibid, 100–102; *Rees*, Faire Verfahren in der Kirche. Rechtsschutz in der römisch-katholischen Kirche, besonders in kirchlichen Strafverfahren, in Heizer/Hurka (Hrsg), Mitbestimmung und Menschenrechte. Plädoyer für eine demokratische Kirchenverfassung (= topos taschenbücher, Bd 763), 2011, 259–261 und 276–278; *Meier*, Rechtsschutz in Instituten des geweihten Lebens, in Schüller/Zumbült (Hrsg), Iustitia est constans et perpetua voluntas ius suum cuique tribuendi. 20 Jahre Studiengang Lizentiat im Kanonischen Recht an der Westfälischen Wilhelms-Universität Münster. Festschrift für Klaus Lüdicke zum 70. Geburtstag (= BzMK CIC 70), 2014, 215–235, insb 231 f.

rücksichtigt und gesichert sind".[200] Die Einlegung eines Rechtsmittels richtet sich nach dem jeweiligen Verfahren.[201] Gegen eine Entscheidung nach Art 21 § 2, 2° Normae2010, dh einem Verfahren in sehr schwerwiegenden Fällen, das mit einer direkten Entscheidung des Papstes endet, ist kein Rechtsmittel zulässig, da es über dem Papst keine weitere Instanz gibt (vgl Nr 143 Vademecum unter Hinweis auf c 333 § 3 CIC/1983 und c 45 § 3 CCEO). Das Vademecum macht darauf aufmerksam, dass im Fall eines gerichtlichen Strafprozesses „die vom Gesetz vorgesehenen Rechtsmittel zur Verfügung [stehen], nämlich die Nichtigkeitsbeschwerde, die restitutio in integrum und die Berufung (Appell)" (Nr 144 Vademecum). Gem Art 20, 1° Normae2010 kann als einziges Gericht zweiter Instanz die Kongregation für die Glaubenslehre angerufen werden. Art 28, 2° Normae2010 hat die Berufungsfristen dahingehend geändert, dass eine ausschließliche Frist von einem Monat festgelegt wurde, „die nach Maßgabe der cann 202 § 1 CIC und 1545 § 1 CCEO zu berechnen ist" (vgl Nr 146 Vademecum). Das Vademecum erinnert auch daran, dass im Fall eines außergerichtlichen Verfahrens die Möglichkeit besteht, „gegen das abschließende Dekret gem den vom Recht – dh von den cann 1734 ff CIC und 1487 CCEO – vorgesehenen Fristen Beschwerde einzulegen (vgl Punkt VIII)" (Nr 147 iVm Nrn 155 f Vademecum). Berufung und Beschwerde gegen richterliche Urteile bzw Dekrete haben gem c 1353 CIC/1983 (vgl c 1487 § 2 CCEO) mit Blick auf den Eintritt der Strafe aufschiebende Wirkung. Wie das Vademecum bemerkt, ist man „in eine ähnliche Phase wie vor dem Prozess zurückgekehrt", sodass die unter Nrn 58–65 beschriebenen Vorsichtsmaßnahmen in Kraft bleiben (Nr 149 Vademecum iVm Nr 148), die von c 1722 CIC/1983 (vgl c 1473 CCEO) genannt werden: der Ausschluss von einem geistlichen Dienst, einem kirchlichen Amt oder Auftrag, ein Aufenthaltsgebot oder -verbot oder die Versagung der öffentlichen Teilnahme an der Eucharistie. Im Unterschied zum CIC/ 1983 fordert c 1469 § 3 CCEO die Anhörung der beschuldigten Person und des Kirchenanwalts bereits im Rahmen der Voruntersuchung.

Wie Christoph Ohly anmerkt, lässt die Praxis der Gerichtstätigkeit der Kongregation für die Glaubenslehre erkennen, „dass sich die Durchführung eines außergerichtlichen Strafverfahrens ,von Amts wegen' bzw ,auf Antrag des Ordinarius oder des Hierarchen' gem Art 21 § 2 n 1 Normae sowie in sehr schwerwiegenden Fäl-

---

[200] *Kowatsch*, Der Unterhalt von Weltpriestern im Kontext des kirchlichen Strafverfahrens. Zur Unterscheidung von sustentatio und remuneratio im Blick auf einige partikularrechtliche Unterhaltsregelungen, in Rees/Haering (Hrsg), Iuris sacri pervestigatio. Festschrift für Johann Hirnsperger (= KST, Bd 72), 2020, 192 f, unter Hinweis auf *Berkmann*, Verfahrensordnung bei Beschuldigungen wegen sexuellen Missbrauchs und Gewalt. Die Regelungen der österreichischen Bischöfe von 2016 (= Open Publishing LMU); s auch *Kestel*, Die Rehabilitierung unschuldig Angeklagter. Ein Workshopbericht, in Hallermann/Meckel/Pfannkuche/Pulte (Hrsg), Der Strafanspruch der Kirche in Fällen von sexuellem Missbrauch (= WTh, Bd 9), 2012, 379–382.
[201] Vgl oben, II. 2.

len mit offenkundig begangenen Straftaten durch unmittelbare päpstliche Entscheidung nach Art 21 § 2 n 2 Normae auf dem Weg zur Generalisierung befindet" und der Strafprozess „nur in Ausnahmefällen" zur Anwendung kommt.[202] Das außergerichtliche Strafverfahren auf dem Verwaltungsweg etabliere sich als ordentlicher Weg der Strafverfolgung. Ohly stellt daher wohl die berechtigte Frage, ob Sondervollmachten nicht „das, was sie von ihrem Wesen her sein wollen: Ausnahmeregelungen für spezifische Sonderfälle", bleiben sollten. Er begründet diese Ansicht nicht nur mit Blick auf die Möglichkeit zur Verteidigung, sondern auch auf das Problem „einer ‚Interessenskollision in der Verwaltung'", wenn der Ordinarius „sowohl die Aufgabe des Anklägers als auch die des Strafverhängers" übernimmt.[203]

Bedenkenswert erscheinen Überlegungen, die der Ständige Rat der Deutschen Bischofskonferenz am 20.11.2018 in Folge der Diskussion der MHG-Studie getroffen hat.[204] So unterstützt er insb „den Vorschlag, interdiözesane Strafgerichtskammern für Strafverfahren nach sexuellem Missbrauch auf dem Gebiet der Deutschen Bischofskonferenz zu errichten", und will sich diesbezüglich „mit den entsprechenden Stellen in Rom in Verbindung setzen". Zudem plädiert er für die Errichtung kirchlicher Verwaltungsgerichte, die von Kanonist*innen immer wieder ins Gespräch gebracht wurde bzw nach wie vor wird.

IV. Schluss

In letzter Zeit ist die öffentliche Aufmerksamkeit für das Thema sexueller Missbrauch von minderjährigen Personen durch Kleriker und kirchliche Mitarbeiter*innen sowie sexualisierte Gewalt gegenüber früheren Zeiten zunehmend deutlich gewachsen. Die Aufdeckungen bezüglich Umgang mit und Ahndung von sexuellem Missbrauch von minderjährigen Personen durch Kleriker sowie sexualisierter Gewalt seitens der Kirche seit den 1990er-Jahren in verschiedenen Teilen der Welt und nicht zuletzt der öffentliche Druck haben dazu geführt, dass sowohl auf gesamtkirchlicher als auch auf teilkirchlicher Ebene Rechtsnormen modifiziert und verschärft wurden. Es geht nicht mehr um den Schutz der Institution

---

[202] *Ohly*, Dekretverfahren versus Gerichtsweg – Sanktionsrechtliche Erwägungen zu einer kodikarischen Alternative, in Pulte (Hrsg), Tendenzen der kirchlichen Strafrechtsentwicklung (= KStKR 25), 2017, 77 f.
[203] *Ohly*, Dekretverfahren versus Gerichtsweg – Sanktionsrechtliche Erwägungen zu einer kodikarischen Alternative, in Pulte (Hrsg), Tendenzen der kirchlichen Strafrechtsentwicklung (= KStKR 25), 2017, 78 und 80, unter Hinweis auf *Althaus*, Sive procedura iudicialis sive administrativa. Zwei gleichwertige Alternativen der kirchlichen Strafverhängung?, in Althaus/Oehmen-Vieregge/Olschewski (Hrsg), Aktuelle Beiträge zum Kirchenrecht. Festgabe für Heinrich J. F. Reinhardt zum 60. Geburtstag (= AIC, Bd 24), 2002, 48 f.
[204] Vgl *dbk.de*, FAQ MHG-Studie, https://www.dbk.de/themen/sexueller-missbrauch/faq-mhg-studie/ (27.2.2021).

Kirche, der bisher im Vordergrund gestanden hat, vielmehr sind – neben der Sanktionierung der Täter*innen und der kircheninternen Aufarbeitung – die Opfer und ihre Leiden in den Blick gekommen. So setzt die Regelung der Österreichischen Bischofskonferenz auf Hilfe für die Opfer und auf Prävention, aber auch auf Ahndung des Straftatbestands seitens der Kirche und die Zusammenarbeit mit den staatlichen Strafverfolgungsbehörden. Mit Blick auf die Entschädigung von Opfern ist zu fordern, in Zukunft wohl stärker überführte Täter*innen mit in die Verantwortung zu nehmen. Der Schutz möglicher Opfer, dh das Recht auf freie Selbstbestimmung sowie körperliche und geistige Unversehrtheit, und die verstärkte Mitwirkung in Verfahren müssen dringlich im kirchlichen Recht und in anderen Regelungen ausgebaut werden. Prävention[205] muss eine verstärkte Rolle spielen, nicht zuletzt auch in Form von Gewaltschutzschulungen für Mitarbeiter*innen in Diözesen, Pfarreien und kirchlichen Einrichtungen.

Schutzkonzepte, Leitlinien und Rahmenordnungen sowie kirchliche Rechtsnormen bedürfen einer ständigen Überprüfung und Weiterentwicklung. Kirchliches Recht muss jedoch nicht nur mit Blick auf die Ahndung von sexuellem Missbrauch minderjähriger Personen durch Kleriker und im Dienst der Kirche stehenden Laienmitarbeiter*innen im Bereich des Straf- und Prozessrechts immer wieder überprüft und weitergeführt werden, sondern auch mit Blick auf andere kirchliche Normen und Bestimmungen, dies insb aufgrund der durch den sexuellen Missbrauch mitverursachten Krise, in der sich die katholische Kirche gegenwärtig befindet. Gesamtkirche und Teilkirchen, dh einzelne Diözesanbischöfe und die jeweilige Bischofskonferenz, stehen in Verantwortung und sind zu einem Handeln herausgefordert, nicht zuletzt auch mit Blick auf die Neuordnung von Ausbildungsordnungen für Priester,[206] Pastoralassistent*innen und Religionslehrer*innen sowie auch die Neugestaltung von Lehrplänen für den Religionsunterricht in den Schulen. Entscheidend ist jedoch, dass bestehende kirchenrechtliche Normen auch eingehalten und angewendet werden. Gleichwohl geht es nicht nur um rechtliche Normen oder neue kirchliche Gesetze. Gefordert ist, wie der Leiter

---

[205] Zur Frage einer regelmäßigen Vorlage eines „erweiterten Führungszeugnisses" s *Althaus*, Der Umgang mit Fällen sexuellen Missbrauchs Minderjähriger. Kanonistische Anmerkungen zu ausgewählten Aspekten, in Güthoff/Korta/Weiß (Hrsg), Clarissimo Professori Doctori Carolo Giraldo Fürst. In memoriam Carl Gerold Fürst (= AIC, Bd 50), 2013, 37–54, hier 45–49; zu Desideraten s *Lüdicke*, Nicht nur Worte, sondern Taten. Desiderate zum rechtlichen Umgang mit sexuellem Missbrauch in der Kirche, in Ohly/Haering/Müller (Hrsg), Rechtskultur und Rechtspflege in der Kirche. Festschrift für Wilhelm Rees zur Vollendung des 65. Lebensjahres (= KST, Bd 71), 2020, 609–622.

[206] Vgl *Rees*, Katholisch-Theologische Fakultäten und Priesterausbildung in Österreich. Historische Entwicklung, kirchen- und religionsrechtliche Vorgaben und Zukunftsperspektiven, in Ohly/Haering/Müller/Rees (Hrsg), Das Geschenk der Berufung zum Priestertum. Zur Zukunft der Priesterausbildung (= KRB, Bd 18), 2020, 106–163.

des römischen Kinderschutzzentrums CCP, Hans Zollner, erklärt, „eine andere Einstellung". So sieht Zollner als eigentliches Problem den „Missbrauch von Macht".[207] Auch für Judith Hahn ist „die kirchliche Organisationsstruktur, die alle Gewalt in die Hände einer exklusiv männlichen Herrschaftselite legt", ein „missbrauchszuträglicher Faktor".[208] Nicht zuletzt muss die katholische Kirche und diejenigen, die in ihr Verantwortung tragen, bereit sein, Versagen bezüglich der Ahndung von sexuellem Missbrauch in der Vergangenheit auch einzugestehen.

Wie ernst die Kirche den sexuellen Missbrauch gegenwärtig einschätzt, wird in der am 2.7.2021 im *L'Osservatore Romano* promulgierten neuen Fassung des kirchlichen Strafrechts für die römisch-katholische Kirche (nicht für die Katholischen Ostkirchen) deutlich, die am 8.12.2021 in Kraft getreten ist und damit das bisher geltende Buch VI des CIC/1983 abrogiert hat.[209] Der bisher in einem Sondergesetz als schwerwiegendere Straftat gewertete Missbrauch von Minderjährigen durch Kleriker (vgl Art 6 Normae2010) wurde in die Neufassung eingefügt.[210] Der Straftatbestand wird nicht mehr wie bisher als Straftat unter Titel V „Strafta-

---

[207] Vgl *Zollner* zit n *Rauch*, Hans Zollner: Kirche muss beim Kinderschutz aktiv mitwirken. Auch die katholische Kirche muss kräftig daran arbeiten, dass die Gesellschaft für Kinder sicherer wird. Das fordert der Jesuit Hans Zollner, Mitglied der päpstlichen Kommission für den Schutz von Minderjährigen und Leiter des Kinderschutz-Zentrums, im Interview mit kath.ch. Gleichzeitig muss die Kirche daran arbeiten, dass sie wieder glaubwürdig wird (19.1.2021), Hans Zollner: Kirche muss beim Kinderschutz aktiv mitwirken – kath.ch, 27.2.2021; s auch *Sautermeister / Odenthal* (Hrsg), Theologische Analysen eines systemischen Problems, 2021; *Hilpert/Leimgruber/Sautermeister/Werner* (Hrsg), Sexueller Missbrauch von Kindern und Jugendlichen im Raum von Kirche. Analysen – Bilanzierungen – Perspektiven (= QD 309), 2020; *Prüller-Jagenteufel/Treitler* (Hrsg), Verbrechen und Verantwortung. Sexueller Missbrauch von Minderjährigen in kirchlichen Einrichtungen (= Katholizismus im Umbruch, Bd 13), 2021.

[208] *Hahn*, Neue Härte gegen Missbrauch? Beobachtungen zur kirchlichen Strafrechtsreform (16. 6.2021), Neue Härte gegen Missbrauch? Beobachtungen zur kirchlichen Strafrechtsreform – feinschwarz.net, 21.3.2022.

[209] Vgl *Franziskus*, Apostolische Konstitution „Pascite gregem Dei", mit der das Buch VI des Codex des kanonischen Rechtes erneuert wird, vom 23.5.2021, Apostolische Konstitution Pascite Gregem Dei - Mit der das Buch VI des Codex des kanonischen Rechtes erneuert wird (23. Mai 2021) | Franziskus (vatican.va), 21.3.2022; Text unter BUCH VI STRAFBESTIMMUNGEN IN DER KIRCHE – TEIL I STRAFTATEN UND STRAFEN IM ALLGEMEINEN – TITEL I BESTRAFUNG VON STRAFTATEN IM ALLGEMEINEN (Cann. 1311–1312), Codex des Kanonischen Rechtes (vatican. va), 21.3.2022.

[210] Zu den Neuerungen s *Hallermann*, Neues Strafrecht: Kirche will strenger gegen Missbrauch durchgreifen. Mehr als ein Jahrzehnt hat der Vatikan an seinem neuen Strafrecht gearbeitet – nun hat es Papst Franziskus beschlossen. Künftig sollen Straftaten strenger verfolgt werden. Neben einer besseren Beschreibung von Sexualdelikten geht es auch um Wirtschaftskriminalität – und die Unschuldsvermutung. Kirchenrechtler Heribert Hallermann analysiert die Neuerungen (1.6.2021), Neues Strafrecht: Kirche will strenger gegen Missbrauch durchgreifen – katholisch. de, 21.3.2022; *CNA*, Was bringt das reformierte Strafrecht der Kirche? Interview mit Monsignore Markus Graulich (1.6.2021), Was bringt das reformierte Strafrecht der Kirche? Interview mit Monsignore Markus Graulich (catholicnewsagency.com), 21.3.2022; *Althaus*, Das neue kirchliche Strafrecht – Streiflichter, in ThGl 111/2021, 205–211, insb 206 f; Graulich/Hallermann, Das neue kirchliche Strafrecht. Einführung und Kommentar (= KRR 35), Münster 2021.

ten gegen besondere Verpflichtungen" und damit als Verstoß gegen das Zölibat, sondern unter Titel VI „Straftaten gegen Leben, Würde und Freiheit des Menschen" angeführt und so mit Blick auf die Opfer anders gewertet (vgl c 1398 § 1, 1° CIC/2021). Ebenso wurde die bereits erfolgte Anhebung des Schutzalters auf Vollendung des 18. Lebensjahres, die Ausdehnung des Straftatbestandes auf Personen mit habituell eingeschränktem Vernunftgebrauch und Personen, denen das Recht „einen gleichen Schutz zuerkennt" (vgl c 1398 § 1, 1° CIC/2021), sowie Verführung und Verleitung der genannten Personen, „an echten oder simulierten pornographischen Darstellungen teilzunehmen oder diese umzusetzen" (vgl c 1398 § 1, 2° CIC/2021), sowie Erwerb, Aufbewahrung und Verbreitung pornographischer Bilder von minderjährigen Personen aufgenommen (bereits seit 2019 in Geltung) und neuerdings auf Personen, deren Vernunftgebrauch habituell eingeschränkt ist, ausgeweitet (vgl c 1398 § 1, 3° CIC/2021). Allerdings wird sexualisierte Gewalt gegenüber Erwachsenen durch Kleriker weiterhin als ein Verstoß gegen das Zölibat gesehen (vgl c 1395 § 3 CIC/2021). Neuerdings können die Straftatbestände des c 1398 § 1 CIC/2021 und des c 1395 § 3 CIC/2021 nicht nur von Klerikern, sondern auch von Ordensleuten und Laien verwirklicht werden, die in der Kirche eine Funktion wahrnehmen. So heißt es: „Wenn ein Mitglied eines Instituts des Geweihten Lebens oder einer Gesellschaft des Apostolischen Lebens oder sonst ein Gläubiger, der in der Kirche eine Würde bekleidet oder ein Amt oder eine Funktion ausübt, eine der Straftaten des § 1 oder des can 1395 § 3 begeht, soll er nach Maßgabe des can 1336 §§ 2–4 bestraft werden, wobei je nach Schwere der Straftat andere Strafen hinzugefügt werden sollen" (c 1398 § 2 CIC/ 2021). Die Verjährungsfrist bei Straftaten der cc 1395 und 1398 § 2 CIC/2021 wurde von bisher fünf auf sieben Jahre angehoben, jene von 20 Jahren im Fall der Straftaten des c 1398 § 1 CIC/2021 beibehalten (vgl c 1361 § 1, 2° CIC/2021). Aufgenommen in das Strafrecht des CIC wurde auch die bereits bisher sanktionierte Unterlassung der Weitergabe einer Strafanzeige (vgl c 1371 § 6 CIC/2021). Ausdrücklich verpflichtet c 1341 CIC/2021 dazu, das kirchliche Strafrecht auf dem Gerichts- oder Verwaltungsweg anzuwenden, wobei mit Blick auf den Verwaltungsweg insbesondere das Verteidigungsrecht eingefordert wird (vgl c 1342 § 1 CIC/2021 iVm c 1720 CIC/1983). Auch wird mit einer Strafe bedroht, wer der Verpflichtung nicht nachkommt, ein rechtskräftiges Urteil oder ein rechtskräftiges Strafdekret auszuführen (vgl c 1371 § 5 CIC/2021). Erstmals wird die Unschuldsvermutung in c 1321 § 1 CIC/2021 ausgesprochen. Wiedergutmachung ist gefordert (vgl c 1344, 2° CIC/2021 und c 1361 § 4 CIC/2021). Auch hatte Papst Franziskus bereits mit Datum vom 11.10.2021 die Normae2010 mit 7.12.2021 (inklusiv) außer Kraft gesetzt und modifizierte Normen ab 8.12.2021 in Kraft gesetzt.[211] Dabei wird in Art 6 Normae2021 festgehalten, dass „Unwissenheit oder Irrtum von Seiten des Klerikers" über das Alter der minderjährigen Person „keinen die Schwere der Straftat mildernden oder entschuldigenden Umstand" darstellt. Neu eingeführt wird, dass eine Person, die Straftaten gemäß den Art 2–6 Normae2021 begangen hat, „außer mit dem, was für die einzelnen Straftaten im CIC und im CCEO sowie in diesen Normen vorgesehen ist, ggf mit einer gerechten Strafe entsprechend der Schwere des Verbrechens zu bestrafen [ist]; wenn es sich um einen Kleriker handelt, kann er auch mit der Entlasssung oder Absetzung bestraft werden" (Art 7 Normae2021).[212] Neben der universalkirchlichen Neuordnung des Strafrechts im kirchlichen Gesetzbuch hat auch die Österreichische Bischofskonferenz ihre Rahmenordnung modifiziert.[213] Aktuell hat Papst Franziskus die Kongregation für die Glaubenslehre mit dem Motu Proprio „Fidem servare" vom 11.2.2022[214] umgestaltet und diese in zwei Sektionen, nämlich in eine Lehr- und eine Disziplinarabteilung aufgeteilt, sodass schwerwiegendere Straftaten der letzteren zur Beurteilung und Ahndung zugewiesen sind. In Zukunft soll das Strafrecht als „flexibles therapeutisches und korrigierendes Instrument benutzt werden, das zeitgerecht und mit pastoraler Liebe eingesetzt werden kann, um größerem Übel zuvorzukommen und die durch menschliche Schwäche geschlagenen Wunden zu heilen".[215] Dies gilt auch mit Blick auf kirchliche Dienst- und Arbeitsverhältnisse.

---

[211] Vgl *Rescriptum ex Audientia SS.mi* vom 11.10.2021, Rescriptum ex Audientia SS.mi – L'Osservatore Romano, 21.3.2022; ferner unter Rescriptum ex Audientia SS.mi (XI mensis Octobris anno Domini MMXI) (vatican.va), 21.3.2022; s Normae de delictis Congregationi pro Doctrina Fidei reservatis, Normen über die Straftaten, die der Kongregation für die Glaubenslehre reserviert sind (11. Oktober 2021) (vatican.va), 21.3.2022.

[212] *Austin,* Sacramentorum Sanctitatis Tutela – Tabellae Comparativae (rev. 9 December 2021), Microsoft Word – Austin 2021 – SST – Tabellae comparativae.docx (iuscangreg.it), 21.3.2022.

[213] *Österreichische Bischofskonferenz,* Die Wahrheit wird Euch frei machen (Joh 8,32). Rahmenordnung für die katholische Kirche in Österreich: Maßnahmen, Regelungen und Orientierungshilfen gegen Missbrauch und Gewalt, Dritte, überarbeitete und ergänzte Ausgabe, 2021, Rahmenordnung gegen Missbrauch 2021 (ombudsstellen.at), 21.3.2022.

[214] *Franziskus,* Apostolisches Schreiben Motu Proprio „Fidem servare". Änderungen der inneren Struktur der Kongregation für die Glaubenslehre vom 11.2.2022, in Kraft getreten am 14.2.2022, Apostolisches Schreiben "Motu proprio" Fidem servare, das die innere Struktur der Kongregation für die Glaubenslehre ändert (11. Februar 2022) | Franziskus (vatican.va), 21.3.2022; s auch *Franziskus,* Apostolische Konstitution „Praedicate Evangelium" über die Römische Kurie und ihren Dienst an der Kirche und der Welt vom 19.3.2022, Art 69–78, Apostolische Konstitution "Praedicate evangelium" über die Römische Kurie und ihren Dienst an der Kirche und der Welt (vatican.va), 21.3.2022.

[215] *Franziskus,* Apostolische Konstitution „Pascite gregem Dei", mit der das Buch VI des Codex des kanonischen Rechts erneuert wird, vom 23.5.2021, Apostolische Konstitution Pascite Gregem Dei – Mit der das Buch VI des Codex des kanonischen Rechtes erneuert wird (23.5.2021)| Franziskus (vatican.va), 21.3.2022.

Johannes RUDDA*

Die Langzeitpflege in Österreich – Entwicklung und Probleme

Die Langzeitpflege in Österreich steht im Jahr 2021 wieder im Fokus der Regierungsparteien für Reformen. Das türkis-grüne Regierungsprogramm vom Jänner 2020 sieht eine „grundlegende Reform der Pflege" vor, womit ein Pflegebonus für pflegende Angehörige eine Personaloffensive für Pflegeberufe und eine Bündelung der Finanzströme der Gebietskörperschaften verwirklicht werden sollen. Pflegende Angehörige sollen neben einem Pflegebonus alternativ einen garantierten freien Tag im Monat bekommen und für die Gemeinden sollen Gemeindeschwestern (Community Nurses) eingerichtet werden.

In der Folge hat die COVID 19-Pandemie alle Kräfte in den Gebietskörperschaften in Atem gehalten. Dennoch hat Sozialminister Rudolf Anschober (Grüne) Mitte Juli 2020 eine digitale Umfrage für Reformideen gestartet, die einen repräsentativen Rücklauf erhielt. Ende Juli 2020 hat August Wöginger, ÖVP-Klubobmann im Nationalrat, ein 5-Punkte-Programm zur Pflegereform vorgelegt. Über alle Vorschläge soll von Oktober 2020 bis Dezember 2020 eine Arbeitsgruppe (Task Force Pflege) beraten. Im Jahr 2021 soll dann eine konkrete Umsetzung der Reform mit einer Zielsteuerungsgruppe erfolgen.

Als wichtige Anliegen kommen in Betracht:

- Pflege primär zu Hause statt stationär,
- Stärkung der Angehörigenpflege,
- Durchlässigkeit zwischen allen Pflege-Betreuungs- und Sozialberufen,
- Vermeidung von Doppelgleisigkeiten, allfällige Nutzung der e-Card,
- Ausbau der bestehenden Finanzierung aus dem Bundesbudget,

* Nach seiner Matura erreichte Dr. Johannes Rudda die Promotion als Doktor beider Rechte. Nach dem Gerichtsjahr war er von 1974 bis April 1980 als Referent der Wirtschaftskammer Wien in Arbeits- und Sozialrechtssachen tätig. Von Mai 1980 bis Juni 1994 war er einer der Sozialversicherungsexperten der Bundeswirtschaftskammer und auch Funktionär in der damaligen Pensionsversicherung der Angestellten und der Sozialversicherungsanstalt der gewerblichen Wirtschaft .Ab Juli 1994 bis August 2012 war er Referatsleiter im Hauptverband der österreichischen Sozialversicherungsträger und überwiegend mit Angelegenheiten der Sozialversicherung der Selbständigen betraut. Er wirkte auch bei der Einführung des Bundespflegegeldes im Jahr 1993 und den darauffolgenden Novellen dieses Gesetzes mit. Im November 2007 wurde ihm vom Bundespräsidenten der Professorentitel verliehen. Ab 2010 bis heute ist er auch ständiger Redakteur der Österreichischen Zeitschrift für Pflegerecht. Seit mehr als eineinhalb Jahrzehnten übt er ehrenamtlich die Funktionen als Vizepräsident des Wiener Hilfswerks und als Präsident des Verbands aller Körperbehinderten Österreichs aus. Über drei Jahrzehnte publiziert er zahlreiche Artikel und Beiträge in einschlägigen Fachzeitschriften.

- bessere Berücksichtigung der konkreten Pflegesituation bei Demenz oder psychischen Erkrankungen bei der Pflegegeldeinstufung,
- Verbesserung der Qualität der Pflegegeldbegutachtung.

Nicht mehr in Betracht gezogen wird die Einführung einer Pflegeversicherung. Immer zu beachten ist das Grundziel des § 1 des Bundespflegegeldgesetzes, wonach neben der Pauschalierung des Betreuungs- und Hilfeaufwands der Pflegebedürftige in die Lage versetzt werden soll, ein möglichst selbstbestimmtes Leben zu führen.

1 Der Hilflosenzuschuss (1917–Juni 1993)

Erstmals gab es einen Hilflosenzuschuss in der Unfallversicherung. Dieser geht auf die 3. Novelle zum Unfallversicherungsgesetz vom 27.8.1917 zurück. Beabsichtigt war damit eine Erhöhung der Unfallrente, wenn der Anspruchswerber trotz Beendigung des Heilverfahrens noch immer so hilflos war, dass er fremder Hilfe und Wartung bedurfte. In diesem Fall war die Vollrente auf das Eineinhalbfache zu erhöhen.[1]

In der Pensionsversicherung wurde mit dem Angestelltengesetz 1920, das nur für die Privatangestellten galt, ein Hilflosenzuschuss eingeführt, der bereits das Erfordernis der „ständigen Hilfe und Wartung" voraussetzte.[2]

Mit der 8. Novelle zum Allgemeinen Sozialversicherungsgesetz (ASVG) und der 4. Novelle zum Gewerblichen Pensionsversicherungsgesetz (GSPVG) im Jahr 1961 und 1971 mit dem Bauern-Pensionsversicherungsgesetz wurde ein einkommensbezogener Hilflosenzuschuss vorgesehen. Dieser orientierte sich an der halben Pensionsleistung und kannte ein Mindest- und Höchstausmaß.[3]

Im Jahr 1965 wurde das Pensionsgesetz 1965 (PG 1965) beschlossen, das die Pensionsansprüche der Bundesbeamten, ihrer Hinterbliebenen und Angehörigen regelt. Dieses Gesetz sah eine dreistufige Hilflosenzulage vor.[4]

Im Jahr 1978 bestimmte der Gesetzgeber der 32. ASVG-Novelle und Parallelnovellen im Gewerblichen- und Bauern-Sozialversicherungsgesetz eine schrittweise Zusammenführung des Mindest- und Höchstausmaß des Hilflosenzuschusses, die bis 1992 nahezu verwirklicht wurde.

---

[1] RGBl. Nr. 363/1917.
[2] *Tomandl*, Der sozialversicherungsrechtliche Schutz bei Hilflosigkeit, in ders (Hrsg), Die Minderung der Leistungsfähigkeit im Recht der Sozialversicherung, Wien 1978, 109.
[3] § 105a ASVG, BGBl Nr 294/1961, § 54a GSPVG, BGBl Nr 295/1961, ab 1979 § 74 GSVG, BGBl Nr 560/1978, § 48 BPVG, BGBl Nr 28/1970, ab 1979 §70 BSVG, BGBl Nr 559/1978.
[4] PG 1965, BGBl Nr 340/1965.

Das Kriegsopferversorgungsgesetz 1957 (KOVG 1957) kannte eine Pflegezulage mit 6 Stufen für kausale Gesundheitsschädigungen.

Eine große Ungleichbehandlung gab es auch nach den Behindertengesetzen der Bundesländer. Das Burgenland gewährte nur ein einheitliches Pflegegeld, während Vorarlberg bis September 1989 ein dreistufiges Pflegegeld und ab Oktober 1989 ein siebenstufiges Pflegegeld vorsah.[5]

Somit gab es eine beachtliche Rechtszersplitterung, die auch noch durch eine unterschiedliche Judikatur des OLG Wien, als letzte Instanz in Sozialrechtssachen bis 1986 und des Verwaltungsgerichtshofes (VwGH) bei Ansprüchen der Bundesbeamten verstärkt wurde. Während das OLG Wien von einem abstrakten Hilflosigkeitsbegriff aus ging und zwingend je ein Tatbestandsmerkmal der Hilfe und Wartung verlangte, ging der VwGH nur von einem konkreten Hilfsbedürfnis aus.

Der Oberste Gerichtshof (OGH), der seit 1987 die höchste Instanz in Sozialrechtssachen ist, geht wie der Verwaltungsgerichtshof von einem einheitlichen Hilfsbedürfnis aus. Er verlangt aber im Gegensatz zum VwGH, dass der monetäre Aufwand für den Ausgleich der Funktionseinschränkungen des Pflegebedürftigen den Betrag des begehrten Hilflosenzuschusses oder jedenfalls den des Mindesthilflosenzuschusses erreichen muss.[6]

2 Das Pflegegeld seit Juli 1993

1987 übermittelte der Österreichische Zivilinvalidenverband dem Nationalrat eine Petition für ein einheitliches Pflegegeld. Der Nationalrat fasste eine Entschließung zur Errichtung einer Arbeitsgruppe mit dem Ziel ein einheitliches Bundespflegegeldgesetz vorzubereiten.

Nach langen Beratungen von 1988 bis 1992 wurde ein Ministerialentwurf zur Begutachtung ausgesendet. Die darauffolgende Regierungsvorlage wurde dem Sozialausschuss des Nationalrates zugeleitet, der im gleichen Jahr 1992 einen Unterausschuss einsetzte.

Nach zügiger Beratung von Abgeordneten mit Experten konnte ein beschlussfähiger Gesetzestext erstellt werden, worauf im Jänner 1993 sowohl im Sozialausschuss als auch im Plenum des Nationalrates der Beschluss des Bundespflegegeldgesetzes (BPGG) erfolgte. Nach der Zustimmung des Bundesrates und der

5 Vbg LGBl Nr 46/1989.
6 *Rudda*, Vom Hilflosenzuschuss zum aktuellen Pflegegeld, in ÖZPR 6 (2017), 173; OLG Wien vom 15.11.1971, SVSl 21.935, OGH 10 ObS 146/87.

Kundmachung im Bundesgesetzblatt (BGBl. I 110/1993) trat das BPGG mit 1.7. 1993 in Kraft. Es war dies für die Pflegevorsorge ein Meilenstein.[7]

Der Geltungsbereich erstreckt sich auf alle österreichischen Staatsbürger, die pflegebedürftig sind und eine bundes- oder landesgesetzliche Grundleistung beziehen, aber auch auf jene Österreicher, die keine Grundleistung beziehen, aber ihren gewöhnlichen Aufenthalt im Inland haben. Ferner ist das BPGG anzuwenden, wenn Österreich im Rahmen der Koordination der Europäischen Union (EU) unionsrechtlich Leistungen bei Krankheit zu erbringen hat. Auch Fremde können einen Anspruch auf Pflegegeld haben, wenn eine Gleichstellung aus Staatsverträgen, dem Unionsrecht oder einer rechtskräftigen Gewährung von Asyl gegeben ist.[8]

Mit einem Staatsvertrag nach Art15a B-VG verpflichteten sich die Bundesländer in ihrem Kompetenzbereich gleichlautende Regelungen einzuführen (BGBl. I 866/1993). Zur Durchführung einer raschen und reibungslosen Administration wurden eine Einstufungsverordnung(EinstV) und eine Kindereinstufungsverordnung (KinderEinstV)

erlassen.[9] Ferner wurden auch Richtlinien des Hauptverbandes der österreichischen Sozialversicherungsträger beschlossen, die für die Entscheidungs_träger der Sozialversicherung, aber nach einer Entscheidung des OGH (10 ObS. 2349/ 96f) nicht für die Sozialgerichte bindend sind.[10]

Das österreichische Pflegegeld hat folgende Merkmale:

- Pflegebedürftigkeit mindestens 6 Monate und länger,
- Aufenthalt im Inland oder in den EU- oder EWR-Staaten,
- Rechtsanspruch,
- keine Kausalität,
- keine Einkommensteuerpflicht,

---

[7] BGBl Nr 110/1993; *Pallinger/Pfeiffer*, 20 Jahre Pflegegeld, Entstehung, Entwicklung und Zukunft des Pflegegeldes, in Soziale Sicherheit 6/2013, 288.
[8] *Greifeneder/Liebhart*, Handbuch Pflegegeld, ⁴2017.
[9] BGBl II Nr 453/2011, BGBl II Nr. 236/2016.
[10] § 31 Abs 2 Z 3 ASVG Nr 23: Richtlinien im übertragenen Wirkungsbereich für die einheitliche Anwendung des Bundespflegegeldgesetzes des Hauptverbandes der österreichischen Sozialversicherungsträger (RPGG 2012). Die OGH-Entscheidung 10 ObS 2349/96 hat ausgeführt, dass diese Richtlinien nur für die SV-Träger verbindlich sein können, nicht aber für alle anderen (damaligen)Entscheidungsträger. Sie können daher nicht als Verordnung der allgemeinen Verwaltung qualifiziertwerden, sodass die Sozialgerichte an diese Richtlinien nicht gebunden sind. Ab 1.1.2014 wurden die 303 Entscheidungsträger auf fünf Sozialversicherungsträger reduziert. Mit dem SVOrG 2018, BGBl I 100/2018 sind durch die Zusammenlegung der SVA der gewerblichen Wirtschaft und der SVA der Bauern nur noch vier Entscheidungsträger als Pensions- und Unfallversicherungsträger vorhanden, sodass die damalige Argumentation des OGH in einem neuen Blickwinkel gesehen werden könnte.

- ausschließliche Steuerfinanzierung und
- sukzessive Kompetenz (Rechtszug vom Entscheidungsträger zum Sozialgericht mit einer Neuaufrollung des Verfahrens).[11]

Tab. 1 zeigt die Einstufungsmerkmale nach Pflegestufen, die erforderliche Zeit für die Hilfe und Betreuung und die Höhe des Pflegegeldes in Euro, Werte 2021:

Stufe	Mehr als ... Stunden	Höhe	Allfälliges
1	65	162,50	
2	95	299,60	
3	120	466,80	
4	160	700,10	
5	180	951,00	+ außergewöhnlicher Pflegeaufwand
6	180	1.327,90	+ unkoordinerbare Pflege bei Tag und bei Nacht, dauernde Anwesenheit wegen Eigen- oder Fremdgefährdung
7	180	1.745,10	+ keine zielgerichteten Bewegungen mit funktioneller Umsetzung der Arme und Beine

2.1 Anpassungen des Pflegegeldes

Die jährliche Anpassung des Pflegegeldes zur Erhaltung der Kaufkraft sollte jedes Jahr erfolgen. Tatsächlich wurde sie wegen budgetären Sparpaketen nur teilweise durchgeführt.

Dies ist aus der **Tab. 2** ersichtlich:

ab 1.1.1994 um 2,5 %	ab 1.1.2009 um 4,0 %
ab 1.1.1995 um 2,8 %	ab 1.1.2016 um 2,0 %
ab 1.1.2005 um 2,0 %	ab 1.1.2020 um 1,8 %

Mit dem Bundesgesetz BGBl I 348/2019 erfolgt in Zukunft die Anpassung des Pflegegeldes mit der Pensionsanpassung nach § 107f ASVG.

---

[11] Vgl *Gruber/Pallinger*, Bundespflegegeldgesetz. Kommentar, 1994, *Greifeneder/Liebhart*, Handbuch Pflegegeld, ⁴2017.

259

2.2 Novellierungen des Bundespflegegeldgesetzes

Die Weiterentwicklung des Pflegegeldes erfolgte mit einer Reihe von Novellen, die grundsätzlich eine Verbesserung für die Pflegebedürftigen und ihre Pflegepersonen brachten. Zweimal wurde aber das Zeiterfordernis für die Pflegestufen 1 und 2 mit Budgetbegleitgesetzen angehoben.

Aber auch die Administration wurde wesentlich vereinfacht, sodass es gegenwärtig nur mehr drei Entscheidungsträger gibt:

- die Pensionsversicherungsanstalt,
- die Versicherungsanstalt öffentlich Bediensteter, Eisenbahnen und Bergbau und
- die Sozialversicherungsanstalt der Selbständigen.[12]

Ein Meilenstein war auch die Übertragung der Landespflegegelder in die Zuständigkeit des Bundes mit einer Änderung der Bundesverfassung ab 1.1.2012.[13]

Zur Verbesserung der Qualität der Begutachtung wurde eine eigene Akademie für ärztliche und pflegerische Begutachtung geschaffen.[14]

Der Gesetzgeber hat auch zur besseren Vereinbarkeit von Pflege und Beruf eine Familienhopizkarenz, eine Pflegekarenz, ein Pflegekarenzgeld und eine Pflegeteilzeit eingeführt.[15]

2.3 Erschwerniszuschlag

Seit 2009 gibt es einen Erschwerniszuschlag für die Pflege von schwer geistig oder schwer psychisch behinderten Menschen, wobei zwischen behinderten Kindern und Jugendlichen sowie behinderten Erwachsenen unterschieden wird.

---

[12] BGBl Nr 131/1995, Rechtsanspruch für alle Pflegegeldstufen, BGBl I Nr 111/1998, leichterer Zugang zur Pflegegeldstufe 4, BGBl I Nr 69/2001, Qualitätssicherung durch Hausbesuche zur Überprüfung der Voraussetzungen der Pflege, BGBl I Nr 71/2003, Zuwendungen aus dem Unterstützungsfonds für Menschen mit Behinderung, Ersatzpflege, BGBl I Nr 34/2007, Zuwendungen für die 24-Stunden-Betreuung, BGBl Nr. 128/2008 Erschwerniszuschlag, Erweiterung der Ersatzpflege, BGBl I Nr 58/2011, Pflegegeldreformgesetz, Übergang der Landespflegegelder in die Zuständigkeit des Bundes mit einer Änderung der Bundesverfassung: Kompetenztatbestand: Pflegegeldwesen: Gesetzgebung und Vollziehung als ausschließliche Bundessache, BGBl I Nr 138/2011, Reduktion der Entscheidungsträger auf fünf, BGBl I Nr 100/2018 Sozialversicherungsorganisationsgesetz 2018, Zusammenführung der Sozialversicherungsanstalt der gewerblichen Wirtschaft und der Sozialversicherungsanstalt der Bauern, Reduktion der Entscheidungsträger auf drei.
[13] Art 10 Abs 1 Z 11 und Art 102 Abs 2 B-VG.
[14] § 307g ASVG, SRÄG 2012, BGBl I Nr. 3/2013.
[15] BGBl I 138/2013, *Grasser/Neubauer*, ARÄG 2013 – Pflegekarenz, Pflegekarenzgeld, Pflegeteilzeit, in: ÖZPR 6/2013, 174.

Insbesondere ist auf eine dementielle Erkrankung Bedacht zu nehmen (§ 4 Abs 3–7 BPGG) Nach § 1 Abs 5 EinstV (BGBl. II 1999/37 und BGBl II 2011/453) sind für schwerstbehinderte Kinder und Jugendliche bis zum vollendeten 7. Lebensjahr 50 Stunden als fixer Zeitwert und ab dem vollendeten 7. Lebensjahr bis zum vollendeten 15. Lebensjahr 75 Stunden als fixer Zeitwert pro Monat zu berücksichtigen.

§6 der EinstV bestimmt für Personen ab dem vollendeten 15. Lebensjahr unter den gleichen Voraussetzungen nur einen fixen Zeitwert von 25 Stunden pro Monat. Daher hat es bisher auch Härtefälle gegeben.[16]

Die nachstehenden Beispiele verdeutlichen dies, sodass eine Lösung pro futuro vorgeschlagen wird:

Zeitwert: Pflegestufe 1: 66 Stunden + Erschwerniszuschlag 25 Stunden = weiter Stufe 1

Vorschlag: Pflegestufe 1: 66 Stunden + Erschwerniszuschlag 30 Stunden = Stufe 2

Zeitwert: Pflegestufe 2: 96 Stunden + Erschwerniszuschlag 25 Stunden = weiter Stufe 2

Vorschlag: Pflegestufe 2: 96 Stunden + Erschwerniszuschlag 30 Stunden = Stufe 3

Zeitwert: Pflegestufe 3: 121 Stunden + Erschwerniszuschlag 25 Stunden = weiter Stufe 3

Vorschlag: Pflegestufe 3: 121 Stunden + Erschwerniszuschlag 40 Stunden = Stufe 4

Zeitwert: Pflegestufe 4: 161 Stunden + Erschwerniszuschlag 25 Stunden = 186 Stunden = Stufe 4, wenn kein außergewöhnlicher Pflegeaufwand vorliegt

Vorschlag: Pflegestufe 4: 161 Stunden + Erschwerniszuschlag 40 Stunden = 201 Stunden = Stufe 5, weil mit dem erhöhten Zeitwert ein außergewöhnlicher Pflegebedarf angenommen werden kann.

Die Differenzierung des Erschwerniszuschlages mit 30 Stunden in den Pflegestufen 1 und 2 sowie mit 40 Stunden ab der Pflegestufe 3 und 4 ist durch den proportional steigenden Pflegeaufwand bei einer schweren psychischen Behinderung oder schweren dementiellen Erkrankung auch nach dem verfassungsrechtlichen Gleichheitssatz (Art 7 B-VG) gegeben.

---

[16] Restriktive Rechtsprechung des OGH 10 ObS 99/10x, in ÖZPR 5/2010; *Feldinger*, Pflegegeld – Erschwerniszuschlag bei Depression und Schizophrenie, in ÖZPR 5/2012, 141; *Stöckl*, Der Erschwerniszuschlag aus juristischer Sicht, in ÖZPR 2/2012, 45.

3 Erhöhung der Zahl der Pflegegeldbezieher und des Pflegegeldaufwands

Die Anzahl der Pflegegeldbezieher ist von 1993 mit 229.293 Personen auf 462.179 im Jahr 2018 gestiegen. Der gesamte finanzielle Aufwand für das Pflegegeld betrug 1994 1,3 Mrd Euro und erreichte im Jahr 2018 2,7 Mrd Euro. Daher ist auch eine nachhaltige Finanzierung aus Budgetmitten des Bundes erforderlich, um das bewährte österreichische Pflegegeld zu sichern.[17]

4 Der Pflegefonds

Wegen der jährlich überproportional steigenden Kosten der Langzeitpflege, die in die Zuständigkeit der Länder und Gemeinden fallen, unterstützt der Bund diese Gebietskörperschaften zusammen mit diesen durch einen eigenen Fonds – dem Pflegefonds. Dieser Fonds basiert auf einem Vorwegabzug der gemeinschaftlichen Bundesabgaben nach dem Finanzausgleichsgesetz von 2017, das bis zum Jahr 2021 gilt. Der Bund leistet zwei Drittel und die Länder und Gemeinden leisten ein Drittel der Fondsmittel. Jedes Jahr werden die Fondsmittel um 4,5 % erhöht. Die Aufteilung wurde nach dem Bevölkerungsschlüssel festgesetzt.

Im Jahr 2018 wurden 366 Mio. Euro an die einzelnen Bundesländer zugeteilt, die als Zweckzuschüsse für den Auf-und Ausbau sowie die Sicherung folgender Angebote der Langzeitpflege zu verwenden sind:

- mobile Pflege- und Betreuungsdienste (vorrangig),
- stationäre Pflege- und Betreuungsdienste,
- teilstationäre Tagesbetreuung,
- Kurzzeitpflege in stationären Einrichtungen,
- Case-und Care Management,
- alternative Wohnformen,
- mehrstündige Alltagsbegleitungen und Entlastungsdienste,
- begleitende qualitätssichernde Maßnahmen,
- innovative Projekte und eine
- mobile Hospiz-und Palliativversorgung.[18]

5 Angehörigenpflege

Die nachstehende Tabelle zeigt die Sektoren der Langzeitpflege im Jahr 2018 mit Veränderungen seit 2017. Überwiegend ist nach wie vor die Pflege im eigenen Heim vorhanden. Die Differenzen ergeben sich durch das Verbot des Pflegeregresses ab 1.1.2018.

---

[17] BMASK, Österreichischer Pflegevorsorgebericht 2018.
[18] BMASK, Österreichischer Pflegevorsorgebericht 2018.

Versorgungslandschaft Pflege und Betreuung	Jahr 2018 in %	Veränderung seit 2017 in %
Pflegeheim	21	+ 3
zu Hause	78	- 3
davon:		
mobile Dienste	33	0
teilstationäre Einrichtungen		
(Tageszentren)	2	0
24-Stunden-Betreuung	5,5	- 1,5
ausschließlich informelle Pflege und Betreuung (insbes. durch Angehörige)	38,5	- 1,5

Quelle: *Hilfswerk Österreich*.[19]

Eine Studie des Instituts für Pflegewissenschaften mit Einbindung des Instituts für Soziologie der Universität Wien im Auftrag des Sozialministeriums „Angehörigenpflege in Österreich" hat eine Reihe von Empfehlungen ausgearbeitet, die die pflegenden Angehörigen bei ihrer verantwortungsvollen Betreuungstätigkeit stärken sollen. Dabei geht es vor allem um folgendes:

- eine bessere Wertschätzung der Pflegepersonen,
- um eine richtige Beratung und Information,
- besondere Wahrnehmungen bei Demenz der Pflegebedürftigen,
- eine stärkere Berücksichtigung pflegebedürftiger Kinder,
- den Ausbau alternativer Betreuungsformen,
- ein höheres Pflegegeld und
- eine bessere Honorierung mobiler Dienste.[20]

---

[19] Grobschätzung des Hilfswerks Österreich auf Basis der Pflegegeldbezieher am 31.12.2018, Verbot des Pflegeregresses: §§ 330a, 330b, 707a ASVG mit der Regelung, dass ein Zugriff auf das Vermögen von in stationären Einrichtungen aufgenommenen Pflegepersonen, deren Angehörigen, Erbinnen/Erben, sowie Geschenknehmerinnen/Geschenknehmern im Rahmen der Sozialhilfe zur Abdeckung der Pflegekosten unzulässig ist. Näheres zur Judikatur und Auslegung der Übergangsbestimmungen siehe *Hiesel*, in ÖZPR 3/ 2018, 59 und *Pfeil*, Erste Entscheidung des Obersten Gerichtshofs zur Reichweite des Verbots des Pflegeregresses, in ÖZPR 4/2018, 78.

[20] *Grasser*, Angehörigenpflege in Österreich, Studie im Auftrag des BMASK „Einsicht in die Situation pflegender Angehöriger und in die Entwicklung informeller Pflegenetzwerke", Universität Wien, Institut für Pflegewissenschaften in Kooperation mit dem Institut für Soziologie, in ÖZPR 5/2018, 140.

Auf jeden Fall sollte Vorsorge getroffen werden, wenn in der Familie plötzlich ein Pflegefall auftritt. Insgesamt pflegen fast eine Million Personen ihre Angehörigen.[21]

Ein Problem besteht auch durch die verschiedenen Zuständigkeiten für die sozialen Dienste. Es gibt unterschiedliche Selbstbehalte pro Bundesland. Schließlich sollten pflegende Angehörige ein Setting von wirksamen Unterstützungen, Erholungsmöglichkeiten und eine bessere gesellschaftliche Teilhabe bekommen.

6 Angestellte Pflegepersonen

In Österreich gibt es über 25 kollektivvertragliche Regelungen, von denen die wichtigsten jene des Kollektivvertrages der Sozialwirtschaft Österreichs sind. Der Geltungsbereich dieses Kollektivvertrages erstreckt sich auf etwa 130.000 Arbeitnehmer, für die die Gewerkschaft der Privatangestellten die Kollektivvertragsverhandlungen mit einem Verhandlungskomitee der Arbeitgeber führt.

Ferner bestehen Tarifvereinbarungen mit den Bundesländern und Gemeinden für deren stationäre Einrichtungen. Die Lebensverdienstsumme differiert zwischen Vorarlberg und dem Burgenland um 36 %.[22]

Eine Studie der Universität Innsbruck mit einer arbeitswissenschaftlichen Bewertung von Pflegekräften in der stationären Langzeitpflege im Auftrag der Arbeiterkammer Österreich stellte folgende Mängel fest:

- ständig steigender Arbeitsdruck der Pflegekräfte,
- nur 10 % der Arbeitszeit bleibt für die persönliche Betreuung der Pflegebedürftigen übrig,
- chronischer Personalmangel, weil der Personalbedarf knapp kalkuliert wird,
- 30-50 % der Arbeitszeit muss für Dokumentations- und für Administrationsaufgaben verwendet werden,

Als Lösung schlagen die Studienautoren vor:

- fachliche Kompetenzschwerpunkte mit Berücksichtigung arbeitspsychologischer Grundsätze in der Arbeitsgestaltung,
- stärkere Berücksichtigung der Sozialbetreuungsberufe in Personalbemessungsfragen,
- Ausbau professioneller Personalreserven mit Förderung des Ehrenamtes,
- intensivere Betreuungsmöglichkeiten bei Demenz der Pflegebedürftigen,

---

[21] Meinhard-Schiebel, Enorme Belastung, in: *Granatapfel* 12/2018, 12.
[22] Hochsteiner/Marschitz, Was verdient eine Pflegekraft?, in ÖZPR 1/2018, 164.

- Entkoppelung der Pflegegeldstufen zu Einstufungen, die die reale physische und psychische Konstitution des Pflegebedürftigen zum Inhalt haben.[23]

Dazu kommt noch für die angestellten Pflegekräfte das Problem der COVID 19-Pandemie durch den zuerst aufgetretenen Mangel an Schutzausrüstungen und die Gefährdung beim Risiko durch die Übertragung der Infektion bei unmittelbaren Betreuungshandlungen, wo das Abstandhalten nicht möglich ist.

7 Mobile Dienste

Mobile Dienste in der Langzeitpflege beschäftigen in der Regel Heimhilfen, Pflegeassistenten und Mitarbeiter in der Hauskrankenpflege. Es sind dies sehr oft Non-Profit-Organisationen, meist als Vereine, seltener als GmbHs. Vielfach geht es um das Überleben während oder nach der COVID 19-Krise. Vorrangig waren bisher Organisationsänderungen und Kurzarbeit für viele Mitarbeiter – hauptsächlich Frauen.

Aus dem Härtefonds der Bundesregierung sind sie ausgeschlossen, weil sie als gemeinnützige Institutionen von der Abgabenpflicht nach der BAO befreit sind. Sie können aber als Vereine aus dem 700 Mio.-Fonds für alle Vereine, der von der Bundesregierung installiert wurde, Hilfe in der Form von Zuschüssen bekommen. Hilfsorganisationen als GmbHs können mit Unterstützungen aus dem 15 Mrd.-Notfallsfonds der Bundesregierung rechnen, der für die Wirtschaft eingerichtet wurde, mit dem begünstigte Kredite und Zuschüsse möglich sind. Auch das home Office hat nun einen höheren Stellenwert.

Bei der 24-Stunden-Betreuung gab es durch das Schließen von Staatsgrenzen Probleme mit dem Austausch von Betreuerinnen, die nach einigen Interventionen beseitigt werden konnten. Mit dem Ansteigen der Infektionszahlen könnten diese Probleme wieder auftreten.

8 Die Langzeitpflege in der Zukunft

Trotz mancher Verbesserungen in den letzten Jahrzehnten sollten in der Langzeitpflege noch folgende Vorhaben berücksichtigt werden:

- Weiterentwicklung der Begutachtung durch Anpassung des Pflegegeldes an die reale Pflegesituation,
- Erhöhung des Erschwerniszuschlages beim Pflegegeld zur Vermeidung von Härten,

---

[23] *Glaser/Seubert/Staflinger* [Universität Innsbruck, Institut für Psychologie], Arbeitswissenschaftliche Analyse und Bewertung pflegerischer Humandienstleistungen in der stationären Langzeitpflege als Basis für eine leistungsgerechte Personalbemessung, im Auftrag der Arbeiterkammer Niederösterreich, in ÖZPR 1/2019, 37.

- Ausbau mobiler Dienste,
- mehr Möglichkeiten für die Kurzzeitpflege zur Entlastung pflegender Angehöriger,
- höhere Wertschätzung des Pflegepersonals und Vermeiden von Personaldruck und Personalmangel,
- Förderung von Umstieg und Nachschulungen im Bereich der Pflege- und Betreuungsberufe,
- Steigerung der Attraktivität der Arbeitsbedingungen und eine leistungsgerechte Entlohnung für die Pflegekräfte,
- Erhöhung der Verweildauer der ausländischen Pflegekräfte und Valorisierung der Zuschüsse bei der 24-Stunden Betreuung,
- Förderung des betreuten Wohnens,
- einheitliche und sozial gestaffelte Selbstbehalte bei der Mobilen Pflege und eine
- garantierte Steuerfinanzierung des Pflegegeldes und der mobilen Dienste aus den Budgets des Bundes und der Bundesländer.

Erhard BUSEK*

Der Wandel der Rolle der Universitäten in der Gesellschaft

Universitäten und Gesellschaft waren und sind immer miteinander verbunden. Die Relevanz der Wissenschaft und ihrer Lehre für das politische Geschehen braucht nicht gesondert bewiesen zu werden. Der Begriff des Bürgers im politischen Sinn – „polites" – kommt aus dem Griechischen, wobei in der Antike gerade die „Akademia" genau beobachtet wurde. Nicht umsonst wurde Sokrates als Verführer der Jugend beschuldigt und hatte den Schierlingsbecher zu nehmen. Aus diesen Zeiten sind wir zum Glück längst heraußen.

Mag sein, dass in der aktuellen Situation besondere Akzente gesetzt sind, aber die tagespolitischen Geschehnisse dürfen nicht darüber hinwegtäuschen, dass es sich um ein längerfristiges Verhältnis der wechselseitigen Verantwortung handelt. Dabei kommt es weniger darauf an, dass Universitäten „Widerstand" leisten oder gar „brennen", wie es da und dort behauptet wird, sondern dass sie sich eben nicht dem Tagesgeschehen anpassen, sondern die generelle Verantwortung für die Auseinandersetzung um die Wahrheit durch die Wissenschaft wahrnehmen. Angesichts einer langjährigen Tätigkeit als Rektor und als Wissenschaftsminister wage ich darauf hinzuweisen, dass die Universitäten „cupidus rerum novarum" – also der neuen Dinge begierig sein müssen. Natürlich verstehen wir die Wahrheit heute plural. Mehrere Wahrheiten existieren nebeneinander, aber ihre Abgleichung ist nach wie vor ein Ding der Notwendigkeit.

Eine der Errungenschaften der europäischen Welt besteht zweifellos darin, dass der Beweis mit wissenschaftlichen Mitteln zu führen ist, also der Irrationalität im Allgemeinen der Kampf anzusagen ist. Es mag auch sein, dass eben diese Irrationalität ihren besonderen Nährboden darin findet, dass wir in der Fülle der Veränderungen, die uns gegenwärtig begleiten, die Flucht in das Irrationale, oft Mystische, suchen, um der Mühseligkeit der Erkenntnis zu entrinnen.

Wir können auch nicht mit jenem Tempo Schritt halten, das uns gerade in der letzten Zeit begleitet und die uns in das 21. Jahrhundert hineingeführt haben. Wolfgang Frühwald, früherer Präsident der Deutschen Forschungsgemeinschaft,

---

* Dr. Erhard Busek war Bundesminister und Vizekanzler der Republik Österreich, Sonderkoordinator der österreichischen Regierung für die EU-Osterweiterung und des Stabilitätsosteuropa, Ehrenpräsident des Europäischen Forums Alpbach. Zudem war er Vorsitzender des Instituts für den Donauraum und Mitteleuropa, Koordinator der Southeast European Cooperative Initiative, Präsident des Senats der Wirtschaft Österreich und Jean-Monnet-Professor. Am 13.3.2022 starb Dr. Busek im Alter von 80 Jahren in Wien.

macht darauf aufmerksam, dass wir gegenwärtig den Kausalitäten des Lebens auf der Spur sind, seinen Entwicklungen, seinen Entwicklungsgeschwindigkeiten, seinen Defekten und seinen für den Menschen oft in Katastrophen oder verhängnisvollen Entwicklungen bedeutenden Ergebnisse. Wir stehen in allen natürlichen, sozialen und kulturellen Systemen einer komplexen Welt gegenüber, die stets mehr ist als die Summe ihrer Teile und daher als Ganzes erforscht werden muss.

Darin ist aber gleich eine erste Forderung zu sehen, die die Politik und Gesellschaft mit Recht an die Universität stellen kann, nämlich mehr Universalität zu zeigen. Die Spezialisierung der Universität hat dazu geführt, dass oft schon Grenzüberschreitung zur Mühseligkeit wird, geschweige denn, es selbstverständlich ist, gesamthaft Problemstellungen zu sehen und sie zu bearbeiten. Gerade aber die globale Entwicklung macht eine solche Bewegung der Wissenschaft erforderlich, der sie sich nicht entziehen kann, will sie auch einen Beitrag der Bewältigung der Probleme leisten.

Auf die heute mehr und mehr übliche Verwendung des Wortes „Leben" in Verbindung mit der Universität, ja mit der Politik möchte ich gesondert verweisen. Wenn sich ein Ministerium als „Lebensministerium" vorstellt, kann man wohl von einem hohen Anspruch reden. Es gibt nichts Wichtigeres in unserer Zeit als das Leben – es zu fördern, zu bejahen und zu erhalten. Diese Aufgabe ist aber weder lokal noch regional zu lösen, sondern nur im größeren Kontext.

Die notwendige Europäisierung ist daher nur ein Zwischenschritt, die durch das so oft zitierte Internet Voraussetzungen gefunden hat, die wir bisher nicht kannten. So mühselig sich die Politik selbst auf europäische Integration und Globalisierung einlässt, ja bei weitem überhaupt noch nicht die politischen Systeme dafür entwickelt hat, so sehr muss die Universität danach streben, will sie nicht zur Provinzialität und damit zur Belanglosigkeit verkommen. Die Diskussion um den Elfenbeinturm gehört daher längst der Vergangenheit an, denn Universitäten, die nicht in Welt und Gesellschaft stehen, haben ihren Anspruch längst verloren.

Damit relativiert sich auch das beliebte Spiel der Auseinandersetzung um das Humboldtsche Bildungsideal. Darin sind aber auch nicht die Hindernisse für die österreichische Universitätslandschaft zu sehen, vielmehr ist es der aufgeklärte Absolutismus von Kaiser Josef II., fortgesetzt von Thun-Hohenstein, der immer noch dazu führt, dass auch die Universitäten der Meinung sind, dass der Staat und seine Vertreter ohnehin mehr oder wenig gut Bescheid wüssten, was auch für die Universitäten nützlich sei. Ich sehe aus eigener Erfahrung darin das größte Hindernis der notwendigen Entwicklung zur Autonomie der Universitäten, zu ihrer Selbständigkeit, ja Loslösung von der nationalen politischen Landschaft. Persönlich bin ich mit der Schaffung der Autonomie der Universitäten verbunden. Ich erinnere mich allerdings auch, dass eine Reihe von Rektoren knapp vor der Verabschiedung dieses bescheidenen autonomen Schritts mich besucht haben und gemeint haben: „Der Minister sollte doch weiter zuständig bleiben, dann könne man sich wieder aufregen, aber so schlecht macht es das Ministerium nicht."

Die Universitäten sollen wohlgemerkt ihre Wurzeln nicht verlieren, wohl aber in der Lage sein, ihr Schicksal selbst zu bestimmen, weil längst die nationale Politik nicht mehr in der Lage ist, diesen Aufgabenstellungen gerecht zu werden. Der Ruf nach dem Gesetz und der Verwaltung, der immer wieder ertönt, passt sicher nicht mehr in die Landschaft des 21. Jahrhunderts. Das ist nicht ein schrankenloser Neoliberalismus oder gar der primitive Versuch, Budgetprobleme durch Einsparungen im Wege der Autonomie zu lösen, sondern vielmehr die notwendige Emanzipation, die aufgrund der demokratischen Entwicklung schon längst notwendig geworden wäre. Allzu eng ist es oft bei uns, weil man in der Enge auch leichter lebt und weniger Anstrengungen unterworfen ist. Das wäre aber ein Verständnis einer Provinz, wobei darunter längst nicht mehr eine Landschaft, sondern ein Geisteszustand zu verstehen ist. Die Universität muss in der Selbstüberprüfung stehen, nicht Provinz zu sein, weil das dem geistigen Prinzip kaum entspricht.

Es darf nicht verkannt werden, dass das auch ein schmerzlicher Prozess ist, weil es Abschied von liebgewordenen Gewohnheiten bedeutet. Man würde es sich all zu leicht machen, wenn man nur den Universitäten auf die Schulter klopft, um sie erst recht ihrem Schicksal zu überlassen. Vom Schicksal der Universitäten hängt die Entwicklung der Gesellschaft und damit der Politik erst recht ab. Diese oft beschworene Wettbewerbsfähigkeit entscheidet sich in diesem Raum ebenso wie die Voraussetzungen zur Realisierung der Wertvorstellungen der europäischen Familie. Damit ist bleibend die Frage nach der Qualität gestellt, denn nur so können Antworten auf Lebensfragen gegeben werden. Kritisch ist allerdings auch anzumerken, dass heute auch Wortmeldungen gegenläufiger Tendenz existieren, die der Politik und der Verwaltung wieder eine stärkere Rolle geben wollen. Das allerdings verkennt die grundsätzliche Aufgabe der Universitäten heute.

Die immer größer werdenden Möglichkeiten des Menschen haben erst recht die Fragestellung nach der Ethik aufkommen lassen. Diese wird wohl oft als ältliche Tante aus guter Familie verstanden, die an Festtagen herzuzeigen ist, sonst aber in unserem Leben wenig Funktion hat. Auch die Universitäten haben gemeinsam mit der Politik ihre liebe Not damit, denn nicht umsonst gibt es Ethik-Kommissionen und ähnliche Einrichtungen, die zur Legitimation geschaffen wurden. Die Gefahr, die dabei besteht, ist, die Verantwortung abzutreten, anstelle sie jeweils in allen Bereichen wahrzunehmen. Hier besteht der wechselhafte Bezug einzelner Bereiche der Universitäten. Darin ist wohl der Grund zu sehen, warum viele Physiker bei Fortschreiten ihrer Erkenntnis zu Philosophen werden, während die Geisteswissenschaften seit geraumer Zeit an ihrer Funktion zweifeln.

Für mich ist es nicht notwendig, die Frage „wozu Geisteswissenschaften" zu stellen, weil sie gerade in der Bewältigung der Komplexität der heutigen Zeit eine unendliche Rolle spielen. Auch auf die Schrittmacherfunktion der Naturwissenschaften ist zu verweisen, weil wir ständig mit ihren Konsequenzen konfrontiert werden. Eine Prioritätenfeststellung, welcher Bereich nun wichtiger wäre, ist von einer gewissen Dummheit begleitet, weil die Funktionalität durchaus unterschiedlich zu sehen ist. Vielmehr ist es die Fragestellung in einer Zeit der Grenzüberschreitung, wo freiwillig Grenzen zu setzen sind. Wer aber kann dieses Problem deutlicher stellen als die Wissenschaft? Die Politik ist darauf angewiesen, auf ihre Grenzen aufmerksam gemacht zu werden, weil sie ihre Grenzziehung oft in ganz anderen Bereichen versteht als die Wissenschaft.

Vieles aber ist Universitäten und Gesellschaft gemeinsam. Die Rahmenbedingungen sind für beide einer ungeheuren Veränderung unterworfen, wobei für die Politik wahrscheinlich der Zustand, den seherisch Paul Feyerabend in der Kritik an Sir Karl Popper mit "anything goes" beschrieben hat, wohl das Riskanteste ist. Die Beliebigkeit feiert heute Triumphe, der Populismus ist die Konsequenz und der Event-Charakter des täglichen politischen Geschehens führt zu einer Primitivisierung der Darstellung von Politik. Max Frisch hat einmal das „Bürgersein" damit definiert, dass er davon gesprochen hat, es handle sich dabei um eine Einmischung in die eigenen Angelegenheiten. Der oft zitierte Unterhaltungscharakter ersetzt eben diese Einmischung und macht die Vordergründigkeit des Geschehens sichtbar. Wenn es eine gesellschaftliche Funktion der Universität gibt, dann ist es wohl die, wichtige unangenehme Fragen zu stellen, wobei die Adressaten kaum nur die Regierung, das Parlament und andere politische Institutionen sind.

Es sind vielmehr die Bürger in ihrer politischen Erscheinungsform gemeint, die sich über Wahlen hinaus in die öffentliche Meinung und auf jene Fragen erstreckt, die überhaupt ein Interesse zur Diskussion erwecken. Diese Funktionalität der Universität muss sie in sich selbst kontrollieren, weil die Politik wohl kaum so ohne Weiteres bereit ist, diese Aufgabenstellung zu provozieren. Natürlich wird die Universität auf diese Weise „unangenehm", aber gerade das Unangenehme ist von ungeheurer Wichtigkeit, weil damit wesentliche Fragen berührt werden. Das Wort von Angelus Silesius „Mensch werde wesentlich" darf in Erinnerung gerufen werden.

Anderes aber kann wohl von der Politik kommen, nämlich etwa die Frage, was die Universitäten in der Veränderung unserer Bildungslandschaft beizutragen gedenken. Die Tatsache, dass die rasche Veränderung dazu führt, dass wir "lifelong learning" mehr und mehr etablieren müssen, muss auch durch die Universitäten beantwortet werden. Korrektive sind genügend verabschiedet, wie sie etwa die Fachhochschulen, die Weiterbildungseinrichtungen und eine immer vielfältiger werdende Bildungslandschaft darstellen.

Das enthebt aber die Universität nicht, auch ihren Beitrag dazu zu artikulieren. Sie hat das in der Vergangenheit relativ limitiert getan, wobei der finanzielle Mangel partiell nur als Ausrede zu verstehen ist. Meines Erachtens ist die Organisationsform der Universität in sich in Frage gestellt, wobei es weniger auf die gesetzlichen Grundlagen als auf den Willen zur Anpassung an die neuen Herausforderungen ankommt. Damit ist ein kein Prinzip verraten, sondern nur die Frage der Zweckmäßigkeit in der Zeit gestellt, die für jede Institution existiert.

Meine Mutter Kirche begleitet das Wort von „semper reformanda". Das gilt genauso für die Universitäten, vor allem heute, wenn sie der Provinzialität entkommen wollen. Die Räume sind heute größer geworden, nicht nur die Themen. Das allerdings verlangt eine Eigenschaft, die auch zur Sprache gebracht werden muss.

Dabei wird in der öffentlichen Diskussion immer der Begriff „Mobilität" verwendet, wobei das vor allem durch jene geschieht, die über die meiste Stabilität, nämlich Pragmatisierung, verfügen. Darin mag man eine zu kritisierende Ironie verstehen, die zweifellos in der österreichischen Landschaft tief verankert ist. Das enthebt uns aber nicht der Notwendigkeit, Kriterien der Mobilität zu erkennen und ihre Möglichkeiten auszuschöpfen.

Auch darin ist eine notwendige Grenzüberschreitung zu sehen, die bei dienstrechtlichen Gegebenheiten beginnt, über die technischen Möglichkeiten hinausgeht und schließlich bei der Frage eines globalen Wettbewerbs landet. Damit schließt aber die Universität an Gesichtspunkte an, die zur Zeit ihrer Schaffung selbstverständlich waren. Die „Universitas", im ausgehenden Mittelalter und der Renaissance entstanden, darf in Erinnerung gerufen werden. Sie hatte nicht nur eine gemeinsame Sprache, das Lateinische, sondern auch durchgehende Curricula und eine beachtliche Mobilität von Professoren und Studenten.

Von den damals engen Grenzen der Zeit hat man sich nicht beeindrucken lassen, wie nicht nur die Vita großer Universitätslehrer beweist, sondern die Ubiquität der Formen des universitären Lebens, die im damals bekannten Europa ähnlich und vergleichbar waren. Um wie viel schwerer tun wir uns heute, diesen Gesichtspunkten zu folgen.

Ob nicht so manche universitäre Diskussion heute angesichts der Größe der Aufgabe besonders banal erscheint? Dabei ist die Universität weiter ein prominenter Ort, wo das freie Spiel des Geistes möglich ist. Das ist ein Privileg, dass die Gesellschaft der Universität eingeräumt hat. Das Beste daraus zu machen kann eben wieder nur durch die Universität erfolgen – eine Erwartung, die Politik und Gesellschaft durchaus mit Recht haben können.

Die Universität muss also eine äußere und innere Autonomie haben, jene Selbstverständlichkeit, sich in sich zu bewegen, um nach außen wirksam zu werden. Das Bibelwort „Der Buchstabe tötet, der Geist ist es aber, der lebendig macht", kann hier ebenso ein Motiv sein, wie die Feststellung, dass der Geist weht, wo er will – man muss ihn nur wollen.

Univ.-Prof. Dr. Johann Egger war es zu eigen, der Zeit folgend in verschiedenen entscheidenden Bereichen tätig zu sein. Ob es sich nun um den sozialen Bereich, die Bildung oder Europa handelt. Die Problematik von heute besteht darin, dass wir uns allzu eng auf Fachbegrenzungen hin orientieren, anstelle das Gesamthafte der wissenschaftlichen Auseinandersetzung, also der „Universitas" im Blick zu haben. Anlässlich seiner Tätigkeit und der daraus gewonnenen Verantwortung ist Herrn Prof. Egger nicht nur zum runden Geburtstag zu gratulieren, sondern auch Dank und Anerkennung auszusprechen.

Martina EGGER

Ignatius von Loyola SJ.

Der frühe Weg der Ignatianischen Berufung, die Entstehung der Exerzitien, seine Inquisitionsprozesse sowie die Gründung der Gesellschaft Jesu

I. Herkunft

1 Einleitung

Da der Jubilar eine besondere Verbundenheit mit der Gesellschaft Jesu hat, soll mit diesem Aufsatz aufgezeigt werden, Persönlichkeit und Umfeld des großen Gründers Ignatius von Loyola SJ besser aufscheinen zu lassen. Dabei wird vor allem die Zeit von seinen Anfängen in Loyola bis zur Formierung eines festen Freundesbundes auf dem Wege nach Rom in Augenschein genommen und soll zu einem besseren Verständnis führen.

1.1 Das Ignatianische Zeitalter

Das Spanien dieser Zeit war ein Weltimperium. In den großen Städten der iberischen Halbinsel war der Verdienst der Arbeiter durchaus gut. Es wurde sehr viel gebaut, Skulpteure, Handwerker jeder Art, Juweliere und Importeure machten brillante Geschäfte. Viele Testamente bedachten die Kirche mit großzügigen Stiftungen und Legaten, denn man wollte sich der Fürsprache der Kirche sicher sein. Die Laienbruderschaften oder Cofradias sorgten dafür, dass davon hohe Summen in silberne und goldene Pokale zur höheren Ehre Gottes investiert wurden. Manche Städte waren so wohlhabend, dass sie für Begräbnisse der Armen, für sowie die Mitgift von Findelkindern aufkamen.

Das intellektuelle Spanien war anfangs des 16. Jahrhunderts noch in allen Bereichen produktiv und dies alles auf höchstem Niveau und noch nicht an Fesseln gebunden; dementsprechend war sein Einfluss auf das spanische Geistesleben und es wurde entsprechende exzellente Literatur geschrieben. Spanisches Militär beeinflusste die europäische Politik nachhaltig; spanische Mode war in der Aristokratie tonangebend – und – das spanische Zeremoniell fand an den Höfen allerorts Eingang. Die italienische Renaissance wurde beispielsweise vom Poeten Bartolomé de Torres Naharro sowie von Lope de Rueda nach Spanien gebracht. Luis Vives, der aus dem Norden stammt, führte humanistisches Gedankengut ein. Damals wurde Vives als katholischer Vertreter der Philosophie als ebenbürtig mit Erasmus erklärt. Aus all diesen Strömungen entstand ein nationaler Stil.

Der Amadisroman erzielte in der Renaissance in Spanien hohe Beliebtheitswerte. König Amadís und die Königin Oriana sind in jeder Hinsicht katholisch. Amadís ist die Verkörperung der Tugenden per se in Anstand, Klugheit, Höflichkeit und setzt sich für die Armen und Benachteiligten ein. Er und seine Ehefrau sind fromm und gehen oft zur Beichte. Liebe, Leidenschaft und Rittertum sind besondere Werte; Romantik zieht sich wie ein roter Faden durch das Werk. Amadis als der perfekte Kavalier, ganz dem Ehrenkodex verhaftet, blieb das große Vorbild für die Aristokratie Spaniens, so auch für Ignatius.

1.2 Die Familie López de Loyola

Ignatius López de Loyola wurde 1491 auf dem Stammschloss der Loyola in der baskischen Provinz Guipúzcoa als letztes von 13 Geschwistern geboren. Seine Familie gehörte zu den angesehensten des Landes; sie besaßen sogar das Privileg, durch Boten zu den höfischen Festen des Königs eingeladen zu werden.[1]

Dies war auch die Zeit der Eroberung Amerikas. 1492 wurde Granada von den Katholiken zurückgewonnen und die Reconquista Spaniens neigte sich dem Ende zu. Gleichfalls wurde Amerika von Christoph Kolumbus entdeckt, in welchem ein Bruder des Ignatius als Soldat sein Leben lassen sollte.

Die Familie Loyola gehörte zu den vierundzwanzig herrschaftlichen Häusern (sog. Parientes mayores) der Region Guipúzcoa. König Johann übergab an den Clan der Loyolas schon im 14. Jahrhundert die Patronatsrecht über die Kirche von San Sebastián in Azpeitia. Später bekamen die Loyolas noch die Rechtsprechung über zehn Eremitas übertragen, das sind kleine Einsiedeleien im Urola-Tal, welche noch heute bestehen. Dalmaso erwähnt, dass die Familie de Loyola aus dem Geschlecht der Onaz abstammt und mit Ausnahme der Familie von Lascano das einflussreichste an Geld und Macht ist.[2]

Sie nannten in Azpeitia zwei Häuser, einen Hof sowie den Kirchplatz ihr Eigen und hatten Anrecht auf die Steuerabgabe des Zehent. Ihnen gehörten alle Kirchen im Städtchen Azpeitia, auch diejenige in Urrestilla, in Ega sowie das Franziskanerinnenkloster in der Stadt. Außerhalb besaßen sie noch zwei Adelssitze in Onaz und Loyola mit dreißig Bauernhöfen, einige Mühlen und Eisenhämmerbetriebe, zahlreiche Wiesen, Apfelgärten, mehrerer Nuss-, Eichen- und Kastanienwälder, den zehnten Teil der Erzbergwerke in Ibarrenola und Aranaz in der Nähe von Zumaya, deren Abgabe 1518 allein 2000 Maravedis betrug. Azpeitia war die zweitwichtigste Stadt nach San Sebastian.

Die Pfarrpfründe waren ebenfalls Eigentum der Loyolas und das Amt bekleidete oftmalig ein Verwandter. Damals bestand noch das Eigenkirchenrecht im Urolatal. In der Pfarrkirche San Sebastián von Azpeitia gab es eine eigene Gruft für die

---

[1] S *Kolb/Kempf*, Jesuiten, Lebensbilder großer Gottesstreiter, 1931, 1.
[2] Vgl *de Dalmases*, Ignatius von Loyola – Versuch einer Gesamtbiographie des Gründers der Jesuiten, 1989, 14.

Priester aus dem Hause Loyola. Die derer von Loyola gehörten dem Ritterorden „Caballeros de la Banda" an. Dieser wurde ihnen 1330 verliehen, da sich Mitglieder der Loyolas in der Schlacht zu Béotibar sehr tapfer geschlagen haben. Die Regeln jenes Ordens betonten Tugenden wie folgt: Man soll Ratschläge von Verständigen und Gelehrten holen und sich möglichst oft von diesen beraten lassen. Bei Verletzungen ist es verpönt zu klagen... Des Weiteren sollte ein Priester möglichst wenig sprechen und unnützes Reden vermeiden... Es muss danach getrachtet werden, immer größere und bessere Werke zu verrichten. Dies wird mit einem más, dem „immer mehr" beschrieben. Genau dieses „más" steht dafür, in welch hohem Maße Ignatius diese Eigenschaften verinnerlicht hat, um sie später in seiner Pädagogik sowie in den Konstitutionen verewigen und für die Formation seiner zukünftigen Ordensmitglieder zu verwenden. Er bringt das más auch in sein Motto „alles zur Höheren Ehre Gottes"[3] ein. Das „más" wird sich später auch in der Bündelung aller Energien zur Höheren Ehre Gottes zeigen.

Abb. 1: Ignatius von Loyola
Quelle: https://www.thefamouspeople.com/profiles/saint-ignatius-of-loyola-1666.php

---

[3] „Ad maiorem Dei Gloriam".

1.3 „Inigo" – Erziehung und Jugend

Als ihn seine Stiefmutter und Schwägerin Magdalena erzog, wurde er wie sie, kultiviert, stilsicher und fromm; bei ihrer Hochzeit zählte er erst sieben Jahre. Sie wurde ihm zur Ersatzmutter. Auch als er nach der Schlacht von Pamplona todkrank nach Loyola gebracht wurde, pflegte sie ihn gesund. Sowohl ihre Güte, als auch ihre Nächstenliebe sowie ihre Bücher sollten für Ignatius richtungsweisend in eine neue Zukunft sein. Somit war Magdalena de Araoz die Frau, die den größten Einfluss auf ihn hatte. Zudem war sie von großer Schönheit.

Ignatius genoss eine traditionell christliche Erziehung, wie sie in Spanien mit seiner Wertschätzung für das Heilige üblich war. Der junge Ignatius als angehender Ritter hatte eine Vorliebe für Waffen, er dichtete neben den Kampfesübungen[4] und liebte damals und auch später wohlklingende Musik. Zudem war er ein ausgesprochener Freund der Frauen, schrieb aber auch Gedichte zu Ehren des heiligen Petrus, des Schutzpatron seiner Heimatpfarre Azpeitia.[5] Durch seine ritterliche Herkunft war er vom Verlangen durchdrungen, seinen Dienst Höheren zu widmen, zuerst weltlicher, später dann geistlicher Natur.

Sinn dieser Erziehung sollte die Vorbereitung auf einen Posten in der Administration sein, jedoch war eine Militärkarriere im damaligen Sinne nicht ausgeschlossen. Einige seiner Brüder hatten diesen Weg gewählt, waren aber auch Opfer geworden.

Sein Vater schickte den Nachgeborenen um das Jahr 1506 zur Ausbildung als Page zum angesehenen königlichen Großschatzmeister Juan Velásquez de Cuéllar nach Arévalo. Ignatius kommt mit dem Hofstaat auch zu König Ferdinand und dessen zweiter Gattin Germaine de Foix und verlebt glanzvolle, jedoch oberflächliche Jahre, ausgefüllt mit Waffendienst, dem Lesen von höfischen Romanen sowie Minnedienst. Daneben verfasste er jedoch ebenfalls fromme Gedichte an Maria. Freundschaften, familiäre Verbindungen, Ehrgeiz, Ritterlichkeit, Ehrgefühl, aber auch Rache, Fehden und Intrigen waren Teil der höfischen Gesellschaft, in welcher Ignatius lebte. Sehr gerne wurden aufwendige Feste gegeben.

Es wurden die Kardinaltugenden sowie Diplomatie, Maßhalten, höfische Zurückhaltung, die Kunst der Politik sowie das Einhalten des spanischen Hofzeremoniells gelehrt. Noch in seinen späteren Jahren als General der ‚Compagnía di Gesù' wurden ihm seine höfische Erziehung sowie seine guten Umgangsformen bei Be-

---

[4] Das Geschlecht der Herren von Onaz y Loyola war ritterlich, dem König treu und stets kampfesbereit. Von den Brüdern Inigos sind zwei im Feldzug in Süditalien, einer bei der Eroberung des amerikanischen Festlandes und einer in Kampfeshandlungen gegen die türkische Armee in Ungarn gefallen.
[5] Vgl Chron I, 13.

sprechungen und Korrespondenzen mit den Regierenden und dem Adel zum bestimmenden Faktor, um seine Ziele zu erreichen.

Der Königshof zu Kastilien war auf seine Weise ein Hort der Gelehrsamkeit und der Ausbildung[6]. Diese langjährige Schulung umfasste das Erlernen der gängigen Fremdsprachen samt Latein und moralisch-ethischen Komponenten, die idealen Eigenschaften finden sich im „Fürstenspiegel" wieder. Die katholischen Könige waren eng mit der Kirche verbunden und expandierten politisch; Kastilien war ihr Kernland. Sie vereinigten viele Königreiche, die wiederum über ihre eigenen Gesetze und Traditionen verfügten.

Die ‚Reyos Catolicos' stärkten die religiöse Einheit und vertrieben wegen des wiedererstarkten Herrschaftsanspruches die Mauren und Juden. In früheren Jahrhunderten hatten wiederum Muslime die Herrschaft über die spanischen Lande innegehabt; die Christen wurden massiv in ihrer Freiheit beschnitten und mussten die sogenannte Christensteuer bezahlen zur Wahrung ihrer eingeschränkten religiöser Freiheit.

Als der Großschatzmeister, der ein guter Freund seines Vaters war, verstirbt, wird er vom Herzog Antonio Manrique von Nájera, dem Vizekönig von Navarra, aufgenommen. 1517 tritt er in dessen Leibgarde als Offizier ein. Ignatius ist vom Glanz des Hofes gefangen und träumt von einer militärischen Laufbahn in höfischen Diensten. Im Pilgerbericht erzählt Ignatius von sich als Pilger:

> „Er war den Eitelkeiten der Welt ergeben und hauptsächlich fand er aus einem unbändigen und eitlen Verlangen, sich Ruhm zu gewinnen, sein Gefallen in Waffenübungen.[7]" „Er war besonders leichtsinnig im Glücksspiel, in Frauengeschichten, in Streit und Waffenhändeln, wie es der Brauch seinerzeit war."[8]

Durch dieses weltliche Treiben kam es im Fasching 1515 zu Exzessen und es wurde Ignatius sogar der Prozess gemacht. Am 20.12.1518 schreibt Inigo einen Bittbrief an König Karl I. Darin steht, dass er von einem Francisco de Ora bedroht werde; dieser habe jegliche Ansprüche mit Inigo abgelehnt und bedrohe dessen Leben. Aus diesem Grunde möchte Inigo Waffen tragen. Aber erst ein Jahr später bewilligt ihm der König das Tragen von Waffen für eine bestimmte Zeit sowie zwei Leibwächter.

---

[6] Er schrieb auch fromme Zeilen in Form von Gedichten, Heiligen gewidmet, die leider verloren gegangen sind. Kriegsdienst und Glaube exkludierten sich also nicht. In Arévalo gab es in der Nähe der Burg eine Kirche, dem heiligen Petrus geweiht.
[7] Vgl PB 1.
[8] Vgl PB 1.

Er war seinem Herrn treu verbunden und liebte seinen König aufrichtig[9]. Dies zeigte schon einen Wesenszug, der später Gott gegenüber wieder zum Vorschein kommen sollte.

Die Oberflächlichkeit ließ es damals nicht zu einer verantwortlichen Lebensentscheidung kommen. Offensichtlich passte sich Ignatius einfach dieser Welt und ihren Zielen an in dem Bestreben, Ruhm zu erwerben. Dass dies mit seinem Christsein vielfach nicht zusammenpasste, kam ihm nicht in den Sinn. Auch der Glaube wurde so gelebt, dass er zu diesem Lebensstil passte, nicht einmal die Eigenheiten der persönlichen Frömmigkeit fielen aus diesem Rahmen, etwa seine besondere Verehrung des Apostels Petrus.

Das erste Problem für diese seine Personalität in jungen Jahren war es, zu einer tieferen Besinnung gebracht zu werden, zu der Frage, welchen Sinn er als Berufung seines Lebens verwirklichen sollte. Dazu verhalf ihm Pamplona.

1.4 Pamplona und die Folgen

Bei der Belagerung der Zitadelle wollte sich der Festungskommandant den Franzosen gegen freien Abzug ergeben, doch Ignatius überredete ihn, die Festung weiterhin zu halten. Da traf ihn am 20.5.1521 auf der Festungsmauer während der mutigen und entschiedenen Verteidigung eine Kanone am Unterschenkel. Da die Kugel die Innenseite des Beines durchdrang, wurde auch das andere Bein an der Wade schwer in Mitleidenschaft gezogen.

Die Franzosen eroberten sodann die Zitadelle. Etwa nach zwei Wochen, wo er von den Franzosen[10] mit Anstand und Respekt auf Befehl von Kommandant d' Esparros bestmöglich versorgt wird, ließ ihn Oberst Tolet auf einer Tragbahre in seine Heimat in Loyola bringen. Die Reise führte über den Pass Alsasna. Im Pilgerbericht über Ignatius steht geschrieben:

„Und es ging ihm doch immer schlechter. Er konnte nicht essen; und dazu die übrigen Vorkommnisse, die Zeichen für den Tod zu sein pflegten. Und als der Tag des heiligen Johannes kam, riet man ihm zu beichten, weil die Ärzte sehr wenig Vertrauen auf seine Rettung hatten. Und als er so die Sakramente emp-

---

[9] Später sollte es in einem Brief von Ignatius wie folgt, heißen: „Die Erinnerung an Herrn Juan Velazquez de Cuéllar war für mich ein großer Trost im Herrn, und so bitte ich Euer Gnaden, meine demütigen Empfehlungen entgegenzunehmen, da ich sein und seines Herrn Vaters und des Großvaters und seines ganzen Hauses Diener war und noch immer bin. Darüber freue ich mich heute und werde mich all meine Lebtage darüber freuen im Herrn". S Mt. Epp. I, 705.
[10] Die Franzosen ließen dem privilegierten Kriegsverletzten Ärzte kommen und besuchten ihn. Als Geschenk gab Inigo ihnen sein Schild, den Dolch und den Küraß. Vgl *Tellechea*, Ignatius von Loyola „Allein und zu Fuß", 1986, 73.

fing, sagten die Ärzte am Vortag des hl. Petrus und des hl. Paulus[11], wenn er bis Mitternacht keine Besserung verspüre, könne er sich tot rechnen. Der genannte Kranke pflegte andächtig zum hl. Petrus zu sein und dieser heilige Apostel erschien ihm einen Tag vor seinem Namensfeste Ignatius. Und so wollte unser Herr, dass er in jener selben Mitternacht sich besser zu befinden begann. Und die Besserung nahm so sehr zu, dass man wenige Tage darauf urteilte, er sei außer Todesgefahr."[12]

Er war zunächst viele Monate an das Bett gefesselt und wollte unterhalten werden. Seine Schwägerin Magdalena, die nach dem frühen Tod seiner Mutter von Kindesbeinen an wie eine leibliche Mutter für ihn sorgte, hatte jedoch nur religiöse Literatur in ihrem Bücherbestand und so wurden ihm das „Leben Christi" des Kartäusers Ludolf von Sachsen,[13] die im 14. Jahrhundert geschrieben wurden sowie „die Heiligenlegenden des Jakob von Voragine[14]" aus dem 13. Jahrhundert, aber noch immer sehr populär, gebracht. Zuerst vermisste Ignatius, der baskische Ritter, schmerzlich die modischen Amadis-Romane,[15] dann griff er doch, um sich zu zerstreuen, zur ungewohnten religiösen Literatur.

Rückblickend erzählt Ignatius von sich:

„Wenn er an das von der Welt dachte, vergnügte er sich sehr. Doch wenn er danach aus Ermüdung davon abließ, fand er sich trocken und unzufrieden. Und wenn er daran dachte, barfuss nach Jerusalem zu gehen und nur Kräuter zu essen und alle übrigen Strengheiten auszuführen, von denen er las, dass die Heiligen sie ausgeführt hatten, war er nicht nur getröstet, während er bei diesen Gedanken war, sondern blieb auch, nachdem er davon abgelassen hatte, zufrieden und froh. Und allmählich begann er, die Verschiedenheit der Geister zu erkennen, die sich bewegten, der eine vom Teufel und der andere von Gott. Dies war die erste Überlegung, die er in den Dingen Gottes anstellte."[16]

Wie man sieht, faszinierte ihn das verlockende höfische Treiben, am Ende blieb er jedoch desillusioniert und unglücklich zurück. Wenn er sich hingegen mit religiö-

---

[11] Das Fest Peter und Paul wird am 29. Juni gefeiert. Ignatius verehrte den hl. Petrus sehr und widmete ihm sogar ein Gedicht in seiner Jugend.
[12] S Ignatius von Loyola, Gründungstexte der Gesellschaft Jesu, übersetzt v. Knauer, Bericht des Pilgers, 1998, 3.
[13] Dieses Buch war ein Bestseller im Mittelalter. Ludolf von Sachsen (1300–1378).
[14] Hierbei handelt es sich um eine bekannte Sammlung von Heiligenlegenden (Legenda aurea), diese wurde vom Dominikanermönch de Voragine (1230–1298) geschrieben.
[15] Ein eigenes Genre der Ritterromane wie Amadís de Gaula war die übliche profane Unterhaltungsliteratur und wurde von der ganzen Aristokratie gelesen. Hierbei wurde vom Autor Garcí Ordóñez de Montalvo (* 1450) Stoff aus der Artussage verarbeitet. Dieser Roman existierte auch in Deutsch.
[16] S PB 8.

ser Literatur beschäftigte, stimmten ihn diese Gedanken froh.[17] Man sieht, dass dies der Ort und die Situation war, als Ignatius erkannte, dass verschiedene Bewegungen (motiones) in seiner Seele wohnen und diese bewegen. Deshalb sollte er fortan so großen Wert auf die Unterscheidung der Geister legen, je nachdem, ob sie vom guten oder bösen Geist stammen.

In einer Nacht hatte Ignatius die Erscheinung Mariae, den Jesusknaben in dem Arm haltend. Seitdem versuchten ihn keine verlockenden Erinnerungen aus seiner Jugendzeit mehr.[18]

Nach einiger Zeit versucht Ignatius mit der Sehnsucht im Herzen, ein tiefgründiger Mensch zu werden, die heiligen Franziskus und Dominikus nachzuahmen. Es begann für ihn, wie gesagt, eine ganz neue Art des Denkens. Darin konzentriert er sich auf Maria und den Herrn selbst, dem die Heiligen gefolgt waren. Und das lässt ihn nach der Nähe zu diesem Herrn suchen, die sich ihm bald im Heiligen Land zu bieten scheint. Der Gedanke an eine Wallfahrt zu den heiligen Stätten wird immer konkreter und drängender und lässt ihn immer mehr in die Rolle des Pilgers hineinfinden. Ein Pilger ist auf der Suche; was er zu finden hofft, ist nur mittels einer Pilgerfahrt erreichbar.

Ignatius beschließt, sich am Leben der Heiligen zu orientieren und für seine Sünden Abbitte zu leisten; es schwebt ihm auch schon eine Wallfahrt nach Jerusalem vor. Dies deswegen, um die Stätten, wo Jesus gewirkt hatte, aufzusuchen, sie zu berühren und zu küssen[19]. Auf dem Krankenbett übertrug er die für ihn relevantesten Stellen auf 300 Blätter in Quartformat ab.[20] Die Worte über Maria schrieb er mit blauer Tinte und die von Jesus mit roter in sorgfältiger Schrift und die Anfangsbuchstaben schön verziert, als Exzerpte ab. Er erhielt seine erste religiöse Ausbildung beim Studieren des Buches von Ludolf von Sachsen.[21] Sein vollgeschriebenes Quartbuch umfasste 600 Seiten. Es ist bis jetzt nicht genügend gewürdigt worden, was er auf dem Krankenlager studiert hat und was er zusammenfasste. Dies ist als der Anfang seiner Exerzitien zu sehen.[22]

Diese Pläne notiert er in Zitaten aus seiner Lektüre, die vor allem Jesus und Maria betreffen, die Personen, in deren Nähe er sein Leben und dessen Sinn zu finden

---

[17] Vgl GÜ 32: „Ich setze voraus, dass dreierlei Gedanken in mir sind, nämlich einmal mein eigener, der aus meiner bloßen Freiheit und meinem Wollen hervorgeht; und zwei andere, die von außen kommen: Der eine, der vom guten Geist kommt, und der andere vom bösen Geist.
[18] Vgl *Boehmer*, Ignatius von Loyola, 1941, 32.
[19] Vgl PB, 47.
[20] Vgl PB, 11.
[21] Das „Ave Maria" steht sowohl bei Ludolf von Sachsen als auch bei Ignatius an besonderer Stelle. Es kommt gleich auch dem Vaterunser und vor dem Gebet der „Anima Christi."
[22] S PB 11.

hofft. Nach seinen Möglichkeiten beginnt er damit unverzüglich und in der Nähe, ist sich aber bewusst, dass er in Jerusalem und im Heiligen Land das Reale und die Nähe Jesu zu suchen hat.

Die „Unterscheidung der Geister" gab es bei Inigo jedoch schon in Loyola. Er beobachtete akribisch genau das Auftreten der Effekte. Es ergaben sich somit folgende Fragestellungen für ihn: „Wie kann man den Willen Gottes für das eigene Leben entdecken? Welchen Weg hat Gott für den einzelnen Menschen auserkoren? Wie erwidere ich die Freundschaft Christi? Ignatius wird später dafür die „Zunahme an Hoffnung, Glaube und Liebe" empfehlen.[23]

Darauf bereitet er sich vor, Maria soll ihm dabei helfen, die Nähe des Sohnes zu erreichen und von ihr erwartet er, derjenige werden zu können, den er für eine solche Nähe zu sein hat.

Man wird Aranzázu und Montserrat als Etappen dieser Vorbereitung äußerer und innerer Art auf dem Wege nach Jerusalem sehen müssen. Ignatius beginnt den Weg mit einem Gelöbnis in Aranzázu, noch in seiner Heimat. Der Inhalt dieses Versprechens ist nicht bekannt. Man hat vermutetet, es sei ein Keuschheitsgelöbnis gewesen. Bestimmt war es ein Engagement, nach der Nähe Jesu zu suchen und dafür die Vermittlung der Mutter Gottes zu erbitten. Am Montserrat bekommt das seinen ersten greifbaren Ausdruck in der Wandlung zum Pilger. Alle Sicherheiten lässt er hinter sich.

Als Ignatius das erste Mal die Burg verließ, ritt er mit geschientem Bein auf seinem Pferd zur hauseigenen Einsiedlerkirche „Maria von Olatz[24]", ungefähr einen halben Kilometer entfernt.[25] Diesen Spazierritt sollte er auch in Zukunft gerne machen.

1.5 Sein Aufenthalt in Aranzázu und Montserrat

Nun pilgerte er mit seinem Bruder Però, der Kaplan in Azpeitia war, nach Onaz, zu einem anderen Schloss der Familie. Dort lebte auch eine seiner Schwestern, die von ihnen besucht wurde. Gleich danach, im März 1522 begab sich Ignatius zum katalanischen Marienwallfahrtsort Montserrat.[26] Da Ignatius eine starke Ma-

---

[23] Vgl PB 316.
[24] Es handelt sich um eine romanische Kirche mit Einsiedelei, die vollständig intakt ist. Sie ist ca. 1 km von Loyola Richtung Azpeitia auf einem Hügel gelegen und birgt eine beeindruckende romanische Madonna mit Kind. Zur Linken der Statue hängt ein Ölbild von Ignatius mit der Inschrift ‚Fundador'. Gerne kommen die Einheimischen regelmäßig noch immer zum Beten hierher.
[25] Auf dem Weg dorthin befindet sich heute ein Denkmal auf Baskisch/Spanisch, wobei dieser Ritt des Ignatius genau vermerkt ist.
[26] Es handelt sich um eine Benediktinergründung aus dem Mittelalter.

rienfrömmigkeit verinnerlichte, legte er in Aránzazu ein Gelöbnis vor der Muttergottes ab, wahrscheinlich handelte es sich um ein Keuschheitsgelübde. In Navarrete erledigte er noch einige finanzielle Angelegenheiten und ritt dann auf einem Esel zum Montserrat.

Aranzázu ist der berühmteste Wallfahrtsort des spanischen Baskenlandes, - ein geistliches Zentrum ersten Ranges. Inigo bekam zwei Diener als Begleitung. Es schloss sich auch ein Bruder an, denn sie wollten ihre Schwester Magdalena besuchen, welche mit Juan Lopéz de Gallaiztegui verehelicht ist. Dabei machten sie einen Besuch beim Marienheiligtum von Aránzazu und hielten dort eine Nachtwache. Ignatius hat späte Laynez erzählt, dass er an diesem Ort ein Gelübde der Keuschheit ablegte.

Kurz vor dem Montserrat schenkte er sodann seine Ritterkleidung einem Bettler.[27].Dann gewandet er sich in das Pilgerkleid, hängt sein Schwert neben die schwarze Muttergottes von Montserrat, um nach ritterlicher Manier teils kniend und teils stehend, Nachtwache bis zum frühen Morgen[28] zu halten, betend und einen Pilgerstab in der Hand haltend.[29] Dies war damals üblich, bevor ein Adeliger den Ritterschlag erhielt. Dabei trug er das Pilgergewand. Dies geschah am 24. 3.1522. Inigo empfing jedoch durch diese Weihe sein geistliches Rittertum. Seine innere und äußere Wandlung waren nun vollzogen. Ignatius legte auch Maria seine Zukunftspläne vor und weihte ihr sein Schwert als Zeichen für seinen neuen geistlichen Weg.[30] Während der ganzen Zeit betete er innig zur Muttergottes. Diese Zeremonie der Ritterwache befolgten die Ritter gemäß den ‚Siete partidas'.[31]

Ignatius entschied sich, ein Ritter zugunsten Gottes zu werden, es handelt sich um die sogenannte ‚Caballería a lo divino'. Er transferierte die Ideale des Rittertums in die geistliche Version. Seine höfische Ausbildung wird ihn immer begleiten. Der Minnegesang, die Literatur bei Hofe, die Briefe streichen hervor, dass kluges Vorgehen, Bedacht und Distance immer vorherrschend sind. Des Weiteren werden kluges Walten und die Kardinaltugend des rechten Maßes bestimmt, Dekor, Gesprächsführung und öffentliches Auftreten sind streng protokolliert, diesen Zug sollte Ignatius Zeit seines Lebens beibehalten. Obwohl er sehr herzlich und

---

[27] ‚E per impegnarsi solennemente in questo nuovo servizio il 25.3. a Montserrat, con la mente ancora piena di ricordi di Amadigi di Gaula e di Esplandiàn, farà la sua veglia d'armi secondo le tradizioni della cavalleria'. S de Guibert, La spiritualità della Compagnía di Gesù, 1992, 8.

[28] Nachtwache zu halten war damals in höfischen Kreisen durchaus üblich. Ignatius hatte früher die romantischen Ritterromane wie ‚Amadís de Gaula' (14. Jahrhundert) mit großem Interesse gelesen, in welchem der Sohn von Amadis – Esplandían –Nachtwache vor der Muttergottes hält.

[29] S PB 18.

[30] Dieses Schwert war lange Zeit in Montserrat verwahrt; nun hängt es im Wohngemach im 1. Stock der Burg zu Loyola im Baskenland.

[31] Es handelt sich dabei um ein bekanntes Gesetzbuch des 13. Jahrhunderts.

freundschaftlich sein kann, wird er nie diese Reserviertheit ablegen. Im Endeffekt waren diese Eigenschaften nützlich, und Ignatius konnte als Autorität überall überzeugend auftreten.

Er legte seinem für die Pilger zuständigen Beichtvater Jean Chanon die schriftliche Generalbeichte ab, offenbart ihm seine Pläne und verbrachte drei spirituelle Einkehrtage zur Vorbereitung auf die Beichte[32]. Dort wurde er ebenfalls mit verschiedenen Gebetsweisen, wie dem inneren Gebet, bekannt gemacht.

Ignatius wandte sich nun einer anderen Form des Rittertums zu, der Ritterschaft zu Ehren Christi. Er wollte sein Leben nun ernsthaft in die Nachfolge Christi stellen, dh nach Art der Heiligen gestalten. Sein Wahlspruch war seitdem das „Mayor gloria de Dios", welches dem Jesuitenorden als Motto blieb – „Ad maiorem Dei Gloriam".[33]

2 Ignatius und Barcelona

In den zwei Jahren, die Ignatius in Barcelona verbringen sollte, wohnte Ignatius unter anderem bei Inès Pascal. Juan Pascal, welcher mit ihm das gleiche Zimmer teilte, beobachtete Ignatius, wenn der ihn schlafend glaubte. Er berichtet von langen Nächten voller Gebet und Tränen, Seufzer und Visionen.[34]

In Barcelona besuchte er bekannte Asketen und Prediger und machte die Bekanntschaft von Isabel Roser[35] und ihrem Mann Frau Roser wird ihn während seiner Studienzeit immer wieder unterstützen.

In Barcelona begann er mit dem Studium der Grammatik. Beim Studieren der Skripten kamen ihm jedoch tiefgründige Einsichten in Dingen des geistlichen Lebens und neuartige Tröstungen[36] in den Sinn und zwar mit solcher Intensität, dass er nicht mehr auswendig lernen konnte.[37] Deshalb versprach er seinen Professoren mit Nachdruck und dem Versprechen von Buße bei Missachten, dass er dem Unterricht während zwei Jahren regelmäßig beiwohnen würde.

Inigo blieb zwei Jahre in Barcelona und brachte seine Ausbildung mit humanistischer Ausrichtung dort zu Ende. Danach wählte er die bekannte Universität in

---

[32] Vgl *Alveras*, Los confesionales y los ejercicios de San Ignacio, in AHSJ 17/1948, 51.

[33] ‚Alles zur größeren Ehre Gottes'.

[34] Vgl de Guibert, La Spiritualità della Compagnía di Gesù, 1992, 13.

[35] Es wurde oft von einem Lichtglanz auf seinem Gesicht gesprochen, einem transparenten Durchscheinen seines inneren spirituellen Zustandes. Der intensive Lichtschimmer auf seinem Gesicht ließ Isabel Roser, seine spätere Gönnerin, während seines Studiums ihn, den Theologiestudenten, auf den Stufen des Doms zu Barcelona ansprechen, während er zu Kindern von Gott sprach. S *Tellechea*, Ignatius von Loyola, Allein und zu Fuß, 1991.

[36] Die Tröstung besteht in der personalen Gemeinschaft mit Gott in: Glaube, Hoffnung, aber auch in deren Wirken als Freude und Friede.

[37] Vgl PB 54.

Alcalá de Henara. Studiert hat er dort die Physik des Albertus Magnus, die Logik von Domingo de Soto und des Sentenzenwerkes von Petrus Lombardus.[38]

2.1 Sein Aufenthalt in Alcalá

2.1.1 Erlebnisse in Alcalá

In Spanien gab es die neue Bewegung der ,Alumbrados', die sich als vom Heiligen Geist inspiriert sah.[39] Sie lehnten die Bibel, die Amtskirche und die Sakramente ab. Man vertrat die Ansicht, dass wenn der Mensch sich gänzlich Gott anvertrauen kann, ihn keine Schuld mehr treffen kann und er somit nicht mehr sündigen kann. Diese „Alumbrados" wurden von der Inquisition in Spanien verfolgt, da man eine Infiltrierung von Häresien in der katholischen Kirche fürchtete. Die spanische Inquisition hatte vor allem die politische Einheit des Landes und des Volkes im Auge. Es gab auch große Auseinandersetzungen um Erasmus von Rotterdam, der die Kirche attackierte und dessen Werk „Enchiridon" in Alcalá gedruckt wurde. Dies löste schwerwiegende Verdächtigungen gegen Erasmus aus.

„Ignatius studierte in Alcalá[40] fast anderthalb Jahre. Und da er im Jahre 1524 in der Fastenzeit nach Barcelona kam, wo er zwei Jahre studierte, kam er im Jahr 1526 nach Alcalá und studierte Termini von Domingo de Soto, Physica von Albert von Sachsen und die Sentenzen von Petrus Lombardus. Und als er in Alcalá war, übte er sich, „Geistliche Übungen" zu geben und die christliche Lehre zu erläutern; und damit entstand Frucht zur Ehre Gottes."[41]

In Alcalá (März 1526 bis Juni 1527) studiert er Philosophie (Artes) und wird das erste Mal im Gefängnis von der Inquisition mit drei Verhören vernommen. Unter den damaligen Studenten befinden sich mehrere, die später seine Gefährten werden: Martin Olave, Diego de Eguía, Alonso Salmerón, Diego Laínez, Nicolás Bobadilla, Manuel Miona, Jéronimo Nadal und Diego de Ledesma. Ignatius' nächster Weg führte ihn nun an die Universität von Salamanca.

Ignatius bettelte weiterhin um Gaben, die er gleich weiterverschenkte.[42] Er gewann die Freundschaft junger Männer[43] und zog mit ihnen umher, alle in das gleiche graue Tuch gekleidet, wodurch er großes Aufsehen vor allem in kirchlichen Kreisen erregte. Manch einer glaubte, der fromme Pilger würde möglicher-

---

[38] S PB 57.
[39] Vgl FN I, 585, Nr. 50.
[40] Alcalá de Henares ist eine Stadt, nur 26 km von Madrid entfernt. Diese Universität ist eine der ältesten Europas.
[41] S PB 57.
[42] Vgl PB 57.
[43] Das waren vor allem die Gefährten Calixto de Sa, Lope de Cáceres und Juan de Arteaga (vgl PB 58).

weise den Alumbrados oder einer esoterischen Sekte anhängen und das Denunziantentum blieb nicht aus.

Um den Seelen zu helfen,[44] organisierte er private Versammlungen mit großem Zulauf. Er gab Katecheseunterricht und half vielen in Nöten aller Art. Einige junge Frauen erhielten jedoch vorübergehende Lähmungserscheinungen, andere fielen wiederholt in Ohnmacht.[45] Er erprobte sich hier bei der Frühform der Exerzitien, bei denen die Frauen sich ihm einen Monat ganz anvertrauten, sie gingen dann alle acht Tage zum Beichten und zur Kommunion. Sie durften nun nicht mehr spielen noch viel reden; des Weiteren wurde ihnen das Schwören untersagt, - sodass sie keine neuen Eindrücke mehr hätten, sie zur Ruhe kämen und die verschiedenen „Motiones" sie bewegten.[46]

Er lehrte sie, zweimal am Tag systematisch ihr Gewissen zu erforschen und mittels der Seelenkräfte sowie der fünf Sinne zu meditieren. Bei dem Gedanken an die Hölle sollten sie diese fühlen, sehen, riechen, hören und empfinden. Mit der Imagination sollten sie sich diese vorstellen, dann mittels des Intellekts analysieren, ob sie dies verdienten und mit ihrem Willen Abscheu und Reue vor den Sünden herstellen. Damit diese Affekte in der richtigen Weise hervorkommen, ist die tägliche Gewissenserforschung zu pflegen. Nach negativen Vorkommnissen von psychisch labilen und hysterischen Personen erteilte Ignatius später nur mehr Personen die „Geistlichen Übungen", welche psychisch nicht instabil waren, sondern vorwiegend gefestigt.

Es wurden ihm in kurzer Zeit drei Prozesse gemacht, jedoch konnte Ignatius immer seine Unschuld beweisen[47]. 1526 sperrte ihn die Inquisition 42 Tage ein. Man verbot ihm fortan jede weitere religiöse Betätigung. Ignatius verwarf jedoch diesen Vorschlag und zog nach Salamanca, damit er vom Inquisitor nicht mehr behelligt werde.

---

[44] Durch den ganzen Bericht des Pilgers zieht sich das Anliegen durch, den Seelen zu nützen oder zu helfen. Ignatius möchte den Menschen in ihrer geistlichen Beziehung zu Gott helfen und zwar durch seine persönlichen Erfahrungswerte.

[45] Vgl Scripta I, 611 f.

[46] Vgl *Boehmer*, Ignatius von Loyola, 1941, 83.

[47] „Unter anderen, die kamen, ihn im Gefängnis zu hören, war einer Jorge Naveros, zu der Zeit erster Lektor für Heilige Schrift in Alcalá, ein seines großen Urteils und seiner christlichen Frömmigkeit wegen hochgeschätzter Mann. Dieser blieb, als er ihn hörte, so gefesselt und begeistert, dass er, ohne es zu merken, die Stunde der Vorlesung verpasste; als er deshalb in Eile zur Universität lief und auf die Studenten traf, die ihn im Hof erwarteten, brach er mit dem Gesicht eines Menschen, der fast außer sich vor Staunen war, in diesen Ruf aus: ‚Ich habe Paulus in Fesseln gesehen'". Siehe *Bartoli*, Della vita e dell'Istituto di S. Ignatio, 1659, 83.

2.1.2 Der Prozess von Alcalá vor der Inquisition

„Die „Grauröcke" machten sich durch das Geben von Exerzitien verdächtig, speziell, weil die Teilnehmerinnen vorwiegend junge, ungebildete Fräulein waren mit entsprechenden Überreaktionen. Beatriz, eine Teilnehmerin an der Frühform der Exerzitien sagte aus, dass Ignatius über die ersten Gebote sprach wie ‚Du sollst Gott lieben' und zwar ausführlich. Ignatius wohnte damals im Spital. Für die seelsorgerlichen Dienste nahmen die Freunde dem Gebrauch der damaligen Zeit kein Geld an. Die Frauen gaben ihnen kleine Geschenke wie Trauben oder Speck. Vor allem Witwen und Frauen kamen zu ihm. Der Pförtner des Antezana-Hospitals zu Alcalá machte die Aussage, es ging um Ignatius, Calixto und Juanico. Als Gegenleistung für die Arbeit im Spital erhielt Ignatius Essen und Trinken, Licht und Bett. Nach Verkündigung des Urteils mussten sie wegen der angedrohten Strafe der Exkommunikation innerhalb von acht Tagen ihre grauen Lodengewänder ablegen und die normale Klerikertracht von Kastilien annehmen, welche Ignatius fortan für sein neues Institut behielt. Die fünf Freunde erbaten sich sodann vom Urteil eine Abschrift.

2.1.3 Der Prozess von Alcalá vor dem Ordentlichen Geistlichen Gericht

Sehr aufschlussreich sind die Prozessakten von Alcalá, aus denen hervorgeht, dass Ignatius vor allem einfachen Leuten im Volk, vor allem jungen, unerfahrenen Mädchen, die teilweise zu Hysterie und Schwärmerei neigten die „Geistlichen Übungen" zu geben. Die Reaktionen der noch ungefestigten Charaktere werden Ignatius darin bestärken, nur mehr reifen Menschen diese erteilen zu wollen.

Aber er betrieb hier auch Katechese und rettete Selbstmörder vor dem Selbstmord. Auf die Frauenwelt muss er einen großen Einfluss ausgeübt haben, dieses Charakteristikum sollte ihm sein ganzes Leben lang begleitet haben und Vorteile, aber auch Kalamitäten gebracht. Er brachte die Lehre und Übungen in einfacher, verständlicher Form und erteilte diesen geistlichen Unterricht als Laie und als nicht fertiger Theologe. Damit hat er sich das Misstrauen des Klerus zugezogen.

„Frau Mencia: Ignatius habe mit Frauen gesprochen. Maria Díaz wollte sich erhängen, aber Mencia de Benavente hat ihr die Schlinge gelöst. Ignatius behandelte die zehn Gebote, die Todsünden, die fünf Sinne, das Vermögen der Seele und zwar sehr gut. Er sprach auch von der täglichen zweifachen Gewissenserforschung, vorzugsweise vor einem Heiligenbild. Man möge sich vergegenwärtigen, was man gesündigt hat, alle acht Tage beichten und zur Eucharistiefeier gehen. Er nahm diese Übungen im Hospital oder im Haus ab."[48]

---

[48] Siehe Ignatius von Loyola, Gründungstexte der Gesellschaft Jesu, übersetzt v. Knauer, Bericht des Pilgers, 1998, 122.

2.1.4 Der dritte Prozess von Alcalá

Der dritte Prozess von Alcalá fand im Mai 1527 statt. Maria de la Flor war die Nichte der Mencia de Benavente. Ihre Tante sagte:

„Ignatius belehrt uns über den rechten Dienst Gottes. Wir sagen ihm unsere Sünden und er tröstet uns. Ignatius sagte Maria de la Flor, sie solle einen Monat hindurch immer mit ihm sprechen, alle 8 Tage beichten und kommunizieren."[49]

Zuerst werde sie froh sein, die zweite Woche dann sehr traurig. Danach sollte sie nicht mehr zum alten Leben zurückkehren. Er behandelte die drei Seelenvermögen, die zehn Gebote, die Todsünden und die fünf Sinne. Sonst stellte man noch fest, dass, wenn man in den Dienst Gottes träte, sich bekanntlich zahlreiche Versuchungen vom Teufel einstellten. Nach dem Mittagessen und nach dem Abendessen fand je eine Ignatianische Gewissenserforschung statt. Ingio sagte, die Trübsinnsanwandlungen der Exerzitanten würden vom Teufel kommen. Die Frauen erlitten nach Einübung der Exerzitien in der Tat viele Ohnmachtsanfälle. Calixto und Ignatius freuten sich trotzdem über alle Frauen, die sie sprechen wollten, denn sie wollten Seelen gewinnen.

2.1.5 Wichtige, noch vorhandene Prozessakten

Über Prozesse, in denen Ignatius auftrat, sind folgende noch erhalten:

Fünf Aktenstücke aus dem Prozess des Korregidors von Guipúzcoa gegen Inigo de Loyola.

Fundort: Codex Loyolae I. Documentos sobre la vida y milagros de San Ignacio de Loyola (Dokumente über das Leben und die Wunder des Heiligen Ignatius von Loyola). Sammelband, vgl. MJ.ser. 4 to 1 p. 21 f. und p. 580-597. Die Texte sind Abschriften der Originalurkunden.

---

[49] Im Unterschied zur Verkündigung des Wortes Gottes, die sich an jedermann richtete, werden die Sakramente nur da gespendet, wo man das Wort Gottes im Glauben annimmt. Sie sind also Zeichen der im Glauben angenommenen Selbstzusage Gottes. Sie bezeichnen und enthalten in je besonderer Weise die Selbstmitteilung Gottes, die überhaupt in seinem Wort für den Glauben geschieht. Dabei ist die Gnade der Sakramente nicht auf den aktuellen Vollzug der Sakramente beschränkt, begründet ihn aber als notwendig möglich. Im Einzelnen ist die Eucharistie das Sakrament dafür, dass der Glaube überhaupt so von Jesu selbst lebt wie das irdische Leben von Speise und Trank; sie ist also die wirkliche Gegenwart Christi. Das Bußsakrament wiederum erweist sich ausdrücklich und konkret in Bezug auf die je eigenen Sünden, dass überhaupt alle Sündenvergebung auch außerhalb der Sakramente wirklich vom Wort Christi kommt und man sie sich nicht nur selber eingeredet hat; der in diesen wie in allen Sakramenten Handelnde ist Christus selbst. Siehe Ignatius von Loyola, Gründungstexte der Gesellschaft Jesu, übersetzt v. Knauer, Bericht des Pilgers, 1998, 122.

Aktenstücke aus den Prozessen gegen Loyola in Alcalá

Fundort: Madrid, Biblioteca Nacional, Sección de mss. „ varios", caja 8 nr. 71. Fünf-
zehn Blätter „de letra malísima" aus einem größeren Aktenstück. Die ersten elf
Blätter tragen die Nummern 54 bis 65. Die letzten drei sind nicht numeriert. Auf
f. 3 steht: "Proceso original y traslado auténtico de un pleyto criminal y examen de
su vida de nuestro sancto Padre Ignacio que se hico en Alcalá cuando estudiaba
en ella." Es sind also alte, im Jesuitenkollegium zu Alcalá angefertigte Kopien der
Originalakten. 2. Dieselbe Handschrift, die nächsten elf Blätter, eine besser ge-
schriebene, aber unvollständig und unkorrekte Abschrift der vorigen Aktenstücke. 3. Archivo Histórico Nacional: Papeles de Jesuitas de Aragón, leg. 13, n. 7: Eine zweite Abschrift gefertigt am 22.8.1724 von dem Schreiber Francisco Martínez
de Salcedo. 4. Eine dritte Abschrift besitzen die Bollandisten in Brüssel. 5. Einen
schlecht leserlichen Auszug, datiert vom 17.8.1613, fertigte Johannes de Quintar-
naya an, vgl. Fidel Fita im Boletín de la Real Academia de Historia 33 p. 422-30, MJ
ser. 4 to 1 p. 271, 598 f. Ausgaben: Fidel Fita im Boletín 33 p. 431 bis 60, MJ ser. 4
to 1 p. 598-623. Die Akten sind, wie ein Vergleich mit Cámara p. 58-62 und
Polanco Annales I p. 37 lehrt, nicht vollständig. In dem Protokoll des Archivs vom
18.5.1527 fehlt der Passus mit der Frage des Generalvikars, ob Inigo die Beobachtung des Sabbats empfehle (Polanco: „Ob er die Beobachtung des Sabbats empfehle?" „Des Sabbats?" warf jener ein, „ich empfehle die besondere Verehrung der
heiligen Jungfrau. Andere Beobachtungen des Sabbats kenne ich nicht und in meinem Vaterland gibt es ja keine Juden". 2. Der Passus mit der Antwort Inigos auf
die Frage des Vikars nach dem Verbleib der María del Vado und der Luisa Veláz-
quez.

3 Ignatius von Loyola gründet die Gesellschaft Jesu

Ignatius betrachtete sein Leben als Verpflichtung zum apostolischen Dienst am
Nächsten. Sein Leben ist die Verwirklichung seiner Berufung. Eines seiner Haupt-
instrumente, die Exerzitien machen den Exerzitanten mit Christus und der katholischen Kirche vertraut. Er rettete bedrohte Seelen und seine Gesellschaft Jesu
entwickelte sich durch die Jahrhunderte hindurch zum größten, einflussreichsten
und weltumspannenden Orden

Die Bettelorden waren bekannt für ihre Predigt und die Verkündigung und besaßen auch das Monopol darauf. Im Jesuitischen, ihrem Ordenswesen, fiel die „Stabilitas loci" und die Gemeinschaft der zusammenlebenden Brüder weg, vielmehr
lebten sie die Apostolizität Jesu Christi, der mit seinen Jüngern umherzieht. Diese
Prediger lebten sozusagen von der „Hand in den Mund", sie waren ganz auf die
Almosen der Gläubigen angewiesen. Ursprünglich wurde diese franziskanische
Lebensart von Franz von Assisi aufgenommen und für seinen Konvent angepasst.

Ignatius verzichtete auf den Ordenshabit, auf die schweren Bußpraktiken und auf das Chorgebet. Deswegen konnte er ungehindert in der Seelsorge wirken, der Jesuitenorden war ungebunden und mobil, dieser war dem General und dem Papst alleine unterstellt.

Ignatius nahm auch verschiedene Klerusreformen des 16. Jahrhunderts auf, wie beispielsweise verwirklicht bei Johannes von Avila sowie bei den Konzilen von Sens und Paris (1527/28). Gemeinsam ist diesen Strömungen die pastorale Verantwortung des Klerus und eine Intensivierung der Seelsorge. Auch der Lebensstil der Kleriker wurde einheitlicher. Das zölibatäre Leben wurde mehr kontrolliert und die Spiritualität vertieft. Beispielsweise für diese Haltung war Josse Clichtive (1472–1543), welcher in dieser Reform in Frankreich sehr wichtig war, der Slogan des „einfachen Priesters" wurde von ihm geprägt. Der Theatertinerorden, von Gaetano da Thiene und Gian Pietro Carafa (1527/28) gegründet, legte neben dem Gehorsams- und Keuschheitsgelübde auch ein Armutsgelübde ab, diese lebten bewusst ein „gewöhnliches Leben."

Die „Societatis Jesu" ist von keinem Bischof abhängig und nicht auf einen bestimmten Ort bezogen. Die Patres wirken global und beschäftigen sich vornehmlich mit schwierigen Aufgabenbereichen, wozu anderen Gläubige der Mut und das Standvermögen im Allgemeinen fehlt. Schon damals nahmen sie sich der Randgruppen an wie Gefangene und Prostituierte, aber auch konvertierter Juden und Muslime.

Das Bild des Priesters wird nach der Weihe der Gefährten essentiell für die Sendung der Jesuiten. Durch die Verknüpfung von Verkündigung mit Buße und Eucharistie war es zu einer Wandlung eines vorläufigen Laienordens zu einem Klerikerorden gekommen. Die Jesuiten brachten das Wort Gottes den Menschen in sehr persönlicher Weise nahe und erwarteten sich, dass dieses in actione dann gleichfalls von diesen umgesetzt werde.

Die karitativen Werke der Jesuiten, ihre Verkündigung von Lehre, Buße und Corpus Christi machen es verständlich, dass das Amt des Priesters für dieses Institut als wesentlich vorausgesetzt wird. Ignatius ist der direkte Vermittler zwischen Gottes Wort, welches er den Menschen in personalisierter und richtiger Weise wietervermittelt.

Die theologischen universitären Studien des Ignatius waren eng an Petrus Lombardus sowie Thomas von Aquin angelehnt. Nadal überliefert, dass Ignatius mit großer Sorgfalt die heilige Theologie nach der Lehre des hl. Thomas studierte. Nach Auffassung des Aquinaten wird das Sakrament der Priesterweihe vor allem definiert durch die Konsekrationsvollmacht. Der Priester weiht die Hostien und die Menschen werden zugleich für deren Empfang disponiert. Unterstützend wirken dabei das Bußsakrament und die Vergebung der Sünde.

Dem Bischof jener Zeiten oblagen die Lossprechung, die Fürsorge der Armen und der Dienst der Verkündigung. Nadal findet auch den Verkündigungsdienst des Bischofs als stringent. Die Jesuiten haben als Novum nunmehr geistliche Lesung, Predigten und andere Verkündigungsformen für ihr Institut geschaffen. Gefährte Nadal SJ und seine Freunde dachten in anderen Dimensionen, nämlich global. Ihr Priesterbild ist auf mobile Priester fokussiert, das sind von einem Ort zum anderen ziehende oder bei Bedarf schnell abrufbare und interkulturelle Priester ohne „Stabilitas loci".

Das Priestersein bei den frühen Gefährten und auch jetzt wird bestimmt von der Gewissheit, von Christus selbst, dem General, Provinzial oder dem Papst zu besonderen Missionen oder Diensten beauftragt zu sein oder zu werden. Nach dem Formierungsprozess der Gesellschaft Jesu wurden neben der Seelsorge Jesuitengymnasien geführt, man wohnte in Kollegien und gründete viele Universitäten, an denen Jesuiten bis in unsere Zeit federführend sind.

Andreas KHOL[*]

Versagen Demokratien in der Pandemie?

1 Die Pandemie als weltweite und europäische Herausforderung

Wir stehen erst am Anfang eines Wegs aus der weltweiten Seuche. Ob und wie wir diese Prüfung bestehen, ist offen. Dabei sind wir in Österreich in dieser Pandemie nur ein kleiner Teil des Ganzen. Die Welt ist heute ein einziges, zusammenhängendes Krankenzimmer geworden. Das ist eine Folge der immer weiter gehenden und immer schneller werdenden Entwicklungen. Sie kennen keine Grenzen mehr. Können Österreich, Europa und die ganze Welt überhaupt gesondert beurteilt werden? Überall stellen sich dabei zwei Grundsatzfragen: Wie weit kann und darf der Staat die Freiheitsrechte des Einzelnen im Interesse der Pandemiebekämpfung einschränken? Sind dabei Diktaturen tüchtiger als Demokratien?

Die Geschichte zeigt, dass die Menschheit immer wieder auf ähnliche Herausforderungen Antworten zu suchen hatte. Die Seuchen, selbst die spanische Grippe am Anfang des 20. Jahrhunderts blieben dabei aber mehr oder weniger regional: ganze Länder und auch Teile von Kontinenten wurden erfasst, aber die ganze Welt? Die Mittel zur Bewältigung von weltweit auftretenden Seuchen müssten wohl weltweit die gleichen sein. Das Virus kennt keine Grenzen. Staaten in internationaler Organisation, Wissenschaft und Wirtschaft arbeiten schon derzeit weltweit vernetzt.

Die notwendigen politischen und rechtlichen Voraussetzungen für eine wirksame Antwort bestehen aber erst ansatzweise; vom Weltstaat sind wir noch weit entfernt. Eine Weltregierung entwickelt sich nur schrittweise, Fortschritte gibt es langsam, immer in oder nach Katastrophen. Die Vereinten Nationen (UNO) und die Weltgesundheitsorganisation (WHO) bestehen seit der Mitte des 20. Jahrhunderts und sind ein wesentlicher Beitrag auf dem Weg. Aber sie haben noch nicht die wirksamen Mittel zur zentralen Bekämpfung von Pandemien.

Gleiches muss man auch von Europa sagen: der Europarat ist die einzige nahezu alle Staaten Europas erfassende Organisation. Die Seuchenbekämpfung ist nicht ihre Aufgabe. Die Europäische Union (EU) erfasst nur einen Teil des Kontinents.

[*] Nach dem Studium der Rechtswissenschaften in Innsbruck und Paris war Univ.-Prof. Dr. Andreas Khol von 1966-69 Generalsekretär der österreichischen Gesellschaft für Außenpolitik (seit 1975 Vorstandsmitglied), 1966-74 Internationale Beamter im Europarat und am Europäischen Gerichtshof für Menschenrechte (Straßburg), 1974-92 Direktor der Politischen Akademie der ÖVP, 1978-96 Exekutivsekretär der Europäischen Demokratischen Union, 1983-2006 Abgeordneter zum österreichischen Nationalrat, 1994-2002 ÖVP-Klubobmann, 2002-06 Präsident des Nationalrats, 2005-16 Obmann des österreichischen Seniorenbundes und (Ehren-)Präsident des österreichischen Seniorenrats, 2016 ÖVP-Bundespräsidentschaftskandidat.

Auch sie hat noch kein Gesundheitseuropa gebracht. Die Erfahrung der letzten Monate bestätigt, was der Kundige weiß: die Europäische Union ist nicht der zentrale Ort der Krisenbekämpfung. Fromme Wünsche und großspurige Erklärungen mancher Politiker helfen da nicht: Die EU hat weder die Aufgabe der Seuchenbekämpfung. noch die Mittel zur Erfüllung dieser Aufgabe von den 27 Mitgliedstaaten übertragen bekommen.

Die Europäische Union kann nur dort tätig werden, wo sie zuständig gemacht wurde. Ihr deswegen Vorwürfe wegen Versagens bei der Pandemiebekämpfung zu machen ist töricht. Kein Organ der EU ist rechtlich und politisch ermächtigt, die zur Bekämpfung der weltweiten Viruserkrankung in Europa notwendigen Maßnahmen zu setzen. Verstöße der Organe der Union gegen die Europäische Grundrechtscharta sind daher auf diesem Felde nicht möglich.

Es gibt auch keine rechtlich bindende Pflicht zur umfassenden wechselseitigen Hilfe: weder weltweit, noch in der Union. Ob und wie ein Mitglied der Union einem anderen hilft, mit welchen Mitteln und in welchem Ausmaß bestimmen vorerst das Unionsrecht, und ggf. dann jedes Mitglied selbst. Die europäische Solidarität ist zwar in aller Munde und viel beschworen, aber heute noch ein politisches Ideal. Für viele ist die EU ein willkommener Sündenbock, ein Mittel der Schuldzuweisung und Schuldverschiebung. Das ist traurige Wirklichkeit und muss zu einer ersten und unabweisbaren Erkenntnis führen: Die Europäische Union braucht eine Notstandsverfassung zur Pandemiebekämpfung, Schritte zum Gesundheitseuropa müssen rasch gesetzt werden. Sie steckt derzeit auf dem halben Weg zu einem Bundestaat sui generis, also ohne Vorbild.

Ihre Volkswirtschaften sind schon heute dermaßen eng ineinander verflochten, dass es viele Gesundheits-Aufgaben dabei gibt, die schon heute nur europaweit wirksam besorgt werden könnten: Grundrechtseingriffe, Krisenbevorratung, Notstandsproduktion, Forschung, Verkehrsreglungen, wechselseitige Hilfe, und viele andere mehr. Für Vieles sind aber heute noch die Mitgliedstaaten, also die Nationalstaaten zuständig. Vor allem die im modernen Staat zum zentralen Staatszweck gewordene Daseinsvorsorge nimmt fast ausschließlich der Staat war. Die Krise hat gezeigt, dass eine alte Weisheit der Staatslehre auch heute noch zutrifft: Souverän ist, wer *über und im* Ausnahmezustand entscheidet. Das sind heute in Europa und in der Welt immer noch die Nationalstaaten; in den europäischen Demokratien entscheiden gewählte Regierungen und Parlamente im Zusammenwirken.

Maßstab für die welt- und europaweite Aufgabenverteilung sollte aber das Subsidiaritätsprinzip sein: was die kleinere Einheit zunächst betrifft, und was sie mit eigenen Kräften bewältigen kann, soll von ihr auch besorgt werden. Die übergeordnete sollte, müsste ihr dabei helfen. Was die untergeordnete Einheit auch mit Hilfe von oben nicht schafft, soll und muss die nächsthöhere übernehmen. Ja, muss: das Subsidiaritätsprinzip wirkt nicht nur dezentralisierend, sondern auch zentralisierend, wenn es die Probleme erfordern. Im Verhältnis von Mitgliedstaat zur Europäischen Union ist vieles falsch geregelt, und auch im Verhältnis zur UNO, der Weltebene ist das Meiste offen. Auch hier sind nach der Krise Neuordnungen unabweisbar. Ansatzpunkte sind die Weiterentwicklung der UNO selbst, und der Weltgesundheitsorganisation.

Auch die EU braucht eine neuerliche Zukunftsdiskussion, deren Erkenntnisse eine Ergänzung und Weiterentwicklung der Union auch zur Gesundheitsunion bringen müssen. Schritte sind schon gesetzt: die gemeinsame Beschaffung und gerechte Verteilung des Impfstoffs war ein mutiger erster Schritt. Die Stimmen für einen Zukunftskongress und für eine Gesundheitsunion mehren sich.

Reformen benötigt aber auch unser Nationalstaat.

2 Krisenbewältigung in Österreich

2.1 Die „Erste Welle" im Winter 2020

Ganz Europa wurde im Winter 2020 von der Seuche erfasst. Die Bundesregierung handelte sehr schnell, sehr früh, früher als andere Rechtsstaaten in Europa. Sie ergriff Maßnahmen, die massiv in die persönlichen Freiheiten eingriffen – der Person, der Meinung, des Versammlungsrechts, des Eigentums, der Religionen, des Privat- und Familienlebens.

Bei der Bewältigung der sogenannten ersten Welle im März 2020 schien Alles einfach, klar und unbestritten: Lockdown, einsichtige Verhaltensmaßregeln, schnelles Handeln, schnelle erste Erfolge. Ende der Pandemie vielleicht doch greifbar... Alle Parteien machten mit, Stichwort: nationaler Schulterschluss, und „Koste es, was wolle". Dies gelang nicht wegen der guten gesetzlichen Regelungen, sondern trotz des Fehlens derselben. Die österreichische Rechtsordnung kannte nämlich weltweit auftretende und überhaupt großflächige Seuchen nicht.

Die im Zusammenhang mit diesem Phänomen notwendigen Maßnahmen waren daher nicht besonders geregelt. Den weltweiten Seuchenfall verdrängte der Gesetzgeber lange Zeit, trotz der zahlreichen Vorwarnungen: Ebola-Epidemie, Vogelgrippe – Epidemie, jährliche Wellen von viralen Grippeerkrankungen. Ein Problembewusstsein zur Spannung zwischen Grundrechten und Gesundheitspolitik entwickelte sich erst langsam.

Die Regierungen in Bund und Ländern taten also einfach das faktisch Notwendige, auch ohne gesetzliche Grundlage. Auf dem Gebiet von Wirtschafts- und Sozialpolitik gelang dies besser, als bei der Gesundheitspolitik. Nach einigen Anfangsschwierigkeiten liefen viele Maßnahmen wirksam: Sachangemessene finanzielle Maßnahmen für alle Bereiche der Gesellschaft. Bisherige Budgetgrundsätze wurden „suspendiert", Deficit-Spending zur Krisenbewältigung und Hilfe mit allen Mitteln wurde weltweit das Gebot der Stunde. Schulden spielten keine Rolle.

Anders auf dem Gebiet der Gesundheit. Das Virus war unbekannt, seine Eigenschaften, die Natur der Krankheit, von der Ansteckung bis zu den Spätfolgen: alles unbekannt. Prognosen daher ein Tappen im Finsteren. Mit hastig gezimmerten Verordnungen und dazu passenden gesetzlichen Ermächtigungen wurden die täglich notwendig erscheinenden Normen in Eile schnell geschaffen. Unsere Verfassung verteilt die Aufgaben: Die Gesetzgebung ist weitgehend Bundessache. Die Verwaltung obliegt in föderalistischem Zusammenspiel Bund und Ländern.

Der Bundeskanzler ist zwar österreichweit oberster Krisenmanager, in Gesundheitssachen ist aber der Bundesminister für Gesundheit allein zuständig und umfassend verantwortlich. Die Durchführung der bundesweit beschlossenen Maßnahmen erfolgt in mittelbarer Bundesverwaltung durch die Länder. Jeder Landeshauptmann ist für sein Land zuoberst verantwortlich, die Bezirksverwaltungsbehörden die zentralen Behörden für den Bezirk und jeder Bürgermeister für seine Gemeinde zuständig. Sie haben ihre Verantwortung alle wahrgenommen – und es hat bis September österreichweit recht gut geklappt. Österreich spielte stolz die Rolle des Musterschülers.

Der Sonderfall Ischgl und ähnliche, andere alpine Ansteckungsherde wurden nicht fehlerfrei bewältigt. Eine zentrale Annahme von Experten erwies sich in Ischgl als falsch: *dass Symptom-Lose Infizierte nicht ansteckend sind.* Dies war der Quell vieler Irrtümer, die zu Fehleinschätzungen und Fehler führten. In der Sicht der späteren Entwicklungen und Erkenntnisse hätte früher und anders gehandelt werden müssen. Der diesbezügliche Untersuchungsbericht im Auftrag der Tiroler Landesregierung (Rohrer-Bericht, so benannt nach seinem Vorsitzenden) schaffte schon etwas Klarheit: Versäumnisse gab es in der Kommunikation zwischen Bund, Ländern und Gemeinden, und vor allem bei der Organisation der Massenevakuierung aus dem ganzen Land nach Beendigung der Wintersaison durch den Beschluss der Landesregierung. Genauere Erkenntnisse werden die Ergebnisse der laufenden staatsanwaltlichen Ermittlungen zeigen. Schuldhafte Rechtsverletzungen erscheinen eher unwahrscheinlich.

Das Krisenmanagement das die Verfassung regelt, hat sich augenscheinlich bewährt. Der Bundespräsident war wenig gefordert, hat aber das Seine vorbildlich geleistet. Die rechtliche Hauptlast trugen die Fachminister und das Parlament, die politische die Chefs der Regierungsparteien. Die Rechtsordnung musste im

Schnellzugstempo ergänzt, verändert, angepasst werden. Minister, ihre Beamten-apparate, Kanzler und Vizekanzler – sie alle ließen mussten rasch und in extremis handeln. Sie ließen sich vielfältig beraten. Experten wurden zuhauf herangezogen und eingebunden. So wurden auf der technischen Ebene offensichtlich die Sach-verhalte ausgiebig und kontroversiell geklärt, Entscheidungen sachlich unterlegt, Prognosen nach allen Regeln der Kunst erstellt.

Die Entscheidungen, in welchem Ausmaß und wie schnell die von der Fachwelt vorgeschlagenen Regelungen dem Parlament zur Beratung und Beschlussfassung vorgelegt würden, mussten die Politiker treffen: nur sie konnten die Beschlussvo-raussetzungen beurteilen und sicherstellen: Gibt es eine Zweidrittelmehrheit, stimmen die Länder zu? Nur sie können beurteilen, was der Bevölkerung zuge-mutet werden konnte, wie ein nationaler Konsens erzielt werden kann.

Der Vielschichtigkeit der Expertenberatung entsprach die politische Entschei-dungsfindung: weit über den Buchstaben der Verfassung hinaus wurden die Re-gierungsparteien im Parlament ebenso frühzeitig eingebunden, wie die Opposti-on. Alle Landeshauptleute, die Sozialpartner in allen Bereichen und auf allen Ebe-nen. Im Parlament machten zuerst einmal alle Parteien die Eil-Gesetzgebung möglich, und auch die Vertretung der Bundesländer zog mit. Verfassung und Ge-schäftsordnung des Parlaments waren biegsam genug, um ein schnelles und ver-fassungsgetreues Vorgehen zu ermöglichen. Auch die handelnden Personen wa-ren sich ihrer Verantwortung uneingeschränkt bewusst.

Das war die Gunst der Stunde! Ein Gedankenexperiment: was wäre bei gleicher Rechtslage anders gelaufen, wären noch die Regierungen Kern-Mitterlehner oder Kurz-Strache zur Entscheidung berufen gewesen? Die Einmütigkeit in Politik, Re-gierung, Parlament, Länder, Wissenschaft, Sozial- und Schulpartner erbrachte ei-nen Gleichklang, der sich in der starken Unterstützung der Entscheidungen durch die Betroffenen spiegelte. Dieser Gleichklang, diese Unterstützung machten erst aus den papierenen Gesetzestexten gestaltende Wirklichkeit, wurden damit wirk-sam und erzielten die vorhergesagten und berechneten Wirkungen.

Die Bevölkerung nahm die Maßnahmen zu 80 % an, die Zustimmungswerte für die Bundesregierung schossen in unglaubliche Höhen, die beiden Regierungspar-teien erlebten einen Höhenflug.

Dieser „Zustand der Gnade" sollte allerdings bald enden. Schon die ersten ange-ordneten Maßnahmen zur Bekämpfung der Seuche wurden von manchen Betrof-fenen nicht verstanden und bekämpft: in der öffentlichen Meinung und vor den Behörden, letztlich vor den obersten Gerichten. Hier wurde nun die Verfassung mit ihrem Grundrechtsschutz gegen die ergriffenen Maßnahmen ins Treffen ge-führt. Von Corona-Leugnern, Bill-Gates- und George-Soros-Gegnern, anderen Verschwörungstheoretikern, aber auch von der FPÖ, welche die Freiheitsbeschränkungen als weit überzogen erachtete und verbal heftig attackierte. In skrupelloser Weise änderte sie ihre Meinung. Nachdem sie als erste Partei schon bei Ausbruch der Seuche härteste Maßnahmen, wie einen Lockdown vorgeschlagen hatten, wechselte sie ins Lager der „Coronagegner, -Leugner, -Verharmloser". Dieses Lager erfasst zwischen 20 und 25 % der Bevölkerung, die neue Zielgruppe der in Krise geratenen FPÖ.

2.2 Die „Zweite Welle" im Spätsommer 2020

Die Eintracht bestand also nicht lange. Eine Vielzahl von Entwicklungen veränderte diese Grundhaltung in ihr Gegenteil. Die in nach Ostern bis in den Frühherbst hinein in allen Politiker – Reden ausgeschlossene „Zweite Welle" begann im September zu rollen. Die Anzeichen wurden auch von den meisten Experten nicht gleich erkannt. Das Virus schlug in voller Wucht zuerst ungebremst zu, führte dann zu immer rascher aufeinanderfolgenden Regelungen, aus dem Musterschüler Österreich wurde der Klassenletzte. Die Parteienharmonie war schon vorher auseinandergebrochen, größere Teile der Bevölkerung als die immer kritisierenden und ablehnenden 25 % wurden verunsichert, in der Folge kritisch und zweifelnd. Diese schwindende Akzeptanz brachte auch größere „Nachlässigkeiten" in der Befolgung der Regeln.

Was war nach dem Erfolg des ersten Lockdowns im März geschehen?

Das Zusperren Österreichs im März und April verursachte eine Reihe von Klagen betreffend Einzelheiten der Regelungen: Sie betrafen gesundheitspolitische Maßnahmen, aber auch finanzielle und sozialpolitische. Warum wurden kleinere Geschäfte besser behandelt als große Ketten, wurden Baumärkte geöffnet, Kinos nicht. Warum wurden alle Bundesgärten und alle Spielplätze geschlossen. War ein allgemeines Ausgehverbot überall mit wenigen Ausnahmen zulässig? Lautstark wurde darüber Klage geführt, die allgemeine Ausgangssperre sei verfassungswidrig.

Dazu kamen die Leugner der Gefährlichkeit des Virus, dann die Verschwörungstheoretiker, Bill Gates wolle alle beherrschen, die Gegner des Testens, die Zweifler. Für jede noch so skurrile Behauptung gab es einen oder mehrere Experten. Professoren waren uneins, die einen warnten vor der Gefahr. Die anderen meinten, der Virus sei nicht gefährlicher als eine Grippe. Da das öffentliche Leben gleichsam stille stand und sich außerhalb der Pandemie wenig ereignete, stürzten sich viele der immer dünner werdenden Zeitungen und Zeitschriften auf die Zweifler, Kritiker, Verschwörer, Querdenker, Freiheitsbegeisterte und gaben ihnen ausführlich Platz zur Selbstdarstellung und Diskussion und Kritik.

Dazu kam, dass manche Vertreter der Vierten Staatsgewalt, also der Medien, sich nicht ausreichend in die Entscheidungsvorbereitung eingebunden fühlten. So mancher selbst ernannte Arbiter Elegantiarum, also Schiedsrichter über das Richtige in der Innenpolitik, rauschte daher im Blätterwald, hackte ins politische Fleisch, turnte auf den Expertengutachten herum, und kritisierte einige, nein, alle Vorgangsweisen unter vielen Gesichtspunkten. Vor allem die eine Frage beschäftigte Viele: Gesundheit oder Wirtschaft? Schüttet die Regierung das Kind nicht mit dem Bade aus? Bewirkt die vorübergehende Schließung der Wirtschaft "in the long run" nicht mehr Tote, als die Krankheit selbst? Nie hatte Henry Kissinger mehr recht, der einem ähnlichen Einwand mit der Antwort begegnete: "in the long run, my friend, we are all dead!"

So manche anscheinend unumstößliche Wahrheit wurde im Laufe der Erfahrungen als Ideologie entlarvt: so bestimmte lange Zeit die Behauptung die Meinung, Kinder seien kaum ansteckend. Die Schulen kein Ort der Infektion. Das erwies sich später als falsch, geistert aber bis heute durch das Wunschdenken Mancher. Ebenso der langanhaltende politische Kampf des Rechnungshofs gegen „verschwenderisch zu viele Intensivbetten in Österreichs Krankenhäusern" – wir brauchten sie alle und es gab sie Gottlob! Ähnliches gilt für die Maskenpflicht: wir haben doch alle unsere asiatischen Touristen belächelt, die mit Masken herumgingen. Jetzt tragen wir sie alle, außer die Zweifler. Keine schöneren Beispiele für die alte römische Weisheit: Veritas filia temporis, also die Wahrheit ist eine Tochter der Zeit.

Auch eine andere altrömische Weisheit wurde unter Beweis gestellt: quot capita, tot sententiae – wie viele Köpfe, ebenso viele Meinungen – oder im österreichischen Kontext: für fast jede Meinung gab es einen Experten. Wer mit den Politikerentscheidungen nicht einverstanden war, oder aus Prinzip regierungskritisch, sprach von Inszenierungen durch die Politiker, sie sollten doch den Experten das Ruder in die Hand geben, und diese sollten entscheiden. Welch Naivität!

Ein Politiker stöhnte: zwei Experten, vier verschiedene Meinungen. Wer dann von juristischen Spitzfindigkeiten spricht, wird gescholten: aber wusste nicht schon Cicero: „summum ius, summa iniuria?", also Recht kann zu Unrecht werden, wenn es aus äußerste getrieben wird! ... Die handelnden Politiker mussten zwar die verschiedenen Meinungen alle kennen, aber dann selbst abwägen und entscheiden.

In der Krise zeigten sich Folgen der neuen, unglaublichen Medienvielfalt: viele davon geprägt von der in Österreich wohl unvermeidlichen Verpolitisierung. Der öffentlich-rechtliche ORF, die Zeitungen, das Internet von Twitter bis Facebook, die Postings zu Zeitungsartikeln, die Blogs, die privaten Fernsehsender, in denen so Viele zu Wort kamen. Das Ergebnis dieser umfassenden und auch kritischen Information: das Krisenmanagement der Bundesregierung wurde kritischer beurteilt.

Dabei zeigten Betroffene oft wenig Sachkunde, Realitätsverweigerung und völlige Irrationalität: heftig wurde die Unsicherheit über die Zukunft beklagt und der Regierung Strategielosigkeit vorgeworfen. Die Regierung habe keine erklärten Ziele und fahre einen Zick-Zack-Kurs. Die sich ständig ändernden Zahlen und Fakten, die immer neuen wissenschaftlichen Erkenntnisse, welche die Maßnahmen der Regierung natürlich verändern mussten, wurden einfach nicht zur Kenntnis genommen. Das Gleiche betraf den immer wieder vor allem von Politikexperten erhobene Vorwurf der fehlerhaften Kommunikation. Wenn sich auf Grund der laufenden Änderungen in den Fakten und der Erkenntnisse andere und neue Maßnahmen aufdrängen, wie kann da die Kommunikation anders sein als immer das Neue darstellend und erläuternd?

Eine große Rolle spielten die Meinungsforschung und die herannahende Wiener Wahl. Die meisten Institute sahen im Sommer 2020 die Regierungsparteien als hohe Gewinner der Lage, mit Zustimmungsraten von 80 % für Regierung, Kanzler und Gesundheitsminister. Es wurden starke Zugewinne der beiden Regierungsparteien gemessen. Die Opposition sackte ab. Die Wiener Wahl nahte, die Parteien mussten neue Rollen finden.

SPÖ, NEOS und FPÖ wählten die Totalopposition und griffen jeden Tag an. Jede Kritik der Regierung an der anfänglich sehr lahmen Politik Wiens wurde als „Wien-Bashing" der Türkisen hingestellt, und das griff. Hauptvorwürfe: Verfassungswidrige, weil maßlose Grundrechtseingriffe, schleppende Abwickelung der Finanziellen Unterstützungen, fehlende Strategie, mangelnde Transparenz, sachliche Fehler, Zick-Zack-Kurs.

Dann im Juli 2020 ein Paukenschlag durch den Verfassungsgerichtshof. Er hob einen zentralen Punkt jener Verordnung als gesetzwidrig auf, welche das Ausgehverbot im März regelte. Gleichzeitig erklärte er aber viele Maßnahmen für gesetzes- und daher verfassungskonform. In der Folge hob er weitere Verordnungen auf, die zu wenig sachlich begründet seien. All diese Erkenntnisse sind begründbar, aber bei manchen Aufhebungen wegen Verfassungswidrigkeit wäre auch das Gegenteil begründbar gewesen.

Hier zeigten sich nun aber die Folgen einer neueren Entwicklung in der Rechtsprechung des Gerichtshofs. Durch eine immer weiter gehende Ausdehnung der Prüfung ob eine Regelung verhältnismäßig und sachlich begründet sei, wurde der Gerichtshof immer mehr zur obersten politischen Entscheidungsinstanz. Der Gerichtshof verlangte von der Regierung nämlich immer öfter eine für ihn nachvollziehbare Begründung, warum eine Regelung verfassungskonform sei, während es bisher seine Aufgabe war zu begründen, warum eine bestimmte Regelung der Verfassung widerspricht.

Diese Entwicklung der Verfassungsgerichtsbarkeit hatte sich schon in den letzten beiden Jahrzehnten abgezeichnet. Aus dem Gleichheitssatz wurde zuerst ein Willkürverbot abgeleitet, aus dem Willkürverbot für ein Verwaltungsorgans dann auch eine Willkürverbot für den Normengeber, aus dem Willkürverbot für den Gesetz- und Verordnungsgeber dann ein allgemeines Gebot der Sachlichkeit einer Regelung, und diese wurde darüber hinaus an der Verhältnismäßigkeit gemessen.

Beide Kriterien der Sachlichkeit und der Verhältnismäßigkeit sind rein subjektiv. Wie's halt der Gerichtshof sieht... und daher nicht objektiv nachprüfbar. Damit war der Weg zur Herrschaft über die oberste politische Willensbildung rasch beschritten. Für den Hausverstand waren dabei einige Urteile des Verfassungsgerichtshofes völlig unverständlich: die Maßnahmen, die aufgehoben wurden, waren europaweit und – nach Reparatur der Formalfehler auch wieder in Österreich – Standard der Pandemiebekämpfung.

Die Urteile hatten aber eine große politische Wirkung: sie unterstützten die ca. 30 %-ige Gruppe der Verschwörungstheoretiker und radikalen Impf- und Testgegner. Sie verunsicherte die Hochbürokratie in den Legistik – Abteilungen und brachte eine Hochkonjunktur für Verfassungsrechtler – jedes Medium suchte sich die zu seinen Meinungen passende Expertise aus.

Je näher die Wiener Wahl kam, umso verpolitisierter die Diskussion. Krise und Krisenbekämpfung wurden instrumentalisiert. Als sich die zweite Welle deutlich abzeichnete, wurde einfach zugewartet. Zuerst aus Unkenntnis, dann wegen der Wahl. Dabei kam es zu gut geheim gehaltenen aber dann doch bestätigten Meinungsverschiedenheiten zwischen den beiden Regierungsparteien. Der Bundeskanzler wollte schon im September wieder schärfere Beschränkungen in der Form eines Lockdowns, die grünen Partner verweigerten die Zustimmung. Sie waren ja Teil der Wiener Landesregierung und befürchteten davon negative Auswirkungen auf ihre Wahlchancen. Angriffe auf die Wiener Landesregierungen wollten sie vermeiden.

Erst nach der Wahl wurde der zweiten Lockdown verhängt, dann der dritte; inzwischen waren die Grünen von der SPÖ aus der Wiener Landesregierung hinausgeworfen worden. Die Diskussion normalisierte sich nach der Wahl etwas, aber es blieb bei dem Muster, das sich ab Mitte des Jahres etabliert hatte: FPÖ in Totalopposition mit radikalstem Ton, NEOS auch in undifferenzierter Ablehnung, die SPÖ ebenfalls in totaler Ablehnung, aber gebremst durch die Sachkunde der Parteichefin. Sie wurde darob von ihrem mächtigen Wiener Landesvorsitzenden

kritisiert: sie könne keine wirksame Oppositionspolitik machen, da sie zu sach-
kundig sei ... Die Politik der Bundesregierung wurde von der gesamten Opposition bekämpft: auf einen Drei-Wort Nenner gebracht: „Kurz muss weg!"

Von der Nationalratsmehrheit beschlossene Gesetze zur Pandemiebekämpfung
wurden im Bundesrat systematisch blockiert und hinausgezögert, dort hatte die
Regierung keine Mehrheit. Für schnell wirkende gesetzliche Maßnahmen musste
die Regierung mit SPÖ und NEOS verhandeln, um derartige Blockaden zu vermeiden. Bei alldem veränderten sich die Zahlen der Meinungsforschung für die einzelnen Parteien überhaupt nicht – die ÖVP mit 40 % und die Grünen bei 14 %
konstant über ihrem Nationalratswahlergebnis. FPÖ abnehmend, SPÖ und NEOS
unmerklich um das besser, was die FPÖ abgeben muss.

Zusammenfassend ist der Befund aber unabweisbar: das Zusammenspiel von
wirksam kontrolliertem Grundrechtsschutz durch die Gerichte, die Anwendung
der Oppositionsrechte im demokratischen Prozess, die in einer parlamentarischen Demokratie festgelegten Transparenzgebote, die Notwendigkeit für die
Parteien, bei Wahlen zu bestehen und sich daher zu profilieren, und schließlich
der große Einfluss der „vierten Staatsgewalt", der Medien, dies alles hatte und hat
großen Einfluss auf die Pandemiebekämpfung. Sie erschwerten die notwendigen
Maßnahmen der Regierung. Das Profil der Regierung wurde durch die allgemeine
Kritik vernebelt. Die Bevölkerung wurde durch das Parteien Hick Hack verunsichert. Diese Feststellung trifft aber nicht nur Österreich, sondern nahezu alle vergleichbaren europäischen Demokratien.

Bald stellten kritische Geister Vergleiche in der Krisenbewältigung an: autoritär
regierte Staaten wie China und Nordkorea und andere weniger zimperliche Staaten wie Israel hätten das Virus schneller und wirksamer in den Griff bekommen,
als die „toleranten Demokratien" mit ihrer Medienfreiheit und unkontrollierten
Meinungsvielfalt, den wirksam verbürgten Grundrechtskatalogen und unabhängigen Gerichten.

Vor allem die Diktaturen, so muss man sie wohl in diesem Zusammenhang scho-
nungslos nennen, müssten weder auf Impf- und Testverweigerer Rücksicht nehmen, könnten die persönlichen Freiheiten bis ins letzte persönliche Detail einschränken, de facto Hausarreste verhängen, könnten das Virus mit allen Mitteln
bekämpfen und auch weitgehend ausrotten. Sie könnten nicht ausreichend getes-
tete Vakzine verwenden, Todesziffern verheimlichen, Informationen zurückhal-
ten, die Kritik in den Medien verbieten, wirksame Zensur über die gesamte veröffentlichte Meinung ausüben. Regionale Differenzierungen, welche die wirksame
Pandemiebekämpfung erschwerten würden durch einfache zentrale Durchgriffe
der Regierung ersetzt.

Diese Diskussion reiht sich in den größeren Zusammenhang einer sich abzeichnenden Demokratie-Müdigkeit ein. Schon längere Zeit muss man als aufmerksamer internationaler Beobachter feststellen, dass die Demokratie, verbunden mit sozialer Marktwirtschaft und Freihandel weltweit im Rückgang ist. Die viel zitierte Feststellung des Dialektikers Francis Fukuyama, mit dem Fall der Berliner Mauer, dem Ende der Sowjetunion und des Warschauer Paktes, sei nun das Ende der Geschichte gekommen, Demokratie und freie Wirtschaft hätten endgültig gesiegt, hat sich als unerfüllte Prophezeiung erwiesen. Die Demokratie ist im weltweiten Rückzug: wie groß waren nicht die Hoffnungen zum „arabischen Frühling" – sie wurden enttäuscht! Die Demokratie ist sogar innerhalb der Union nicht von allen Mitgliedern außer Streit gestellt, sieht man die Angriffe der ungarischen Regierung auf die „liberale Demokratie".

Den Demokratie – Müden und den Kritikern der Pandemiebekämpfung in den liberalen Demokratien muss man energisch entgegentreten. Auch in unseren Staaten ist eine zweckgerichtete Seuchenbekämpfung möglich. Regierungen und Parlamente müssen nur entschlossener handeln. Alle in Frage kommenden Grundrechte stehen unter dem Gesetzesvorbehalt – der Gesetzgeber kann mit einfachem Gesetz in diese Grundrechte eingreifen, wenn dies im Interesse der öffentlichen Ordnung, der öffentlichen Sicherheit, des Schutzes der Gesundheit und der Wahrung der Rechte und Freiheiten anderer nötig ist. Die europäische Grundrechtsjudikatur räumt dem Staat dabei einen weiten eigenen Beurteilungsspielraum ein, was nun denn nötig sei.

Die Staaten müssen nur dieser Gesetzgebungspflicht rechtzeitig und vorausschauend nachkommen. Da haben die meisten einen erheblichen Normsetzungsbedarf. Alle Staatsgewalten, auch die „Vierte" haben hoffentlich aus der Erfahrung des Jahres 2020 gelernt. Die politischen Parteien ziehen vielleicht doch die richtigen Schlüsse: die Pandemiebekämpfung eignet sich nicht für politische Winkelzüge, dringend erforderliche Maßnahmen dürfen nicht Wahlinteressen geopfert werden. Es zahlt sich nämlich nicht einmal aus!

Einen besonderen, nicht nur österreichischen Punkt der Kritik möchte ich noch besonders hervorheben: es trifft nicht zu, dass einheitliche zentralistische Regelungen a priori wirksamer sind, als die Vielfalt der in einem Bundestaat von den Ländern erlassenen und kontrollierten Regeln.

Hier kann ich mich vollinhaltlich Peter Bußjäger anschließen, der im Jahrbuch für Politik 2020 meinte:

> „Was die Kompetenzverteilung in diesen Angelegenheiten betrifft, wird in der Öffentlichkeit routinemäßig von Unübersichtlichkeit, ja, sogar ‚Chaos' gesprochen, was überhaupt nicht zutrifft. Die Bundesverfassung nimmt in der Be-

kämpfung von Pandemien und Epidemien primär den Bund in Gesetzgebung und Vollziehung in die Pflicht. Dieser soll klare Vorgaben und Handlungsanleitungen liefern, welche die Organe der Länder im Rahmen der mittelbaren Bundesverwaltung zu vollziehen haben. Die Aufgabenverteilung in dieser Materie ist eigentlich sogar überraschend übersichtlich.

Unzweifelhaft ergibt sich aus der Notwendigkeit, auf die bundesweiten und regionalen Herausforderungen rasch und flexibel zu reagieren, eine entsprechende Normenflut. Festzuhalten ist, dass eine regionale Pandemiebekämpfung aufgrund der unterschiedlichen epidemiologischen Situation naturgemäß ein „Mehr" an Regelungen erfordert. Diese Ausdifferenzierung geht zwar zu Lasten der Übersichtlichkeit, ermöglicht aber zielgerichtete Maßnahmen und hat im Übrigen nichts mit Föderalismus, aber viel mit sachgerechter Krisenbewältigung zu tun."

Dem ist nichts hinzuzufügen.

Reinhold Lopatka[*]

Subsidiarität – ein Grundprinzip der Europäischen Union verliert an Bedeutung

Die von Kommissionspräsidenten Jean-Claude Juncker 2017 gestartete Debatte über die Zukunft der EU rückte die Subsidiarität als elementares Prinzip stärker in den Blickpunkt der Diskussion. Auch die österreichische Bundesregierung hielt in ihrem Regierungsprogramm 2020-24 fest, dass es einen neuen Vertrag für Europa brauche, der dem Grundprinzip der Subsidiarität Rechnung tragen soll. Die Task Force der EU-Kommission für Subsidiarität, Proportionalität und „Weniger, aber effizienteres Handeln" erarbeitete 2018 eine Reihe konkreter Vorschläge, um dem Subsidiaritätsprinzip wieder stärkeres Gewicht zu geben. Unter der neuen Kommissionspräsidentin Ursula von der Leyen und bei der im Mai 2021 beginnenden „Konferenz zur Zukunft Europas", die Teil ihres Regierungsprogramms ist, hat das Thema jedoch deutlich an Bedeutung verloren.

1 Die politische, rechtliche und administrative Dimension der Subsidiarität

Subsidiarität ist eines der wichtigsten Organisationsprinzipien der Europäischen Union (EU) und kann aus politischer, rechtlicher und administrativer Sicht betrachtet werden.

Die politische Diskussion erfasst das Subsidiaritätsprinzip, sobald Mitgliedstaaten Forderungen nach supranationalen Regelungen stellen (zB EU-Außengrenzschutz) oder in anderen Bereichen Vorbehalte äußern, wenn EU-Richtlinien als weniger sinnvoll erachtet werden (z B bei der Richtlinie über die Qualität von Wasser).

Rechtlich bestimmt das Subsidiaritätsprinzip, wie es in Art 5 des Vertrags von Lissabon über die Europäische Union (EUV) festgelegt ist, ob Maßnahmen auf europäischer oder auf mitgliedstaatlicher Ebene ergriffen werden sollten, und trägt somit zur Beilegung von Streitigkeiten über die Aufteilung der Zuständigkeiten bei. Die Verfahren zur Überwachung der Einhaltung der Subsidiarität sind im Protokoll Nr. 2 zum Vertrag von Lissabon festgelegt, wobei den nationalen Parlamenten eine tragende Rolle zukommt.

---

[*] Dr. Reinhold Lopatka war sowohl im Steiermärkischen Landtag (2000-03) als auch im Nationalrat Klubobmann der ÖVP (2013-17), Staatssekretär (2007-13) in drei Ministerien (Bundeskanzleramt, Finanz- und Außenministerium) und auch Generalsekretär der ÖVP (2003-07). 2018 wurde Lopatka von EU-Kommissionspräsident Jean-Claude Juncker zum Mitglied der Task Force für Subsidiarität, Proportionalität und „Weniger, aber effizienteres Handeln" bestellt. Lopatka ist außen- und europapolitischer Sprecher der ÖVP und Abgeordneter zum Nationalrat, dem er seit 2003 angehört. Zuvor war er Abgeordneter zum Steiermärkischen Landtag (1986-2003) und Landesgeschäftsführer der steirischen ÖVP (1993-2001). Seit 2020 leitet er die österreichische Delegation der Parlamentarischen Versammlung des Europarates.

Administrativ, bei der Wahl der Rechtsform in Legislativvorschlägen, hat die Europäische Kommission in den letzten Jahren oftmals dem Subsidiaritätsprinzip nicht Genüge getan. Verordnungen wurden wesentlich häufiger als Richtlinien erlassen und selbst Richtlinien waren so abgefasst, dass sie den Mitgliedstaaten kaum Spielräume für Detailregelungen gelassen haben. Auch ist die Zahl der delegierten Rechtsakte, bei welchen die Mitwirkung nationaler Parlamente ausgeschlossen ist, sehr stark angestiegen.

2 Die Ausgestaltung und Anwendung des Subsidiaritätsprinzips

Das Subsidiaritätsprinzip wurde bereits mit dem Vertrag von Maastricht 1992 im Primärrecht verankert und bildet seitdem eines der Grundprinzipien der EU. Es besagt, dass die Europäische Union in den Bereichen, die nicht in ihre ausschließliche Zuständigkeit fallen, nur tätig werden darf, „sofern und soweit die Ziele der in Betracht gezogenen Maßnahmen von den Mitgliedstaaten weder auf zentraler noch auf regionaler oder lokaler Ebene ausreichend verwirklicht werden können, sondern vielmehr wegen ihres Umfangs oder ihrer Wirkungen auf Unionsebene besser zu verwirklichen sind". Das heißt, die Frage, wer ein Ziel besser verwirklichen kann, stellt sich nur im Bereich der geteilten Zuständigkeit.

Seit dem Vertrag von Lissabon, der seit 1.12.2009 in Kraft ist, ist das Subsidiaritätsprinzip in Art 5 EUV sowie in zwei Protokollen zu den Unionsverträgen normiert, nämlich im „Protokoll (Nr. 1) über die Rolle der nationalen Parlamente in der Europäischen Union" sowie im „Protokoll (Nr. 2) über die Anwendung der Grundsätze der Subsidiarität und der Verhältnismäßigkeit". Durch den Vertrag von Lissabon wurde das Subsidiaritätsprinzip durch eine engere Einbindung der nationalen Parlamente in das Gesetzgebungsverfahren auf EU-Ebene, insbesondere durch Informationspflichten gegenüber den Parlamenten und das System des so genannten „Frühwarnmechanismus" verstärkt.

Laut Art 4 Prot. Nr. 2 hat die europäische Kommission nun alle Vorschläge für europäische Gesetzgebungsakte auch den nationalen Parlamenten direkt zu übermitteln.

Ab dem Vorliegen eines Vorschlags in allen Sprachfassungen beginnt eine Frist von acht Wochen zu laufen, in der die nationalen Parlamente die Möglichkeit haben, den Vorschlag zu prüfen und mit einer sogenannten begründeten Stellungnahme (auch als **Subsidiaritätsrüge bezeichnet)** dagegen Einspruch zu erheben, wenn sie der Meinung sind, der Vorschlag widerspreche dem Subsidiaritätsprinzip.

Jedes nationale Parlament besitzt zwei Stimmen, die bei Zweikammersystemen (wie im Falle Österreichs) auf beide Kammern (je eine Stimme für Nationalrat bzw Bundesrat) verteilt werden.

Wird innerhalb der Frist von acht Wochen ein Drittel (oder ein Viertel bei Vorschlägen im Bereich des Raumes der Freiheit, der Sicherheit und des Rechts) **der Gesamtzahl der Stimmen erreicht, spricht man von einer „Gelben Karte"**. Das bedeutet, dass die Kommission ihren Vorschlag zu überdenken hat. Es gibt aber keine Pflicht, den Vorschlag zu verändern oder zurückzunehmen. Der Beschluss der Kommission über die weitere Vorgehensweise muss aber jedenfalls begründet werden (Art 7 Abs 2 Prot. Nr. 2).

Bis Ende 2018 gab es drei „Gelbe Karten". Die erste betraf 2012 einen Vorschlag für ein kollektives Streikrecht (Monti-II-Verordnung), die zweite 2013 einen Vorschlag für eine Verordnung zur Errichtung der Europäischen Staatsanwaltschaft und die dritte 2016 einen Vorschlag für eine Änderung der Richtlinie betreffend die grenzüberschreitende Entsendung von Arbeitnehmerinnen und Arbeitnehmer. Im ersten Fall hat die EU-Kommission den Vorschlag zurückgezogen (allerdings ohne auf die Bedenken der nationalen Parlamente zu replizieren), in den beiden anderen Fällen jedoch an ihm festgehalten.

Generell ist festzustellen, dass der österreichische Bundesrat im EU-Vergleich zu den aktivsten Playern im Subsidiaritätskontrollverfahren zählt.

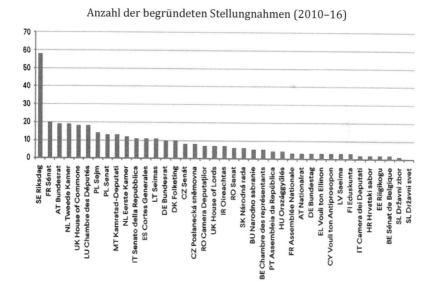

Anzahl der begründeten Stellungnahmen (2010–16)

Quelle: „Europäisierung" der nationalen Parlamente in den Mitgliedstaaten der Europäischen Union: Erfahrungen und bewährte Verfahren; Studie für die Fraktion Die Grünen/EFA des Europäischen Parlaments, Juni 2018.

Das mit dem Vertrag von Lissabon außer Kraft getretene Protokoll (Nr. 30) über die Anwendung der Grundsätze der Subsidiarität und der Verhältnismäßigkeit zum Vertrag von Amsterdam sah zwar noch keine Kontrollrechte der nationalen Parlamente vor, legte jedoch im Vergleich zu den heutigen Regelungen Merkmale fest, wann eine Regelung mit dem Subsidiaritätsprinzip vereinbar ist.

So enthielt das Protokoll zum Vertrag von Amsterdam folgende Leitlinien, die bei der Prüfung, ob beide Bedingungen des Subsidiaritätsprinzips erfüllt sind, zu befolgen waren:

*„Maßnahmen der Gemeinschaft sind nur gerechtfertigt, wenn **beide Bedingungen des Subsidiaritätsprinzips** erfüllt sind: Die Ziele der in Betracht gezogenen Maßnahmen können nicht ausreichend durch Maßnahmen der Mitgliedstaaten im Rahmen ihrer Verfassungsordnung erreicht werden und können daher besser durch Maßnahmen der Gemeinschaft erreicht werden.*

*Folgende **Leitlinien** sollten bei der Prüfung der Frage, ob die genannte Voraussetzung erfüllt ist, befolgt werden:*

*- Der betreffende Bereich weist **transnationale Aspekte** auf, die durch Maßnahmen der Mitgliedstaaten nicht ausreichend geregelt werden können,*

*- alleinige Maßnahmen der Mitgliedstaaten oder das Fehlen von Gemeinschaftsmaßnahmen würden **gegen** die **Anforderungen des Vertrags** (beispielsweise Erfordernis der Korrektur von Wettbewerbsverzerrungen, der Vermeidung verschleierter Handelsbeschränkungen oder der Stärkung des wirtschaftlichen und sozialen Zusammenhalts) verstoßen oder auf sonstige Weise die **Interessen der Mitgliedstaaten erheblich beeinträchtigen**,*

*- Maßnahmen auf Gemeinschaftsebene würden **wegen ihres Umfangs oder ihrer Wirkungen** im Vergleich zu Maßnahmen auf der Ebene der Mitgliedstaaten **deutliche Vorteile** mit sich bringen."*

Die Kommission wurde in diesem Protokoll weiters verpflichtet, vor der Unterbreitung von Gesetzgebungsvorschlägen – außer in Fällen besonderer Dringlichkeit oder Vertraulichkeit – umfassende Anhörungen durchzuführen sowie in jedem geeigneten Fall die Konsultationsunterlagen zu veröffentlichen. Auch wurde sie verpflichtet *„gebührend zu berücksichtigen, dass die finanzielle Belastung und der Verwaltungsaufwand der Gemeinschaft, der Regierungen der Mitgliedstaaten, der örtlichen Behörden, der Wirtschaft und der Bürger so gering wie möglich gehalten werden und in einem angemessenen Verhältnis zu dem angestrebten Ziel stehen müssen."*

Diese klaren inhaltlichen Tatbestandsmerkmale gibt es mit dem Vertrag von Lissabon nicht mehr.

3 Die Arbeit der Task Force „Subsidiarität und Proportionalität"

Am 14.11.2017 setzte der Präsident der Europäischen Kommission Juncker die „Task Force für Subsidiarität, Proportionalität und ‚Weniger, aber effizienteres Handeln'" mit neun Mitgliedern (drei aus nationalen Parlamenten, drei vom Ausschuss der Regionen und drei aus dem Europäischen Parlament) ein.

Das Europäische Parlament verzichtete auf eine Mitarbeit in der Task Force. Den Vorsitz führte der Erste Vizepräsident der Europäischen Kommission, Frans Timmermans. Österreich war durch den Vorsitzenden des Ständigen Unterausschusses in Angelegenheiten der Europäischen Union im Nationalrat, Reinhold Lopatka, vertreten. Die Task Force legte im Juli 2018 ihren Endbericht vor.

Das österreichische Parlament und die Bundesländer engagieren sich stark in Subsidiaritäts- und Verhältnismäßigkeitsfragen. Auf parlamentarischer Ebene sieht ein spezifischer Verfassungsmechanismus eine Verknüpfung verschiedener Akteure vor: Der Bundesrat informiert die Landtage unverzüglich über neue EU-Legislativvorschläge und gibt ihnen die Gelegenheit zur Stellungnahme.

Das österreichische Parlament wendet auch überdurchschnittlich viel Zeit für EU-Debatten auf, bei denen auch österreichische Mitglieder zum Europäischen Parlament das Wort ergreifen dürfen.

Prozentanteil an Plenardebatten (2010–2016)

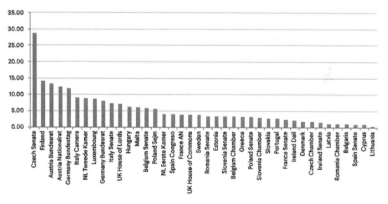

Quelle: „Europäisierung" der nationalen Parlamente in den Mitgliedstaaten der Europäischen Union: Erfahrungen und bewährte Verfahren; Studie für die Fraktion Die Grünen/EFA des Europäischen Parlaments, Juni 2018.

Österreich leistete auch in der Task Force die meisten Beiträge der 28 Mitgliedsstaaten zur besseren Anwendung der Prinzipien der Subsidiarität und der Verhältnismäßigkeit.

Dass ein Verbesserungsbedarf beim Subsidiaritätskontrollmechanismus besteht, zeigen die stark rückläufigen Stellungnahmen der nationalen Parlamente.

2019 war das erste Jahr seit der Einführung dieses Instruments, in dem die Kommission keine begründete Stellungnahme der nationalen Parlamente erhielt. Dies war vor allem auf den drastischen Rückgang der Gesetzgebungstätigkeit der Kommission im Übergangsjahr zwischen zwei Kommissionen zurückzuführen. Im Jahr 2019 übermittelte die Kommission den Mitgesetzgebern und den nationalen Parlamenten nur 28 Legislativvorschläge, die der Subsidiaritätskontrolle unterlagen, gegenüber 139 im Jahr 2018.

Dies bestätigt den Trend der letzten Jahre. Der Anteil der begründeten Stellungnahmen sinkt sowohl im Vergleich zur Gesamtzahl der Stellungnahmen (10,5 % 2016; 9 % 2017; 6,5 % 2018; keine 2019) als auch im Vergleich zur Zahl der Stellungnahmen zu Kommissionsvorschlägen, die dem Subsidiaritätskontrollmechanismus unterliegen (17,6 % 2016; 16 % 2017; 10,5 % 2018; keine 2019).

Im Jahr 2019 richteten die nationalen Parlamente 159 Stellungnahmen an die Kommission. Dies ist viel weniger als in den Vorjahren (576 im Jahr 2017 und 569 im Jahr 2018) und auch weniger als im vorhergehenden Übergangsjahr 2015 (350). Es ist die niedrigste Zahl seit Beginn des politischen Dialogs im Jahr 2007.[1]

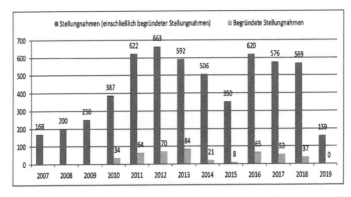

Quelle: Europäische Kommission, Jahresbericht 2019 über die Anwendung der Grundsätze der Subsidiarität und der Verhältnismäßigkeit und die Beziehungen zu den nationalen Parlamenten, publiziert Juli 2020.

Der Subsidiaritätskontrollmechanismus hat in den letzten 14 Jahren den nationalen Parlamenten kaum Einfluss auf die EU-Gesetzgebung gegeben, was sicherlich auch zum Rückgang der begründeten Stellungnahmen beigetragen hat. Der Auf-

---

[1] https://www.parlament.gv.at/PAKT/EU/XXVII/EU/02/54/EU_25485/imfname_10989912.pdf.

wand erscheint zunehmend in keiner Relation zum tatsächlichen Erfolg diesbezüglicher Initiativen von nationalen Parlamenten zu stehen.

4 Ein Auszug der konkreten österreichischen Vorschläge

Auf Grundlage von vorausgegangenen Vorschlägen einzelner Bundesländer, des Städte- und Gemeindebundes, der Sozialpartner und des Bundesrates wurden nachfolgend angeführte Vorschläge in die Task Force eingebracht:

4.1 Verlängerung der Acht-Wochen-Frist für Subsidiaritätsprüfungen auf zwölf Wochen

Die in Protokoll Nr 2 vorgegebene Frist für Stellungnahmen von acht Wochen erlaubt keine ausreichende Möglichkeit zur Prüfung und Abstimmung etwa mit Länderkammern oder anderen nationalen Parlamenten und wird von den Parlamenten als zu kurz erachtet. Alternativ zu einer Änderung des Protokolls könnte die Kommission ihre Bereitschaft bekunden, Stellungnahmen, welche bis zu zwölf Wochen nach Vorlage des Gesetzgebungsvorschlages eintreffen, zu behandeln. Ebenso könnte eine Vereinbarung getroffen werden, wonach die Kommission die Frist verlängert, sobald eine bestimmte Mindestanzahl nationaler Stellungnahmen eingetroffen ist.

4.2 Vorrang für Richtlinien vor Verordnungen

Mit dem Ziel, bestmögliche Grundlagen für die Einhaltung des Subsidiaritäts- und Verhältnismäßigkeitsgebots zu schaffen und Überregulierung zu vermeiden, sollte ein grundsätzlicher Vorrang für die Verabschiedung von Richtlinien vor Verordnungen verankert werden.

Das Protokoll über die Anwendung der Grundsätze der Subsidiarität und der Verhältnismäßigkeit zum Vertrag von Amsterdam enthielt noch die Verpflichtung zur Wahl der am wenigsten in nationales Recht eingreifenden Form („einfachste Form") einer Maßnahme. Diese ist mit dem Vertrag von Lissabon aus dem aktuellen Protokoll Nr. 2 weggefallen, da der Vertrag von Lissabon in den einzelnen Politikbereichen bereits relativ genau festlegt, welche Form (Richtlinie oder Verordnung) ein Rechtsakt haben darf. In jenen Bereichen, die dem Unionsgesetzgeber Wahlfreiheit über die Form lassen, wäre allerdings im Sinne der Verhältnismäßigkeit und der Subsidiarität ein Vorrang von Richtlinien gegenüber Verordnungen zielführend.

Die Tendenz weist jedoch deutlich in die andere Richtung. Im Jahr 2017 wurden 249 Verordnungen gegenüber nur 26 Richtlinien erlassen.[2] Im Jahr 2000 hatten wir nur 16 Verordnungen bei 34 Richtlinien. Das meistdiskutierte Beispiel war die Datenschutzgrundverordnung, die die vorausgegangene Richtlinie (Datenschutzrichtlinie) ersetzt hat.

4.3 Grüne Karte

Eine „Grüne Karte" zur Erweiterung des politischen Dialogs (ohne Vertragsänderungen, sondern nur auf Basis einer politischen Vereinbarung) sollte eingeführt werden. Dabei soll ein Parlament (rechtlich unverbindlich) vorschlagen können, dass neue EU-Gesetzgebung initiiert oder bestehende geändert wird. Dies ist zwar bereits möglich, jedoch treten zurzeit nationale Parlamente nur einzeln mit den EU-Institutionen in Kontakt.

Nationale Parlamente sollen künftig die Möglichkeit haben, innerhalb von sechs Monaten ihre Unterstützung zum Vorschlag eines Parlaments zu erklären. Jedes Parlament soll über zwei Stimmen verfügen, ab einem Viertel aller Stimmen soll die Initiative als Grüne Karte gelten und ein gemeinsames Schreiben aller unterstützenden Parlamente an die EU-Kommission ergehen.

Bisher gab es vier derartige Initiativen von Parlamenten. Nur die Initiative gegen „Verschwendung von Lebensmitteln" (House of Lords, UK) wurde von der EU-Kommission im Paket zur Kreislaufwirtschaft aufgegriffen, allerdings ohne klare Bezugnahme auf diese Initiative.

4.4 Restriktiverer Einsatz von delegierten Rechtsakten

Die steigende Anzahl von delegierten Rechtsakten ist ein Beispiel für eine Kompetenzerosion zu Ungunsten der Mitgliedstaaten und Regionen. Es erfolgte eine Steigerung der Anzahl delegierter Rechtsakte von 38 im Jahr 2012 und 56 im Jahr 2013 auf zuletzt 132 im Jahr 2017. Delegierte Rechtsakte beruhen auf einer Basisgesetzgebung von Rat und Parlament und räumen der Kommission Rechte von faktisch gesetzgeberischer Art ein. Mitgestaltungsmöglichkeiten der Mitgliedstaaten existieren kaum mehr.

Durch die Häufung von EU-Rechtsakten, in denen vorgesehen ist, dass Regelungen im Rahmen von delegierten Rechtsakten bzw Durchführungsakten weiterverfolgt werden sollen, werden Kompetenzen in erheblicher Anzahl an die Kommission delegiert. Ein restriktiverer Einsatz wäre dringend notwendig.

---

[2] https://eur-lex.europa.eu/statistics/legal-acts/2017/legislative-acts-statistics-by-type-of-act.html.

Derartige Umsetzungsrechtsakte geben der Kommission umfassende Rechte. So greift die Kommission durch Umsetzungsrechtsakte beispielsweise auf Basis der EURES-Verordnung (VO 2016/589 vom 13.4.2016) weitreichend in den nationalen Arbeitsmarkt ein. Darüber hinaus werden den Mitgliedstaaten nahezu überbordende Berichtspflichten auferlegt („Performance Measurement System"), denen kein ersichtlicher Mehrwert gegenüber steht.

4.5 Aufnahme einer Definition von Subsidiarität in die Interinstitutionelle Vereinbarung über bessere Rechtsetzung (IIV)

Alternativ zu einer Anpassung des Protokolls Nr 2 könnte eine klare Definition von Subsidiarität und Verhältnismäßigkeit (unter Nutzung des Texts des Protokolls (Nr 30) über die Anwendung der Grundsätze der Subsidiarität und der Verhältnismäßigkeit zum Vertrag von Amsterdam 1997) in die IIV über bessere Rechtssetzung aufgenommen werden.

Verabschiedung eines „Subsidiaritätspaktes"

Die IIV soll um eine Bestimmung über einen Subsidiaritätspakt zwischen den drei Legislativorganen ergänzt werden. Diese soll sicherstellen, dass die Kommission ihre Vorschläge auf jene Initiativen beschränkt, welche vorab im Arbeitsprogramm der EK vereinbart worden sind. Weiters soll die Kommission künftig im Falle des Nicht-Vorliegens einer entsprechenden Rechtsgrundlage von der Veröffentlichung nicht-verbindlicher Empfehlungen und Mitteilungen zu dem jeweiligen Sachgebiet Abstand nehmen.

Eine umfassende Darstellung der österreichischen Aktivitäten ist in der Reihe „AIES-Studies" – „Die EU und die Mitgliedstaaten. Subsidiarität. Proportionalität. Weniger, aber effizienteres Handeln." unter https://www.aies.at/download/2018/AIES-Studie-2018-07.pdf abrufbar.

5 Der Endbericht der Task Force

5.1 Von Österreich eingebrachte Punkte, die sich im Endbericht wiederfinden:

- Verlängerung der Frist für die Subsidiaritätsprüfung durch die nationalen Parlamente von acht auf zwölf Wochen. Die dafür nötige Vertragsänderung sollte bei nächster Gelegenheit erfolgen. Zusätzlich soll die Kommission bereits jetzt die Achtwochenfrist flexibler handhaben. Der Umgang der Kommission mit Stellungnahmen der nationalen Parlamente und der Regionalparlamente soll verbessert werden (Empfehlungen 2 und 3).

311

- Bessere Einbindung und Sichtbarkeit der regionalen und lokalen Ebene durch Verbesserungen bei Folgenabschätzungen, Konsultationen und im Gesetzgebungsverfahren (Empfehlungen 4 und 5).
- Identifikation von Bereichen, die im Hinblick auf Subsidiarität und Verhältnismäßigkeit problematisch sind: Die Task Force konnte im Ergebnis zwar keinen Konsens zu den österreichischen Vorschlägen zur Rückverlagerung von Kompetenzen (zB Kohäsionspolitik, Boden- und Naturschutz) erzielen, es soll jedoch ein Mechanismus zur Identifikation und Evaluierung von Gesetzgebung im Hinblick auf Subsidiarität und Verhältnismäßigkeit von der Kommission entwickelt werden (Empfehlung 8).
- Delegierte Akte und Durchführungsrechtsakte: Empfehlung an Rat, Parlament und Kommission zu einem zurückhaltenderen Einsatz dieser Instrumente, die nicht unter die Subsidiaritätskontrolle durch die nationalen Parlamente fallen (Empfehlung 9).
- Effektive Umsetzung bestehender Regelungen soll in bestimmten Politikbereichen Vorrang haben vor der Schaffung neuer Regelungen (Empfehlung 9).

5.2 Eingebrachte Vorschläge, für die im Endbericht kein Konsens erzielt werden konnte:

- Absenkung des Quorums der Stimmen der nationalen Parlamente im Subsidiaritätskontrollverfahren für die „Gelbe Karte" von einem Drittel auf ein Viertel, jenes für die „Orange Karte" von der einfachen Mehrheit auf ein Drittel.
- „Späte Karte" – Die Einführung einer „Späten Karte" würde den nationalen Parlamenten das Recht zugestehen, Entwürfe für Rechtsakte am Ende der Verhandlungen zwischen der Kommission, dem EP und dem Rat einer zweiten Subsidiaritätsprüfung zu unterziehen.
- „Grüne Karte" für die nationalen Parlamente zur Erweiterung des politischen Dialogs mit dem Ziel, dass neue EU-Gesetzgebung initiiert oder bestehende geändert wird.
- Vorrang für Richtlinien vor Verordnungen.
- Durchgehende Durchsetzung des Grundsatzes "one in, one out": Ein neuer Vorschlag der Kommission nur dann, wenn sie gleichzeitig einen Vorschlag für die Aufhebung einer EU-Vorschrift macht.
- Die Verabschiedung eines Subsidiaritätspaktes und eine rechtlich verbindliche Definition von Subsidiarität

Der gesamte Report der Task Force "Active Subsidiarity – A new way of working" ist unter https://ec.europa.eu/info/sitesinfo/files/report-task-force-subsidiarity-proportionality-and-doing-less-more-efficien-tly_de_0.pdf abrufbar.

6 Das Subsidiaritätspaket der letzten EU-Kommission

Am 23.10.2018 stellte die EU-Kommission auf Grundlage der Arbeit der Task Force ein Subsidiaritätspaket vor, das das Subsidiaritätsprinzip stärken soll.

Im Gegensatz zum Bericht des Europäischen Parlaments zum Stand der Debatte über die Zukunft Europas, in dem die Arbeit der Task Force nur zur Kenntnis genommen wird, begrüßt Kommissionspräsident Jean-Claude Juncker die Schlussfolgerungen der Task Force ausdrücklich.

Die Kommission legt darin einen Fahrplan vor, wie die Grundsätze der Subsidiarität und der Verhältnismäßigkeit in ihre künftige Arbeit einfließen sollen und wie sie bei der Gestaltung der EU-Politik noch stärker berücksichtigt werden können. Die Kommission wird unter anderem den, von der Task Force vorgeschlagenen, Subsidiaritätsraster in all ihren Folgenabschätzungen und Begründungen einbeziehen. Bei diesem Raster handelt es sich um ein Instrument zur strukturierten Analyse der Grundsätze der Subsidiarität und der Verhältnismäßigkeit.

Zudem wird die Kommission es den nationalen Parlamenten erleichtern, die Fristen für die Übermittlung ihrer Stellungnahmen zu Entwürfen von Vorschlägen einzuhalten, und sie wird prüfen, wie die Standpunkte der lokalen und regionalen Behörden im Zuge ihrer öffentlichen Konsultationen besser eingeholt und erfasst werden können.

Darüber hinaus soll die REFIT-Plattform zur Bewertung des Verwaltungsaufwands geltender EU-Rechtsvorschriften umgestaltet werden, um die Präsenz lokaler und regionaler Behörden zu erhöhen; die derzeitige Schwerpunktsetzung der Plattform auf Fragen des Verwaltungsaufwands soll zudem um die Bereiche Subsidiarität und Verhältnismäßigkeit erweitert werden.

Weitere Informationen sind unter: https://ec.europa.eu/info/publications/com munication-principles-subsidirity-and-proportionality-strengthening-their-role-eu-policymaking_en abrufbar.

7 Bregenz-Konferenz „Subsidiarität als Bauprinzip der EU"

Im Regierungsprogramm 2020-24 „Aus Verantwortung für Österreich" hat die ÖVP-Grüne Bundesregierung im Kapitel „Österreich in Europa und der Welt" unmissverständlich festgehalten, dass Europa Veränderung braucht:

„Einen neuen Vertrag für Europa, der dem Grundprinzip der Subsidiarität Rechnung trägt. Die von Kommissionspräsidentin Ursula Von der Leyen geplante ‚Konferenz zur Zukunft Europas' soll auf diesem Weg eine wichtige Rolle spielen und die EU als starke Akteurin weiterentwickeln."

Schon die vorige ÖVP-FPÖ Bundesregierung hatte am 15./16.11.2018 in Bregenz im Rahmen des österreichischen Ratsvorsitzes die Konferenz „Subsidiarität als Bauprinzip der Europäischen Union" ausgerichtet und dabei die Bregenzer Erklärung verabschiedet, die auf die Arbeit der durch die Europäische Kommission initiierte Task Force für Subsidiarität, Proportionalität und „Weniger, aber effizienteres Handeln" aufgebaut war.

Die Erklärung[3] anlässlich der Konferenz von Bregenz sieht die Subsidiarität eng verknüpft mit dem Ziel, eine bürgernähere Union anzustreben. Die effektive Umsetzung und Evaluierung von Rechtsrahmen sollte Vorrang vor neuen Regelungen haben.

Die Erklärung folgt auch den Empfehlungen der Task Force, mögliche Vereinfachungen und eine Reduzierung der Regelungsdichte anzustreben und einen neuen Mechanismus zur Evaluierung bestehender Gesetzgebung einzurichten. Es wird die Möglichkeit in Erwägung gezogen, den Prüfraster im Gesetzgebungsverfahren, der von der Task Force vorgeschlagen wurde, in die interinstitutionelle Vereinbarung über bessere Rechtssetzung einzubeziehen.

Delegierte Rechtsakte und Durchführungsrechtsakte zurückhaltend zu verwenden, wird ebenso begrüßt wie Maßnahmen zugunsten verbesserter Mitwirkungsmöglichkeiten nationaler Parlamente und der Einbindung der regionalen und lokalen Ebene.

8 Konferenz zur Zukunft Europas

Die von Kommissionspräsidentin Ursula von der Leyen anlässlich ihrer Bewerbungsrede im Juli 2019 vorgeschlagene und für den 9.5.2020 geplante Eröffnung der „Konferenz zur Zukunft Europas" musste coronabedingt auf den 9.5. 2021 verschoben werden und soll nun in Straßburg stattfinden. Ziel der Konferenz ist es, die demokratische Legitimität, die Funktionsfähigkeit des europäischen Projekts und die Unterstützung der europäischen Bürgerinnen und Bürger aufrecht zu erhalten.

---

[3] https://www.eu2018.at/de/calendar-events/political-events/BKA-2018-11-16-Subsidiarity-Conf..html.

„Mehr Demokratie zu wagen hieß für die Gemeinschaft deshalb vor allem, die Rolle der nationalen Parlamente in der Europapolitik zu verstärken und sie zu Partnern des Europäischen Parlaments zu machen.",

hält der renommierte deutsche Historiker Heinrich August Winkler in seinem Werk *Werte und Mächte: Eine Geschichte der westlichen Welt* richtigerweise fest.

Von einer stärkeren Rolle der nationalen Parlamente und somit gelebter Subsidiarität und Bürgernähe hat man bei der Konzeption der Zukunftskonferenz allerdings Abstand genommen. Während vorgesehen ist, dass das Europaparlament, der Präsident des Rates und die Kommissionspräsidentin eine gemeinsame Obmannschaft ausüben, hat man den nationalstaatlichen Parlamenten hier einen Beobachterstatus eingeräumt, dem Ausschuss der Regionen kann ein solcher gegeben werden.

Und auch wenn die Beteiligung von Bürgerinnen und Bürgern ein wichtiger Aspekt der Zukunftskonferenz darstellen soll, so kann er die Bedeutung der repräsentativen Demokratie und eine tragende Rolle der nationalen und regionalen Parlamente in Europa als jene die Interessen der Bürgerinnen und Bürger legitim vertretenen Institutionen nicht ersetzen.

Im Gründungsdokument wird bei den Zielen der Konferenz am Schluss die „Anwendung von Subsidiarität" zwar erwähnt, ihr kommt aber keine Priorität mehr zu. Die fünf vorher im Dokument angeführten Schlüsselthemen der Zukunftskonferenz klammern die zentrale Frage der Zusammenarbeit der Mitgliedstaaten mit den europäischen Institutionen und somit die künftige Praxis des Subsidiaritätsprinzips in diesem Zusammenwirken aus.

Hier hätte man auf die Arbeit der Task Force Subsidiarität, Proportionalität und „Weniger, aber effizienteres Handeln", die 2018 ihre Ergebnisse vorgelegt hat, aufbauen können, um dem nachlassenden Engagement der nationalen Parlamente bei Subsidiaritätsprüfungen entgegenzutreten.

9 Conclusio

Neben Solidarität ist Subsidiarität von entscheidender Bedeutung, um die Zusammenarbeit der Europäischen Union mit den Nationalstaaten bestmöglich auszugestalten.

Mehr Zentralismus wird das Misstrauen gegenüber den Brüsseler Zentralstellen, das bei vielen EU-Bürgerinnen und Bürgern zuletzt gewachsen ist, sicherlich verstärken. Gelebte Subsidiarität brächte mehr Bürgernähe und Vertrauen für die „Europäische Union", zu der es für den „alten Kontinent" keine Alternative gibt.

Subsidiarität heißt nicht Renationalisierung, es ist eine Absage an den europäischen Superstaat und ein Leitprinzip für ein „Europa der Bürger".

Subsidiarität bedeutet weniger Europa, wo Maßnahmen auf EU-Ebene keinen Mehrwert bringen und mehr Europa, wo wir nur mit überstaatlichen Lösungen große Herausforderungen bewältigen können. Die COVID-19-Pandemie hätte einen solchen gemeinsamen europäischen Kraftakt gebraucht. Im Sinne des Art 5, Abs 3 EUV hätte es seitens der Kommission eine raschere und stärkere Koordination der nationalstaatlichen Maßnahmen geben müssen.

Verwendete Materialien

Dem Beitrag liegt eine Arbeit zugrunde, die 2019 im „Österreichischen Jahrbuch für Politik 2018" unter dem Titel „Subsidiarität – ein Grundprinzip der EU, Anspruch und Wirklichkeit im Gleichklang?" veröffentlicht wurde.

1) Erklärung der Landeshauptleute: EU-Zukunftsszenario der österreichischen Länder, Beschluss der Landeshauptleutekonferenz, 10.11.2017.

2) Stellungnahme des Niederösterreichischen Landtags zum „Weißbuch zur Zukunft Europas", 16.11.2017.

3) Mitteilung des EU-Ausschusses des Bundesrates betreffend Weißbuch zur Zukunft Europas/Die EU der 27 im Jahr 2025 – Überlegungen und Szenarien, 21.11.2017.

4) Brüsseler Erklärung der Präsidentinnen und Präsidenten der deutschen und österreichischen Landesparlamente und des Südtiroler Landtags unter Beteiligung des Parlaments der Deutschsprachigen Gemeinschaft Belgiens anlässlich der 2. Europa-Konferenz in Brüssel zum durch das Weiß-buch angestoßenen Prozess zur Zukunft Europas, 26./27.11. 2017.

5) Empfehlungen der Wirtschaftskammer Österreich für die Task-Force Subsidiarität, Verhältnismäßigkeit und „Weniger, aber effizienteres Handeln", 18.1.2018.

6) Schreiben des Präsidenten des Oberösterreichischen Landtages, 5.2.2018.

7) Stellungnahme des Österreichischen Städtebundes, 7.2.2018.

8) Stellungnahme der Landwirtschaftskammer Österreich, 13.2.2018.

9) Stellungnahme des Österreichischen Gemeindebundes, 16.2.2018.

10) Stellungnahme des Amtes der Vorarlberger Landesregierung, 16.2.2018.

11) Stellungnahme des Amtes der Kärntner Landesregierung, 19.2.2018.

12) Stellungnahme der Ärztekammer, 3.5.2018.

13) „Europäisierung" der nationalen Parlamente in den Mitgliedstaaten der Europäischen Union: Erfahrungen und bewährte Verfahren; Studie für die Fraktion Die Grünen/EFA des Europäischen Parlaments, Juni 2018.

14) AIES Studies Nr. 7, „Die Europäische Union und die Mitgliedstaaten. Subsidiarität. Proportionalität. Weniger, aber effizienteres Handeln.", Juli 2018.

15) Bericht der Task Force „Subsidiarität, Proportionalität und weniger, aber effizienteres Handeln", 10.7.2018.

16) Subsidiaritätspaket der EU-Kommission, 23.10.2018.

17) Erklärung der Bregenz-Konferenz „Subsidiarität als Bauprinzip der EU", 16.11.2018.

18) *Winkler*, Werte und Mächte: Eine Geschichte der westlichen Welt, 2019.

19) Regierungsprogramm 2020-2024 „Aus Verantwortung für Österreich", 2.1.2020.

20) Europäische Kommission, Jahresbericht 2019 über die Anwendung der Grundsätze der Subsidiarität und der Verhältnismäßigkeit und die Beziehungen zu den nationalen Parlamenten, Juli 2020.

21) Rat der Europäischen Union, Mitteilung zur „Konferenz zur Zukunft Europas", 3.2.2021.

Heinrich NEISSER*

Solidarität in einem sozialen Europa

Die deutsche Bundeskanzlerin Angela Merkel hat bei der Präsentation des Programmes der Deutschen Ratspräsidentschaft am 8.7.2020 vor dem Europäischen Parlament die Corona-Pandemie als die „größte Bewährungsprobe in der Geschichte der Europäischen Union" bezeichnet, die ein wirksames europäisches Verhalten zur höchsten Dringlichkeit machte.[1] Diese Diagnose der Regierungschefin des größten Mitgliedstaates in der Europäischen Union ist in der Folge mehrfach bestätigt worden. Sie wird auch in den kommenden Jahren als zentrale Herausforderung bestehen bleiben. Befürchtungen, dass die soziale Spaltung der Gesellschaft durch die Pandemie größer werden wird, nehmen zu. Menschen verlieren ihre Existenz und werden an den Rand der Gesellschaft gedrängt. Die Pandemie erzeugt einen idealen Nährboden für einen Populismus, der die Spaltungstendenzen fördert und verstärkt. Die Politik ist herausgefordert, den Menschen, die durch die Pandemie besonders gefährdet sind, eine soziale Unterstützung zu geben.

Der bedeutende österreichische Sozialwissenschaftler Emmerich Tálos hat die Corona-Pandemie als Stresstest für den Sozialstaat bezeichnet.[2] Trotz sichtbarer Schwächen in der Finanzierung und beim Leistungsniveau habe der österreichische Sozialstaat den Stresstest bestanden. Der gut ausgebaute Sozialstaat habe die Wirtschaft nicht umgebracht, sondern enorm unterstützt.[3] Dieses Lob des österreichischen Sozialstaates ist für Österreich als Mitgliedstaat der Europäischen Union erfreulich, es soll jedoch nicht die Herausforderungen verdrängen, die für die europäische Integration gegenwärtig bestehen und die die Gewährleistung des Wohlfahrtsstaates in den Mitgliedstaaten zum Gegenstand haben. Die Entwicklung zu einem sozialen Europa ist ein Topos, der mit der Dynamik des Integrationsprozesses eng verbunden ist. Es ist ein Prozess vieler kleiner Schritte, die

---

* Nach dem Studium der Rechtswissenschaften in Wien arbeitete Dr. Heinrich Neisser lange in der Bundesabteilung. Zudem war von 1975 bis 1999 Abgeordneter zum österreichischen Nationalrat. Seit 1989 ist er Honorarprofessor am Institut für Politikwissenschaft der Universität Wien; in den Jahren 1997 bis 1999 war er als Gastprofessor am Institut für Politikwissenschaft der Universität Innsbruck, von 2000 bis 2009 als Jean Monnet-Professor für Politik der europäischen Integration tätig. Seitdem ist Dr. Neisser emeritiert.

[1] Siehe Ein Plädoyer für Grundrechte in Zeiten der Pandemie, in *Wiener Zeitung* vom 9.7.2020, 4.
[2] Siehe *Tálos/Obinger*, Sozialstaat Österreich (1945-2020): Entwicklung – Maßnahmen – Internationale Verortung, 2020.
[3] Siehe das Interview von Tálos in der *Wiener Zeitung* vom 27.10.2020, 5: „Stresstest bestanden".

allerdings zu einer bemerkenswerten Ausweitung der sozialen Dimension im Unionsgebäude führten.[4]

Die Bekämpfung der Pandemie hat den Druck auf wirtschaftspolitisches, aber auch sozialpolitisches Handeln nicht nur in den Mitgliedstaaten verstärkt. Der EU-Sozialkommissar Nicolas Schmit, ein Sozialdemokrat aus Luxemburg, verlangt europäische Maßnahmen gegen Arbeitslosigkeit und Rezession.[5] Es sei eine Herausforderung für die Politik, den Menschen, die durch die Pandemie besonders gefährdet sind, beizustehen und eine soziale Unterstützung zu geben. Man müsse durch eine gezielte Beschäftigungspolitik gegensteuern und gezielt und massiv investieren, um aus der Krise wieder herauszukommen.

Solche Ankündigungen sollen nicht überbewertet werden. Die Europäische Union hat schon viel angekündigt, das meiste aber blieb beim Versprechen. Dennoch sind solche Wortmeldungen ein Indiz dafür, dass auf der Ebene der Europäischen Union in Zukunft Versuche unternommen werden, um die soziale Dimension des europäischen Einigungsprozesses zu vertiefen. Damit knüpft man an die traditionellen Bezugspunkte an, von denen aus der Diskurs über den Wohlfahrtsstaat im europäischen Einigungsprozess mehrfach stattfand. Sie betrafen Formen der staatlichen Intervention, deren Zweck vor allem die Vorsorge für Lebensrisiken und die Kompensation von durch den Markt erzeugten Ungleichheiten ist. Es handelt sich dabei um Institutionen (etwa zur Absicherung gegen Lebensrisiken wie Krankheit, Arbeitslosigkeit, Alter und Armut) und staatliche Programme (etwa in den Bildungsinstitutionen).

Die Entwicklung des Sozialstaates in Europa erfolgte in engem Zusammenhang mit der Herausbildung von Nationalstaaten. Die Ausprägung ist in den einzelnen Staaten unterschiedlich, doch gibt es Ähnlichkeiten und gemeinsame Strukturen, aus denen man ein europäisches Sozialmodell ableiten kann.

1 Das europäische Sozialmodell

Steffen Mau und Roland Verwiebe haben in ihrer tiefgehenden Analyse über die „Sozialstruktur Europas" die Merkmale des europäischen Sozialmodells analysiert.[6] Trotz größerer Unterschiede zwischen den europäischen Sozialstaaten gibt

---

[4] Eine illustrative und detaillierte Übersicht im Besonderen über die Entwicklung der Kompetenzen im europäischen Einigungsprozess gibt *Egger* in seinem Beitrag „Sozial- und Arbeitsmarktpolitik" in Röttinger/Weyringer (Hg), Handbuch der europäischen Integration. Strategie – Struktur – Politik der Europäischen Union, [2]1996, 755–800.

[5] Interview in den *Salzburger Nachrichten* am 18.11.2020, 11: „Wir brauchen mehr Gerechtigkeit".

[6] *Mau/Verwiebe*, Die Sozialstruktur Europas, 2009, 43 ff.

es grundsätzliche Ähnlichkeiten zwischen den Systemen der Daseinsvorsorge. Die wesentlichen Merkmale sind folgende:[7]

a) Das Sozialmodell gründet auf der Verantwortung des Staates. Dieser stellt öffentliche Güter bereit und gewährleistet eine umfassende Risikovorsorge. Die wichtigsten Bereiche der Risikoabsicherung betreffen Alter, Krankheit, Invalidität, Arbeitslosigkeit sowie in einigen Ländern Pflege und Pflichtversicherungen.

b) Umverteilung: Sie betrifft steuerpolitische und wohlfahrtsstaatliche Maßnahmen zur Verringerung von Einkommensungleichheiten.

c) Regelung der Arbeitsbeziehungen durch ein umfangreiches kodifiziertes Arbeitsrecht, geregelte Verhandlungsprozesse zur Beilegung sozialer Konflikte mit starken Interessensverbänden.

d) Einbeziehungen aller Bürger, Mindestversorgung für jeden Bürger mit einklagbarem Anspruch auf staatliche Leistungen.

e) Kollektive Finanzierung durch Steuermittel oder Beiträge zu den Sozialversicherungen.

f) Wohlfahrtstätigkeit durch zentrale staatliche Institutionen, nichtstaatliche Formen der sozialen Sicherung (Nachbarschaft, Region, Familie, religiöse Gemeinschaften), nachgeordnet oder ergänzend.

g) Die sozialstaatliche Tätigkeit gründet auf einer Wertebasis, die als normativer Maßstab fungiert. Die zentralen Werte sind dabei ausgleichende Gerechtigkeit, umfassende gesellschaftliche Teilhabe, Solidarität.

Dieses skizzierte europäische Sozialmodell kann als Erklärungsversuch des Wohlfahrtsstaates und aller Formen der staatlichen Interventionen verstanden werden, deren Zweck die Vorsorge von Lebensrisiken und die Kompensation von durch den Markt erzeugten Ungleichheiten ist. Es bezieht sich auf den nationalstaatlich geprägten Sozialstaat, kann aber auch als Ansatzpunkt für die Untersuchung und Analysen von jenen Fragen und Bereichen verstanden werden, die im Rahmen des Prozesses der europäischen Integration zum Gegenstand einer Harmonisierung zwischen den Mitgliedstaaten bzw einer Europäisierung von Politikfeldern gemacht werden sollen. Es handelt sich allerdings dabei um ein Bestreben, das auch in Zukunft auf Widerstand stoßen wird. Der Sozialstaat wird in Europa in einem besonderen Souveränitätszusammenhang gesehen.[8] Sozialpoliti-

---

[7] *Mau/Verwiebe*, Die Sozialstruktur Europas, 2009, 48.
[8] *Neisser*, Plädoyer für eine europäische Sozialunion, in Weiss/Liebhart (Hg), Spuren des Widerständigen. Forschung für Emanzipation und Demokratie, Festschrift für Erika Thurner, 2018, 97–110.

sche Errungenschaften können durch den nationalen Staat am wirksamsten gewährleistet werden. Sozialpolitik müsse daher auch weiter eine Aufgabe der Mitgliedstaaten bleiben. Daraus ergibt sich ein eigenartiges Verhältnis zwischen der sozialpolitischen Kompetenz der Mitgliedstaaten und den Befugnissen der Union im Rahmen ihrer „sozialen Dimension".

2 Die Sozialpolitik als Gemeinschaftsaufgabe

Sozialpolitische Aktivitäten betreffen meist Querschnittsbereiche, die verschiedenen Politikfeldern zugeordnet werden (Bildungs-, Beschäftigungs-, Finanzpolitik ua). Zur Wirtschaftspolitik hat die Sozialpolitik einen engen Zusammenhang.[9] Sowohl im Primärrecht als auch im Sekundärrecht (Verordnungen, Richtlinien) ist die Entstehung von Normen vor dem Hintergrund zwischen der Errichtung des Binnenmarktes und der Entwicklung des sozialen Gleichgewichtes zu sehen.[10] Sozialpolitische Maßnahmen erfolgen aus konkreten Anlässen, manchmal ohne systematischen Bezug und eher kasuistisch.[11] Die Sozialpolitik blieb „als grundsätzliche Angelegenheit" bei den Mitgliedstaaten. Eine besondere Funktion hatten die Strukturfonds, deren Programme durch den 1960 gegründeten europäischen Sozialfonds gefördert wurden. Eine Signalwirkung hatte die Beschlussfassung der „Gemeinschaftscharta der sozialen Grundrechte der Arbeitnehmer" im Jahr 1989.

Einen wesentlicher Schritt nach vorwärts bildete der am 7.2.1992 unterzeichnete Vertrag von Maastricht. Wohl scheiterte der Versuch, die Sozialpolitik in den Vertrag als Politikbereich der Gemeinschaft aufzunehmen, am Widerstand des Vereinigten Königreiches; doch einigten sich die damals elf Mitgliedstaaten über ein „Protokoll der Sozialpolitik", dem sie ein „Abkommen über die Sozialpolitik mit Ausnahme des Vereinigten Königreiches Großbritanniens und Nordirland" anschlossen. Durch den am 1.5.1999 in Kraft getretenen Vertrag von Amsterdam wurde dieses Abkommen in den Unionsvertrag übernommen und in den folgenden Verträgen (zB von Nizza) erweitert.

Änderungen in den Kompetenzverteilungsregeln der Europäischen Union erfolgten durch den am 1.12.2009 in Kraft getretenen Vertrag von Lissabon. Darin wurde die Sozialpolitik dem Typus der geteilten Zuständigkeiten zugeordnet.[12] Er

---

[9] *Neisser*, Plädoyer für eine europäische Sozialunion, in Weiss/Liebhart (Hg), Spuren des Widerständigen. Forschung für Emanzipation und Demokratie, Festschrift für Erika Thurner, 2018, 97.
[10] *Bieber/Epiney/Haag*, Die Europäische Union. Europarecht und Politik, 2005⁶, 489.
[11] *Egger*, Sozial- und Arbeitsmarktpolitik in Röttinger/Weyringer (Hg), Handbuch der europäischen Integration. Strategie – Struktur – Politik der Europäischen Union, ²1996, 755–800.
[12] Nach Art 2 Abs 2 AEUV können bei geteilter Zuständigkeit die Union und die Mitgliedstaaten in diesen Bereichen gesetzgeberisch tätig werden und verbindliche Rechtsakte erlassen. Die Mitgliedstaaten nehmen ihre Zuständigkeit wahr, soferne und soweit die Union ihre Zuständigkeit nicht ausgeübt hat.

betrifft allerdings nur die im „AEUV" (Vertrag über die Arbeitsweise der Europäischen Union) genannten Aspekte.[13] Eine weitere Begrenzung der Unionszuständigkeit liegt darin, dass die Union gegenüber den Mitgliedstaaten zur Verwirklichung der Ziele die Tätigkeit der Mitgliedstaaten „unterstützt und ergänzt". Dies betrifft beispielsweise die Arbeitsbedingungen, den sozialen Schutz und die soziale Sicherheit der ArbeitnehmerInnen, die Unterrichtung von ArbeitnehmerInnen, deren Vertretung und kollektive Wahrnehmung, die Chancengleichheit von Männern und Frauen auf dem Arbeitsmarkt, die Gleichbehandlung am Arbeitsplatz sowie die Bekämpfung der sozialen Ausgrenzung.

Besonders hervorgehoben wird die Rolle der Sozialpartner. Die Union fördert den sozialen Dialog zwischen Sozialpartnern auf Unionsebene, der auch zum Abschluss von Vereinbarungen führen kann.

Die Kommission ist verpflichtet, die Zusammenarbeit der Mitgliedstaaten zu fördern (zB der Arbeitsbedingungen, berufliche Ausbildung, soziale Sicherheit und Gesundheitsschutz bei der Arbeit). Sie hat jährlich einen Bericht über die Verwirklichung der Vertragsziele zu erstellen und diese dem Europäischen Parlament, dem Rat und dem Wirtschafts- und Sozialausschuss vorzulegen. Die Union kann Initiativen zur Koordinierung der Sozialpolitik der Mitgliedstaaten ergreifen.[14]

Im Gesamten gesehen kann man feststellen, dass die sozialpolitischen Gestaltungsmöglichkeiten in der Union begrenzt sind. Sie betreffen nur die im Vertrag ausführlich genannten Angelegenheiten. Die Union hat lediglich eine unterstützende und ergänzende Funktion. Sozialpolitik bleibt ihrem Wesen nach eine Zuständigkeit der Mitgliedstaaten. Die Europäische Union lässt daher bestenfalls in Ansätzen das Bild einer Sozialunion erkennen.[15]

3 Ein Weg zur Sozialunion – die Europäische Säule sozialer Rechte (ESSR)

Es verdient Aufmerksamkeit, dass trotz vieler erfolgloser Bemühungen um eine Verstärkung der sozialen Dimension der Europäischen Union auch immer wieder Versuche stattfinden, diesem Ziel eine Bedeutung und Impulse für ein Weiterschreiten zu geben. Die Europäische Kommission erweist sich auch hier phasenweise als Motor der Integration.

---

[13] Art 4 Abs 2 Z 4 AEUV lautet: „Sozialpolitik hinsichtlich der in diesem Vertrag genannten Aspekte." (Siehe Paragraph 209-261 AEUV).
[14] Art 5 Abs 3 AEUV.
[15] *Neisser*, Plädoyer für eine europäische Sozialunion, in Weiss/Liebhart (Hg), Spuren des Widerständigen. Forschung für Emanzipation und Demokratie, Festschrift für Erika Thurner, 2018, 106.

Vor nicht allzu langer Zeit hat sie mit der Semantik der Architektur eine „Europäische Säule sozialer Rechte" (ESSR) zur Diskussion gestellt, die am 17.11.2017 als interinstitutionelle Proklamation des Rates, des Europäischen Parlaments und der Europäischen Kommission in Göteborg verabschiedet wurde und die soziale Dimension im europäischen Integrationsprozess wieder in das Blickfeld der europäischen Politik rückt. Dieses Dokument soll eine neue Säule, ein neues Kapitel für ein faires Europa begründen.[16]

In 20 Grundsätzen – sie betreffen moderne Sozialsysteme, das Recht auf Mindestlohn und Gesundheitsversorgung, Work-Live-Balance – werden Probleme thematisiert. Dieser „Kompass für mehr Kompetenz" ist der Beginn eines neuen Politikfeldes. Er enthält keine Gesetzesvorschläge (ausgenommen Elternkarenz) und wurde deshalb als „Katalog von wirkungslosen Rechten" kritisiert: Es brauche vielmehr Regeln gegen die Ausbeutung von Jugendlichen, eine Richtlinie für branchenwürdige Arbeitsbedingungen, für Mindestlöhne und eine europäische Arbeitslosenversicherung.

Ein Vergleich der Sozialstaatlichkeit in der EU erhelle Unterschiede in der Armutsbekämpfung und bei den Arbeitseinkommen. Die Wirtschaft braucht Fachkräfte, eine bessere Vereinbarkeit von Beruf und Familie sei notwendig, das Arbeitsmarktpotential der Frauen müsse benützt werden, eine Ausweitung der Elternrechte sei sinnvoll. Trotz mancher Kritik macht die ESSR im Besonderen das Spannungsfeld zwischen Wirtschafts- und Sozialpolitik sichtbar. In der Europäischen Union klafft der sozialpolitische Spielraum zwischen „Kernländern" und „Peripherieländern" auseinander: Wirtschaftswachstum und Lebensstandards entwickeln sich in unterschiedlicher Geschwindigkeit. Die regionalen Unterschiede werden größer. Die angebotsorientierte Wirtschaftstheorie bewirke keinen effektiven Aufholprozess. Positiven Wachstumsraten und niedriger Staatsverschuldung werde alles untergeordnet. Die Unterordnung sozialer Ziele unter die wirtschaftlichen Ziele führt zu einer Divergenz der Regionen und zu wachsenden Ungleichheiten. Die ESSR könne doch zu einer Verschiebung der wirtschaftspolitischen angebotsorientierten Hegemonie in der Europäischen Union führen.[17]

4 Soziale Grundrechte als "driving force"

Die Debatte über die Menschenrechte ist zu einem zentralen Thema der menschlichen Zivilisation geworden. Seit dem Ende des Zweiten Weltkrieges ist der

---

[16] *Neisser*, Plädoyer für eine europäische Sozialunion, in Weiss/Liebhart (Hg), Spuren des Widerständigen. Forschung für Emanzipation und Demokratie, Festschrift für Erika Thurner, 2018, 108 ff.
[17] Näheres zu dieser Argumentation siehe bei Koutny, Ein erster Schritt zu einer sozialen EU. Die europäische Säule sozialer Rechte, in RI (Renner Institut) – *Politik aktuell* 1 (2020), 1–7.

Schutz der Menschenrechte ein herausragender Topos in den internationalen Organisationen. Der Inhalt der Menschenrechte wurde dabei erweitert. Zu den politischen Rechten kamen wirtschaftliche und soziale Rechte.[18] Im Gegensatz zu den klassischen Freiheitsrechten, die als Abwehrrechte von unzulässigen Eingriffen des Staates in die Lebenssphäre (persönliche Bewegungsfreiheit, Meinungsäußerungsfreiheit uvm) schützen, verlangen soziale Grundrechte ein Tätigwerden von staatlichen Organen, um die menschliche Existenz zu sichern und zu verbessern. Sie sind ein integratives Element des modernen Sozialstaates.[19] In Europa war der Europarat ein zukunftsweisender Akteur. Am 18.10.1961 wurde in Turin die Europäische Sozialcharta unterzeichnet, in der soziale und wirtschaftliche Rechte verankert sind (zB das Recht auf gerechte Arbeitsbedingungen, das Recht auf soziale Sicherheit und Fürsorge, das Recht auf Berufsausbildung uam) und die von den Mitgliedstaaten des Europarates ratifiziert wurde.[20] In der Formulierung der Ziele der Sozialpolitik in Art 151 AEUV wird ausdrücklich auf die Europäische Sozialcharta und die Gemeinschaftscharta der sozialen Grundrechte der Arbeitnehmer von 1989 Bezug genommen.

Die Europäische Union entschloss sich relativ spät zur Ausarbeitung einer eigenen Grundrechtsordnung. Ein eigens dafür eingesetzter Konvent erarbeitete im Jahr 2000 den Entwurf einer Grundrechtecharta, die im Dezember 2000 zunächst als politisches Dokument ohne rechtliche Verbindlichkeit verkündet wurde. Durch den Vertrag von Lissabon wurde die Charta rechtlich verbindlicher Teil des Unionsvertrages.[21]

Sie enthält unter dem Titel „Solidarität" einen eigenen Abschnitt über soziale Grundrechte (Art 27-38 der Charta). Die einzelnen Normierungen haben eine unterschiedliche rechtliche Qualität. Ein Teil ist als individuelles Recht normiert: So das Recht auf Zugang zu einem Arbeitsvermittlungsdienst (Art 29), der Schutz gegen ungerechtfertigte Entlassung (Art 30), das Recht auf angemessene und gerechte Arbeitsbedingungen (Art 31), das Verbot der Kinderarbeit und der Schutz der Jugendlichen am Arbeitsplatz (Art 33). Kollektive Rechte sind das Recht auf

---

[18] Siehe die Menschenrechtspakte der Vereinten Nationen über bürgerliche und politische Rechte sowie über die wirtschaftlichen, sozialen und kulturellen Rechte vom 19.12.1966 (UN-Menschenrechtspakte I und II).

[19] *Neisser*, Plädoyer für eine europäische Sozialunion, in Weiss/Liebhart (Hg), Spuren des Widerständigen. Forschung für Emanzipation und Demokratie, Festschrift für Erika Thurner, 2018, 103.

[20] *Öhlinger*, Die Europäische Sozialcharta, in: Hummer/Wagner (Hg), Österreich im Europarat 1956-1986. Bilanz einer 30jährigen Mitgliedschaft, 1986, 231–250.

[21] Art 6 Abs 1 des Unionsvertrages bestimmt: „Die Union erkennt die Rechte, Freiheiten und Grundsätze an, die in der Charta der Grundrechte der Europäischen Union vom 7.12.2000 in der am 12.12.2007 in Straßburg angepassten Fassung niedergelegt sind; die Charta der Grundrechte und die Verträge sind rechtlich gleichrangig."

Anhörung und Unterrichtung in Unternehmen (Art 27) und das Recht auf Kollektivverhandlungen und Kollektivmaßnahmen (Art 28). Mehrere Verankerungen haben den Charakter von Programmsätzen und Gestaltungsaufträgen, wie etwa der Schutz der Familie und des Privatlebens (Art 33) und der Zugang zu Dienstleistungen von allgemeinem wirtschaftlichem Interesse (Art 36). Allgemeine Programmsätze sind das Recht auf soziale Sicherheit und soziale Unterstützung (Art 34), der Gesundheitsschutz (Art 35), der Umweltschutz (Art 37) und der Verbraucherschutz (Art 38). In den letztgenannten drei Bereichen wird ein hohes Schutzniveau vorgeschrieben. In einigen Bestimmungen ist eine Rücksichtnahme auf die „einzelstaatlichen Vorschriften und Gepflogenheiten" explizit erwähnt, wodurch die nationalstaatlichen Besonderheiten hervorgehoben werden und auch ein Hinweis auf die sozialpolitische Kompetenz der Mitgliedstaaten gegeben ist.[22]

Die Aufnahme sozialer Grundrechte in die Grundrechtecharta der Union ist ein richtungsweisender Indikator für die zukünftige Entwicklung der sozialen Dimension in der Europäischen Union. Sie verlangt allerdings eine Implementation, vor allem der Programmsätze, die durch Normen des Sekundärrechtes umgesetzt werden müssen. Dem Europäischen Gerichtshof wird eine wichtige Funktion bei der Ausgestaltung sozialer Grundrechte und der Rechtsvorbildung zukommen. Man kann jedenfalls erwarten, dass die Umsetzung der Grundrechtecharta im Bereich der sozialen Grundrechte das Solidaritätsbewusstsein stärken wird. Soziale Rechte sind gemeinsam mit dem bürgerlichen und politischen Rechten der Grundbestand subjektiver Rechte, die auch als Leitlinien für ein Verfahren von sozialen Ansprüchen einen besonderen Beitrag zur Verantwortung der sozialen Gerechtigkeit und sozialen Sicherheit leisten. Sie bieten eine Orientierung für die Umsetzung von Konzepten, die eine Verstärkung der sozialen Dimension der Europäischen Union anstreben.

5 Reformansätze im Corona-Diskurs

5.1 Solidarität als Gemeinschaftsverpflichtung

Die Bekämpfung der Corona-Pandemie verlangt einschneidende und wirksame Strategien der einzelnen Staaten. Europa ist aber auch das Epizentrum einer Pandemie, die für die Europäische Union wahrscheinlich die dramatischste Krise innerhalb der vergangenen zwei krisenreichen Jahrzehnte ist. Man hat der Europäischen Union vorgeworfen, dass sie auf die Gesundheitskrise ungenügend vorbe-

---

[22] *Neisser*, Plädoyer für eine europäische Sozialunion, in Weiss/Liebhart (Hg), Spuren des Widerständigen. Forschung für Emanzipation und Demokratie, Festschrift für Erika Thurner, 2018, 105.

reitet war und zögernd gehandelt habe. Es fehle die notwendige Solidarität, bestimmend sind nationale Egoismen.

Der von Frankreichs Präsident Macron und der deutschen Bundeskanzlerin Merkel angeregte Rettungsplan scheint zumindest atmosphärisch die Stimmung beeinflusst zu haben. Der im Juli 2020 erzielte Konsens über einen Wiederaufbaufonds ermöglicht eine verstärkte Zusammenarbeit der verflochtenen europäischen Wirtschaft und wird als Chance für eine neue Phase im europäischen Einigungsprozess angesehen. Ob der Plan aber auch mit entsprechender Effektivität umgesetzt wird, kann heute noch nicht beurteilt werden. Ihn als Zeichen einer europäischen Solidarität zu feiern ist jedenfalls sehr euphemistisch. Das viertägige Ringen um das Budget und den Wiederaufbaufonds im Juli 2020 war ein Machtkampf und offenbarte einen neuen nationalen Egoismus. Der Kommentar des niederländischen Premierministers Mark Rutte war enthüllend: „Ich bin zufrieden über die vorliegenden Texte. Wir sind hier, damit sich jeder um sein eigenes Land kümmert."[23]

Mit diesem Pragmatismus der eigenen Interessen wird die Europäische Union nicht vorankommen. Art 3 Abs 3-lin 3 des Unionsvertrages schreibt die Solidarität als Ziel des Einigungsprozesses fest: „Sie (… die Union) fördert den wirtschaftlichen, sozialen und territorialen Zusammenhalt und die Solidarität zwischen den Mitgliedstaaten." Solidarität ist das Fundament in der europäischen Wertegemeinschaft, sie ist aber auch das prägende Prinzip der Gesellschaft in den Mitgliedstaaten und setzt nationalstaatlichen Egoismen eine Grenze. Ein gemeinsames Grundverständnis von Solidarität ist im Besonderen auch die Grundlage eines schrittweisen Weges zu einer gemeinsamen Sozialpolitik.

Die Handlungsfähigkeit der Europäischen Union muss sich auf zwei Ebenen konzentrieren. Zum Einen sind unverzügliche Entscheidungen zur Abwehr und zum Zurückdrängen der Pandemie zu treffen. Zum Anderen sind jene Schritte zu tun, die die mittelfristigen und langfristigen Auswirkungen der Pandemie korrigieren und abschwächen bzw den zu erwartenden negativen Auswirkungen entgegenwirken und neue innovative Entwicklungen initiieren. Gerade in den letztgenannten Bereichen werden die Lösungen untrennbar mit der Frage verbunden sein, ob die bestehenden Strukturen der Europäischen Union reformiert werden müssen und wie dies geschehen soll. Das bedeutet vor allem auch eine umfassende und differenzierte Erfahrungsanalyse.

Man hat manchmal den Eindruck, dass die Mitgliedstaaten der Europäischen Union erst allmählich begreifen, dass die Überwindung der Corona-Krise nur durch

---

[23] *N. N.*, EU-Gipfel, in: *Salzburger Nachrichten* vom 21.7.2020, 3.

eine gemeinschaftliche Solidarität und Anstrengung erfolgen kann. Es ist daher nicht ausreichend, wenn sich die Staats- und Regierungschefs permanent auf Gipfeltreffen begegnen, auf denen gute Vorsätze geäußert werden, Sorgen, Beteuerungen stattfinden, Forderungen aufgestellt und Arbeitsaufträge an die Kommission erteilt werden. Die UnionsbürgerInnen erwarten konkrete Ergebnisse, um ihre Befürchtungen zu reduzieren und neue Orientierungen zu gewinnen. Was sind die dringlichen Aufgaben der Europäischen Union?

5.2 Gesundheitspolitik als Schlüsselbereich

Das Gesundheitswesen ist als Politikbereich im AEUV geregelt (Art 168). Demgemäß ist bei der Festlegung und Durchführung aller Unionspolitiken und -maßnahmen ein „hohes Gesundheitsniveau" sicherzustellen. Zum „Schutz und Verbesserung der menschlichen Gesundheit" kann die Union unterstützend und ergänzend tätig sein.[24] Die konkreten Bereiche dieser ergänzenden und unterstützenden Kompetenz sind im Art 168 AEUV genannt. Sie betreffen beispielsweise Maßnahmen zur Verringerung drogenkonsumbedingter Gesundheitsschäden, die Förderung der Zusammenarbeit zwischen den Mitgliedstaaten in bestimmten Bereichen, insbesondere um die Komplementarität der Gesundheitsdienste in den Grenzgebieten zu verbessern, eine Koordination der Politiken und Programme „im Benehmen mit der Kommission"; die Förderung der Zusammenarbeit mit dritten Ländern und den für das Gesundheitswesen zuständigen internationalen Organisationen; Maßnahmen zur Festlegung hoher Qualitäts- und Sicherheitsstandards für Organe und Substanzen menschlichen Ursprungs und für Arzneimittel und Medizinprodukte, Fördermaßnahmen zum Schutz und zur Verbesserung der menschlichen Gesundheit sowie insbesondere zur Bekämpfung der weit verbreiteten schweren grenzüberschreitenden Krankheiten.

Bei der Tätigkeit der Union wird die Verantwortung der Mitgliedstaaten für die Festlegung ihrer Gesundheitspolitik sowie für die Organisation des Gesundheitswesens und die medizinische Versorgung gewahrt (Art 168 Abs 7 AEUV). Damit wird im Vertrag klargestellt, dass das Gesundheitswesen eine Angelegenheit der Mitgliedstaaten ist.

Es erscheint notwendig und sinnvoll, dass die Europäische Union im Rahmen der Reformpolitik für zukünftige Veränderungen Überlegungen anstellt, ob die derzeitigen gemeinschaftlichen Regeln für das Gesundheitswesen den Anforderungen einer Pandemiepolitik entsprechen. Änderungsüberlegungen müssen auf den

---

[24] Art 6 AEUV bestimmt Folgendes: „Die Union ist für die Durchführung von Maßnahmen zur Unterstützung, Koordinierung oder Ergänzung der Maßnahmen der Mitgliedstaaten zuständig. Diese Maßnahmen mit europäischer Zielsetzung können in folgenden Bereichen getroffen werden: a) Schutz und Verbesserung der menschlichen Gesundheit [...]".

Erfahrungen der Gegenwart aufbauen. Ein gut zu analysierendes Beispiel ist die Diskussion über die Impfstrategie und die damit verbundene Impfstoffbeschaffung. Die Schwierigkeiten bei der ausreichenden Beschaffung von Impfstoffen führten zu einer politischen Debatte mit der Frage, ob der Staat bei der Bekämpfung der Pandemie die Eigentumsrechte von Privatunternehmungen einschränken soll. Die Vorschläge waren rasch präsentiert und zahlreich: Rechte zum Schutz des geistigen Eigentums, zB für Patente für Impfstoffe sollten ausgesetzt werden; durch die Schaffung einer „Not-Impfstoffwirtschaft", sollte der Staat die Produktion von Impfstoffen anordnen können; Förderung für Unternehmen, wenn sie schneller liefern; Verbot der Ausfuhr von Impfstoffen. Derartige Vorschläge spiegeln die Hektik und Orientierungslosigkeit wider, mit denen die Debatte geführt wurde.

Das von der Kommission initiierte Programm einer Impfstoffbeschaffung war vom Ansatz her richtig. Die Kommission organsierte eine gemeinsame Beschaffung, die Verteilung zwischen den Mitgliedstaaten erfolgte solidarisch. Das verlangt einen hohen Aufwand an Koordination, der zu Verzögerungen führt. Das Entstehen eines europäischen Impfnationalismus ist sicher fragwürdig. Die Impfstoffbeschaffung hat eine globale Dimension, die berücksichtigt werden muss. China, Indien, Südafrika haben die Anpassung der Regeln der WTO (World Trade Organisation) zum Schutz des geistigen Eigentums verlangt. Die Schaffung einer internationalen „Impfstoffbeschaffungsordnung" erscheint ein Gebot der Zeit, das für mehrere Ebenen der internationalen Zusammenarbeit relevant ist. Für die Europäische Union hat in diesem Zusammenhang die Abstimmung der Impfpläne der Mitgliedstaaten eine wesentliche Bedeutung.

Die Impfstoffproblematik ist eine Herausforderung vor allem auch deshalb, weil man mit permanenten Änderungen der Entwicklungen rechnen muss. Diese Veränderung von Viren durch Mutationen verlangt eine rasche Anpassung des Impfstoffes. Dafür sind eine besondere Aufmerksamkeit und eine ständige Information auf der Grundlage von Daten notwendig.

Ein weiterer Bereich von besonderer Sensibilität ist der Umgang mit Grenzkontrollen und Einreisebestimmungen. In mehreren Mitgliedstaaten wird die Idee diskutiert, einen europäischen Impfpass einzuführen, ohne den es keine Grenzüberschreitungen geben soll. Die Einführung eines solchen Dokumentes bedarf gründlicher Überlegungen. Offene Grenzen sind Säulen der Europäischen Union. Personenfreizügigkeit und freie Warenströme sind ein Kern des Binnenmarktes und eines freien Europa und eines Rechtes der Bürgerinnen und Bürger. Die Europäische Union benötigt mehr denn je eine Grundsatzdebatte über die Zukunft von Schengen und die möglichen und notwendigen Restriktionen der Binnengrenzüberschreitung aus Gründen der Pandemie. Andernfalls besteht die Gefahr, dass ein wesentliches Element des Vereinigten Europa, nämlich die Freizügigkeit als konstruktiver Faktor eines Raumes der Freiheit verloren geht.

5.3 Sozialpolitische Perspektiven

Die Auswirkungen des Lockdown sind in erster Linie soziale Auswirkungen. Wobei der Begriff des Sozialen in einem umfassenden Sinne zu verstehen ist. Er betrifft nicht nur die Volksgesundheit und die Sozialpolitik im engeren Sinn, sondern auch die wirtschaftlichen Konsequenzen. Wirtschaftseinbrüche führen zu extrem schwierigen Bedingungen am Arbeitsmarkt. Viele Menschen, vor allem junge Menschen, sind in prekären Arbeitsverhältnissen beschäftigt.

Reformüberlegungen sollten daher auch zu einer kritischen Auseinandersetzung mit der Frage führen, ob das Kapitel über die Beschäftigung im Vertrag über die Arbeitsweise der Europäischen Union (Art 145-150 AEUV) Möglichkeiten für eine wirksame Beschäftigungspolitik der Union bietet. Die Europäische Union hat in diesem Politikbereich lediglich die Aufgabe, jährlich beschäftigungspolitische Leitlinien festzulegen, die die Mitgliedstaaten in ihrer Beschäftigungspolitik berücksichtigen sollen. Die Mitgliedstaaten betrachten die Förderung der Beschäftigung als „Angelegenheit von gemeinsamem Interesse". Jeder Mitgliedstaat hat eine jährliche Berichtspflicht über die Maßnahmen der Durchführung seiner Beschäftigungspolitik (Art 148 AEUV).

In der Weiterentwicklung der Sozialpolitik wird die Kommission eine initiative Rolle spielen müssen. Dort, wo die Union keine Entscheidungskompetenz hat, kann die Kommission Debatten anregen. Ein Beispiel dafür bietet die Pensionsproblematik. Die Einsicht, dass europäische Gesellschaften älter werden, ist immer wieder ein Thema im öffentlichen Diskurs. Was man zur Erhaltung des Wohlstandes tun sollte, darauf gibt die europäische Politik keine Antworten. Die Europäische Kommission hat im Jänner 2021 ein Grünbuch über das Altern präsentiert, das einem Konsultationsverfahren unterzogen wurde. Pensionsversicherungen gehören zur Zuständigkeit der Mitgliedstaaten. Dennoch zwingt die Stellungnahme der Kommission zum Nachdenken. Diese hat auf der Basis neuer demographischer Erhebungen des EU-Statistik-Amtes festgestellt, dass, wenn man das Verhältnis zwischen Erwerbstätigen und Personen im Ruhestand auf dem aktuellen Niveau erhalten will, bis zum Jahr 2040 im Durchschnitt der Europäischen Union das Pensionsalter auf 70 Jahre ansteigen wird. Wenn die nationalen Regierungen das Pensionsalter nicht erhöhen, drohe ein Arbeitskräftemangel, durch den die Wohlstandsunterschiede zwischen den Städten und ländlichen Regionen noch größer werden. Besonders betroffen sei der gesamte östliche Teil der Union.

Ein anderes Beispiel, wie die Kommission Wege für Änderungen sucht, ist die Diskussion über einen EU-Mindestlohn. Die Einführung „freier Mindestlöhne" war ein Versprechen der Kommissionspräsidentin van der Leyen. Derzeit liegen in der Europäischen Union die Mindestlöhne weit auseinander: 312 Euro monatlich in Bulgarien, 2.142 in Luxemburg. Der Versuch der Europäischen Kommission scheitert, weil nach Art 153 AEUV die Festsetzung des Arbeitsentgeltes eine Angelegenheit der Mitgliedstaaten ist. Der Richtlinienvorschlag der Kommission, mit dem das Versprechen der Kommissionspräsidentin eingelöst werden soll, sieht vor, dass die Mitgliedstaaten zu gemeinsamen Standards bei der Festlegung der Mindestlöhne verpflichtet werden (Kaufkraft, Produktivität, Lohnentwicklung und Einkommensentwicklung). Die niedrigsten Einkommen sollen regelmäßig überprüft und angehoben werden. Die Sozialpartner sollen eingebunden werden. Die Europäische Kommission erwartet sich sozialpartnerschaftliche Tarifverhandlungen, da in Ländern mit einer hohen kollektivvertraglichen Abdeckung der Anteil der gering Verdienenden, die Lohnungleichheit tendenziell niedriger und die Mindestlöhne höher sind (zB Österreich, Dänemark, Schweden, Finnland). Ob die Kommission mit ihren Initiativen Erfolg hat, kann im Augenblick des Abschlusses dieses Beitrages noch nicht festgestellt werden.

Es ist jedenfalls jährlich zu erwarten, dass im Gefolge der Pandemiediskussion das Thema sozialer Mindestversorgung in den Mittelpunkt der Debatte der sozialpolitischen Auseinandersetzungen gerückt werden wird. Der Sozialstaat sollte jedoch nicht zu einer Versicherung in allen Gefährdungen des Lebens ausgebaut werden. Seine Kernverantwortung ist: das Versprechen, dass wir uns gegenseitig helfen, wenn wir unverschuldet in Not geraten, aber jeder sich auch selbst helfen muss, so gut er kann. Der deutsche Finanzwissenschafter Ronnie Schöb hat vor kurzem in einer Publikation eine Grundsicherungsarchitektur mit drei Pfeilern vorgeschlagen, die diesen Grundsatz verwirklicht.[25] Der erste Pfeiler dient zur Absicherung des alltäglichen Bedarfs von Arbeitslosen; der zweite Pfeiler soll den Bedarf der Kinder von Arbeitslosen sichern, dazu braucht es eine eigenständige Kindergrundsicherung unabhängig vom Alter der Kinder, die aber zu versteuern ist. Der dritte Pfeiler soll den Wohlbedarf absichern.

6 Schlussbemerkung

Die Ausführungen dieses Beitrages sind der Versuch, einen Überblick über die wesentlichen sozialen Fragen zu geben, die in einer Epoche einer außergewöhnlichen Herausforderung bestehen. Im Zentrum stehen dabei die Situation der Europäischen Union und die Möglichkeiten, der Pandemie-Krise entgegenzutreten

---

[25] *Schöb*, Der starke Sozialstaat – weniger ist mehr, 2020.

und dem europäischen Integrationsprozess neue Impulse zu geben. Dazu braucht es ein neues Solidaritätsbewusstsein. Es ist aber auch unverzichtbar, dass der Erneuerungsprozess ohne Schaden an der Demokratie stattfinden muss.

Die Pandemie zeigt in vieler Hinsicht eine Tendenz, demokratische Entscheidungsstrukturen zurückzudrängen. Unbeschränkte Notfallmaßnahmen, eine zunehmende Dominanz der Exekutive verbunden mit unverhältnismäßigen Einschränkungen der Rolle der Legislative, Diskriminierungen, Einschränkungen der Menschenrechte – alle diese Phänomene führen des Öfteren zum Vorwurf der Handlungsunfähigkeit der Demokratie oder zu einem Verlust des demokratiepolitischen Gleichgewichts. Es muss daher ein Prinzip für jede Art von Politik sein, das Entscheidungen auf der Grundlage wissensbasierter Dialogstrukturen im öffentlichen Interesse erfolgen.[26] Es geht dabei um die Balance zwischen Politik, Gesellschaft sowie ein Zusammenwirken der Kräfte für ein optimales Zukunftsmanagement, das faktenbasiert und lösungsorientiert wirkt.[27]

---

[26] *Werther-Pietsch*, Democracy forever, in *Wiener Zeitung* vom 21.1.2021, 24.
[27] *Werther-Pietsch*, Democracy forever, in *Wiener Zeitung* vom 21.1.2021, 24.

Peter PERNTHALER[*]

Menschenwürde: Versuch einer neuartigen Begründung aus einem modernen wissenschaftlichen Verständnis des Wesens, also der Natur des Menschen

1 Menschenwürde als Geltungsgrund der Menschenrechte

Die neueren Grundrechtskataloge enthalten fast durchgehend den Grundsatz der *„Unantastbarkeit"* oder jedenfalls des *„Schutzes und der Achtung der Menschenwürde".* Selbst in Deutschland, wo dieses sperrige Verfassungsprinzip seit mehr als 70 Jahre kommentiert, angewendet und judikativ entfaltet wird, ist bis heute umstritten, welche Rechtsnatur, welchen Rechtsinhalt und welche rechtliche Funktion das Prinzip im Rahmen der Grundrechtsordnung und der Gesamtrechtsordnung haben soll[1] Die Menschenwürde hatte historisch eine doppelte, in sich antagonistische Stoßrichtung:[2] Sie richtete sich einerseits gegen den *totalitären Staat* mit seiner politisch-rechtlichen Definition und Verfügbarkeit des Wertes des Menschen und den damit verbundenen Zugriffen auf das bis dahin verschlossene „Innere" des Menschen, deren Wurzel in einer ideologischen und absoluten Überordnung des Kollektivs über das Individuum lag.

In dieser Stoßrichtung betonte das Prinzip der Menschenwürde die „Unantastbarkeit", dh den Höchstwert des konkreten einzelnen Menschen für den Staat, der gleichzeitig zum Schutz dieses Prinzips gegen öffentliche und private Bedrohungen aufgerufen wird. Die zweite Stoßrichtung des Grundsatzes sollte einen formalen, *wertfreien Liberalismus* treffen, der die Grundrechte nur als Trennung von Staat und Individuum versteht und die Einzelmenschen einer vom Staat als solche geschützten „freien Gesellschaft" überlässt, die nach den Prinzipien des Sozialdarwinismus funktioniert.

Diese Bedeutung des Prinzips verwandelt die Menschenrechte in werterfüllte Ordnungsprinzipien zugunsten einer humanen Staats- und Gesellschaftsordnung, die dem Staat zur Erfüllung aufgegeben sind; sie setzt ein Menschenbild voraus, das soziale Verantwortlichkeit[3] und Gemeinschaftsbindung des Individuums in

---

[*] Univ-Prof. Dr. Peter Pernthaler bekleidete lange Zeit einen Lehrstuhl für öffentliches Recht und Völkerrecht an der Universität in Innsbruck, war Gastprofessor in Kanada und Australien und Langzeitdirektor des Instituts für Föderalismusforschung in Innsbruck.

[1] Vgl dazu die umfassenden Hinweise bei *Nettesheim*, Die Garantie der Menschenwürde zwischen meta-physischer Überhöhung und bloßem Abwägungstopos, in: AöR 130,1/2005, 71 ff.
[2] *Enders*, Die Menschenwürde in der Verfassungsordnung, 1997, 25 ff.
[3] *Saladin*, Verantwortung als Staatsprinzip, 1984, 212 ff.; Berka, Bürgerverantwortung im demokratischen Verfassungsstaat, in Veröffentlichungen der Vereinigung der Deutschen Staatsrechtslehrer 55/1996, 63 f.

das Prinzip Menschenwürde integriert. Beide Bedeutungen des Prinzips Menschenwürde können rechtlich nur realisiert werden, wenn die Menschenwürde als unantastbarer Kernbereich jedes Menschenrechts verstanden wird, sodass Menschenrechte und Menschenwürde untrennbar aufeinander bezogen sind[4]

2 Menschenrechte und Menschenwürde als positives Recht

Menschenrechte wurden im Lauf der Geschichte immer wieder auf drei unterschiedlichen Ebenen argumentiert[5]:

- Entweder sie werden *religiös begründet*, etwa in der Gottesebenbildlichkeit des Menschen oder in besonderen Anordnungen Gottes, was heute etwa noch für das muslimische Recht eine bedeutende Rolle spielt;

- oder man hält sie für *„angeborene, schon aus der Vernunft einleuchtende Rechte"* wie man im 18. Jahrhundert ganz allgemein formulierte und § 16 ABGB noch heute als geltendes Recht voraussetzt;

- oder Menschenrechte und Menschenwürde werden im politischen Prozess auf nationaler, europäischer oder internationaler Ebene als subjektive Rechte und oberste Wertentscheidungen der Rechtsordnung *positivrechtlich begründet*.

Gegenwärtig ist die positivrechtliche Anordnung und Gewährleistung der Menschenrechte durchaus vorherrschend, denn die religiös begründete Verankerung der Rechte kann in der liberal-pluralistischen Gesellschaft von heute keiner allgemeinen Verbindlichkeit mehr begründen. Auch das Vertrauen in die „Vernunft" ist als Rechtsquelle mit dem Fortschritt der Wissenschaft nicht gestiegen, sondern drastisch gesunken: Mit viel genug „Vernunft" kann man beinahe jedes gewünschte Ergebnis scheinbar plausibel begründen.

Es bleibt also für einen wirksamen Menschenrechtsschutz nur das Arbeiten mit positivrechtlich formulierten Rechtstexten der verschiedenen Ebenen des Rechts in Verbindung mit rechtsdogmatisch fundierter Auslegung und der Rechtsfindung durch die Gerichte. Ein durch unabhängige Richter kontrollierter positivrechtlicher Menschenrechtsschutz funktioniert im allgemeinen recht gut, weil er eine ständige Anpassung und Weiterentwicklung der Rechte ebenso gewährleistet wie das fortlaufende Bemühen um eine wechselseitige Harmonisierung der individuellen Ansprüche und ihre Integration in das Geflecht der öffentlichen Interessen einer – jedenfalls im Ganzen – freiheitlich-demokratischen Gesellschaftsordnung.

---

[4] *Berka*, Die Grundrechte. Grundfreiheiten und Menschenrechte in Österreich, 1999, Rz 378; *Pernthaler*, Österreichisches Bundesstaatsrecht, 2004, 674 ff.
[5] *Pernthaler*, Allgemeine Staatslehre und Verfassungslehre, ²1986, 375 ff.

3 Das Prinzip als Schranke der Positivierung

Die Prozesse der juristischen Positivierung und Spezialisierung der Menschenrechte haben zwei unangenehme Nebenwirkungen auf das *Prinzip* der Menschenwürde als ein allgemeiner und unabwägbarer Wertungsgrundsatz: Positivierung des Rechts verlangt einerseits politische Abwägung und Auseinandersetzung zwischen vielfältigen gesellschaftlichen und individuellen Interessen und Wertvorstellungen, die in *Kompromisse* münden. Anderseits konkretisiert sich die Positivierung des Rechts regelmäßig in vielfältigen *Einzelansprüchen*, die im Bereich der Menschenrechte den unterschiedlichen historischen Bedürfnissen und leib-seelischen Befindlichkeiten des Menschen in der Gesellschaft entsprechen. Beide Qualitäten des positiven Rechts – der Kompromisscharakter und die Spezialisierung – sind unabdingbar für den praktischen Durchbruch der Menschenrechte und genügen in aller Regel für den durchschnittlichen Zustand einer Gesellschaft, den man als *„Herrschaft des Rechts"* bezeichnet. Man muss sich aber auch als praxisorientierter Jurist bewusst bleiben, dass eine menschenwürdige Rechtsordnung nicht nur aus spezialisierten Einzelnormen besteht, sondern dass daneben ein inhaltlich unvermessbares *Prinzip* der Menschenwürde als Ganzes bestehen bleibt, das dem Menschen nicht wegen seiner einzelnen Fähigkeiten und Bedürfnisse, sondern wegen seiner Qualität als Mensch gewährleistet ist.

Wesentlich an der Menschenwürde ist also zweierlei: Dass die Menschenwürde dem Menschen über alle Einzelansprüche hinaus als *rechtlicher Gesamtstatus* zusteht und dass dieser Gesamtstatus dem Menschen *kompromisslos und unabwägbar*, also prinzipiell zusteht! Ich möchte dies an drei Beispielen erläutern:

- Menschenwürde hat auch der – verdächtige oder schuldige – *Terrorist*, also der als solcher verstandene Feind der Menschheit, der westlichen Zivilisation oder auch nur des eigenen Volkes. Die Achtung der Menschenwürde ist insofern kein mit den Morden an unschuldigen Menschen und anderen Grausamkeiten des Verbrechers abwägbares Rechtsgut, wie man schon rechtswissenschaftlich diskutiert und richterlich entschieden hat,[6] sondern ein *Tabu*, das als solches nicht diskutiert, sondern nur respektiert oder gebrochen werden kann.

- Menschenwürde hat auch der in *besonderen Rechtsverhältnissen* stehende Mensch und zwar gerade dort, wo seine oft unpräzisen und mangelhaften Einzelrechte nicht hinreichen. Daher ist die Menschenwürde ein besonders wichtiger Maßstab gegenüber der *militärischen Befehlsgewalt*,[7] für den

---

[6] *Brugger*, Darf der Staat ausnahmsweise foltern?, in Der Staat 35,1/1996, 67 ff; EGMR 18.1. 1978, Irland vs. GB, Eu GRZ 1978, 149.
[7] *Pernthaler*, Der Rechtsstaat und sein Heer, 1964, 174 ff.

Strafgefangenen, der fast alle rechtlichen Freiheiten verloren hat und für *Patienten und Pflegebedürftigen* jenseits aller positivierten Anstaltsrechte.

Wie sehr diese rechtsprinzipielle Konzeption der Menschenwürde im Gegensatz zum gegenwärtig vorherrschenden Abwägungsbedürfnis steht, zeigt etwa die Neubearbeitung des Art 1 Grundgesetz[8] im klassischen Kommentar von *Maunz/ Dürig* durch den Bioethikspezialisten *Mathias Herdegen:* Statt der dem Staat verbindlich vorgegebenen Menschenwürde und den daraus abgeleiteten, in ihrem Kern unantastbaren Menschenrechten (so noch *Günter Dürig* in der Erstbearbeitung) wird die Menschenwürde zu einem subjektiven positivrechtlichen Anspruch, der sich in Konkurrenz und Konflikt mit anderen Ansprüchen *Ausgleich und Begrenzung* gefallen lassen muss.[9]

4 Bedrohung der Menschenwürde durch naturwissenschaftlichen Fortschritt

In der permanenten Auseinandersetzung zwischen der sozio-kulturellen und der genetischen Determinierung menschlicher Eigenschaften und Fähigkeiten verschieben sich die Gewichte durch die moderne Gehirnforschung, die Neuropharmakologie, die Fortschritte der Medizintechnik und der genetischen Manipulation immer mehr in Richtung naturwissenschaftlich erkennbarer und steuerbarer Prozesse. Im Kern geht es darum, dass das Wissen um gehirnphysiologische Vorgänge und um ihre mögliche neuropharmakologische Steuerung und das Wissen über die genetische Bestimmung des Menschen dazu führt, Eigenschaften und Verhaltensweisen des Menschen dauerhaft, möglicherweise über Generationen verändern zu können.

Hatte die Aufklärung und der auf ihr fußende Liberalismus den Menschen aus gesellschaftlichen Zwängen befreit und zur Selbstbestimmung (Autonomie) befähigt, droht ihm nun durch den – mit dieser Aufklärung herbeigeführten – Fortschritt der Naturwissenschaften eine neuartige *Doppelgefahr* für seine Selbstbestimmung in Freiheit. Ist die „harte", durch den Staat gesteuerte *Eugenik,* dh die zwanghafte Ausschaltung „lebensunwerter" Individuen und die medizinischen Experimente an Menschen. heute in freiheitlich-demokratischen Ordnungen weitgehend verschwunden, so dringen „sanfte" Formen derselben humanbiologischen Techniken auch hier ständig vor. *„Sanft"* heißt, dass die Anwendung der von den (ökonomisch gesteuerten) Wissenschaften bereit gestellten Möglichkeiten *auf freier Willensentscheidung des Individuums oder seiner Eltern* beruht oder deshalb keine Verletzung von Menschenrechten und Menschenwürde bedeutet,

---

[8] *„Die Würde des Menschen ist unantastbar, Sie zu achten und zu schützen ist Verpflichtung aller staatlichen Gewalt".*
[9] *Böckenförde,* Die Würde des Menschen war unantastbar, in *FAZ* v. 3.9.2003, 33.

weil das verwendete „Material" nach herrschender Auffassung (noch) keinen Menschenstatus besitzt.

Die *„Doppelgefahr"* besteht also darin, dass die humanbiologische Steuerung des Menschen heute verfassungsrechtlich eingebettet ist in ein freiheitlich-demokratisches Gesellschaftssystem mit freier Marktwirtschaft und freier Wissenschaft. Das sind Systeme, die das Gelingen oder Misslingen des persönlichen Lebensentwurfes *dem Einzelnen* überbürden, ihn aber gleichzeitig unentrinnbar in *funktionale Bindungen* integrieren, welche diese persönliche Entscheidung nachhaltig beeinflussen.

So wie es nicht angeht, die polit-ökonomischen Systeme des Liberalismus und der Marktwirtschaft wegen ihrer immanenten Gefahren der Inhumanität, Vermachtung und Ungerechtigkeit aufzugeben, kann auch der wissenschaftliche Fortschritt der Humanbiologie nicht als solcher rückgängig gemacht oder in seiner Nutzung durch die Menschen grundsätzlich verhindert werden. Es geht vielmehr darum, politische und rechtliche Bindungen und Schranken der künftigen, bereits absehbaren Zugriffe auf die Natur des Menschen zu formulieren. Notwendig sind solche Schranken aus vielerlei theoretischen und praktischen Gründen der Risikokontrolle, Existenzsicherung und der freien Entwicklungsmöglichkeiten – auch der kommenden Generationen –, vor allem aber zum Schutz der allgemeinen und gleichen Menschenrechte und Menschenwürde.

Menschenrechte gelten heute als im politischen Prozess der Rechtsetzung auf nationaler, europäischer und internationaler Ebene begründete positivrechtliche Ansprüche und oberste Wertentscheidungen der Rechtsordnung. Während im 18. Jahrhundert die *naturrechtliche* Begründung der Menschenrechte noch ganz selbstverständlich war und im deutschen Rechtsleben nach 1945 eine Zeitlang kräftig wieder belebt wurde, ist die heute ganz unangefochten wissenschaftliche und praktisch vorherrschende Konzeption die *positivistische* Begründung des Rechts. Dazu kommt, dass auch die *„Natur des Menschen"* wissenschaftlich immer mehr relativiert wurde, weil die individuellen und kulturellen Unterschiede und Entwicklungsmöglichkeiten des Menschen den Schluss nahe legten, dass das Wesen des Menschen gerade nicht substanzhaft bestimmt, sondern auf Grund seiner Autonomie und Selbstbestimmung unabsehbar und unbegrenzbar „offen" sei.[10]

Im Vorgriff darauf hatte schon *Kant* die Menschenwürde rein formal, durch die (transzendentale) Fähigkeit, vernünftige sittliche Entscheidungen zu treffen, de-

---

[10] Ebenso für die rechtsbegriffliche Festlegung des Menschen und der Menschenwürde: *Nettesheim*, Die Garantie der Menschenwürde zwischen meta-physischer Überhöhung und bloßem Abwägungstopos, in AöR 130,1/2005, 77; *Mastronardi*, Menschenwürde als „materielle" Grundnorm des Rechts, in Thürer/Aubert/Müller (Hrsg), Verfassungsrecht der Schweiz, 2001, 236 f.

finiert. Dies ist – wie im Folgenden begründet wird – eine rational verkürzte Sicht des Menschen und seiner Fähigkeit, Wertentscheidungen zu treffen. Richtig ist an dieser Auffassung, dass die „Natur" des Menschen nicht abschließend festgelegt werden kann, sondern einer selbstgesteuerten Entwicklung unterliegt[11], die durch die wissenschaftlichen Fortschritte beschleunigt wird. Aber auch diese Entwicklung ist – wie noch auszuführen ist – rechtlich und politisch steuerbar, was den Kern der vorliegenden Untersuchung bildet.

Gegenüber humanbiologischen Eingriffen nützen die inhaltlich relativierten positivistischen Menschenrechte in der Regel nichts, weil nicht die dadurch verpönten *besonderen Rechtsverletzungen* vorliegen, sondern weil es um Eingriffe in das *Rechtssubjekt „Mensch"* (oder seine entwicklungsgemäßen *Vorstufen)* geht, dessen personale Integrität die Voraussetzung aller subjektiven Menschenrechte bildet[12]. Der in den Menschenrechten – auch in ihrer positivrechtlichen Alltagspraxis – noch immer „untergründig" lebendige absolute Geltungsanspruch und naturrechtliche Kerngehalt wäre insbesondere durch ihre Verknüpfung mit der Menschenwürde[13] sehr wohl geeignet, auch die neuartigen Gefährdungen des Menschen als Rechtssubjekt rechtlich messbar zu machen. Der Begründung dieser These sollen die folgenden Ausführungen dienen.

5 Die naturwissenschaftliche Erneuerung einer Naturrechts- und Vernunftsdogmatik der Menschenrechte

Zwei Voraussetzungen für das Konzept einer naturwissenschaftlich erneuerten Naturrechts- und Vernunftsdogmatik sind unter den Voraussetzungen des Rationalismus und Wissenschaftsfortschrittes unabdingbar: Es muss erstens gelingen, eine *„Natur des Menschen"* – als Inbegriff aller für das Rechtsprinzip „Menschenwürde" wesentlichen gattungstypischen Eigenschaften – auf der Grundlage moderner, naturwissenschaftlich und philosophisch nachvollziehbar begründeter Erkenntnisse neu zu formulieren. Es muss zweitens auch ein Weg aufgezeigt werden, aus diesem naturalistischen Gattungsbegriff „Mensch" – dem *Sein* – normative Konsequenzen – das *Sollen* – abzuleiten. Erst auf dieser normativen Grundlage kann nämlich geprüft werden, ob eine so erneuerte Menschenwürde rechtliche Schutzpflichten und Schranken gegenüber der biotechnischen (Selbst- oder Fremd-)Manipulation an einer „naturhaft" vorgegebenen Komplexität, In-

---

[11] *Sloterdijk*, Regeln für den Menschenpark, jetzt in Nicht gerettet. Versuche nach Heidegger, 2001, 302; dort auch wichtig: Domestikation des Seins, 142 ff.
[12] Vgl dazu weiterführend: *Pernthaler*, Soll die „Natur des Menschen" Maßstab oder Entwicklungsprojekt der Wissenschaft sein?, in ZöR 59/2004, 157 ff.
[13] *Pernthaler*, Braucht ein positivrechtlicher Grundrechtskatalog das Rechtsprinzip der Menschenwürde?, in: Akyürek/Baumgartner/Jahnel/Lienbacher/Stolzlechner (Hrsg), Staat und Recht in europäischer Perspektive, Festschrift für Heinz Schäffer, 2006, 613 ff.

tegrität und Kontinuität der menschlichen Natur begründen kann. Dies setzt auch voraus, dass der „philosophische Dualismus" von *Hume* und *Kant*, der die Trennung von Sein und Sollen, aber auch das Auseinanderdriften von Natur- und Geisteswissenschaften begründet hat, überwunden wird. Dies ist ein modernes erkenntnistheoretisches Konzept[14], das den metaphysischen Hintergrund dieser Trennung aufdeckt.

Bei der Suche nach gattungstypischen Merkmalen der Menschennatur sind es wiederum zwei Hauptschwierigkeiten, die eine philosophische und naturwissenschaftliche Analyse dieses Problemes unmöglich zu machen scheinen. Die erste hat schon *John Locke* in seinem *„Essay Concerning Human Understanding"* formuliert[15] und Generationen von angelsächsischen Empirikern bis zu den Behavioristen sind ihm gefolgt. *Locke* vertrat die Auffassung, es gebe keine angeborene Vorstellungen – insbesondere sittlicher Art – im Kopf des Menschen; seine Vernunft sei eine *„tabula rasa"*.

Seine Hauptbegründung war das Argument, nichts könne ererbt oder universell sein, was nicht von jedem einzelnen Mitglied der Population geteilt werde. Nach den Methoden der modernen Statistik setzt *Locke* damit bei menschlichen Eigenschaften eine „Nullvarianz" voraus, was aber in der Natur nicht vorkommt. Selbst eineiige Zwillinge weisen im Phänotyp einige Varianten auf, obwohl ihr Genotyp vollkommen übereinstimmt. Es kommt also bei der Analyse gattungstypischer Eigenschaften auf den *Mittelwert von Verhaltensmerkmalen und Eigenschaften* an, nicht auf extreme Abweichungen in Einzelfall. Neben den „natürlichen" Gattungsmerkmalen, wie Größe, Körpergewicht, Lebenszeit u. v. a. gilt dies aber auch für geistige und moralische Fähigkeiten des Menschen, die im konkreten Phänotyp mehr oder weniger ausgeprägt sein oder gar fehlen können, für den Typus „Mensch" aber charakteristische Merkmale darstellen.

Als markantes Beispiel dafür könnte man etwa die menschliche Sprache anführen[16], die zwar allgemein verbreitet ist, aber durch ihre Verschiedenheit Menschen und Gruppen tiefgreifend voneinander trennt. Dennoch gibt es übereinstimmende grammatikalische „Tiefenstrukturen" der Sprachen (*Noam Chomsky)*, die angeborenen, genetisch programmierten Teilen der Hirnentwicklung entsprechen[17].

---

[14] Vgl dazu die Hinweise bei *Mitterer*, Das Jenseits der Philosophie. Wider das dualistische Erkenntnisprinzip, 2011.

[15] Deutsche Übersetzung: *Locke*, Versuch über den menschlichen Verstand. 2 Bde., hier: Bd. 1, 1988, 83 ff.

[16] *Fukuyama*, Das Ende des Menschen, 2002, 198 f.

[17] *Brown*, Human Universals, 1991, 77; *Pinker*, Der Sprachinstinkt. Wie der Geist die Sprache bildet, 1996.

Alle neueren Forschungen der Neuropsychologie widerlegen die Vorstellung des Gehirns als eine *„tabula rasa"*; sie gehen vielmehr davon aus, dass das Gehirn ein *„modulares Organ"* ist, dessen hoch angepassten kognitiven Strukturen meist einzig bei der Gattung Mensch auftauchen. Das heißt aber, dass es tatsächlich *„angeborene Ideen"* – oder wie man es heute formulieren würde – gattungsspezifische Formen von Wahrnehmungen, aber auch typisch gattungsspezifische emotionale Reaktionen auf Wahrnehmungen und Erkenntnisse gibt. Die Evolution hat also – was nicht weiter verwunderlich ist – auch den Verstand und die Psyche des Menschen in gattungsspezifischer Weise geprägt. Wie das Beispiel der Sprache zeigt, ist diese Prägung aber nur als Potential gegeben; wir müssen lernen, durch Wechselwirkungen mit unserer (sozialen) Umgebung diese menschlichen Möglichkeiten zu Kenntnissen, Fähigkeiten und Tugenden zu entwickeln.

Dies widerlegt auch die von vielen Genetikern, Kulturwissenschaftlern und Psychologen noch immer verbreitete These, dass es keine übereinstimmende „Natur des Menschen" geben könne, weil der Phänotyp des Menschen *vollständig* durch sein „Milieu", vor allem aber durch die Kultur (Lernen, Bildung, Institutionen usw) geprägt werde. Überspitzt formuliert hieße dies, dass es der menschlichen Natur entspräche, eine bestimmte „Natur" gerade nicht zu besitzen.[18] Dieses – schon von den Behavioristen ad absurdum strapazierte – Argument übersieht, dass niemand je ernsthaft bestritten hat, dass der Mensch ein soziales Kulturwesen sei und dass dies genauso zu seinem „Wesen" gehört wie sein körperliches Erscheinungsbild, dass auch davon geprägt wird. Aber: Die Fähigkeit, *zum Kulturwesen zu werden*, ist eben durch gattungsspezifische Merkmale der Erbanlagen des Menschen bedingt, wenn auch in keiner Weise abschließend bestimmt, wohl aber – wie aus einem A priori – logisch daraus ableitbar. Der *Gegensatz* von natürlich und sozial ist also beim Menschen ein logischer Fehlschluss oder ein bewusster Kunstgriff der Argumentation[19].

Damit ist allerdings noch nicht die These widerlegt, dass sich aus der Natur keine moralischen Sollensvorschriften ableiten ließen. Ein anschauliches Beispiel soll aufzeigen, dass mit dieser These meist naturalistische Fehl- oder Kurzschlüsse verdeckt werden. Niemand wird bestreiten, dass der Hang der Menschen zu Gewalt und Aggression irgendwie auf die menschliche Natur zurückzuführen ist; es gibt keine Gesellschaft, in der Mord oder bewaffnete Gewalttätigkeit nicht vorkommt.

---

[18] *Ehrlich*, Human Natures: Genes, Cultures, and the Human Prospect, 2000, 273; ähnlich – vom Prinzip der Selbstbestimmung ausgehend: *Nettesheim*, Die Garantie der Menschenwürde zwischen meta-physischer Überhöhung und bloßem Abwägungstopos, in AöR 130,1/2005, 77.
[19] Schon Aristoteles formulierte dazu: *„Die Tugenden entstehen also in uns weder von Natur noch gegen die Natur. Wir sind vielmehr von Natur aus dazu gebildet, sie aufzunehmen".*

Allerdings gibt es auch keine Gesellschaft, die den Mord nicht durch Gesetze oder soziale Normen untersagt; dies gilt freilich nur relativ, innerhalb bestimmter *„In-groups"*, die mit Außengruppen konkurrieren und um die Herrschaft kämpfen. Die menschliche Natur umfasst freilich sehr viel mehr als nur die (sozial verpönte oder legitimierte) Gewalttätigkeit. Vor allem kennzeichnen den Menschen auch das Streben nach Glück, die rationale Voraussicht und tiefe gefühlsmäßige Bindungen zu Mitmenschen, die zur Symbiose und Kooperation statt zum Kampf drängen. Aus diesen Kräften und Neigungen des Menschen entstanden nicht nur vielfältig strukturierte *Gruppen*, sondern immer größere *Vertrauensgemeinschaften* von Menschen bis hin zu Zivilisationen und Kulturen, also *Wertegemeinschaften* mit Millionen und Milliarden von Mitgliedern und zahlreichen Untergruppen.

Erkennt man diese komplexen sozialen Entwicklungsgesetze der Menschheit, wird klar, dass *Werte* keine willkürlichen Konstrukte sind, sondern gesellschaftliches Handeln erst ermöglichen und daher die Fähigkeit, Werte zu erkennen und danach zu leben, in der Natur des Menschen begründet sein muss. *Kant* hat diese Befähigung des Menschen zur *„Sittlichkeit"* – und damit zum Menschsein – ausschließlich in den rationalen Fähigkeiten des Menschen (der *„praktischen Vernunft"*) begründen wollen;[20] heute weiß man, dass Werte viel eher in irrationalen Schichten des Menschen wurzeln und von dort her ihre eigentliche Kraft und Verbindlichkeit stammen. Auch die Wertewelt ist aber in der Natur des Menschen nur in ihrer Anlage – nicht in ihrer aktuellen Ausprägung – verankert.

Es gibt daher als Produkt der Evolution der Hominiden sehr wohl einen natürlichen Sinn für Sittlichkeit; wir kommen aber nicht mit vorgefertigten sittlichen Wertvorstellungen zur Welt, sondern müssen uns diese – wie alle menschlichen Fähigkeiten und Qualitäten – erst durch soziale und kulturelle Prozesse erwerben. Daher ist es auch nicht möglich, einen bestimmten Katalog menschlicher Grundwerte ohne philosophische und politische Diskussion direkt aus der Natur des Menschen zu begründen. Es gibt aber heute einige, von den modernen Naturwissenschaften vorgegebenen Eckdaten für diese Wertediskussion, die ein ganz neues Gesamtverständnis des Menschen und seiner Würde begründen können.

Auszugehen ist davon, dass es in der Evolution der Hominiden einen bestimmten Punkt der Entwicklung gibt, wo die *Komplexität* der gattungsspezifischen Eigenschaften der *Vorfahren* des heutigen Menschen in den *mit Geist begabten* Typus des Menschen (*homo sapiens*) umgeschlagen hat[21]. Akzeptiert man diese – heute

---

[20] *Kant*, Grundlegung der Metaphysik der Sitten, hg von Kraft/Schönecker, 1999, 10.
[21] *Fukuyama*, Das Ende des Menschen, 238 ff.

auch von der Katholischen Kirche anerkannte[22] – Deutung der Menschheitsentwicklung, so kann der Grund für die Wertvorstellung einer *„menschlichen Würde"* nicht in irgendeiner der menschlichen Eigenschaften, sondern in ihrer *Komplexität* gelegen sein.

Das bedeutet aber, dass die menschliche Würde gerade nicht auf einer einzelnen der immer wieder genannten Eigenschaften, wie der Möglichkeit freier sittlicher Entscheidung, der Vernunft, Sprache, Soziabilität, Empfindungsvermögen, Gefühlen, Bewusstsein u. a. beruht, sondern auf der charakteristischen *Kombination* dieser Qualitäten im Menschen. Jedem Angehörigen der Gattung Mensch ist eine genetische Ausstattung mitgegeben, die es ihm potentiell erlaubt, alle diese Eigenschaften zu erwerben, soweit nicht im konkreten Individuum besondere genetische Störungen oder Abweichungen vom Typus vorliegen, was bei keinem Lebewesen auszuschließen ist.

Wesentlich bei dieser neuen Sicht des Menschen und seiner Würde ist, *dass die Komplexität des Menschen auch jede einzelne seiner Fähigkeiten prägt:* Die Vernunft des Menschen wird von Gefühlen durchdrungen; ja in Wahrheit entsteht aller Fortschritt der Wissenschaft durch eine undurchschaubare Wechselwirkung von rationalen und irrationalen Elementen im menschlichen Denken. Moralische Entscheidungen beruhen nicht nur auf der Vernunft, sondern auf wirkungsmächtigen Gefühlen wie Stolz, Zorn, Scham, Sympathie ua.

Unser Bewusstsein lässt sich nicht nur auf individuelle Erfahrungen zurückführen; es ist vielmehr in hohem Maß durch intersubjektive Prozesse mitgeprägt und enthält daher rationale und irrationale Elemente vieler anderer bewusster Individuen, die wir selbst oft nicht einmal wahrnehmen.

Auch die gesellschaftliche und politische Dimension des Menschenwesens gehört daher neben seinen individuellen Eigenschaften zur typischen Komplexität des Menschseins und begründet daher seinen Anspruch auf bestimmte, *„schon durch die Vernunft einleuchtende Rechte"* (§ 16 ABGB), die jetzt positivrechtlich auf mehreren Ebenen durch die politischen Rechte, Menschenrechte und Grundfreiheiten in Kombination mit dem Grundsatz der Menschenwürde gewährleistet werden.

Die neuartige Verknüpfung der Menschenwürde mit der *Komplexität* des Menschenwesens bedeutet auch eine neuartige Begründung der *Allgemeinheit* der Menschenwürde und Menschenrechte, wie im Folgenden an Hand von neuen und alten Bedrohungssituationen dieses Grundprinzips der Menschenrechte näher erläutert werden soll.

---

[22] Enzyklika *„Humani Generis"* von 1996.

6 Das Prinzip der Allgemeinheit der Menschenwürde und Menschenrechte

Aus den Fortschritten der Biotechnologie und der Neuropharmakologie wächst die latente Gefahr, dass die Komplexität und Totalität der menschlichen Natur durch Selbst- oder Fremdmanipulation systematisch verändert oder reduziert wird. Zwar sind die an die Biotechnologie herangetragenen Wünsche nach einer utilitaristischen Manipulation der menschlichen Erbanlagen gegenwärtig noch sehr begrenzt oder überhaupt nicht realisierbar; wohl aber sind im embryonalen Zustand des Menschen genetische Eingriffe, Selektionen und die Verarbeitung „embryonalen Materials" möglich.

Daher ist es wichtig, dass die (verfehlte) Begründung der Menschenwürde in *bestimmten* einzigartigen Eigenschaften der Gattung Mensch nicht dazu führen darf, eine Auswahl oder Abstufung der Menschenwürde oder Menschenrechte je nach dem Ausmaß zu treffen, in dem ein Angehöriger dieser Gattung diese Fähigkeiten und Eigenschaften im Phänotyp besitzt. Verhängnisvoll wäre eine solche Konzeption der Menschenwürde nicht nur für die Ungeborenen, sondern auch für Menschen mit schwerwiegenden körperlichen oder geistigen Mängeln, unheilbar Kranke, Asoziale, Schwerverbrecher oder sonst sittlich gravierend defekte Individuen.

Auch die gesellschaftliche Stellung oder die ethnische Herkunft darf keine Unterschiede in der Menschenwürde begründen. Schon diese Beispiele zeigen, dass das Prinzip der Menschenwürde und die Allgemeinheit der Menschenrechte derartige Differenzierungen der Menschen – jedenfalls für Geborene – nach heutiger Auffassung kategorisch ausschließen. Kritisch bleiben im Lichte der modernen Medizintechnik der Übergang vom Leben zum Tod, die medizinische Sterbehilfe[23] und die Feststellung des endgültigen Todeszeitpunktes und damit auch des Endes des vollen Menschenrechtsschutzes eines Individuums.

Auch der *Beginn des Menschenlebens* ist rechtlich gesehen – ein kritischer Zeitraum, weil viele Rechtsordnungen und Rechtstheoretiker dem Embryo keinen vollen Menschenrechtsschutz zuteilwerden lassen[24]. Von einem konsequent menschenrechtlichen Ansatz im Sinn der hier vertretenen naturwissenschaftlichen Begründung genießt aber schon der Embryo den Schutz der Menschenwürde,

---

[23] *Berka*, Die Grundrechte. Grundfreiheiten und Menschenrechte in Österreich, 1999, Rz 378; *Pernthaler*, Österreichisches Bundesstaatsrecht, 2004, Rz 374.

[24] Vgl die Hinweise bei Pernthaler, Menschenrechte und Schutz des Embryos. Volles Recht auf Leben?, in Imago Hominis 12,2/2005, 117–128.

weil er kein beliebiger Zellhaufen ist, sondern prinzipiell das Potential hat, ein voll ausgebildetes menschliches Wesen zu werden[25].

Es ist daher von einem biologisch begründeten naturrechtlichen Standpunkt vernünftig, die Freiheit der Wissenschaft, menschliche Embryonen zu schaffen, zu klonen, zu benutzen und verwerten sowie zu selektionieren an der Menschenwürde zu messen und rechtlich zu beschränken.

7 Die rechtliche Konkretisierung der Menschenwürde

Allerdings bleibt damit – wie bei jeder positivrechtlichen Konkretisierung naturrechtlicher Prinzipien – noch offen, wie diese rechtlichen Beschränkungen inhaltlich ausgestaltet sein sollen, um gerecht und effizient zu sein; unmittelbar damit hängt die Frage, welche politischen Institutionen und rechtlichen Verfahren in Anspruch genommen oder erst geschaffen werden müssen, um ein derart sensibles und umstrittenes Recht aus der Höhe der Prinzipien in den Alltag des rechtlichen Anwendungsbereiches umzusetzen. Dieser Prozess der *„Realisierung der Menschenrechte"*[26] ist im Bereich der naturwissenschaftlichen und medizinischen Forschung und Entwicklung in der freiheitlichen Demokratie mit marktwirtschaftlichem System und grundrechtlicher Wissenschaftsfreiheit der eigentliche Prüfstein einer theoretisch noch so plausiblen Naturrechtsdoktrin der Menschenwürde.[27]

Hier öffnen sich im Bereich der modernen Biomedizin und Biotechnologie neben den klassischen Auseinandersetzungen zwischen Wissenschaftsfreiheit und politischer oder rechtlicher Kontrolle ganz neue Konfliktzonen. Sie reichen von der ökonomischen Beeinflussung der Forschung über ethische Probleme des Einsatzes medizinischer Techniken und pharmazeutischer Produkte bis zu den Schwierigkeiten einer rechtlichen oder politischen Steuerung des globalen Forschungs- und Wissenschaftsbetriebes.

Dennoch gibt es eine Reihe von Beispielen nationaler, supranationaler und internationaler Instrumente und Institutionen der Wissenschaftskontrolle, insbesondere im Bereich der Atomenergie, Arzneimittelforschung und Biotechnologie; auch wissenschaftliche Experimente an Menschen unterliegen – schon seit dem *Nürnberger Codex* (1947) und der *Helsinki Erklärung* (1964) – strengen Regeln. Der Gebrauch von menschlichem Keimmaterial und Embryonen ist in vielen Staaten unterschiedlich geregelt, sodass eine wenig erfreuliche internationale Stand-

---

[25] *Fukuyama*, Das Ende des Menschen, 245 ff; ebenso Berka, Die Grundrechte. Grundfreiheiten und Menschenrechte in Österreich, 1999, Rz 368.
[26] *Pernthaler*, Allgemeine Staatslehre und Verfassungslehre, ²1986, 399 ff.
[27] Vgl dazu die Nachweise über „die rechtliche Konkretisierung der Menschenwürde" bei *Pernthaler*, Österreichisches Bundesstaatsrecht, 2004, 623 ff.

ortwahl und Konkurrenz sowie grenzüberschreitender Handel auf diesem Gebiet eingesetzt hat. Eine europäische Konvention zum Schutz der Menschenrechte und der Menschenwürde im Hinblick auf die Anwendung von Biologie und Medizin[28] samt Zusatzprotokoll über das Verbot des Klonens von Menschen sucht dagegen übereinstimmende Regeln und Standards in diesen Fragen zu normieren.

Wenngleich die einzelnen Schutznormen – vor allem auf nationaler Ebene – sich stark voneinander unterscheiden, gibt es doch einen internationalen Konsens über die grundsätzliche Regelungsbedürftigkeit des Umgangs mit menschlichem Leben und seinen biologischen und medizinischen Voraussetzungen, einen Mindeststandard von rechtlichem Schutz, der offenkundig am Prinzip Menschenwürde orientiert ist. In Österreich sind die hier relevanten Gesetze[29] durchwegs auf hohem Schutzniveau, während grundrechtlich die Rechtslage zweifelhaft und umstritten ist[30]

Vor diesem Hintergrund ist die Konzeption einer naturwissenschaftlich erneuerten Naturrechtsdoktrin pragmatisch und realitätsnahe, weil die offenkundig notwendigen nationalen und überstaatlichen Prozesse der Rechtsformulierung und Rechtsprechung im Bereich der Biotechnologie, Pharmakologie und Medizintechnik einer Orientierung an modernen, sachbezogenen Wertungen und Gerechtigkeitsvorstellungen durchaus zugänglich und bedürftig sind.

Es braucht in diesem Bereich auch neuartige Institutionen der Politikberatung und der Erarbeitung praktikabler rechtlicher Regeln für die Grenzen der Zulässigkeit biotechnischer und medizinischer Forschungen und ihrer Anwendung auf den Menschen und menschlicher Entwicklungsstufen. Weder die traditionelle Selbstkontrolle der *„Scientific Community"*, noch die weit verbreiteten Ethikkommissionen haben sich dafür als tauglich erwiesen.

Für diese praktischen Probleme der Umsetzung und Realisierung des *„neuen Menschenrechts"* gibt es keine abstrakten, allgemeingültigen Lösungen. Die unterschiedlichen nationalen, supranationalen und internationalen politischen Systeme müssen vielmehr im Rahmen ihrer jeweiligen eigenen Politik- und Rechtsprozesse *„Humanität"* heute durchgehend naturwissenschaftlich und wertbezogen neu vermessen, soll die Garantie der Menschenwürde dem heutigen Entwicklungszustand des Menschen entsprechen und ihm weiterhin wirksamen menschenrechtlichen Schutz gewährleisten.

---

[28] Sammlung der Europaratsverträge Nr 168/1998.

[29] ZB FortpflanzungsmedizinG, BGBl 1992/275; GentechnikG, BGBl 1994/ 510.

[30] *Berka*, Die Grundrechte. Grundfreiheiten und Menschenrechte in Österreich, 1999, Rz 378; *Pernthaler*, Österreichisches Bundesstaatsrecht, 2004, Rz 368 und 373; *Schlag*, Die Herausforderungen der Biotechnologie an die österreichische allgemeine Grundrechtsdogmatik, in ÖJZ 47/ 1992, 50 ff.

Andreas RAFFEINER

Menschen statt Automaten

Die aufgrund von neoliberalen Reformen und staatlichen Sparzwängen wachsende Arbeitslosenrate hat zu einer Verunsicherung unter Jugendlichen, zum Gefühl, ein nicht planbares Dasein zu führen und zu mehr Zurückhaltung bei Konsum und Geburten geführt. Die gesellschaftlichen Folgen sind nicht zu übersehen. So gesehen ist jede größere Reform zwecklos, wenn sie nicht die Beseitigung der Arbeitslosigkeit als vorrangiges Ziel setzt.

1 Das Bild der aktuellen Krise

In der seit Jahrzehnten andauernden Phase des Überangebots nahm man die Marktsättigung der entwickelten Welt wahr. Man versuchte, mittels Werbung die Nachfrage zu erhöhen. Doch gegenwärtig greift diese Strategie nicht mehr. Der Grund: Potentielle Käufer sind zwar wohlhabender, parallel dazu aber zahlenmäßig geringer geworden. Die Mittelschicht, das Herzstück einer gesunden Volkswirtschaft, wähnte sich einst vor Armut sicher und versuchte daher, Generation um Generation ihren Status aufzubessern.

Aktuell ist sie zutiefst verunsichert. Selbst das Beleben der Binnennachfrage fällt ihr schwer. Der Grund liegt in einer ungleichmäßigen Arbeitsaufteilung, die einem größer werdenden Teil der Bevölkerung von der „Leistungsgesellschaft" ausschließt, während die noch vorhandene Arbeit von einer kleiner werdenden Gruppe von immer länger arbeitenden Personen verrichtet wird. Die Aufteilung der Menschen zwischen den beiden Gruppen entbehrt einer nachvollziehbaren Logik.

Auch hierlande könnte dies eintreffen. Das immer schneller werdende Angebot an – auch qualifizierten Arbeitskräften begünstigt eine Selektion seitens der potentiellen Arbeitgeber. Sie folgt nicht nur rein fachlichen Kriterien, sondern auch der Logik betriebswirtschaftlicher Optimierung der Belegschaft. Ferner fasst sie den möglichen Nutzen einer bestimmten Kategorie von Personen ins Auge. Ein gegenwartsnahes Beispiel für die Folgen dieser „betriebswirtschaftlichen" Optik ist das Abweisen von Bewerbungen älterer Mitmenschen.

Auch die Stellenanzeigen, die von einem denkbaren, zukünftiger Mitarbeiter eher „gewandtes Auftreten" als Fachwiesen und/oder Allgemeinbildung verlangen, drücken die Haltung aus, sich im Grunde genommen vom Markt entfernen zu wollen, bzw diesen von den klassischen Parametern der Marktwirtschaft abweichend beeinflussen zu wollen.

Die gegenwärtige soziale und ökonomische Krise, vielleicht genährt und be-schleunigt durch die Corona-Pandemie, ist auf diese Weise keineswegs mit den ihr vorangegangenen Krisen vergleichbar. Ging es in der ersten und zweiten in-dustriellen Revolution primär darum, zu vermeiden, dass eine Klasse zu viel und für einen zu geringen Lohn der anderen zuarbeiten musste, erweist sich aktuell die Arbeit selbst als (knappes) Wirtschaftgut, das es gilt, tunlichst gerecht zu ver-teilen. Dabei stellt sich zwar auch die berechtigte Frage, ob heute, im 21. Jahrhun-dert, im Zeitalter der Computer und Roboter, so viel „Ware Arbeit" notwendig sei. Dennoch ist es in unseren Gesellschaftssystemen so, dass die Verfügbarkeit eines Arbeitsplatzes für jeden Arbeitsfähigen die Bedingung schlechthin für die Entste-hung einer sozialen Existenz und letztlich einer gerechten und nachhaltig stabilen Gesellschaft ist.

Es ist bekannt, dass allzu große soziale Ungleichheiten in der Geschichte stets für Unruhen, Staatsstreiche und Revolutionen gesorgt haben. Die heutige globale, bzw europaweite Verknüpfung von Politik und Wirtschaft billigt folgenschwere Umwälzungen, speziell solche, welche zu einer Auflösung einer Marktwirtschaft führen würde, einfach nicht. Um aus den Fehlern der Vergangenheit zu lernen (wir täten gut daran!) und bereits vor einem scheinbar blutigen Ende unseres Zi-vilisationszyklus die ersten Maßnahme zu einer Korrektur der entstandenen Schieflage zu ergreifen gilt es, langsam, aber sicher auf ein neues Modell der Um-verteilung überzugehen, ohne die internationalen Wechselbeziehungen existen-ziell zu bedrohen.

2 Arbeitsmarkt-Reformen sind notwendig

Der erste Schritt einer Umverteilung berührt notgedrungen den Arbeitsmarkt. Wichtig hierbei ist das Bauen zweier Pfeiler staatlicher Teilnahme an der Arbeits-marktpolitik in zeitlicher Abfolge: erstens die Wiederherstellung des Staatsmono-pols der Arbeitsvermittlung, zweitens die (erneute) Gründung von wirtschafts-orientierten Staatsunternehmen.

2.1 Arbeitsvermittlung

Ein Blick auf den Arbeitsmarkt genügt und man sieht, dass die Aufgabe der Ver-waltung nicht gänzlich, wenn überhaupt, der Privatwirtschaft überlassen werden kann, da diese naturgemäß sich von ihrer Tätigkeit die höchsten Gewinne ver-spricht und daher die gesellschaftliche und volkswirtschaftliche Aufgabe der Vollbeschäftigung keinesfalls erfüllen kann. So muss der Staat hier selbst initiativ und nicht bloß regulativ eingreifen und das Credo „Vermittlung geht vor Leis-tung" mit Leben erfüllen.

Jede Vermittlung in ein Beschäftigungsverhältnis sollte Ausplünderung verhindern. Weiters sollte sie dem Grundgesetzprinzip der Unantastbarkeit der Menschenwürde Rechnung tragen. Überdies wäre es auch nicht im Sinne einer gerechten Sozialreform, wenn für gleiche Arbeit ungleiche Löhne ausgezahlt würden. Somit ist die Festlegung eines gesetzlichen Mindestlohnes zentrale Grundbedingung für jede weitere Betrachtung.

Die verzettelte Datenerhebung über vorhandene freie Stellen erschwert einerseits unnötig die Besetzung und andererseits die Arbeitssuche. Im Hinblick auf die Einwanderungsgesetze, die einen Arbeitsplatz als Bedingung für die Erteilung der Aufenthaltserlaubnis für Nicht-EU-Ausländer vorgesehen, ist es unerlässlich, über zuverlässige Daten über den „Arbeitsmarkt" zu verfügen, um sinnvolle Entscheidungen über Quotenregelungen zu treffen. Da vor allem in der Bildungspolitik ein großer Handlungsbedarf nach Prognosen besteht, ist es offensichtlich notwendig, über eine solide Basis zu verfügen, um den möglichen Bedarf an Arbeitskräften in einem Tätigkeitsfeld zu ermitteln.

Wenn es nicht die Allgemeinbildung und/oder das Fachwissen ist, nach dem eine Firma Stellen besetzt, dann hat die Arbeitsvermittlung einen schweren Stand und läuft konkret Gefahr, Arbeitsangebote in der näheren Umgebung des Bewerbers nicht zu berücksichtigen und damit sinnlose Umzüge und lange Anfahrten zu veranlassen, oder die Bewerber auf berufsfremde Tätigkeiten zu verweisen, obwohl Stellen im gelernten Beruf verfügbar wären.

Angesichts der bekannten Fragen bei den alltäglichen Verfahren der gemischten öffentlich/privaten Arbeitsvermittlung ist es eine Überlegung wert, das schon vor einiger Zeit (damals nur auf dem Papier) vorhandene Vermittlungsmonopol der Arbeitsagenturen wieder einzuführen.

Eine derartige Lösung erlaubt bloß ganz wenige Ausnahmen, welche lediglich einen nach sachlichen Kriterien begrenzten Personenkreis betreffen. Darunter verstehe ich vor allem Spitzenwissenschaftler, Wirtschaftsfachleute auf sehr speziellen Gebieten, Fachärzte mit besonderen Kenntnissen und Fertigkeiten und Künstler.

Oberstes Ziel der Vermittlung ist es, die Anwärter in feste Arbeitsverhältnisse zu vermitteln. Solange ein Anwärter kein solches Arbeitsverhältnis gefunden hat, steht er der – ebenfalls öffentlichen – Zeitarbeit zur Verfügung und ist verpflichtet, bei jedem ihm von der Vermittlung vorgeschlagenen Vorstellungstermin zu erscheinen und sich um Einstellung zu bemühen.

Während Zeiten des Bezuges von Arbeitslosengeld und bei Bewerbern, die schwer eine Anstellung finden, ist es angemessen, Fortbildungsmaßnahmen durchzuführen. Dagegen sollte man sich vor Augen halten, dass solche Schritte uneingeschränkt die Idee erfüllen sollen, die Eignungen von Anwärtern besser mit den Ambitionen der Wirtschaft und des Dienstleistungssektors in Einklang zu bringen, und keinesfalls, suspekten, oft aus der Not geborenen Beratungsfirmen das schnelle Geschäft mit „Coaching", „Bewerbungsseminaren", „Rhetorik", „Selbsterfahrung" auf einem „öffentlich bezahlten Silbertablett" zu präsentieren. Also sollten solche Kurse von der Arbeitsvermittlung angeboten werden und zu einem anerkannten Berufsabschluss oder zur Aktualisierung bestehender Fachkenntnisse führen. Ferner wäre es darüber hinaus zweckmäßig, Sprachkurse für ausländische Bewerber und Führerscheinkurse aller Klassen öffentlich zu fördern.

Es ist absolut nicht von der Hand zu weisen, dass viele Unternehmen keinesfalls über das ganze Jahr hinweg regelmäßig ausgelastet sind und daher bei Auftragsspitzen außerplanmäßige Arbeiter brauchen. Daraus ergibt sich das Bedürfnis der Zeitarbeit, die nicht nur als betriebliche Notwendigkeit sondern auch als Beitrag zur Senkung der Arbeitslosigkeit gesehen werden muss.

Nie soll die Zeitarbeit dazu dienen, den legalen Kündigungsschutz zu umgehen. Dieser Missbrauch hat schon zur Entfaltung jener ominösen – von den Medien allzu dienstbeflissen als natürlich aufgenommenen – Formung des „zweiten Arbeitsmarktes" geführt. Nach meiner Ansicht darf es eine solche Ausgrenzung nicht geben, da die öffentliche Vermittlung sowohl für eine gerechte Entlohnung und eine gleichsam persönliche Beschäftigung der Anwärter, als auch mit ständigen Vermittlungsbemühungen in Festanstellungen für eine höchstmögliche Transparenz der Grenzen zwischen Zeitarbeit und fester Betriebszugehörigkeit sorgen wird.

Ein zersplittertes Netz nichtöffentlicher Zeitarbeit-Unternehmen, die wiederholt Filialen multinationaler Unternehmen sind, kann keinesfalls in der Lage sein, für einen fairen und angemessenen Einsatz von Zeitarbeitern zu sorgen. Private suchen die Nähe zu anderen Privaten und sind dadurch voreingenommen, indem sie, die von den Unternehmen bezahlt werden, stets die Belange ihrer Kunden vor Augen haben werden. Wenn ein komplettes Vorhaben zur Vollbeschäftigung das Ziel ist, dann muss die reibungslose Kooperation von Arbeitsagenturen und Zeitarbeitsorganisatoren garantiert sein, nicht zuletzt, weil die Anwärter sich oft all die Jahre zwischen beiden Mustern bewegen werden und folglich die Bindeglieder fließend zu gestalten sind.

Aus diesen Überlegungen heraus kann man die Zeitarbeit keineswegs den Privaten überlassen. Konsequenter- und idealerweise sehe ich eine Verstaatlichung aller Zeitarbeitsunternehmen vor, an und für sich mit Übernahme der bisherigen

Belegschaft. Bei einem ernst genommenen staatlichen Monopol der Arbeitsvermittlung ist dieser Akt ohnehin selbstverständlich.

Die staatlichen Zeitarbeit-Firmen arbeiten eng mit der behördlichen Arbeitsvermittlung zusammen, stellen alle erwerbsfähigen Arbeitslosen nach Ablauf der Unterstützung (auf Wunsch auch vorher) ein, bezahlen zumindest den gesetzmäßigen Mindestlohn (je nach Qualifikation und Leistung auch mehr), sorgen für ihren Einsatz entsprechend den Erfordernissen der Betriebe, wobei stets die berufliche Eignung der Betroffenen und die fachlichen Erfordernisse der Firmen in Einklang zu bringen sind. Die Bewerber im staatlichen Zeitarbeitsunternehmen unterliegen denselben Rechten und Pflichten wie die Arbeiter und Angestellten in der Privatwirtschaft: Dies bedeutet vor allem, dass Umstände, die in einer Privatfirma zu Sanktionierungen bis hin zur personenbedingten Entlassung führen würden, das gleiche Ergebnis auch im staatlichen Betrieb mit sich ziehen. Der einzige Gegensatz ist, dass hier betriebsbedingte Kündigungen offensichtlich ausgeschlossen sind. Legal von den Staatsbetrieben entlassene Personen erhalten eine mit dem aktuellen ALG vergleichbare Beihilfe zum Lebensunterhalt. Wenn heute private Zeitarbeitsfirmen am Werk sind, dann heißt es, dass man mit der Vermittlung von Zeitpersonal Geld verdienen kann.

Weshalb sollte der Staat diese Form der Arbeitsvermittlung nicht als hoheitlich ansehen und daran verdienen? Da der Staat aber nach Mindestlohn begleichen müsste, und zwar für die ganze Dauer des Beschäftigungsverhältnisses, unabhängig davon, ob der Bewerber tatsächlich Arbeit hat, wäre der Reinertrag, ja die Gewinnspanne des Staates bedeutend geringer als die der privaten Zeitarbeitsfirmen. Da aber der Staat gesamtwirtschaftlich denkt, würden die ersparten Transferleistungen und die Ankurbelung der Binnennachfrage aufgrund erneut plan- und durchführbar gewordener Lebensverhältnisse den Unterschied zwischen dem Fortschritt der privaten und dem der öffentlichen Zeitarbeitsvermittlung volkswirtschaftlich mehr als wettmachen.

2.2 Staatsunternehmen

Ein Staatsmonopol der Wirtschaft hat sich geschichtlich keineswegs bewährt und wäre darüber hinaus im völkerumfassenden Organismus aktueller Form nicht im Geringsten durchführbar. Aber man könnte an eine neue Rolle des Staates als Unternehmer parallel zur privaten Wirtschaft denken. Dabei sollten diese beiden Wirtschaftszonen keinesfalls in Konkurrenz zueinander treten. Dies würde man erreichen, indem man die Gewinnerwartungen staatlicher Betriebe niedriger als die in der Privatwirtschaft ansetzt, so dass der Staat wesentlich in Bereiche einsteigt, die die Privaten wegen schwacher Rentabilität außer Acht lassen. Der Staat hat es keinesfalls nötig, sich selbst finanziell zu bereichern, so dass er vor allem das Gemeinwohl vor Augen haben kann. Auch hat der Staat den längeren Atem und kann auf weite Sicht planen, um längerfristig doch den volkswirtschaftlichen Ausgleich für seine Tätigkeit zu erhalten. Diese besteht besonders in einer Förderung der allseitigen Leistungsfähigkeit, in einer Schonung der Umwelt, in einer Erhöhung der Binnennachfrage nach Gütern und Arbeitsleistungen, größerer Planungssicherheit im privatwirtschaftlichen und familiären Gebiet mit übereinstimmenden demografischen und rentenkonsolidierenden Effekten.

Gegenwärtig ist es üblich, über Personaleinsparungen im öffentlichen Dienst die Staatshaushalte sanieren zu wollen. Auf diese Weise reagieren die öffentlichen Verwalter zwar im privatwirtschaftlichen Sinn richtig, stellen aber mittelfristig eine vermehrte Arbeitslosigkeit her, die wiederum die öffentlichen Kassen belastet und offenkundig keinesfalls den erträumten Wirtschaftsaufschwung mit sich bringt. So wären eine Erweiterung des Pflege- und Hilfspersonals in Kliniken, Seniorenheimen und bei der häuslichen Pflege, die Erhöhung des Personals in Amtsstuben, auf Postämtern und Bahnhöfen, in Ausnahmefällen auch bei Privatunternehmen mit Publikumsverkehr anzudenken.

Zusätzliches Service-Personal käme der gesamten Wirtschaft keineswegs bloß wegen des Beschäftigungseffektes, sondern auch aus Produktivitätsgründen zugute, und nicht zuletzt wegen der Effektivität, den menschliche Ansprechpartner den sie ersetzenden Maschinen und Automaten meist voraushaben.

Die Belegschaft von Staatsunternehmen erhält auf jeder Ebene ein Grundgehalt und eine erfolgs- (bzw. leistungsabhängige) Prämie, die 20 % der Gesamtbezüge keineswegs übersteigt, damit „Leistung sich lohne". Auch eine Laufbahn ist in einem Staatsbetrieb möglich, wenn das Personal über besondere Eignungen verfügt oder einen außerordentlichen Einsatz bei der Arbeit an den Tag legt.

Die Vergütung bei einem Staatsunternehmen wird in der Regel ein klein wenig niedriger als in der Privatwirtschaft ausfallen, so dass ein Wechsel in die letztgenannte von vielen angestrebt werden wird. Dabei kann die öffentliche Arbeitsvermittlung auch entgegenkommend sein; sie wird aber dazu neigen, bei gleicher Qualifikation den Antragstellern das Vorrecht zu geben, die sich noch als Anwärter im Zeitarbeitsbetrieb befinden.

Das in Südtirol noch greifende Phänomen der Vollbeschäftigung geht mit dem Richtsatz einher, dass alle Menschen ein gleiches ArbeitszeitPensum zu leisten haben. Da die Arbeit, die Aussicht, in der Arbeitswelt eine eigene Leistung zu erbringen, zur Richtschnur des Systems avanciert, ist dafür zu sorgen, dass keiner wesentlich länger arbeitet als der Durchschnitt der Beschäftigten, sonst würde dieser mehr „Ware Arbeit" für sich in Anspruch nehmen und andere dadurch beeinträchtigen. Daher wird man klarerweise auch versuchen, Überstunden auf ein unverzichtbares Minimum zu reduzieren. Das Leisten von freiwilligen Überstunden sollte generell unzulässig sein, sowohl in privaten als auch in öffentlichen Betrieben. Ausnahmen, die vor allem festgesetzte Berufssegmente, wie zB bestimmte leitende Angestellte, Ärzte und in der Forschung tätige Personen betreffen, bedürfen einzeln einer amtlichen Sondergenehmigung und setzen das schriftliche Einverständnis des Arbeitnehmers voraus.

3 Reformen des Steuersystems

In einer Phase der Etablierung einer zusammenhaltenden Gesellschaft, die sich die Vollbeschäftigung zum obersten Ziel setzt, kommen zwei bedeutsame Aufgaben auf das Steuersystem zu: zum einen für die Finanzierbarkeit sozialer Mehrausgaben zu sorgen, überdies steuernd in die Ökonomie einzugreifen, um ansprechende und erwünschte Verhaltungsweise zu belohnen und unwillkommene Handlungen weniger rentabel zu machen. Dabei ist anzunehmen, dass vor allem die favorisierte Endabsicht der Vollbeschäftigung bei entsprechender und paralleler Beibehaltung des Privateigentums und der Privatwirtschaft bloß mit einer Fülle von keineswegs immer zusammenhängenden Einzelmaßnahmen finanziert werden kann. Das Ineinandergreifen dieser beiden Aufgaben setzt außerdem voraus, dass Transfers von dem einen zum anderen Haushaltsressort mit passenden Regelungen verwaltungsmäßig erleichtert werden.

Ein erster wirkungsvoller Schritt wäre die Herabsetzung der Besteuerung von Unternehmen, damit diese nicht in Billiglohn-Länder abwandern, ihre Konkurrenzfähigkeit aufrechterhalten und keine betriebswirtschaftlichen Veranlassungen für Personalreduktionen haben. Dabei denkt der Verfasser an eine allseitige Kürzung der Spitzenbesteuerung um 2-3 % mit einer individuellen Anpassung des Steuersatzes, je nach Personalpolitik des jeweiligen Unternehmens. Im tatsächlichen Fall sollten Unternehmen, die in den letzten zwei Jahren die Belegschaft erhöht haben, eine um 5 % höhere Steuersenkung als der Durchschnitt erhalten, während solche, die im selben Zeitraum die Belegschaft über die natürliche Fluktuation hinaus verringert haben, eine um 5 % niedrigere Steuersenkung als der Durchschnitt erhalten sollten. Auf diese Weise würde man Firmen belohnen, die einen Beitrag zur Entlastung des öffentlichen Beschäftigungssektors geleistet haben und parallel dazu den – Einsatz von Massenentlassungen als Mittel, um die Kapitalrendite eines Unternehmens auf Kosten der Bevölkerung zu erhöhen, wirtschaftlich weniger attraktiv werden lassen.

Für Handwerksbetriebe, deren Tätigkeitsschwerpunkt im privaten Wohnbau und in Instandhaltungsreparaturen liegt, sowie bei Haushaltshilfen und Personal der privaten häuslichen Alters- und Krankenpflege sollte an verkleinerte Mehrwertsteuersätze gedacht werden.

Gegenwärtig ist justament in diesen Branchen die Schwarzarbeit, die keinen Cent an die Gemeinschaft abführt, ganz besonders verbreitet. Ein niedrigerer MwSt.-Satz würde den Anreiz zur Steuerhinterziehung mindern, wenngleich nicht gänzlich zum Verschwinden bringen. Jedenfalls wäre ein minimales Steueraufkommen für den Staat günstiger als der vollständige Steuerausfall, welcher die Schwarzarbeit mit sich bringt. Mehr Kontrollen und stichprobenartige Untersuchungen würden die Betriebe und die betroffenen Privathaushalte zu mehr Steuerehrlichkeit motivieren. Freilich sollte die komplette Steuerabsetzbarkeit für Investitionen für die häusliche Pflege bedingungslosen Einsatz finden, da es hier in vielen Fällen um sozialschwache Mitmenschen geht.

Bedeutsam wäre eine Ausdehnung der Bandbreite der steuerfreien Löhne, vor allem in der Übergangsphase zur zusammenhaltenden Gesellschaft, um die noch bestehenden Härtefälle, an und für sich im Bereich der Pensionisten, zu entschärfen. Zudem sollte eine steilere Steuerprogression im Bereich der hohen und sehr hohen Einkommen Anwendung finden (zB ein Spitzensteuersatz von 52 % bei Einkommen über 500.000 Euro/Jahr und von 65 % bei Ein kommen über 1.000. 000 Euro/Jahr). Eine stärkere Besteuerung hoher Einkommen würde auch der Tatsache Rechnung tragen, dass kein Mensch das Tausendfache des Durchschnittsmenschen wert sein kann. Eine höhere Besteuerung höchster Einkommen würde als Nebeneffekt den Firmen mehr Bewegungsfreiheit für die Verteilung mittlerer Einkommen an tüchtige Mitarbeiter aus den mittleren und unteren Führungsebenen gewähren. Dies würde auch die Gewinnaussicht einschließen, verdiente Mitarbeiter leichter zu befördern und damit deren Motivation zu erhöhen.

Möglich wäre auch die Einführung einer Fusionssteuer, zB in Höhe von im Durchschnitt 1 % des Buchwertes der fusionierenden Firmen (von 0,1 % wenn dadurch keine Arbeitslosigkeit entsteht, bis zu 3 %, gestaffelt nach Anzahl der „freigesetzten" Arbeitskräfte, wenn die Fusion zu signifikanter Arbeitslosigkeit führt). Fusionierungen von Unternehmen können aufgrund des Skaleneffekts und der Vermeidung von parallelen Forschungsaktivitäten von großem volkswirtschaftlichem Nutzen sein und dürfen daher grundlegend keineswegs unterbunden oder ohne Not über Gebühr erschwert werden. Gewiss ist häufig zu beobachten, dass Verschmelzungen den alleinigen Vorsatz einer Personalreduktion, die oft genug mit einer Kurssteigerung der übereinstimmenden Aktie bei der Bekanntmachung einhergeht, verfolgen und in solchen Fällen ist es ungerechtfertigt, die Gemeinschaft mit den Kosten des reinen Strebens nach Profit zu belasten.

Unternehmen, die zur „Rettung" staatliche Zuschüsse erhalten, vergeben dem Staatsstimmberechtigten eigene Aktien im Nominalwert der erhaltenen Hilfe (zum Börsenkurs am Tag der Überweisung des staatlichen Transfers). Der Staat ist somit an Unternehmenspolitik und Gewinn dieser Unternehmen – und keineswegs nur an deren Verlusten – beteiligt und kann immer die somit erworbenen Wertpapiere zum aktuellen Börsenkurs veräußern (Sozialisierung von Verlusten und Gewinnen).

Das könnte – muss aber nicht – zugleich der erste Schritt in Richtung Gründung von staatlichen Unternehmen sein. Dazu möchte ich auf die Gefahr der direkten Konkurrenz zwischen staatlichen und privatwirtschaftlichen Unternehmen hinweisen, die zu Konkurrenzverzerrungen führen kann.

Also ist es ratsam, das der Staat nur so lange die Aktien behält – und über fachkundige und aufrichtige Funktionäre in die Geschäftspolitik der betroffenen Unternehmen eingreift – bis das Unternehmen saniert ist und der Staat auf diese Weise mit Gewinn aus der Firmenbeteiligung aussteigen kann. Bei einigen Zweigen, wie z.B. Energie und Versorgung, könnte der Staat auf Dauer seine Anwesenheit in den Unternehmen beibehalten, dann müsste aber die staatliche Teilnahme, bis hin zur vollständigen Verstaatlichung, für die ganzen Branchen gelten.

Augenblicklich gängige Steuersparmodelle (zB Schiffsbeteiligungen oder geschlossene Immobilienfonds) sollten möglichst verboten werden, sofern sie keineswegs die steuerliche Absetzbarkeit von eindeutig der beruflichen Tätigkeit zuordenbaren Kosten betreffen. Der Spitzensteuersatz sollte faktisch der Finanzkasse zugeführt werden und keinesfalls eine besonders profilierte und ausgeprägte Risikobereitschaft oder die Lust, sich massiv zu verschulden, auszeichnen.

Eine fehlgeschlagene Annahme kann folgenschwere Konsequenzen für die gesamte soziale Reichweite des Spekulanten haben. Eine unverhältnismäßige Hypothek führt zu wirtschaftlichen Desastern, wenn die Liquidität des Schuldners aufgrund von Miseren, wie zB einer unfall- oder krankheitsbedingten Arbeitsunfähigkeit, ausfällt. Nicht zuletzt sind die Ansporne der Steuersparmodelle an der Entstehung von gewagten und obskuren Finanzprodukten schuld, die die Geldmenge ohne Gegenwert aufblähen und von rücksichtslosen Verkäufern vermögenden, aber keinesfalls immer wirtschaftlich kompetenten Kunden zu deren Nachteil angeboten werden.

Die Kapitalertragssteuer wird dem Lohn zugeschlagen und als Gesamteinkommen versteuert. Sofern die Einbehaltung einer Quellensteuer von EU-Vorschriften verlangt wird, dann soll diese Quellensteuer bloß als Vorschuss auf die Besteuerung des Gesamteinkommens dienen. Wenn die Kapitalerträge und die sonstigen Einkommen die steuerliche Freigrenze keinesfalls übersteigen, dann ist die abgezogene Kapitalsteuer zum Termin der ansonsten zu bezahlen – den Lohnsteuerrückerstattung an den Nicht-Steuerpflichtigen zurückzuzahlen.

Es gibt augenblicklich genügend Fälle – und in der Übergangsphase zur gemeinsam-solidarischen Gesellschaft wird sie es immer noch geben – in denen mit Hilfe der Zinsen auf dem Ersparten pekuniäre Engpässe überwunden werden können. Auch eine Frühpensionierung kann oft mit dem Ersparten finanziert werden, zB im Falle keineswegs amtlich als erwerbsunfähig anerkannter, dessen ungeachtet tatsächlich entscheidend leistungseingeschränkter Personen.

Demgegenüber ist es ein Gebot der Fairness, alle Einkommen eines Haushalts gleich zu behandeln und gleich zu besteuern. Die gegenwärtige Möglichkeit einer anteiligen Steuerrückerstattung der Abgeltungssteuer, wenn der persönliche Steuersatz niedriger als 25 % liegt, ist im Kanon gerecht, aber in der Umsetzung, dem Verständnis und vom Arbeitsaufwand her zu schwer.

4 Resümee und Ausblick

Auch wenn in Südtirol noch das Phänomen der Vollbeschäftigung greift, können diese Gedankensplitter als ein Versuch erörtert werden, als erster Schritt in eine neue Gesellschaftsordnung die Arbeitslosigkeit mit geeigneten Maßnahmen zu beseitigen. Erst wenn es keine Menschen in einem Land gibt, denen der Zugang zu einer normalen Arbeit verwehrt wird, kann man eine immer breitere Schicht in den Aufbau der post-neoliberalen, „solidarischen" Gesellschaft einbeziehen.

Luis Durnwalder*

Südtirol: Kreuzigung und Auferstehung

Diese Abhandlung soll vor allem ein Dank an Univ.-Prof. Dr. Johann Egger zu seinem 70. Geburtstag sein. Wenn er auch nicht direkt an den Verhandlungen über die Südtirolautonomie teilgenommen hat, so hat er doch indirekt durch seine Arbeit und seine vielen Veröffentlichungen als Leiter des Institutes für Arbeits- und Sozialrecht der Universität Innsbruck und als langjähriger Mitarbeiter des Zentrums für Europarecht durch Beratungen der politischen Verhandlungspartner und die wissenschaftliche Betreuung vieler Südtiroler Studenten einen wichtigen direkten oder indirekten Beitrag für die Erlangung und Entwicklung der Südtirolautonomie geleistet. Dafür gilt ihm Dank und Anerkennung.

Die Lösung der Südtirolfrage war sicher ein bilaterales Problem zwischen Österreich und Italien. Gleichzeitig ist es aber auch für ganz Europa und darüber hinaus ein Beispiel, wie Minderheitenprobleme durch Geduld, Ausdauer und Mitarbeit der einzelnen Bevölkerungsgruppen und durch die demokratische Unterstützung der betroffenen Staaten auf friedlichem Weg gelöst werden können. So gesehen ist die Lösung der Südtirolfrage auch ein Zeichen der Hoffnung für die vielen Minderheiten in Europa und der ganzen Welt. Nur, wenn auch die kleinen Krisenherde rechtzeitig gelöst werden, können viele Unruhen und Kriege verhindert werden (zB Ex-Jugoslawien).

1 Demütigung Südtirols

Südtirol wurde 1919 als zentraler und langjähriger Teil Tirols, gegen den Willen der Südtiroler, von Österreich abgetrennt und Italien angegliedert. Damit begann der Leidensweg. Die italienischen Faschisten wollten die deutschsprachige Bevölkerung durch die Aberkennung der Sprache, der deutschsprachigen Schulen, der Namen und Ortsnamen, der Sitten und Gebräuche, der wirtschaftlichen und kulturellen Verbände und Vereine, usw. kulturell entwurzeln und assimilieren. Durch die gesteuerte Ansiedlung italienischer Industriebetriebe und die gezielte Zuwanderung italienischer Familien und Errichtung von italienischen Volkswohnbauvierteln in der Umgebung von Bozen und Meran sollte die deutschsprachige Bevölkerung in die Minderheit versetzt werden. Dies gelang, Gott sei Dank,

---

* Nach dem Studium der Agrarwissenschaften an der Universität für Bodenkultur in Wien war Dr. Luis Durnwalder Direktor des Südtiroler Bauernbundes, 1968-72 Bürgermeister von Pfalzen, 1973-2013 Landtags- und Regionalratsabgeordneter, 1979-89 Landesrat für Landwirtschaft und von 1989-2014 Landeshauptmann von Südtirol.

nicht, da die deutschsprachige Bevölkerung vorwiegend in den Tälern lebte und die deutsche Sprache und Kultur in den geheimen „Katakombenschulen" erlernte und pflegte.

Nachdem die Waffen der „Assimilierung" und „Majorisierung" wegen des gezielten Widerstandes der deutschsprachigen Südtiroler nicht griffen, vereinbarten die beiden Diktatoren, Hitler und Mussolini, die dritte Waffe für die Bekämpfung von Minderheiten anzuwenden, nämlich die „Deportation". Sie schlossen im Jahr 1939 in Berlin ein Abkommen, nach welchem das Gebiet Südtirol bei Italien verbleiben sollte, und die deutsch- und ladinischsprachige Bevölkerung die Möglichkeit erhalten sollte, in das „Reich" auszuwandern, um dort angesiedelt zu werden. Der Großteil der Südtiroler Familien (86 %), denen durch eine gezielte Propaganda angedroht wurde, dass die „Dableiber" eventuell in andere italienische Provinzen versetzt werden könnten, entschieden sich für die Abwanderung. 75.000 Südtiroler wanderten ab, von denen später wieder 25.000 zurückkehrten, während die anderen den Ausgang des Krieges abwarten wollten. Sie verloren die italienische Staatsbürgerschaft, behielten aber ihre Heimat, waren allerdings am Ende des Krieges größtenteils staatenlos.

2 Hoffnung und Enttäuschung

Nach Ende des Zweiten Weltkrieges befanden sich die Südtiroler in einer katastrophalen Lage. Sie waren mehrheitlich staatenlos und waren nach 25 Jahren Einschüchterung und Diktatur auch wirtschaftlich und politisch am Ende. Sie waren aber überzeugt, dass Resignation keine Lösung ist. Nur durch Zusammenhalt und Zusammenarbeit der in den vergangenen Jahren vielfach zerstrittenen Optanten und Dableiber könnten die politischen Probleme gelöst werden. Da man den Optanten eine gewisse Nähe zu den Nationalsozialisten nachsagte, war das Vertrauen der Siegermächte zu den Dableibern viel größer. Man versuchte gleich nach dem Kriegsende die Südtiroler Volkspartei zu gründen und mit allen Mittel das Selbstbestimmungsrecht durchzusetzen. Es wurden diesbezüglich Unterschriften gesammelt und den österreichischen Unterhändlern übergeben.

Bei den Siegermächten hatte weder Österreich noch Italien eine gewichtige Stimme. Trotz des überzeugenden Einsatzes der österreichischen Delegation entschieden die Siegermächte ‚dass Südtirol gebietsmäßig bei Italien bleiben sollte, da ja Italien große Gebietsverluste hinnehmen musste (Istrien, Dalmatien und Hinterland von Triest) und dadurch die bereits starke Italienische Kommunistische Partei nicht durch zusätzliche Gebietsverluste gestärkt werden sollte. Um auch der österreichischen Seite etwas entgegenzukommen, musste sich Italien verpflichten den deutschsprachigen Einwohnern in der Provinz Bozen und in den deutschsprachigen Ortschaften der Provinz Trient die volle Gleichberechtigung mit den italienischen Einwohnern zu gewähren und durch besondere Maßnahmen den Volkscharakter und die kulturelle und wirtschaftliche Entwicklung des deutschsprachigen Bevölkerungsanteils zu schützen. Dazu wird der Bevölkerung der erwähnten Gebiete die Ausübung einer autonomen regionalen Gesetzgebungs- und Vollzugsgewalt gewährt.

Dies wurde im sogenannten „Pariser Vertrag" oder „Gruber-Degasperi-Abkommen" festgelegt.

Leider ist dieses Abkommen sehr kurz und legt unter dem Begriff „Autonome Gesetzgebungs- und Vollzugsgewalt" nur wenige spezifische Kompetenzen fest. Es lässt eine Menge Freiraum für eine weitläufige Interpretation von Zuständigkeiten und Gebietsberichtigungen. Während die österreichische und Südtiroler Seite der Meinung waren, dass diese Schutzklausel für Minderheiten nur für Südtirol gilt, vertrat Alcide Degasperi die Auffassung, dass diese Autonomie nicht nur auf Südtirol beschränkt werden darf, sondern auf die gesamte „Region Trentino-Tiroler Etschland" ausgedehnt werden sollte. Aus dieser unklaren Formulierung und der Fehlinterpretation des Pariser Vertrages durch Italien entstand in der Folgezeit der politische Kampf zwischen Trient und Bozen, bzw. zwischen Italien und Österreich.

3 Los von Trient: Innere Selbstbestimmung für Südtirol

Die Verwaltung dieser Autonomie erfolgte durch die Regionalregierung, die ihren Sitz in Trient hatte. In der Region Trentino Südtirol hatte die italienische Volksgruppe die Mehrheit (500.000 italienischsprachige gegen 200.000 deutschsprachige). Somit bestimmte wiederum eine italienische Mehrheit über die Förderung der Kultur und Wirtschaft und über den Schutz der deutsch- und ladinischsprachigen Minderheit in Südtirol. Die neugegründete Südtiroler Volkspartei nahm zwar an der Koalitionsregierung in der Region teil, musste aber bald feststellen, dass sie in wichtigen Fragen zur Verteidigung und Förderung der besonderen Belange in Südtirol immer wieder überstimmt wurde. Sie trat deshalb aus der Regionalregierung aus. Als man zudem feststellen musste, dass auch die Regierung in Rom die Assimilierungspolitik in Südtirol durch gezielte Zuwanderung und durch die Errichtung entsprechender Wohnbauprogramme für italienische Zuwanderer fortsetzen wollte ,sah sich die SVP, mit großer Unterstützung der breiten Mehrheit der deutschsprachigen Bevölkerung, gezwungen, ihre Enttäuschung und Wut durch die Ausrufung der Forderung „Los von Trient" zum Ausdruck zu bringen. Die SVP verlangte eine eigene Autonomie für Südtirol. Diese Forderung gipfelte in einem Volksaufmarsch von 37.000 Südtirolern in Sigmundskron im Jahr 1957.

Der neugewählte Obmann der SVP, Dr. Silvius Magnago, verkündete bei dieser Gelegenheit in einer denkwürdigen Rede das neue Vorgehen der SVP und verlangte von Rom unmissverständlich die Beendigung der Assimilierungsprogramme Roms und die genaue Interpretation und Durchführung des Pariser Abkommens durch die Gewährung einer eigenen Autonomie für Südtirol.

Österreich hatte im Jahr 1955 die neue Souveränität erhalten und versprach den politischen Vertretern Südtirols, ihre Anliegen zu unterstützen und das Problem Südtirol vor die UNO zu bringen. Außenminister Kreisky gelang es durch geschickte Verhandlungstaktik die entsprechenden Mehrheiten zu finden, um die UNO zweimal (1959 und 1960) mit der Südtirolfrage zu beschäftigen. Die UNO kannte das Recht Österreichs, sich um die Durchführung des Pariser Abkommens zu kümmern an und bestätigte dadurch auch den Grundsatz, dass die Südtirolautonomie nicht nur eine innerstaatliche Angelegenheit Italiens ist, sondern, dass dieselbe dem internationalen Recht unterliege. Italien und Österreich wurden aufgefordert, durch Verhandlungen eine korrekte Interpretation des Pariser Vertrages zu suchen.

Ein Teil der Südtiroler Bevölkerung sah im Verhandlungsweg mehr eine Taktik des Hinauszögerns und meinte, man müsse die Unzufriedenheit über die politische Lage durch öffentliche Aktionen und Anschläge zum Ausdruck bringen. So gab es schon in den Jahren 1956 und 1957 erste Anschläge gegen staatliche Symbole, um die Öffentlichkeit in Italien und Europa darauf aufmerksam zu machen, dass das Pariser Abkommen auch nach über zehn Jahren noch nicht umgesetzt wurde. Die aufsehenerregendsten Anschläge gab es aber anfangs der 1960er-Jahre. In der „Feuernacht" vom 11. auf den 12.6.1961 wurden 42 Strommasten und staatliche Symbole und in der Nacht 12. auf den 13.7.1961 weitere acht Sprengungen durchgeführt. Insgesamt wurden zwischen September 1956 und Dezember 1980 361 „Anschläge" durchgeführt, wobei sicher nicht alle von Südtirolern ausgeführt wurden. Diese Aktionen erweckten ein großes mediales, weltweites Interesse.

4 Langwierige und schwierige Verhandlungen

Der Auftrag der UNO und die Unruhen in Südtirol zwangen die römische Regierung, die Verhandlungen mit Bozen und Wien aufzunehmen. Es wurde eine Verhandlungskommission (19er-Kommission) ernannt, an welcher Vertreter der Provinzen Bozen und Trient und des Staates teilnahmen. Die Zusammensetzung dieser Kommission musste auch die Sprachgruppen berücksichtigen. Sieben gehörten der deutschen, einer der ladinischen und elf der italienischen Sprachgruppe an.

Diese Kommission hatte den Auftrag, einen Kompromiss über die Interpretation des Pariser Vertrages auszuhandeln, um die von den Südtirolern geforderte Südtirolautonomie festzulegen. Es ging um die Klärung der Fragen, welche Zuständigkeiten von der Region und vom Staat an die beiden Länder Südtirol und Trentino übergehen, welche Finanzierungen gewährt werden und welche Kompetenzen bei der Region verbleiben und wie und wann die einzelnen Schritte umgesetzt werden sollten.

Im Jahr 1964 stellte diese Kommission ihre Tätigkeit ein und unterbreitete einen Lösungsvorschlag an die beiden Außenministern Giuseppe Saragat und Bruno Kreisky. Dieses erste Verhandlungsergebnis wurde aber von der SVP als nicht weitreichend genug und als zu unsicher abgelehnt.

Die Verhandlungen gingen auf Expertenebene und durch direkte Verhandlungen zwischen Bozen, Wien und Rom weiter.

Im Jahr 1969 wurde den Außenministern Kurt Waldheim und Aldo Moro ein zweiter ausgehandelter Kompromiss mit einem detaillierten Operationskalender unterbreitet.

Dieser, als sogenanntes „Paket" und „Operationskalender" bezeichneter Vorschlag enthielt 137 Kompetenzen, die von der Region und vom Staat an das Land Südtirol und in welcher Zeit übergehen sollten. Der „Operationskalender" sollte die Garantie sein, dass Italien die einzelnen Paketmaßnahmen innerhalb der vereinbarten Zeit umsetzt und dass dann Österreich vor der UNO erklärt, dass der behängende Streit mit Italien beendet ist.

Es lag nun an den Südtirolern zu entscheiden, ob dieses Verhandlungsergebnis ihren Forderungen entspricht oder nicht.

Die verschiedenen Gremien der Partei auf Orts-, Bezirks- und Landesebene diskutierten Monate hindurch, ob sie dieses Ergebnis annehmen oder ablehnen sollten. Es bildeten sich zwei fast gleich starke Gruppen. Die einen waren für die Annahme des ausgehandelten Kompromisses, da sie befürchteten, dass in weiteren Verhandlungen kaum noch was Zusätzliches erreicht werden kann, die andere Seite lehnte hingegen den Vorschlag ab, da die darin enthaltenen Zugeständnisse zu gering und zu wenig abgesichert wären. Sie vertraten die Auffassung, dass mit weiteren Verhandlungen noch zusätzliche Zuständigkeiten herausgeholt werden könnten.

Am 22.11.1969 fand schließlich in Meran die Vollversammlung der SVP statt, die entscheiden sollte. ob das Paket mit Operationskalender angenommen oder abgelehnt werden sollte. Es war eine sehr bewegte und emotionelle Versammlung ,in welcher die Argumente der Befürworter, angeführt vom Parteiobmann Dr. Silvius

Magnago, und der Gegner des Paketes, angeführt vom Parteiobmannstellvertreter Senator Peter Brugger, mit ihren Argumenten aufeinanderprallten. Diese in der Wortwahl und auch inhaltlich sehr heftig und wortgewaltig geführte Diskussion dauerte über 18 Stunden. Um 3 Uhr früh wurde das Abstimmungsergebnis verkündet: 52,8 % der Stimmberechtigten waren für die Annahme des Paketes, 44,2 % dagegen.

Um die Einheit der Partei nicht zu gefährden, reichten sich die beiden „Kontrahenten", Magnago und Brugger, die Hände und versprachen, sich mit allen Kräften dafür einzusetzen, um das genehmigte Paket mit dem Operationskalender, dh die Neue Autonomie, umzusetzen.

5 Umsetzung der „neuen" Zuständigkeiten

Dieses Verhandlungsergebnis, das von Südtiroler Seite genehmigt worden war, musste nun auch vom Römischen Parlament, vom Tiroler Landtag und natürlich auch vom Nationalrat in Wien genehmigt werden. Dies war besonders wichtig, weil dadurch erneut der Beweis geliefert wurde, dass die Südtirolautonomie nicht nur eine reine italienische, sondern eine internationale Angelegenheit darstellt.

Die neue Interpretation des Pariser Vertrages durch das Paket und der diesbezüglichen Genehmigung durch das Italienische Parlament, machten auch eine Abänderung der italienischen Verfassung notwendig. Diese Abänderung erfolgte im Jahr 1972. In diesem neuen Verfassungsgesetz wurde auch der Grundsatz eingebaut, dass der Schutz der „sprachlichen Minderheiten" ein „nationales Interesse" darstellt. Die „neue" Südtirolautonomie trat am 20.1. 1972 in Kraft. Die Provinz Trient erhielt die gleiche Autonomie wie Südtirol während einige, wenige Zuständigkeiten bei der Region blieben.

Für die Überführung der einzelnen Kompetenzen von der Region bzw. vom Staat auf die Autonome Provinz Bozen und Trient mussten entsprechende rechtliche Schritte gesetzt werden. Es war notwendig, einige Verfassungsgesetze und Staatsgesetze abzuändern, Durchführungsbestimmungen und verschiedene Verwaltungsverordnungen zu vereinbaren. Dies alles sollte in zwei Jahren, also innerhalb Jänner 1974 erfolgen.

Für die Ausarbeitung der Umsetzung der Paketbestimmungen und der betreffenden Durchführungsbestimmungen wurden zwei ,mit Vertretern der Autonomen Provinzen Trient und Bozen und des Staates besetzte Kommissionen eigesetzt: die „6er"-Kommission für die Belange der Provinz Bozen und die „12er"-Kommission für die Provinz Trient und für die Region Trentino-Südtirol. Diese beiden Kommissionen sollten Vorschläge für die Regierung ausarbeiten.

Schon nach den ersten Treffen dieser Beratungsgremien wurde klar, dass die Frist von zwei Jahren für die Ausarbeitung der Vorschläge für die Durchführung der Paket-Maßnahmen nicht realistisch ist. Bei einigen Durchführungsbestimmungen wie zB Schule, Kultur, Proporz, Wirtschaft, Soziales, Raumordnung, usw. gab es einfach zu viele unterschiedliche Auffassungen. Zudem wechselten die Regierungen häufig, sodass die Beamten und Kommissionen immer wieder erneuert und die Arbeit wieder von vorne begonnen werden musste. Auch die Südtiroler Seite war mit einer „gewissen" Verzögerung einverstanden ,da die Südtiroler Landesregierung nicht vorbereitet war, für alle diese neuen Zuständigkeiten innerhalb kürzester Zeit die organisatorischen und verwaltungstechnischen Voraussetzungen zu schaffen. Tatsache ist, dass die notwendigen Durchführungsbestimmungen nicht in zwei Jahren erlassen wurden, wie es der Operationskalender vorsah, sondern erst in 20 Jahren. Dabei kann allerdings festgestellt werden, dass in dieser langen Zeit und durch die eingetretene Entspannung zwischen Rom und Bozen auch einige wesentliche Verbesserungen an den ursprünglichen Zuständigkeiten erreicht werden konnten.

6 Abschluss und Streitbeendigungserklärung

Sowohl Rom als auch Wien wollten nach so vielen Jahren der Verhandlungen endlich zu einem Abschluss des langwierigen Streites kommen. Außenminister Dr. Alois Mock wie auch Italiens Ministerpräsident Giulio Andreotti machten Druck, die noch ausstehenden Punkte so schnell wie möglich abzuklären. Giulio Andreotti wusste, dass seine Tage als Ministerpräsident gezählt sind. Österreich hingegen wollte zu Beginn der 1990er-Jahre in die Europäische Gemeinschaft eintreten. Italien meldete diesbezüglich jedoch Bedenken an und legte dagegen ein Veto ein. Auch die Südtiroler waren an einem Abschluss der Verhandlungen interessiert, da sie wohl niemals mehr auf zwei so verdiente und dem Land so wohlgesinnte Persönlichkeiten beider Regierungen zählen könnten. Nachdem ich zu dieser Zeit bereits Landeshauptmann von Südtirol war und deshalb an den verschiedenen Verhandlungen direkt teilnehmen konnte, kann ich bestätigen, dass von österreichischer Seite und vor allem von Dr. Mock niemals Druck auf unsere Verhandlungsdelegation für einen schnellen Abschluss ausgeübt wurde. Er wiederholte bei jeder Gelegenheit, dass Österreich den Streit mit Italien nur dann beenden werde, wenn die Südtiroler damit einverstanden wären.

Für den Abschluss der Verhandlungen fehlten noch einige Durchführungsbestimmungen und vor allem eine Erklärung Italiens, dass die gewährten, vereinbarten Rechte nach Abschluss der Verhandlungen nicht geschmälert oder weggenommen würden. Dies war nämlich die Befürchtung vieler Südtiroler.

Es war vorauszusehen, dass die Regierung Andreotti noch bis Ende Jänner 1992 dauern würde; deshalb war Eile geboten. Am 30.1. 1992 fand die letzte Sitzung zwischen Parteiobmann Riz und mir auf der einen Seite und dem italienischen Außenminister Gianni De Michelis auf der anderen Seite statt. Es ging dabei um die Einigung über die noch fehlenden Durchführungsbestimmungen und um die Schlusserklärung von Ministerpräsident Giulio Andreotti im Parlament. Auf Grund der gebotenen Eile konnten wir relativ schnell eine Einigung über die Durchführungsbestimmungen und Klärungen der noch ausstehenden Paketpunkte, wie zB Zweisprachigkeit bei Gericht, bei konzessionierten Betrieben, wie Eisenbahn, Gleichstellung der Sprachen bei Gericht, Errichtung einer autonomen Außenstelle des Verwaltungs- und Jugendgerichtes in Bozen, Ausrichtungs- und Koordinierungsbefugnis, Nationales Interesse und Klärung von Finanzfragen finden.

Schwierigkeiten entstanden als wir verlangten, dass Ministerpräsident Giulio Andreotti in seiner Rede im Parlament zur Streitbeendigung erklären muss, dass die getroffenen Vereinbarungen zwischen Bozen und Trient nur im „Einvernehmen" abgeändert werden dürften. Minister Gianni De Michelis meinte, er könne diesbezüglich keine Zusage geben, da er dem Ministerpräsidenten nicht vorschreiben könne, was dieser im Parlament sage. Daraufhin gingen Dr. Riz und ich in das darunterliegende Büro von Ministerpräsident Andreotti und erstatteten Bericht über unsere Sitzung mit seinem Außenminister und ersuchten ihn, am nächsten Tag die von Südtirol geforderte Erklärung in seine Rede einzubauen, widrigenfalls wir keine Zustimmung zur Streitbeendigung geben könnten. Andreotti war zwar etwas verwundert, dass wir ihm vorschreiben möchten, was er im Parlament sagen sollte, willigte aber schlussendlich ein.

Am darauffolgenden Tag, dem 31.1.1992, fand am Vormittag eine eigens einberufene Ministerratssitzung statt, die, die mit Gianni De Michelis vereinbarten Ergebnisse genehmigte, und am Nachmittag hielt Giulio Andreotti im Parlament seine Rede über den Abschluss der Paketverhandlungen, in welcher er den mit uns vereinbarten Satz, dass die getroffenen Vereinbarungen nur im gegenseitigen Einvernehmen abgeändert werden dürften, einbaute. Nach dieser Rede genehmigte das Parlament die Beendigung des Streits über die Auslegung des Pariser Abkommens zwischen Italien und Österreich. Andreotti trat dann als Ministerpräsident zurück.

Nun war der Weg frei für die Anwendung des Art 13 des Operationskalenders. Nach der Erklärung im Römischen Parlament wurde diese Erklärung dem österreichischen Botschafter in Rom übergeben. Anschließend erfolgte die Genehmigung dieser Streitbeendigungserklärung in einem SVP-Sonderparteitag. Im Anschluss gaben die Tiroler Landesregierung, der Tiroler Landtag und der Österreichische Nationalrat ihre Zustimmung. Am 11.6.1992 erfolgte die Übergabe des Streitbeendigungsaktes bei der UNO.

Damit war der Streit, der durch die falsche Anwendung des Pariser Vertrages entstanden ist, beigelegt.

Natürlich kommentierte jede Seite bei der Abgabe dieser Dokumente ihre Vorstellungen aus ihrer Sicht. Italien erklärte, dass dies ein Beitrag im europäischen Geiste zum Schutz der Minderheiten in Südtirol darstelle. Österreich erklärte, dass dies ein Akt in Durchführung des Pariser Abkommens sei, keinen Verzicht auf das Selbstbestimmungsrecht darstelle und dass Österreich die Schutzfunktion über die Einhaltung der vereinbarten Bestimmungen übernehme.

Beide Seiten waren sich darin einig, dass die Beendigung dieses Streites gutnachbarliche Beziehungen zwischen Italien und Österreich herstellen wird.

7 Konkrete Verbesserungen durch diese Neue Autonomie

Diese Neue Autonomie gibt den Südtirolern die Möglichkeit, im Rahmen der italienischen Verfassung und der geltenden EU-Richtlinien eine an unser Land und unsere Bevölkerung angepasste Wirtschafts-, Kultur-, Sozial- und Gesellschaftspolitik zu betreiben.

Die einzelnen Täler, Berggebiete, Wälder und Almen sollten mit zeitgemäßen Zufahrtswegen, Strom, Wasser und Energie erschlossen werden, um die Wirtschafts- und Lebensverhältnisse zu verbessern. Gleichzeitig sollten in den einzelnen Tälern Arbeitsplätze für die Landbevölkerung und für die Neben- und Zuerwerbsmöglichkeiten der Kleinbauern geschaffen werden, um dadurch die Abwanderung aus den Berggebieten und aus dem ländlichen Raum zu verhindern. Durch den Bau und Sanierung von Wohnungen und notwendigen öffentlichen Bauten, wie Kindergärten, Schulen, Postämtern, Gemeindehäusern, Altersheimen, Vereinshäusern, Sportstätten, Abwasser- und Müllsammeldiensten wurden die Voraussetzungen für lebendige Dörfer geschaffen.

Für die Ausbildung der Jugend sollten in den einzelnen Tälern neue Schulzentren mit entsprechenden Schülertransortmöglichkeiten geschaffen werden, um möglichst allen Jugendlichen im Lande eine zeitgemäße Ausbildung zu ermöglichen. Jeder sprachlichen Volksgruppe wurde der Unterricht in ihrer eigenen Sprache garantiert. Die Eltern sollten selbst entscheiden können in welche Schule sie ihre Kinder schicken möchten. Durch die Errichtung der dreisprachigen „Freien Universität" sollte auch In Südtirol eine universitäre Ausbildung und ein Kontakt mit Studenten aus anderen Ländern der Welt geschaffen werden.

Die Vorschrift der Zweisprachigkeit, in den ladinischen Gemeinden der Dreisprachigkeit, und die Anwendung des Proporzes in den Öffentlichen Ämtern garantierte auch den deutsch- und ladinischsprachigen Bewerbern viele interessante Arbeitsplätze in der öffentlichen Verwaltung, und dabei auch den Gebrauch der eigenen Muttersprache. Die Prozesse bei Gericht sollten grundsätzlich in der Muttersprache des Angeklagten erfolgen.

Jede Sprachgruppe sollte sich, je nach ihrer proportionalen Stärke an den, für die Kultur vorgesehenen, Förderungsmitteln beteiligen können.

Die Finanzierung all dieser neuen Zuständigkeiten wurde durch ein eigenes Finanzabkommen geregelt. 90 % beinahe aller in Südtirol eingezahlten Steuern und Gebühren müssen in Südtirol bleiben. Die restlichen zehn Prozent sollen dem Staat für die Finanzierung der bei ihm verbleibenden Kompetenzen zugewiesen werden. Zudem erklärte sich Südtirol bereit, sich auch an der Rückzahlung der italienischen Staatsschulden proportional zu beteiligen.

Diese durch die Neue Autonomie ermöglichte Landespolitik erbrachte in den letzten Jahrzehnten für die Südtiroler aller drei Sprachgruppen sehr positive Ergebnisse und konnte aus einer sehr armen Region ein blühendes Land machen: Die Arbeitslosenquote liegt in Südtirol bei ca 2,8 %, das BIP bei über 43.000 Euro pro Einwohner (Südtirol ist heute die reichste Region Italien und gehört zu den 20 wohlhabendsten Regionen der EU), die Öffentlichen Dienste funktionieren, und der Lebensstandard ist einer der höchsten Italiens. Zudem schützt diese Autonomie auch die zwei Minderheiten in Südtirol vor ungewollter Assimilierung. Haben sich bei der zehnjährigen Volkszählung im Jahr 1971 62,9 % der Bevölkerung der deutschen Sprachgruppe zugehörig erklärt, erbrachte die Volkszählung 2011 folgendes Ergebnis: 69,41 % deutsch, 26,03 % italienisch und 4,53 % ladinisch. Diese Zahlen beweisen, dass die deutsche und ladinische Minderheit nicht vom Aussterben bedroht sind.

Diese positive Entwicklung und die gesetzlich gewährte Gleichstellung aller drei Volksgruppen hat dazu geführt, dass das Gegeneinander der Sechziger Jahre zu einem Nebeneinander in den Siebziger Jahre und heute zu einem Miteinander geführt hat. Schließlich soll die Autonomie allen Volksgruppen Frieden, Sicherheit und Wohlergehen bringen.

8 Dynamische Autonomie

Durch die Streitbeilegung wurde nur der vor der UNO behängende Streit über die Auslegung des Pariser Abkommens beendet. Die Zusage der Siegermächte und der Vertragsparteien, Österreich und Italien, versprachen den Südtirolern eine „Autonome Gesetzgebung und Verwaltung". Diese muss aber, um wirksam zu bleiben, immer auf die äußeren Umstände und die jeweiligen zeitlichen Veränderungen angepasst werden. Wer hätte zB während der Paketverhandlungen in den sechziger Jahren geglaubt, dass der Umweltschutz, der Verkehr, die Telekommunikation, die Alternativenergie, Forschung und Entwicklung einmal eine so große Rolle spielen würden?

Ich habe deshalb sofort nach dem Abschluss der Verhandlungen gemeinsam mit der SVP von einer „dynamischen" Autonomie gesprochen und bin gleich darauf mit einer langen Liste von neuen Forderungen beim damaligen neuen Ministerpräsidenten Carlo Azeglio Ciampi vorstellig geworden. Zuerst wollte man in Rom von neuen Verhandlungen nichts wissen. Schließlich war man aber doch bereit, mit uns über neue Anpassungen des Neuen Autonomiestatutes zu verhandeln. In den folgenden Jahren erhielten wir in mehreren Bereichen einige sehr gewichtige neue Kompetenzen. Die wichtigsten davon sind:

Errichtung einer privaten Freien Universität in Bozen, Schulkalender, Schulprogramme, rechtliche und wirtschaftliche Behandlung der Lehrer, Übergang des Musikkonservatoriums, Motorisierung, Übergang eines großen Teils des Staatsvermögens, Delegierung aller Staatsstraßen, Wasserkonzessionen, Zuständigkeiten für staatliche Denkmäler und Übergang des lokalen Zugverkehrs an das Land.

Durch die Verfassungsänderung im Jahre 2001 wurde, unserem Wunsche gemäß, die Region Trentino-Südtirol, (zum ersten Mal wird der Name Südtirol verwendet), abgewertet, indem die vom Landtag und Regionalrat genehmigte Gesetze vom jeweiligen Präsidenten im Amtsblatt veröffentlicht werden und dann sofort in Kraft treten. Bisher mussten sie über dem Regierungskommissär nach Rom geschickt werden, um dort überprüft und genehmigt oder abgelehnt zu werden. Rom kann zwar auch heute noch die veröffentlichten Gesetze vor dem Verfassungsgerichtshof wegen Verletzung der Verfassung oder der EU-Verträge anfechten, wie auch das Land Südtirol Staatsgesetze wegen Verletzung der Autonomiebestimmungen anfechten kann. Bis zur Entscheidung des Verfassungsgerichtshofes bleiben die jeweiligen Gesetze aber in Kraft. Weiters änderte dieses Verfassungsgesetz den Grundsatz, dass die Region in die Provinzen Trient und Bozen unterteilt wird, dahingehend ab, dass die beiden Provinzen die Region bilden und dass die bisherigen Regionalratsabgeordneten in Zukunft als Landtagsabgeordnete gewählt werden und zusammen den Regionalrat bilden. Zudem könnte ab diesem Datum die Regionalregierung aus den beiden Landeshauptleuten, die alternierend den Vorsitz übernehmen, und aus Landesräten der beiden Länder gebildet werden.

Mit diesem Verfassungsgesetz wurden auch die Rechte der Ladiner wesentlich verbessert. Sie sollten innerhalb der RAI, so wie die deutsche Volksgruppe, eine eigene selbständige Radio- und Fernsehabteilung mit angemessenen Sendezeiten erhalten. Zudem wurde der ladinischen Volksgruppe ein Vertretungsrecht in allen Verwaltungsgremien und Kommissionen gewährt, auch wenn ihr dies laut Proporzstärke nicht zustehen würde. Dies bedeutet, dass ab diesem Datum die Ladiner in allen Regierungsgremien und Präsidien vertreten sein müssen.

Um auch in Zukunft entsprechende Vorschläge für den Ausbau und Anpassung unserer Autonomie auszuarbeiten ,ernannte die Landesregierung kürzlich eine Kommission, die den Namen „Konvent" trägt, und aus verschiedenen Vertretern aller politischen, wirtschaftlichen, kulturellen und sozialen Gruppen aller drei Sprachgruppen zusammengesetzt wurde. Die zahlreichen und vielfältigen erarbeiteten Vorschläge werden demnächst in den zuständigen Entscheidungsgremien überprüft werden.

9 Europaregion Tirol

Südtirol hat durch die Auswirkungen der Neuen Autonomie und durch den dadurch erreichten Wohlstand eine gewisse Selbstsicherheit erlangt. Es ist deshalb wohl verständlich, dass versucht wurde, über die Grenzen hinweg, eine Zusammenarbeit mit den Nachbarregionen, die ähnliche Voraussetzungen in Bezug auf Geschichte, Wirtschaft und Kultur aufweisen anzustreben. Man erkannte dadurch gleichzeitig auch die neue europäische Aufgabe als Grenzgebiet an, für eine harmonische Verzahnung der Grenzregionen zu sorgen, um dadurch die Europäischen Staaten besser zu verzahnen und somit einen Beitrag zum Frieden in Europa zu leisten.

Bereits seit Jahrzehnten verlangten die Landtage vom Bundesland Tirol, Südtirol und Trentino, als Teilregionen des „Alten" Tirols, die Voraussetzungen für die Bildung einer Europaregion Tirol zu schaffen. Die Rechtsgrundlage hierfür sollte das Madrider Abkommen (1980) sein. Leider wurde dieses Abkommen von Italien nicht in allen Teilen ratifiziert.

Deshalb versuchten die drei Landeshauptleute der erwähnten Regionen eine andere Europäische rechtliche Grundlage ausfindig zu machen. Als solche bot sich die EU-Verordnung 1082 vom 5.7.2006 an, welche die Gründung der Europäischen Vereinigungen Territorialer Zusammenarbeit (EVTZ) vorsieht.

Die Gründung der „Europaregion Tirol-Südtirol-Trentino" erfolgte nach vielen Vorbereitungssitzungen der drei Landtage und der drei Landesregierungen am 14.6.2011 auf Schloss Thun in der Provinz Trient. Es ist die erste Euregio in Österreich, die zweite in Italien und die 21. in der EU.

Die Statuten sahen vor, dass die Zusammensetzung des Vorstandes und der Vollversammlung zu gleichen Teilen aus Vertretern der Landesregierungen und der

Landtage der einzelnen Länder entsprechen muss. Der Sitz der neugegründeten Europaregion soll Bozen sein. Zum ersten Präsidenten wurde der Landeshauptmann von Südtirol, Luis Durnwalder, gewählt. Die Präsidentschaft sollte zwischen den einzelnen Ländern alternieren.

Das nötige Verwaltungspersonal wurde von den Mitgliedsländern zur Verfügung gestellt. Der Haushalt und das vorgesehene Arbeitsprogramm wurden jährlich vom Vorstand ausgearbeitet und der Vollversammlung zur Genehmigung vorgelegt.

Die Hauptaufgabe dieser neugebildeten Euregio war die Zusammenarbeit in all jenen Bereichen, wo gleiche oder ähnliche Interessen vorhanden waren, und wo durch eine praktische Zusammenarbeit für die einzelnen Länder und deren Bürger Kosteneinsparungen und andere Vorteile entstehen.

In den folgenden Jahren konzentrierte sich die Zusammenarbeit auf folgende Sachbereiche: Gemeinsames Vorgehen in der EU zum Schutz der Bergbauern, KMU und Schutz von Minderheiten, Ausbildung der Jugend, Erlernen von Sprachen, Zusammenarbeit und Koordinierung von Forschungs- und Entwicklungsprojekten durch die jeweiligen Universitäten, Bildung von Gesellschaften im Gas- und Energiebereich, Behandlung von Verkehrsproblemen, wie Brennerbasistunnel, Umweltprobleme auf Autobahnen und Transitstrecken, Ausbau und Förderung des Eisenbahnverkehrs, Abstimmung der Fahrpläne und Bahntarife Richtung Lienz und Innsbruck, ständige Information im Arbeitssektor zur leichteren Besetzung von freien Stellen, Abstimmung der Flüchtlings- und Integrationspolitik, Zusammenarbeit im Bereich der Naturparke, Alpenkonvention, Museen, Zivilschutz, Wetterdienst, Regelung der Skipisten, Tagungen, Studien und Veröffentlichungen über vereinbarte Themen, Errichtung von Ausbildungsstätten (Alpbach, Toblach), gemeinsames Büro in Brüssel und vieles andere mehr.

Leider ist die politische, wirtschaftliche, kulturelle und gesellschaftliche Bedeutung dieser hart errungenen Möglichkeit der Zusammenarbeit der drei Teile Tirols noch viel zu wenig in das Bewusstsein und in die Herzen der einzelnen Menschen eingedrungen. Hier haben die Politik, aber auch die Schulen und Familien noch eine große Aufgabe zu erfüllen.

Georgi MITOV[*]

Mediation bei einigen Deliktsarten in Bulgarien

In modernen Strafjustizsystemen bestehen alternative Ansätze zum traditionellen Strafverfahren als „Reaktion" des Staates (als Partei strafrechtlicher Beziehung) bei kriminellen Handlungen, die es ermöglichen, die Folgen des Verbrechens zu beseitigen und die Ziele der Bestrafung zu erreichen. Die Anwendung alternativer Methoden zur Beilegung von Streitigkeiten in Strafverfahren ist ein komplexes Straf- und Strafprozessproblem mit vielen Projektionen in anderen Bereichen des öffentlichen Lebens und der Gesetzgebung (die Organisation dieser Tätigkeiten, die öffentlichen Einstellungen usw). Es erfordert ein Aufbrechen des klassischen Modells der Strafjustiz und die Anwendung eines radikal anderen Ansatzes zur Bestrafung des Täters des Verbrechens und zum Ausgleich des durch die Tat verursachten Schadens.

In vielen Ländern werden Alternativen zur Strafverfolgung im Rahmen der restaurativen Justiz entwickelt. Eine der effektivsten Erscheinungsformen ist die Mediation. Gegenstand dieser Studie ist die Möglichkeit der Anwendung der Mediation einiger Strafsachen in der Republik Bulgarien als Teil des allgemeineren und größeren Problems der Anwendbarkeit der restaurativen Justiz in Strafverfahren und ihrer Wechselwirkung mit dem klassischen Strafverfahren.

Als vorläufige Anmerkung sollte das sogenannte **Paradigma der restaurativen Gerichtsbarkeit** in der Strafjustiz erörtert werden. Dieses Thema ist komplex und vielfältig, so dass es angesichts des Umfangs des Artikels nicht möglich ist, es in seiner Gesamtheit darzustellen, und es wird daher fragmentarisch betrachtet, soweit dies zur Klärung des obigen Gegenstands erforderlich ist.[1]

---

[*] Georgi Mitov hat 1988 das Diplomstudium der Rechtswissenschaften in Sofia beendet, Promotion 2012, Habilitation 2016; ord. Univ.-Prof. an der Juristischen Fakultät der Universität Sofia und seit 2019 Dekan der Juristischen Fakultät der Uni Veliko Tarnovo. Er war von 2002 bis 2006 stellvertretender Vorsitzender der Begnadigungskommission und 2006-12 Mitglied des Juridischen Rates beim Staatspräsidenten Bulgariens, 2006-09 Mitglied der Expertengruppe für Analysen der Rechtspolitik beim Ministerpräsidenten. Seit 2020 ist er Mitglied des Expertenrates beim Generalprokurator Bulgariens. Prof. Dr. Mitov ist seit 1994 Rechtsanwalt in Sofia. Er hält Vorlesungen zum Strafprozessrecht, Strafexekutionsrecht, Internationalen Strafprozessrecht und zur Internationalen Zusammenarbeit in Strafsachen. Er hat bis jetzt acht Bücher und mehr als 60 wissenschaftliche Beiträge publiziert.

[1] *Chankova*, Die wiederherstellende Justiz. Vergleichende Justizanalyse, 2011 (*Чанкова*, (Възстановителното правосъдие. Сравнителноправен анализ, 2011); *Mahov/Vasilenko*, Mediation und andere Programme der restaurativen Justiz im Strafprozess des angelsächsischen Rechts, 2015 (*Махов/Василенко*, Медиация и другие программы восстановительного правосудия в уголовном процессе стран англосаксонского права. М.: Юрлитинформ, 2015); *Josifova*, Die wiederherstellende Justiz – Utopie oder erreichbare juristische Realität, Obs-

Die restaurative Justiz ist Ausdruck eines globalen Trends zur Humanisierung der Strafjustiz. Infolgedessen ist ein Übergang vom klassischen strafrechtlichen Repressionssystem zu einem restaurativen System (hauptsächlich in den Ländern des angelsächsischen Rechts) im Gange.[2] Die Internationalisierung des Rechts und die Interaktion und gegenseitige Durchdringung von Methoden beider Rechtsfamilien führen in vielen Ländern des kontinentalen Rechtssystems (Deutschland, Niederlande, Belgien, Finnland, Polen, Tschechische Republik, Ungarn, Slowenien, Rumänien ua) zur Umsetzung einiger Programme zur Wiederherstellungsjustiz.

I. Die restaurative Justiz wird im Vergleich zum klassischen Strafprozess als das neue, humanere Paradigma der Strafjustiz angesehen.[3] Dieser neue Ansatz zur Verbrechensbekämpfung basiert auf Wiedergutmachung und „Berichtigung der Situation", wobei der Schwerpunkt auf dem Opfer des Verbrechens liegt.

a) Die Wiederherstellende Justiz ist ein Prozess, durch den die Parteien eines Verbrechens gemeinsam entscheiden, wie sie mit seinen Folgen und ihren Auswirkungen auf die Zukunft umgehen sollen. Dies ist die Definition, die von der Arbeitsgruppe für restaurative Justiz der Allianz der NGOs für Kriminalprävention und Strafjustiz der UNO angenommen wurde.[4]

Die restaurative Justiz basiert auf dem Konzept, den „Konflikt" (das Verbrechen) durch „seine Eigentümer" (den Täter und das Opfer) zu lösen, und nicht darauf, dass er dem Opfer vom Staat durch das traditionelle Strafverfahren „gestohlen" wird und das Opfer kaum an der Lösung dieser Probleme beteiligt wird.[5]

b) Die in den Ländern des angelsächsischen Rechts am häufigsten verwendeten Programme (Modelle, Praktiken, Instrumente, Formen) der restaurativen Justiz

---

chtestvo i Pravo/Gesellschaft und Recht 10/2016, 62–74. (*Йосифова*, Възстановителното правосъдие – утопия или постижима правна реалност. – Общество и право, 2016, № 10, 62–74).

[2] In der Fachliteratur werden zur Kennzeichnung der beiden Grundstrafjustizsysteme die Begriffe: horizontale (restaurative) und vertikale (strafrepressive) benutzt; s *Chankova*, Die wiederherstellende Justiz. Vergleichende Justizanalyse, 2011, 39 (Поподробно вж. Чанкова, (Възстановителното правосъдие. Сравнителноправен анализ, 2011, 39).

[3] *Chankova*, Übersicht internationaler Instrumente bei der restaurativen Justiz und Mediation zwischen Opfer und Täter einer Straftat, in Pravna Tribuna/Rechtliche Tribüne, 1/2008, 56. (*Чанкова*, Обзор на международните инструменти по възстановително правосъдие и медиацията между пострадал и извършител на престъпление. – Правна трибуна, 2008, № 1, 56).

[4] *Chankova*, Die wiederherstellende Justiz. Vergleichende Justizanalyse, 2011, 23 (*Чанкова*, (Възстановителното правосъдие. Сравнителноправен анализ, 2011, 23) *Chankova*, Die Mediation zwischen Opfer und Täter der Straftat, 2002. 45 (*Чанкова*, Медиацията между жертвата и извършителя на престъплението, 2002, 45).

[5] Am deutlichsten wird dieses Konzept vom norwegischen Kriminologen Nils Christi zum Ausdruck gebracht; *Christi*, Limit of Pain, 2015, 118–127.

sind: die Mediation zwischen dem Opfer und dem Täter des Verbrechens, sowie Gruppenbesprechungen innerhalb der Familie (sogenannte Familien- und Gruppenkonferenz), communitybasierte Besprechungen, Wiederherstellungsbesprechungen, Diskussions- (Friedens-)Kreise, Wiederherstellungswarnungen, Wahrheits- und Versöhnungskommissionen ua.[6]

2. Die restaurative Justiz ist mehr ein wissenschaftlicher Begriff, während in internationalen und anderen Rechtsakten hauptsächlich der Begriff Mediation verwendet wird. Es ist die häufigste Form der restaurativen Justiz und daher wird dieser Begriff häufig verwendet, damit so alle Programme bezeichnet werden. Darüber hinaus verwenden alle Modelle dieselbe Methode — Kommunikation als Mediation.

Der Begriff stammt aus dem Lateinischen (mediaitio) und bedeutet Vermittlung.[7] Die Mediation zwischen dem Opfer und dem Täter ist ein

„freiwilliger und informeller Prozess, bei dem sich das Opfer auf einem neutralen Platz mit dem Täter trifft und beide mit Hilfe einer dritten unabhängigen Person als Mediator versuchen, sich auf eine Vereinbarung bezüglich der Folgen des Verbrechens zu einigen."[8]

Das **MG** Bulgariens[9] definiert die Mediation als ein freiwilliges und vertrauliches Verfahren zur außergerichtlichen Beilegung von Streitigkeiten, bei dem eine dritte Person als Mediator die Streitparteien bei der Erzielung einer Einigung unterstützt (Art 2 des **MG**).

3. In einem vergleichenden rechtlichen Aspekt lassen sich angesichts des Verhältnisses zum traditionellen System der Strafjustiz **drei Hauptmodelle für Anwendung der Mediation im Strafverfahren** unterscheiden.[10]

---

[6] Mehr zu den Modellen s bei *Chankova*, Die wiederherstellende Justiz. Vergleichende Justizanalyse, 2011, 58–64 (Чанкова, (Възстановителното правосъдие. Сравнителноправен анализ, 2011, 58–64); *Josifova*, Die wiederherstellende Justiz – Utopie oder erreichbare juristische Realität, Obschtestvo i Pravo/Gesellschaft und Recht 10/2016, 68–70 (*Йосифова*, Възстановителното правосъдие – утопия или постижима правна реалност. – Общество и право, 2016, № 10, 68–70); *Mahov/Vasilenko*, Mediation und andere Programme der restaurative Justiz im Strafprozess des angelsächischen Rechts, 2015, 55–80 (*Махов/Василенко*, Медиация и другие программы восстановительного правосудия в уголовном процессе стран англосаксонского права. М.: Юрлитинформ, 2015, 55–80.)

[7] Wörterbuch der Fremdwörter in der bulgarischen Sprache, 1978, 448 (Вж. Речник на чуждите думи в българския език, 1978, 448).

[8] Chankova, Die wiederherstellende Justiz. Vergleichende Justizanalyse, 2011, 58 f (Чанкова, (Възстановителното правосъдие. Сравнителноправен анализ, 2011, 58–59).

[9] Amtsblatt „Darzhaven vestnik" Nr 110 vom 17.12.2004 (обн. ДВ, бр 110 от 17 декември 2004 г.)

[10] Mehr über diese Modelle s bei Kursus Strafrecht, Moskauer Staatsuniversität MGU, Juridische Fakultät, Lehrstuhl Strafprozessrecht, unter der Redaktion von *Golovko*, [2]2017, 122 (Курс

a) Das erste Modell ist Teil des traditionellen Strafverfahrens. In einer bestimmten Phase des Verfahrens sendet der Gerichtsvorstand die Unterlagen an den Mediator, der mit der Verpflichtung beauftragt ist, eine Einigung zwischen dem Opfer und dem Täter zu erzielen. Das Erreichen einer Vereinbarung kann zur Beendigung des Verfahrens oder zu anderen „privilegierten" Konsequenzen für den Angeklagten/Beklagten führen — Verhängung einer geringeren Strafe, Ermäßigung oder Nichtzahlung der fälligen Gebühren und anderes.

Dieses Modell wird in vielen europäischen Justizsystemen verwendet. Beispiele dafür sind das „Strafbemiddeling" im flämischen Teil Belgiens, der „Täter-Opfer-Ausgleich" in Deutschland sowie die von den Bezirksgerichten in den USA angewandten Mediationen und Familienkonferenzen.

b) Das zweite Modell der Mediation zwischen dem Opfer und dem Täter ist eine echte Alternative zum Strafverfahren. Es wird am häufigsten in einem sehr frühen Stadium der Abwicklung der Strafjustiz angewendet. Nach erfolgreicher Mediation wird der Täter von der strafrechtlichen Verantwortung befreit und das Strafverfahren wird eingestellt.

Beispiele für einen solchen Ansatz sind der „Tatausgleich" in Österreich, das niederländische "dading" und die Mediation in Frankreich.

c) Das dritte Modell der Mediation zwischen Opfer und Täter wird nach dem Ende des Strafverfahrens mit Inkrafttreten des Urteils angewendet. Es ist ein zusätzliches Mittel zur Korrektur und Umerziehung des Täters und zur erfolgreicheren Resozialisierung der verurteilten Person. Es wird häufig bei schwersten Straftaten eingesetzt und daher in Gefängnissen durchgeführt.

Ein solches Programm in den Ländern der angelsächsischen Rechtsfamilie ist „der Dialog zwischen dem Täter und dem Opfer".

II. Eine eindeutige Antwort auf die Frage bezüglich der Anwendung **der Mediation in Strafsachen in Bulgarien** kann nicht gegeben werden. Die Komplexität ergibt sich aus dem Mangel an Rechtsvorschriften und der komplizierten und wi-

---

уголовного процесса. МГУ, Юридический факультет, Кафедра уголовного процесса, правосудия и прокурорского надзора. Под редакции *Головко*. 2-е издание, исправленное, 2017, 122) *Mahov/Vasilenko*, Mediation und andere Programme der restaurativen Justiz im Strafprozess des angelsächsischen Rechts, 2015, 13–15 (*Махов/Василенко*, Медиация и другие программы восстановительного правосудия в уголовном процессе стран англосаксонского права, 2015, 13–15); *Gohenheisen*, Mediation der Opfer und des Rechtsbrechers: rechtliche und verfahrensrechtliche Garantien. Experimente und Gesetzgebung in einigen europäischen Staaten. (*Гроенхейзен*, Медиация жертвы и правонарушителя: правовые и процедурные гарантии. Эксперименты и законодательство в некоторых европейских странах), http://mosme-diator.na-rod.ru/publikatsii/mediatsiya_zhertvi_i_pravonarushitelya_pravovie_i_prot-sedurnie_garantii/).

dersprüchlichen Haltung der Öffentlichkeit zur Anwendung alternativer Mittel in Strafsachen.

1. Der rechtliche Rahmen für die Mediation in Strafsachen ist äußerst spärlich und wirft sehr komplizierte Fragen auf. Er ist in einer Bestimmung des **MG** (Art 3 Abs 2) enthalten: die Mediation wird auch in den im **StPK** vorgesehenen Fällen durchgeführt.

a) Im zitierten Text ist aber die Konjunktion ‚und' rätselhaft. Es entsteht der Eindruck, dass außer in den in der Strafprozessordnung vorgesehenen Fällen eine Mediation in Strafsachen auch in anderen Fällen zulässig ist. Die Gesetzgebungstechnik im **MG** ist ungenau und die zitierte Bestimmung sollte angesichts ihres systematischen Platzes korrektiv ausgelegt werden. Im Art 3 des **MG** wird der Gegenstand der Mediation geregelt, dh auf welche Streitigkeiten dieses Verfahren angewendet werden kann. Abs 1 des Mediationsgesetzes bezieht sich auf die Anwendbarkeit der Mediation bei verschiedenen Arten von Streitigkeiten, außerhalb von Strafsachen. Die Konjunktion ‚und' in Art 3, Abs 2 des **MG** ergänzt die Anwendbarkeit der Mediation in Zivil-, Handels-, Arbeits-, Familien- und Verwaltungsstreitigkeiten (Art 3 Abs 1 des MG) mit solchen in Strafsachen.

Mit einer weiteren Auslegung der Bestimmung kann die Anwendung der Mediation auch ohne ausdrückliche strafrechtliche Regelung angestrebt werden.

b) Ungeachtet des Vorstehenden hat der Gesetzgeber eine besondere Haltung in Bezug auf die Anwendung der Mediation in Strafsachen.

In Bezug auf die anderen Arten von Streitigkeiten in Art 3, Abs 1 des **MG** gibt es keinen Hinweis auf eine explizite Regelung in den spezifischen Gesetzen (verfahrenstechnisch und materiell). Zwar gibt es eine ausdrückliche Einschränkung für die Anwendung dieser Methode in der Strafjustiz – in den im **StPK** vorgesehenen Fällen.

Der Grund für diesen ein wenig unterschiedlichen Ansatz liegt im **MG** selbst. Ein sorgfältiges Studium der Gesetzestexte führt zu dem Gedanken, dass seine rechtliche Regelung hauptsächlich mit den Besonderheiten der Zivil- und Handelsbeziehungen übereinstimmt[11] und die Besonderheiten des strafrechtlichen Ver-

---

[11] Beispielhaft dafür ist der Text des Art 18 MG mit dem Titel „Gewährleistung der Vollstreckbarkeit der Vereinbarung": Eine Vereinbarung, die während der Mediation zustande gekommen ist, hat den Rang einer gerichtlichen Vereinbarung und unterliegt einer Billigung seitens der Bezirksgerichte. (Art 18, Abs 1 MG). Diese Text aber spricht nicht den Regeln des StPK. Eine noch bessere Erläuterung bietet Art 18, Abs 2, Fall 2 im MG, der eine Anhörung des StA im Gericht verlangt, wenn dieser als Partei am Prozess teilnimmt. Eine ausführliche Analyse des MG in dieser Richtung würde sich außerhalb des Gegenstandes dieser Studie befinden und erfolgt daher nicht.

hältnisses (Macht und Unterordnung zwischen Staat und Täter) nicht berücksichtigt.[12] Vielleicht hat der Gesetzgeber deshalb zugelassen, dass in Strafsachen in den im StPK vorgesehenen Fällen eine Mediation durchgeführt wird.

2. Die Einstellung der Öffentlichkeit zu strafrechtspolitischen Trends ist stark polarisiert und zielt eher darauf ab, die Strafrepression zu verschärfen[13] als sie zu liberalisieren, darunter auch durch die Anwendung verschiedener Modelle der restaurativen Gerechtigkeit.

Die professionelle Diskussion über die Anwendung von Mediation in Strafsachen[14] gibt positive Botschaften, findet aber keine günstige gesetzgeberische Entwicklung. Es ist bezeichnend, dass es bisher – mehr als 15 Jahre nach der Verabschiedung des **MG** Ende 2004 – keine entsprechende Regelung in den strafrechtlichen Gesetzen für die Anwendung dieser Methode erfolgt ist.

3. Die Anwendung der Mediation in der Strafjustiz in Bulgarien kann auf der Grundlage von zwei Tendenzen gesucht werden – einer breiten und engen.

a) Die breite Projektion des Mediationsgedankens in Strafsachen erfordert die Entwicklung eines umfassenden Konzepts für seine Anwendung in dieser Fallkategorie.

Dies beinhaltet die Klärung der Art der „günstigen Konsequenzen" für den Angeklagten aus der Anwendung des Mediationsverfahrens und seiner Beziehung zum klassischen Strafjustizsystem. Die Grenzen sind sehr weit gefasst - von der Beendigung des Strafverfahrens (nach einer erfolgreichen Mediation) bis zur Ersetzung der strafrechtlichen Haftung durch andere Einfluss- und Kontrollmaßnahmen (ähnlich der Befreiung von der strafrechtlichen Haftung durch Verhängung einer Verwaltungsstrafe nach Art 78 a des Strafkodex **StK** Bulgariens oder die annullierten Verfahren zur Übergabe eines öffentlichen Auftrags an ein kameradschaftliches Gericht oder an die örtliche Kommission zur Bekämpfung asoziales Verhalten von Minderjährigen und Jugendlichen) zu einer günstigeren Behandlung des Angeklagten, einer leichteren Bestrafung (ähnlich wie die gekürzte Strafuntersuchung vor der ersten Instanz oder eine Vereinbarung), Reduzierung der Prozesskosten ganz oder teilweise und anderem.

---

[12] *Stoynov*, Strafrecht, Allgemeiner Teil, 1999, 40–44 (*Стойнов*, Наказателно право. Обща част, 1999, 40–44).

[13] *Velchev*, Probleme der Strafrechtspolitik in der Republik Bulgarien, 2012, 125–219 (*Велчев*, Проблеми на наказателната политика в Република България, 2012, 125–219.)

[14] Ausführlicher für die Anwendung der Mediation in Strafsachen s die Unterlagen des Runden Tisches „Perspektiven der Mediation in Strafsachen", durchgeführt am 13. und 14.12.2007, publiziert in „Pravna Tribuna/Rechtliche Tribüne" 1/2008.

Dieses Problem ist komplex. Es beinhaltet eine erste inhaltliche „Klärung" des Problems mit Änderungen des StK und dann eine Suche nach der Verfahrensform für dessen Umsetzung im StPK.

b) Die enge Projektion bezieht sich auf die Möglichkeit der Anwendung von Mediation in Strafsachen innerhalb des aktuellen Rechtsrahmens ohne entsprechende Änderungen des StK und des StPK.

Das Wesentliche an dieser Methode ist die Kommunikation zwischen dem Opfer und dem Täter (oder ihren Vertretern) mit Hilfe eines Mediators. Ein positives Ergebnis des Mediationsverfahrens sollte im Allgemeinen zu einer Einigung über die Beilegung des Streits führen. Nach dem derzeitigen bulgarischen Strafrecht ist dies nur in den Fällen möglich, in denen es dem Opfer mit seinen Aussagen gestattet ist, den

Verlauf des Strafverfahrens oder die strafrechtliche Verantwortlichkeit des Täters desVerbrechens zu beeinflussen.

Das materielle und verfahrensrechtliche Strafrecht erlaubt dies in zwei Fällen:

- in Fällen allgemeiner Natur: bei Verkehrsunfällen, bei denen erhebliche Sachschäden oder schwere oder mittlere Körperverletzungen verursacht wurden nach Art 343, Abs 2, aaO 1, b. „a" und „b" des StK und

- in Fällen privater Natur: bei Versöhnung zwischen dem Opfer und dem Täter nach Art 24, Abs 5, Pkt 3 der StPK.

c) In beiden Fällen hat die Mediation keinen direkten strafrechtlichen Aspekt, und daher können wir nur bedingt über ihre Anwendung in dieser Kategorie von Fällen sprechen. Sie betrifft nur die Aussage des Opfers zur Beendigung des Strafverfahrens, dh. als Grund für die Beendigung des Strafverfahrens. Das Strafgericht „interessiert sich" nicht für die Gründe, warum das Opfer das Strafverfahren beenden will.

In dem ersten betrachteten Fall wird das Strafverfahren auf Grund des Textes von Art 24, Abs 1, Pkt 9 der StPK eingestellt. In den im besonderen Teil des Strafgesetzbuchs vorgesehenen Fällen kann das Opfer oder die geschädigte juristische Person die Beendigung des Strafverfahrens bis zum Beginn der gerichtlichen Untersuchung vor dem Gericht erster Instanz beantragen.[15] Das Motiv für diese Aussage ist meistens, die Folgen der Straftat in Bezug auf die Entschädigung für Sachschäden und andere Schäden zu regeln. Sie werden zivilrechtlich mit einer zivil-

---

[15] *Mitov*, Private Strafsachen, 2017, 45 (*Митов*, Наказателни дела от частен характер, 2017, 45).

rechtlichen Vereinbarung geregelt. Mediation ist in diesem Teil anwendbar, aber es ist eine Methode, einen zivilrechtlichen Streit zu lösen, keinen strafrechtlichen.

Ähnlich ist die Anwendung des zweiten Falles: Das Strafverfahren wird auf der Basis des Art 24, Abs 5, Pkt 3 des StPK aufgrund der erreichten Versöhnung eingestellt. Die beschlussfassende Behörde interessiert sich auch nicht für die Bedingungen der Versöhnung. Im Gegensatz zum vorherigen Fall haben die Parameter hier einen viel größeren Spielraum, der nicht nur den Ausgleich der Schäden beinhaltet, sondern häufig auch moralische und andere Verpflichtungen umfasst (sich zu entschuldigen, andere Maßnahmen zu ergreifen usw).

In beiden Fällen wird die Kommunikation zwischen dem Opfer und dem Täter von ihren Verwandten, Anwälten und anderen Personen durchgeführt, die nicht immer über die entsprechenden Fähigkeiten und Erfahrungen darüber verfügen, was es oft schwierig macht, eine für beide Seiten akzeptable Lösung für die Streitigkeiten zwischen ihnen zu finden.

III. Eine Mediation in privaten Strafsachen wird durch die Art dieser Kategorie von Strafsachen vorgegeben.

1. Die Verbrechen privater Natur sind durch eine relativ geringe öffentliche Gefahr der Tat und des Täters gekennzeichnet, die in geringerem Maße die Verletzung des öffentlichen Interesses vorbestimmt. In ihnen sind die Folgen in ihrem Umfang begrenzt und beziehen sich fast immer auf eine bestimmte Person. Verbrechen privater Natur betreffen am häufigsten Personen, die eng mit dem Täter verwandt sind.

Am häufigsten werden persönliche oder familiäre Rechte verletzt. All dies gibt die Möglichkeit vor, dass das offizielle Eingreifen des Staates zum strafrechtlichen Schutz des Opfers, wie bei Verbrechen allgemeiner Art, seine Rechte stärker beeinträchtigt, als wenn keine strafrechtliche Verfolgung durchgeführt wird.[16]

Das Gleichgewicht zwischen persönlichem und öffentlichem Interesse an dieser Art von strafrechlichem Eingriff kann erreicht werden, indem dem Opfer das Recht zur Entscheidung eingeräumt wird, ob eine Strafverfolgung eröffnet wird, und den Ausgang des Strafverfahrens selbst zu bestimmen (die Möglichkeit, das Verfahren einzustellen, eine Versöhnung zu erreichen oder einen Antrag gegen den Vollzug der verhängten Straftat zu stellen).

---

[16] *Velchev*, Straftaten privater Art, 2015, 180–181; *Beratovich*, Strafprozessrecht, [2]2010, 181 (*Велчев*, Престъпления от частен характер, 2015, 180–181; *Бератович*, Кривично процесно право. Друго допуньено издање, гласник, 2010, 181)

Die Besonderheiten privater Straftaten bestimmen die Möglichkeit für den privaten Beschwerdeführer und den Angeklagten, ihre Beziehungen verständnisvoll zu regeln und so ein besseres Ergebnis als die eventuelle Verurteilung des Täters zu erreichen, was die Beziehung zwischen ihnen wahrscheinlich verschlechtern wird, dh dass auf diese Weise ein Gleichgewicht zwischen „öffentlicher Ordnung und menschlicher Natur" hergestellt wird.[17] Die alten Römer sagten, dass eine übermäßige Gerichtsbarkeit zu extremer Ungerechtigkeit führe (summum ius, summa iniuria). Die Fähigkeit, sich gegenseitig zu „verstehen" und damit den Streit („Konflikt") zwischen den Parteien zu beenden, ist ein immanentes Merkmal dieser Kategorie von Fällen. Der Privatankläger ist mit der erzielten Einigung zufrieden, dh dass er sein Ziel erreicht hat, wenn auch auf andere Weise, als wenn er die Klage eingereicht und ein privates Strafverfahren eingeleitet hätte. Damit akzeptiert das Opfer, dass die Beziehungen zum Täter angesichts der begangenen Handlung für das Opfer zufriedenstellend geregelt wurden und für die Streitbeilegung keine staatliche Unterstützung erforderlich ist.

2. Die Einstellung der privaten Strafsache als mögliches Resultat einer erfolgreichen Mediation. Die spezifische Begründung dafür ist in Art 24, Abs 5, Pkt 3 des StPK geregelt: das Opfer und der Täter haben sich versöhnt.[18]

Nachdem sie unter sich als Resultat der Anwendung dieser Methode „den Konflikt gelöst haben", brauchen sie nicht die erreichte Vereinbarung dem Gericht vorzulegenund braucht der private Kläger seine Klage nicht zurückzuziehen (das wäre eine Begründung für die Einstellung des Strafverfahrens nach Art 25, Abs 5, Pkt 4 im StPK) oder bei der Gerichtsverhandlung nicht zu erscheinen (das wäre eine Begründung fürdie Einstellung des Strafverfahrens nach Art 24, Abs 5, Pkt 5 Fall 2 im StPK).[19]

3. Eine Mediation in Privatanklagesachen ist **erst nach Einleitung des Verfahrens** auf Anzeige des Opfers eines Privatklagedelikts möglich.

a) Hypothetisch ist es vorher auch möglich (bevor das Opfer eine Anklage bei Gericht eingereicht hat), indem die Beziehungen bezüglich des begangenen Verbrechens privater Natur geregelt werden. Eine logische Bedingung in den Vereinba

---

[17] *Velchev*, Straftaten privater Art, 2015, 193; *Beratovicch*, Strafprozessrecht, ²2010, 181 (Велчев, Престъпления от частен характер, 2015, 193; *Бератович*, Кривично процесно право. Друго допуньено изданье, гласник, 2010, 181).
[18] *Mitov*, Private Strafsachen, 2017, 152–158 (*Митов*, Наказателни дела от частен характер, 2017, 152–158.)
[19] *Mitov*, Private Strafsachen, 2017, 158–166 (*Митов*, Наказателни дела от частен характер, 2017, 158–166.)

rungen zwischen ihnen ist dann die Weigerung des Geschädigten, eine Anklage einzureichen.

Eine solche Entwicklung zur Lösung des „Konflikts" findet in der Praxis nicht statt.

b) Der früheste Zeitpunkt für eine Überweisung der Parteien an eine Mediation ist derBeginn der erstinstanzlichen Gerichtsverhandlung in der Phase der Einleitung des Verfahrens.

Die Übergabe der Sache an das Gericht und die vorbereitenden Maßnahmen für die Anhörung des Falls in einer Gerichtsverhandlung in privaten Fällen werden vom vortragenden Richter individuell durchgeführt (Art 247 a Abs 2, Pkt 2 der StPK), daher ist es schwierig und verfrüht, die Parteien zu einem Mediationsverfahren zu schicken.

4. Der StPK enthält **keine Verpflichtung für den vorsitzenden Richter**, die Parteien zur Schlichtung und daher auf eine Meditation zu verweisen. Die Besonderheit dieser Fallkategorie gibt der freiwilligen Regelung der Beziehung zwischen dem Opfer und dem Täter Vorrang vor der „fairsten" Strafe. Der Richter sollte sich daher bemühen, eine Schlichtung zwischen den Parteien zu erreichen, ihnen diese Möglichkeit des Abschlusses des Falls zu erläutern und sie auf einen solchen Abschluss des Verfahrens hinzuweisen.

a) Eine solche Regelung war der schon aufgehobenen bulgarischen Gesetzgebung nicht fremd. Die Bestimmung von Art 447 des Strafprozessgesetzes von 1897 hat eine Verpflichtung des vorsitzenden Richters vor dem letzten Wort des Angeklagten eingeführt, die Parteien zur Versöhnung zu bewegen.[20]

Der StPK von 1952 in den Sonderregeln für Verfahren vor Militärgerichten (Kap 24) für Privatanklagesachen im Heer beim Ermittlungsverfahren verpflichtete den Leiter der Militäreinheit zu versuchen, die Parteien zur Versöhnung zu überreden. Der Schlichtungsversuch müsste innerhalb von zwei Wochen nach Eingang der Beschwerde abgeschlossen sein. Im Falle einer Versöhnung wird ein Protokoll erstellt, das von den Parteien und vom Militärleiter unterzeichnet wird (Art 299 Abs 1 StPK von 1952). Das Vermittlungsprotokoll hat die Bedeutung eines in Kraft getretenen Urteils. Auf Antrag erließ das Gericht einen Vollstreckungsbescheid (Art 299 Abs 2 des StPK von 1952). Der Versuch einer Schlichtung zwischen den Parteien war ein obligatorisches Verfahren, und erst nach seiner Durchführung konnte der vorsitzende Richter das Verfahren vorantreiben.

---

[20] *Velchev*, Einleitung im Strafgesetz. Bd. II, 1924, 248 f (*Велчев*, Ръководство по Углавния процес. Т. II., 1924, 248–249,)

Das russische Verfahrensrecht sieht vor, dass der Friedensrichter vor Beginn der gerichtlichen Untersuchung den Parteien die Möglichkeit einer Schlichtung erklärt (Art 319, Abs 5, Fall 1 der StPK der Russischen Föderation).

b) Daher sollte *de lege ferenda* in Art 276 der StPK ein neuer Abs 4 mit folgendem Inhalt versehen werden:

„In Privatanklagesachen erklärt der Vorsitzende dem Privatankläger und dem Angeklagten die Möglichkeit einer Schlichtung und verweist sie auf eine Mediation."

In Anbetracht der Verfahrensentwicklung des Falles ist der am besten geeignete Zeitpunkt nach dem Beginn der gerichtlichen Untersuchung, jedoch vor dem Beginn der Beweisaufnahme. Auf diese Weise werden im Gegensatz zum rechtlichen Rahmen des Gesetzes für die Organisation der Gerichte Verfahrenseinsparungen erzielt (die komplexe Aktivität des Sammelns und Überprüfens der Beweise wird nicht durchgeführt).

Fazit

Als Fazit kann festgestellt werden, dass die „Restaurative Justiz" („Restorative Justice") ein wichtiges und sinnvolles Postulat der Strafrechtspolitik aller Länder im 21. Jahrhundert sein soll. Darum muss der Gesetzgeber Bulgariens die im Meditationsgesetz von 2004 vorgesehene Ergänzung im StPK jetzt fast 18 Jahre danach beschließen. Bei privaten Strafsachen gegen Schwerverbrecher ist eine Meditation zurzeit nicht geeignet, in der Zukunft aber könnte bei Zustimmung beider Parteien eine indirekte Meditation anwendbar sein.

Oskar PETERLINI*

Europa – Einwanderung als Herausforderung und Chance

Vorwort

Während die Kriegsflüchtlinge aus der Ukraine mit der großen Solidarität und Hilfsbereitschaft von allen europäischen Ländern und von der Bevölkerung aufgenommen werden, stößt die Einwanderung aus Afrika und dem Nahen Osten auf den Widerstand von verschiedenen Ländern und bildet Zündstoff auch innerhalb der Bevölkerungen. Sie gibt Anlass zur Sorge, teilt die Gesellschaft, gibt Populisten neuen Auftrieb, riskiert auch Europas Zusammenhalt zu sprengen. Kann man mit Grenzschließungen und Barrikaden die Einwanderung aufhalten, das Problem lösen? Sind Auffanglager vor unserer Haustür die richtige Antwort oder nicht vielmehr Anlass für Erpressung? Kann man die Menschen im Mittelmeer ertrinken lassen? All diese Fragen verlangen nach Antworten. Um wirksame Maßnahmen gegen eine unkontrollierte Einwanderung treffen zu können, muss man die Ursachen kennen. Und die liegen eigentlich auf der Hand. Aber kaum jemand schert sich darum. Vielmehr wird oberflächlich polemisiert. Und man wundert sich, wenn das Problem zunimmt. Jeder Arzt behandelt die Ursachen und nicht die Symptome. Die Politik sollte daraus lernen. Der Beitrag untersucht die Einwanderung aus Nahost und besonders aus Afrika, ohne die ganz anders aufgenommene Flüchtlingswelle aus der Ukraine, und will einige Anstöße zur Lösung aufzeigen.

1 Angst vor Einwanderung, Sicherheit und Frieden

Die Einwanderung ist ein Problem, das zu Recht besorgt. Fremde Menschen, andere Kulturen, zunehmende Kriminalität. Wie hilflos und propagandistisch allerdings darauf reagiert wird, ist beängstigend. Die einen versuchen zu beruhigen, die anderen damit Stimmen zu gewinnen. Die EU-Staaten hoffen das Problem zu verlagern, indem sie Auffanglager vor unserer Haustür in Afrika errichten oder die Türkei dafür zahlen, die Flüchtlinge zurückzuhalten. Spanien und Griechenland, besonders Italien, die den Flüchtlingsströmen hilflos ausgesetzt sind, hat man jahrelang mit dem Problem allein gelassen. Schon mit der Türkei hat man sich der Erpressung ausgeliefert. Wenn die EU nicht den Forderungen folgt, kann

* Dr. Oskar Peterlini, Ph.D., Dozent für Verfassungsrecht und Politikwissenschaft an der Freien Universität Bozen, Südtiroler Parlamentarier in Rom 2001-13, Abgeordneter zum Südtiroler Landtag 1978-98, Präsident des Regionalrates 1988-98, Ideator und Gründer des Renteninstitutes PensPlan und Laborfonds, Publikationen über Verfassung, Autonomie, Wahlsysteme, Minderheiten und Rentenfonds: https://unibz.academia. edu/OskarPeterlini.

sie damit drohen, alle auf Europa loszulassen. Die Staaten innerhalb der EU wiederum versuchen ihre Grenzen zu verbarrikadieren.

NICHT einmal die bis auf die Zähne bewaffneten Römer, konnten gegenüber den Völkerwanderungen, den Limes halten. Und um eine Völkerwanderung handelt es sich! Die Angst vor Einwanderung, vor Überfremdung, vor zunehmender Kriminalität, vor Terrorismus – eine Herausforderung, an der Europa zu scheitern droht.

Diese Ängste werden verstärkt durch neue Bewegungen und Parteien, die sich diese zu eigen machen und mit populistischen Slogans Wählerstimmen gewinnen. Gegenüber der Einwanderung scheinen die großen europäischen Häupter total hilflos zu reagieren. Der Beitrag setzt sich zum Ziel, die Ursachen der Migration zu untersuchen und daraus Maßnahmen abzuleiten, die das Problem an der Wurzel und nicht an den Symptomen anpacken sollten.

1.1 Der Hunger in der Welt und die Kluft zwischen Arm und Reich

Der Unterschied zwischen Arm und Reich hat in der langen Menschengeschichte blutige Kriege und Wanderbewegungen ausgelöst. Völkerwanderungen gab es schon immer. Ganze Völker verließen auch in Europa ihre Siedlungsgebiete, um bessere Lebensbedingungen zu finden. Und vergessen wir nicht die Auswanderung der Europäer nach Süd- und Nordamerika.

In nächster Nachbarschaft, Syrien: An den Gebieten unserer Ur- und Frühgeschichte an Euphrat und Tigris tobt seit 2011 ein fürchterlicher Bürgerkrieg. Von den 21 Mio. Einwohnern sind etwa 6,6 Millionen Syrer Flüchtlinge und Asylsuchende, und weitere 6,7 Millionen Menschen sind innerhalb Syriens vertrieben worden. Das bedeutet, dass insgesamt 13,3 Millionen Syrer gewaltsam vertrieben wurden, mehr als die Hälfte der Bevölkerung des Landes.[1]

Fast 11,1 Millionen Menschen in Syrien sind auf humanitäre Hilfe angewiesen. Und etwa die Hälfte der von der syrischen Flüchtlingskrise betroffenen Menschen sind Kinder. Die COVID-19-Pandemie hat auch die Armut und Arbeitslosigkeit der Flüchtlinge verschlimmert.[2] Die Toten werden auf über eine halbe Million geschätzt.[3]

In vielen Teilen Afrikas herrschen Terror, Anarchie und Gewalt. Obwohl es die Wiege der Kulturen war, ist es heute einer der ärmsten Kontinente der Welt. Bu-

---

[1] *UN-Refugee Agency*, https://www.unrefugees.org/emergencies/syria/, (14.8.2021).
[2] *World Vision*, https://www.worldvision.org/refugees-news-stories/syrian-re-fugee-crisis-facts, (14.8.2021).
[3] *Human Rights Watch Report 2019*, laut Schätzungen des Syrian Observatory for Human Rights (SOHR), https://www.hrw.org/world-report/2019/ country-chapters/syria (13.6.2019).

rundi, die Zentralafrikanische Republik und die Demokratische Republik Kongo bilden die Spitze dies traurigen Rekords mit weniger als 800 $ (710 €) Pro-Kopf Einkommen im Jahr.[4] Seit dem Übergang zur Unabhängigkeit wurde der Kontinent von mehr als 200 kriegerischen Konflikten heimgesucht. Hunger, Armut und Hoffnungslosigkeit kommen dazu.

Einige schockierende Daten der Vereinten Nationen: Weltweit sind über 800 Millionen Menschen unterernährt, das sind mehr als 11 % der gesamten Weltbevölkerung.[5] Schlechte Ernährung verursacht fast die Hälfte der Todesfälle bei Kindern unter fünf Jahren – das sind nach UN-Schätzungen 3,1 Millionen Kinder pro Jahr, 8.000 Kinder die täglich vor Hunger sterben. Jedes vierte Kind auf der Welt leidet unter Wachstumsstörungen. 66 Millionen Kinder im Grundschulalter besuchen hungrig den Unterricht in den Entwicklungsländern, davon 23 Millionen allein in Afrika.

Afrika wurde jahrhundertelang ausgebeutet. Ganze Dörfer wurden niedergebrannt, die alten Leute umgebracht, die jungen als Sklaven verkauft, bis ins 18. und 19. Jahrhundert herauf. Es gab kaum eine europäische Seehandelsmacht, die am internationalen Sklavenhandel nicht beteiligt war. Die Länder wurden als Kolonien beherrscht, die Reichtümer wurden nach Europa und Amerika verschleppt.

Nach dem Krieg wurden alle diese Länder aus der Kolonisation entlassen, ohne Vorbereitung, ohne Übergang. Das war ein gutgemeinter, aber grober Fehler. Die Grenzen wurden von Europa und Amerika aus künstlich mit dem Bleistift auf der Landkarte gezogen. Wilde Stammeshäuptlinge schwangen sich zu Präsidenten oder Diktatoren auf, blutige Kriege werden zwischen Stämmen, mit europäischen Waffen geführt. Entwicklungsgelder fließen wie in einem Tauschgeschäft für den Waffenhandel nach Europa zurück.

Der Flüchtlingsstrom ergießt sich auf Europa, zum Teil auf dem Landwege, zum größten Teil über das Mittelmeer, das gleichzeitig zu einem Massenfriedhof geworden ist. Seit 2013 sind nach UNO Angaben über 22.000 Menschen auf ihrem hoffnungsvollen Weg nach Europa im Mittelmehr ertrunken.

---

[4] *International Monetary Fund, World Economic Outlook Database*, Gross domestic product (GDP) based on purchasing-power-parity (PPP) per capita 2018, in Global Finance, April 17, 2019, https://www.gfmag.com/global-data/economic-data/the-poorest-countries-in-the-world (13.6. 2019).
[5] *World Food Programme*, http,//www1.wfp.org/zero-hunger (5.5.2019).

Tab. 1: Mittelmeer: Ankünfte, Tote und Vermisste

Jahre	Ankünfte	Tote und Vermisste
2022 *	13.625	227
2021	48.454	2.039
2020	95.031	1.401
2019	123.663	1.335
2018	141.472	2.270
2017	185.139	3.139
2016	373.652	5.096
2015	1.032.408	3.771
2014	225.455	3.538
2013	60.000	636
Summe	**2.298.899**	**22.575**

Quelle: UN Refugee Agency, Includes refugees and migrants arriving by sea to Italy, Greece, Spain, Cyprus and Malta. *bis 12.3.2022

https://app.powerbi.com/view?r=eyJrIjoiYWU5MGZiYmEtYTMwN S00MDBjLTg2MjctOTYwYmU1MDQ2N2IyIiwidCI6ImU1YzM3OT gxLTY2NjQtNDEzNC04YTBjLTY1NDNkMmFmMODBiZSIsImMiOjh9 &pageName=ReportSection(12.3.2021)

1.2 Bevölkerungswachstun und Größe

Afrika zählt 1,371 Mrd Einwohner,[6] bis 2050 werden sie sich auf 2,4 Mia. verdoppeln und 20 % der Weltbevölkerung ausmachen.[7]

Die höchste Lebenserwartung (bei der Geburt) genießen die Menschen in den entwickelten Ländern, mit Spitzen von durchschnittlich 84 Jahren in Japan, 83,7 in der Schweiz, 83,4 in Spanien und 83,1 in Italien. Die absolut höchste Lebenserwartung der Welt haben japanische Frauen mit durchschnittlich 87,1 Jahren.

Die niedrigste Lebenserwartung herrscht in Afrika, mit durchschnittlich 51,8 Jahren in Sierra Leone, 52,2 in der Zentralafrikanischen Republik, 52,9 im Tschad

---

[6] *Statista*, 2021, https://www.statista.com/statistics/1224168/total-popu-lation-of-africa/ (14. 8.2021).
[7] *Worldometers*, Africa Population (Live), http://www.worldometers.info/world-population/ africa-population/; World Population Review, http://world-populationreview.com/countries/ countries-in-africa/ (14.8.2021).

und 53,4 in Nigeria. Die absolut kürzeste Lebenserwartung auf der Welt haben die Männer in der Zentralafrikanischen Republik mit 50,3 Jahren.[8]

Das bedeutet, dass in Afrika die Menschen 30 Jahre früher sterben als in unseren Industrieländern. Aber das ist nur ein Indikator für Armut, wenn auch ein sehr trauriger.

Der Botschafter der Afrikanischen Union *Smail Chergui*, sagte auf der Münchener Sicherheitskonferenz: Wenn die Probleme in Afrika nicht gelöst werden, kann die weltweite Flüchtlingsproblematik nicht gelöst werden.[9] Die Chinesen kaufen ganze Landstriche in Afrika auf, investieren, wo sie nur können. In Europa unterhält man sich über Grenzbarrieren und Auffanglager! Die EU sollte nicht allein aus humanitären Gründen, sondern im langfristigen, auch wirtschaftlichen Interesse Europas, den großen benachbarten Kontinent als Chance wahrnehmen.

1.3 Die Sorge um Frieden und Demokratie

Spätestens seit der Flüchtlingskrise, der zunehmenden Spannung zwischen Ost und West, der immer weniger vorhersehbaren Haltung der Großmächte USA, Russland und China, der atomaren Drohgebärden durch Staaten wie Iran und Nordkorea, dem Pulverfass in Syrien und im Nahen Osten, nehmen auch die Ängste für den Weltfrieden zu. Der Hass zwischen den Kulturen hat den Krieg in Form von Terror auch in unsere Städte gebracht.

Nach dem Fall des Eisernen Vorhanges hatten europaweit die Demokratien stark zugenommen. Nun schlägt das Pendel zurück, zu illiberalen, teils autoritären Systemen, auch in Europa, in Polen, in Ungarn, in unserer Nähe in der Türkei und in Russland. Und die Wähler strömen zu Parteien, die diese Tendenz fördern.

Der Menschen- und Judenhass, die gröbste Verletzung der Menschenrechte während des Hitler-Regimes, waren so verwerflich, dass die Menschenwürde, die Gleichheit der Menschen, zu den höchsten Prinzipien erhoben wurden. Fremdenhass und Extremismus nehmen jedoch wieder zu. Demokratien werden schwächer. Die Atombombe zerstörte Hunderttausende Menschenleben in Hiroshima und Nagasaki. Neue Generationen von Atomwaffen könnten Millionen von Menschen töten.

---

[8] *Countryeconomy.com*, Life expectancy at birth, Daten Schweiz, Spanien, Italien 2017, alle anderen 2016.
[9] Zit n *Haas, Kubitza und Lang*, 52. Sicherheitskonferenz in München, Die neue Weltunordnung, Bayerischer Rundfunk 15.2.2016, https://www.br.de/nachrichten/inhalt/sicherheitskonferenz-muenchen-2016-100. html (5.5.2019).

2 Was kann man tun, um das Problem einzugrenzen?

2.1 Die Folgen der Bevölkerungsentwicklung bewusst machen

Bei allen Problemen, die mit der Einwanderung verbunden sind, sollte bewusst gemacht werden, dass Europas Wirtschafts- und Sozialsystem vor dem Zusammenbruch steht, wenn der Bevölkerungsschwund nicht durch Immigration einigermaßen ausgeglichen wird.

Die Länder mit der höchsten Fruchtbarkeitsziffer, d.h. der durchschnittlich höchsten Zahl an Kindern pro Frau im fruchtbaren Alter, sind gleichzeitig die ärmsten Länder der Welt: Niger mit 6,6 Kindern pro Frau, Burundi, Mali, Somalia und Uganda mit rund sechs.

Während in den unterentwickelten Ländern die Bevölkerung in beängstigender Weise explodiert, sind in Westeuropa die Geburten so niedrig, dass die Bevölkerung radikal schrumpft.

In Europa gebärt jede Frau im fruchtbaren Alter durchschnittlich zwischen 1,3 (in Rumänien und Polen) und 1,6 Kindern (in der Schweiz).[10] Italien und Deutschland liegen im Mittelfeld mit 1,4 Kindern, aber nur dank der Immigration. Damit eine Bevölkerung langfristig nicht ausstirbt, sollte die Reproduktionsrate durchschnittlich mindestens 2,1 Kinder pro Frau betragen.[11] Demnach sind alle europäischen Länder von einem starken Bevölkerungsschwund bedroht.

Trotz Zunahme des Lebensalters der Menschen verzeichnen Spanien, Italien, Deutschland, die osteuropäischen Staaten, und die ganze nördliche Hemisphäre von Russland bis nach Japan bereits jetzt eine abnehmende Bevölkerung. Aber auich die restliche westliche und entwickelte Welt, einschließlich Nordamerika, und im Osten China, Indien und Australien verzeichnen stagnierende bis schwindende Zuwachsraten von 0 bis unter 1 %, während die armen Länder Afrikas mit Zuwachsraten von 3 bis 4 % jährlich explodieren.

---

[10] *Central Intelligence Agency (CIA)*, *The World Fact Book*, Datenstand Juli 2017, https://www.cia.gov/library/publications/the-world-factbook/rank-order/2127rank.html (17.4. 2018.)
[11] *Eurostat*, Statistiken zur Fruchtbarkeit, https://ec.europa.eu/eurostat/statistics-explained/index.php? title=Archive:Fertility_statistics/de, (5.5.2019).

Durchschnittliche jährliche Veränderungsrate der Bevölkerung (%), 2025–2030 (mittlere Variante der Prognose)

Average annual rate of population change (%), 2025-2030 (medium-variant projection)

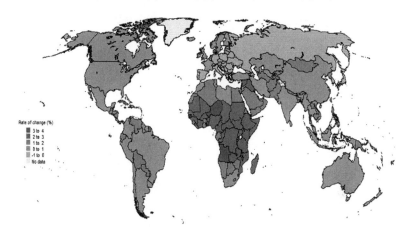

© 2019 United Nations, DESA, Population Division. Licensed under Creative Commons license CC BY 3.0 IGO.
Data source: United Nations, DESA, Population Division. *World Population Prospects 2019*. http://population.un.org/wpp/
The designations employed and the presentation of material on this map do not imply the expression of any opinion whatsoever on the part of the Secretariat of the United Nations concerning the legal status of any country, territory, city or area or of its authorities, or concerning the delimitation of its frontiers or boundaries. Dotted line represents approximately the Line of Control in Jammu and Kashmir agreed upon by India and Pakistan. The final status of Jammu and Kashmir has not yet been agreed upon by the parties. Final boundary between the Republic of Sudan and the Republic of South Sudan has not yet been determined. A dispute exists between the Governments of Argentina and the United Kingdom of Great Britain and Northern Ireland concerning sovereignty over the Falkland Islands (Malvinas).

Ohne Einwanderung wird das Wirtschafts- und Sozialsystem in den entwickelten Ländern ernsten Gefahren, wenn nicht dem Zusammenbruch ausgesetzt.[12] Das Renten- und Sozialsystem ist auf einem Generationenvertrag aufgebaut, in dem die jungen, die arbeiten, die Renten und die Pflege- und Gesundheitskosten für die ältere Generation tragen. Das System bricht zusammen, wenn immer weniger junge Menschen die Kosten für eine laufend zunehmende, ältere Generation tragen müssen. Diese Wahrheit muss bewusst gemacht werden!

Auch wenn der Mangel an Arbeitskräften durch den Einsatz der Maschine zT ausgeglichen wird, fehlen Menschen besonders im Dienstleistungsbereich, beispielsweise im Gesundheitswesen, in der Pflege von alten Menschen, im Erziehungsbereich, im Tourismus etc.

2.2 Ein Marshallplan mit Afrika

Populistische Parteien haben sich die Sorgen der Menschen zu eigen gemacht und ernten entsprechenden Erfolg, obwohl sie auch keine Patentrezepte haben. Die

---

[12] *Deutsche Gesellschaft für die Vereinten Nationen, e.V.*, Nachhaltig entwickeln, http://nachhaltig-entwickeln.dgvn.de/herausforderungen/bevoelkerung/bevoelkerungsentwicklung (10.3.2018).

Lega in Italien zB war von 2001 bis 2012 (mit Unterbrechung der Prodi-Periode von 2006-08) zehn Jahre an der Regierung Italiens und konnte die Einwanderung ebenfalls nicht aufhalten. Rettungsschiffe zu kriminalisieren, wie es jetzt geschieht, soll jedem das Gewissen erschweren, der solche Maßnahmen begrüßt. Grenzbalken und Mauern werden langfristig überwunden wie der Limes gegen die hochbewaffneten römischen Legionen. Die südlichen Staaten in Europa, besonders Italien, Spanien, Griechenland, fordern zu Recht eine Umverteilung der Flüchtlinge auf alle EU-Staaten. Leider stemmen sich in vielen Staaten die Regierungen dagegen, manche nützen die Migrantenfrage sogar, um ihre Macht auf demagogische Weise auszubauen und demokratische Grundregeln zu verletzen, schotten sich ab und fördern die Skepsis gegenüber der EU. Grenzen innerhalb Europas werden zu- statt weiter aufgemacht.

Die einzig wahre, langfristige Lösung besteht darin, die großen Unterschiede in den Lebensbedingungen der Menschen in der ganzen Welt zu verringern. Eine überwältigende Herausforderung! Die bisherige Entwicklungshilfe ist ein Tropfen auf den heißen Stein. Gelder werden an die dortigen Regimes gegeben, die vielfach Diktaturen sind, und die damit Waffen kaufen, statt das Land zu entwickeln, und die europäische und amerikanische Waffenindustrie füttern. Aus diesem Teufelskreis kommt man nur heraus, wenn man auch am politischen System ansetzt, neue Attraktionen für Investitionen der Unternehmen schafft und die Förderungen an die Demokratisierung der Staaten koppelt.

Die deutsche Bundesregierung hat im November 2017 einen sogenannten „Marshall-Plan mit Afrika" auf dem Afrika-Gipfel vorgestellt.[13] Der Plan fußt auf vier Kerngedanken:

1. Private Investitionen fördern: es sollen Anreize für Unternehmen gesetzt werden, die in Afrika investieren. Bildung und Berufsausbildung sollten die endogenen Kräfte mobilisieren.

2. Gute Regierungsführung stärken: wo Korruption und Willkür herrschen, wo Bürokratie dauert und Verwaltungen nicht funktionieren investiert niemand.

3. Handelsbeziehungen fairer gestalten: Schluss mit der ausbeuterischen Nutzung der Ressourcen. Afrikanische Produkte brauchen besseren Zugang zu den Weltmärkten!

---

[13] *Müller*, 15. Entwicklungspolitischer Bericht der Bundesregierung vor dem Deutschen Bundestag am 18.5.2017 in Berlin: https://www.bundesregie-rung.de/Content/DE/Bulletin/2017/05/54-1-bmz-bericht.html (13.6.2019); *Bundesministerium für wirtschaftliche Zusammenarbeit und Entwicklung* (2017), Ein Marshallplan mit Afrika, https://www.bmz.de/de/laender_regionen/marshallplan_mit_afrika/ (13.6.2019).

4. Frieden und Stabilität sichern: Unterstützung müssen an die Demokratisierung gebunden werden.

Der Plan wurde bereits vehement diskutiert und kritisiert. Auch stellt sich die Frage, wer finanziert.[14] Dazu ist ganz Europa gefordert. Gerechtigkeit und sozialer Ausgleich auf der Welt sind der langfristige Hoffnungsschimmer und wohl die einzige Lösung. Leider ist es in den jüngsten Jahren still um diesen Plan geworden, dabei wäre er aktueller denn je.

Afrika als großer Nachbar-Kontinent sollte als Chance wahrgenommen werden. Die EU sollte ihre bisherige Entwicklungspolitik grundsätzlich überprüfen und in Aufbau- und Investitionsprogramme umbauen. Mit Investitions- und Marktforschung, Ausbildungsprogrammen, Förderungen sowie der Übernahme von Garantien seitens der EU und Ihrer Mitgliedsstaaten, könnten dem europäischen Unternehmertum konkrete Anreize geboten werden, in Afrika aktiv zu werden, zu investieren und neue Marktchancen zu ergreifen.

2.3 Geregelte Einwanderung statt unkontrolliertem Zustrom

Ein Kochtopf, der hermetisch geschlossen wird, droht auf der heißen Herdplatte zu explodieren. Schnell-Kochtöpfe verfügen deshalb über ein Ventil. Die Einwanderung gärt derzeit in einem solchen Kochtopf, und explodiert, unkontrolliert und ungeregelt. Wäre es da nicht besser eine geregelte Einwanderung über die Botschaften zu ermöglichen? Dabei könnte man jene Menschen ausbilden und auswählen, die einen einwandfreien Leumund haben und jene Arbeitskräfte, die wir in Europa dringend brauchen. Denken wir an den Sozialbereich, die Pflege alter und kranker Menschen, an den Gesundheitsbereich, die Dienstleistungen, die Industrie usw. Eine Ausbildung vor Ort und eine sprachliche Vorbereitung kämen nicht nur den Einwanderern zu Gute!

Die Kriminalität in unseren Landen kann man sicher nicht allein Einwanderern anlasten, aber dennoch darf man sich nicht der Tatsache verschließen, dass ein guter Teil an Verbrechen auch von Ausländern verübt wird. Es geht dabei um einen kleinen Bruchteil der vielen Immigranten. Der Großteil der Einwanderer und ihrer Familien bemühen sich redlich um Arbeit, Auskommen und Frieden und verrichten vielfach Tätigkeiten, für die sich kaum Einheimische finden lassen. Aber gerade zu Lasten dieser Menschen gehen die Reaktionen auf Gewalttätigkeiten.

---

[14] *Poulet*, Entwicklungshilfe-Ein Marshall-Plan löst Afrikas Probleme nicht, in: FAZ-online 29.1. 2017, http://www.faz.net/aktuell/politik/ausland/entwick-lungshilfe-ein-marshall-plan-loest-afrikas-probleme-nicht-14677751.html (17.8.2017).

Menschen ärgern sich zu Recht, wenn in gewissen Stadtteilen offen mit Drogen gehandelt wird, manche junge Einwanderer mit teuren Handys herumlungern. Allzu schnell werden daraus Vorurteile gefällt und alle Migranten in denselben Topf geworfen. Deshalb muss gegen Kriminelle, auch Kleinkriminelle, Drogenhändler, ob Ausländer oder nicht, härter vorgegangen werden, Strafen erhöht und tatsächlich angewandt werden, was beispielsweise in Italien wegen überfüllter Gefängnisse ungenügend erfolgt. Kriminelle Ausländer sollten sofort abgeschoben werden. Die Garantien des Rechtsstaates dürfen dabei natürlich nicht eingeschränkt werden.

3 Ein Europa, das zusammenwächst, Demokratie und Frieden fördert

Europa muss auch außenpolitisch zusammenwachsen. Das ist nicht neu, aber wird nicht respektiert. Einzelne Aktionen, wie sie jüngst Frankreich und Großbritannien in US-Gefolgschaft (am 14.4.2018) mit dem Angriff auf Syrien unternommen haben, verletzten internationales Recht und schwächen gewaltig die EU und die UNO, die einzige große Friedensorganisation die wir haben. Europa sollte aufgrund seiner christlichen Wurzeln ein Fahnenträger des Friedens werden, dazu beitragen, die UNO zu stärken, auf Diplomatie statt auf Bomben setzen, Rechtsstaatlichkeit, Demokratie fördern und Menschenrechte verteidigen, Nationalitätenkonflikte durch Selbstbestimmung und Autonomie entschärfen.[15]

Europa könnte zur Entspannung zwischen den Kulturen und Religionen, zwischen Nord und Süd, und zwischen Ost und West beitragen und gerade mit seinem Nachbarn Russland ein Auskommen finden. Wir alle träumen, wie der ehemalige DDR-Bürgerrechtler *Wolfgang Templin*,[16] von einem demokratischen Russland, aber wir müssen es so nehmen, wie es seit Jahrhunderten regiert wird.

Vor einer Aufnahme in die EU müssten alle Staaten, wie es in der Vergangenheit der Fall war, auf die rechtsstaatlichen und demokratischen Grundsätze geprüft werden. Europa, mit seinen großen Errungenschaften für Rechtsstaatlichkeit, Menschenwürde und Demokratie darf diese Werte nicht aufs Spiel setzen. Wer sich zu Europa bekennen will, soll diese kulturellen Werte voll akzeptieren. Auf eine Erweiterung um noch mehr tendenziell autoritäre Staaten, muss man verzichten.

---

[15] *Peterlini*, Die gefährlichsten Krisen für die Welt, 13 ff; *Peterlini*, The most dangerous crisis for the OSCE Countries, 2017, 10 ff; in Academia.edu, https://unibz.academia.edu/OskarPeterlini/ Papers (9.5.2018).
[16] *Templin*, Ein demokratisches Russland zu erleben, wäre ein Traum, Deutschlandfunk am 3. August 2017, http://www.deutschlandfunk.de/wolfgang-templin-ein-demokratisches-russland-zu-erleben.1295.de.html? dram_article_id=394757 (9.5.2018).

3.1 Bildungs- und Informationsprogramme notwendig

Die Menschen, die die Schrecken des Krieges erleben mussten, sterben langsam aus. Die Vorteile, die wir durch Europa erfahren haben, verblassen. das Positive ist allzu selbstverständlich, der Frieden scheint garantiert, auch wenn der Schein trügt. Die Demokratie muss verteidigt werden, solange es sie noch gibt. Für all die genannten Maßnahmen, braucht es mündige Bürger, politische Bildung ist auch dafür und für die Immigrationsprobleme gefordert!

3.2 Ein Europa der Werte

Gelingt es Europa zu einer „EU-Topia", nach dem gleichnamigen Buch von *Schachner-Blazizek* und *Hauser* zu werden? [17] Können wir die Zustimmung retten?

Auch in Europa nehmen Populismus und Systeme zu, die die Freiheiten eingrenzen wollen, sich abschotten, Grenzen zu- statt aufmachen. Denken wir an Polen, Ungarn, um nicht von der uns nahegelegenen Türkei zu reden, die sogar in die EU eintreten wollte.

„Ein ganzes Krisengebräu kocht da gegenwärtig hoch in Europa," sagte der damalige Außenminister, der heutige Bundespräsident Frank Walter Steinmeier, schon 2016 auf der Münchner Sicherheitskonferenz,[18] und kam zum Schluss: „Wir müssen um Europa kämpfen."

Europa hat in der Entwicklung der Menschheit, der Menschenwürde, der Kunst, der Politik und Wirtschaft nicht nur unseres Kontinents, eine tragende Rolle gespielt: Von Kreta nach Griechenland, von Griechenland nach Rom, von dort hat es auf den ganzen Kontinent und von Europa auf die ganze Welt ausgestrahlt.

Große Denker haben vor 2.500 Jahren versucht, den Sinn des Lebens zu ergründen, Sokrates, Platon und Aristoteles haben in der Philosophie die Grundlagen für systematisches Denken gelegt und ideale Formen des Zusammenlebens erforscht, die Griechen haben in der Ecclesia demokratische Formen der Entscheidungsfindung erprobt, Aischylos, Sophokles Euripides haben auch unser Theater geprägt, ja sogar der Fasching stammt vom berühmten Dionyssios Fest. Ärzte schwören auch heute noch den Eid des Hippokrates zum Schutz des Lebens.

Als es im 18. Jahrhundert Könige und Fürsten auf die Spitzte getrieben hatten, haben große Denker wie *Thomas Hobbes* (1588–1679), *John Locke* (1632–1704), *Jean-Jacques Rousseau* (1712–1778) *Baron de Montesquieu* (1689–1755) ua die

---

[17] *Schachner-Blazizek/Hauser*, EU-Topia, 2015, 107.
[18] *Steinmeier:* 52. Münchner Sicherheitskonferenz: Reden Steinmeier und Stoltenberg am 13.2. 2016, Tonaufzeichnung 4.37-6:11, https://www.youtube.com/watch?v=Hjr5wGW1 dwA, (5.5. 2019).

Grundlagen für die Menschenrechte, den Rechtsstaat, die Gewaltenteilung gelegt, die Französische Revolution geistig vorbereitet und die liberale Demokratie begründet. Die amerikanische Verfassung von 1787 hat als erste die Grundsätze der großen Denker der Aufklärung in die Buchstaben der Grundrechte gemeißelt.

Nach zwei katastrophalen Weltkriegen, haben Europa und die Vereinigten Staaten die Weltorganisation der UNO und die Europäische Wirtschaftsgemeinschaft als Friedensmodelle gegründet.

Barack Obama, nahm im Jänner 2017 Abschied vom Weißen Haus. Aus seiner Farewell Rede,[19] machte er ein flammendes Plädoyer für die Demokratie:

"Our democracy is threatened whenever we take it for granted. All of us, regardless of party, should be throwing ourselves into the task of rebuilding our democratic institutions."

Ein Rüffel für die die geringe Wahlbeteiligung, ein Appell, sich selbst politisch zu engagieren, statt immer nur über die Politiker zu klagen. Das wichtigste Amt in einer Demokratie, haben wir alle gemeinsam, sagte Obama:

"Citizen (…), that's what our democracy demands." „Es braucht dich, nicht nur bei den Wahlen, nicht nur wenn es um deine Interessen geht, sondern während des ganzen Lebens."[20]

Dieses Europa, das auf festen Grundmauern steht, soll auch weiterhin ein Leuchtturm der Kultur, der Freiheit und Demokratie, der Menschenrechte bleiben. Dafür braucht es aber auch die Beteiligung der Menschen, besonders der jungen Generation. Um neue Begeisterung zu zünden, müssen die Ursachen für die Ängste an den Wurzeln angepackt werden. Deshalb muss die EU ihre demokratischen Grundlagen ausbauen und die Möglichkeiten wirksamer Beteiligung der Bürger auf allen Ebenen erweitern, sich der empfindsamen sozialen Herausforderung stellen und vor allem ein Entwicklungsprogramm für Afrika angehen, das unternehmerische Kräfte mobilisiert, Frieden und Rechtstaatlichkeit fördert.[21]

---

[19] President *Barack Obama's* Farewell Address (Full Speech) | NBC News, Jan. 10, 2017. Chicago, https://www.youtube.com/watch?v=siyBp8Csugk,33,12; Text, CNN politics. 11.1.2011, https://edition.cnn.com/2017/01/10/politics/president-obama-farewell-speech/index.html (10.5.2018).
[20] President *Barack Obama's* Farewell Address, ebenda, youtube 38:26.
[21] *Peterlini,* Euroskeptizismus an den Wurzeln. anpacken, Zwischenruf eines besorgten Europäers, Zeitschrift für Parlamentsfragen (ZParl), 2/2019, in Druck.

Tsvetan SIVKOV*

Zuständigkeit in Verwaltungssachen gemäß den Änderungen des Verwaltungsprozesskodexes Bulgariens von 2018

Änderungen eines Gesetzes oder eines Kodex unterliegen im Allgemeinen keiner ernsthaften und eingehenden rechtlichen Untersuchung. Sie sind meist Gegenstand von Artikeln in der Fachliteratur. Die Änderungen in der Verwaltungsprozessordnung VwPO Bulgariens (auf Bulgarisch Verwaltungsprozess-Kodex VPK) von 2018 sind schwerwiegend und betreffen eine Reihe von Bereichen, in einigen Fällen ändern sich die traditionellen Ansichten zur gesetzlichen Regulierung des Verwaltungsprozesses.

1. Eine der wichtigen Anweisungen in den Änderungen bezieht sich auf die Gerichtsbarkeit. Die von den Gerichten zu berücksichtigenden Fragen werden unter ihnen gemäß den Normen verteilt. Das ist eine Verwaltungssache, die die Zuständigkeit bestimmt. Dies bedeutet, dass jedes Gericht die judikative Macht hat, eine bestimmte Verwaltungssache in Bezug auf Personenkreis, Thema der Sache, Art der juridischen Akte und Dokumente, die einer Beurteilung oder Ausführung bestimmter Verfahrensmaßnahmen unterliegen, zu verhandeln. Es liegt in der Zuständigkeit des Gerichts, einen Fall anzuhören. Die Unterordnung beruht auf dieser Kompetenz, da es um die Funktionsweise der Justiz geht. Die Zuständigkeit ist eine Verteilung zwischen verschiedenen Gerichten, nicht die Verteilung zwischen verschiedenen Richtern desselben Gerichts.

2. Es gibt verschiedene Arten von Gerichtsbarkeiten/Zuständigkeiten. Eine davon ist die Stammgerichtsbarkeit. Sie wird auch materielle Gerichtsbarkeit oder Gegenstandsgerichtsbarkeit genannt.[1] Das Kriterium ist hier der Gegenstand des Falles. Dies ist eine Unterteilung, nach der die Verwaltungsgerichtfälle in zwei große Gruppen separiert werden: Fälle, die der Zuständigkeit der Verwaltungsge-

---

* Tsvetan Sivkov studierte von 1978 bis 1984 Rechtswissenschaften in Sofia, 1984-86 Richter-Praktikum am Stadtgericht Sofia, seit 1986 Univ.-Ass. in Verwaltungsrecht an der Universität Sofia, 1998 Promotion, 2003 Habilitation in Verwaltungsrecht und -prozessrecht, seit 2012 o. Univ.-Prof. an der Universität Sofia, seit 2013 auch an der Universität Veliko Tarnovo. Er ist auch DAAD-Stipendiat an der Juridischen Fakultät in Hamburg, Dekan der Juridischen Fakultät der Universität Veliko Tarnovo, stellvertretender Dekan an der Juristischen Fakultät der Universität Sofia und 2002-12 hauptamtlicher Sekretär für rechtliche Fragen des Staatspräsidenten Bulgariens. Seit 1993 ist Sivkov Rechtsanwalt in Sofia und seit mehr als 20 Jahren Schiedsrichter am Handelsschiedsgericht Sofia. Er beschäftigt sich mit Fragen des Verwaltungsrechts und -prozessrechts, der Territorial- und Siedlungsgestaltung und der örtlichen Selbstverwaltung.

[1] *Ivanova.* in *Stalev/Mingova/Stamboliev/Popova/Ivanova*, Das bulgarische Zivilprozessrecht. 9. Auflage, 1. nach den Änderungen des VwPK, 2012, 131 (*Иванова*, в: *Сталев/Мингова/ Стамболиев/ Попова, Иванова*, Българското гражданско процесуално право, 9-то преработено и допълнено издание, 1-во по действащия ГПК, 2012, 131.

richte unterliegen, und Fälle, die der Zuständigkeit des Obersten Verwaltungsgerichts unterliegen. Bei einer detaillierteren Prüfung der Gesetzgebungsentscheidungen in diesem Bereich werden wir eine Reihe von Fällen spezialisierter Gattungszuständigkeit sehen: es ist nicht nur der Gegenstand des Falls angewiesen, sondern auch das konkrete Gericht, das eine bestimmte Kategorie von Fällen im Zusammenhang mit den Besonderheiten der gesellschaftlichen Beziehungen entscheidet.

In Bulgarien gibt es 28 Verwaltungsgerichte, da im Land 28 Verwaltungsbezirke (Oblaste) bestehen. Die Verteilung der Fälle zwischen ihnen erfolgt gemäß den Regeln der örtlichen Gerichtsbarkeit. Hier findet die Aufteilung der Fälle auf einer Ebene statt. Die generischen Fälle werden aus bestimmten Gründen an verschiedenen Orten und Gerichten auf einer gleichen Stufe verteilt. Es gibt auch eine separate funktionale Zuständigkeit. Sie bestimmt die gerichtlichen Funktionen jedes Gerichts: Erstinstanz oder Kassationsverhandlung. Im Bereich der Verwaltungsgerichtsbarkeit wird die Zuständigkeit nur durch die Gesetzesregeln bestimmt. Sie kann nicht das Ergebnis einer Vereinbarung zwischen den Parteien oder den Interessengruppen sein.

3. Bis zu den Änderungen im VwPK Bulgariens war die Zuständigkeit klassisch definiert. In den folgenden Zeilen werden wir die Änderungen der Gerichtsbarkeit vorstellen und wir werden versuchen, die Konsequenzen davon zu erkennen. Hier werden wir die Änderungen in der Stammgerichtsbarkeit analysieren.

Art 132 Abs 1 des VwPO führt den Grundsatz ein, dass die Verwaltungssachen der Zuständigkeit der Verwaltungsgerichte unterliegen. Ausnahmen von dieser Regel bestehen in Fällen, für die das OVwG die Zuständigkeit hat. Absatz 2 definiert die Fälle, in denen dieses Gericht die erste Instanz ist:

- alle Rechtsakte unter dem Niveau eines Gesetzes, zB. Verordnungen mit Ausnahme derjenigen der Gemeinderäte,

- Anfechtungen von Regierungsakten,

- Beschlüsse des Obersten Justizrates und

- Handlungen der Bulgarischen Zentralbank, dort „Bulgarische Nationalbank" genannt.

Anschließend werden die Rechtsakte beschrieben, bei denen der OVwG zweite Instanz ist: Kassationsbeschwerden und Proteste (der StA), private Beschwerden gegen Entscheidungen und Anordnungen, Anträge auf Aufhebung von in Kraft getretenen Entscheidungen — außerordentliche Beschwerden Anfechtungen anderer Rechtsakte, die in einem Gesetz festgelegt sind.

Besondere Aufmerksamkeit verdient die Änderung von Art 132 Abs 2 Pkt 2. Bisher war der OVwG die erste Instanz in Fällen gegen Rechtsakte der Regierung, des Premierministers, der stellvertretenden Premierminister und der Minister. Es wurde nun eine Änderung vorgenommen, die aufgrund der aufgeworfenen Fragen erwähnt werden soll. Die Ergänzung ist:

„in Ausübung ihrer verfassungsmäßigen Befugnisse zur Führung und Verwirklichung der staatlichen Verwaltung".

Der Gesetzgeber fährt dann fort:

„[...] in den gesetzlich vorgesehenen Fällen sowie wenn diese Gremien ihre Befugnisse an die zuständigen Beamten delegiert haben, werden die von ihnen erlassenen Verwaltungsakte vor dem Verwaltungsgericht angefochten."

Der erste Zusatz bedeutet, dass die Befugnisse dieser obersten Exekutivorgane in diejenigen unterteilt sind, die verfassungsmäßige Befugnisse zur Führung und Ausübung der öffentlichen Verwaltung darstellen, und andere, die nicht Teil dieser Tätigkeit sind. Hier wird der Wortlaut des Beschlusses des Verfassungsgerichtes Nr 8 vom 23.4.2018 in Verbindung mit Art 125 der Verfassung Bulgariens verwendet. Diese Entscheidung ist aber unklar und kann nicht allein auf irgendwelchen Beispielen beruhen. In einigen Gesetzen ist dem Minister etwas zugewiesen, in einem anderen Gesetz ist es anderen hohen Beamten zugewiesen. Darüber hinaus gibt es keine Konsistenz in der Herausbildung der Gremien und ihrer Befugnisse.[2] Das Gericht muss darüber nachdenken, was eine Manifestation der Ausübung verfassungsmäßiger Befugnisse und was eine andere offensichtlich erneut leitende Tätigkeit darstellt, aber in einer anderen Reihenfolge.

Es ist normal, dass das Verfassungsgericht auf diese Weise seine Entscheidungen formuliert: durch „verfassungsmäßige Befugnisse in Führung und staatlicher Verwaltung". Es ist kein wahrer Hauptgesetzgeber. Das Verfassungsgericht kann es sich leisten und dies ist seine Verpflichtung, Perspektiven zu entwerfen, Leitlinien für die Trends in der aktuellen Gesetzgebung zu geben und seine Ansichten zur Bedeutung und zum Wesen der Verfassung zu äußern. Es ist aber nicht akzeptabel, dass der derzeitige Gesetzgeber die oben angegebene Gesetzesänderung so formuliert hat, weil er präzise, klare und konkrete Bestimmungen treffen muss. Unklarheiten und eine mögliche mehrdeutige Auslegung sind keine Manifestation des Grundsatzes des Rechtsstaates. Die Verabschiedung dieser Änderung des VwPK trägt nicht dazu bei, die genaue Bedeutung der Gesetze festzustellen.

---

[2] *Miltcheva*, Die Parlamentsausschüsse im Rechtssystem der Republik Bulgarien, „De jure", 2013/7/, Nr 2. (*Милчева*, Комисиите в правната система на Република България, „De jure", 7/2013, Nr 2)

Der einzig vernünftige Weg für gesetzgeberische Regelung dieser Frage wäre ihre Regelung in den Fachgesetzen, wo zu bestimmen ist, welche Handlungen vor dem OVwG angefochten werden und welche vor den Verwaltungsgerichten. Dies würde die Tätigkeit des Gesetzgebers und eher seiner Nebenorgane erschweren, aber über Jahre hinweg Unsicherheiten bei der Beilegung von Streitigkeiten ersparen, ein-schließlich einer Beurteilung der Zuständigkeit.

Übertragung und Ersetzung sind Mittel, mit denen der Inhaber der Befugnis oder der Befugnisse diese an andere Personen abtreten kann, die in einer offiziellen Beziehung mit ihm stehen und von ihm abhängig sind. Dieses Thema wurde in der Literatur vielfach diskutiert. Die Auslegungsentscheidung des OVwG Nr. 4/ 2004 widmet sich auch diesem Thema. In der zweiten Ergänzung von Art. 132 Abs 2 Nr 2 wird erläutert, dass im Falle der Übertragung/Delegierung von Befugnissen an Beamte, und wenn dies gesetzlich vorgesehen ist, die Verwaltungsgerichte zuständig sind. Diese Gesetzgebungstechnik kann aber nicht positiv bewertet werden. Es wäre möglich, einen separaten Punkt zu formulieren, da der Text jetzt so kompliziert und schwer verständlich ist.

Dies wäre ein Fachgesetz, das dem bisherigen Gesetzgeber als Verpflichtung übertragen würde. Im Wesentlichen wäre es eine Aufgabe des Parlaments (der bulgarischen Nationalversammlung), weil es über die Zuständigkeit für Anfechtungen von Rechtsakten und Handlungen einer Reihe von Gremien beurteilen und entscheiden soll. Die Zuständigkeit sowie die gerichtliche Kontrolle müssen einen konkreten Charakter haben.[3] Jede andere Entscheidung führt zu Unklarheiten, Zweifeln am anwendbaren Recht und zur Einschränkung der Möglichkeiten zum Schutz der Rechte der Bürger und ihrer Organisationen.

Bei einer Stellvertretung/Ersetzung weist ein hoher Beamter (zB Minister) seinem Stellvertreter die Ausübung eines Teils seiner Befugnisse für einen bestimmten Zeitraum zu. Die Gerichtsbarkeit dafür liegt beim OVwG. Während dieser Delegierung überträgt der Minister oder ein anderer Leiter seine Befugnisse auf andere Beamte und unterliegt der Zuständigkeit der Verwaltungsgerichte.

Im Rahmen der Prüfung der Gattungszuständigkeit werden wir auch den neuen Art 128a des VRK vorstellen, der sich auf die Anträge der Verwaltungsgerichte und des OVwG auf Nichtigkeitserklärung von Entscheidungen und Gerichtsbeschlüssen bezieht, die von den Verwaltungsgerichten und den OVwG getroffen werden. Die Bestimmung ist neu für den VwPK. Es sollte betont werden: es geht um solche Gerichtsentscheidungen, die eine weitere Entwicklung des Ge-

---

[3] *Kostov*, Die Kompetenz als Rechtssubjekt eines/er staatlichen Organs/Behörde, „Pravna Missal", 1979, Nr 3. (*Костов*, Компетентността като правосубект на държавен орган, Правна мисъл, 1979, No 3.)

richtsverfahrens blockieren. Die Einreichung von Anträgen ist unbefristet. Dies ist eine Abweichung von den allgemeinen Berufungsregeln, bei denen es Fristen gibt und diese normalerweise 7 oder 14 Tage betragen.

Diese Bestimmung weist mehrere Abweichungen von der normalen Entwicklung des Verwaltungsgerichtsverfahrens auf. Es beginnt normalerweise mit einem Rechtsstreit und einer Berufung/Beschwerde des Antragstellers und einem Protest seitens des StA, aber in diesem Fall spricht der Gesetzgeber für eine Klage. Die andere Abweichung ist die fehlende Frist. Der Gesetzgeber opfert so die Rechtssicherheit, um zu erreichen, dass in der Rechtsmaterie kein mangelhafter Rechtsakt mehr vorhanden bleibt, aber mit einem solchen Grad an Mangelhaftigkeit, der ihn null und nichtig macht.

In der Literatur wurden Zweifel an dem systematischen Ort dieser Bestimmung geäußert.[4] Das hat seine Gründe. Die Bestimmung von Art 128a ist nach jenen für die Zuständigkeit positioniert. In der Tat ist dies eine etablierte juristische Tätigkeit und ihr Platz ist nicht hier. Vielleicht wird auf diese Weise betont, dass dies nicht die eigentliche Tätigkeit des Gerichts im Verwaltungsverfahren ist. Die Stelle dieser Bestimmung liegt nach der Regelung der Zuständigkeit, da dies tatsächlich eine besondere Art von Zuständigkeit ist, die eine Ausnahme von den allgemeinen Regeln des Verwaltungsverfahrens darstellt.

4. Im VwPK Bulgariens wurden im Bereich der örtlichen Gerichtsbarkeit gravierende Änderungen vollzogen. Dadurch

„kann der Gesetzgeber die Gerichtsfälle im ganzen Land auf die gleichstufigen Verwaltungsgerichte verteilen".[5]

Es sollte beachtet werden, dass die örtliche Gerichtsbarkeit immer Gegenstand eines besonderen Interesses war. Sie wurde im VwPK so geregelt, dass sie immer viele Probleme verursacht hat. Dadurch wurde eine ungleiche Arbeitsbelastung einiger Gerichte auf Kosten anderer verursacht. Daher wurde ab 2013 eine vorläufige Änderung vorgenommen, bevor es zu der aktuellen Änderung kam. Die örtliche Gerichtsbarkeit wurde in Abhängigkeit vom Sitz jener Gebietsstruktur der Stelle, die den Verwaltungsakt erlassen hat, geregelt, in deren Hoheitsgebiet sich die ständige oder die aktuelle Adresse (in Bulgarien „derzeitige" Adresse genannt) oder der Sitz des Beschwerdeführers befindet.

---

[4] *Yankulova/Nikolova*, Die Änderungen im VwPK 2018, 2018, 161 (*Янкулова/Николова*, Променитев АПК-2018, 161).
[5] *Yankulova/Nikolova*, Die Änderungen im VwPK 2018, 2018, 175 (*Янкулова/Николова*, Промените в АПК-2018, 175).

Die Bestimmung von Art 134 mit dem Titel „Zuständigkeitspflicht" und insbesondere Abs 2 sieht vor, dass in der ersten Anhörung des Falls vor dem erstinstanzlichen Gericht Einspruch gegen die Zuständigkeit des Falls erhoben oder von Amts wegenvom Gericht erhoben werden kann. Zusammen mit dem Einwand der Nichtzuständigkeit für den Fall muss die Partei Beweise vorlegen.

Nach der jetzt geltenden Rechtsnorm bezieht sich die örtliche Zuständigkeit auf die ständige Adresse oder den Sitz des angegebenen Adressaten. Nach dem Gesetz für die Anmeldung/Registrierung der Bürger gilt die Adresse, wo die natürliche Person wohnt. Meistens fallen die Adressen zusammen, aber in der gegenwärtigen Dynamik ist das nicht immer der Fall. Die Bürger sind häufig an ihrer „derzeitigen" Adresse, da dort eine Verbindung besteht, die es erforderlich macht, dass sie dort sind: Ausbildung, ärztliche Behandlung, Geschäftsbeziehungen usw. Wahrscheinlich ist diese Norm symmetrisch zur Entscheidung darüber im Art 105 der Zivilprozessordnung.

Diese gesetzgeberische Entscheidung wurde auch vom Präsidenten der Republik kritisiert, der in den Gründen für sein Veto das Problem unterstrich, dass diese Norm

> „den Fall von natürlichen Personen mit einer anderen aktuellen als der ständigen Adresse nicht bestreitet, die aber möglicherweise eine Belastung für sie und die Verwaltungsbehörden darstellen wird, deren Sitz anders als die ständige Anschrift des Antragstellers ist."[6]

Es wird zu Recht darauf hingewiesen, dass beide Parteien möglicherweise an einen Ort reisen müssen, an dem sich die ständige Adresse des Antragstellers befindet.

Die derzeitigen Änderungen des VwPK in Art 18a und Art 61 sehen keine Angabeder ständigen Anschrift vor. Dies kann den Antragsteller, der nicht der Adressat des Gesetzes ist, ernsthaft belasten. In solchen Fällen ist es nicht möglich, die ständige Adresse des Bürgers herauszufinden, der der Adressat des Rechtsaktes ist, um eine Beschwerde an seiner ständigen Adresse einzureichen.

Änderungen gibt es auch in Art 133 Abs 2. Wenn die im Gesetz genannten Adressaten mehr als einer sind und verschiedene ständige Adressen oder verschiedene Sitze haben, jedoch innerhalb eines Gerichtsbezirks, werden die Fälle nach Absatz 1 vom Verwaltungsgericht in jenem Bezirk (Oblast) behandelt, wo das Verwal-

---

[6] Präsidialerlass Nr 201 für Retournierung und neue Verhandlung in der Nationalversammlung (NV) des Gesetzes für Änderung und Ergänzung des VwPK, verabschiedet von der 44. NV am 25.7.2018. (Указ 201 за връщане за ново обсъждане в Народното събрание на ЗИДАПК, птиет от 44-НС на 25.7.2018)

tungsorgan, das die Rechtsakte erlassen hat, sich befindet. Dies ist eine Abweichung von dem in Abs 1 dargelegten Grundsatz zur Bestimmung des Verwaltungsgerichts, das den Fall beurteilen wird. Es ist komplizierter, wenn der Beschwerdeführer nicht der Adressat der Rechtshandlung ist. Er muss die ständigen Adressen aller Adressaten kennen und die Gerichtsbezirke oder den Gerichtsbezirk innerhalb des Anfechtungszeitraums herausfinden.

Es gibt eine weitere Änderung in den Bestimmungen zur örtlichen Gerichtsbarkeit. Wenn das zuständige Gericht den Fall nicht beurteilen kann, beschließt der OVwG, ihn an ein gleichstufiges benachbartes VG weiterzuleiten.

Mit dem Gesetz zur Änderung und Ergänzung des VwPK hat der Gesetzgeber eine spezielle örtliche Gerichtsbarkeit für eine Reihe spezialisierter Behörden: Kommission für Finanzaufsicht, Rat für elektronische Medien, Kommission für den Wettbewerbsschutz und eine Reihe anderer festgelegt. Hier ist eine weitere spezielle lokale Gerichtsbarkeit ersichtlich. Gleiches gilt für das Verwaltungsgericht im Bezirk (Oblast) Sofia und Stadt Sofia. Dies bedeutet, dass diese Gerichte und auch die Verwaltungsjustiz/-gerichtsbarkeit spezialisiert werden. Jetzt spezialisieren sich beide Gerichte in Sofia innerhalb der spezialisierten Verwaltungsgerichtsbarkeit.

Weiterhin wurde eine spezialisierte Gerichtsbarkeit entfernt. Bisher wurden Steuerfälle von einigen bestimmten Verwaltungsgerichten je nach Sitz der Steuerbehörden verhandelt. Solche Fälle werden jetzt vor allen Verwaltungsgerichten behandelt.

Die Beschränkung der Prüfung von Fällen durch nur eine Instanz in einer Reihe von Fällen, die in einigen Gesetzen festgelegt sind, hängt auch mit der Gerichtsbarkeit zusammen. Dies kann als Erweiterung des Prinzips der Steigerung der Schnelligkeit und der Verfahrensökonomie angesehen werden. Andererseits schränkt dies die Möglichkeit für die Bürger und ihre Organisationen ein, ihre Rechte zu schützen.

Die Änderungen in der Zuständigkeit haben mehrere Zwecke: nämlich eine gleichmäßigere Arbeitsbelastung der Verwaltungsgerichte zu gewährleisten und damit einige von ihnen und das OVwG zu entlasten. Ob dieses Ziel erreicht wurde, wird in Zukunft klar werden. Auf jeden Fall handelte es sich um schwerwiegende Änderungen, die sich langfristig auf die Verwaltungsgerechtigkeit auswirken und sowohl für die Verwaltung als auch für die Bürger und ihre Organisationen Schwierigkeiten be- reiten werden. Es kann Probleme mit der Vorladung, mit den Fristen, mit der Suche nach Parteien und Interessengruppen geben. Dies ist eine Frage der Praxis.

Es besteht die Hoffnung, dass die hier angesprochenen Themen die Diskussion in der Fachwelt anregen und Lösungen für die Streitthemen gefunden werden.

Georg KABBE[*]

30 Jahre Marktwirtschaft in Mittel- und Osteuropa: Prozessentwicklung und Resultate

Einleitung

Die Transformation der Volkswirtschaften Mittel- und Osteuropas von der zentralisierten Planwirtschaft zur Marktwirtschaft wird als die größte Umwandlung in den Wirtschaftssystemen der Welt seit Beginn der menschlichen Zivilisation angesehen. Sie übertrifft in ihrer Dauer und Komplexität bei weitem den Übergang von der Markt- zur Planwirtschaft auf dem Territorium Russlands nach der Oktoberrevolution von 1917 und auf dem Territorium der vom Nationalsozialismus befreiten und zunächst besetzten Länder in Mittelosteuropa und auf dem Balkan nach 1944/45.

Die erste Umwandlung erfolgte hauptsächlich durch Terror und Gewalt und fast ohne Gesetze und war daher einfacher umzusetzen und kürzer in ihrer Dauer. Der zweite Übergang wurde rechtsstaatlich durch einen breiten Konsens durchgeführt, da auch die bis dahin zunächst diktatorisch und autokratisch regierenden Kommunistischen Parteien einem Übergang zur pluralistischen Demokratie und zur Marktwirtschaft zugestimmt hatten.

Wenn zu dieser Transformationsregion in Mittelost, Südost- und Osteuropa (MOE, SOE, OE), die auch Russland und die anderen Republiken der Ex-Sowjetunion sowie die Mongolei umfasst, auch China, Vietnam (in beiden Ländern bestehen immer noch zentralistische Fünf-Jahres-Pläne, obwohl die Marktwirtschaft vorherrschend ist) und Kuba hinzugefügt werden, deckt sie insgesamt 30 % der Weltbevölkerung ab (etwa 1,7 Mrd. Menschen) und 26 % der Erdoberfläche. Mit Ausnahme der Zeiträume 1917−1991 für das Gebiet Russland/ UdSSR und 1944/45/49−1989/91 fürs Territorium der anderen ehemaligen sozialistischen Länder, war die Marktwirtschaft das allgemeine Wirtschaftssystem unseres Planeten.

---

[*] Nach dem Studium der Wirtschaft und der Rechtswissenschaften (1984 Promotion in VWL, 1994 Habilitation in BWL), war Dr. Georg Kabbe von 1984 bis 1986 Werksdirektor, 1986 bis 1988 Marketingabteilungsleiter im Außenhandel, 1987 bis 1989 Lehrbeauftragter an den Universitäten Plovdiv und Sofia. Ab 1989 arbeitete er als Univ.-Ass. und von 1995 bis 2006 Univ.-Doz. in Bulgarien mit Forschungsaufenthalten in Kiel, Hamburg und New York. Von 2002 bis 2003 hatte er eine Gastprofessur in Innsbruck, danach Lehrtätigkeit in Innsbruck, Wien, Salzburg, Augsburg, Kiel. Kabbe war auch Gastreferent in Deutschland, den USA und der Ukraine. Seine rund 60 Publikationen (zwei Lehrbücher) beinhalten volks-, betriebswirtschaftliche (Marketing und Management), rechtswissen-, politik- und agrarwissenschaftliche Themen.

Vor dem Zweiten Weltkrieg haben die KP-en in keinem Land des europäischen Kontinents mehr als 14 % der Wählerstimmen erhalten. Wenn Hitler den Zweiten Weltkrieg am 1.9.1939 und die Invasion in die Sowjetunion am 22.6.1941 (trotz eines Nichtangriffspaktes) nicht begonnen hätte, bei der die deutsche Wehrmacht erst vor Moskau gestoppt wurde, hätte die Sowjetarmee danach bis Ende des Zweiten Weltkrieges die Länder MOEs und SOEs (des Balkans) nicht besetzt und dort ihr politisches und wirtschaftliches System nicht oktroyiert. Die Menschen in dieser Region hatten diesem System nicht durch demokratische Referenden oder Wahlen zugestimmt.

Im Allgemeinen wurde das politische Einparteiensystem des stalinistischen Modells des „Sozialismus" in dieser Region der Welt von der Sowjetunion mit Duldung der westlichen Großmächte nach dem Ende des Zweiten Weltkriegs zusätzlich zur Besetzung Deutschlands und Österreichs und teilweise der mit der „Achse" verbündeten Ländern MOE Ungarn, Rumänien und Bulgarien auferlegt. Polen und Tschechoslowakei wurden auch dem totalen Einfluss des stalinistischen Staates übergeben und die drei baltischen Länder blieben erneut in der UdSSR. Dies wurde als Ausgleich für die enormen Opfer angesehen, die die Sowjetunion für die Niederlage des Hitlerstaates und des japanischen Militarismus am Ende des Zweiten Weltkriegs 1943/45 erbracht hatte und die weitaus größer waren als die Gesamtverluste der drei westlichen Alliierten.

Speziell für den Balkan wurde eine formlose politische Vereinbarung über die Aufteilung der Einflusssphären im Oktober 1944 während des Besuchs von Churchill und seinem Außenminister in Moskau beschlossen, wobei er in seinen Memoiren offen über diese Abmachung berichtet. Für Rumänien wurde 90:10 und für Bulgarien 75:25 zugunsten der UdSSR vereinbart, für Jugoslawien und Ungarn 50:50 und für Griechenland 90:10 zugunsten Großbritanniens und der Vereinigten Staaten. Dies hat Stalin nach kurzer Überlegung völlig akzeptiert und Churchill hat am nächsten Tag darüber den US-Präsidenten Roosevelt informiert.[1]

Die Übergabe von Polen und der Tschechoslowakei in die sowjetische Einflusssphäre soll in einem unveröffentlichten Anhang zu den Potsdamer Abkommen vom 2.8.1945 notiert sein, wie der polnische Ministerpräsident Leszek Miller in seiner Rede am 1.5.2004 anlässlich des Beitritts Polens und der anderen sieben mittelosteuropäischen Länder (plus Zypern und Malta) in die EU gesagt hat. Die DDR hatte bis 1990 Merkmale einer sowjetischen Besatzungszone und der Abzug der sowjetischen Armee wurde erst 1994 abgeschlossen.

Auf diese Weise verwirklichte sich fast völlig der alte großrussische Traum eines Panslawismus: alle slawischen Länder und Völker zu erobern oder zu vereinigen

---

[1] *Churchill*, Der Zweite Weltkrieg, Buch 5, Teil 2, 1953, 269.

(ohne Jugoslawien aber plus Ungarn, Rumänien und Ost-Deutschland), was nicht durch Eingliederung in den sowjetisch-russischen Staat geschah, sondern durch Schaffung einer von der Sowjetunion völlig abhängigen Gruppierung von Staaten.

Diese Länder und auch Albanien (bis 1961/67) hatten eine „begrenzte" Souveränität (nach der „Breschnew-Doktrin" von 1968) und waren dem Sowjetstaat untergeordnet.diese Unterwerfung wurde 1955 durch die für die Sowjetunion willkommene Aufnahme Westdeutschlands in die NATO mit dem als Reaktion darauf acht Tage später am 14.5.1955 gegründeten „sozialistischen" Militärbündnis in Warschau („Warschauer Pakt" genannt), aber mit Sitz in Moskau bestätigt.

Die wichtigsten Fälle von ernsthaftem Widerstand gegen das System sind:

- der Volksaufstand in Ost-Berlin und der Sowjetischen Besatzungszone im Juni 1953 (drei Monate nach Stalins Tod), bei dem etwa eine Million Deutsche gegen das Regime protestiert und Betriebe und behördliche Gebäude besetzt haben und als Folge sowjetische Panzer auf die Straßen eingerückt waren und einKriegszustand erklärt wurde;

- der große Volksaufstand in Ungarn 1956, bei dem eine neue Mehrpartei-Regierung die Neutralität des Landes und den Austritt aus dem Warschauer Pakt erklärte und die Sowjetarmee zum Verlassen des Landes aufrief, von sowjetischen Panzern aber mit vielen Opfern, darunter Hinrichtung des Regierungschefs Imre Nagy niedergeschlagen und von der Sowjet-Propaganda und dem installierten Kádár-Regime als „Konterrevolution" bezeichnet;

- die Versuche der tschechoslowakischen Führung im Jahr 1968, ein humaneres Modell des Sozialismus durchzusetzen, die mit Forderungen „von unten" für einen vollständigen Systemwechsel ergänzt (auch als „Prager Frühling" bekannt) und durch eine militärische Invasion des Warschauer Paktes (UdSSR, Bulgarien, Polen, Ungarn, die DDR „nur" mit Logistik; Rumänien verweigerte eine Teilnahme) mit 400.000 Soldaten, 6300 Panzern, 250 Transport-Flugzeugenund 550 Kampfjets beendet wurden und

- die Proteste und Unruhen 1970 bis 1980 in Polen, die durch einen Anstieg der Lebensmittelpreise um 23 % verursacht und blutig unterdrückt wurden, allmählich zu Streiks und Massenprotesten der neuen freien Gewerkschaft „Solidarność" eskalierten und deren Folgen Verhaftungen und die Erklärung eines Kriegszustands 1981 bis 1983 waren.

Der Hauptgrund für den Zusammenbruch des Wirtschaftssystems der zentralisierten Planwirtschaft war ihre mittel- und langfristige Ineffizienz, trotz einiger rational positiver kurz- und mittelfristiger Elemente nach 1944/45, die hauptsächlich auf den „Skaleneffekten" *(Economies of Scale)* der großen Produktionseinheiten im Industrie- und Agrarsektor und teilweise auf die Methode der Wirt-schaftskommandos auf Mikro- und Makroebene basierten. Diese führten anfäng-lich zu höheren Wachstumsraten des BIPs, wobei sich diese Vorteile in 15 bis 20 Jahren völlig erschöpft haben (siehe Anhang I).

Bei der Planwirtschaft fehlte die „unsichtbare Hand" (nach den Worten von Adam Smith) des Marktes als Regulierungsmechanismus für die gesamte Wirtschaft und die lenkende Rolle des „Staatsplans" verlor laufend ihre positiven Elemente. In allen ehemaligen sozialistischen Ländern wurden nach 1944/45 die beiden langfristig ineffektiven Hauptelemente des stalinistischen Modells des Sozialis-mus oktroyiert: das **politische Einparteiensystem** (die Präsenz anderer kleiner Parteien war bedeutungslos) und eine **zentral geplante Wirtschaft**.

1. Die politische Wende als Basis für die Transformation der Wirtschaft

Der 1989 begonnene Übergang der Länder MOEs vom Totalitarismus zur Demo-kratie beinhaltete die Einführung eines Mehrparteiensystems und politischen Pluralismus, demokratische Wahlen, politische und bürgerliche Rechte und Frei-heiten, darunter Minderheitenrechte, freie Medien und alle anderen Elemente des politischenSystems der freien Welt. In allen diesen Ländern wurden von den Par-lamenten neue Verfassungen und in fast allen Rechtsbereichen neue Gesetze be-schlossen, wobei die wichtigsten Änderungen im politischen System über einen Zeitraum von etwa einem Jahr ab Beginn der „Wende" und die neuen Rechtsvor-schriften über einen Zeitraum von etwa einem Jahrzehnt eingeführt wurden. Für Russland und die anderen GUS-Länder war der politische Übergang länger, wobei einige Elemente des freien politischen Systems und der echten Demokratie wie freie Wahlen in Russland und besonders in Belarus wie auch in einigen Ex-Sowjetrepubliken Zentralasiens noch nicht eingeführt sind.

Die Ergebnisse des politischen Übergangs sind ua im Bericht *Nations in Transit 2014* der NGO "Freedom House" (gegründet 1941 in Washington von der Gattin des US-Präsidenten F. D. Roosevelt) veröffentlicht worden, deren Schätzungen für den Stand zwischen **1,0** (volle Demokratie) und **7,0** (mangelnde Demokratie) variierten,

wobei die besten Erfolge in dieser Richtung für Slowenien mit einer Punktzahl von 1,93, für Estland mit 1,96 und für Lettland mit 2,07 und die schlechtesten Resultatefür Belarus mit 6,7 und für Turkmenistan und Usbekistan mit je 6,9 ver-zeichnet wurde.[2]

---

[2] *Habdank-Kołaczkowska*, Nations in Transit 2014; Eurasia's Rupture with Democracy, in Free-dom House, https://freedomhouse.org/sites/default/files/2020-02/NIT2014%20booklet_ web seite.

Neue Angaben für das Demokratieniveau in MOE sind vom *Economist*-Magazin 2019 erstellt worden (siehe Karte 1). Es zeigt, dass alle elf EU-Länder MOEs schon überwiegend demokratische Staaten sind, obwohl sie zur Gruppe mit einer "flawed democracy" (unzureichender Demokratie) gehören, wobei die Demokratie in Slowenien, Tschechien, Slowakei, den drei baltischen Ländern und Bulgarien auf einem höheren Niveau als in Polen, Ungarn, Kroatien und Rumänien war.[3]

Karte 1: Demokratie-Index von *Economist*, London, 2020.

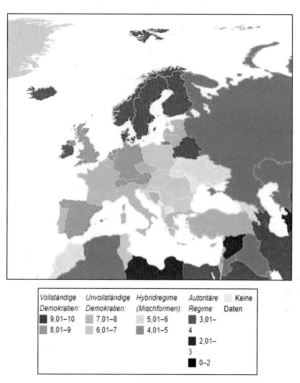

Quelle: The Economist Intelligence Unit, London; *Wikipedia DE* (Ausschnitt)

Anm. G. K.: Nach Aussagen von dortigen sachkundigen Bürgern hat Lukaschenko alle bisherigen Wahlergebnisse zu seiner Gunst gefälscht. Ferner verhaftet und terrorisiert er seine Staatsbürger, weil sie nur friedlich gegen sein Regime demonstrieren und er wahrscheinlich sogar einige praktische Züge Nordkoreas für seine Nachfolge anwenden möchte.

[3] Anm. G. K.: Nach der dirigistisch durchgeführten Wahl des Generalstaatsanwalts Bulgariens mit einer einzigen Kandidatur und nach Enthüllungen bei Veröffentlichung von Fotos eines Schlafzimmers in den IT-Medien wird das Land bestimmt bald in eine niedrigere Demokratie-Gruppe versetzt, https://en.wikipedia.org/wiki/Transparency_International.

Karte 2: Wahrgenommene Korruption für 2017.

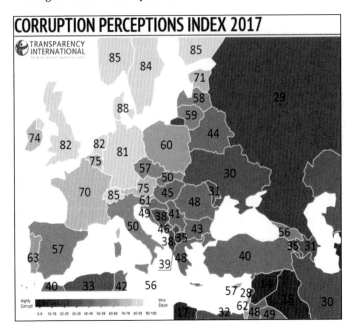

Quelle: *Giegold*, Korruptionsindex 2017, 2018: Ein Armutszeugnis für Europa –
in manchen EU-Ländern steigt die Korruption,
www.https://sven-giegold.de/korruptionsindex-2017-ein-armutszeugnis-fuer-
europa-in-manchen-eu-laendern-steigt-die-korruption/.

Neuere Daten für die Korruption sind 2017 von der in Berlin ansässigen NGO *Transparency International* (siehe Karte 2) für 2017 im Bereich „**0**" (*highly corrupt*) bis **100** (*very clean*) dargestellt. Aus den Daten geht hervor, dass Bulgarien die höchste Korruption in der EU hat (sogar in Georgien war die Korruption geringer) und auf dem Balkan ist sie niedriger in Montenegro und höher in der Türkei, Serbien, Bosnien und Herzegowina, Albanien und Nordmakedonien. Leider gibt es kein Land auf der Welt ganz ohne Korruption. Wenn es so wäre, hätten die Länder mit der niedrigsten Korruption der Welt: Neuseeland, Dänemark, Finnland, Schweiz, Schweden und Norwegen 100 Punkte und nicht 85 bis 89.

Zu Beginn des Jahres 2020 veröffentlichte die EU ihre eigene Studie zur Korruption, aus der hervorgeht, dass 2019 Dänemark, Finnland und Schweden die niedrigste und Bulgarien, Rumänien und Ungarn die höchste Korruption in der EU hatten.[4]

2. Der Übergang zur Marktwirtschaft

Nachdem fast alle politischen Parteien in den Ländern Mittelosteuropas bei den demokratischen Revolutionen von 1989/90 die Einführung einer Marktwirtschaft gefordert hatten, begann der Übergang in den meisten Ländern Mittel- und Südosteuropas im Jahr 1991 und in Russland und den anderen GUS-Ländern ein Jahr später. Die beiden wichtigsten Transformationsmethoden waren: „**Schocktherapie**": sofortige Anwendung maximaler Anzahl von Marktelementen und „**Gradualismus**": schrittweiser Übergang zur Marktwirtschaft. In keinem der Länder der Region wurde jedoch nur eine dieser Methoden angewendet, sondern eine Mischung davon. Die Schocktherapie wurde aber hauptsächlich in der ehemaligen DDR, in Polen und in der Anfangsphase in Bulgarien, der Gradualismus überwiegend in Ungarn, Rumänien und der Tschechoslowakei praktiziert.

Es sei darauf hingewiesen, dass in Ungarn und Polen bestimmte Marktelemente noch vor dem Fall der Berliner Mauer am 9.11.1989 eingeführt wurden. Dies gilt begrenzt auch für Bulgarien, wo im Februar 1989 überraschend für die dortige Öffentlichkeit und zur Freude der Gegner der zentral geplanten Wirtschaft der Erlass Nr 56 des Staatsoberhauptes Todor Schiwkow veröffentlicht wurde, so die Zulassung einiger Marktelemente, wie die Gründung privater Firmen (vorerst mit bis zu zehn Mitarbeitern) und sogar das notwendige Verfahren im Falle des Konkurses eines Unternehmens.

Aus theoretischer Sicht waren die Maßnahmen der „Schocktherapie" eine Adaptierung des sogenannten „Washingtoner Konsenses", der 1989 vom britischen Ökonomen John Williamson (Berater des IWF und Chefökonom der Weltbank) nach Absprache mit den Leitungen dieser beiden Institutionen, wie auch mit dem Finanzministerium und der US-Notenbank (alle mit Sitz in Washington D.C.) in Form von zehn Empfehlungen für makroökonomische Maßnahmen und als „Standardpaket" für Reformen, vor allem auf der Basis eines „Marktfundamentalismus" zunächst für Entwicklungsländer in Finanzkrise formuliert wurde. Obwohl seine Thesen von Ökonomen wie George Soros und Joseph E. Stiglitz kritisiert wurden, waren sie ein anwendbares Fundament auch für die Transformation der Wirtschaft in MOE.[5]

---

[4] https://ec.europa.eu/regional_policy/en/newsroom/news/2020/01/27.
[5] Die 10 Grundthesen des Washingtoner Konsenses waren: Haushaltsdisziplin; Umverteilung auf der Grundlage der wichtigsten Bedürfnisse der Gesellschaft mit Priorität für Gesundheitsversorgung, Bildung und Infrastruktur bei den Staatsausgaben; Erweiterung der Steuerbemes-

Aus makroökonomischer Sicht wäre es am besten, wenn die Transformation der Wirtschaft mit der Abschaffung des Staatseigentums als des wichtigsten Elements der zentral geplanten Volkswirtschaft und ihrer Ersetzung durch private Firmen startet. Da dies aber ohne einige Monate andauernde gesetzgeberische Maßnahmen nicht möglich wäre (Ausarbeitung des Gesetzesentwurfs, Diskussion mit oder ohne Öffentlichkeit und Verabschiedung im Parlament), begann die Liberalisierung der Wirtschaft mit der „Freigabe" der Preise, für die nur ein Regierungsbeschluss nötig war.

In den meisten Ländern MOEs fand die Preisliberalisierung 1991 und in Polen ein Jahr zuvor, in Russland und der GUS im Jahr 1992 statt. Dies führte zu einer beispiellosen Inflation (siehe Tab. 1), die in der Wirtschaftsgeschichte der Länder Südosteuropas nie da gewesen ist und sogar die Preisentwertung nach dem Ersten Weltkrieg und während der „Großen Depression" — der Weltwirtschaftskrise 1929-33 übertraf. Die außenwirtschaftliche Liberalisierung wurde vor allem durch die Aufhebung des 45-jährigen staatlichen Monopols auf Außenhandel und Geldwechsel erreicht.

Die wirtschaftliche Liberalisierung in MOE führte zu einer drastischen Senkung des Lebensstandards der Bevölkerung, da die Löhne im Allgemeinen nicht mit dem Stand der Inflation indexiert werden konnten. Dies konnten sich nur die reicheren ehemaligen sozialistischen Länder wie die Tschechoslowakei leisten.

Die zweite Phase wird als **Stabilisierung** der Wirtschaft bezeichnet, nachdem alle ex-sozialistischen Länder in eine beispiellose Instabilität geraten sind:

- Rückgang der Produktion vor allem in Industrie und Bauwesen,

- hohe Inflation und Arbeitslosigkeit, erhöhte Auslandsverschuldung und

- Rückgang der Steuereinnahmen ua negative Erscheinungen.

---

sungsgrundlage und Verringerung der Anzahl der allgemeinen Steuerniveaus; Liberalisierung der Finanzmärkte; Freier Wechselkurs der Landeswährung; Ersetzung der Handelsquoten mit Zöllen; Beseitigung von Markthindernissen für den Wettbewerb von Waren; Privatisierung staatlicher Unternehmen; Beseitigung von Hindernissen für ausländische Direktinvestitionen; Starke und gut geschützte Rechte an geistigem Eigentum; *Williamson*, What Washington Means by Policy Reform, 2002; *Williamson* (ed), Latin American Adjustment: How Much Has Happened, 1989; *Rogoff*, Wither the Washington Consensus? in *Foreign Policy* 2003; *Williamson*, What Should the Bank Think about the Washington Consensus? in *World Bank Research Observer* 15, 2/2000, 251–264.

Tab. 1: Inflation in MOE, in %, 1990–2000.

	1990	1991	1992	1993	1994	1995	1996	1997	1998	1999	2000
Bulgarien	26,0	333,5	82,0	73,0	96,3	62,0	123,0	1082,0	22,3	1,4	5,0
Estland	...	211,0	1076,0	90,0	48,0	29,0	23,0	11,0	10,7	3,9	4,0
Lettland	...	172,0	951,0	108,0	36,0	25,0	17,6	8,4	4,7	2,4	3,5
Litauen	...	225,0	1021,0	410,0	72,1	39,5	24,7	8,9	5,1	0,3	2,0
Polen	586,0	70,0	43,0	35,3	32,2	27,8	19,9	14,9	11,6	7,3	8,5
Rumänien	55,0	165,0	210,9	290,3	136,8	32,3	38,8	154,8	59,1	45,8	40,0
Slowakei	11,0	61,2	10,2	23,2	13,5	9,9	5,8	6,1	6,7	10,6	14,0
Slowenien	550,0	117,7	201,3	32,3	21,0	13,5	9,9	8,4	7,9	6,2	6,0
Tschech-ien	10,0	56,7	11,1	20,8	10,0	9,1	8,8	8,5	10,7	2,1	3,5
Ungarn	29,0	35,0	23,0	22,5	18,8	28,3	23,6	18,3	14,1	10,0	9,0
Ukraine	...	91,0	1210,0	4735,0	891,0	377,0	90,0	16,0	10,6	20,0	15,0
Russland	6,0	100,0	1460,0	840,0	307,5	197,4	47,8	14,7	27,6	85,4	20,0

Quellen: Wirtschaft im Wandel 5/1997, 1/2000 und 6/2000; Transition Report 1999, EBRD London (Schaubild, angefertigt vom Hrsg A. Raffeiner).

Im Rahmen der Stabilisierung wurden Maßnahmen zum Abbau der Auslandsverschuldung ergriffen, wobei Polen und Bulgarien Umschuldungsabkommen mit dem IWF schlossen und die Gläubiger teils von den internationalen Organisationen entschädigt wurden. Obwohl Ungarn die höchste Auslandsverschuldung in Mittelosteuropa im Jahr 1993 pro Kopf hatte: 1.994 US-$, während es bei Bulgarien 1.500 und bei Polen 1.224 US-$ gewesen sind, wollte das Land seine Schulden weiterhin zahlen und strebte keine Maßnahmen zur Restrukturierung dieser Schulden an.

Trotz der schwierigen Lage erwies sich diese ungarische Wirtschaftspolitik als sehr weitsichtig, da die Investoren im Land geblieben sind, um weiterhin zu investieren. Zudem waren neue Investoren dazugekommen. Diese Politik, kombiniert mit verschiedenen Anreizen, ermöglichte es Ungarn, in den zehn Jahren seit Beginn der wirtschaftlichen Transformation rund 40 % der gesamten ausländischen Investitionen in Mittelosteuropa, einschließlich Russland und der Gemeinschaft Unabhängiger Staaten, zu erhalten, obwohl das Land nur 4 % der Bevölkerung der Region hatte. Für den Zeitraum von 1988 bis 1997 beliefen sich diese ausländischen Direktinvestitionen pro Kopf in Ungarn auf 1.590 US-$, in der Tschechischen Republik auf 661 US-$ und in Polen auf 426 US-$. Im Jahr 1998 waren die ausländischen Direktinvestitionen 31 % des BIP, der höchste Anteil in ganz Mittelosteuropa.

Die negativen Folgen der Umschuldungsabkommen mit dem Pariser Club als Gremium der staatlichen Gläubigerbanken und dem Londoner Club als Gremium der privaten Banken in Form eines Abflusses ausländischer Investitionen wirkte sich nicht so stark auf Polen wie auf Bulgarien aus, wo die früheren Investoren das Land fast vollständig verlassen haben und neue Investoren hauptsächlich im Zuge der Privatisierung gekommen sind. Unter den zehn mit der Europäischen Union assoziierten mittelosteuropäischen Ländern blieb Bulgarien im ersten Jahrzehnt seit Beginn der Transformation das Land mit den niedrigsten Auslandsinvestitionen pro Kopf unddies ist jetzt im Jahr 2021 immer noch so unter den elf EU-Mitgliedstaaten in der Region.[6]

Mit dem Start der Transformation begann auch ein Prozess steigender **Arbeitslosigkeit**, gegen die der Staat zu dieser Zeit fast machtlos war.

Die letzte Phase des wirtschaftlichen Übergangs war die **Privatisierung**, welche auch ein besonders schwieriger und komplizierter Prozess war und auf der Grundlage der Rechtsstaatlichkeit durchgeführt sein sollte. Zu Beginn des Übergangs wurden viele theoretische Konzepte und Modelle für die Privatisierung vorgestellt und in der Praxis verschiedene Methoden und Techniken angewendet. Jedes mittelosteuropäische Land hat sein eigenes Gesetz oder mehrere Gesetze und seine eigenen Gremien für die Umsetzung und Kontrolle gebildet.

Nach Angaben der Europäischen Bank für Wiederaufbau und Entwicklung waren am Ende des zehnten Jahres seit Beginn der Privatisierung im privaten Sektor 80 % der Unternehmen in Ungarn, 75 % der Unternehmen in der Tschechischen Republik, der Slowakei und Albanien, 70 %in Russland, Estland und Litauen, 65 % in Polen, 60 % in Rumänien, Lettland, Georgien, Armenien und Kirgisistan, 55 % in Slowenien, Kroatien, Mazedonien, der Ukraine und Kasachstan, 50 % in Bulgarien, 45 % in Moldawien, Aserbaidschan und Usbekistan, 35 % in Bosnien und Herzegowina, 30 % in Tadschikistan, 25 % in Turkmenistan und nur 20 % in Be-

---

[6] Besonders katastrophal für Bulgarien war das im März 1990 vom damaligen Regierungschef Lukanov auf Empfehlung seines Beraters Iwan Angelov eingeführte Moratorium auf die Auszahlung der Auslandsschulden, wobei so die Erfahrung Lenins nach der Oktoberrevolution 1917 für Nichtzahlung der Staatsschulden der zaristischen Regierung wiederholt wurde. Diese Maßnahme hat die Investoren aus Bulgarien völlig abgewehrt. Was Lukanov tat, lag ganz im Interesse seiner Ex-KP, damit sich die wirtschaftliche Situation des Landes bis zu den Wahlen im Juni 1990 nicht drastisch verschlechtert und damit seine Ex-KP die Wahlen gewinnt, sie verstieß jedoch völlig gegen die Interessen des bulgarischen Volkes. S auch *The Institute of International Finance,* Washington D. C., Country Reports; WIIW Wien.

larus.[7] In allen elf Ländern Mittelosteuropas, die jetzt EU-Mitglieder sind, war die Privatisierung vor ihrem Beitritt abgeschlossen.

3. Die Ergebnisse der Transformation beim „magischen Viereck"

In der Theorie und Praxis der Wirtschaftspolitik ist das „magische Viereck" von grundlegender Bedeutung, was sich darin ausdrückt, dass der Staat folgende vier Ziele erreichen und einhalten muss:

- *stetiges Wirtschaftswachstum des BIPs;*
- *hohe Beschäftigung (niedrige Arbeitslosigkeit),*
- *Preisstabilität (niedrige Inflation) und*
- *außenwirtschaftliches Gleichgewicht.*

In den ersten Jahren des Transformationsübergangs waren die Volkswirtschaften MOEs durch einen Rückgang in fast allen Sektoren und nicht durch ein Wirtschaftswachstum gekennzeichnet (siehe Tab. 2). In geringerem Maße wirkte sich dieser Rückgang auf die Landwirtschaft aus.

Tab. 2: BIP-Abschwung und -Wachstum in MOE und den GUS-Staaten 1990–1997.

	1990	1991	1992	1993	1994	1995	1996	1997
In Zentral- und Südosteuropa								
Albanien	-10,9	-27,7	-9,7	9,5	8,3	13,9	9,1	-7,0
Bulgarien	-9,1	-11,7	-7,9	-2,5	1,8	2,1	-10,9	-6,9
Estland	-8,1	-11,7	-14,2	-8,8	-2,0	4,6	4,0	10,4
Lettland	2,9	-8,3	-35,8	-14,3	0,6	-0,8	3,3	8,6
Litauen	-5,0	-13,1	-37,7	-15,2	-9,8	3,3	4,7	7,3
Polen	-11,6	-7,6	2,6	3,8	5,2	7,0	6,0	6,8
Rumänien	-5,6	-12,9	-10,0	1,5	3,9	7,1	3,9	-6,1
Slowakei	-0,4	-14,5	-4,0	-3,7	4,9	6,7	6,2	6,2
Slowenien	-4,7	-8,1	-5,4	2,8	5,3	4,1	3,5	4,6
Tschechien	-0,4	-14,2	-6,4	0,1	2,2	5,9	4,8	-1,0
Ungarn	-3,5	-11,9	-3,0	-0,6	-0,2	1,5	1,3	4,6

---

[7] *EBWE*, Report, 2003.

In den GUS-Staaten								
Armenien	-7,4	-10,8	-52,4	-8,8	5,4	6,9	5,9	3,9
Aserbaidschan	-11,7	-0,7	-22,1	-23,1	-19,7	-11,8	1,3	5,8
Belarus	-3,0	-1,2	-9,6	-7,6	-12,6	-10,4	2,8	11,4
Georgien	-12,4	-13,8	-40,3	-25,4	-11,4	2,4	10,5	10,5
Kasachstan	-0,4	-13,5	-13,0	-9,2	-12,6	-8,4	0,5	1,7
Kirgisistan	3,5	-5,1	-25,3	-16,0	-20,1	-5,4	7,1	9,9
Moldawien	-2,4	-17,5	-19,0	-1,2	-30,9	-1,4	-5,9	1,5
Russland	-4,0	-13,5	-19,0	-8,7	-12,7	-12,5	-3,3	0,5
Tadschikistan	-1,6	-7,1	-28,9	-11,0	-18,9	-7,2	-4,4	1,7
Turkmenistan	2,0	-4,7	-5,3	-10,0	-17,3	-1,2	-6,7	-11,3
Usbekistan	-3,2	-12,6	-17,8	-14,2	-22,9	-12,2	-10,0	-3,0
Ukraine	1,6	-0,5	-11,1	-2,3	-4,2	-0,9	1,6	2,5

Quellen: Transition Report, EBWE; *Hoen*, Einführung in die wirtschaftliche Transformations-forschung, in *Bönker/Wielgihs* (Hg), Postsozialistische Transformation und europäische (Des-) Integration: Bilanzen und Perspektiven, 2008, 99–118 (Tab. angefertigt von Hrsg A. Raffeiner).

Kumulativ erreichte die Transformationskrise in den Ländern Ostmitteleuropas (OME) und SOE (Balkan) relativ schnell ihren tiefsten Punkt im Jahr 1992 – nur drei Jahre nach Beginn des Übergangs –, und das Vorkrisenniveau wurde im Jahr 2000 erreicht. Der größte Rückgang im BIP wurde in Russland und in der GUS als Ganzes registriert und dabei bis zu einem sehr niedrigen Niveau von fast 50 % gegenüber 1989, während der gesamte wirtschaftliche Rückgang in Ostmittel-plus Südosteuropa insgesamt auf einem Niveau von etwa 80 % zum Basisjahr vor der Transformationskrise lag. Eine gewisse Gegenwirkung zum wirtschaftlichen Abschwung hätte vor allem durch die öffentliche Investitionspolitik erreicht wer-den können, aber für die meisten Länder war eine solche Politik aufgrund des Mangels an öffentlichen Mitteln in den Haushalten der Länder unmöglich. Die Kurve des wirtschaftlichen Rückgangs und **des Wachstums** danach ist im Schau-bild 1 dargestellt.

Schaubild 1: Entwicklung des Bruttoinlandsprodukts 1989–2001.

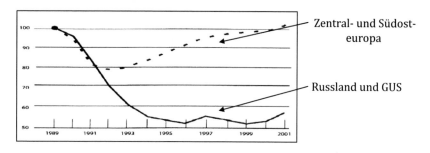

Quelle: EBWE, WIIW – Wien, eigene Berechnungen G. K.

Von wissenschaftlichem Interesse ist auch das bis jetzt erreichte Niveau des **BIPs pro Kopf** (siehe Karte 3) der 11 Länder MOE, die in der EU sind, wie auch der anderen MOE-Länder. Nach den Schätzungen des IWF für 2019 kaufkraftbereinigt hat Tschechien den 1. Platz in dieser Region (35. Platz in der Welt) mit rund 43.000 Int. $, gefolgt von Slowenien auf Platz 38 in der Welt, Litauen auf Platz 40, Estland auf Platz 41, Polen auf Platz 44 (mit rund 34.000 Int.$), Slowakei auf Platz 45, Ungarn auf Platz 46, Lettland auf Platz 50, Rumänien auf Platz 52, Kroatien auf Platz 54 und Bulgarien auf Platz 63 (mit rund 24.000 Int.$). Vor Bulgarien sind solche Länder wie: Puerto Rico, Panama, Türkei (auf Platz 55), Chile, Russland (Platz 58) und Kasachstan.[8]

---

[8] *Wikipedia DE*, Länder nach Bruttoinlandsprodukt.

Karte 3: Pro-Kopf-BIP nach Kaufkraft, 7 Ländergruppen, 2019.

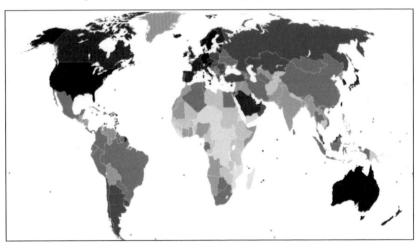

Länder nach BIP (nach Kaufkraft) pro Kopf (Int$), 2019 laut IWF ▌ >50,000, ▌ 35,000– 50,000, ▌ 20,000–35,000, ▌ 10,000–20,000, ▌ 5,000–10,000, ▌ 2,000– 5,000, ▌ <2,000, ▌ Daten nicht verfügbar

Quelle: *Wikipedia EN*, Countries by GDP per capita in 2019

Daten zum Lebensstandard der Bevölkerung auf einer breiteren Basis als das BIP liefert der "Human Development Index" (**HDI-Index**, s Anhang II), der eine Basis für die Aufteilung in Industrie- und Entwicklungsländer bildet und in dem alle Staaten der Welt in vier Gruppen unterteilt sind: mit sehr hohem, hohem, mittlerem und niedrigem Entwicklungsstand.

Die Bewertung für jedes Land wird auf der Basis folgender Indikatoren berechnet:

a) Bruttonationaleinkommen (bis 2010 BIP) pro Kopf als Grundlage für den Wohlstand,

b) zwei Elemente für die Dauer der Ausbildung in durchschnittlicher Anzahl von Schul- und Studienjahren als Voraussetzung für gutbezahlte Jobs und

c) durchschnittliche Lebenserwartung als Merkmal fürs Niveau des Gesundheitssystems und der Lebensqualität.

Der Index wurde 1990 entwickelt und ist seit 1993 fester Bestandteil der Jahresberichte des Entwicklungsprogramms der Vereinten Nationen UNDP. Nach den im Jahr 2019 veröffentlichten HDI-Daten für 2018 gehören auch die EU-Länder Bulgarien und Rumänien bereits zur Gruppe der Länder mit der höchsten menschlichen Entwicklung der Welt (mit Index mehr als 0,8), dh zu den entwickelten Ländern der Welt, in der bisher alle anderen EU-Mitgliedstaaten waren, einschließlich Kroatien, das fünfeinhalb Jahre nach Bulgarien und Rumänien in die EU aufgenommen wurde. (Karte 3)

Die Fragen des Wirtschaftswachstums, des erreichten BIP pro Kopf und des HDI korrespondieren mit den Fragen für den Grad der Verteilung in einer Volkswirtschaft, die durch den **Gini-Index** dargestellt wird (siehe Karte 4). Hypothetisch wäre der Index **0,00**, wenn das gesamte Einkommen in einem Land vollständig gleichmäßig auf alle Bürger verteilt ist, und **100,00**, wenn es von einer einzigen Person erhalten würde.Bei Berücksichtigung aller Länder der Welt liegt der Gini-Index in der Realität zwischen 24,4 in Island, 24,9 in Norwegen und 25,6 in Tschechien (Länder mit weltweit „egalitärsten" Einkommen) und Namibia mit 55,7 und Südafrika mit 57,7 (Länder mit den größten Einkommensunterschieden).

Karte 4: Die Länder MOE und GUS nach dem Gini-Index, Ausschnitt der Weltkarte der Gini-Koeffizienten nach Ländern, basierend auf Daten der Weltbank von 1992 bis2018.

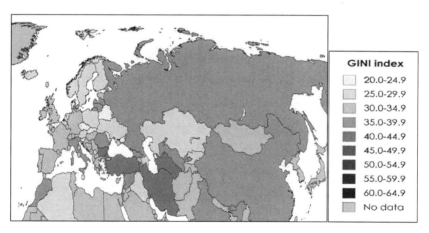

Quelle: *Wikipedia DE* (Ausschnitt)

Die **Preisstabilität** als zweiter Indikator, den aber viele Wissenschaftler als den wichtigsten im „magischen Viereck" betrachten, entwickelte sich nach der globalen Finanzkrise 2007/08 (gilt als die stärkste seit der „großen Weltwirtschaftskrise" 1929/33) zufriedenstellend sowohl in MOE als auch in der EU.

Im Jahrzehnt von 2010 bis 2020 lag der durchschnittliche jährliche Preisanstieg in 24 der 27 Mitgliedstaaten (das Vereinigte Königreich hat die EU am 31.1.2020 verlassen) auf einem niedrigen Niveau — unter 2 % (siehe Anhang III). In drei von ihnen lag es sogar unter 1 %, wobei die höchste Inflationsrate in Estland, Ungarn und Rumänien war, aber auf dem niedrigen Niveau zwischen 2 und 3 %. Die niedrigste Inflationsrate der elf Länder wurde in Kroatien, Bulgarien und Slowenien bei etwas mehr als 1 % registriert.

Die in Oktober 2020 publizierten Daten für die jährliche Inflation in der EU zeigen, dass während der Pandemie keine Inflation, sondern eine Deflation in Estland, Slowenien, Kroatien und Lettland zu verzeichnen war und die Länder: Slowakei, Rumänien, Tschechische Republik, Ungarn und Polen (mit 3,8 % den höchsten EU-Stand) die höchste Inflation hatten. EU-weit wurde eine Inflation vor allem bei den Warengruppen: Industriegüter ohne Energie, Dienstleistungen und Lebensmittel, Alkohol und Zigaretten registriert.[9]

Als anderer wichtiger makroökonomischer Indikator und Bestandteil des „magischen Quadrats" wies **die Arbeitslosenquote** in den letzten zwei Jahren folgende Entwicklung auf: im März 2019 lag sie in Tschechien bei nur 1,9 % und in Ungarn, Polen und Rumänien war sie trotz allgegenwärtigen kleinen Schwankungen auf dem Arbeitsmarkt unter 4 % (dieses Niveau gilt als Vollbeschäftigung) und in Bulgarien, Slowenien und Estland lag sie nur 0,4 bis 0,6 % über der Vollbeschäftigungsgrenze. Die anderen Länder verzeichneten eine höhere Erwerbslosigkeit, so die Slowakei mit 5,7 %, Litauen mit 5,8 %, Lettland mit 7,1 % und Kroatien mit 7,4 %.

So hatten neun von elf EU- und MOE-Ländern eine Arbeitslosigkeit unter dem EU-Durchschnitt und das zeigt, dass die ehemaligen sozialistischen Länder, die schon in der EU sind, zurzeit viel besser damit zurechtkommen als die EU-Mitgliedsstaaten in Südeuropa. In der GUS-Subregion war die Arbeitslosigkeit 2019 auch auf einem niedrigen Niveau, wobei sie in Russland 4,6 % betrug (kann dort als Erfolg angesehen werden), in der Ukraine aber 8,5 %.[10]

Laut einer Reihe von Autoren hängt das Niveau des Brutto- und des Mindeststundenlohns direkt mit der Arbeitslosenquote zusammen. Angesichts der Tatsache, dass das Bildungsniveau in den Ländern Mittelosteuropas nach 1989 nicht nachgegeben hat und nicht wesentlich von dem in den Industrieländern abweicht, was in gewissem Maße auch für das Qualifikationsniveau der Arbeitneh-

---

[9] Eurostat.
[10] *Statista DE*, https://de.statista.com/statistik/daten/studie/160142/umfrage/arbeitslosen quote-in-den-eu-laendern/.

mer gilt, sind die niedrigeren Stundenlöhne in MOE Faktoren, die ausländische Investitionen begünstigen (siehe Schaubild 2 und Anhang IV).

Schaubild 2: Durchschnittlicher Bruttostundenlohn (Medianwerte), Oktober 2014 in €.

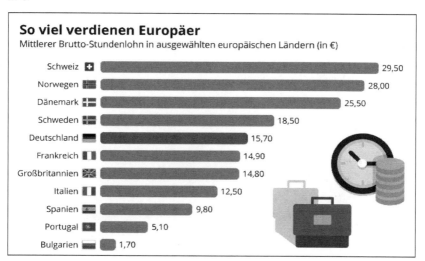

Quellen: *Eurostat; statista.*

Ein gewisser Vorteil für die Bevölkerung in MOE ist die Tatsache, dass etwa drei Viertel der Familien in dieser Region in ihren Eigentumswohnungen leben (siehe Anhang V), wobei vor 1989 dieser Anteil noch höher war. Allerdings wohnt ein großer Teil der Bevölkerung besonders in Rumänien, Lettland und Bulgarien tatsächlich in überbelegten Wohnungen (siehe Anhang VI) vor allem in den Städten, wo mehr Arbeitsplätze zu finden sind, während auf dem Lande viele unbewohnte Häuser vorhanden sind.

Außerdem hat seit Beginn des Übergangs zur Marktwirtschaft die Belastung der Einkommen der Familien durch vor 1989 nie vorhandene hohe Mieten drastisch zugenommen. So haben 2018 fast 18 % der bulgarischen Familien mehr als 40 % ihres Einkommens für Miete ausgegeben, wobei in der EU nur in Griechenland dieser Anteil noch höher ist (siehe Anhang VII).

Die beste Vorstellung für die Erfüllung des Erfordernisses eines „**außenwirtschaftlichen Gleichgewichts**" innerhalb des „magischen Quadrats" ergibt sich aus den Daten zur **Zahlungs-** und **Leistungsbilanz** (*Balance of Payment/Current Account*) der einzelnen Länder, die jährlich vom IWF veröffentlicht werden. Nach

Meinung einiger Wissenschaftler wäre aber eine positive Zahlungsbilanz besser als ein Gleichgewicht. In Bezug auf den Gegenstand des Beitrags: die Region MOE ist der sechste Platz Russlands (nach Deutschland, Japan, China, Niederlande und Schweiz) beim Leistungsbilanzüberschuss von 65 Mrd. US$ für 2019 beeindruckend, was vor allem auf den Export von Erdgas und anderen Energieträgern zurückzuführen ist.

Für 2018 hatte Aserbaidschan sogar eine noch höhere positive Zahlungsbilanz als Russland als Relation zum Staatshaushalt von 12,9 %, wobei Slowenien und Turkmenistan mit jeweils 5,7 % auf dem dritten und vierten Platz liegen und Bulgarien auf dem fünften Platz, dessen positiver Saldo für 2018 bei 3,01 Mrd US-$ lag und 4,6 % des BIP entsprach. Dies kann auch als gutes Ergebnis der Transformation und der allgemeinen Wirtschaftspolitik dieser Länder bewertet werden. Vier weitere Länder in der Region Mittelosteuropas weisen eine positive Leistungsbilanz auf: Kroatien mit 2,5 % des BIP, Estland mit 1,7%, Litauen mit 1,6 % und die Tschechische Republik mit 0,3 %. Die anderen Länder der Sub-Region SOE hatten eine negative Leistungsbilanz für 2018, die in Montenegro -17,2 % als Relation zum Staatsbudget, in Kosovo -8,0 %, in Albanien -6,8 %, in Serbien -5,2 %, in Rumänien -4,5 % und in Bosnien und Herzegowina -4,1 % betrug.[11]

In absoluten Zahlen am nächsten dem wirtschaftlichen Gleichgewicht sind: Estland, Tschechien und Litauen, die einen geringen positiven Saldo, und Nordmazedonien und Kasachstan, die einem geringen negativen Saldo in der Zahlungsbilanz haben. Ein geringer Prozentsatz im Verhältnis zum BIP wird festgestellt in: Belarus bei - 0,4%, Ungarn -0,5 %, Polen -0,6 % und Lettland -1,0 %.[12]

Die Frage der **Auslandsverschuldung** der Länder steht auch in direktem Zusammenhang mit der Frage des außenwirtschaftlichen Gleichgewichts. In absoluten Zahlen war sie 2016 am höchsten: in den USA, Großbritannien, Frankreich, Deutschland, den Niederlanden, Luxemburg, Japan, Irland, Italien und Spanien. Als Relation zum BIP in den EU-Ländern hat Malta die größte Auslandsverschuldung -879 % (*in anderen exotischen Inselstaaten wie Palau und Mauritius war sie sogar noch höher*), gefolgt von Zypern -597 %, Frankreich -277 % (zum Vergleich: Großbritannien -313 %, Schweiz -269 %, USA -42 %), Belgien -265 %, Griechenland -228 %, Portugal -216 %, Österreich -167 % und Deutschland -153 %. Die größten Auslandsschulden in der Region MOE hatten: Slowenien mit rund 38.000 US-$ pro Kopf, Lettland mit 21.000, Estland mit 15.000, Slowakei mit

---

[11] *Statista DE*, https://de.statista.com/statistik/daten/studie/981932/umfrage/ranking-der-20-laender-mit-dem-groessten-leistungsbilanzueberschuss/; *Wikipedia EN*, Current account (balance of payments).
[12] *Wikipedia DE*, Kiste der Länder nach Leistungsbilanz.

14.000, Ungarn und Tschechien mit 13.000, Litauen mit 12.000, Polen und Kasachstan mit 9.000, Russland nur mit rund 4.000 US-$ pro Kopf und Rumänien mit nur 3.000 US-$ pro Kopf.[13]

Unter den Ländern der Welt weist der Anteil der **Netto-Staatsverschuldung** 2019 in Prozent des BIPs (Staatsschulden minus Schulden von Dritten beim jeweiligen Staat) die höchsten Werte auf in: Libanon, Japan, Italien, Barbados, Kap Verde, Portugal, Frankreich, Belgien, USA und Spanien, und in der Region MOE und GUS in: Kroatien bei 63% (für 2018), in Albanien bei 60 %, in Ungarn bei 59 %, in Serbien -49 %, (*zum Vergleich in Österreich – 48 %, in Deutschland – 41 %, in der Schweiz -21 %, in Schweden -3%*), in Slowenien -43 %, in Nord-Mazedonien -40 %, in Polen -39 %, in Litauen 31%, in Rumänien -29 %, in Lettland -28 %, in Bosnien u. Herzegowina -21 %, in Tschechien -18 % und in Bulgarien nur 8 % (zum Vergleich haben einige Länder keine Staatsschulden wie: Estland bei -2 %, Luxemburg -8 %, Kasachstan -14 % und Norwegen sogar -105 % und sind so Nettogläubiger.[14]

Die Lage mit den Staatschulden und die Auslandsverschuldung werden sich während der Corona-Pandemie weiterhin verschlechtern. Die Europäische Kommission reagierte auf die Situation und befreite die Mitgliedstaaten bereits am 20.3. 2020 von der Pflicht für Einhaltung der Konvergenzkriterien von Maastricht: maximal 3 % Neuverschuldung pro Jahr und maximal 60 % Staatsschulden kumulativ in Relation zum BIP.

Fazit

Zusammenfassend haben die Völker der Länder Mittelosteuropas während ihrer 30-jährigen Entwicklung auf dem Weg zu Demokratie und Marktwirtschaft viele Nöte und schwierige Lebensmomente erlebt, aber sie haben dennoch große Fortschritte in diesem Wandel erreicht. Ohne die wechselvolle Geschichte mit ihrer Übergabe an eine der Großmächte nach 1945 wären sie wirtschaftlich viel besser entwickelt als heute. Im Nachhinein kann vermerkt werden, dass einige Elemente des Übergangs schmerzloser und effektiver hätten gestaltet werden können.

---

[13] *Wikipedia DE*, Liste der Länder nach Auslandsverschuldung.
[14] *Wikipedia DE*, Liste der Länder nach Staatschuldenquote.

Tab. 3: Ranking der mittelosteuropäischen Länder nach Nationaleinkommen und BIP/Kopf und nach HDI für 1986, 2013 und 2018 (Tab. angefertigt v. Hrsg. A. Raffeiner).

Land	Rang National-einkommen pro Kopf 1986	Rang BIP pro Kopf 2013	Rang BIP proKopf 2018	Rang HDI 2018
Bulgarien	49	78	64	52
Polen	53	56	48	32
Rumänien	94	72	59	52
UdSSR/Russland	45	51	55	49
Ungarn	63	55	49	43
Tschechoslowakei	35			
Tschechien		43	40	26
Slowakei		44	42	36

Anm. G. K.: Die Daten 2013 sind für den nominalen BIP und 2018 für den BIP in Kaufkraft.

Quellen: *Atlaseco*, 1987; Entwicklungsbericht 1992 UNO nach der Methode des Weltbankatlas; *Kiezun*, Management in Socialist Countries, USSR and Central Europe, 1991; *Wikipedia DE*, Liste der Länder nach Bruttoinlandsprodukt pro Kopf.

Der Vergleich der makroökonomischen Daten ab Mitte der 1980er-Jahre mit den aktuellen Daten ist methodisch besonders schwierig, da die Wechselkurse damals willkürlich waren und beispielsweise Ungarn und zum Teil Polen zu diesem Zeitpunkt einen realeren Wechselkurs gegenüber dem Dollar als die anderen Länder Mittelosteuropas hatten und so die Angaben für das Nationaleinkommen teilweise verzerrt dargestellt wurden. Als unbestreitbarer Erfolg der Wirtschaftspolitik und der Arbeitsfähigkeit der Bevölkerung sollte der Übergang Bulgariens und Rumäniens von der Gruppe der Entwicklungsländer zur Gruppe der Industrieländer betrachtet werden, der ab 2018 auch für Russland, Weißrussland und Kasachstan gilt.

Eine umfassende abschließende Analyse der Resultate der Transformation in MOE auf der Grundlage des Postulats „Wenn die Fakten sprechen und die Götter schweigen" ist nicht erforderlich, da aus der obigen Tabelle und anderen Daten jeder eine Schlussfolgerung ziehen kann, welche Länder in ihrer Entwicklung bessere Resultate erzielt haben. Die obigen Zahlen können als Fakten angesehen werden, da die Quellen dafür verfügbar sind.

Anhänge:

Anhang I: Wirtschaftswachstum und relatives Entwicklungsniveau 1950-90 in MOE (zum Vergleich 100 = USA).

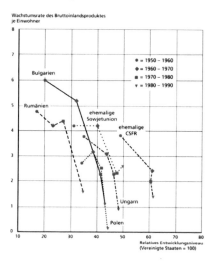

Quelle: *Siebert/Lorz*, Einführung in die Volkswirtschaftslehre, [15]2007, 397 (mit freundlicher Genehmigung der W. Kohlhammer GmbH, Stuttgart).

Anhang II: Index der menschlichen Entwicklung (HDI) 2019, veröffentlicht Ende 2020.

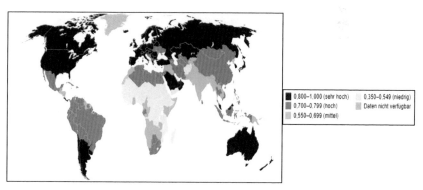

Quelle: *Wikipedia DE*

Anhang III: Inflation in der EU 2010-2020, jährliche Teuerung in %, bei der Veröffentlichung für 2020: Prognose.

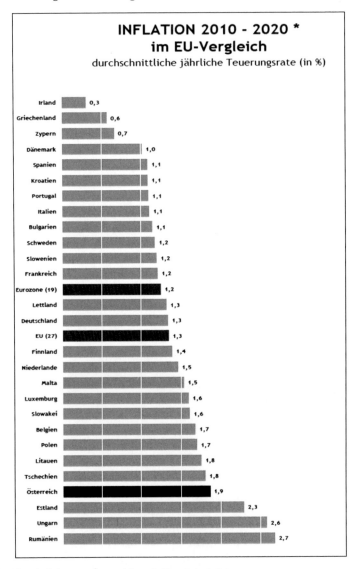

Quelle: *Wirtschaftskammer Österreich*, nach *Eurostat; statista.*

Anhang IV: Anteil der überbelegten Wohnungen in der Europäischen Union.

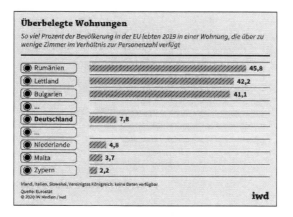

Quelle: *IDW Köln*, 2020, nach *Eurostat*.

Anhang V: Anteil der Bürger in eigenen vier Wänden, Stand 2012.

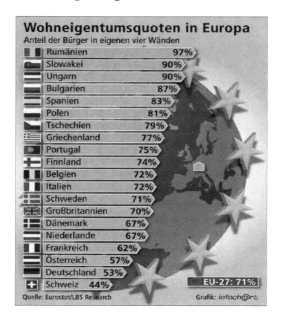

Quelle: *Eurostat/LBS Research*.

Anhang VI: Gesetzliche Mindeslöhne in Europa im Jahr 2021 in €.

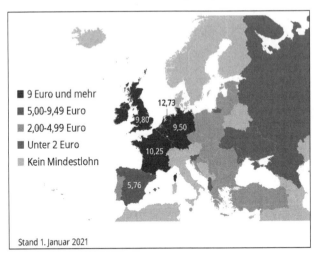

9 Euro und mehr
5,00-9,49 Euro
2,00-4,99 Euro
Unter 2 Euro
Kein Mindestlohn

12,73
9,80
9,50
10,25
5,76

Stand 1. Januar 2021

Anm. G. K.: In vielen Ländern Europas (zB Italien, Österreich, Schweden, Finnland, Dänemark und Zypern) gibt es keinen gesetzlichen Mindestlohn.

Quellen: *WSI/statista*

Weiterführende Literatur

Brücker/Franzmeyer/Lodahl [ua], Ostmitteleuropa auf dem Weg in die EU. Transformation, Verflechtung, Reformbedarf, (= Deutsches Institut für Wirtschaftsforschung. Beiträge zur Strukturforschung, Bd 167),1997.

Dauderstädt, Transformation der Wirtschaft der postkommunistischen Beitrittsländer, in APuZ 5-6/2004, 15–24.

Götting, Transformation der Wohlfahrtsstaaten in Mittel- und Osteuropa, 1998.

Heitger, Comparative Economic Growth East and West, in *Heitger/Wavermann* (eds), German Unification and the International Economy, 1993, 65–82.

Kabbe, Ein Vierteljahrhundert Wirtschaftstransformation in Mittel- und Osteuropa: Entwicklung, Tendenzen, Resultate, in *Ebert* (Hrsg), Festschrift Herwig van Staa: zum 25-jährigen Jubiläum seines politischen Wirkens, 2014, 89–118.

Lang, Ostmitteleuropa – zwischen Beitrittskrise und Mitgliedschaftsbegeisterung, in Der Bürger im Staat 1-2/2007, 4–12.

Orlowski (ed), Transition and Growth in post-Communist Countries. The Ten-Year-Experience, 2001.

Die Herausgeber, die Autorinnen und Autoren

Egger, Martina:

Kunsthistorikerin, Theologin, Philosophin; Forschungsbereiche: Renaissance, Barock, Moderne; Kirchengeschichte, Fundamentaltheologie; Expertin für Jesuitica und jesuitische Theologie/Philosophie; Lehrbeauftragte und Dissertantin, (ehem.) Mitarbeiterin am Projekt „Teilkirchenrecht der österreichischen Diözesen" des Instituts für Praktische Theologie (Fachbereich Kirchenrecht) der Universität Innsbruck.

Raffeiner, Andreas:

Historiker, Heimatkundler, Referent, Rezensent, Übersetzer und Autor zu (zeit-)historischen, juristischen und politischen Themen; freiberuflicher Redakteur/Koordinator (Print, online).

van Staa, Herwig:

langjähriger Leiter des Forschungsinstituts für Alpenländische Land- und Forstwirtschaft und des Studienzentrums für Agrarökologie der Uni Innsbruck; 1994–2002 Bürgermeister von Innsbruck; 1996–2018 Präsident/Vizepräsident des Kongresses der Gemeinden und Regionen des Europarates und des Ausschusses der Regionen der EU; 2002–2008 Landeshauptmann von Tirol; 2008–2018 Präsident des Tiroler Landtages; seit 2008 Vorsitzender des Kuratoriums der Landesgedächtnisstiftung Tirol.

Die Lebensläufe der Autorin und der Autoren befinden sich mit einer Sternchen-Fußnote versehen unter den jeweiligen Beiträgen.

Der Jubilar[*]

Johann Egger, geboren 1951 in Innsbruck, begann 1969 das Studium der Rechtswissenschaften an der Leopold-Franzens-Universität Innsbruck, das er 1974 mit der Promotion zum Doktor der Rechtswissenschaften abschloss.

Nach Ableistung des Präsenzdienstes trat er 1975 in das damalige Institut für Arbeitsrecht und Sozialrecht ein und war dort als Universitätsassistent, später als Assistenzprofessor tätig. 1990 arbeitete er am Zentrum für Europäisches Recht (ZER).

Des Weiteren war Egger Mitglied der ERASMUS-Kommission an der Rechtswissenschaftlichen Fakultät der Universität Innsbruck. In den Jahren 1992 bis 1995 war er Fakultätsmitglied der Post-Graduate-Lehrgänge „Europarecht" in Schloss Hofen und hier für das Fach „Europäische Sozialpolitik" tätig.

1998 habilitierte sich Johann Egger an der Universität Innsbruck und wurde zum außerordentlichen Universitätsprofessor bestellt. Er erhielt die *Venia docendi* für Österreichisches und Europäisches Arbeits- und Sozialrecht. Seine Lehr- und Forschungsschwerpunkte lagen somit vor allem im Schnittstellenbereich von europäischer und österreichischer Arbeits- und Sozialordnung.

Ohne Übertreibung kann Johann Egger als Pionier auf diesem Gebiet bezeichnet werden. Seine Habilitationsschrift, die eine grundlegende und akribische Aufarbeitung der vielfältigen Verzahnungen und Wechselwirkungen von nationalem Recht und europäischem Recht bietet, ist ein Standardwerk, das als solches die wissenschaftliche Diskussion in diesem Bereich nachhaltig geprägt hat.

Die ihm im Laufe seiner wissenschaftlichen Karriere verliehenen Preise und Würdigungen, der Walther-Kastner-Preis (1987), der Dr.-Otto-Seibert-Wissenschaftsförderpreis (1990), der Theodor-Körner-Förderungspreis (1993), der Leopold-Kunschak-Preis (1994) sowie der Rudolf-Sallinger-Ehrenpreis (1998), unterstreichen die große Bedeutung und Wertschätzung, die Johann Egger innerhalb der *scientific community* genießt.

Dazu erhielt er 1989 einen Forschungsförderungsbeitrag der Vereinigung Österreichischer Industrieller, 1991 ein Stipendium der Heinrich Graf Hardegg'schen Stipendienstiftung für Doktoren der Rechtswissenschaften und 1994 einen Daniel-Swarovski-Förderungsbeitrag seitens der Leopold-Franzens-Universität Innsbruck.

---

[*] *Leopold-Franzens-Universität Innsbruck* (Hg), Universitätsleben, Bd. 27, 2014, 13; Informationen von *M. Egger* (Hrsg).

Der langjährige stellvertretende Vorstand des Innsbrucker Instituts für Arbeits-recht und Sozialrecht war in den Jahren 2004 bis 2006 Leiter ebendieses Insti-tuts, von 2006 bis 2008 bzw. 2008 bis 2013 (stellvertretender) Leiter des um-genannten Instituts für Arbeits- und Sozialrecht, Wohn-, Immobilienrecht und Rechtsinformatik.

Der Rechnungsprüfer der Tiroler Juristischen Gesellschaft ist ferner Mitglied der Internationalen Gesellschaft für Arbeits- und Sozialrecht, der Gesellschaft für Ar-beits- und Sozialrecht und des European Institute of Social Security in Leuven/Löwen.

Eine Würdigung der Person Johann Egger wäre ohne einen Hinweis auf seine Mitmenschlichkeit und seine an den Idealen des Humanismus orientierte Lebens-philosophie unvollständig.

Seine große Beliebtheit als akademischer Lehrer ergab sich nicht zuletzt daraus, dass er es verstand, komplexe rechtliche Sachverhalte lebensnah, praxisbezogen und humorvoll zu vermitteln.

Seit 30.9.2014 in Pension, wird er nach wie vor von vielen seiner Studentinnen und Studenten gerne aufgesucht, welche ebenso wie seine Fakultätskollegen ihm große Wertschätzung entgegenbringen.

Publikationsverzeichnis von Johann Egger[*]

Monografien

1. European Communities, [2]1984.

2. European Communities, [3]1990.

3. Das Arbeits- und Sozialrecht der EG: Schnittstellen mit der österreichischen Rechtsordnung, 1993.

4. Soziale Dimension der EG unter Berücksichtigung des EWR (EG-Publikation der Wirtschaftskammer Österreich), 1993.

5. Soziale Dimension der EG unter Berücksichtigung des EWR (EG-Publikation der Wirtschaftskammer Österreich), [2]1993.

6. Soziale Dimension der EU unter Berücksichtigung des EWR (EG-Publikation der Wirtschaftskammer Österreich), [3]1994.

7. Soziale Dimension der EU unter Berücksichtigung des EWR (EG-Publikation der Wirtschaftskammer Österreich), [4]1995.

8. Das Arbeits- und Sozialrecht der EU und die österreichische Rechtsordnung (= Arbeit, Recht, Gesellschaft, Bd 17), [2]2005.

Herausgeberschaften

1. Mit *Kreßel* und *Wollenschläger*, Recht – Wirtschaft – Kultur. Herausforderungen an Staat und Gesellschaft im Zeitalter der Globalisierung. Festschrift für Hans Hablitzel zum 60. Geburtstag, 2005.

2. Mit *Kabbe*, Aspekte der Rechtsgeschichte und der Gesellschaftspolitik in Tirol, Österreich und weltweit. Festschrift zum 70. Geburtstag von Kurt Ebert, 2013.

Loseblattsammlungen

1. Das Arbeitsrecht der EU, in *Wachter/Egger/Grömmer* (Hrsg), Sammlung arbeitsrechtlicher Rechtsakte der Europäischen Union. Recht aktuell. Bd. II, 1995, Stand 1.12.1995.

2. Die Entwicklung der Kompetenzen der EG auf dem Gebiet der grenzüberschreitenden Freizügigkeit und der Sozialpolitik, in *Wachter/Egger/Grömmer* (Hrsg), Sammlung arbeitsrechtlicher Rechtsakte der Europäischen Union. Recht aktuell. Bd. II, 1995.

[*] Recherche Hrsg. *A. Raffeiner*; ein großer Dank an Frau *M. Pichler* (AK Wien).

3. Die Rechtsquellen der EU und ihre innerstaatliche Wirkung, in *Wachter/ Egger/Grömmer* (Hrsg), Sammlung arbeitsrechtlicher Rechtsakte der Europäischen Union. Recht aktuell. Bd. II, 1995.

4. Das Sozialrecht der EG, in *Wachter/Egger* (Hrsg), Sammlung sozialrechtlicher Rechtsakte der Europäischen Gemeinschaften. Sammlung arbeitsrechtlicher Rechtsakte der Europäischen Union. Recht aktuell. Bd. IV, 1999, Stand 1.5.1999.

5. Das Sozialrecht der EG, in *Wachter/Egger* (Hrsg), Sammlung sozialrechtlicher Rechtsakte der Europäischen Gemeinschaften. Sammlung arbeitsrechtlicher Rechtsakte der Europäischen Union. Recht aktuell. Bd. IV, ²2002, Stand 1.10.2002.

Sammelbandbeiträge

1. European Communities. Equality and Prohibition of Discrimination in Enployment, in Blanpain (ed), Bulltein of Comparitive Labour Relations Nr. XIV, 1985, 39 ff.

2. Das Arbeitsrecht im Zeitalter neuer Informations- und Kommunikationstechniken in *Martinek/Wachter* (Hg.), Arbeitsleben und Rechtsordnung. Festschrift für Gerhard Schnorr zum 65. Geburtstag, 1988, 71 ff.

3. Der Geschäftsführer im System der sozialen Sicherheit, in *Thöni/Oberhofer*, Der GesmbH-Geschäftsführer, 1989, Register 6. Kap. 3.3, 3.4 (Fortführung des von *Petter* begonnenen Abschnittes), gemeinsam mit *Oberhofer* Kap. 6.

4. Das Arbeitsrecht der Europäischen Gemeinschaften, in *Runggaldier* (Hrsg.), Österreich und das Arbeitsrecht der EG, 1990, 77 ff.

5. Arbeitsrechtliche Probleme des Transitverkehrs, in *Hummer* (Hrsg), Alpenquerender Transitverkehr aus regionaler und überregionaler Sicht. Rechtliche, technische und wirtschaftliche Problemlagen, 1993, 297 ff.

6. EWR-Abkommen, europäisches und österreichisches Sozialrecht, in *Hummer* (Hrsg), Der Europäische Wirtschaftsraum und Österreich. Rechtliche und ökonomische Auswirkungen des EWR, 1994, 153 ff.

7. Sozial- und Arbeitsmarktpolitik, in Röttinger/Weyringer (Hrsg), Handbuch der europäischen Integration. Strategie – Struktur – Politik der Europäischen Union ²1995, 755 ff.

8. Das Arbeits- und Sozialrecht der EG und die österreichische Rechtsordnung, 1998 (zugl Habil Schrift).

9. Maastricht – Amsterdam – Nizza: Entwicklung der sozialpolitischen Kompetenzen der EG, in *Hummer* (Hg), Europarecht im Wandel. Festschrift zum zehnjährigen Bestehen des „Zentrums für europäisches Rechts" (ZER) an der Rechtswissenschaftlichen Fakultät der Universität Innsbruck (= Recht und Europa, Bd 5), 2003, 73 ff.

10. Die neue Aufenthaltsrichtlinie der EU, in *Egger/Kreßel/Wollenschläger* (Hrsg), Recht – Wirtschaft – Kultur. Herausforderungen an Staat und Gesellschaft im Zeitalter der Globalisierung, Festschrift für Hans Hablitzel zum 60. Geburtstag, 2005, 95 ff.

11. Erhaltung der Sozialstandards, in *Hummer/Obwexer* (Hrsg), 10 Jahre EU-Mitgliedschaft Österreichs. Bilanz und Ausblick, 2006, 497 ff.

12. Probleme und Lösungsansätze im Rahmen von Arbeitnehmerentsendungen, in *Wagner/Wedl* (Hrsg), Bilanz und Perspektiven zum europäischen Recht. Eine Nachdenkschrift anläßlich 50 Jahre Römische Verträge (= Arbeit, Recht, Gesellschaft, Bd 22), 2007, 217 ff.

13. Die Entsenderichtlinie, in *Wachter/Burger* (Hrsg), Die Dienstleistungsrichtlinie. Dienstleistungsfreiheit in Europa – Segen oder Fluch, 2008, 209 ff.

14. Nationale Interessen und Nichtdiskriminierung im Arbeits- und Sozialrecht, in *Roth/Hilpold* (Hrsg), Der EuGH und die Souveränität der Mitgliedstaaten. Eine kritische Analyse Rechtsschöpfung auf ausgewählten Rechtsgebieten, 2008, 55 ff.

15. Die (erweiterte) Gleichbehandlungsrichtlinie 2004/113/EG der EU und ihre Umsetzung im österreichischen Recht, in *Barta/Radner/Rainer/Scharnreitner* (Hrsg), Analyse und Fortentwicklung im Arbeits-, Sozial- und Zivilrecht. Festschrift für Martin Binder, 2010, 239 ff.

16. Rechtswirkungen von Rahmenvereinbarungen im Sozialbereich, in *Hummer* (Hrsg), Neueste Entwicklungen im Zusammenspiel von EU-Recht und nationalem Recht der Mitgliedstaaten. Ein Handbuch für Theorie und Praxis, 2010, 187 ff.

17. Die Georgische Tafel (Supra) und studentische Kneipbräuche, in *Egger/Kabbe* (Hrsg), Aspekte der Rechtsgeschichte und der Gesellschaftspolitik in Tirol, Österreich und weltweit. Festschrift zum 70. Geburtstag von Kurt Ebert, 2013, 311 ff.

Zeitschriftenaufsätze

1. Das Recht der Nichtraucher auf reine Luft am Arbeitsplatz, in DRdA 136/1976, 135 ff.

2. Rechtsprobleme bei der Anbahnung von Arbeitsverhältnissen, in DRdA 164/1982, 89 ff.

3. Arbeits- und datenschutzrechtliche Probleme von Personalinformationssystemen, in DRdA 1/1984, 13 ff.

4. Telearbeit– ein neues Phänomen der Arbeitswelt, in DRdA 189/1987, 97 ff.

5. „Sozialabbau" nach einem EG-Beitritt Österreichs?, in DRdA 207/1990, 327 ff.

6. Die sozialversicherungsrechtliche Behandlung des GmbH-Geschäftsführers, in RdW 2/1991, 49 ff.

7. Der praktische Fall: Arbeitszeitvorschriften und Transitverkehr, in DrdA 212/1991, 389 ff.

8. EWR-Übereinkommen – wichtige Auswirkungen auf das österreichische Sozialrecht, in WBl 5/1992, 147 ff.

9. The Effects of the EEA on Austrian Social Security Law. Conference Report, in AustrianJPublIntL 1992, 195.

10. Die Beendigung von befristeten Arbeitsverhältnissen im Lichte der Rechtssprechung, in WBl 2/1993, 33 ff.

11. Arbeits- und sozialpolitische Auswirkungen eines Beitrittes zum EWR und zur EG, in ÖKZ 34/1993, 679 ff.

12. Die Sozialpolitik der EU, in Tiroler Perspektiven 1/1994, 70 f.

13. Wechselwirkungen zwischen dem Arbeits- und Sozialrecht der EG und Österreichs, in EuroAS 1/1996, 7 ff.

14. Wechselwirkungen zwischen dem Arbeits- und Sozialrecht der EG und Österreichs II, in EuroAS 1-2/1998, 2 ff.

15. Die neuen Antidiskriminierungsrichtlinien der EU, in DRdA 283/2003, 302 ff.

Praktische Fälle

1. Arbeitsvorschriften und Transitverkehr, in DRdA/1990, 389 ff.

2. Zur arbeits- und sozialrechtlichen Stellung türkischer Arbeitnehmer, in DRdA 249/1997, 411 ff.

3. Rechtsprobleme bei grenzüberschreitenden Arbeitsverhältnissen, in DRdA 258/1999, 150 ff.

4. Schutz des Gastgewerbepersonals vor Tabakeinwirkung, in DRdA 305/2007, 64 ff.

Rezensionen

1. *Resch*, Arbeitsvertrag und Nebenbeschäftigung (RWSP Bd 16), 1991, in JBL 1992, 811 f.

2. *Mosler*, Bildschirmarbeit und Arbeitsrecht, 1991, in JBl 1993, 810 f.

3. *Ozaki* [et al], Technological Change & INdustrial Relations, ILO 1992, in DRdA 4/1993, 334.

4. *Feik*, Die Freizügigkeit der Arbeitnehmer nach EG-Recht, 1993, in DRdA/1994, 358.

5. *Pernthaler*, Kammern und Pflichtmitgliedschaft in Österreich. Eine Untersuchung aus der Sicht des öffentlichen Rechts sowie aus politikwissenschaftlicher, ökonomischer, demoskopischer und soziologischer Sicht, 1994, in DRdA 1/1995, 95 f.

6. *Runggaldier*, Soziale und rechtliche Probleme des Grenzgängerwesens in den Regionen der ARGE-ALP. Bestandaufnahme und Regelungsvorschläge, 1993, in ZAS 1995, 175.

7. *Hilbrandt*, Massenänderungskündigung und Arbeitskampf, in DRdA 1998, 81.

8. *Mayr*, Einführung in das Recht der EG und Auswirkungen auf das österreichische Arbeitsrecht, in DRdA 1998, 81.

9. *Eichenhofer*, Der Thatcherismus und die Sozialpolitik. Wohlfahrtsstaatlichkeit zu marktwirtschaftlichen Bedingungen, in DRdA 2000, 98.

10. *Stärker*, Arbeits- und Sozialrecht für die Praxis, 1999, in DrdA 2000, 279.

11. *Schrammel/Winkler*, Arbeits- und Sozialrecht in der Europäischen Gemeinschaft, in DRdA 2003, 205 f.

12. *Stärker*, Arbeits- und Sozialrecht für die Praxis[3], in DRdA 5/ 2003, 498 f.

13. *Dumpfhart*, Pensionsrecht. Leitfaden mit praktischen Beispielen, [2]2003, in DRdA 2004, 299 f.

14. *Hainz/Tinhofer*, Arbeits- und Sozialrecht in Mittel- und Osteuropa (ZAS Spezial), in DRdA 2005, 101.

15. *Marhold* (Hrsg), Das neue Sozialrecht der EU, in DRdA 2005, 580 f.

16. *Resch* (Hrsg), Sozialrecht, [3]2005, in DRdA 2006, 82.

17. *Fuchs* (Hrsg), Europäisches Sozialrecht, [4]20005, in DRdA 2006, 522.

18. *Resch* (Hrsg), Sozialrecht, [4]2008, in DRdA 2009, 78.

19. *Hainz (Hrsg)*, Arbeits- und Sozialrecht in Mittel- und Osteuropa (ZAS Spezial), [2]2010, in DRdA 2010, 535.

20. *Plum*, Tendenzschutz im europäischen Arbeitsrecht, 2011, in DrdA 2011, 500 f.

Lexikoneinträge

1. mit *Schnorr*, Art. "European Communities", in Blanpain (ed), International Encyclopedia for Labour Law and Industrial Relations Supplement, 1990.

Entscheidungsanmerkungen

1. OGH v. 12.7.1989, 9 ObA 111/89 (Ersatz von Vorstellungskosten), in DrdA 210/1991, 145 ff.

2. OGH v. 13.5.1992, 9 ObA 85/92 (inländische Gerichtsbarkeit nur bei beklagtenbezogenem inländischen Anknüpfungsrecht), in DRdA 222/1993, 130 ff.

3. OGH v. 10.2.1993, 9 ObA 604/92 (Postensuchtage bei befristen Arbeitsverhältnissen), in ZAS 4/1994, 92 ff.

3. OGH v. 23.12.1998, 9 ObA 209/98w (zur Auslegung von Konkurrenzklauseln), in DRdA 263/2000, 47 ff.

4. OGH v. 12.8.1999, 8 ObA 130/99x (nach AÜG unzulässige Befristung=, in DRdA 266/2000, 328 ff.

5. OGH v. 26.8.1999, 8 ObA 196/99b (Sittenwidrigkeit und Konkurrenzklausel), in DRdA 267/2000, 400 ff.

6. OGH v. 24.1.2006, 10 ObS 55/05v (Anrechnung von im Ausland zurückgelegten Kindererziehungszeiten)m in DRdA 308/2007, 296 ff.

Präsentationen und Vorträge auf Kongressen, Konferenzen, Tagungen

1. Die neuen Antidiskriminierungsrichtlinien der EG (Vortrag im Rahmen des Seminars „Aktuelle Entwicklungen im Arbeits- und Sozialrecht (2003), Leopold-Franzens-Universität Innsbruck, Innsbruck 28.2.2003).

2. Die neue Aufenthalsrichtlinie der EU. (Vortrag im Rahmen des Seminars „Aktuelle Entwicklungen im Arbeits- und Sozialrecht (2004), Leopold-Franzens-Universität Innsbruck, Innsbruck 26.2.2004).

3. Die neue Gleichbehandlungs-RL der EU. (Vortrag im Rahmen des Seminars „Aktuelle Entwicklungen im Arbeits- und Sozialrecht (2006), Leopold-Franzens-Universität Innsbruck, Innsbruck 3.3.2006).

4. Die Entsende-Richtlinie (Symposium „Die Dienstleistungsrichtlinie – Dienstleistungsfreiheit in Europa – Segen oder Fluch, Innsbruck 9.11.2006).

5. Rauchverbot in der Gastronomie in Östereich und in Europa (Vortrag im OLG Innsbruck 1.3.2007).

6. Rauchverbot in der Gastronomie in Östereich und in Europa (Vortrag im Rahmen des Seminars „Aktuelle Entwiklungen im Arbeits- und Sozialrecht", AK Vorarlberg Feldkirch 26.4.2007).

Aus unserem Verlagsprogramm:

Florian Bucher, Felix A. Dörstelmann, Tomaž Mesarič, Erik Pelters,
Claus Pöhlmann (Hrsg.)
**Gegenwärtige Entwicklungen und Herausforderungen
in der Europäischen Union – Die Rolle von Institutionen**
*Beiträge der 2. Interdisziplinären Konferenz für Nachwuchswissenschaftler
an der Andrássy Universität Budapest 20.–21. November 2020*
Hamburg 2021 / 218 Seiten / ISBN 978-3-339-12684-9

Gerald G. Sander / Ana Pošćić / Adrijana Martinović (eds.)
Exploring the Social Dimension of Europe
Essays in Honour of Nada Bodiroga-Vukobrat
Hamburg 2021 / 624 Seiten / ISBN 978-3-339-11942-1

Andreas Raffeiner (Hrsg.)
**80 Jahre Option –
Das dunkelste Kapitel der (Süd-)Tiroler Zeitgeschichte**
Hamburg 2020 / 242 Seiten / ISBN 978-3-339-11700-7

Andreas Raffeiner (Hrsg.)
Auf zur historischen Archivarbeit!
Festschrift für Hubert Speckner, dargeboten zum 60. Geburtstag
Hamburg 2020 / 176 Seiten / ISBN 978-3-339-11594-2

Andreas Raffeiner (Hrsg.)
Auf der Klaviatur der Rechtsgeschichte
Festgabe für Kurt Ebert zum 75. Geburtstag
Hamburg 2019 / 1.048 Seiten in 2 Bänden / ISBN 978-3-339-11096-1

Andreas Raffeiner (Hrsg.)
25 Jahre Streitbeilegung 1992–2017 – Ist das „Südtirolproblem" gelöst?!
Hamburg 2018 / 648 Seiten / ISBN 978-3-8300-9975-8

Andreas Raffeiner (Hrsg.)
70 Jahre Pariser Vertrag 1946–2016
Vorgeschichte – Vertragswerk – Zukunftsaussichten
Hamburg 2016 / 282 Seiten / ISBN 978-3-8300-9284-1

Andreas Raffeiner (Hrsg.)
**Stets den Idealen der Rechtsstaatlichkeit treu geblieben –
Festschrift für Peter Pernthaler zum 80. Geburtstag**
Hamburg 2015 / 384 Seiten / ISBN 978-3-8300-8377-1

VERLAG DR. KOVAČ
FACHVERLAG FÜR WISSENSCHAFTLICHE LITERATUR

Postfach 57 01 42 · 22770 Hamburg · www.verlagdrkovac.de · info@verlagdrkovac.de